Shell Deutschland Holding (Hrsg.)

18. Shell Jugendstudie – Jugend 2019

D1666141

Shell Deutschland
Holding (Hrsg.)

JUGEND 2019

**Eine Generation meldet
sich zu Wort**

Konzeption & Koordination:
Mathias Albert,
Klaus Hurrelmann,
Gudrun Quenzel &
Kantar

Konzeption & Koordination
Mathias Albert,
Klaus Hurrelmann,
Gudrun Quenzel &
Kantar

Autorinnen & Autoren
Mathias Albert,
 Universität Bielefeld
Klaus Hurrelmann,
 Hertie School of Governance
Ingo Leven,
 Kantar
Gudrun Quenzel,
 Pädagogische Hochschule Vorarlberg
Ulrich Schneekloth,
 Kantar
Hilde Utzmann,
 Hilde Utzmann / Sozialforschung
 und Beratung
Sabine Wolfert,
 Kantar

MIX
Papier aus verantwor-
tungsvollen Quellen
FSC
www.fsc.org   FSC® C089473

Dieses Buch ist erhältlich als:
ISBN 978-3-407-83195-8 Print
ISBN 978-3-407-83179-8 E-Book (PDF)

1. Auflage 2019

© 2019 Beltz
in der Verlagsgruppe
Beltz · Weinheim Basel
Werderstraße 10, 69469 Weinheim
Alle Rechte vorbehalten

Lektorat: Heike Chan Hin;
Christine Groh, Frankfurt a.M.
Redaktionelle Unterstützung Umschlag:
 Hill+Knowlton Strategies GmbH, Berlin
Umschlagabbildung: © Unsplash

Herstellung: Michael Matl
Satz: Markus Schmitz, Altenberge
Druck und Bindung: Beltz Grafische
 Betriebe, Bad Langensalza
Printed in Germany

Weitere Informationen zu unseren
Autoren und Titeln finden Sie unter:
www.beltz.de

Inhalt

Geleitwort von Shell zur 18. Shell Jugendstudie 9
Danksagung der Autorinnen und Autoren 11
Zusammenfassung 13

Mathias Albert, Klaus Hurrelmann, Gudrun Quenzel
1 Jugend 2019: Zwischen Politisierung und Polarisierung 35

1.1 Wie haben sich die Lebensbedingungen der jungen Generation
     verändert? 36
1.2 Wie wirken sich die Veränderungen auf Einstellungen und
     Mentalitäten aus? 41
1.3 Die aktuelle Shell Jugendstudie 45

Ulrich Schneekloth, Mathias Albert
**2 Jugend und Politik: Demokratieverständnis und politisches Interesse
   im Spannungsfeld von Vielfalt, Toleranz und Populismus 47**

2.1 Interesse an Politik 48
2.2 Renaissance der Betroffenheit: Politische Positionierungen und
     Problemsichten 55
2.3 Gerechtigkeitsempfinden 63
2.4 Vertrauen in die EU 69
2.5 Populismusaffinitäten 76
2.6 Toleranz 86
2.7 Bezug auf Demokratie und Gesellschaft 90
2.8 Engagement 97

Ulrich Schneekloth

3   Entwicklungen bei den Wertorientierungen von Jugendlichen   103

3.1   Was für das eigene Leben wichtig ist   105
3.2   Junge Frauen als das wertebewusstere Geschlecht   113
3.3   Schichtspezifische Orientierungen   117
3.4   Einfluss eines Migrationshintergrundes   124

Sabine Wolfert, Gudrun Quenzel

4   Vielfalt jugendlicher Lebenswelten: Familie, Partnerschaft, Religion und Freundschaft   133

4.1   Anteil Jugendlicher mit Migrationshintergrund steigt   134
4.2   Elternbeziehung bleibt gut   135
4.3   Kinderwunsch im Zeitverlauf stabil   139
4.4   Partnerschaft   143
4.5   Traditionelle Vorstellungen von Familie und Berufstätigkeit   144
4.6   Religiosität und Kirche   150
4.7   Freundschaften: Qualität zählt mehr als Quantität   157

Ingo Leven, Gudrun Quenzel, Klaus Hurrelmann

5   Bildung: Immer noch entscheidet die soziale Herkunft   163

5.1   Die Bildungsambitionen steigen weiter an   165
5.2   Brüche in der Bildungskarriere – eine soziale Frage   172
5.3   Optimismus in die eigene Zukunft bleibt auf hohem Niveau   181

Ingo Leven, Klaus Hurrelmann, Gudrun Quenzel

6   Beruf und Karriere: Im Falle des Falles zählt die Sicherheit des Arbeitsplatzes   187

6.1   Erwartungen an den Beruf: Die Zuversicht wächst, die Ansprüche steigen   187
6.2   Prioritäten: Wenn Jugendliche nicht alles haben können, steht die Sicherheit im Vordergrund   196
6.3   Vier Typen der Berufsorientierung: Starke Unterschiede nach Herkunft, Bildung und Geschlecht   202

Sabine Wolfert, Ingo Leven

**7   Freizeitgestaltung und Internetnutzung:
Wie Online und Offline ineinandergreifen**   213

7.1   Freizeit: Sowohl offline als auch digital   213
7.2   Die Digital Natives im Internet: Welche Geräte und wie lange?   224
7.3   Breite Nutzung des Internets   226
7.4   Bedenken und Verunsicherung prägen jugendliche Sicht auf
das Internet   235
7.5   Bei Informationen vertrauen Jugendliche vor allem den klassischen
Medien   242

Ingo Leven, Hilde Utzmann

8   Die Vielfalt der Digital Natives   247

8.1   Unsere Gesprächspartner – die Jugendlichen im qualitativen Teil   247
8.2   Digital by Default – Die neue Generation der Digital Natives   250
8.3   Die Allgegenwart digitaler Inhalte im Alltag der Jugendlichen   256
8.4   Bedeutung, Bewertung und Nutzung sozialer Medien im sozialen
Nahraum   271
8.5   Blick auf Gesellschaft wird gerne online geschärft   287

Gudrun Quenzel, Klaus Hurrelmann, Mathias Albert, Ulrich Schneekloth

9   Jugend 2019: Eine Generation meldet sich zu Wort   313

9.1   Zukunft, Achtsamkeit und Gerechtigkeit: Zentrale Themen der neuen
Generation   313
9.2   Polarisierungen, Brüche und soziale Ungleichheiten   316
9.3   Fazit   323

Sabine Wolfert, Ingo Leven, Ulrich Schneekloth

10   Methodik   325

10.1   Methodik der quantitativen Erhebung   325
10.2   Methodik der qualitativen Erhebung   332

Anhang

Fragebogen der 18. Shell Jugendstudie 2019   339
Leitfaden des qualitativen Teils   369
Dokumentation des Index der sozialen Schicht   373
Literaturverzeichnis   376

Geleitwort von Shell
zur 18. Shell Jugendstudie

Sie protestieren gegen Reformen des EU-Urheberrechts«und gehen auf »Fridays for Future«-Demonstrationen in den Schulstreik für das Klima; sie bewegen sich in einem durchdigitalisierten Alltag völlig selbstverständlich im Internet, zeigen ihren Eltern die neuesten Kommunikationsformen per Smartphone und verteilen online untereinander ihre Schulaufgaben; oder sie fragen in ihren Bewerbungsgesprächen selbstbewusst nach flexiblen Arbeitsformen und der Vereinbarkeit von Beruf und Privatleben – das Bild von der Jugend in Deutschland ist komplex, vielfältig, und es ist in jeder Hinsicht in Bewegung. Die Forderungen vieler junger Menschen nach mehr Mitsprache vor allem bei Zukunftsthemen, wie dem gesellschaftlichen Miteinander und dem Klimawandel, bewegen den Staat und die Öffentlichkeit. Ihre drängenden Fragen verlangen nach wohlüberlegten Antworten aus Politik und Gesellschaft.

Ein Blick auf die aktuellen Nachrichten und Onlinemedien vermittelt uns jedoch nur einen Ausschnitt der Lebenswelt von Teilen der heutigen Jugend. Um sich ein präzises und vollständiges Bild der Einstellungen und Werte junger Menschen in Deutschland zu machen, bedarf es einer langfristigen Beobachtung mit belastbaren Trendaussagen. Seit 1953 dokumentieren und analysieren deshalb die Shell Jugendstudien repräsentativ und wissenschaftlich, auf welche Weise Jugendliche in Deutschland ihren Alltag mit all seinen Herausforderungen bewältigen und welche

Verhaltensweisen und Mentalitäten sie dabei herausbilden.

Die Lebensformen junger Menschen unterscheiden sich nicht nur ganz grundsätzlich vor dem Hintergrund ihres Alters, ihres Geschlechts, ihres Wohnorts (Stadt oder Land), ihrer Herkunft (mit oder ohne Migrationshintergrund) oder ihrer gesellschaftlichen Schicht und Bildung. Auch ihre Ansichten und Wertvorstellungen sind vielfältig und teilweise sogar gegensätzlich. Gesellschaftliche Entwicklungen und Konflikte – wie sollte es anders sein – hinterlassen ihre Spuren in der Weltsicht der Jugend, und von der »einen« Generation mit einem gemeinsamen, festen Weltbild zu sprechen, ist heute ebenso wie in den vorangegangenen Jahrzehnten weder sinnvoll noch möglich. Der aktuellen Shell Jugendstudie ist es jedoch gelungen, detailliert herauszuarbeiten, wie Jugendliche mit den politischen und sozialen Bedingungen ihrer Zeit umgehen und wie sie sich eine Persönlichkeit und gleichzeitig ihren Platz in der Gesellschaft erarbeiten.

Mit der Herausgabe der inzwischen 18. Shell Jugendstudie setzen wir die jahrzehntelange Tradition des Unternehmens Shell fort, die Jugendforschung in Deutschland zu fördern. Sie gewährleistet eine Kontinuität in der wissenschaftlichen Langzeituntersuchung jugendlicher Lebenswelten, die in Deutschland und weit darüber hinaus ihresgleichen sucht.

Die aktuelle Shell Jugendstudie konzentriert sich wieder auf politische und gesellschaftliche Weltbilder ebenso wie auf die Auswirkungen sozialer

Strukturen auf das Selbstbild und die Zukunftsaussichten junger Menschen.

Die Digitalisierung aller Lebensbereiche und ihre Folgen für den Einzelnen, der Klimawandel, die schwierige weltpolitische Lage sowie Diskussionen um soziale Gerechtigkeit und eine wachsende Polarisierung innerhalb der Gesellschaft in Deutschland sorgen für einen grundlegenden Wandel ihrer Stimmungen und Befindlichkeiten. So fragt die Studie auch, welchen Widerhall populistische Weltbilder bei ihnen finden, oder ob – und wenn ja – welche Benachteiligungen vor allem Heranwachsende aus unteren sozialen Schichten und aus Familien mit Migrationshintergrund erleben.

Wir gehen davon aus, dass auch die aktuellen Ergebnisse der Untersuchung wieder zahlreiche Anstöße zu gesellschaftlichen und politischen Diskussionen geben werden. Die Shell Jugendstudie stellt der Öffentlichkeit, insbesondere Bildungseinrichtungen, Politik, Wissenschaft und Medien, seit Jahrzehnten zuverlässig ein fundiertes Werk für ihre Arbeit zur Verfügung.

Für die vorliegende Studie haben wir wiederum das bewährte Autorenteam um Professor Mathias Albert, Bielefeld, Professor Klaus Hurrelmann, Berlin, und Professor Gudrun Quenzel, Feld-

kirch/Vorarlberg, sowie das Expertenteam von Kantar in München, bestehend aus Ulrich Schneekloth, Ingo Leven, Sabine Wolfert und Hilde Utzmann, gewinnen können. Dieses Team verantwortet bereits seit dem Jahr 2002 die Befragung der Jugendlichen sowie die Aufarbeitung und Interpretation aller Daten.

Mit einer weit mehr als 100-jährigen Unternehmensgeschichte in Deutschland ist Shell aktiver Teil in dieser Gesellschaft. Den Einsatz für Jugendforschung in Deutschland betrachten wir als einen wichtigen Aspekt unserer gesellschaftlichen Verantwortung als Unternehmen. Shell beschränkt sich auf die finanzielle Ausstattung der umfangreichen Forschungsarbeiten und bedankt sich ganz herzlich bei allen Beteiligten für ihren wertvollen Einsatz. Ganz besonders möchten wir jedoch allen Jugendlichen danken, die sich die Zeit genommen haben, die Fragen der Wissenschaftler zu beantworten. Sie alle haben uns geholfen, ein aktuelles Porträt der jungen Generation im Jahr 2019 zu erstellen.

Dr. Thomas Zengerly
Vorsitzender der Geschäftsführung
Deutsche Shell Holding GmbH

Danksagung der Autorinnen und Autoren

Auch bei der vorliegenden 18. Shell Jugendstudie gebührt an vorderster Stelle denjenigen Jugendlichen Dank, die sich für die Befragung zur Verfügung stellten. Besonderer Dank gilt dabei denjenigen, welche die Zeit für die vertiefenden Gespräche erübrigten, sowie den Interviewerinnen und Interviewern, welche die Befragungen im Auftrag von Kantar Anfang 2019 in ganz Deutschland durchführten.

Bei Kantar leisteten Amelie Reiner, Lea Stallbaum und Maximilian Tolkamp einen wichtigen Beitrag, die sich als studentische Praktikantinnen und Praktikanten in die jeweiligen Projektphasen von der Erstellung der Erhebungsinstrumente über die Auswertung bis zur Fertigstellung des Buches einbrachten.

Dank an Frau Dr. Nathalie Hartmer für ihre Unterstützung bei der sprachlichen Überarbeitung der einzelnen Kapitel.

Bei Hill+Knowlton Strategies Deutschland sei Frau Ulla Herlt und Frau Christina Labusch für die Begleitung bei der Gestaltung und Präsentation der Studie gedankt.

Die vorliegende Shell Jugendstudie ist die erste, die in der Verlagsgruppe Beltz erscheint. Für die verlegerische Betreuung sei Frau Heike Chan Hin und Herrn Frank Engelhardt gedankt.

Für die allzeit engagierte und konstruktive Begleitung der Studie sei insbesondere Herrn Axel Pommeränke sowie Dr. Matthias von Glischinski-Kurc von Shell in Hamburg gedankt.

Zusammenfassung

Die 18. Shell Jugendstudie trägt den Untertitel »Eine Generation meldet sich zu Wort«. Die gegenwärtige junge Generation formuliert wieder nachdrücklicher eigene Ansprüche hinsichtlich der Gestaltung der Zukunft unserer Gesellschaft und fordert, dass bereits heute die dafür erforderlichen Weichenstellungen vorgenommen werden. Als zukunftsrelevante Themen haben vor allem Umweltschutz und Klimawandel erheblich an Bedeutung gewonnen. Sie stehen im Mittelpunkt der Forderung nach mehr Mitsprache und der Handlungsaufforderung an Politik und Gesellschaft.

Dabei ist für die Jugendlichen in Deutschland nach wie vor ihre pragmatische Grundorientierung kennzeichnend. Die Jugendlichen sind, wie auch schon in den letzten Shell Jugendstudien beschrieben, weiterhin bereit, sich in hohem Maße an Leistungsnormen zu orientieren, und hegen gleichzeitig den Wunsch nach stabilen sozialen Beziehungen im persönlichen Nahbereich. Sie passen sich auf der individuellen Suche nach einem gesicherten und eigenständigen Platz in der Gesellschaft den Gegebenheiten so an, dass sie Chancen, die sich auftun, möglichst gut ergreifen können. Mehr als bislang legen viele Jugendliche inzwischen Wert auf eine deutlich bewusstere Lebensführung, ihre Ansprüche an eine nachhaltige Gestaltung von Umwelt und Gesellschaft artikulieren sie deutlich und vernehmbar.

Die Ergebnisse der aktuellen Shell Jugendstudie zeigen, dass trotz der klar erkennbaren sozialen Unterschiede, die sich aus der Herkunft der Jugendlichen ergeben und die durch den auch weiterhin ungleichen Bildungserfolg bestehen bleiben, keine unüberbrückbaren Polarisierungen oder Spaltungen in den Einstellungen zu beobachten sind. Auch die Unterschiede zwischen Ost und West, zwischen männlichen und weiblichen Jugendlichen sowie zwischen Jugendlichen mit und ohne Migrationshintergrund werden eher kleiner als größer. Quer durch alle Gruppierungen findet sich eine Reihe von Gemeinsamkeiten, darunter eine zunehmende Sorge um die ökologische Zukunft, ein Trend zu gegenseitigem Respekt und einer Achtsamkeit in der eigenen Lebensführung, ein starker Sinn für Gerechtigkeit sowie ein wachsender Drang, sich für diese Belange aktiv einzubringen.

Nicht zu übersehen ist allerdings die Affinität einiger Jugendlicher zu populistischen Positionen. Die Kritik, die viele dieser Heranwachsenden dabei zugleich am sogenannten Estalishment in Politik und Gesellschaft üben, ist auch davon beeinflusst, dass sich junge Menschen generell nicht hinreichend gefragt und einbezogen fühlen. Wir unterscheiden in der aktuellen Shell Jugendstudie zwischen Jugendlichen als »Kosmopoliten«, »Weltoffenen«, »Nicht-eindeutig-Positionierten«, »Populismus-Geneigten« und »Nationalpopulisten«. Zwischen den Kosmopoliten und den Nationalpopulisten lässt sich eine klar erkennbare Polarisierung feststellen, beide Gruppen machen zusammengenommen aber lediglich etwa ein Fünftel der Jugendlichen aus.

Politik und Gesellschaft

Das politische Interesse von Jugendlichen hat sich im Jahr 2019 weiter stabilisiert. Als stark interessiert bezeichnen sich 8 % der Jugendlichen, und weitere 33 % sehen sich als interessiert. Damit ist das Interesse im Vergleich zu 2015 zwar leicht rückläufig (41 % im Vergleich zu 43 %), aber im längerfristigen zeitlichen Verlauf betrachtet liegt es deutlich über den Ergebnissen der Jahre 2002, 2006 und 2010.

Bezüglich der Bildungsposition der Jugendlichen liegt ein deutliches Gefälle vor: Jeder zweite Jugendliche[1], der das Abitur anstrebt oder erreicht hat, bezeichnet sich als politisch interessiert. Bei Jugendlichen mit angestrebtem oder erreichtem Hauptschulabschluss trifft dies hingegen nur auf jeden vierten zu. Studierende bezeichnen sich zu 66 % als politisch interessiert, sie sind damit die Gruppe mit dem größten politischen Interesse.

Trotz leichter Annäherungen bezeichnen sich männliche Jugendliche (44 %) noch immer etwas häufiger als weibliche Jugendliche (38 %) als politisch interessiert. Aber beide Geschlechter messen dem eigenen politischen Engagement eine jeweils gleich hohe Bedeutung bei. Momentan hat es sogar den Anschein, dass Mädchen sich als Vorreiterinnen im politischen Engagement präsentieren. Dies gilt vor allem für die »Fridays for Future«-Initiative, die medial stark von jungen Frauen repräsentiert wird.

Das Internet als wichtigste politische Informationsquelle

Die Mehrheit der Jugendlichen informiert sich zu politischen Themen inzwischen online. Am häufigsten werden hierbei Nachrichten-Websites oder News-Portale genutzt (20 %), viele verweisen zudem auf Social-Media-Angebote, also auf entsprechende Informationsquellen in den sozialen Netzwerken, auf Messenger Apps (14 %) oder auf YouTube (9 %). Das Fernsehen als Informationsquelle nennen zwar 23 % der Jugendlichen, 15 % nutzen das Radio und ebenfalls 15 % klassische Printmedien, aber Internet und Social Media haben die klassischen Medien im Bereich der gezielten politischen Informationssuche mittlerweile den Rang abgelaufen.

Das größte Vertrauen wird jedoch nach wie vor den klassischen Medien entgegengebracht. Die große Mehrheit hält die Informationen in den ARD- oder ZDF-Fernsehnachrichten für vertrauenswürdig. Vergleichbares gilt auch für die großen überregionalen Tageszeitungen, wobei Jugendliche in Ostdeutschland (68 %) auch diesen Zeitungen deutlich weniger trauen als ihre Altersgenossen im Westen (83 %). YouTube bezeichnet hingegen etwa jeder zweite Jugendliche als weniger bis nicht vertrauenswürdig. Bei Facebook sind es sogar etwas mehr als zwei von drei Jugendlichen, die den dort angebotenen Informationen misstrauen. Auch Twitter vertraut nur eine Minderheit.

Das Vertrauen in einzelne Kanäle beeinflusst deren Nutzung. Es zeigt sich, dass die politisch interessierten Jugendlichen besonders häufig den klassischen Informations- und Nachrichtenkanälen (Print und öffentlicher Rundfunk) vertrauen und ihre Informationen weder ausschließlich und auch nicht vorrangig in den Social-Media-Kanälen suchen.

---

1 Aus Gründen der Lesbarkeit wird an einigen Stellen auf die Formulierung der weiblichen Schreibweise verzichtet. Grundsätzlich sind jedoch stets alle Geschlechter gemeint.

Umwelt- und Klimaschutz rücken in den Fokus der persönlichen Betroffenheit

Waren es bis 2010 noch die wirtschaftliche Lage und steigende Armut sowie Angst vor Arbeitslosigkeit oder davor, keinen Ausbildungsplatz zu finden, die von Jugendlichen schwerpunktmäßig als Probleme genannt wurden, so hat sich das Bild seitdem deutlich verändert. Aktuell benennen fast drei von vier Jugendlichen die Umweltverschmutzung als das Hauptproblem, das ihnen Angst macht, gefolgt von der Angst vor Terroranschlägen (66 %) sowie dem Klimawandel (65 %). Die wirtschaftliche Lage mit steigender Armut wird hingegen nur noch von etwas mehr als jedem zweiten Jugendlichen benannt, die Angst vor einem Arbeitsplatzverlust oder davor, dass man keinen Ausbildungsplatz findet, sogar nur von etwas mehr als jedem dritten.

Bemerkenswerterweise hat mehr als die Hälfte der Jugendlichen (56 %) Angst vor einer wachsenden Feindlichkeit zwischen Menschen, die unterschiedlicher Meinung sind. Dieser auf eine mögliche Polarisierung der Gesellschaft hindeutende Aspekt macht mehr jungen Leuten Sorge als etwa wirtschaftliche und soziale Nöte. Noch etwas häufiger als im Westen (55 %) verweisen ostdeutsche Jugendliche (59 %) darauf.

Auch 2019 bleibt es dabei, dass Jugendliche die Angst vor einer wachsenden Ausländerfeindlichkeit in Deutschland (52 %) häufiger nennen als die Angst vor weiterer Zuwanderung (33 %). Anders als noch im Jahr 2015 spricht sich inzwischen aber jeder zweite (Westen: 47 %; Osten: 55 %) dafür aus, weniger Zuwanderer als bisher aufzunehmen. 2015 war es erst etwas mehr als jeder dritte Jugendliche (Westen: 34 %, Osten: 49 %).

Alles in allem wird Deutschland als sozial gerecht angesehen

Zu 59 % ist die Mehrheit der Jugendlichen überzeugt, dass es in Deutschland alles in allem gerecht zugeht. Differenziert man die Abfrage noch ein wenig, so sind es sogar 79 %, die zustimmen, dass in Deutschland jeder die Möglichkeit hat, nach Fähigkeit und Begabung ausgebildet zu werden. Etwas mehr als die Hälfte (57 %) sieht es so, dass man in Deutschland leistungsgerecht bezahlt wird, und ebenfalls etwas mehr als die Hälfte (55 %) ist der Meinung, dass Benachteiligte in Deutschland ausreichend unterstützt werden. Die Zustimmung zur Frage nach der sozialen Gerechtigkeit korreliert stark mit der Herkunftsschicht der Jugendlichen: Je niedriger die Herkunftsschicht, umso niedriger ist der Anteil derjenigen, die dieser Aussage zustimmen. So verweist etwa jeder zweite Jugendliche aus der untersten Herkunftsschicht auf fehlende soziale Gerechtigkeit, während aus der obersten Schicht nur noch 25 % diese Einschätzung teilen.

EU bedeutet Chancen, Wohlstand, kulturelle Vielfalt und Frieden

Die EU wird von den Jugendlichen als Chance und nicht als Risiko empfunden und daher nicht infrage gestellt: Jeder zweite Jugendliche beurteilt die EU positiv (43 %) oder sehr positiv (7 %), wohingegen nicht einmal einer von zehn Jugendlichen ein negatives (7 %) oder sogar sehr negatives (1 %) EU-Bild hat. Auch wenn EU-Euphorie sicherlich anders aussieht – in Anbetracht der europäischen Gesamtentwicklung sollte man dies eher als positiven Realismus interpretieren.

So gut wie alle Jugendlichen betonen an allererster Stelle, dass sie mit der EU Freizügigkeit verbinden, also die Möglichkeit, in andere europäische Länder zu reisen, dort studieren, arbeiten oder sich gänzlich niederlassen zu können. Ein Europa ohne Grenzen, in dem man wie im eigenen Land gegebenenfalls auch auf Dauer leben und arbeiten kann, ist aus Sicht der Heranwachsenden die wichtigste Errungenschaft der EU. Ebenfalls vorrangig, wenn auch im Vergleich zu 2006 leicht rückläufig, ist der Aspekt der kulturellen Vielfalt, den vier von fünf Jugendlichen positiv mit der EU verbinden. Ebenfalls vier von fünf Jugendlichen betonen, dass die EU für Frieden sowie für Demokratie steht.

Als kritischsten Punkt in Bezug auf Europa sehen knapp drei von vier Jugendlichen die Bürokratie – Tendenz leicht rückläufig. Deutlich gestiegen ist hingegen der Aspekt des wirtschaftlichen Wohlstandes, er wird von ebenfalls fast drei Viertel der Jugendlichen in Deutschland mit der EU gleichgesetzt. Fast schon spiegelbildlich verbindet nur noch knapp jeder dritte mit der EU das Thema Arbeitslosigkeit. Als zunehmende Akzeptanz der EU kann weiterhin bewertet werden, dass weniger junge Menschen Kriminalität (39 %) oder den Verlust der eigenen Heimatkultur (25 %) mit der EU verbinden.

Zwischen Weltoffenheit und Populismusaffinität

Populistische Argumentationsmuster erweisen sich grundsätzlich auch bei Jugendlichen als anschlussfähig, doch es werden auch wichtige Unterschiede sichtbar: Die Mehrheit der Jugendlichen (57 %) betont, dass sie es gut finden, dass Deutschland viele Flüchtlinge aufgenommen hat. Die Aussage »In Deutschland darf man nichts Schlechtes über Ausländer sagen, ohne gleich als Rassist beschimpft zu werden« erhält allerdings noch mehr Zustimmung (68 %). Das Argumentationsmuster deckt ein offen-

bar weit verbreitetes Gefühl ab, dass es Dinge gibt, die man nicht ansprechen darf, ohne dafür nach subjektiver Wahrnehmung moralisch sanktioniert zu werden. Und auch die Kritik am sogenannten Establishment (»Die Regierung verschweigt der Bevölkerung die Wahrheit« und »Der Staat kümmert sich mehr um Flüchtlinge als um hilfsbedürftige Deutsche«), der mehr als die Hälfte der Jugendlichen zustimmt, bedient offenbar ein vorhandenes Empfinden, nicht ernst genug genommen und übergangen zu werden. Zugleich gilt aber auch, dass fast jeder Zweite das nicht so sieht und dem daher nicht oder überhaupt nicht zustimmt.

Den populistischen Statements ist gemein, dass sie gezielt an affektiven Komponenten, also an Gefühlsregungen und weniger an kognitiv reflektierten Positionen ansetzen. Bedient werden Ressentiments und Ängste. Im Umkehrschluss bedeutet dies aber auch, dass jede schnell geäußerte Zustimmung zu einem populistischen Grundmuster nicht unbedingt in sich konsistente Überzeugungen nach sich ziehen muss, die dann nachhaltig wirksam oder handlungsleitend wären.

Um Zustimmung zu populistischen Einstellungen zu beschreiben, haben wir fünf »Populismuskategorien« gebildet. Ihre Verteilung stellt sich folgendermaßen dar: Etwa 12 % der Jugendlichen (Altersgruppe 15 bis 25 Jahre) lassen sich als Kosmopoliten beschreiben. Sie befürworten, dass Deutschland viele Flüchtlinge aufgenommen hat, und lehnen so gut wie alle populistisch gefärbten Statements ab. 27 % der Jugendlichen gehören zu den Weltoffenen. Auch sie begrüßen mehrheitlich, dass Deutschland viele Flüchtlinge aufgenommen hat, und distanzieren sich von explizit sozial- oder nationalpopulistischen Statements. 28 % der Jugendlichen bilden die im Vergleich größte Gruppe der Nicht-eindeutig-Positionierten. Auch von ihnen bejaht die Mehrheit die Aussage, dass es gut sei, dass Deutschland viele Flüchtlinge aufgenommen hat. Zugänglich sind sie aber oftmals für Aussagen, die auf ein diffuses »Meinungsdiktat« abzielen und die an ein vorhandenes Misstrauen gegenüber Regierung und sogenanntem Establishment anknüpfen. Zu den Populismus-Geneigten zählen 24 % der Jugendlichen. Von ihnen findet es nur etwa jeder dritte gut, dass Deutschland viele Flüchtlinge aufgenommen hat. Den populistisch gefärbten Aussagen »In Deutschland darf man nichts Schlechtes über Ausländer sagen, ohne gleich als Rassist beschimpft zu werden« und »Der Staat kümmert sich mehr um Flüchtlinge als um hilfsbedürftige Deutsche« stimmen hier hingegen so gut wie alle zu. Vergleichbares gilt für die Aussage »Die Regierung verschweigt der Bevölkerung die Wahrheit«. Als Nationalpopulisten können 9 % der Jugendlichen bezeichnet werden. Sie stimmen allen populistisch aufgeladenen Statements durchgängig zu, distanzieren sich von der Aufnahme von Flüchtlingen und betonen darüber hinaus auch ihre generell ablehnende Haltung gegenüber Vielfalt.

Weniger Kontrolle über das eigene Leben, generelles Benachteiligungsempfinden sowie Distanz gegenüber Vielfalt sind typisch für Affinität zum Populismus

Je höher die Bildungsposition, desto geringer die Populismusaffinität. Von den Jugendlichen mit höherer Bildungsposition gehört jeder zweite zu den Weltoffenen oder zu den Kosmopoliten, während es bei Jugendlichen mit niedriger Bildungsposition entgegengesetzt ist: Hier gehört weit mehr als jeder zweite zu den Populismus-Geneigten oder zu den Nationalpopulisten. Ebenfalls etwas höher ausgeprägt ist die Populismusaffinität im Osten. Hier gehört ein etwas

kleinerer Anteil der Jugendlichen zu den Weltoffenen oder den Kosmopoliten (zusammengenommen 33 %), hingegen ein größerer Teil zu den Populismus-Geneigten oder den Nationalpopulisten (zusammen 42 %). Im Westen sind die Anteile etwas stärker in Richtung Weltoffene oder Kosmopoliten verschoben (40 %). Populismus-Geneigte und Nationalpopulisten (zusammen 31 %) sind hier entsprechend weniger häufig anzutreffen.

Kosmopoliten und Weltoffene haben ein eher positives Bild von der sozialen Gerechtigkeit in Deutschland. Nur etwa jeder Vierte beider Gruppierungen findet, dass es in Deutschland alles in allem nicht hinreichend gerecht zugehen würde. Auch bei den Nicht-eindeutig-Positionierten trifft dies lediglich auf jeden dritten zu. Fehlende soziale Gerechtigkeit beklagt hingegen bereits jeder Zweite aus der Gruppe der Populismus-Geneigten. Bei den Nationalpopulisten sind es sogar drei von vier Jugendlichen, die in Deutschland keine hinreichende Gerechtigkeit gewährleistet sehen. Dies korrespondiert mit der Zustimmung zu den Aussagen »Ich finde, dass andere mir gegenüber häufig bevorzugt werden« und »Ich finde, dass andere über mein Leben bestimmen«. Populismus bedient also den Wunsch nach Rückgewinnung von Kontrolle.

Nationalpopulisten lehnen eine Pluralisierung der Lebensweisen und Vielfalt besonders häufig ab. Fast jeder zweite nationalpopulistisch orientierte Jugendliche hat ein kritisch-distanziertes Verhältnis dazu, »die Vielfalt der Menschen anzuerkennen und zu respektieren«. Im Unterschied zu allen anderen Gruppen identifizieren sich diese Jugendlichen nicht oder nur weit unterdurchschnittlich mit dieser Wertorientierung. Zum Gefühl der fehlenden Kontrolle gesellt sich die Ablehnung von allem, was als »fremde Kultur« angesehen wird und nicht mit der persönlichen

Vorstellung, wie das Leben auszusehen hat, in Übereinstimmung gebracht werden kann.

Toleranz bleibt Markenzeichen

Jugendliche in Deutschland sind weiterhin in ihrer großen Mehrheit tolerant gegenüber anderen Lebensformen, Minderheiten und sozialen Gruppen. Toleranz messen wir mit der Frage nach Vorbehalten gegenüber potenziellen Nachbarn wie etwa Flüchtlingsfamilien, Türken oder Homosexuellen. Dabei zeigte sich, dass zwar nur eine Minderheit, immerhin aber doch 20 % es nicht gut fänden, wenn sie eine Flüchtlingsfamilie als Nachbarn hätten. Ähnlich hoch sind die Vorbehalte gegenüber einer türkischen Familie (18 %). Eine deutsche Familie mit vielen Kindern lehnen 13 % und eine Wohngemeinschaft mit Studenten 12 % ab. Gegen ein homosexuelles Paar sprechen sich 9 % aus. Am wenigsten häufig wird eine jüdische Familie negativ bewertet. Hier sind es 8 %, die diese nicht als Nachbarn haben wollen. Die große Mehrheit der Jugendlichen erweist sich jedoch als tolerant und sagt, dass es ihnen egal wäre und es sie demnach nicht stören würde, wenn Menschen aus den genannten Gruppen in die Wohnung nebenan einzögen.

Die für eine Affinität zum Populismus typische Distanz gegenüber Vielfalt drückt sich auch ganz unmittelbar in den Ressentiments aus, die gegenüber »Fremden« oder sonstigen Gruppen mit Lebensweisen, die offenbar als nicht akzeptabel gelten, geäußert werden. Zwei von drei Nationalpopulisten und auch jeder dritte Populismus-Geneigte lehnt eine Flüchtlingsfamilie als Nachbarn ab. Überproportional hoch ist bei den nationalpopulistisch orientierten Jugendlichen auch die Ablehnung gegenüber einer jüdischen Familie. Jeder dritte von ihnen will sie nicht als Nachbarn

haben. Populismus-geneigte Jugendliche sind hier weniger auffällig. Hier ist die Häufigkeit, mit der jüdische Mitbürger abgelehnt werden, nur leicht höher als bei den anderen Gruppen.

Jugendliche mit einem Hintergrund aus den islamisch geprägten Ländern (Türkei, arabische Länder, sonstige islamisch geprägte Herkunftsländer) äußern zusammengenommen weniger häufig Vorbehalte gegenüber anderen, als dies Deutsche ohne Migrationshintergrund tun. Im Einzelnen lehnen sie allerdings häufiger homosexuelle Paare (18 %) wie auch jüdische Familien ab (14 %). Jugendliche mit einem Migrationshintergrund aus den osteuropäischen Ländern, aus Ex-Jugoslawien oder aus der Ex-UdSSR lehnen ebenfalls etwas häufiger Homosexuelle ab (12 %) und äußern ebenfalls häufig Vorbehalte gegenüber Flüchtlingen (19 %).

Demokratiezufriedenheit ist bei Jugendlichen im Osten deutlich angestiegen

Für die große Mehrheit der Jugendlichen in Deutschland ist die Demokratie als Staatsform selbstverständlich. Ganz konkret sind fast vier von fünf Jugendlichen (77 %) mit der Demokratie, so wie sie in Deutschland besteht, eher oder sehr zufrieden – diese Werte steigen sogar seit vielen Jahren an. Besonders bemerkenswert ist die Entwicklung bei ostdeutschen Jugendlichen. War es im Jahr 2015 nur etwa jeder zweite, der sich im Osten eher oder sehr zufrieden mit der Demokratie in Deutschland zeigte, so sind es heute bereits zwei von dreien. Die Unterschiede zwischen ost- und westdeutschen Jugendlichen bleiben damit zwar noch bestehen, gleichen sich hinsichtlich der Bewertung der deutschen Gesellschaft aber zunehmend an.

Nationalpopulistisch orientierte Jugendliche sind hingegen mehrheitlich unzufrieden mit der Demokratie in Deutschland (65 %) und würden mit großer Mehrheit (73 %) eine »starke Hand«, die für Ordnung sorgt, begrüßen.

Bei den Nicht-eindeutig-Positionierten ist es jeder Dritte, und bei den anderen beiden populismusfernen Gruppen nur eine kleine Minderheit, die dies bejaht. Interessant für die Funktion und Wirkungsweise von Populismus ist, dass die Nicht-eindeutig-Positionierten sowie selbst die Populismus-Geneigten mit der Demokratie in Deutschland mehrheitlich zufrieden sind und diese auch als Staatsform klar befürworten. Bedenkt man, dass eine Populismusaffinität stark mit Wut und Empörung über vermeintliche Elitenverschwörungen einhergeht, dann wäre hier eigentlich von den Populismus-Geneigten ein negatives Antwortverhalten zu erwarten gewesen. Es zeigt sich also auch an dieser Stelle, dass Populismus insbesondere dann wirkt, wenn er an unbewusste Vorbehalten, Ängsten oder Verdrossenheiten anknüpft. Offene Distanz gegenüber der Demokratie findet sich hingegen erst bei den Jugendlichen, die nationalpopulistische Positionen durchgängig teilen und bei denen ihre Kritik an den »herrschenden Eliten« in offen demokratiefeindliche Positionen umschlägt.

Wie schon in den letzten Shell Jugendstudien zu beobachten, ist trotz steigender Demokratieakzeptanz nach wie vor kein Rückgang bei der grundsätzlichen Politikverdrossenheit feststellbar. So ist das Vertrauen, welches Jugendliche den Parteien entgegenbringen, weiterhin gering, und auch die Zustimmung zu der populistisch geformten Aussage »Ich glaube nicht, dass sich Politiker darum kümmern, was Leute wie ich denken« ist im Vergleich zu 2015 ebenfalls angestiegen (71 %). Auffällig ist auch hier wieder der Zusammenhang zur Bildungsposition. Je niedriger die Herkunftsschicht und die Bildungsposition, desto größer die Verdrossenheit.

Resümierend kann festgehalten werden, dass die Jugendlichen in Deutschland trotz der Debatte um die Flüchtlingskrise und des in diesem Kontext verstärkt um sich greifenden Rechts- und Nationalpopulismus ihre grundsätzlichen Positionen beibehalten haben. Sie wissen um die Bedeutung eines vereinigten Europas, sie befürworten die Demokratie als beste Staatsform für Deutschland, sie sind ganz überwiegend tolerant. Eine Polarisierung der jungen Generation im Sinne einer Aufspaltung in größere und unversöhnliche Lager lässt sich, trotz der tiefgreifenden und tendenziell unversöhnlich wirkenden Differenzen bei der Frage des Zuzugs nach Deutschland, in Gänze nicht feststellen.

Persönliches Engagement von Jugendlichen schwankt und erscheint leicht rückläufig

Der Anteil der Jugendlichen, die sich nach eigenen Angaben sozial, politisch beziehungsweise ganz einfach für andere Menschen engagieren, liegt seit langer Zeit zwischen 33 und 40 %. Allerdings sagen inzwischen immer mehr Jungen und Mädchen, dass sie sich in diesem Sinne überhaupt nicht einsetzen, und auch der Anteil derer, die zumindest gelegentlich aktiv sind, geht zurück. Jungen und Mädchen sind übrigens gleichermaßen engagiert, Jugendliche in Ost- und Westdeutschland ebenfalls. Unterschiede zeigen sich bei der sozialen Herkunft: Je gehobener die Herkunft, desto höher das eigene Engagement.

Eine wichtige Rolle dürfte an dieser Stelle neben der Bildungsposition auch die Erfahrung spielen, dass in der Familie privates oder gesellschaftliches Engagement möglicherweise schon immer üblich war und das Aufwachsen mitgeprägt hat. Davon unabhängig bieten bessere materielle Lebensbedingungen natürlich auch mehr Freiräume für eigenes Engagement.

Optimistischer Blick in die Zukunft

58 % der Jugendlichen blicken aktuell optimistisch in die eigene Zukunft, 37 % gemischt (»mal so, mal so«) und nur 5 % eher düster. Der Anteil der optimistischen Jugendlichen hat sich somit gegenüber 2015 (61 %) leicht verringert, und der seit 2006 zu beobachtende Trend eines zunehmenden Optimismus setzt sich nicht fort, doch das Niveau bleibt insgesamt ähnlich hoch.

Bemerkenswert ist, dass Jugendliche aus der sozial schwächsten Schicht – entgegen dem Trend – optimistischer geworden sind. War 2010 und 2015 nur fast ein Drittel (32 %) optimistisch hinsichtlich der eigenen Zukunft, sind es 2019 mit 45 % deutlich mehr. Dagegen ist der Optimismus in den oberen sozialen Schichten seit 2015 merklich ausgebremst worden. Jugendliche aus der oberen Schicht (63 % im Vergleich zu vormals 76 %) und der oberen Mittelschicht (62 % im Vergleich zu vormals 71 %) sehen aktuell noch immer mehrheitlich, wenn auch etwas weniger häufig optimistisch in die eigene Zukunft.

Die Zukunft der Gesellschaft sieht etwas mehr als die Hälfte, genauso wie auch schon 2015, positiv (52 %). Daran hat auch die wachsende Angst vor Umweltzerstörung und Klimawandel nichts geändert.

Wertorientierungen

Unter Wertorientierungen werden in der Shell Jugendstudie drei konstitutive Aspekte verstanden: 1) Lebensziele, nach denen man strebt, 2) Tugenden im Sinne von normativen Tüchtigkeitsidealen und

3) spezifische Haltungen, mit denen man sich gegenüber gesellschaftlichen oder alltagspraktischen Fragestellungen positioniert. Die Wertorientierungen bilden zusammengenommen den Wertekanon, der als Kompass für die eigenen Einstellungen, Bewertungen und das eigene Handeln dient.

Familie und Beziehungen bleiben für die eigene Lebensführung die zentralen Orientierungspunkte

»Familie« und »soziale Beziehungen« sind die mit Abstand wichtigsten Wertorientierungen, die so gut wie alle Jugendlichen für sich gewährleistet sehen wollen; sogar wichtiger als »Eigenverantwortlichkeit« (89 %) und »Unabhängigkeit« (83 %), die doch gerade im Jugendalter als Übergang zum Erwachsensein besondere Entwicklungsaufgaben markieren. Auch an der Betonung von Tugenden, wie etwa der Respektierung von Gesetz und Ordnung (87 %), fleißig und ehrgeizig zu sein (81 %) oder nach Sicherheit zu streben (77 %), hat sich seit 2002 nichts geändert. Familie stellt einen »sicheren Heimathafen« dar, der jungen Menschen Halt und Unterstützung gibt, wohingegen die Orientierung an der Leistungsnorm für das »Versprechen« steht, dadurch gesellschaftliche Anerkennung zu finden und am Leben teilhaben zu können. Letzteres wird auch von der gegenwärtigen jungen Generation akzeptiert und nicht infrage gestellt. Dass Jugendliche trotzdem offen für Neues sind und von daher eine Rolle als Träger von Veränderungen übernehmen können, zeigt sich daran, dass sie »die eigene Phantasie und Kreativität entwickeln« als ähnlich wichtige Wertorientierung benennen.

Vier von fünf Jugendlichen geben an, dass sie »das Leben in vollen Zügen genießen« wollen. Diese Haltung hat seit 2002 kontinuierlich an Bedeutung gewonnen und ist seit 2015 stabil. Die Betonung des Lebensgenusses unterstreicht die Bedeutung, die Jugendliche der eigenen Teilhabe beimessen. Das Hier und Jetzt in Verbindung mit dem Bedürfnis, an den diversen Angeboten, die die Gesellschaft zu bieten hat, persönlich zu partizipieren, ist für die große Mehrheit der Jugendlichen ebenfalls maßgeblich. Familie und Gemeinschaft sowie ein eher hedonistisches Streben nach Vergnügen und Genuss schließen sich dabei nicht aus, sondern bedingen sich sogar. Das Leben in vollen Zügen genießen zu wollen, bedeutet für viele junge Menschen deshalb auch, dass man grundsätzlich weder Beruf noch Freizeit entgrenzt sehen möchte.

Bewusste Lebensführung und eigener Gestaltungsanspruch

Die deutlichste Veränderung im Wertekanon von Jugendlichen zeigt sich bei den Wertorientierungen, die für eine bewusste Lebensführung stehen: Gesundheitsbewusstsein ist für vier von fünf Jugendlichen wichtig. Dies ist damit unter Jugendlichen ungefähr gleich wichtig wie der Wunsch nach Unabhängigkeit, die Bedeutung von Fleiß und Ehrgeiz sowie der Lebensgenuss. Der Schutz der Umwelt liegt 71 % am Herzen und ist damit inzwischen sogar wichtiger als ein eigener hoher Lebensstandard (63 %). Der Trend und die damit verbundenen Veränderungen sind an dieser Stelle klar ersichtlich: Im Jahr 2002 haben noch 60 % der Jugendlichen Umweltbewusstsein als wichtigen Wert benannt, inzwischen trifft dies für fast drei von vier Jugendlichen zu. Das ist ein ungewöhnlich hoher Bedeutungsanstieg, es gibt, mit nur einer Ausnahme, keinen anderen Bereich, der seitdem ähnlich stark an Relevanz gewonnen hat. Diese Ausnahme bildet interessanterweise das politische Engagement,

dessen Bedeutung aus der Sicht der Jugendlichen, wenn auch auf einem niedrigeren Niveau, sogar noch etwas stärker angestiegen ist. Umwelt-, Klima- und Gesundheitsbewusstsein sowie eine bewusste Lebensführung gehen Hand in Hand mit dem Wunsch, sich bei den eigenen Entscheidungen auch von seinen Gefühlen leiten zu lassen. Gut in dieses Bild passt auch, dass die Respektierung von Vielfalt bei etwas mehr als vier von fünf Jugendlichen mit an der Spitze der Werteliste steht. Die große Bedeutung, die damit einer bewussten und achtsamen Lebensführung beigemessen wird, dürfte eine wesentliche Triebkraft dafür sein, dass Jugendliche das eigene politische Engagement wieder höher bewerten: Aktuell sind dies 34 %.

Für junge Menschen haben demnach die idealistischen, also die eher sinnstiftenden Wertorientierungen an Bedeutung gewonnen. Gegenläufig ist die Entwicklung bei tendenziell materialistischen Orientierungen, die darauf abzielen, die persönliche Macht- und Durchsetzungskraft zu steigern. Nur jeder dritte Jugendliche betont den Stellenwert der eigenen Einflussnahme und Macht, also deutlich weniger als diejenigen, denen es wichtig ist, sozial Benachteiligten zu helfen (62 %). Sich und seine eigenen Bedürfnisse gegen andere durchzusetzen, ist ebenfalls für weniger Jugendliche wichtig, als Toleranz gegenüber anderen Meinungen zu üben (59 %). Dies hat nichts mit fehlender eigener Zielstrebigkeit zu tun. Fast alle Jugendliche (87 %) reklamieren für sich, ihre Ziele und Erfolgsvorstellungen in die Tat umzusetzen, und knapp zwei von drei Jugendlichen halten es für wichtig, mehr zu leisten als die anderen. Auch diese Entwicklung bringt zum Ausdruck, dass sich der Wertehorizont der Jugendlichen verschiebt: Sie tendieren zu stärkerer Achtsamkeit und Verträglichkeit auch im persönlichen Bereich.

Zwei Drittel aller Jugendlichen halten einen hohen Lebensstandard für erstrebenswert, dieser Wert schwankt seit Jahren etwas, liegt aber ungefähr auf dem Niveau seit 2002. Wertemuster, die Tradition und Konformität kennzeichnen, verlieren an Bedeutung. Es ist der Non-Konformismus, der nach wie vor die Lebensphase Jugend prägt. Noch 2015 hatte es den Anschein, dass die traditionsbezogenen Wertemuster leicht ansteigen würden, doch aktuell hat sich dieser Trend wieder umgekehrt.

Junge Frauen als Trendsetter einer bewussteren Lebensführung

Junge Frauen repräsentieren die Veränderungen im Wertekanon besonders deutlich. Ihnen liegen insbesondere die Wertorientierungen aus dem Wertemuster Bewusste Lebensführung häufiger am Herzen: So halten es fast vier von fünf weiblichen Jugendlichen im Vergleich zu etwas mehr als zwei von drei männlichen Jugendlichen für wichtig, sich unter allen Umständen umweltbewusst zu verhalten. Auch die soziale Orientierung ist bei ihnen stärker ausgeprägt. Hier sind es zwei von drei jungen Frauen – im Vergleich zu etwas mehr als jedem zweiten jungen Mann –, die es wichtig finden, sozial Benachteiligten zu helfen. Die Bedeutung eines eigenen politischen Engagements ist bei jungen Frauen ebenfalls angestiegen (34 %) und wird von ihnen jetzt genauso hoch wie von ihren männlichen Altersgenossen bewertet.

Junge Männer geben sich weniger gefühlsbetont und stärker materialistisch als junge Frauen. Deutlich ausgeprägter ist vor allem ihr Wunsch, selbst Macht und Einfluss zu haben. Immerhin mehr als jeder dritte junge Mann, aber nur etwa jede vierte junge Frau halten dies für wichtig. Junge Frauen lassen es dabei keinesfalls an Durchsetzungsanspruch

mangeln. Sie schätzen sich als genauso zielstrebig ein wie junge Männer (88 %) und finden es für ihre Lebensführung ebenfalls genauso wichtig, sich und ihre Bedürfnisse gegenüber anderen durchzusetzen (49 %). Auch bei der Bewertung eines hohen Lebensstandards sind sich die männlichen und die weiblichen Jugendlichen einig.

Jugendliche aus der untersten Herkunftsschicht fühlen sich deutlich stärker benachteiligt

Tugendhaftigkeit und Tüchtigkeit sind für nahezu alle Jugendlichen positiv besetzt – und zwar in allen Schichten. Respekt vor Gesetz und Ordnung oder Fleiß und Ehrgeiz gehören für alle jungen Menschen zu den wichtigen Leitbildern. Fleiß und Ehrgeiz als Leistungsideal benennen Jugendliche aus der obersten Herkunftsschicht im Vergleich am häufigsten, allerdings dicht gefolgt von ihren Altersgenossen aus der unteren Mittelschicht. Alles in allem sind die Abstände zwischen den Schichten aber eher gering. Ehrgeiz ist also kein primäres Mittelschichtsphänomen, sondern auch für die oberste und die unteren Schichten eine klare Leitorientierung.

Die schichtübergreifend hohe Leistungsethik ist vor dem Hintergrund, dass sich Jugendliche aus der untersten Herkunftsschicht als stärker benachteiligt empfinden, bemerkenswert. Immerhin fast zwei von drei dieser weniger privilegierten Jugendlichen geben an, häufiger die Erfahrung zu machen, dass andere über sie bestimmen, während dies ansonsten nur von knapp jedem Zweiten und bei Altersgenossen aus der obersten Herkunftsschicht sogar nur von jedem Dritten berichtet wird. Unterschiede gibt es ebenfalls bei der Wahrnehmung, dass andere bevorzugt werden. Dies meint jeder zweite Jugendliche aus der untersten Herkunftsschicht im Vergleich zu nur jedem fünften aus der oberen Schicht. Die Wahrnehmungen von Jugendlichen aus den unterschiedlichen sozialen Schichten gehen an dieser Stelle offensichtlich auseinander. Die beschriebene Leistungsethik schützt also offenbar nicht davor, sich als unberechtigterweise benachteiligt oder sogar als abgehängt zu empfinden.

Auffällig ist der persönliche Durchsetzungswille von Jugendlichen aus den unteren Herkunftsschichten: Für 59 % der jungen Leute aus der untersten Herkunftsschicht und für 51 % derjenigen aus der unteren Mittelschicht ist es wichtig, sich und die eigenen Bedürfnisse gegen andere durchzusetzen. Dieser Anteil sinkt auf 43 % in der oberen Mittelschicht und der oberen Schicht. Das geringere Kontroll- und das höhere Benachteiligungsempfinden in den unteren Schichten führt mehrheitlich also nicht dazu zu resignieren. Im Gegenteil: Für die Mehrheit ist der Wille nach einer fast schon unbedingten Selbstbehauptung prägend. Die jungen Menschen wollen sich nicht unterkriegen lassen. Jugendliche aus den oberen Schichten betonen den Durchsetzungswillen etwas seltener, sicherlich auch, weil sie es aufgrund ihrer privilegierteren Position per se weniger nötig haben. Respekt gegenüber Vielfalt ist für 70 % der Jugendlichen aus der untersten Schicht wichtig, aber für fast 90 % der Gleichaltrigen aus den oberen Schichten. Der Anspruch auf eigene Gestaltungsmacht im Sinne einer Selbstbehauptung ist für Jugendliche aus den unteren Schichten allerdings nicht unproblematisch und kann, je nach Situation und Ausprägung, auch dazu führen, den gesellschaftlichen Anschluss sogar noch weiter zu verlieren.

Auch umweltbewusstes Verhalten hängt stark mit der Zugehörigkeit zu den Schichten zusammen: Für rund drei Viertel der Jugendlichen aus den oberen und mittleren Schichten ist es zentral, in der unteren Mittel- sowie untersten Schicht sind es nur gut zwei von dreien, und ein Viertel aus dieser Gruppe hält umweltbewusstes Verhalten sogar für nicht wichtig.

Jugendliche mit und ohne Migrationshintergrund unterscheiden sich nicht in ihren zentralen Lebenszielen

Familie, Freunde und soziale Beziehungen im Verbund mit Eigenverantwortung und Unabhängigkeit sind auch für Jugendliche mit einem Migrationshintergrund die wichtigsten Lebensziele. Darüber hinaus sind es die gleichen Tugenden wie bei deutschen Jugendlichen ohne Migrationshintergrund, etwa Fleiß und Ehrgeiz, nach Sicherheit streben und ein gutes Familienleben führen, die für ihre Einstellungen und Haltungen eine gemeinsame Richtschnur bilden.

Der Hauptunterschied zwischen Jugendlichen mit und ohne Migrationshintergrund besteht in der Bedeutung, den sie dem Glauben an Gott beimessen. Für fast zwei von drei Jugendlichen aus den islamisch geprägten Ländern spielt der Gottesglaube eine wichtige Rolle, während dies für deutsche Jugendliche ohne Migrationshintergrund sowie diejenigen aus den sonstigen OECD-Ländern nur für jeden Vierten zutrifft. Der Respekt für Gesetz und Ordnung steht bei allen Jugendlichen vergleichbar hoch im Kurs, egal ob mit oder ohne Migrationshintergrund. Jugendliche mit einem Migrationshintergrund aus den islamischen Herkunftsländern oder aus Osteuropa, der Ex-UdSSR oder aus Ex-Jugoslawien identifizieren sich darüber hinaus besonders stark mit den Leistungs- und Tüchtigkeitsnormen, deutlich stärker als Jugendliche ohne Migrationshintergrund. Gleiches gilt für den hohen Lebensstandard, den Jugendliche mit Migrationshintergrund aus den beiden genannten großen Herkunftsgebieten im Vergleich ebenfalls als wichtiger bewerten. Zum Ausdruck kommt an dieser Stelle der »Traum« vom Wohlstand und der Teilhabe im fremden Land, in dem man lebt und in dem die meisten auch geboren wurden. Dafür bringen sie sich mit all ihrem Fleiß und Ehrgeiz ein und respektieren Gesetze und die grundsätzliche Ordnung.

Jugendliche mit Migrationshintergrund fühlen sich stärker benachteiligt

Die Bedeutung der Tugenden und die Leistungsorientierung stellen bei Jugendlichen mit Migrationshintergrund allerdings nur die eine Seite der Medaille dar. Auf der anderen Seite stehen die gefühlten Ungerechtigkeiten. Mehr als 40 % der Jugendlichen mit einem Migrationshintergrund aus den beiden genannten großen Herkunftsregionen sehen es so, dass sie im Alltag häufiger als andere benachteiligt werden. Insbesondere Letzteres unterscheidet sie von ihren Altersgenossen ohne Migrationshintergrund und auch von denen mit einem Hintergrund aus den sonstigen OECD-Ländern. Jugendliche mit Migrationshintergrund betrachten es als für ihre Lebensführung wichtig, sich und ihre Bedürfnisse gegenüber anderen durchzusetzen. Es findet sich an dieser Stelle ein ähnliches Muster wie bei den Jugendlichen aus den unteren Herkunftsschichten.

Respekt und Toleranz als wichtige Güter

Knapp neun von zehn Jugendlichen mit einem Migrationshintergrund aus den islamisch geprägten Herkunftsländern und sogar noch etwas mehr derjenigen mit einem Hintergrund aus Osteuropa, der Ex-UdSSR oder Ex-Jugoslawien betonen die Notwendigkeit des Respekts vor Vielfalt. Bei ihren Altersgenossen

ohne Migrationshintergrund und auch bei Jugendlichen aus den sonstigen OECD-Staaten sind es hier etwa vier von fünf. Dabei dürften diese Jugendlichen mit Migrationshintergrund natürlich besonders an den Respekt vor der eigenen Kultur und Lebensweise denken, die sie bei der deutschen Mehrheitsgesellschaft oftmals vermissen. Auf der anderen Seite – wie bereits dargestellt – stellen wir bei einem Teil dieser Jugendlichen fest, dass sie diese eingeforderte Toleranz gegenüber anderen Minderheiten – insbesondere Juden und Homosexuellen – eher nicht aufbringen.

Insgesamt betrachtet finden sich bei Jugendlichen mit und ohne Migrationshintergrund in den zentralen Wertorientierungen keine grundsätzlichen Unterschiede. Vielmehr überwiegt das Gemeinsame. Die pragmatische Grundhaltung der Jugendlichen, also die Bereitschaft, sich in hohem Maße an Leistungsnormen zu orientieren und sich an die jeweiligen Gegebenheiten anzupassen, im Verbund mit dem Wunsch nach stabilen sozialen Beziehungen im persönlichen Nahbereich, bildet auch hier einen gemeinsamen Rahmen.

Familie und Lebenswelten

Mit dem Ablösungsprozess vom Elternhaus und einer gleichzeitig zunehmenden Orientierung an der Gleichaltrigengruppe verändert sich das Verhältnis der Jugendlichen zu ihren Eltern. Diese Beziehung bleibt aber wichtig, nicht nur emotional, sondern auch als Orientierung für die eigene Einstellung zu Kindern und Familie.

Beziehung zu den eigenen Eltern auch weiterhin überaus positiv

Seit 2002 nimmt der Anteil Jugendlicher, die ein positives Verhältnis zu den Eltern haben, stetig zu: Vier von zehn Jugendlichen (42 %) kommen bestens mit ihren Eltern aus, die Hälfte (50 %) kommt trotz gelegentlicher Meinungsverschiedenheiten mit ihnen klar. Entsprechend zufrieden sind Jugendliche mit der Erziehung durch ihre Eltern, diese bleiben maßgebliche Erziehungsvorbilder: 16 % würden ihre Kinder genauso erziehen, wie sie selbst erzogen wurden, und 58 % ungefähr so. Weniger als ein Viertel der Jugendlichen (23 %) würde ihre Kinder anders oder sogar ganz anders erziehen, als sie selbst von ihren Eltern erzogen wurden (2002 äußerten dies noch 29 %). Allerdings ist in den höheren sozialen Herkunftsschichten das Verhältnis von Jugendlichen zu ihren Eltern deutlich besser als in den weniger privilegierten Schichten.

Gut zwei Drittel (68 %) aller 12- bis 25-Jährigen, die selbst noch kein Kind haben, möchten später einmal Kinder haben. Damit ist der Kinderwunsch im Zeitverlauf recht stabil. Junge Frauen sind sich etwas häufiger sicher, dass sie Kinder möchten, als junge Männer (71 % zu 64 %). Zwar sind beim Thema Kinderwunsch noch immer Unterschiede zwischen Ost und West sichtbar (71 % zu 67 %), doch ist seit 2002 der Kinderwunsch ostdeutscher Frauen rückläufig und nähert sich zunehmend dem der Frauen im Westen an.

Partnerschaft und Vorstellungen von partnerschaftlicher Aufteilung der Erwerbstätigkeit

5 % der 12- bis 14-Jährigen haben eine feste Partnerschaft, bei den 22- bis 25-Jährigen ist es mehr als die Hälfte (52 %). In allen Altersgruppen sprechen junge Frauen häufiger als junge Männer von einer festen Partnerschaft. Fragt man Jugendliche, wie sie sich die partnerschaftliche Aufteilung der Erwerbstätigkeit wünschen würden, wenn sie 30 Jahre alt wären und ein zweijähriges Kind hätten, sind sich junge Männer und Frauen recht einig bezüglich der idealen Rollenverteilung: In einer Partnerschaft mit kleinem Kind sollte die Frau und nicht der Mann beruflich kürzer treten. 65 % der Frauen würden gerne maximal halbtags arbeiten – und 68 % der jungen Männer wünschen sich genau das von ihrer Partnerin. Viele Männer wünschen sich eine Rolle als »aktiver Vater«, der sich an der Kinderbetreuung beteiligt, und nur 41 % von ihnen möchten in der beschriebenen Familiensituation in Vollzeit arbeiten. Von den jungen Frauen wünschen sich etwas mehr (51 %), dass der Vater in Vollzeit arbeitet. Insgesamt haben beide Geschlechter also recht ähnliche Vorstellungen, was die Erwerbstätigkeit eines Vaters und einer Mutter angeht.

Insgesamt ist es mehr als die Hälfte (54 %) aller 12- bis 25-Jährigen, die ein »männliches Versorgermodell« favorisieren: 10 % bevorzugen das Modell eines »männlichen Alleinversorgers« (der Mann versorgt die Familie allein und arbeitet 30 oder 40 Stunden in der Woche), weitere 44 % präferieren das Modell eines »männlichen Hauptversorgers« (der Mann arbeitet mindestens 30 Stunden, die Frau maximal halbtags). Auch an dieser Stelle sind Unterschiede zwischen alten und neuen Bundesländern zu sehen. Junge Menschen im Westen denken hier traditioneller: 58 % der Männer und 56 % der Frauen würden sich eine Familie mit männlichem Allein- oder Hauptversorger wünschen, während sich im Osten dem nur 38 % der Männer und 31 % der Frauen anschließen. Der Vater als Ernährer der Familie ist – zumindest im Westen – offensichtlich keine rein männliche Vorstellung, dieses Modell wird auch von vielen jungen Frauen favorisiert. In den neuen Bundesländern erfreuen sich dafür gleichwertiger aufgeteilte Modelle deutlich größerer Beliebtheit als im Westen.

Freundschaften: Qualität zählt mehr als Quantität

Freundschaften mit Gleichaltrigen sind für Jugendliche von zentraler Bedeutung, wobei offenbar mehr die Qualität als die Quantität von sozialen Beziehungen zählt: Für 97 % aller 12- bis 25-Jährigen sind »gute Freunde, die einen anerkennen und akzeptieren« wichtig, und nur 71 % finden es ebenso wichtig, viele Kontakte zu anderen Menschen zu haben. Auch wenn ein großer Teil der Kommunikation unter Digital Natives über digitale Medien stattfindet, finden auch bei ihnen Freundschaften ganz überwiegend in der »Offline-Welt« statt: Nur 5 % aller Jugendlichen geben an, dass sie mit der Hälfte oder mehr ihrer Freunde nur virtuellen Kontakt haben. Zwei Drittel (67 %) haben ausschließlich Freunde, mit denen sie (auch) persönlich in Kontakt sind.

Spielt die Herkunft eine Rolle für Freundschaften? Der Freundeskreis von 79 % der Jugendlichen ohne Migrationshintergrund setzt sich mehrheitlich aus Deutschen zusammen, nur bei jedem fünften (18 %) ist das eine Mischung aus Deutschen und Migranten gleichermaßen. Von den Jugendlichen mit Migrationshintergrund hat ein Fünftel (21 %) vor allem Migranten als Freunde, bei der Hälfte (51 %) besteht der Freundeskreis gleichermaßen aus Deutschen und Migranten und bei einem Viertel (25 %) sind es mehrheitlich Deutsche.

Knapp die Hälfte aller 12- bis 25-Jährigen (48 %) ist sehr zufrieden mit dem eigenen Freundeskreis, vier von zehn (41 %) sind zufrieden, jeder Zehnte sagt teils, teils (10 %). Unzufrieden oder sogar sehr unzufrieden ist lediglich 1 %. Die soziale Herkunftsschicht ist auch an dieser Stelle bedeutsam: Während sich 56 % der Jugendlichen aus der oberen Schicht sehr zufrieden mit ihrem Freundeskreis äußern, sind es nur 36 % in der unteren Schicht.

Bedeutung von Religion, Glaube und Kirche

Sowohl für katholische als auch evangelische Jugendliche hat der Glaube in den letzten knapp 20 Jahren erheblich an Bedeutung verloren: Nur für 39 % der katholischen und 24 % der evangelischen Jugendlichen ist der Glaube wichtig. Anders ist dies bei muslimischen Jugendlichen: Für 73 % von ihnen ist der Gottesglaube wichtig. Ähnliche konfessionelle Muster zeigen sich bei der konkreten Religionsausübung: Nur 18 % der katholischen, 13 % der evangelischen, aber 60 % der muslimischen Jugendlichen beten mindestens einmal pro Woche.

Die Institution Kirche wird von insgesamt mehr als einem Drittel aller Jugendlichen – unabhängig davon, ob konfessionell gebunden oder nicht – positiv gesehen: 69 % finden es gut, dass es die Kirche gibt (75 % der katholischen, 79 % der evangelischen und sogar 45 % der konfessionslosen Jugendlichen).

Bildung und Beruf

Bildung und damit verbundener schulischer Erfolg schaffen wesentliche Grundlagen für das weitere Leben der Jugendlichen. Konnten wir in den letzten Jahren aufgrund gesellschaftlicher Weichenstellungen, wie die Verkürzung von Studienzeiten an deutschen Universitäten und die Einführung des achtjährigen Gymnasiums in den westdeutschen Bundesländern, eine beschleunigte Lebensphase Jugend ausmachen, die zu einer Erhöhung der Erwerbstätigenquote unter 12- bis 25-Jährigen führte, kehrt sich dieser Trend langsam um. Hierzu tragen erhöhte Quoten von Jugendlichen bei, die die Schulen mit Abitur oder Fachhochschulreife verlassen und die ein Studium aufnehmen. Dies führt zu einer Verlängerung der Bildungsetappen, so dass der Anteil der Erwerbstätigen unter den 12- bis 25-Jährigen von 2010 (23 %) bis heute (21 %) wieder leicht rückläufig ist, aber dennoch weit über dem Ausgangswert unserer Zeitreihe von 16 % im Jahr 2002 liegt.

In der Schullandschaft setzt sich in der Zwischenzeit der Trend zu einer Art zweigliedrigem Schulsystem weiter fort. Besuchte 2002 noch fast die Hälfte aller Schüler eine Haupt- oder Realschule, ist es inzwischen nur ein Viertel. Im Gegenzug haben in diesem Zeitraum vor allem das Gymnasiun (41 % auf 47 %) als auch integrierte Schulformen (13 % auf 26 %) an Zulauf gewonnen. Zwischen Stadt und Land sind im Zugang zum Gymnasium inzwischen ebenfalls keine gravierenden Unterschiede mehr erkennbar.

Soziale Herkunft und Bildung korrelieren nach wie vor

Mädchen besuchen deutlich häufiger das Gymnasium als Jungen (53 % zu 42 %). Noch gravierender und über die Zeit ebenfalls unverändert fallen die Unterschiede nach sozialer Herkunft aus. Während unter Jugendlichen aus der unteren Schicht (13 %) es nur eine kleine Minderheit an das Gymnasium schafft, ist es bei Jugendlichen aus der oberen Schicht (71 %) die breite Mehrheit.

Optimistisch sind die Jugendlichen in ihrer Einschätzung, wenn es um bevorstehende Unsicherheiten in der Bildungskarriere geht. So sind sich die Schüler in einer großen Mehrheit sicher, dass sie ihre unverändert hohen Bildungsaspirationen in Form der angestrebten Schulabschlüsse realisieren werden. Diese breite Mehrheit findet sich auch bei den Auszubildenden, wenn es um die Übernahme nach der Ausbildung geht, und noch stärker bei den Studierenden, wenn es darum geht, innerhalb eines Jahres nach dem Studium einen angemessenen Arbeitsplatz zu finden.

Groß fällt dann aber der Kontrast bei den Jugendlichen aus, die bereits Brüche in ihrer Bildungskarriere erlebt haben. Exemplarisch haben wir dazu den Optimismus der Jugendlichen betrachtet. Jugendliche, die bereits kritische Bildungsereignisse erlebt haben, blicken nur zu 47 % und diejenigen, die Unsicherheiten in der Qualifikationsphase erwarten, sogar nur zu 30 % zuversichtlich in die Zukunft. Jugendliche, die von solchen Schwierigkeiten nicht berichten, sind hingegen zu 63 % zuversichtlich.

Erwartungen an den Beruf erweisen sich als sehr stabil – Sicherheit weiterhin an erster Stelle

Bei den Erwartungen an die Berufstätigkeit dominiert weiterhin das Bedürfnis nach Sicherheit. Einen sicheren Arbeitsplatz halten 93 % der Jugendlichen für (sehr) wichtig. Ein Arbeitsplatz, für den die Jugendlichen nicht umziehen müssen, ist für sie dagegen deutlich seltener (sehr) wichtig (52 %). Für fast alle Jugendlichen (93 %) dürfen Familie und Kinder neben dem Beruf nicht zu kurz kommen.

Die Erwartungen an die Berufstätigkeit und deren Gestaltung lassen sich anhand von fünf Dimensionen zusammenfassen: Beim Thema Nutzenorientierung stehen ein hohes Einkommen und gute Aufstiegsmöglichkeiten im Vordergrund, aber auch genügend Freizeit neben der Berufstätigkeit spielt hier eine

Rolle. Bei der **Erfüllungsorientierung** steht die Sinnhaftigkeit des eigenen Handelns im Erwerbsleben im Vordergrund. Zentrale Aspekte sind die Möglichkeiten, sich um andere zu kümmern und etwas Nützliches für die Gesellschaft zu tun. Die **Vereinbarkeit von Arbeit und Leben** umfasst den Wechsel auf Teilzeit, sobald Kinder da sind, und die Möglichkeit einer kurzfristigen Anpassung der Arbeitszeit an die eigenen Bedürfnisse. Die **Planbarkeit der Berufstätigkeit** bezieht sich auf die alltägliche Dimension des Erwerbslebens. Eine geregelte Arbeitszeit mit klar festgelegtem Beginn und Ende steht hier im Vordergrund. Zugleich geht es darum, für einen Job nicht unbedingt umziehen zu wollen. **Karriereorientierung** umfasst die Idee, dass Überstunden zur beruflichen Karriere dazugehören, und die Bereitschaft, am Wochenende zu arbeiten, wenn es zu einem entsprechenden Ausgleich unter der Woche kommt. Dies sind übrigens die beiden Aussagen mit den insgesamt geringsten Zustimmungswerten. Junge Männer betonen die Nutzenorientierung und die Karriereorientierung stärker, während jungen Frauen Erfüllungsorientierung, die Vereinbarkeit von Arbeit und Leben sowie die Planbarkeit der Berufstätigkeit wichtiger sind.

Aus diesen fünf Aspekten des Berufslebens lassen sich vier Typen jugendlicher Berufsorientierung ableiten.

Den **Durchstartern** (32 %) ist in einem gewissen Maße alles zugleich wichtig. Sowohl Nutzen als aber auch Erfüllung sind für sie im Erwerbsleben zentral. Auch sind für sie die Möglichkeiten zur eigenen Karriere von wesentlicher Bedeutung. Vereinbarkeit der Arbeit mit weiteren Lebensinhalten und in einem etwas geringeren Maße die Planbarkeit sind ebenfalls positiv besetzt. Sie glauben eher als die anderen Gruppen an das Aufstiegsversprechen, durch harte Arbeit zum Erfolg zu kommen, und bewerten die Chancenverteilung in

Deutschland häufiger als die anderen als gerecht. Zugleich haben sie öfter das Gefühl, dass andere über ihr Leben bestimmen. Vielfalt anzuerkennen und zu respektieren, ist ihnen dabei durchaus wichtig. Hinsichtlich des eigenen Bildungshintergrundes und der sozialen Herkunft weichen die Durchstarter in ihrer Zusammensetzung nicht von der der anderen Jugendlichen ab. Auch wenn es um die Sorge um den eigenen Arbeitsplatz geht, liegen sie im Durchschnitt.

Die **Idealisten** (21 %) stellen den Aspekt der Erfüllung eindeutig in den Vordergrund. Zugleich ist ihnen wichtig, dass der Beruf nicht ihr gesamtes Leben dominiert. Die alltägliche Planbarkeit und vor allem der Nutzen der Berufstätigkeit sind dagegen weniger wichtig. Ihre Bereitschaft zu flexiblen Arbeitszeiten und Überstunden ist eher moderat. Idealisten verfügen deutlich häufiger über bessere Schulabschlüsse. Zudem entstammen sie öfter der oberen Mittelschicht und oberen Schicht. Vor allem in den westlichen Bundesländern und bei Deutschen ohne Migrationshintergrund ist die idealistische Orientierung häufiger anzutreffen. Vielfalt anzuerkennen und zu respektieren, ist ihnen besonders wichtig. Wenig Sorgen bereitet ihnen das Thema Arbeitslosigkeit oder keinen geeigneten Ausbildungsplatz zu finden. Idealisten berichten besonders selten von der Erfahrung, dass andere über ihr Leben bestimmen. Zugleich sehen sie seltener, dass es in Deutschland gerecht zugeht und Arbeit sich für sozialen Aufstieg wirklich lohnt.

Bei **Bodenständigen** (24 %) dominieren beim Beruf Nutzen und alltägliche Planbarkeit. Dem Wunsch nach Erfüllung stehen sie neutral gegenüber. Die Vereinbarkeit der Arbeit mit weiteren Lebensinhalten und vor allem eine Karriere sind ihnen weniger wichtig. Vermehrt in den westdeutschen Bundesländern anzutreffen, sorgen sie sich eher um ihren

Ausbildungs- und Arbeitsplatz. Genauso wie die Idealisten schenken sie dem Aufstiegsversprechen durch harte Arbeit und der Vorstellung, dass es in Deutschland gerecht zugeht, weniger Glauben als die Durchstarter. Bei Bildung, Schichtenzugehörigkeit und Herkunft bildet diese Gruppe den Querschnitt der Bevölkerung ab. Im Gegensatz zu den anderen Gruppen stellen die jungen Männer eine deutlichere Mehrheit.

Die Distanzierten (23 %) fühlen sich von wesentlichen Aspekten des Berufslebens nicht richtig angesprochen. Dies gilt für Nutzen, Erfüllung und die Vereinbarkeit der Arbeit mit weiteren Lebensinhalten. Dagegen sind ihnen eine Karriere und vor allem die alltägliche Planbarkeit der Arbeit sehr wichtig. Die Distanzierten entstammen häufiger den niedrigeren Herkunftsschichten und sind weniger gut gebildet. Vor diesem Hintergrund sorgen sie sich ebenso wie die Bodenständigen um einen möglichen Verlust des Arbeits- oder Ausbildungsplatzes. Sie sind im Vergleich zu allen anderen Gruppen am wenigsten bereit, Vielfalt anzuerkennen und zu respektieren.

Sicherer Arbeitsplatz, genügend Freizeit und hohes Einkommen sind Prioritäten

Im Rahmen der aktuellen Shell Jugendstudie haben wir ebenfalls erhoben, welche Aspekte der Berufstätigkeit Jugendlichen, wenn sie sich entscheiden müssen, jeweils am wichtigsten sind. Wenn sie also Prioritäten setzen sollen, dann bevorzugen die meisten Jugendlichen eher materielle Aspekte und die Sicherheit des Arbeitsplatzes und stellen die inhaltliche Wertigkeit ihrer Arbeit hintan. Der sichere Arbeitsplatz, die Erwartung, genügend Freizeit neben der Berufstätigkeit zu haben, und ein hohes Einkommen liegen bei der Abfrage nach den Prioritäten weit vorne. Auch diese Haltung erscheint sehr pragmatisch. Im Vordergrund steht die unmittelbare Lebensplanung. Hierzu gehört neben dem zu realisierenden Einkommen die Sicherheit, den Übergang in den Beruf geschafft zu haben, sowie die Vereinbarkeit mit den weiteren Lebenszielen in Familie und Freizeit.

Freizeit

Freizeit bietet Jugendlichen neben Erholung auch Raum zur Selbstentfaltung und sozialen Integration. Geselligkeit, Sport und Kreativität als Freizeitbeschäftigungen bleiben wichtig. Digitale Freizeitaktivitäten gewinnen aber weiterhin an Bedeutung.

Im Vergleich ist es Jugendlichen heute (55 %), anders als noch 2002 (62 %), nicht mehr ganz so häufig wichtig, sich mit Leuten zu treffen. Unternehmungen mit der Familie gehören für 23 % der Jugendlichen 2019 zu den häufigsten Aktivitäten in der Freizeit (2002: 16 %). Dies ist für Jugendliche also wichtiger geworden und korrespondiert mit dem zunehmend positiven Verhältnis zu den Eltern. 45 % der Jugendlichen streamen in ihrer Freizeit häufig Videos (2015: 15 %). Komplementär dazu hat das klassische Fernsehen an Bedeutung verloren (49 % auf 33 %). Die Bedeutung des Spielens an Konsole oder Computer (23 %) bleibt langfristig stabil. Vor allem für die 12- bis 14-jährigen Jungen ist diese Art des Gamens eine zentrale Freizeitbeschäftigung (57 %). Die Bedeutung von aktivem Sport bzw. Training (27 %) bleibt konstant, Freizeitsport (24 %) hat etwas an Beliebtheit verloren. Das Lesen von Büchern, vor allem aber von Zeitschriften oder Magazinen, ist Jugendlichen heute weniger wichtig als noch vor knapp 20 Jahren. Kreative oder künstlerische Aktivitäten erfreuen sich bei jungen Frauen zunehmender Beliebtheit.

Die soziale Herkunftsschicht spielt eine bedeutende Rolle für das Freizeitverhalten: Jugendliche aus den unteren sozialen Schichten surfen häufiger im Netz, gamen oder sehen regelmäßiger fern als Gleichaltrige aus den höheren Schichten. Letztere liegen stattdessen bei »aktiven« Beschäftigungen wie Sport, Lesen oder Kreativität vorn.

In der Freizeit-Typologie bilden die Medienfokussierten mit 37 % die größte Gruppe, vor allem beim Streaming und Gaming liegen diese Jugendlichen weit vor den anderen. Soziale Kontakte haben in der Freizeit der Medienfokussierten weniger Platz. In dieser Gruppe sind Jüngere und Männer (70 %) überproportional vertreten. Die 31 % Familienorientierten, bei denen Frauen mit 63 % die Mehrheit bilden, zeichnen sich neben Unternehmungen mit der Familie auch durch klassischen Medienkonsum (Fernsehen, Zeitschriften, Bücher) aus. Von den Geselligen (17 %) sind vier von fünf 18 Jahre oder älter – diese Gruppe hebt sich vor allem durch ihr abendliches Ausgehen (Clubs oder Partys, Bar oder Kneipe) von den anderen Jugendlichen ab. Die Kreativ-engagiert Aktiven (15 %) sind deutlich häufiger als die anderen Jugendlichen kreativ oder künstlerisch unterwegs oder engagieren sich in einem Projekt, einer Initiative oder einem Verein. Sechs von zehn (62 %) dieser Jugendlichen sind Frauen, die mittleren und höheren Schichten sind überdurchschnittlich vertreten. Mit zwei Drittel (68 %), die Abitur bzw. fachgebundene Hochschulreife haben bzw. erreichen wollen, sind außerdem überdurchschnittlich viele gut Gebildete in dieser Gruppe anzutreffen.

Wege ins Internet und Dauer der Internetnutzung

70 % der Jugendlichen nutzen in erster Linie ihr Smartphone, wenn sie ins Internet gehen. An einem gewöhnlichen Tag sind sie laut Selbsteinschätzung durchschnittlich 3,7 Stunden im Internet. Weder nach Geschlecht, Alter noch sozialem Hintergrund sind hier auffällige Unterschiede zu erkennen, für alle Jugendlichen ist es Normalität, viel Zeit online zu verbringen.

Dabei ist das Internet für Jugendliche keineswegs ein reines Unterhaltungsmedium. An erster Stelle steht für sie Kommunikation: 96 % sind mindestens einmal täglich in den sozialen Medien (Messengerdienste oder soziale Netzwerke) unterwegs. Zwar gehen 76 % mindestens einmal am Tag aus Unterhaltungszwecken online (sei es für Musik, Videostreaming, Gamen oder Ansehen von Beiträgen von Personen, denen sie folgen), aber 71 % suchen auch mindestens einmal täglich nach Informationen (allgemeiner Art, für Schule, Ausbildung oder Beruf oder über Politik und Gesellschaft). Deutlich seltener nutzen sie das Internet zur Selbstinszenierung, nur 12 % stellen mindestens einmal täglich Fotos, Videos, Musik oder Blogbeiträge ins Netz.

Bedenken und Verunsicherung

Geht es um ihre Meinung zum Internet und zu sozialen Netzwerken, überwiegen Bedenken und Verunsicherung: 60 % finden es nicht gut, dass sie als Internetuser Teil eines Geschäftsmodells sind und Konzerne wie Facebook oder Google mit den Daten der Nutzer viel Geld verdienen. Ebenso viele (61 %) befürchten, keine Kontrolle über die Daten zu haben, die man im Netz hinterlässt. Die Mehrheit der Jugendlichen sieht es auch so, dass es im Netz Hate Speech (58 %)

oder Fake News (51 %) gibt. Etwas weniger stark ausgeprägt ist die Angst, etwas zu verpassen, wenn man nicht ständig online ist. 40 % sind der Meinung, dass man bei sozialen Netzwerken dabei sein muss, um mitzubekommen, was andere machen, und 38 % geben an, ihnen würde plötzlich ihr halbes Leben fehlen, sollten sie ihr Smartphone verlieren.

Auch wenn die Mehrzahl der Jugendlichen eine durchaus reflektierte Haltung zum Internet hat, führt dies nur bei vergleichsweise wenigen zu konkretem Tun: Lediglich ein Drittel (31 %) überprüft die Datenschutzeinstellungen vor der Nutzung sozialer Netzwerke.

Typologie der Internetnutzer

Jugendliche nutzen das Internet auf vielfältige Weise. Die Typologie der Internetnutzer veranschaulicht individuelle Nutzungsmuster und unterschiedliche Einstellungen: Ein Drittel (33 %) gehört zu den Unterhaltungs-Konsumenten. Sie sind überdurchschnittlich aktiv in sozialen Medien und bei Unterhaltungsangeboten, aber zurückhaltend sowohl bei Informationsangeboten als auch mit eigenen Beiträgen. Mit täglich 4,0 Stunden sind sie etwas länger als der Durchschnitt im Netz. Die jüngste Altersgruppe ist in dieser Gruppe besonders stark vertreten. Die Unterhaltungs-Konsumenten sind etwas unkritischer und weniger achtsam beim Datenschutz als die durchschnittlichen Nutzer.

Die Funktionsnutzer (24 %) sind fokussiert auf Messengerdienste, Informationssuche und die Nutzung des Internets für Schule, Ausbildung oder Beruf – hier sind sie überdurchschnittlich aktiv, andere Aktivitäten sind für sie weniger wichtig. Entsprechend verbringen sie mit 2,9 Stunden täglich weniger Zeit im Internet als der Durchschnitt. Innerhalb dieser Gruppe ist der Anteil an Frauen sowie der oberen sozialen Herkunfts-

schichten überdurchschnittlich hoch. Die Funktionsnutzer sind überproportional kritisch und vorsichtig, was das Internet angeht. Sie zeigen auch weniger Anzeichen von Abhängigkeit als andere.

Die Intensiv-Allrounder (19 %) sind überdurchschnittlich oft (4,3 Stunden täglich) und breit gefächert im Internet aktiv (vor allem was Informationen über Politik und Gesellschaft, Schule, Ausbildung oder Beruf angeht) – allerdings sehr zurückhaltend mit eigenen Beiträgen im Netz. In dieser Gruppe sind Ältere, Männer und Jugendliche mit höherem Bildungslevel sowie aus den oberen sozialen Herkunftsschichten überdurchschnittlich vertreten. Wie die Funktionsnutzer steht auch diese Gruppe dem Internet vergleichsweise kritisch gegenüber. Deutlich seltener als der Durchschnitt stimmen sie zu, dass man in sozialen Netzwerken dabei sein »muss«. Überdurchschnittlich häufig wünschen sie sich, dass man in Zukunft weniger online ist.

Die Zurückhaltenden (12 %) sind mit 2,7 Stunden täglich von allen Gruppen am wenigsten online. Entsprechend nutzen sie die verschiedenen Aktivitäten seltener als der Durchschnitt. Bemerkenswert niedrig ist die Nutzung von sozialen Netzwerken und Messengerdiensten. Zwei Drittel (65 %) der Zurückhaltenden sind junge Männer, 35 % sind 12 bis 14 Jahre alt.

Die Uploader (12 %) nutzen das Internet intensiv (täglich 4,3 Stunden) und vielseitig. Anders als bei allen anderen Gruppen steht bei ihnen aber die Selbstinszenierung im Vordergrund: Sie posten deutlich häufiger eigene Fotos, Videos oder Musik oder schreiben an einem Blog. Unter den Uploadern sind Jugendliche aus den unteren sozialen Herkunftsschichten sowie Jugendliche mit Migrationshintergrund (44 % im Vergleich zu durchschnittlich 30 %) überdurchschnittlich häufig vertreten. Für Jugendliche mit Migrationshintergrund bietet das Internet offenbar eine Möglichkeit, auch Beziehungen zu Familienmitgliedern und Freunden außerhalb Deutschlands zu pflegen. Mehr als die anderen Gruppen zeigen die Uploader Anzeichen eines Abhängigkeitsverhältnisses von Internet und Smartphone. Sie fallen auch durch ihre recht unkritische Haltung auf: Nur 48 % finden es nicht gut, dass man als Internetnutzer Teil eines Geschäftsmodells ist (durchschnittlich 60 %). Auch wenn es um die Bewertung verschiedener Nachrichtenquellen geht, heben sich die Uploader von allen anderen Gruppen ab: Sie sind zum einen misstrauischer gegenüber Informationen in den klassischen Nachrichtenkanälen, vertrauen auf der anderen Seite aber weit mehr als alle anderen Jugendlichen Informationen auf YouTube, Facebook oder Twitter.

Der qualitative Teil

Die Befunde im qualitativen Teil der Shell Jugendstudie zeigen, in welchem Ausmaß digitale Inhalte den Alltag der Jugendlichen durchdringen. Bei sehr vielen Jugendlichen fängt es beim Wachwerden durch das Smartphone als Wecker direkt am Bett an, das bei der Gelegenheit, einmal in die Hand genommen, für weitere Inhalte genutzt wird. Und es endet oftmals an gleicher Stelle abends im Bett, wenn kurz vor dem Einschlafen noch einmal letzte Neuigkeiten aus dem sozialen Nahbereich ausgetauscht werden. Das Smartphone ist dabei das universale Gerät im Alltag, mit dem sich eine Vielzahl an Anwendungen erschließen lässt. Die Gespräche mit den Jugendlichen verdeutlichen, dass bereits innerhalb der Altersgruppe der 12- bis 25-Jährigen große Unterschiede auftreten: Die ersten Erfahrungen mit der umfangreichen Nutzung digitaler Inhalte finden immer früher

statt. Die älteren Jugendlichen haben das Aufkommen des Smartphones noch im frühen Jugendalter selbst erlebt, während es für die jüngeren Jugendlichen quasi schon immer da war.

Die aktuelle Generation wuchs intuitiv und gleichsam kollektiv ins Digitale hinein – es »lag in der Luft«. Auch wenn sich die Eltern mittlerweile weitgehend selbstverständlich im Digitalen bewegen, so fühlen sich die Jugendlichen in dieser Hinsicht ihren Eltern überlegen. Die Schulen konnten mit diesem gestiegenen Interesse am Internet und an digitalen Inhalten zunächst nicht mithalten, erst jetzt beginnen sie, die Digitalisierung voranzutreiben.

WhatsApp hat sich in den letzten Jahren zu dem Kommunikationsnetzwerk schlechthin entwickelt: Es ist unabdingbar, wenn man im sozialen Nahbereich auf dem Laufenden bleiben will. Alle befragten Jugendlichen nutzen es, selbst die Datenschutz-Besorgten, und niemand kennt jemanden, der es oder etwas Vergleichbares nicht anwendet. Man verabredet sich über WhatsApp, bei Terminen gilt es, zügig zu antworten. In der Regel verfügen die Jugendlichen über 30 bis 50 Kontakte, regelmäßig gechattet wird mit fünf bis 20 Personen. Für Partnerschaften, insbesondere Fernbeziehungen, spielt WhatsApp eine beziehungserhaltende Rolle. Die meisten Jugendlichen sind über einen Familienchat mit ihren Eltern in Kontakt. Durch einen oder zumeist mehrere Gruppenchats wird die Zahl der Nachrichten drastisch erhöht. Die zweitwichtigste Plattform ist YouTube. Man sieht oder tauscht Videos, hört Musik, konsumiert Serien, Dokumentationen und Nachrichten. Alle Jugendlichen googeln, und zwar im Durchschnitt vier- bis fünfmal täglich, um einer spontan auftauchenden Frage nachzugehen.

Blick auf Gesellschaft findet bevorzugt online statt

Auch um sich über Nachrichten und Gesellschaft zu informieren, nutzen Heranwachsende vor allem digitale Kanäle. Klassische Kanäle haben es in diesem Umfeld weitestgehend kostenloser und jederzeit zur Verfügung stehender Informationen schwer, sich bei den Jugendlichen zu behaupten. Influencer können für Jugendliche aller Altersgruppen Vorbilder sein. Gemäß ihren eigenen Interessen folgen Jugendliche dabei dem Content ausgewählter Menschen. Dies wird als authentisch erlebt. Zugleich blicken nicht nur ältere Jugendliche kritisch auf das Thema Influencer-Marketing. Sie haben eine klare Vorstellung davon, wie das Ganze läuft, und bewerten es vor allem als problematisch, sobald junge Teenager als leichter beeinflussbare Zielgruppe definiert werden. Dabei gibt es sehr kontroverse Ansichten dazu, ob das Geld, das sich als Influencer verdienen lässt, gerechtfertigt ist. Die Meinungen reichen von der Auffassung, dass es der Traum eines jeden sei, so etwas zu erreichen, über die Anerkennung der Leistung, sich mit dem eigenen Inhalt eine so große Reichweite aufzubauen, bis hin zur Ablehnung solcher Erscheinungsformen, da sie in keinem Verhältnis zu den Verdienstmöglichkeiten in sozialen Berufen stehen.

Der Online-Einkauf ist für Heranwachsende jeden Alters durchaus naheliegend. Ortsunabhängige Verfügbarkeit und die Möglichkeit, in Ruhe Preise vergleichen zu können, sind hier unschlagbare Argumente für diese Art der Warenbeschaffung. Dennoch gibt es ebenso Jugendliche, die das Einkaufserleben bevorzugen. Dabei ist nicht ausgeschlossen, dass die Jugendlichen dieses Erleben durch Nutzung digitaler Inhalte gut vorbereitet haben.

Beim Thema Datenschutz dominiert unter Jugendlichen eher ein Schulterzucken. Es ist nicht so sehr ein fehlendes Bewusstsein für das Thema, das die jungen Menschen kennzeichnet. Sie sind sich über die vielfältigen Spuren, die sie digital hinterlassen, durchaus im Klaren. Vielmehr dominiert eine gewisse Bequemlichkeit, die verhindert, das eigene Verhalten zu ändern, zumal sie bei dem Versuch ganz schnell an Grenzen stoßen, wenn im Freundeskreis nicht mitgezogen wird.

Methodik

Die 18. Shell Jugendstudie 2019 stützt sich auf eine repräsentativ zusammengesetzte Stichprobe von 2.572 Jugendlichen im Alter von 12 bis 25 Jahren, die von geschulten Kantar-Interviewern zu ihrer Lebenssituation und zu ihren Einstellungen und Orientierungen persönlich befragt wurden. Die Erhebung fand auf Grundlage eines standardisierten Fragebogens im Zeitraum von Anfang Januar bis Ende März 2019 statt. Im Rahmen der qualitativen Studie wurden rund zweistündige vertiefende Interviews mit 20 Jugendlichen dieser Altersgruppe durchgeführt.

Mathias Albert, Klaus Hurrelmann, Gudrun Quenzel

1 Jugend 2019: Zwischen Politisierung und Polarisierung

Gesellschaft, Politik und soziale Strukturen, die Jugendliche sowohl in ihrer persönlichen Entwicklung als auch bei ihrer Einbindung in gesellschaftliche Zusammenhänge betreffen, verändern sich gegenwärtig in atemberaubendem Tempo. Die Nutzung digitaler Medien, verbunden mit dem Siegeszug des Smartphones, beeinflusst den Lebensalltag und hat weitreichende Folgen für die Gestaltung sozialer Beziehungen; das gesellschaftliche Klima ist von stärkerer Polarisierung geprägt; die Diskussion um soziale Gerechtigkeit und den Umgang mit Geflüchteten rückt die Frage in den Vordergrund, wie stark der gesellschaftliche Zusammenhalt in Deutschland heute ist. Zugleich ist die weltpolitische Lage von wachsenden Unsicherheiten geprägt, und auch der globale Klimawandel bereitet zunehmend Sorgen: All dies hat Einfluss auf die Entwicklung jugendlicher Lebenswelten in Deutschland. Wie groß dieser Einfluss jeweils ist und auf welche jungen Menschen er sich besonders auswirkt, ist eine wesentliche Leitfrage für die vorliegende 18. Shell Jugendstudie.

Die im Jahr 2015 erschienene 17. Shell Jugendstudie hatte eine »Generation im Aufbruch« diagnostiziert. Die seit etwa eineinhalb Jahrzehnten stabilen Charakteristika einer »pragmatischen« Generation traten zwar noch deutlich hervor. Im Lichte einer Reihe von aktuellen Entwicklungen zeichneten sich aber erste Anzeichen deutlicher Veränderungen ab.

Die vorliegende Shell Jugendstudie will die Frage beantworten, wohin dieser »Aufbruch« der jungen Generation in Deutschland führt. Haben sich die Konturen einer neuen Generationsgestalt verfestigt? Manifestieren sich die in der Studie von 2015 gefundenen Trends? Zumindest auf den ersten Blick scheint sich etwa der Trend zu einer stärkeren Politisierung deutlich fortgesetzt zu haben, sichtbar nicht zuletzt in den Protestaktionen »Fridays for Future«. Dabei stellt sich gerade hier die Frage, in welchen Teilen der jungen Generation eine solche Politisierung verankert ist und auf welche unterschiedliche Weisen sie sich ausdrückt. Wir untersuchen weiterhin, ob diese Politisierung zugleich mit einer zunehmenden Polarisierung einhergeht, ob die junge Generation sogar in manchen Lebensbereichen eher auseinanderdriftet und welche Rolle soziale Ungleichheiten dabei spielen.

Die Shell Jugendstudie erhebt den Anspruch, an diese und weitere Fragen keine vorgefertigten Antwortschablonen anzulegen, sondern die Lebenslagen der Jugendlichen und ihre Einstellungen auf Basis empirischer Daten zu beschreiben. Wir analysieren, welche Unterschiede – etwa nach Geschlecht, sozialem Status, Wohnort (Land vs. Stadt), Bildungsniveau oder Migrationshintergrund – in den verschiedenen Untersuchungsbereichen von Bedeutung sind. Dabei soll es aber nicht nur darum gehen, Veränderungen hervorzuheben. Für eine nuancierte Beschreibung ist es ebenso wichtig zu betonen, wo Unterschiede weniger als möglicherweise vermutet ins Gewicht fallen, etwa wenn vormals erkennbare Einstellungsunterschiede zwischen Jugendlichen in Ost- und Westdeutschland oder geschlechtsspezifische Differenzen geringer werden. In diesem Sinne ist es für eine umfassende Beschreibung der Jugendlichen in Deutschland erforderlich, Kontinuitäten genauso hervorzuheben wie Brüche.

1.1 Wie haben sich die Lebensbedingungen der jungen Generation verändert?

Alle bisherigen Shell Jugendstudien zeigen, wie stark Einstellungen und Mentalitäten der jungen Generation von den wirtschaftlichen, sozialen, kulturellen, ökologischen und technischen Lebensbedingungen geprägt werden. Die letzten drei Shell Jugendstudien von 2006, 2010 und 2015 porträtierten eine junge Generation, die ihre Jugendzeit maßgeblich in einer Periode ökonomischer, politischer und ökologischer Krisen verbrachte (siehe auch Grimm 2019). Viele Jugendliche hatten zu Beginn des Jahrtausends Schwierigkeiten, in Ausbildung und Beruf zu kommen. Dort, wo ihnen dies gelang, haben sie allerdings Spuren hinterlassen. Sie suchten Erfüllung im Beruf, setzten sich für ein gutes Betriebsklima und flache Hierarchien ein und zeigten vielfach, dass sich Familie und Beruf miteinander vereinbaren lassen (McDonald's Deutschland 2017; Shell Jugendstudie 2015). Was hat sich seitdem verändert?

Politik und Gesellschaft

Jugendliche erleben aktuell, dass eine demokratische Gesellschaft, die Teilhabe aller an den wirtschaftlichen Gütern sowie eine friedliche internationale Zusammenarbeit zum Wohle aller Menschen keine Selbstgänger sind. In vielen wohlhabenden demokratischen Ländern beobachten wir eine erstarkenden Populismus und eine Fokussierung auf die eigene Nation (von Beyme 2018; Decker 2018a). Innerhalb vieler europäischer Gesellschaften steigt die soziale Unsicherheit, zugleich schwindet das Vertrauen, dass sich die Gesellschaft zum Besseren hin entwickelt (OECD 2018). Vor diesem Hintergrund stellt sich mit Nachdruck die Frage, inwiefern populistische Bewegungen bei der Jugend einen Resonanzboden finden.

Die Frage, wie sich das politische Interesse und Engagement der Jugendlichen in Deutschland entwickelt, ist dabei nicht nur im Kontext der Polarisierung deutscher und internationaler Politik relevant, sondern auch hinsichtlich des demographischen Wandels. Da junge Leute nur noch einen relativ kleinen Teil der Gesamtbevölkerung ausmachen und da viele von ihnen zudem aufgrund von Altersbegrenzungen von politischen Wahlen und der Übernahme politischer Ämter ausgeschlossen sind, ist das politische Gewicht junger Menschen heute gering. Die zahlenmäßig deutlich größeren Bevölkerungsgruppen der Älteren dominieren das politische System und die politischen Diskussionen. Wir fragen deswegen auch, wie Jugendliche ihre Einflussmöglichkeiten erleben und wo und wie stark sie mitgestalten möchten. Stellen etwa die Freitagsschülerproteste zum Klimawandel ein Anzeichen einer neuen »politischen Generation« dar?

Seit langem ist bekannt, dass sich hinter der sogenannten Politikverdrossenheit bei Jugendlichen vor allem eine Unzufriedenheit mit Parteien und ein

Misstrauen gegenüber Politikerinnen und Politikern verbergen. Obwohl immer mehr Jugendliche politisch interessiert sind, hat sich an dieser Situation bislang wenig geändert. Eine grundlegende Frage ist daher, inwieweit eine möglicherweise politischer werdende Generation – sei es in Form wachsenden politischen Interesses, sei es in Form stärkeren Engagements der schon Interessierten – an dieser Politikverdrossenheit etwas ändert. Gibt es also einen möglichen Einstellungswandel zu tragenden Normen des politischen Systems und zur Demokratie? Im Zuge europäischer und globaler Verflechtungen ist diese Frage aber nicht ausschließlich in Bezug auf Deutschland zu betrachten. Sie stellt sich auch hinsichtlich der Einstellungen zur Europäischen Union, die durch den erstarkenden Nationalismus sowie die Wirren um den Brexit einem erheblichen Druck ausgesetzt ist. Aus diesem Grunde fragen wir in der vorliegenden Studie auch danach, wie Jugendliche zur Europäischen Union stehen.

In den vergangenen Jahren hat sich Deutschland auch im Bewusstsein vieler Menschen zu einem Einwanderungsland entwickelt. Fast jeder dritte junge Mensch hat inzwischen einen Migrationshintergrund (Statistisches Bundesamt 2018a: 35). Für Jugendliche ist es selbstverständlich, mit Gleichaltrigen aus verschiedensten Kulturen und mit unterschiedlichsten Auffassungen und Religionszugehörigkeiten aufzuwachsen. Hier gilt es zu untersuchen, wie sich das Zusammenleben aktuell gestaltet und ob Polarisierungen und Brüche zunehmen.

Vor dem Hintergrund einer insgesamt sehr toleranten Lebens- und Werteeinstellung der meisten Jugendlichen in Deutschland konnte die Shell Jugendstudie 2015 zeigen, dass es auch bei jungen Menschen Ängste vor Zuwanderung gibt, diese Ängste aber deutlich hinter Ängsten vor Ausländerfeindlichkeit zurückblieben. Seitdem hat die zuneh-

mende Zahl nach Deutschland geflüchteter Menschen, mit Höhepunkt im Sommer 2015, die gesellschaftliche und politische Diskussion nachhaltig geprägt. Eine zentrale Frage, der wir in der vorliegenden Studie nachgehen wollen, lautet daher, ob es auch unter diesen Umständen bei der ausgeprägten Toleranz unter Jugendlichen bleibt. Unbestritten ist, dass der Umgang mit Zugewanderten sowie ihre Integration in die Gesellschaft langfristige Prozesse darstellen. Die Einstellungen der Jugendlichen von heute können dabei als wichtiger Gradmesser für die Gesellschaft von morgen fungieren.

Bildung und Arbeitsmarkt

In den letzten Jahren sind die formalen Anforderungen an Berufstätige ebenso wie die Bildungsaspirationen großer Teile der jungen Generation weiter gestiegen. In Deutschland erwirbt inzwischen mehr als jeder zweite Jugendliche eine Hochschulzugangsberechtigung, in vielen anderen Staaten liegt diese Quote um die 70 Prozent (OECD 2017: 52). Auch die Zahl der Hochschulabsolventen ist stark gestiegen. Es gehört zum Bildungsziel aller hochentwickelten Industrienationen, sie noch weiter zu erhöhen (OECD 2017: 27).

Sowohl für den individuellen Statuserwerb als auch für den intergenerationalen Statuserhalt müssen heute mehr Zeit und Aufwand in Bildung investiert werden (Dohmen 2019). Diese Bildungsanforderungen setzen viele Jugendliche nicht nur erheblich unter Druck, sondern sie erzeugen bei ihnen durchaus Unsicherheit, ob sich die erworbenen Titel und Qualifikationen auch für den gewünschten Zweck erfolgreich einsetzen lassen. Viele Jugendliche mussten angesichts der strukturellen Umstellungen (Einführung eines 10. Hauptschuljahrs, Zusammenlegung von Haupt- und

Realschule, Umstellung von G9 auf G8 und wieder zurück) selbst erleben, dass es nicht zu den obersten Prioritäten der Bildungspolitik zählt, eine Planungssicherheit von Bildungswegen zu ermöglichen. Dies spiegelt sich auch in der wachsenden Heterogenität der Bildungsangebote wider. Diese Vielfalt betrifft nicht nur formale Unterschiede zwischen Bundesländern, sondern zunehmend auch Abweichungen zwischen städtischen und ländlichen Regionen (vgl. Arbeitsgruppe Bildungsberichterstattung 2018).

Der Einstieg in den Arbeitsmarkt ist für junge Menschen in den meisten Regionen und Branchen deutlich einfacher geworden. Hier wirkt sich die niedrigere Geburtenrate aus, und Jugendliche wissen heute sehr genau, dass sie gebraucht werden. Die große Generation der Babyboomer, die heute 50 bis 65 Jahre alten Menschen, verlässt allmählich das Arbeitsleben. Die nach 2000 Geborenen stellen zusammen etwa fünfzehn Millionen Personen, rund 18 Prozent der deutschen Bevölkerung (Statistisches Bundesamt 2019a). Sie sind, gemessen an der Gesamtbevölkerung, also nicht übermäßig viele, aber sie könnten dennoch bald großen Einfluss ausüben – eben weil die Babyboomer jetzt die Stellung räumen.

Da der Mangel an qualifizierten Nachwuchskräften auf dem Arbeitsmarkt weiter zunimmt, sind die Chancen, einen ansprechenden Arbeitsplatz zu bekommen, für die gut Ausgebildeten günstig. Dieses Wissen bietet ihnen Sicherheit. Ökonomisch ausgedrückt, befinden sie sich in der Situation eines »Verkäufermarktes«. An die »Käufer«, also die Arbeitgeber, können sie einige Ansprüche stellen. Die Kehrseite dieser Entwicklung sind die großen Hürden, denen sich bildungsferne Jugendliche ohne oder mit niedrigem Schulabschluss beim Eintritt ins Berufsleben gegenübersehen (Holtmann et al. 2019).

Wer heute einen guten Bildungsabschluss hat, kann sich beste Perspektiven ausrechnen. Aber es gilt auch: Wer heute keinen Schul- oder Ausbildungsabschluss erwirbt, hat weitaus schlechtere Chancen als früher, in den Arbeitsmarkt und in eine einigermaßen sichere Berufsposition zu gelangen (Giesecke 2019: 637). Er gehört zu der Gruppe, die im Wettlauf um immer höhere Bildungstitel nicht mithalten kann, also zu den sogenannten Bildungsverlierern. Die McDonald's Ausbildungsstudie (2017) zeigt, dass es unter diesen wiederum einen beängstigend hohen Anteil sogenannter Statusfatalisten gibt, die nicht mehr an ihren Aufstieg glauben. Etwa vier Prozent eines Jahrgangs verlassen die Schule ohne Abschluss und weitere fast zehn Prozent schaffen keine Berufsausbildung.

Familie und soziale Ungleichheit

In der Jugendphase ändert sich zwar das Verhältnis der Jugendlichen zu ihren Eltern, als maßgebliche Bezugsgröße ist und bleibt Familie jedoch zentral. Wir fragen deswegen auch in dieser Studie wieder nach dem Verhältnis der Jugendlichen zu ihren Eltern und wie wichtig es ihnen ist, in der Zukunft eine eigene Familie zu haben. Hier beobachten wir seit Jahren Unterschiede zwischen den Jugendlichen aus den verschiedenen Sozialschichten, aber auch zwischen Mädchen und Jungen, zwischen Jugendlichen in Ost- und Westdeutschland sowie zwischen Jugendlichen mit und ohne Migrationshintergrund.

Die soziale und kulturelle Heterogenität der Familien in Deutschland ist in den letzten Jahren weiter angewachsen. Sowohl die Pluralität der Familienkonstellationen (Einelternfamilien, gleichgeschlechtliche Paare mit Kindern, Patchworkfamilien etc.) als auch die Diversität der Migrationshintergründe von

Familien haben zugenommen (Statistisches Bundesamt 2018b). Vor der Jahrtausendwende kamen vor allem Menschen aus süd- und südosteuropäischen Ländern nach Deutschland, insbesondere aus der Türkei, Italien, Spanien, Griechenland und den Nachfolgestaaten Jugoslawiens. Inzwischen gehören Syrien, Rumänien und Polen zu den Ländern, aus denen aktuell die meisten jungen Menschen mit nichtdeutscher Staatsangehörigkeit stammen.

Jugendliche mit Migrationshintergrund kommen in Deutschland nach wie vor häufiger aus finanziell wenig privilegierten Familien, und ihre Eltern können sie zumeist nicht adäquat in ihrer schulischen Laufbahn unterstützen. Denn obwohl die Bildungsaspirationen, die Eltern für ihre Kinder haben, bei Eltern mit und ohne Migrationshintergrund durchaus ähnlich sind, bestehen beim Schulerfolg der Kinder nach wie vor erhebliche Differenzen (OECD 2017). Eine noch offene Frage ist deswegen, inwieweit die stark gewachsene Zuwanderung auch von Jugendlichen und Kindern einen Einfluss auf die in Deutschland scheinbar fest zementierten Ungleichheitsstrukturen hat. Für die zumeist sehr gut ausgebildeten etwa 40 Prozent der jungen Menschen aus den oberen und mittleren Gesellschaftsschichten bleiben die Aussichten exzellent. Sie können sich auf die Unterstützung ihrer Eltern verlassen, nehmen ihr Leben selbst in die Hand und machen die Abschlüsse, die sie für ihren Erfolg im Leben brauchen. Den etwa 40 Prozent aus den mittleren und unteren Mittelschichten geht es in wirtschaftlich stabilen Zeiten gut, sie sind aber häufiger in einer prekären Position, sobald es einen ökonomischen Abschwung gibt. Dies führen die ost- und südeuropäischen Länder mit ihren zum Teil extrem hohen Jugendarbeitslosigkeitsraten anschaulich vor Augen. Etwa ein Fünftel der Jugendlichen in Deutschland lebt in Familien, die finanziell und sozial am Rand stehen und unterprivilegiert sind. Diese jungen Leute leben nicht nur in wirtschaftlicher, sondern auch in Bildungs- und Gesundheitsarmut bzw. sind davon bedroht. Unter ihnen ist der Anteil derer besonders hoch, die sich unsicher sind, ob sie überhaupt Arbeit finden werden, geschweige denn einen sicheren und nachhaltigen Job. Ihnen droht ein Leben in prekären sozialen und wirtschaftlichen Verhältnissen (Calmbach 2019; Keim et al. 2019).

Dabei sind »abgehängte« Jugendliche nicht automatisch mit ihrer Situation gänzlich unzufrieden. Insbesondere in Familien, bei denen sich soziale Exklusionserfahrungen über mehrere Generationen hinziehen, kommt es bisweilen zu einer »paradoxen Lebenszufriedenheit«. Da viele von ihnen häufig keine Bezüge zu den Standards der gesellschaftlichen Mitte haben, fehlen ihnen ebenso häufig soziale Aufstiegsaspirationen (siehe Großegger 2015) – und damit auch jegliche Aufstiegschancen. Hier werden wir der Frage nachgehen, ob sich die in den letzten Shell Jugendstudien diagnostizierte soziale Spaltung der jugendlichen Lebenswelten entlang ihrer wirtschaftlichen Lage weiter fortsetzt und ob das Exklusionsrisiko dieser Jugendlichen weiter steigt.

Medien, Freundschaften und Digitalisierung

Charakteristisch für die Jugendphase ist, sich emotional von den Eltern abzulösen, auch wenn die Eltern in vielen Bereichen zentrale Bezugspersonen bleiben. In diesem Prozess der Autonomiegewinnung werden Gleichaltrige immer wichtiger und insbesondere das Freizeitverhalten verschiebt sich stark in Richtung der sogenannten Peergroup. Die Ablösung von den Eltern und den in der Kindheit etablierten Rollen- und

Beziehungsmustern erfolgt über einen Zeitraum von mehreren Jahren und auf verschiedenen Ebenen. Sie stellt sowohl für die Jugendlichen als auch für die Eltern eine erhebliche psychosoziale Entwicklungsaufgabe dar (Hurrelmann und Quenzel 2016: 154). Zur Frage, ob sich die Bewältigung dieser Entwicklungsaufgabe durch die digitale Vernetzung und die vielfältigen neuen Informations- und Kommunikationsmöglichkeiten wesentlich verändert hat, liegen bisher keine abschließenden Erkenntnisse vor.

Unbestritten stellt die Digitalisierung vieler Lebensbereiche eine prägende Erfahrung der heutigen Jugendgeneration dar, die ihrerseits mittlerweile schon die erste Nachfolgegeneration der »digital natives« ist. So sehr es geraten ist, rein problemdiagnostischen Perspektiven auf neue Medien und deren Nutzung immer einen differenzierten Blick auf das tatsächliche Mediennutzungsverhalten entgegenzusetzen (siehe insbesondere Medienpädagogischer Forschungsverbund Südwest 2018), so wenig ist doch zu bestreiten, dass sich hier in den letzten Jahren ein bemerkenswerter Wandel vollzogen hat. Das Auffallendste an diesem Wandel ist dabei seine Geschwindigkeit. Selbst Analysen zu Mediengebrauch und -nutzung, die jünger als zehn Jahre alt sind, wirken überholt: Es scheint, als ob das gegenwärtige Zeitalter des Smartphones bei Jugendlichen (aber nicht nur bei diesen) mit dem erst wenige Jahre zurückliegenden Zeitalter des Handys kaum mehr etwas gemeinsam hat. WhatsApp, Instagram, YouTube, Snapchat & Co. bestimmen die Kommunikationswelt Jugendlicher, schon Facebook als Kommunikationsplattform erscheint oft als out. E-Mail und SMS sind für viele Jugendliche allenfalls Formen fossiler Kommunikation mit der Eltern- und Großelterngeneration.

Die vorliegende Studie fragt in diesem Sinne danach, wie sich im Zuge der Digitalisierung die Kommunikation der Jugendlichen untereinander und mit der Gesellschaft verändert. Dabei gehen wir davon aus, dass diese Veränderungen grundsätzlich sowohl Chancen als auch Risiken bergen. Smartphones und virtuelle soziale Räume sind in der Lebenswelt heutiger Jugendlicher allgegenwärtig, dabei »switchen« sie in ihrem Aufmerksamkeits- und Mobilitätsverhalten schnell zwischen physikalischen und virtuellen Räumen hin und her (Tully und Alfaraz 2017). Schon die Shell Jugendstudie 2015 hatte gezeigt, dass die Alltäglichkeit des Gebrauchs nicht mit einem unbegrenzten Vertrauen in die neuen Medien und in soziale Netzwerke gleichzusetzen ist: Jugendliche kennen die Risiken sozialer Medien, und das Vertrauen in diese ist zum Teil sogar sehr gering. In der Praxis ordnen Sie jedoch Kritik und Skepsis ihrem unmittelbaren Nutzungsverlangen unter (siehe auch Lee und Cook 2015).

Die umfassende Digitalisierung wirkt sich in vielfacher Weise auf das Leben junger Menschen aus. So bieten die neuen Medien beispielsweise eine Plattform für eine weiter voranschreitende, subtile Beeinflussung durch Marketing- und Werbebotschaften. Es wird für Jugendliche immer schwieriger, eine von Kommerzialisierung unabhängige Identität auszubilden (siehe Serazio 2015; auch Tully 2018). Andererseits wurde Jugendlichkeit schon immer und in unterschiedlichen Formen inszeniert (siehe etwa Dietrich und Mey 2018). Soziale Medien und Smartphone stellen hierfür gänzlich neue Formen bereit und machen für viele Jugendliche die Selbstinszenierung zum kaum noch vermeidbaren Bestandteil täglicher Mediennutzung.

In der heutigen digitalen Medienlandschaft sind mobile Nutzer Publikum und Produzent zugleich. Sie konsumieren die – häufig speziell auf sie abgestimmten Inhalte – und speisen ihre eigenen Texte und Bilder, Likes und Kommentare ins digitale Netz ein (Reckwitz 2017: 229). Durch die Mitgestaltung werden zunehmend persönliche Erlebnisse und Begegnungen, Freundschaften und Familie in einem kleineren oder größeren Netzwerk öffentlich gemacht. Elemente der alltäglichen Lebenswelt werden auf diese Weise der digital-medialen Beobachtung zugänglich und Teil einer Darstellung, in der junge Menschen sich selbst für sich und für andere im Netz »erzählen«.

Da diese Erzählungen ständig aktualisiert werden müssen, um auf dem neuesten Stand zu sein, wird hier die Dynamik einer permanenten Selbstdarstellung in Gang gesetzt. Mit den kreativen Möglichkeiten, sich selbst im Netz sichtbar zu machen, die eigenen Interessen und Erlebnisse zu teilen und anderen zugänglich zu machen, geht als Kehrseite auch der Zwang zum Mitmachen einher. Denn über die Sichtbarkeit in digitalen Plattformen, erkennbar an der Zahl der Freunde, Follower, Likes und Kommentare, wird Anerkennung erworben. Andreas Reckwitz (2017: 245) spricht in diesem Zusammenhang von einem Sichtbarkeitswettbewerb, in dem Kinder und Jugendliche von klein auf lernen, dass man nur zu einem vollwertigen Wesen wird, wenn man an der eigenen sichtbaren Besonderheit arbeitet. Denn Sichtbarkeit verspricht soziale Anerkennung, Unsichtbarkeit führe zum »digitalen Tod«. Dieser digitale Aufmerksamkeitswettbewerb ist zum festen Bestandteil jugendlicher Lebenswelten geworden. Wir fragen deswegen, wie Jugendliche die Chancen des digitalen Möglichkeitsraums für sich nutzen, ob und welche Zwänge sie wahrnehmen und wie sie damit umgehen.

Zugleich eröffnen die neuen Medien aber auch neue Möglichkeiten zu gesellschaftlicher Teilhabe sowie zu politischer Partizipation. Es ist eine spannende Frage, in welchem Umfang sie von Jugendlichen aktiv genutzt werden.

Alleine die Möglichkeiten führen noch nicht zur Realisierung grundsätzlich vorhandener Partizipationsbereitschaft. So haben Studien gezeigt, dass Organisationen, die Jugendliche nur schwer offline begeistern können, dieselben Schwierigkeiten auch online haben (siehe Elliott und Earl 2018).

1.2 Wie wirken sich die Veränderungen auf Einstellungen und Mentalitäten aus?

Jugend und Jugendgenerationen

Die Frage, wie eine bestimmte Generation am besten zu bezeichnen sei, stellt einen Dauerbrenner der Jugendforschung dar. Sie erfordert eine ständig neue Reflexion darüber, warum wir überhaupt von Jugendgenerationen sprechen und welche Einsichten wir dadurch gewinnen können. Die Schnelligkeit, mit der Bezeichnungen von Jugendgenerationen (als »X«, »Y«, »Z«, »Millennials«, »i« etc.) von den Medien aufgegriffen und verbreitet werden, deutet auf ein starkes Bedürfnis verschiedener gesellschaftlicher Gruppen hin, die Spezifika der aktuellen Jugendgeneration mit einem prägnanten Begriff zu charakterisieren und junge Menschen damit verstehbar zu machen. Die hohe Geschwindigkeit, mit der diese Generationsbezeichnungen aufscheinen und wieder verschwinden, zeigt jedoch auch, wie schwierig es ist, das Spezifische der heutigen Jugend prägnant zu fassen.

Berechtigt sind Zweifel, ob es überhaupt möglich ist, eine vielfältige, ausdifferenzierte und individualisierte Alterskohorte junger Menschen unter einem einzigen Begriff zusammenzufassen (also etwa als 68er-Generation, Generation Y usw.; siehe Schröder 2018 und Albert et al. 2019). Vielfach ist von einer »Entgrenzung« oder einer »Entstrukturierung« der Lebensphase Jugend die Rede (siehe etwa Becker et al. 2016; Niekrenz und Witte 2018). Das lässt eine Begriffsbildung noch schwieriger erscheinen. Die Vielfalt der Lebensweisen und Praktiken lässt sich schlichtweg nicht auf einen einzigen Begriff reduzieren, und sie lässt sich auch nicht auf der Basis etwa von musikalischen Präferenzen, politischen Einstellungen oder eines gemeinsamen Lebensgefühls einheitlich beschreiben. Nichtsdestotrotz ist es auf der Grundlage empirischer Daten sehr wohl möglich, eine Reihe von Gemeinsamkeiten in den Lebensweisen und Einstellungen zu beobachten, die sich deutlich von denen älterer Generationen, aber auch von denen früherer Jugendgenerationen unterscheiden.

Gerade der in Anschluss an Karl Mannheim (1928) gewonnene Begriff der Generationsgestalt verweist darauf, dass sich hinter summarischen Bezeichnungen für eine Generation immer eine große Vielfalt verbirgt. Bestimmte Eigenschaften werden dann oftmals zum Namensgeber für eine gesamte Generation, obwohl sie so deutlich ausgeprägt nur auf bestimmte Leitmilieus zutreffen. Grundsätzlich ist zu berücksichtigen, dass es sich bei »Jugend« insgesamt um die Zuschreibung eines gesellschaftlichen Status handelt, der je nach nationalem oder kulturellem Hintergrund variieren kann. Viele Merkmale einer Generation werden sich daher in großen Kreisen der Weltgesellschaft, insbesondere in westlichen Industrieländern, ähnlich ausgeprägt darstellen, einzelne Merkmale in Ansätzen möglicherweise auch global (siehe Tyyska 2005). Auf der anderen Seite mag die Ausprägung solcher Merkmale bei den Jugendlichen selbst innerhalb eines Landes durchaus bedeutsame Unterschiede aufweisen.

Von der skeptischen bis zur pragmatischen Generation

Schaut man sich auf Basis der sozialwissenschaftlichen Jugendforschung die Beschreibungen von Jugendgenerationen in Deutschland an, dann scheinen sich etwa alle 15 Jahre die sozialen, ökonomischen und politischen Bedingungen des Aufwachsens so stark geändert zu haben, dass eine neue Generationsgestalt erkennbar wird. Die Nachkriegsgeneration der 1925 bis 1940 Geborenen wurde von Helmut Schelsky analysiert. Diese Generation hatte ihre Kindheit und Jugend in der Zeit des Nationalsozialismus verbracht und musste sich nach Kriegsende in einem politisch demoralisierten und wirtschaftlich zerstörten Land zurechtfinden. Aufgrund ihrer Skepsis gegenüber jedweder Ideologie und ihrer starken Konzentration auf materielle Dinge und den sozialen Nahbereich nannte Schelsky (1957) sie die »skeptische Generation«.

Ihr folgte die Generation der 1968er (Hurrelmann und Albrecht 2014: 16). Die Jahrgänge der zwischen 1940 und 1955 Geborenen hatten ihre formative Jugendphase in der durch wirtschaftlichen Aufschwung und relativ stabile demokratische Verhältnisse gekennzeichneten Nachkriegszeit. Sie setzten sich aktiv und vehement mit der Zeit des Nationalsozialismus auseinander und attackierten insbesondere die kulturellen, sozialen und politischen Kontinuitäten. Gegenstand der Auseinandersetzung waren nicht nur die Verbrechen, die unter der Herrschaft der Nationalsozialisten begangen worden waren, und die personellen Kontinuitäten in der Bundesrepublik der Nachkriegsjahre, sondern auch die autoritäre Haltung und obrigkeitsstaatliche Orientierung der eigenen Eltern, Lehrer sowie von Amtsträgern aller Art (Fend 1988). Den 1968ern folgt in der Bundesrepublik die politisch und kulturell auf den ersten Blick weniger schrille Kohorte der 1955 bis 1970 Geborenen, die aufgrund ihrer zahlenmäßig starken Jahrgänge häufig unter dem Begriff der »Babyboomer« firmieren. Sie setzen in vielen Bereichen die politischen Aktivitäten der 1968er fort, agieren jedoch deutlich globaler und engagieren sich insbesondere für Umweltschutz und Frieden.

Für die 1970 bis 1985 Geborenen hat Douglas Coupland (1991) den Begriff der »Generation X« geprägt (in Deutschland bisweilen auch »Generation Golf« genannt; siehe Illies 2001). Sie wuchsen in einer Zeit auf, in der es den meisten Menschen in der Bunderepublik materiell so gut ging wie niemals zuvor in der Geschichte. Gleichzeitig stieg jedoch die Jugendarbeitslosigkeit und die Automatisierung vieler Fertigungsprozesse sowie die Verlagerung von Tätigkeiten ins Ausland ließ die Anforderungen an Bildung und Ausbildung in vielen Branchen erheblich steigen. Die Generation X war mehrheitlich durch das Gefühl geprägt, dass in der Gesellschaft für sie nur wenig Platz sei, entsprechend bewertete sie ihre persönliche Zukunft meist deutlich negativer als die Zukunft der deutschen Gesellschaft allgemein. Das Motto »No Future« der Punks und die Träume vom Aussteigen sind bekannte kulturelle Ausdrücke dieses Lebensgefühls.

Die Kohorte der 1985 bis 2000 Geborenen wurde durch die rasante Entwicklung der Informations- und Kommunikationstechnologien geprägt, aber auch durch steigende Jugendarbeitslosigkeit, immer höhere Bildungsanforderungen und neue Formen politischer Krisen und gewalttätig ausgetragener Konflikte. Dieser jungen Generation wurde in der Literatur der Name »Generation Y« gegeben. Das »Y« (englisch »why«) sollte als »Warum« die ungewisse und unsichere Lebenssituation ausdrücken und die suchende, sondierende und taktierende Reaktion hierauf symbolisieren.

In den Shell Jugendstudien haben wir diese Kohorte als »pragmatische Generation« beschrieben, da sie auf die Unsicherheiten mit einer starken Orientierung auf Leistungsbereitschaft und materielle Sicherheit reagierte und eine Fokussierung auf das Hier und Jetzt sowie auf das individuelle und private Glück vornahm (Deutsche Shell 2002; Shell Deutschland Holding 2006, 2010, 2015). Die Lebensführung der jungen Männer und Frauen war an konkreten, praktischen Problemen orientiert, die mit persönlichen Interessen und Wünschen verbunden waren. Mit Leistungsanstrengungen und persönlichem Engagement wollten sich die Jugendlichen durch die schwierige Berufs- und Arbeitsmarktsituation bewegen und die eigenen Zukunftschancen sichern. Zwar ist auch diese Generationsgestalt nach sozialer Herkunft, regionaler Zugehörigkeit, Zuwanderungsposition und Geschlecht differenziert, dennoch konnten wir in vielen Gruppen die charakteristische Mischung aus der Suche nach den besten persönlichen Optionen, der Optimierung von Ausgangsbedingungen für den Berufseinstieg und einem Sondieren von Freiheitsräumen in den eigenen Entscheidungen ausmachen.

Signaturen des Generationswandels

Bei der Beschreibung der wesentlichen Charakteristika der heutigen jungen, nach 2000 geborenen Generation stehen oft die technischen Veränderungen sowie die Digitalisierung ihrer Lebenswelt im Vordergrund. Dabei ist durchaus Skepsis angebracht, wenn die Jugend gleichsam auf Digitalisierung reduziert wird, wie dies etwa mit der Bezeichnung »iGen« (Twenge 2017) vorgeschlagen wurde. Gemäß dieser These sei die junge Generation vorrangig durch den Gebrauch des Smartphones gekennzeichnet (das »i« verweist hier auf das iPhone). Durch die intensive und andauernde Beschäftigung mit dem Smartphone würde sie das Erwachsenwerden zumindest partiell aufschieben. Es würde sich sogar ein tiefgreifender Umbruchprozess abzeichnen, der beinahe als teilweise »Verweigerung des Erwachsenwerdens« beschrieben werden könne: »Adoleszenz ist heute eine Verlängerung der Kindheit statt der Beginn des Erwachsenseins« (Twenge 2017: 41; Übersetzung durch die Autoren).

Solche Beschreibungen einer Generation bergen oftmals die Gefahr, herausragende Kennzeichen eines oder mehrerer Leitmilieus als Inbegriff für die Entwicklung der großen Mehrheit der Jugendlichen zu nehmen. Dabei muss immer auch geklärt werden, ob und inwieweit sich die tonangebende Rolle solcher Leitmilieus ändert (wobei das Tonangebende sich mindestens ebenso auf die Außenwahrnehmung wie auf das Selbstverständnis einer Generation bezieht).

Andere Studien legen den Akzent auf die angesprochenen gewandelten Bedingungen in Bildung und Berufsleben (etwa Hurrelmann und Albrecht 2014). Aufgrund der hervorragenden Perspektiven für Ausbildung und Beruf steht der Großteil der heutigen jungen Generation nicht so stark unter Leistungsdruck wie die Vorgängergeneration. Es ist für sie nicht mehr ganz so wichtig, einen möglichst ausgezeichneten Schulabschluss zu erreichen. Ausbildungs- und Arbeitsmarkt haben sich deutlich verändert: Junge Leute müssen nicht mehr wie ihre Vorgänger als Bittsteller auftreten, sondern können wählen. Mehr und mehr sind es die Unternehmen, die um ihre Gunst als künftige Mitarbeiter werben müssen.

Insbesondere in den Feuilletons, aber auch in den sozialwissenschaftlichen Literatur lässt sich in den letzten Jahren eine energische Suche nach einer einprägenden Beschreibung der aktuellen Generation der zwischen ungefähr 2000 und heute Geborenen beobachten: Als vorläufige Arbeitsbezeichnung für diese Generation hat sich dabei, dem Alphabet folgend, der Name »Generation Z« eingebürgert (Turner 2015; Williams 2015; Carrington et al. 2015). Wirklich schlüssig ist diese Benennung nicht, denn die bisherigen Bezeichnungen haben stets symbolisch oder metaphorisch einen – aber eben auch nur einen – auffälligen Wesenszug der jeweiligen Generation auf den Punkt gebracht. Wahrscheinlich wird sich so ein prägnanter Wesenszug im Laufe der nächsten Jahre auch für diese jüngste Generation herausbilden. Die prägenden Lebensbedingungen ändern sich jedoch nicht von einem Jahr auf das nächste, sondern sie schleichen sich fast unmerklich ein. Es ist äußerst schwierig, die Vielfalt der Lebenslagen einer Generation in einem Begriff abzubilden. Auch ist es fast unmöglich, den Übergang von wirtschaftlichen, politischen, kulturellen, ökologischen und technischen Lebensbedingungen genau zu terminieren. Alle Übergänge sind fließend, und es ist kaum zu benennen, wann sie eine grundlegend veränderte Ausgangssituation für die Gestaltung des Jugendalters bewirken. Mit Hilfe empirischer Forschung und auf Basis repräsentativer Befragungen sowie qualitativer Interviews werden wir in der vorliegenden Studie versuchen, eine nuancierte Beschreibung von Übergängen zu entwickeln. Bei allem Bemühen um Differenzierung darf jedoch nicht die Frage nach Brüchen und Polarisierungen aus den Augen verloren werden. Dies betrifft zum einen die Kluft zwischen den »Abgehängten« mit schlechten Zukunftsaussichten und ihren begünstigteren Altersgenossen. Zum anderen ist aber auch die Frage wichtig, inwieweit sich für Jugendliche hinter einer oft pauschalisierend verwendeten und von viel Mythenbildung begleiteten Digitalisierung bei näherer Betrachtung nicht nur Chancen, sondern auch neue Gräben zwischen »Digital-Pionieren« und »Digital-Abgehängten« verbergen.

Bildet sich darüber hinausgehend eine in der (nationalen wie internationalen) politischen Landschaft zu beobachtende Polarisierung auch in den politischen Einstellungen der Jugendlichen ab? Lassen sich alle Entwicklungen also unter einer neuen, auch die junge Generation charakterisierenden gesellschaftlichen Bruchlinie fassen, die zwischen einer außengewandten, offenen Einstellung einerseits und einer innengewandten, verschlossenen Einstellung andererseits verläuft (siehe etwa Reckwitz 2017)?

Gleichsam quer hierzu liegt die Frage, inwieweit sich die verschiedenartigen Einstellungen und Verhaltensweisen von Jugendlichen mit einer eher aktiven oder passiven Rolle in den unterschiedlichsten Lebensbereichen verknüpfen. Im Sinne einer passiven Rolle bezieht sich eine Konsumhaltung möglicherweise nicht nur auf die starke Orientierung an Waren- und Dienstleistungsmärkten. Im weiteren Sinne wäre darunter auch ein grundsätzliches »Zurücklehnen« zu verstehen – eine Einstellung, die sich von der praktischen Mitwirkung im Haushalt bis hin zum Studierverhalten an Universitäten erstreckt. Letztgenannte Beobachtung verweist dabei auch auf die Spannungen zwischen weitreichenden Bildungsaspirationen und -erfolgen einerseits sowie einem bisweilen eher passiven Lern- und Studierverhalten (bei gleichzeitigem Anstieg des wahrgenommenen Drucks) andererseits. Gerade an dieser Stelle ist ein differenzierender Blick unabdingbar, um nicht Stereotypen Vorschub zu leisten und infolgedessen denjenigen Teil der jungen Generation als atypischen Sonderfall zu brandmarken, der den mit solchen Stereotypen einhergehenden Rollenerwartungen nicht entspricht.

1.3 Die aktuelle Shell Jugendstudie

Die Shell Jugendstudie hebt traditionell nicht ein einzelnes Charakteristikum oder einen einzelnen Aspekt der jungen Generation hervor, sondern sucht das Gesamtbild einer Generation zu zeichnen, ohne dabei Konturen und Schattierungen verblassen zu lassen. Sie hat den Vorteil, auf einer beträchtlichen Anzahl von Zeitreihen aufbauen und damit nicht nur Momentaufnahmen präsentieren, sondern auch längerfristige Veränderungen dokumentieren zu können.

Die vorliegende 18. Shell Jugendstudie untersucht besonders die Einflüsse der genannten gesellschaftspolitischen und wirtschaftlichen Entwicklungen auf die aktuelle Jugendgeneration. Der Fokus liegt deshalb auf der Frage, ob sich unter den Jugendlichen ein Wandel vollzieht und sich ihre Einstellungen zu Familie, Arbeit und Politik sowie ihre Selbstverortung in der Gesellschaft verändern und, wenn ja, welcher Art diese Veränderungen sind. Ziel ist es dabei, sowohl die Gemeinsamkeiten in den Lebensweisen, Einstellungen und Präferenzen der aktuellen Jugendgeneration herauszuarbeiten als auch ein differenziertes Bild von ihr zu zeichnen. Zudem wollen wir prüfen, ob sich in den verschiedenen Lebensbereichen wie Familie, Freunde, Freizeit, Schule, Beruf und Politik eine zunehmende Polarisierung beobachten lässt, und nach möglichen Folgen dieser Entwicklung fragen. Hier liegt das Augenmerk auf den immer noch vorhandenen Unterschieden zwischen einem Aufwachsen in Ost- und Westdeutschland, auf der sozialen Ungleichheit, auf den ungleichen Lebenschancen entlang der erreichten schulischen Bildungstitel sowie auf einer möglichen erneuten politischen Polarisierung in links und rechts oder entlang von offenen versus verschlossenen Einstellungen.

Ein weiterer zentraler Aspekt sind die Fragen danach, inwieweit sich die vor einigen Jahren angedeuteten Trends fortgesetzt, verstärkt oder aber abgeschwächt haben. Wie weit trägt die bewährte pragmatische Grundeinstellung noch? Ist eher eine stärkere Ichbezogenheit oder eine offene und potenziell engagierte Orientierung auf die Außenwelt zu vermerken? Welche Bedeutung haben die verschiedenen Teile ihrer Umgebung für die Jugendlichen: Bleibt es bei der Fokussierung auf den Nahbereich, oder steigt vor dem Hintergrund der aktuellen gesellschaftspolitischen Entwicklungen das Interesse an öffentlichen Belangen? Zeichnet sich eine neue Generationsgestalt ab, die auf die beschriebenen Veränderungen reagiert?

Das folgende Kapitel 2 widmet sich dem Verhältnis von Jugend und Politik. Unter dem Eindruck tiefgreifender politischer Umbruchprozesse legt es Schwerpunkte auf das Demokratieverständnis von Jugendlichen sowie die Entwicklung ihres politischen Interesses und ihrer politischer Orientierung. Diese wird vor allem im Spannungsfeld zwischen der Bejahung von Vielfalt und Toleranz einerseits und Affinitäten zu populistischen Strömungen andererseits in den Blick genommen. Darüber hinaus wird ihre Einstellung zur Europäischen Union untersucht.

Kapitel 3 beschreibt die Werte von Jugendlichen und deren Wandel.

Das soziale Umfeld, also insbesondere Familie und Freundeskreis, ist das Thema von Kapitel 4. Gerade in einer zunehmend digitalisierten Welt bleibt dieses nähere soziale Umfeld von herausragender Bedeutung als zentraler Bezugspunkt und Sozialisationsinstanz für Jugendliche.

Kapitel 5 untersucht das Thema Bildung als einen zentralen Dreh- und Angelpunkt des Aufwachsens und wirft ebenfalls einen Blick auf das Bildungssystem und die Bildungspolitik.

Kapitel 6 widmet sich der Berufsorientierung junger Menschen.

Kapitel 7 befasst sich mit dem Thema Freizeit und der Nutzung von Medien. Im Vordergrund steht dabei die Frage, wie neue Medien und das Internet den Alltag von Jugendlichen durchdringen und diesen mit formen.

Kapitel 8 gibt wesentliche Aspekte der vertiefenden Interviews mit Jugendlichen, die wir im Rahmen dieser Studie geführt haben, wieder. An dieser Stelle lassen wir also Vertreter der »digital natives« selbst zu Wort kommen.

Das Schlusskapitel greift die in den vorangegangenen Kapiteln dargestellten Ergebnisse auf. Es legt dabei einen besonderen Schwerpunkt auf die Frage, inwieweit und in welcher Hinsicht die heutige junge Generation durch Spaltungen, Ungleichheiten und Polarisierungen charakterisiert ist und ob ihre Politisierung solche Prozesse noch verstärkt oder eher abschwächt. Diese Betrachtung ist in besonderer Weise von der Überlegung geprägt, dass die Einstellungen und Haltungen heutiger junger Menschen bisher immer einen Gradmesser für die zukünftige Entwicklung der Gesellschaft als Ganzes darstellten.

Ulrich Schneekloth, Mathias Albert

2 Jugend und Politik: Demokratieverständnis und politisches Interesse im Spannungsfeld von Vielfalt, Toleranz und Populismus

Seit ihrer ersten Ausgabe im Jahre 1953 ist eine der zentralen Fragen der Shell Jugendstudie, wie sich Jugendliche zur Demokratie in Deutschland positionieren und welche Rolle sie bei der Gestaltung der Gesellschaft einnehmen wollen.

In den 1950er-Jahren zur Zeit der »skeptischen Generation« (Schelsky 1957) ging es primär noch darum, ob sich die während der NS-Zeit aufgewachsenen Jugendlichen mit der jetzt wieder demokratisch verfassten (west-)deutschen Nachkriegsgesellschaft positiv identifizieren können. Im Übergang zu den 1960er-Jahren konzentrierte sich die Debatte auf die Frage, wie die inzwischen entstandene »neue Gesellschaft« (Dahrendorf 1962) ausgestaltet werden soll. Die junge Nachkriegsgeneration präsentierte sich in Westdeutschland vor allem ab Ende der 1960er-Jahre eher gesellschaftskritisch und politisiert. Vor allem die Bildungselite wurde mit ihrem Lebensgefühl und auch Sendungsbewusstsein zum Träger für anstehende gesellschaftliche Veränderungen. Die sogenannte 68er-Generation prägte damit auch maßgeblich das Bild der Jugend als Triebkraft für einen zum Teil eruptiven sozialen Wandel. Die Lebensphase Jugend mutierte in dieser Betrachtungsweise zur Jugendbewegung. Im Vordergrund stand dabei der Teil der Jugend, der sich für Frieden, Umweltschutz und neue Lebensmodelle jenseits klassischer Rollenerwartungen in einer offenen Gesellschaft engagierte (Brand, Büsser und Rucht 1986).

Dieser Blickwinkel änderte sich im Verlauf der 1980er-Jahre. Vor dem Hintergrund der ökonomischen Krisensymptome im Zuge der Ölpreiskrisen in den 1970er-Jahren veränderte sich bei der jungen »Nach 68er«-Generation wiederum das Lebensgefühl. Trotz des »Fahrstuhl-Effekts« der allgemeinen Wohlstandssteigerung (Beck 1986) und der Bildungsexpansion wurden die damit einhergehenden Risiken spürbar. Dieser Prozess der Modernisierung und des sozialen Wandels dehnte sich mit dem Ende des Ost-West-Konflikts und der Maueröffnung von 1989 auch auf ganz Deutschland aus. Ähnlich wie in der Übergangsphase nach dem Zweiten Weltkrieg gelang es innerhalb dieser historischen Zäsur vor allem jungen Menschen vergleichsweise schnell, sich in die demokratischen Strukturen der Zivilgesellschaft zu integrieren (vgl. dazu Bundesministerium für Wirtschaft und Energie 2015).

Kennzeichnend für die junge Generation spätestens seit den 2000er-Jahren ist ihr pragmatischer Umgang mit den Herausforderungen des sozialen Wandels. Laut den Ergebnissen der letzten Shell Jugendstudien sind hierfür vor allem die Leistungsorientierung und das Suchen nach individuellen Aufstiegsmöglichkeiten zusammen mit einem ausgeprägten Sinn für soziale Beziehungen im persönlichen Umfeld prägend gewesen. Damit einher ging allerdings auch eine bemerkenswerte Politikabstinenz, die sich bisher insbesondere durch eine eher noch stärker werdende Distanz zu politischen Institutionen und Parteien auszeichnete. Die Ergebnisse der Shell Jugendstudie von 2015 deuteten allerdings auf eine Trendwende hin: Trotz einer nach wie vor hohen Politikverdrossenheit – hinter der sich traditionell schon immer auch eine ganz konkrete Unzufriedenheit mit Politikerinnen und Politikern sowie mit den politischen Parteien verbarg – war das generelle Interesse an Politik wieder gestiegen. Hinzu kam eine mehrheitlich wieder positive Sicht auf die Zukunft der Gesellschaft in Deutschland. Markenzeichen waren darüber hinaus ein Bekenntnis zu Toleranz und Vielfalt sowie eine wachsende Achtsamkeit gegenüber ökologischen Fragen (Schneekloth 2015).

Seit der letzten Shell Jugendstudie haben sich in Deutschland weitere spürbare Veränderungen vollzogen. Im Zuge der sogenannten Flüchtlingskrise wurden vor allem in den Jahren 2015 und 2016 gesellschaftliche Polarisierungsprozesse sichtbar. Diese führten zu einer scharfen und zum Teil unversöhnlich erscheinenden Kontroverse vor allem in Bezug darauf, wie viele Flüchtlinge Deutschland aufnehmen soll. Auffällig hierbei war der populistische Diskurs in Gestalt des Rückgriffs auf rechts- und nationalpopulistische Narrative (Grabow 2016). Dieser »Aufstieg des Nationalpopulismus« (Hirschmann 2017) war fast in ganz Europa beziehungsweise weltweit zu beobachten.

Wie reagieren die Jugendlichen in Deutschland auf diese Entwicklungen? Setzt sich der Trend einer »Repolitisierung« fort? Prägen sich bei ihnen Tendenzen einer zunehmenden Polarisierung aus, so dass politische Anschauungen und Lebensentwürfe möglicherweise unversöhnlich gegeneinander stehen?

2.1 Interesse an Politik

Zur Selbsteinschätzung des politischen Interesses stellt die Shell Jugendstudie den Jugendlichen der Altersgruppe der 15- bis 24-Jährigen seit 1984 die Frage:[1] »Interessierst du dich ganz allgemein für Politik? Würdest du sagen, du bist stark interessiert, interessiert, wenig interessiert oder gar nicht interessiert?« Die Formulierung wurde von uns aus Gründen der Vergleichbarkeit seitdem nicht verändert.

Gemessen werden damit zwei Aspekte: zum einen, welche Bedeutung Jugendliche der Politik ganz generell beimessen, also wie Gemeinwesen ihre Angelegenheiten regeln und dabei zu verbindlichen Entscheidungen kommen (Fuchs und Roller 2009), und zum anderen, wie das Agieren der Politiker als zentrale Akteure bewertet wird und wie zufrieden man damit ist. Die Frage nach dem politischen Interesse spiegelt von daher nicht nur die eigene Motivation und Interessenslage wider. Sie reflektiert auch, wie die Politik in Deutschland bewertet wird, wie zufrieden man mit den Abläufen ist und ob es lohnenswert erscheint, sich darauf zu beziehen (Schneekloth 2015).

---

[1] Seit 2002 befragen wir in der Shell Jugendstudie Personen im Alter zwischen 12 und 25 Jahren. Von daher beziehen sich die Ergebnisse seit 2002 in der Regel auf diese Altersgruppe. Dies gilt allerdings nicht für alle Fragen. So haben wir aus methodischen Gründen die Abfrage zum Themenkomplex »Politik und Gesellschaft« zum Teil auf Jugendliche ab 15 Jahren begrenzen müssen. Die jeweilige Basis ist in den Abbildungen und Tabellen vermerkt. Die hier vorgelegte Zeitreihe zum politischen Interesse bezieht sich auf Jugendliche im Alter von 15 bis 24 Jahren.

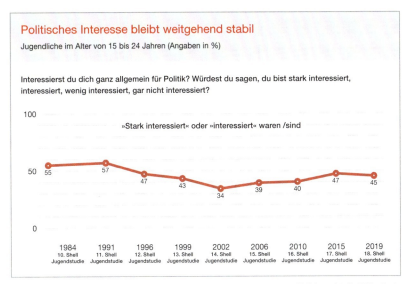

Politisches Interesse bleibt weitgehend stabil

Jugendliche im Alter von 15 bis 24 Jahren (Angaben in %)

Interessierst du dich ganz allgemein für Politik? Würdest du sagen, du bist stark interessiert, interessiert, wenig interessiert, gar nicht interessiert?

»Stark interessiert« oder »interessiert« waren /sind

	1984	1991	1996	1999	2002	2006	2010	2015	2019
	55	57	47	43	34	39	40	47	45
	10. Shell Jugendstudie	11. Shell Jugendstudie	12. Shell Jugendstudie	13. Shell Jugendstudie	14. Shell Jugendstudie	15. Shell Jugendstudie	16. Shell Jugendstudie	17. Shell Jugendstudie	18. Shell Jugendstudie

Abb. 2.1

Shell Jugendstudie 2019 – Kantar

Gestiegenes Interesse an Politik bleibt weitgehend stabil

Das politische Interesse von Jugendlichen hat sich im Jahr 2019 trotz eines kleinen Rückgangs weiter stabilisiert (siehe Abbildung 2.1). Aktuell geben 45 % der 15- bis 24-Jährigen an, dass sie politisch interessiert oder stark interessiert sind.

Der leichte Rückgang im Vergleich zu 2015 sollte aus unserer Sicht nicht überbewertet werden. Die lange Reihe macht vielmehr deutlich, dass sich das politische Interesse jenseits von einzelnen tagespolitischen Effekten eher in Etappen entwickelt. Während sich in den 1980er-Jahren im Kontext der von den neuen sozialen Bewegungen getragenen politischen Debatten (Roth und Rucht 1986) sowie vor dem Hintergrund des Mauerfalls und der Wiedervereinigung etwas mehr als die Hälfte der Jugendlichen als politisch interessiert bezeichnete, sank dieser Anteil Mitte der 1990er-Jahre deutlich ab. Im Jahr 2002 waren es schließlich nur noch 34 %. Seitdem ist ein Anstieg zu verzeichnen, wobei das Niveau der 1980er-Jahre bisher allerdings noch nicht wieder erreicht ist.

Der leichte Rückgang in 2019 erscheint ein wenig überraschend. Ist doch die aktuelle Debatte auch in Deutschland durch die medial- und öffentlichkeitswirksamen Jugendproteste geprägt, etwa gegen die EU-Urheberrechtsreform oder in Gestalt der »Fridays for Future«-Bewegung. Diese Entwicklungen werden in den Medien vielerorts als Belege für eine politischer werdende Generation gewertet. Die Ergebnisse der vorliegenden Shell Jugendstudie widersprechen einer solchen Wertung nicht, und die Konturen einer solchen politischer werdenden Generation werden im Folgenden näher ausgeleuchtet. Allerdings weisen unsere Ergebnisse auf einen zentralen Befund hin: »politischer werden« heißt gegenwärtig nicht, dass die Mehrheit der Jugendlichen politisch interessiert wäre, sondern dass die bereits politisch Interessierten deutlich aktiver

Tab. 2.1 **Politisches Interesse**
Jugendliche im Alter von 12 bis 25 Jahren

Spalten in %	2002	2006	2010	2015	2019
An Politik bin ich ganz allgemein					
Stark interessiert	4	5	6	7	8
Interessiert	26	30	31	36	33
Wenig interessiert	40	41	41	39	39
Gar nicht interessiert	29	24	22	18	20
Weiß nicht / keine Angabe	1	0	0	0	0
Über Politik informiere ich mich aktiv					
Ja			33	38	36
Nein			66	60	62
Keine Angabe			1	3	2
Für mich persönlich ist es wichtig, mich politisch zu engagieren					
Wichtig (5–7)	22	20	23	33	34
Mal so, mal so (4)	22	23	24	26	25
Unwichtig (1–3)	55	57	52	39	39
Weiß nicht / keine Angabe	1	0	1	2	2
Sich in Politik einzumischen, ist bei Jugendlichen					
In	25	28	24	30	35
Out	66	68	71	59	56
Weiß nicht / keine Angabe	9	4	5	11	9

Shell Jugendstudie 2019 – Kantar

werden. Eine der spannendsten Fragen der nächsten Jahre wird sein, ob das intensivierte Politikinteresse und eine neue politische (Selbst-)Wirksamkeitserfahrung vieler Jugendlicher auch die nicht politisch Interessierten überzeugen und motivieren kann. Derzeit ergeben sich mit Blick auf die längerfristige Entwicklung zumindest keine Anhaltspunkte dafür, dass sich das Interesse an Politik wieder verflüchtigen würde. Es hat vielmehr den Anschein, dass sich in Zukunft noch breitere Kreise der Jugendlichen einbringen und Gehör verschaffen wollen.

Die Daten aus Tabelle 2.1 beziehen sich auf Jugendliche im Alter von 12 bis 25 Jahren. Stark interessiert sind 8 % der Jugendlichen und weitere 33 % sind interessiert. Im Vergleich zu 2015 sind die Angaben damit leicht rückläufig. Bezieht man sich hingegen auf die Jahre 2002 und 2006, so liegen die Anteile politisch Interessierter auch aktuell nach wie vor deutlich höher.

Der Fokus bei der Frage nach dem Interesse an Politik liegt nicht nur auf der Bedeutung, die Jugendliche der Politik zumessen, sondern auch darauf, wie sie politische Prozesse der Entscheidungsfindung sowie das Agieren von Politikern bewerten. Fragt man Jugendliche, wie wichtig sie es finden, sich selbst politisch zu engagieren, wird ein sogar noch etwas stärkerer Anstieg von 22 % im Jahr 2002 auf aktuell 34 %

Tab. 2.2 Entwicklungen beim politischen Interesse nach sozio-ökonomischem Hintergrund

Jugendliche im Alter von 12 bis 25 Jahren

In % in den jeweiligen Teilgruppen	2002	2006	2010	2015	2019
Trend: Interesse an Politik	30	35	37	43	41
Nach Geschlecht					
Männlich	37	40	43	49	44
Weiblich	23	30	30	36	38
Nach Alter					
12–14 Jahre	11	16	21	21	19
15–17 Jahre	20	26	34	39	38
18–21 Jahre	38	41	38	48	45
22–25 Jahre	44	48	46	53	52
Nach Statuspassage					
Schüler insgesamt	20	27	32	32	32
An Nicht-Gymnasien	13	17	23	23	25
An Gymnasien	31	39	42	43	41
Studierende	64	68	66	69	66
In Berufsausbildung	32	32	33	39	39
Erwerbstätig	35	38	37	47	43
Nicht erwerbstätig / arbeitslos	26	34	31	43	36
Nach (angestrebtem oder erreichtem) Schulabschluss					
Hauptschule (9. Klasse)*	15	20	19	25	26
Realschulabschluss / Mittlere Reife	23	26	28	34	29
Abitur / FH-Reife	42	49	49	52	50

* Inkl. 1 % Jugendlicher ohne Schulabschluss. Aufgrund der geringen Fallzahl ist eine weitere Ausdifferenzierung nicht möglich.

Shell Jugendstudie 2019 – Kantar

der Jugendlichen deutlich, die dies für wichtig halten.

Ähnliches gilt für die Frage, ob es »in« ist, sich als Jugendlicher in Politik einzumischen. Das sehen aktuell mit 35 % deutlich mehr Jugendliche so als früher. Bemerkenswert ist: Während der Anteil der Jugendlichen, die es wichtig finden, sich selbst zu engagieren, vor allem in der Zeit zwischen 2010 und 2015 anstieg, ist der Anteil derjenigen, die der Auffassung sind, dass es bei Jugendlichen generell »in« sei, sich politisch einzumischen, darüber hinaus auch in der Zeit zwischen 2015 und 2019 deutlich weiter gewachsen.

Die Grundlagen für das gegenwärtig sichtbare politische Engagement vieler Jugendlicher wurden also schon zu Beginn ihrer politischen Sozialisation in der ersten Hälfte des Jahrzehnts gelegt.

Politisches Interesse bleibt bildungsgetrieben

Politisches Interesse ist nach wie vor mit der Bildungsposition verbunden (siehe

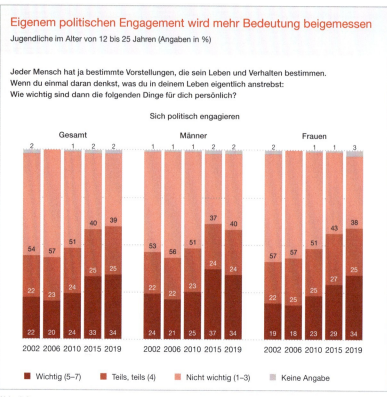

Eigenem politischen Engagement wird mehr Bedeutung beigemessen

Jugendliche im Alter von 12 bis 25 Jahren (Angaben in %)

Jeder Mensch hat ja bestimmte Vorstellungen, die sein Leben und Verhalten bestimmen.
Wenn du einmal daran denkst, was du in deinem Leben eigentlich anstrebst:
Wie wichtig sind dann die folgenden Dinge für dich persönlich?

Sich politisch engagieren

Legende: Wichtig (5–7) · Teils, teils (4) · Nicht wichtig (1–3) · Keine Angabe

Abb. 2.2

Shell Jugendstudie 2019 – Kantar

Tabelle 2.2). Jeder zweite Jugendliche, der das Abitur anstrebt oder erreicht hat, bezeichnet sich als politisch interessiert. Bei Jugendlichen mit angestrebtem oder erreichtem Hauptschulabschluss trifft dies nur auf jeden Vierten zu. Mit 66 % politisch Interessierten bilden Studierende nach wie vor die Gruppe mit dem größten politischen Interesse. Relativ betrachtet ist das politische Interesse seit 2002 bei niedriger Gebildeten sogar stärker angestiegen, ohne dass sich dadurch etwas am Zusammenhang mit der Bildungsposition geändert hätte. Die Schere bleibt an dieser Stelle bestehen, allerdings auf einem etwas niedrigeren Niveau.

Politik immer noch Männersache?

Männliche Jugendliche bezeichnen sich noch immer etwas häufiger als politisch interessiert (44 %) als weibliche Jugendliche, wobei diese inzwischen deutlicher aufgeholt haben (38 %). Der Anteil derjenigen, die es darüber hinaus als für sich selbst bedeutsam empfinden, sich politisch zu engagieren, ist bei weiblichen Jugendlichen sogar noch stärker gestiegen als bei männlichen Jugendlichen (siehe Abbildung 2.2). Bei diesen ist der Trend leicht schwankend: Aktuell ist im Vergleich zu 2015 ein leichter Rückgang feststellbar. Weibliche Jugend-

Tab. 2.3 Politische Informationskanäle: Wo sich Jugendliche aktiv über Politik informieren

Jugendliche im Alter von 12 bis 25 Jahren

Mehrfachnennungen, Spalten in %	Bund	West	Ost
Fernsehsendungen	23	24	19
Nachrichten-Websites, News-Portale, Push-Nachrichten	20	20	18
Radio, Podcasts	15	15	12
Gedruckte Zeitungen und Zeitschriften	15	16	10
Soziale Netzwerke oder Messenger Apps	14	15	13
Google oder andere Suchmaschinen	14	14	15
Nachrichtenkanäle auf YouTube	9	9	9
Sonstiges	3	3	2
Online insgesamt	30	30	29
Kein aktives »sich politisch Informieren«	62	61	66
Keine Angabe	2	3	2

Shell Jugendstudie 2019 – Kantar

liche sind inzwischen mit männlichen Jugendlichen sogar gleichauf.

Wir hatten bereits in der letzten Shell Jugendstudie darauf hingewiesen, dass »die Politik« aus der Sicht von Jugendlichen in Deutschland noch immer stark mit »Kungelei« und Machterhalt verknüpft ist und abschreckend wirkt. Von daher erscheint Politik auch eher als »männlich«. Dies bedeutet aber nicht, dass Frauen generell weniger interessiert wären, gesellschaftliche Verhältnisse mitzugestalten. Im Gegenteil: Momentan hat es den Anschein, dass Mädchen sich als Vorreiterinnen präsentieren. Dies gilt vor allem für die »Fridays for Future«-Initiative, die medial stark von jungen Frauen wie Greta Thunberg oder in Deutschland von Luise Neubauer repräsentiert wird (siehe dazu Thunberg, Neubauer u. a. 2019).

Das Internet als wichtigste politische Informationsquelle

Mehr als jeder dritte Jugendliche (36 %) gibt an, dass er sich selbst aktiv über politische Themen informiert. Im Westen ist der Anteil leicht höher als im Osten (siehe Tabelle 2.3). Bemerkenswert ist, dass Jugendliche dies inzwischen zu 30 % mehrheitlich online tun. Am häufigsten nutzen sie hierbei Nachrichten-Websites oder News-Portale (20 %). Viele verweisen dabei auf Social-Media-Angebote, also auf entsprechende Informationsquellen in den sozialen Netzwerken oder Messenger Apps (14 %) oder auf YouTube (9 %). Das Fernsehen als Informationsquelle nennen 23 % der Jugendlichen, 15 % nutzen das Radio und ebenfalls 15 % klassische Printmedien. Internet und Social Media haben den klassischen Medien im Bereich der gezielten politischen Informationssuche damit den Rang abgelaufen.

Klassischen Medien wird mehr Vertrauen entgegengebracht

Wir haben Jugendliche gefragt, wie viel Vertrauen sie den Informationen entgegenbringen, die ihnen über die unterschiedlichen Kanäle angeboten werden.

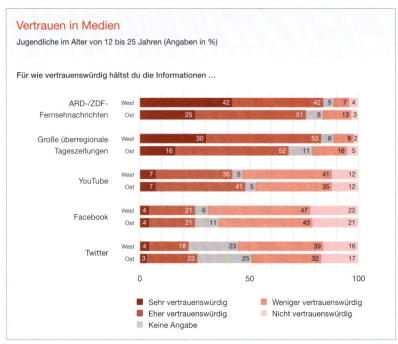

Vertrauen in Medien

Jugendliche im Alter von 12 bis 25 Jahren (Angaben in %)

Für wie vertrauenswürdig hältst du die Informationen ...

		Sehr vertrauenswürdig	Eher vertrauenswürdig	Keine Angabe	Weniger vertrauenswürdig	Nicht vertrauenswürdig
ARD-/ZDF-Fernsehnachrichten	West	42	42	5	7	4
	Ost	25	51	8	13	3
Große überregionale Tageszeitungen	West	30	53	6	9	2
	Ost	16	52	11	16	5
YouTube	West	7	35	5	41	12
	Ost	7	41	5	35	12
Facebook	West	4	21	6	47	22
	Ost	4	21	11	43	21
Twitter	West	4	18	23	39	16
	Ost	3	23	25	32	17

Abb. 2.3

Shell Jugendstudie 2019 – Kantar

Das größte Vertrauen wird hier den klassischen Medien entgegengebracht (siehe Abbildung 2.3). Die große Mehrheit (im Westen 84 %, im Osten 76 %) hält die Informationen in den ARD- oder ZDF-Fernsehnachrichten für vertrauenswürdig. Vergleichbares gilt auch für die großen überregionalen Tageszeitungen, wobei der Anteil bei den Jugendlichen im Osten (68 %) deutlich geringer als im Westen (83 %) ausfällt. YouTube bezeichnet hingegen etwa jeder zweite Jugendliche im Westen und knapp jeder zweite im Osten als weniger bis nicht vertrauenswürdig. Bei Facebook sind es sogar etwas mehr als zwei von drei Jugendlichen, die den dort angebotenen Informationen misstrauen. Auch Twitter vertraut nur eine Minderheit.

Doch obwohl ihr Vertrauen in die online angebotenen Inhalte gering ist, nutzen Jugendliche das Internet als Leitmedium zur Informationsgewinnung. Das ist für sie anscheinend kein Widerspruch. Sie suchen nach politischen Informationen im Internet in der Regel gezielt oder nutzen dafür als vertrauenswürdig eingestufte Portale oder Angebote. Auch scheint es, dass viele Jugendliche in Deutschland insbesondere Facebook vor dem Hintergrund der Diskussionen über Fake News und Datenschutz inzwischen kritisch sehen. Auffällig ist die vergleichsweise bessere Bewertung von YouTube als Informationskanal. YouTube hat sich in der jüngeren Vergangenheit insbesondere bei Jugendlichen immer mehr vom ursprünglichen Videoclip-Portal zur universalen Unterhaltungs- und Informationsquelle entwickelt. Dabei steht YouTube exemplarisch für das »Web

2.0«, also für eine weiterentwickelte Form des Internets, in dem Inhalte nicht nur konsumiert, sondern auch selbst hochgeladen werden.

Jugendliche zeigen sich zwar auch YouTube gegenüber durchaus kritisch, was den Wahrheitsgehalt der dort angebotenen und mehr oder weniger unkontrolliert platzierten Inhalte angeht. Anders als Facebook erscheint ihnen YouTube aber offenbar als Plattform, mit der sie authentisch und unzensiert kritische oder avantgardistische Inhalte jenseits des Mainstreams sehen oder einfach nur ihre eigenen Positionen, Aktivitäten und Interessen darstellen können. Exemplarisch sichtbar wurde dies im Rahmen der Debatte um die EU-Urheberrechtsreform, die von einigen relevanten Akteuren als Versuch betrachtet wird, Meinungsfreiheit zu beschränken und politisch von oben zu regulieren (Beuth 2019; Lobo 2019). Ungelöst bleibt damit allerdings das Problem, wie mit Verunglimpfungen, gezielt gestreuten Unwahrheiten oder auch illegaler Nutzung von fremdem geistigem Eigentum umgegangen werden soll.

Das Vertrauen in einzelne Kanäle beeinflusst natürlich deren Nutzung. Betrachtet man an dieser Stelle die Teilgruppe derjenigen, die sich aktiv selbst über Politik informieren (36 %), so gilt in diesem Fall beispielsweise, dass sich 34 % derjenigen, die sich aktiv über Politik informieren und die Informationen auf YouTube eher oder sehr vertrauen, sich dann auch hier informieren. Bei denjenigen, die sich ebenfalls aktiv über Politik informieren, hingegen aber meinen, dass Informationen auf YouTube nicht vertrauenswürdig seien, trifft dies nur für 5 % zu. Da Jugendliche den klassischen Medien ein hohes Maß an Vertrauen entgegenbringen, spielen diese hier nach wie vor eine größere Rolle: Insgesamt 82 % derjenigen, die sich aktiv über Politik informieren, tun dies (auch) auf einem oder mehreren dieser klassischen Medienkanäle. Man kann davon ausgehen, dass auch diese klassischen Medien nicht nur analog, sondern auch (oder sogar mehrheitlich) online genutzt werden: das Fernsehen über Mediatheken oder YouTube, Printmedien als ePaper und das Radio »on demand« bzw. als Podcast. Insgesamt betrachtet bedeutet dies aber, dass die große Mehrheit der Jugendlichen, die sich aktiv über Politik informieren, trotz der Online-Präferenz ebenfalls Nachrichten journalistischen Ursprungs, für die in der Regel Redakteure Informationen recherchieren, nutzen und in ihre Meinungsbildung mit einbeziehen.

2.2 Renaissance der Betroffenheit: Politische Positionierungen und Problemsichten

Mit der von uns seit 2002 in der Shell Jugendstudie gestellten Frage, was Jugendliche als Problem betrachten und was ihnen Angst macht, lässt sich messen, welche gesellschaftlichen Themen aus ihrer Sicht von hoher Relevanz sind und wovon sie sich selbst betroffen fühlen. Die Frage nach der Angst steht in diesem Kontext dafür, dass Themen angesprochen werden, die einen persönlich stark beschäftigen. Der Fokus liegt dabei auf der persönlichen Betroffenheit. Hierzu haben wir eine Liste vorgelegt, die wir seit 2002 inklusive einiger thematischer Erweiterungen kontinuierlich abfragen.

Umwelt- und Klimaschutz rücken in den Fokus der persönlichen Betroffenheit

Nannten viele Jugendliche noch bis zum Jahr 2010 die »Wirtschaftliche Lage und steigende Armut« sowie »Angst vor Arbeitslosigkeit oder davor, keinen Aus-

Tab. 2.4 **Problemsichten**
Jugendliche im Alter von 12 bis 25 Jahren

Mehrfachnennungen: »Trifft zu« in %	2002	2006	2010	2015	2019
Das macht mir Angst					
Umweltverschmutzung	62	61	61	61	71
Terroranschläge	71	67	61	73	66
Klimawandel	–	–	58	56	65
Wachsende Feindlichkeit zwischen Menschen mit unterschiedlichen Meinungen	–	–	–	–	56
Wirtschaftliche Lage und steigende Armut	66	72	70	52	52
Ausländerfeindlichkeit	50	42	40	48	52
Schwere Krankheit	–	58	53	49	48
Krieg in Europa	59	51	44	62	46
Arbeitslosigkeit, kein Ausbildungsplatz	55	69	62	48	39
Dass man bedroht oder geschlagen wird	43	39	39	39	38
Dass einem etwas gestohlen wird	37	32	30	31	35
Zuwanderung nach Deutschland	31	34	27	28	33

Shell Jugendstudie 2019 – Kantar

bildungsplatz zu finden« als ihre größten Sorgen, so hat sich das Bild seitdem deutlich verändert (siehe Tabelle 2.4): Aktuell benennen fast drei von vier Jugendlichen die Umweltverschmutzung als das Hauptproblem, das ihnen Angst macht, gefolgt von der Angst vor Terroranschlägen (66 %) sowie dem Klimawandel (65 %). Die wirtschaftliche Lage mit steigender Armut wird hingegen nur noch von etwas mehr als jedem zweiten Jugendlichen benannt, die Angst vor einem Arbeitsplatzverlust oder davor, dass man keinen Ausbildungsplatz findet, sogar nur von etwas mehr als jedem dritten.

Die Angst vor Terroranschlägen, die im Jahr 2015 stark durch die damaligen Anschläge in Frankreich geprägt war, ist seitdem kaum in den Hintergrund gerückt. Einen Krieg in Europa nennt noch fast jeder zweite Jugendliche als Angstfaktor. Der Wert liegt unter den Angaben von 2015. Damals hatten sogar 62 % der Jugendlichen diese Angst geäußert, sicherlich unter dem Einfluss des Ukraine-Konflikts und der Besetzung der Krim durch Russland ein Jahr zuvor.

Bemerkenswerterweise haben mehr als 56 % der Jugendlichen Angst vor einer wachsenden Feindlichkeit zwischen Menschen, die unterschiedlicher Meinung sind. Wir haben diese Problematik, die auf eine fehlende Kompromissfähigkeit bzw. auf eine mögliche Polarisierung und Spaltung der Gesellschaft hinweist, in 2019 neu aufgenommen. Auch dieser Aspekt macht mehr jungen Leuten Sorge als etwa wirtschaftliche und soziale Nöte. Auch in 2019 bleibt es dabei, dass Jugendliche die Angst vor einer wachsenden Ausländerfeindlichkeit in Deutschland häufiger nennen (52 %) als die Angst vor weiterer Zuwanderung (33 %). Die Debatte um die Flüchtlingskrise hat hier allerdings ihre Spuren hinterlassen: Beide Sorgen sind im Vergleich zu 2015 angestiegen.

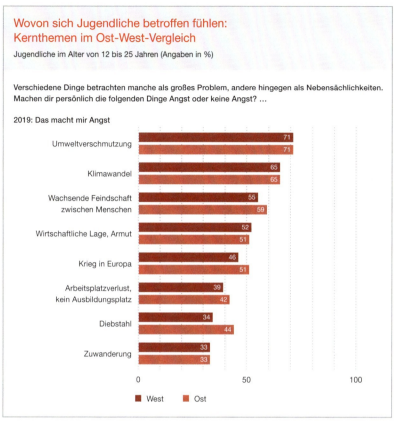

**Wovon sich Jugendliche betroffen fühlen:
Kernthemen im Ost-West-Vergleich**

Jugendliche im Alter von 12 bis 25 Jahren (Angaben in %)

Verschiedene Dinge betrachten manche als großes Problem, andere hingegen als Nebensächlichkeiten. Machen dir persönlich die folgenden Dinge Angst oder keine Angst? ...

2019: Das macht mir Angst

Thema	West	Ost
Umweltverschmutzung	71	71
Klimawandel	65	65
Wachsende Feindschaft zwischen Menschen	55	59
Wirtschaftliche Lage, Armut	52	51
Krieg in Europa	46	51
Arbeitsplatzverlust, kein Ausbildungplatz	39	42
Diebstahl	34	44
Zuwanderung	33	33

■ West ■ Ost

Abb. 2.4

Shell Jugendstudie 2019 – Kantar

Vergleichbare Sichtweisen in Ost und West

Vergleicht man die Sichtweisen der Jugendlichen aus Ost und West, so zeigt sich, dass Umweltverschmutzung und Klimaschutz überall an die Spitze der Problemstellungen gerückt sind (siehe Abbildung 2.4). Die etwas größere Angst bei Jugendlichen im Osten vor einem Arbeitsplatzverlust oder einer erfolglosen Suche nach einem Ausbildungsplatz sollte nicht überbewertet werden. In den früheren Erhebungen waren diese Unterschiede noch deutlich größer ausgeprägt.

Noch häufiger als im Westen verweisen ostdeutsche Jugendliche auf die Angst vor einer Polarisierung und Spaltung der Gesellschaft. Jeder dritte Jugendliche im Osten und im Westen hat nach eigener Aussage jedoch auch Angst vor Zuwanderung.

Sehr viel häufiger erwähnt wird die Angst vor einem Krieg in Europa, im Osten sogar noch mehr als im Westen. Dies mag zum einen geografisch bedingt sein, da die Sorge vor kriegerischen Auseinandersetzungen mit Blick auf Russland insbesondere die angrenzenden osteuropäischen Länder nach wie

Wovon sich Jugendliche betroffen fühlen: Soziale Differenzierungen

Jugendliche im Alter von 12 bis 25 Jahren nach angestrebtem oder erreichtem Schulabschluss (Angaben in %)

Verschiedene Dinge betrachten manche als großes Problem, andere hingegen als Nebensächlichkeiten. Machen dir persönlich die folgenden Dinge Angst oder keine Angst? …

Arbeitsplatzverlust, kein Ausbildungsplatz   Klimawandel

Hauptschul-abschluss* Mittlere Reife / Realschule Abitur / FH-Reife   Hauptschul-abschluss* Mittlere Reife / Realschule Abitur / FH-Reife

■ 2010   ■ 2015   ■ 2019

* Hauptschulabschluss inkl. ohne Schulabschluss

Abb. 2.5

Shell Jugendstudie 2019 – Kantar

vor stark prägt. Zum anderen wirken an dieser Stelle sicherlich auch noch unterschiedliche historische Traditionen.

Schließlich fällt die stärkere Betonung der Angst vor Diebstählen auf. Im Osten verweist hierauf fast jeder Zweite, im Westen hingegen nur etwa jeder Dritte. Beim Thema »Bedroht oder geschlagen werden« finden sich hingegen keine Unterschiede zwischen Ost und West. Laut amtlicher Kriminalitätsstatistik ist die Kriminalität in Deutschland insgesamt rückläufig. Die Zahl der Wohnungseinbrüche hat sogar einen historischen Tiefstand erreicht, und es gibt keine Hinweise, dass sich der Gesamttrend im Osten grundsätzlich anders darstellen würde (Bundeskriminalamt 2019). Zum Ausdruck kommt an dieser Stelle das im Osten offenbar etwas höher ausgeprägte subjektive Sicherheitsbedürfnis.

Bildung differenziert die Sichtweisen, Klimawandel ist aber ein Thema für alle

Umwelt und Klima sind die Themen, die Jugendliche momentan im Hinblick auf die Zukunft der Gesellschaft am meisten bewegen. Dies gilt übergreifend für alle Jugendlichen. Vergleicht man die Angst davor, den Arbeitsplatz zu verlieren oder keinen Ausbildungsplatz zu finden, mit der Angst vor dem Klimawandel, dann werden allerdings auch noch vorhandene soziale Differenzierungen sichtbar (siehe Abbildung 2.5). Am häufigsten sind es Jugendliche mit einer (angestrebten oder erreichten) höheren Bildungsposition, die Angst vor dem Klimawandel benennen. Am auffälligsten ist dies bei Abiturienten oder Jugendlichen mit FH-Reife. Hier sind es fast drei Viertel, die auf den Klimawandel verweisen.

Nur etwa jeder Dritte von ihnen äußert hingegen Angst vor dem Verlust des Arbeitsplatzes oder davor, keinen Ausbildungsplatz zu finden. Bei den Jugendlichen mit (angestrebter oder erreichter) mittlerer Reife fühlen sich inzwischen ebenfalls fast schon zwei von drei vom Klimawandel betroffen (59 %), hingegen nur noch die Minderheit (41 %) davon, den Arbeitsplatz verlieren zu können oder keinen Ausbildungsplatz zu finden. Von den Jugendlichen mit (angestrebtem oder erreichtem) Hauptschulabschluss (9. Klasse) ist es ebenfalls jeder zweite, der den Klimawandel benennt (53 %), jedoch fast zwei von drei (59 %), die auf potenzielle Arbeitsplatzunsicherheit oder fehlende Möglichkeiten zur Ausbildung verweisen. Bemerkenswert ist aber auch hier der Trend: Unabhängig von der Bildungsposition hat in allen drei dargestellten Gruppen die Angst vor dem Klimawandel vor allem im Vergleich zu 2015 deutlich zugenommen, wohingegen wirtschaftliche und soziale Themen überall an Bedeutung verlieren.

Die Betroffenheit von Umwelt- und Klimathemen ist bei Jugendlichen mit höherer Bildungsposition nach wie vor stärker ausgeprägt. Sie sind die sozialen Träger dieser aktuellen politischen Formierungsprozesse. Mit 72 % benennen weibliche Jugendliche den Klimawandel häufiger als männliche Jugendliche (59 %). Hierbei gilt es aber auch zu berücksichtigen, dass weibliche Jugendliche generell häufiger auf Ängste verweisen. Umweltthemen und insbesondere der Klimaschutz sind Zukunftsfragen. Die Überlegung, dass man als junge Generation in Zukunft der Hauptbetroffene sein wird, wenn man nicht jetzt aktiv wird, liegt nahe. Dies umso mehr, als dass die unmittelbare wirtschaftliche und soziale Lage als eher positiv bewertet wird und eher wenig Sorgen bereiten muss.

Wirtschaftliche und soziale Fragen sowie Zuwanderung bleiben für Jugendliche mit niedrigerer Bildung auch weiterhin zentral

Die Debatte um die Flüchtlingskrise hat, wie bereits angemerkt, auch bei Jugendlichen ihre Spuren hinterlassen. Anders als noch im Jahr 2015 spricht sich inzwischen jeder zweite Jugendliche (Westen: 47 %; Osten: 55 %) dafür aus, weniger Zuwanderer als bisher aufzunehmen. 2015 traf dies erst für etwas mehr als jeden dritten Jugendlichen zu (Westen: 34 %, Osten 49 %). 36 % wollen genauso viele aufnehmen wie bisher, 8 % mehr als bisher.

Differenziert man auch hier die soziale Lage von Jugendlichen, so zeigt sich, dass vor allem Jugendliche mit niedriger Bildungsposition (Hauptschulabschluss, 9. Klasse) Zuwanderung nach Deutschland jetzt deutlich häufiger kritisch sehen. Hier ist es inzwischen mehr als jeder zweite, der dies als Problem wahrnimmt. Bei Jugendlichen mit mittlerer Bildungsposition (Mittlere Reife/Realschulabschluss) und auch bei Abiturienten sind die Sorgen hingegen weitaus weniger stark angestiegen, so dass es hier nach wie vor die Minderheit ist, die sich Sorgen um die Zuwanderung macht (siehe Abbildung 2.6).

Angst vor Ausländerfeindlichkeit wird hingegen häufiger von Jugendlichen mit gehobener oder höherer Bildung benannt: von etwas weniger als jedem zweiten derjenigen Jugendlichen mit gehobener und von mehr als jedem zweiten derjenigen Jugendlichen mit höherer (angestrebter oder erreichter) Bildungsposition. Angestiegen ist diese Problemwahrnehmung bei allen Jugendlichen, im Vergleich aber noch stärker bei Jugendlichen mit gehobener als auch bei denjenigen mit höherer Bildungsposition. Im Vergleich überwiegt die Angst vor der Ausländerfeindlichkeit bei den Jugendlichen mit gehobener oder

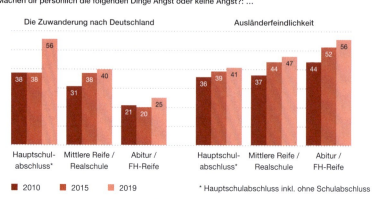

Wovon sich Jugendliche betroffen fühlen: Soziale Differenzierungen

Jugendliche im Alter von 12 bis 25 Jahren nach angestrebtem oder erreichtem Schulabschluss
(Angaben in %)

Verschiedene Dinge betrachten manche als großes Problem, andere hingegen als Nebensächlichkeiten.
Machen dir persönlich die folgenden Dinge Angst oder keine Angst?: ...

Die Zuwanderung nach Deutschland   Ausländerfeindlichkeit

■ 2010   ■ 2015   ■ 2019   * Hauptschulabschluss inkl. ohne Schulabschluss

Abb. 2.6

Shell Jugendstudie 2019 – Kantar

höherer Bildungsposition die Angst vor der Zuwanderung. Bei Jugendlichen mit niedriger Bildungsposition ist dies hingegen jetzt nicht mehr der Fall. Hier sind es 56 %, die sich Sorgen wegen der Zuwanderung machen, hingegen nur 41 %, die Ausländerfeindlichkeit benennen.

Die Betroffenheit von der Umweltproblematik nimmt bei Jugendlichen im Vergleich zur Migrationsdebatte inzwischen einen deutlich höheren Stellenwert ein. Dies gilt vor allem für Jugendliche mit höherer wie auch für Jugendliche mit mittlerer Bildung. Umwelt- und Klimaschutz sind hier inzwischen das Hauptthema geworden. Die Ablehnung von Zuwanderung wird hingegen vor allem von Jugendlichen mit mittlerer oder niedriger Bildung angesprochen, jeweils ähnlich häufig wie wirtschaftliche und soziale Themen rund um Ausbildung und Arbeitsplätze. Bei Jugendlichen mit niedriger Bildung nehmen diese Themen momentan noch

einen etwas höheren Stellenwert ein. Die Klimaschutzproblematik hat aber auch diese Gruppe erreicht und hat für sie eine ähnliche Bedeutung.

**Politische Positionierung:
Der Trend geht leicht nach links**

Die politische Zuordnung der eigenen Meinung innerhalb des klassischen Links-Rechts-Schemas ist für Jugendliche nach wie vor plausibel. Die Begrifflichkeiten sind für sich genommen allerdings nicht mehr trennscharf und können auch nicht mehr eindeutig zur Klassifizierung von politischen Positionen herangezogen werden (Decker 2018b). Trotzdem eignet sich die von uns seit der 14. Shell Jugendstudie 2002 abgefragte Selbsteinstufung nach wie vor gut dafür, den Jugendlichen eine Möglichkeit zu geben, sich selbst politisch zu verorten. Mit den Ergebnissen

Politische Selbsteinschätzung: Der Trend geht leicht nach links

Jugendliche im Alter von 15 bis 25 Jahren (Angaben in %)

Wie würdest du selber deine politischen Anschauungen einstufen? Bitte nenne mir gemäß dieser Liste die Ziffer, die am ehesten auf dich zutrifft (Skala von 0 = »Links« bis 10 = »Rechts«)

2002: 8 | 24 | 29 | 14 | 3 | 22
2006: 10 | 28 | 29 | 15 | 4 | 14
2010: 9 | 29 | 30 | 14 | 4 | 14
2015: 12 | 25 | 26 | 14 | 3 | 20
2019: 14 | 27 | 27 | 9 | 4 | 19

0 — 50 — 100

■ Links (0–2) ■ Mitte (5) ▨ Rechts (8–10)
■ Eher links (3–4) ■ Eher rechts (6–7) ▨ Ohne Positionierung

Abb. 2.7

Shell Jugendstudie 2019 – Kantar

lassen sich Gruppen von Jugendlichen vergleichen, und es können Trends im Zeitverlauf dargestellt werden. Bei unserer Befragung nutzen wir eine 11-stufige Links-Rechts-Skala. Befragt werden dabei Jugendliche ab 15 Jahren. Der Anteil derjenigen, die sich hier nicht einordnen können oder wollen, schwankt und hat sich aktuell bei 19 % eingependelt (siehe Abbildung 2.7).

In der Tendenz bleibt es auch weiterhin dabei, dass sich die relative Mehrheit der Jugendlichen eher links (27 %) oder links (14 %) einstuft. Zur Mitte zählt sich etwas mehr als jeder vierte Jugendliche (27 %), und nur ein kleinerer Teil positioniert sich eher rechts (9 %) oder rechts (4 %). Die restlichen Jugendlichen können oder wollen sich, wie bereits angesprochen, nicht einordnen.

Interessant ist der zeitliche Verlauf. Waren es in 2002 noch 32 %, die sich zusammengenommen eher links oder links einordneten im Vergleich zu 17 %, die

sich als eher rechts oder rechts bezeichneten, so hat sich die Positionierung inzwischen weiter nach links verschoben (Abbildung 2.7). Während sich dieser Trend über die verschiedenen Erhebungsjahre 2002, 2006, 2010 und 2015 eher schrittweise und in Gestalt eines leicht rückläufigen Anteils der Jugendlichen, die sich rechts positioniert haben, vollzog, ist die Entwicklung aktuell in 2019 deutlicher ausgeprägt. Der Anteil der Jugendlichen, die sich eher links oder links positionieren, ist angestiegen, hingegen der Anteil derjenigen, die sich selbst eher rechts oder rechts zuordnen, gesunken. Bezieht man sich nur auf diejenigen, die sich selbst positioniert haben, dann hat sich der Mittelwert bei den Antworten der Jugendlichen auf der Skala von 0 (= »Links«) bis 10 (= »Rechts«) von 4.6 in 2002 über 4.5 in 2006 und 2010 sowie 4.4 in 2015 auf aktuell 4.1 leicht nach links verschoben. Der jüngste Trend hat sich in dieser

Tab. 2.5 **Links-Rechts-Positionierung nach ausgewählten Merkmalen**
Jugendliche im Alter von 15 bis 25 Jahren

Zeilen %	(Eher) Links	Mitte	(Eher) Rechts	Ohne Positio-nierung
Insgesamt	41	27	13	19
Alter				
15–17 Jahre	37	26	8	29
18–21 Jahre	43	28	13	16
22–25 Jahre	41	29	16	14
Geschlecht				
Männlich	38	29	16	17
Weiblich	44	26	10	20
Region				
West	40	28	13	19
Ost	45	28	10	17
Statuspassage				
Schüler insgesamt	41	25	9	25
An Nicht-Gymnasien	32	28	7	33
An Gymnasien	48	22	10	20
Studierende	56	24	11	9
In Berufsausbildung	35	31	15	19
Erwerbstätig	37	31	17	15
Nicht erwerbstätig / arbeitslos	32	28	14	26

Shell Jugendstudie 2019 – Kantar

Form übrigens auch bei den Europa-Wahlen von Mai 2019 gezeigt. Dort sind die Grünen bei den Jungwählern (18 bis 24 Jahre) inzwischen stärkste Kraft. Sie konnten dabei sowohl die Verluste der SPD kompensieren als auch zusätzliche weitere Stimmen von der CDU dazu gewinnen. Die AfD hat hingegen bei den Jungwählern im Vergleich zur letzten Europa-Wahl 2014 verloren (zu den Ergebnissen der Europawahl siehe Infratest dimap 2019).

Studierende positionieren sich relativ gesehen am häufigsten links oder eher links (zusammengenommen 56 %). Etwas häufiger tun dies auch Gymnasiasten, weibliche Jugendliche und Jugendliche aus dem Osten. Rechte Positionierungen sind im Vergleich etwas häufiger bei älteren Jugendlichen, und hier bei Erwerbstätigen, sowie auch generell leicht häufiger bei männlichen Jugendlichen zu finden. Auszubildende ordnen sich im Vergleich zu Gymnasiasten etwas weiter zur Mitte hin ein (siehe Tabelle 2.5).

Anhand der Links-Rechts-Positionierung differenzieren sich nach wie vor die politischen Anschauungen und die Betroffenheit. Wer sich beispielsweise um das Klima sorgt, ordnet sich zu 50 % eher links ein. Die Vermutung liegt nahe, dass das Thema Klimaschutz bei den

Gesellschaftliche Zuversicht bleibt prägend

Jugendliche im Alter von 15 bis 24 Jahren (Angaben in %)

Und wie ist es mit der Zukunft unserer Gesellschaft?
Siehst du die eher düster oder eher zuversichtlich?

Gesellschaftliche Zuversicht

	1984 10. Shell Jugendstudie	1991 11. Shell Jugendstudie	1996 12. Shell Jugendstudie	1999 13. Shell Jugendstudie	2002 14. Shell Jugendstudie	2006 15. Shell Jugendstudie	2010 16. Shell Jugendstudie	2015 17. Shell Jugendstudie	2019 18. Shell Jugendstudie
Werte	54	71	50	64	45	41	45	52	52

Abb. 2.8

Shell Jugendstudie 2019 – Kantar

Jugendlichen mit einer Selbstpositionierung eher links von der Mitte verbunden ist und von daher die leichte Linksverschiebung mit befördert hat.

Gesellschaftliche Zuversicht

Insgesamt blicken die Jugendlichen mehrheitlich positiv auf die Zukunft der Gesellschaft, aktuell sind es 52 % (Altersgruppe 15 bis 24 Jahre). Im Trend ist die gesellschaftliche Zuversicht seit 2010 wieder angestiegen (siehe Abbildung 2.8). Selbst die vorherrschenden Umwelt- und Klimasorgen haben bislang keine gegenteilige Entwicklung in Gang gesetzt. Alles in allem bleibt die Sicht der Jugendlichen auf die Zukunft der Gesellschaft jedoch eher verhalten: Gerade im Vergleich etwa zur Aufbruchsituation nach dem Ende des Kalten Krieges und der deutschen Wiedervereinigung Anfang der 1990er-Jahre ist es eben auch »nur« gut die Hälfte der Jugendlichen, die die Zukunft der Gesellschaft positiv oder eher positiv sieht. Zwischen unterschiedlichen sozialen Gruppen bestehen allenfalls kleinere

Unterschiede, die statistisch nicht signifikant sind. Die einzige Auffälligkeit findet sich bei Jugendlichen, die sich selbst als rechts einschätzen (Skalenposition 8 bis 10): Nur etwas mehr als jeder dritte äußert sich hier zuversichtlich zur Zukunft der Gesellschaft.

2.3 Gerechtigkeitsempfinden

Wie ist es aus Sicht der Jugendlichen um die soziale Gerechtigkeit in Deutschland bestellt? Ist die Gesellschaft hinreichend durchlässig, und ist das »Leistungsversprechen« der sozialen Marktwirtschaft noch intakt? Wird also die eigene Leistung gefördert und honoriert, so dass jeder die Chance hat, einen angemessenen Wohlstand zu erreichen? In der Sozialforschung wird darauf verwiesen, dass Gerechtigkeit ein normatives Konzept ist und auf Werturteilen basiert. Ob zum Beispiel Einkommensungleichheit gerecht oder ungerecht ist, lässt sich demnach nicht streng wissenschaftlich bestimmen (Adriaans und Liebig 2019). Die

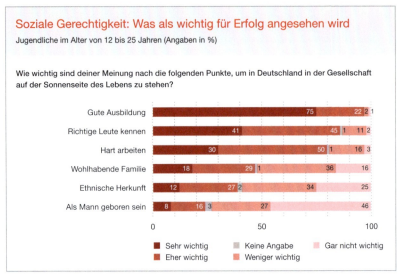

Soziale Gerechtigkeit: Was als wichtig für Erfolg angesehen wird

Jugendliche im Alter von 12 bis 25 Jahren (Angaben in %)

Wie wichtig sind deiner Meinung nach die folgenden Punkte, um in Deutschland in der Gesellschaft auf der Sonnenseite des Lebens zu stehen?

	Sehr wichtig	Eher wichtig	Keine Angabe	Weniger wichtig	Gar nicht wichtig
Gute Ausbildung	75	22	2	1	
Richtige Leute kennen	41	45	1	11	2
Hart arbeiten	30	50	1	16	3
Wohlhabende Familie	18	29	1	36	16
Ethnische Herkunft	12	27	2	34	25
Als Mann geboren sein	8	16	3	27	46

Abb. 2.9

Shell Jugendstudie 2019 – Kantar

zentrale Frage ist an dieser Stelle nicht, ob es Einkommensunterschiede gibt, sondern ob diese akzeptiert werden, weil sie auf anerkannten Regeln wie zum Beispiel dem Leistungsprinzip beruhen (Sauer, Valet und Liebig 2016). Gilt dies als gegeben und herrscht die Auffassung vor, dass alle eine angemessene Chance haben, sich dies im Rahmen ihrer Möglichkeiten selbst erarbeiten zu können, dann werden Gesellschaften als hinreichend gerecht empfunden. Das wiederum ist für den gesellschaftlichen Zusammenhalt und die damit verbundene Akzeptanz und Sicherung zivilgesellschaftlicher Normen zentral.

Gute Ausbildung als Dreh- und Angelpunkt, »Vitamin B« scheint aber ebenfalls wichtig

Wir haben Jugendliche gefragt, welche Punkte sie als wichtig erachten, um in der Gesellschaft auf der Sonnenseite des Lebens zu stehen. Hierzu haben wir eine Liste mit Einflussfaktoren vorgelegt, die sich entweder im weiteren Sinne auf Leistung oder auf den Faktor Herkunft beziehen (siehe Abbildung 2.9).

Die große Mehrheit der Jugendlichen ist sich darin einig, dass in Deutschland eine gute Ausbildung für den gesellschaftlichen Aufstieg unverzichtbar ist. Drei von vier Jugendlichen halten dies für sehr wichtig und so gut wie alle anderen für eher wichtig. Bemerkenswert ist in diesem Kontext, dass ebenfalls mehr als vier von fünf Jugendlichen darauf verweisen, dass es hierbei zusätzlich auch darauf ankommt, die richtigen Leute zu kennen. 41 % halten dies sogar für sehr wichtig. Aktives Netzwerken gilt demnach als ein Schlüssel für das eigene Vorwärtskommen. Insgesamt wird dieser Aspekt sogar etwas häufiger genannt als die eigene Anstrengung und Leistung als Basis für den persönlichen Erfolg (»hart arbeiten«). Dabei verneint sogar fast jeder Fünfte, dass es vor allem auf die eigene Leistung ankäme.

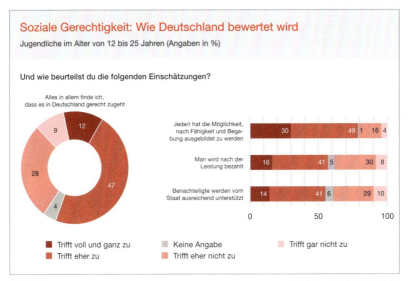

Soziale Gerechtigkeit: Wie Deutschland bewertet wird

Jugendliche im Alter von 12 bis 25 Jahren (Angaben in %)

Und wie beurteilst du die folgenden Einschätzungen?

Alles in allem finde ich, dass es in Deutschland gerecht zugeht

- 12
- 9
- 28
- 4
- 47

Jede/r hat die Möglichkeit, nach Fähigkeit und Begabung ausgebildet zu werden: 30 | 49 | 1 | 16 | 4

Man wird nach der Leistung bezahlt: 16 | 41 | 5 | 30 | 8

Benachteiligte werden vom Staat ausreichend unterstützt: 14 | 41 | 6 | 29 | 10

0   50   100

- ■ Trifft voll und ganz zu
- ■ Trifft eher zu
- ■ Keine Angabe
- ■ Trifft eher nicht zu
- ■ Trifft gar nicht zu

Abb. 2.10   Shell Jugendstudie 2019 – Kantar

Knapp die Hälfte der Jugendlichen hält es für zentral, aus einer wohlhabenden Familie zu stammen, wohingegen etwas mehr als ein Drittel der Meinung ist, dass in Deutschland die Nationalität oder ethnische Herkunft von größerer Bedeutung sei. Als »Mann geboren zu sein« betrachtet sogar nur ein Viertel als relevant, um in der Gesellschaft auf der Sonnenseite des Lebens zu stehen. Weibliche Jugendliche (18 %) betonen dies sogar noch seltener als männliche Jugendliche (29 %). Die Frageformulierung scheint junge Frauen hier eher zu motivieren, selbstbewusst auf das eigene Potenzial zu verweisen.

Die Mehrheit der Jugendlichen ist sich über die Relevanz von Herkunft und Beziehungen sehr bewusst, ohne dabei zu negieren, dass die Basis für einen gesellschaftlichen Aufstieg in einer möglichst guten Bildung und der eigenen Leistungsbereitschaft liegt.

Alles in allem wird Deutschland als sozial gerecht angesehen

Alles in allem geht es in Deutschland gerecht zu: Dieser Aussage stimmt mit 59 % die Mehrheit der Jugendlichen (47 % »eher« und 12 % »voll und ganz«) zu (siehe Abbildung 2.10). Differenziert man die Abfrage noch ein wenig, so sind es sogar 79 %, die zustimmen, dass in Deutschland jeder die Möglichkeit hat, nach Fähigkeit und Begabung ausgebildet zu werden. Der Zugang zur Bildung steht demnach aus der Sicht der Jugendlichen in Deutschland grundsätzlich jedem offen. Dies darf allerdings nicht damit gleichgesetzt werden, dass auch alle angemessen gefördert oder dass vorhandene Nachteile auch immer hinreichend kompensiert würden. Nicht umsonst haben die Befragten an dieser Stelle zur Hälfte die abgeschwächte Antwortkategorie »Trifft eher zu« gewählt. Etwas mehr als die Hälfte stimmt der Aussage zu, dass man in Deutschland leistungsgerecht bezahlt wird (41 %

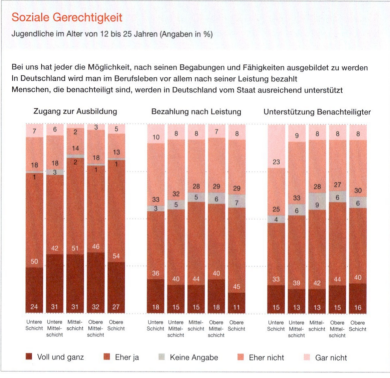

Soziale Gerechtigkeit

Jugendliche im Alter von 12 bis 25 Jahren (Angaben in %)

Bei uns hat jeder die Möglichkeit, nach seinen Begabungen und Fähigkeiten ausgebildet zu werden
In Deutschland wird man im Berufsleben vor allem nach seiner Leistung bezahlt
Menschen, die benachteiligt sind, werden in Deutschland vom Staat ausreichend unterstützt

Zugang zur Ausbildung

	Untere Schicht	Untere Mittelschicht	Mittelschicht	Obere Mittelschicht	Obere Schicht
Gar nicht	7	6	2	3	5
Eher nicht	18	14	2	18	13
Keine Angabe	1	3	18	1	1
Eher ja	50	42	51	46	54
Voll und ganz	24	31	31	32	27

Bezahlung nach Leistung

	Untere Schicht	Untere Mittelschicht	Mittelschicht	Obere Mittelschicht	Obere Schicht
Gar nicht	10	8	8	7	8
Eher nicht	33	32	28	29	29
Keine Angabe	3	5	5	6	7
Eher ja	36	40	44	40	45
Voll und ganz	18	15	15	18	11

Unterstützung Benachteiligter

	Untere Schicht	Untere Mittelschicht	Mittelschicht	Obere Mittelschicht	Obere Schicht
Gar nicht		9	8	8	8
Eher nicht	23	28	27		30
Keine Angabe	25	33	9	6	6
Eher ja	4	6	42	44	40
Voll und ganz	33 / 15	39 / 13	13	15	16

■ Voll und ganz ■ Eher ja Keine Angabe ■ Eher nicht Gar nicht

Abb. 2.11

Shell Jugendstudie 2019 – Kantar

»eher« und 16 % »voll und ganz«), und ebenfalls etwas mehr als die Hälfte sieht es so, dass Benachteiligte in Deutschland ausreichend unterstützt werden (41 % »eher« und 14 % »voll und ganz«). Interessant ist dabei, dass sich weibliche und männliche Jugendliche bei der Bewertung einer leistungsgerechten Bezahlung nicht unterscheiden.

Bei der Beurteilung, ob benachteiligte Menschen in Deutschland ausreichend unterstützt werden, sind die Unterschiede hingegen stärker ausgeprägt: Junge Frauen verneinen dies mit 42 % häufiger als junge Männer mit 37 %. Bei der Gesamtbewertung der Gerechtigkeit hingegen meinen 37 % sowohl der jungen Männer als auch der jungen Frauen,

dass es in Deutschland nicht ausreichend gerecht zuginge.

Feine Unterschiede: Die Herkunftsschicht beeinflusst den Blickwinkel

Jugendliche bewerten das Thema soziale Gerechtigkeit zumeist abhängig von ihrer Herkunftsschicht, also nach der Schicht, aus der die Jugendlichen stammen[2]. Im Prinzip gilt: Je niedriger die

2 Der Schichtindex der Shell Jugendstudie ist primär über den Bildungshintergrund der Eltern sowie über die materielle Wohlstandsposition des Haushaltes konstruiert, in dem die Jugendlichen leben. Siehe dazu die Erläuterung im Anhang.

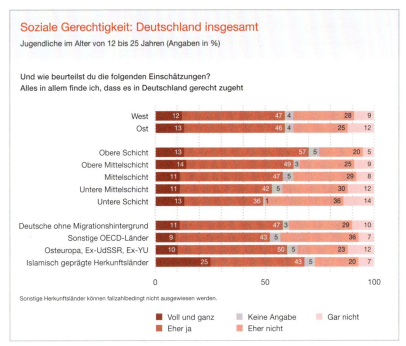

Soziale Gerechtigkeit: Deutschland insgesamt

Jugendliche im Alter von 12 bis 25 Jahren (Angaben in %)

Und wie beurteilst du die folgenden Einschätzungen?
Alles in allem finde ich, dass es in Deutschland gerecht zugeht

	Voll und ganz	Eher ja	Keine Angabe	Eher nicht	Gar nicht
West	12	47	4	28	9
Ost	13	46	4	25	12
Obere Schicht	13	57	5	20	5
Obere Mittelschicht	14	49	3	25	9
Mittelschicht	11	47	5	29	8
Untere Mittelschicht	11	42	5	30	12
Untere Schicht	13	36	1	36	14
Deutsche ohne Migrationshintergrund	11	47	3	29	10
Sonstige OECD-Länder	9	43	5	36	7
Osteuropa, Ex-UdSSR, Ex-YU	10	50	5	23	12
Islamisch geprägte Herkunftsländer	25	43	5	20	7

Sonstige Herkunftsländer können fallzahlbedingt nicht ausgewiesen werden.

Legende:
- Voll und ganz
- Eher ja
- Keine Angabe
- Eher nicht
- Gar nicht

Abb. 2.12

Shell Jugendstudie 2019 – Kantar

Herkunftsschicht, desto häufiger verweisen diese Jugendlichen auf fehlende Gerechtigkeit (siehe Abbildung 2.11). Größte Übereinstimmung gibt es beim Thema Bildung. Hier sieht etwa jeder vierte Jugendliche aus den unteren Schichten Ungerechtigkeiten. Ähnliche Unterschiede, allerdings auf deutlich höherem Niveau, finden sich bei der Bewertung einer leistungsgerechten Bezahlung. Fast schon jeder zweite aus der unteren Schicht (43 %) und ebenfalls deutlich mehr als jeder dritte Jugendliche aus der unteren Mittelschicht (40 %) äußert sich hier nicht zufrieden.

Fast jeder zweite aus der unteren Schicht, deutlich mehr als jeder dritte aus der unteren Mittelschicht und ebenfalls etwas mehr als jeder dritte aus der Mittelschicht verneinen, dass Benachteiligte in Deutschland ausreichend unterstützt werden. Bei Jugendlichen aus den oberen Schichten ist hier hingegen eine klare Mehrheit gegenteiliger Meinung.

Bezieht man sich auf das Gesamtbild, also darauf, ob es in Deutschland alles in allem gerecht zugeht, dann ist der Unterschied in den Bewertungen auch an dieser Stelle eindeutig (siehe Abbildung 2.12). Etwa jeder zweite Jugendliche aus der untersten Herkunftsschicht (51 %) verweist auf fehlende soziale Gerechtigkeit. Bei Jugendlichen aus der unteren Mittelschicht sind es dann nur noch 42 %, aus der Mittelschicht 37 % und aus der oberen Mittelschicht 34 %. Am geringsten ist schließlich der Anteil der Jugendlichen aus der obersten Schicht: Von ihnen teilen nur noch 25 % diese Einschätzung zur sozialen Gerechtigkeit in Deutschland.

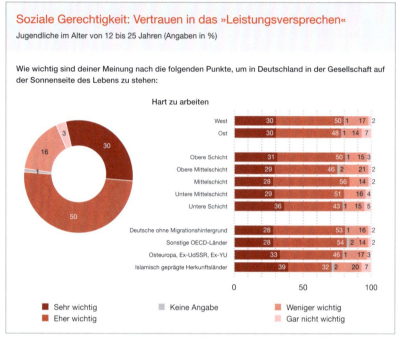

Soziale Gerechtigkeit: Vertrauen in das »Leistungsversprechen«

Jugendliche im Alter von 12 bis 25 Jahren (Angaben in %)

Wie wichtig sind deiner Meinung nach die folgenden Punkte, um in Deutschland in der Gesellschaft auf der Sonnenseite des Lebens zu stehen:

Hart zu arbeiten

	Sehr wichtig	Eher wichtig	Keine Angabe	Weniger wichtig	Gar nicht wichtig
West	30	50	1	17	2
Ost	30	48	1	14	7
Obere Schicht	31	50	1	15	3
Obere Mittelschicht	29	46	2	21	2
Mittelschicht	28	56		14	2
Untere Mittelschicht	29	51		16	4
Untere Schicht	36	43	1	15	5
Deutsche ohne Migrationshintergrund	28	53	1	16	2
Sonstige OECD-Länder	28	54	2	14	2
Osteuropa, Ex-UdSSR, Ex-YU	33	46	1	17	3
Islamisch geprägte Herkunftsländer	39	32	2	20	7

Abb. 2.13

Shell Jugendstudie 2019 – Kantar

Jugendliche aus Ost und West bewerten die soziale Gerechtigkeit insgesamt nahezu gleich. Zwar sind im Osten etwas mehr Jugendliche der Meinung, dass es in Deutschland gar nicht gerecht zugeht. Dies hat jedoch keinen größeren Einfluss auf die Gesamtbewertung.

Positivere Bewertungen von Jugendlichen mit Migrationshintergrund

Ein Migrationshintergrund liegt gemäß der von uns in der Studie gewählten Abgrenzung dann vor, wenn man entweder nicht in Deutschland geboren wurde, nicht die deutsche Staatsbürgerschaft hat oder wenn ein Elternteil nicht in Deutschland geboren wurde. Erhoben haben wir zusätzlich, aus welchen Herkunftsländern Jugendliche mit Migrationshintergrund kommen und wo deren Eltern geboren wurden. Bezug nehmend darauf haben wir die Jugendlichen mit Migrationshintergrund vor dem Hintergrund der in der Stichprobe verfügbaren Fallzahl vier Herkunftsregionen zugeordnet: a) Türkei, arabische Länder oder sonstige vorwiegend islamisch geprägte Länder, b) Osteuropa, Ex-UdSSR, Ex-Jugoslawien, c) Sonstige Nicht-OECD-Länder, sowie d) Sonstige Länder[3] (siehe dazu im Folgenden auch Kapitel 4).

3 Jugendliche mit einem Hintergrund aus sonstigen Ländern sind als Gruppe sehr heterogen und auch hinsichtlich der Fallzahlen in der Stichprobe nur gering vertreten. In der folgenden Darstellung können diese deshalb nicht mit ausgewiesen werden. Siehe dazu auch die Erläuterungen in Kapitel 10: Methode.

Jugendliche mit Migrationshintergrund bewerten die soziale Gerechtigkeit sogar noch positiver (»eher« oder »voll und ganz«) als Jugendliche ohne Migrationshintergrund. Dies gilt insbesondere für junge Leute mit Wurzeln in den islamisch geprägten Ländern (68 %) und solche aus Osteuropa, der Ex-UdSSR oder Ex-Jugoslawien (60 %). Jugendliche mit einem Migrationshintergrund aus sonstigen OECD-Staaten bewerten hingegen die Frage der sozialen Gerechtigkeit in Deutschland im Vergleich etwas weniger häufig positiv (52 %).

Leistungsversprechen erscheint der Mehrheit als noch intakt

Die bisherigen Ergebnisse lassen den Schluss zu, dass das Leistungsversprechen der sozialen Marktwirtschaft bei der Mehrheit der Jugendlichen als intakt erscheint. Übereinstimmend – unabhängig also von der sozialen Lage und Herkunft – misst die große Mehrheit der jungen Menschen in Deutschland »harter Arbeit« eine große Bedeutung bei (siehe Abbildung 2.13).

2.4 Vertrauen in die EU

Die Europäische Union (EU) ist für Jugendliche in Deutschland Realität und Alltag. Sie sind mit und in der EU aufgewachsen. Die Wirtschafts- und die mit der Einführung des Euro ebenfalls vollzogene Währungsunion, der Verzicht auf europäische Binnengrenzen sowie das gemeinsame politische Handeln der derzeit 28 Mitgliedsstaaten im Rahmen europäischer Institutionen sind für sie Teil einer gelebten Wirklichkeit.

In den Shell Jugendstudien von 2002 und 2006 hatten wir bei den Jugendlichen ein mehrheitlich positives Bild von Europa feststellen können (Schneekloth 2002, 2006). Die EU war zum damaligen Zeitpunkt mit den in den Jahren 2004 und 2007 endgültig vollzogenen Osterweiterungen nochmals größer geworden. Mit der (inzwischen mehr oder weniger beendeten) Diskussion um eine mögliche Aufnahme der Türkei schien sich dieser Prozess damals sogar noch weiter zu vertiefen. Im Kontext der Finanzkrise ab 2007 sowie mit der daraus folgenden Eurokrise spätestens ab 2010 (SVR 2011) hat sich in der öffentlichen Debatte dann allerdings eine zunehmende EU-Skepsis abgezeichnet. Diese wurde durch die Flüchtlingskrise ab 2015 nochmals verstärkt. Mit dem Brexit-Referendum von 2016 und dem damit angekündigten Austritt Großbritanniens aus der EU fand die Debatte um die EU ihren vorläufigen Höhepunkt (Rüttgers und Decker 2017).

EU bedeutet Chancen, Wohlstand, kulturelle Vielfalt und Frieden

Trotz der beschriebenen kontroversen Debatten bleibt das Bild, das Jugendliche aktuell mit der EU verbinden, ausgesprochen positiv. Wie zuletzt bei der 15. Shell Jugendstudie im Jahr 2006 haben wir danach gefragt, was Jugendliche (in der Altersgruppe von 15 bis 25 Jahren) mit der EU assoziieren. Hierzu haben wir eine Liste mit gängigen Attributen vorgelegt (siehe Abbildung 2.14).

So gut wie alle Jugendlichen betonen an allererster Stelle, dass sie mit der EU Freizügigkeit verbinden, also die Möglichkeit, in andere europäische Länder zu reisen, dort studieren, arbeiten oder sich gänzlich niederlassen zu können. Ein Europa ohne Grenzen, in dem man wie im eigenen Land gegebenenfalls auch auf Dauer leben und arbeiten kann, ist aus der Sicht der Jugendlichen die wichtigste Errungenschaft der EU.

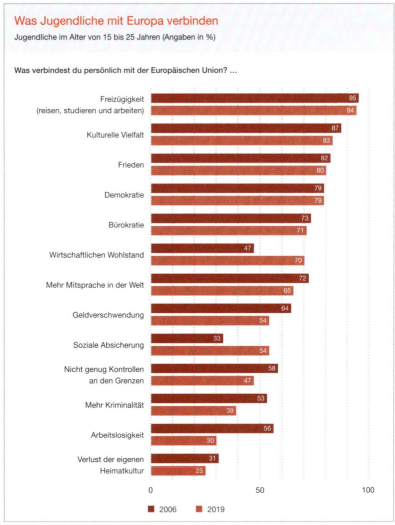

Was Jugendliche mit Europa verbinden

Jugendliche im Alter von 15 bis 25 Jahren (Angaben in %)

Was verbindest du persönlich mit der Europäischen Union? …

	2006	2019
Freizügigkeit (reisen, studieren und arbeiten)	95	94
Kulturelle Vielfalt	87	83
Frieden	82	80
Demokratie	79	79
Bürokratie	73	71
Wirtschaftlichen Wohlstand	47	70
Mehr Mitsprache in der Welt	72	65
Geldverschwendung	64	54
Soziale Absicherung	33	54
Nicht genug Kontrollen an den Grenzen	58	47
Mehr Kriminalität	53	39
Arbeitslosigkeit	56	30
Verlust der eigenen Heimatkultur	31	25

■ 2006   ■ 2019

Abb. 2.14

Shell Jugendstudie 2019 – Kantar

Ebenfalls vorrangig, wenn auch im Vergleich zu 2006 leicht rückläufig, ist der Aspekt der kulturellen Vielfalt, den vier von fünf Jugendlichen positiv mit der EU verbinden.

Ebenfalls vier von fünf Jugendlichen betonen, dass die EU für Frieden steht sowie für Demokratie. Dass die EU als Garant für die Sicherung des Friedens im Nachkriegseuropa gilt, ist weitestgehend unstrittig. Dass sie aber auch als Garant für Demokratie steht, ist gerade vor dem Hintergrund bemerkenswert, dass einzelne Mitgliedsstaaten wie etwa

Polen oder Ungarn sich mehr und mehr quer zu europäischen Grundwerten positionieren und der Vorwurf laut wird, dass in diesen Ländern gegen demokratische Grundprinzipien verstoßen würde (DW 2018).

Als kritischsten Punkt in Bezug auf Europa sehen knapp drei von vier Jugendlichen die Bürokratie – Tendenz leicht rückläufig. Deutlich gestiegen ist hingegen der Aspekt wirtschaftlicher Wohlstand, er wird von ebenfalls fast drei Viertel der Jugendlichen in Deutschland mit der EU gleichgesetzt. In 2006 hatte etwa die Hälfte der Jugendlichen darauf verwiesen. Von Euro-Skepsis oder auch EU-Verdruss kann an dieser Stelle keine Rede sein. Im Gegenteil: Auch der Vorwurf der Geldverschwendung wird im Vergleich zu 2006 weitaus weniger häufig gemacht. Deutlich mehr (54%) meinen aber, dass die EU mit sozialer Absicherung verknüpft ist. Fast schon spiegelbildlich verbindet nur noch knapp jeder dritte und damit anders als noch in 2006 eine klare Minderheit mit der EU das Thema Arbeitslosigkeit. Letzteres ist allerdings eine sehr deutsche Perspektive, in anderen führenden EU-Ländern dürfte sie düsterer sein. So ist zum Beispiel in Italien, Frankreich oder auch in Spanien insbesondere die Jugendarbeitslosigkeit noch immer sehr hoch.

Pessimistischer betrachten Jugendliche allerdings die Idee, dass mit der EU auch mehr Möglichkeiten zur Mitsprache in der Welt gegeben seien. Dies betont zwar nach wie vor die Mehrheit, im Vergleich zu 2006 sind es jetzt allerdings nur noch zwei von drei Jugendlichen statt drei von vier. Dieser Rückgang wirkt vor dem Hintergrund der sich verändernden weltpolitischen Konstellationen, vor allem in Anbetracht der neuen »America First«-Doktrin der USA und der Brexit-Debatte, sehr realistisch.

Fast jeder zweite Jugendliche (47%) verbindet mit der EU zu wenig Kontrollen an den Grenzen. Bemerkenswert ist allerdings, dass dies deutlich weniger Jugendliche sind als 2006 (58%). Die Diskussionen über die (bzw. die Praxis der) Wiedereinführung von Grenzkontrollen haben also keinen offensichtlichen Einfluss. Die mit der EU verbundene Freizügigkeit, Grenzen insbesondere im Schengen-Raum problemlos überqueren zu können, bleibt für viele Jugendliche spürbare Alltagsrealität. Als zunehmende Akzeptanz der EU können wir bewerten, dass nur noch 39% Kriminalität mit der EU verbinden und nur noch jeder vierte Jugendliche mit Blick auf die EU den Verlust der eigenen Heimatkultur beklagt.

Trotz Abweichungen keine grundsätzlichen Unterschiede zwischen Ost und West

Im Ost-West-Vergleich finden sich keine gravierenden Unterschiede (siehe Abbildung 2.15). Generell fällt jedoch auf, dass Jugendliche aus dem Osten noch immer etwas verhaltener über Europa sprechen. Die Häufigkeit der genannten Merkmale unterscheidet sich nicht grundsätzlich, doch die Gewichtung ist im Osten etwas anders. So sind manche positiven Attribute wie kulturelle Vielfalt und Demokratie hier zum Teil geringer und andere negative etwas stärker ausgeprägt. Der wirtschaftliche Wohlstand gilt bei Jugendlichen aus Ost und West hingegen gleichermaßen als positives Synonym für die EU. Allerdings bringen Jugendliche im Osten die EU etwas weniger häufig mit Demokratie in Verbindung. Dass die EU als Fundament und Faktor für die Demokratie (in Europa) steht, sehen im Osten nur etwas mehr als zwei von drei Jugendlichen so, während dies im Westen vier von fünf sagen. Offenbar haben Jugendliche aus Ost

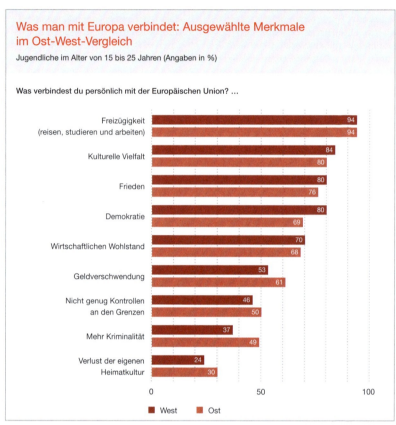

Was man mit Europa verbindet: Ausgewählte Merkmale im Ost-West-Vergleich

Jugendliche im Alter von 15 bis 25 Jahren (Angaben in %)

Was verbindest du persönlich mit der Europäischen Union? ...

	West	Ost
Freizügigkeit (reisen, studieren und arbeiten)	94	94
Kulturelle Vielfalt	84	80
Frieden	80	76
Demokratie	80	69
Wirtschaftlichen Wohlstand	70	68
Geldverschwendung	53	61
Nicht genug Kontrollen an den Grenzen	46	50
Mehr Kriminalität	37	49
Verlust der eigenen Heimatkultur	24	30

■ West ■ Ost

Abb. 2.15

Shell Jugendstudie 2019 – Kantar

und West an dieser Stelle einen zumindest etwas anderen Blickwinkel. Zum Ausdruck kommt hier sicherlich die bei Jugendlichen im Osten insgesamt weiter deutlich gestiegene, im Vergleich aber noch immer etwas niedrigere Zufriedenheit mit der Demokratie (siehe dazu im Folgenden Abschnitt 2.6).

Etwas häufiger als im Westen argwöhnen Jugendliche in Ostdeutschland Geldverschwendung und fehlende Grenzkontrollen. Auch assoziieren sie mit der EU ein Kriminalitätsrisiko, das die Hälfte der Jugendlichen im Osten, hingegen nur etwas mehr als jeder dritte im Westen benennt. Hier können wir nur spekulieren, inwieweit auch dies mit der unmittelbaren Nähe zu den neuen osteuropäischen EU-Ländern in Zusammenhang steht, die im Osten möglicherweise stärker mit Kriminalität in Verbindung gebracht werden.

Positive Gesamtbewertung

In der Gesamtbewertung bestätigt sich, dass die Mehrheit der Jugendlichen in Deutschland die EU positiv sieht (siehe Abbildung 2.16). Jeder zweite Jugendli-

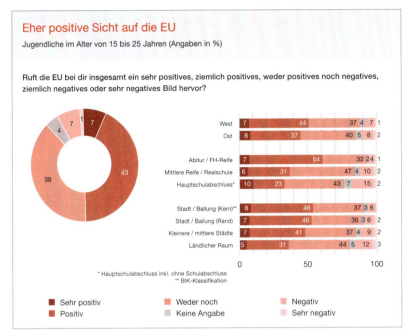

Eher positive Sicht auf die EU

Jugendliche im Alter von 15 bis 25 Jahren (Angaben in %)

Ruft die EU bei dir insgesamt ein sehr positives, ziemlich positives, weder positives noch negatives, ziemlich negatives oder sehr negatives Bild hervor?

West: 7 | 44 | 37 | 4 | 7 | 1
Ost: 8 | 37 | 40 | 5 | 8 | 2

Abitur / FH-Reife: 7 | 54 | 32 | 2 | 4 | 1
Mittlere Reife / Realschule: 6 | 31 | 47 | 4 | 10 | 2
Hauptschulabschluss*: 10 | 23 | 43 | 7 | 15 | 2

Stadt / Ballung (Kern)**: 8 | 46 | 37 | 3 | 6
Stadt / Ballung (Rand): 7 | 46 | 36 | 3 | 6 | 2
Kleinere / mittlere Städte: 7 | 41 | 37 | 4 | 9 | 2
Ländlicher Raum: 5 | 31 | 44 | 5 | 12 | 3

0   50   100

* Hauptschulabschluss inkl. ohne Schulabschluss
** BIK-Klassifikation

- ■ Sehr positiv
- ■ Positiv
- ■ Weder noch
- ▪ Keine Angabe
- ■ Negativ
- ▪ Sehr negativ

Abb. 2.16

Shell Jugendstudie 2019 – Kantar

che beurteilt die EU zusammengenommen positiv (43 %) oder sehr positiv (7 %). Weitere 38 % sagen, dass sie weder ein positives noch ein negatives Bild haben, wohingegen zusammengenommen nicht einmal einer von zehn Jugendlichen ein negatives (7 %) oder sogar sehr negatives (1 %) EU-Bild hat. Auch wenn EU-Euphorie sicherlich anders aussieht – in Anbetracht der europäischen Gesamtentwicklung sollte man dies aber eher als positiven Realismus interpretieren. Die EU wird als Chance und nicht als Risiko empfunden: Die Jugendlichen stellen sie nicht infrage.

Differenziert man nach unterschiedlichen Gruppen, so zeigen sich nach Alter und Geschlecht keine relevanten Unterschiede[4]. Der Haupteinflussfaktor

für die Bewertung der EU ist auch hier die eigene Bildungsposition. Je höher diese ist, desto positiver ist das Bild von der EU. Zwei von drei Jugendlichen mit gehobener Bildungsposition (angestrebtes oder erreichtes Abitur oder FH-Reife) bewerten die EU positiv, während Jugendliche mit mittlerer (Mittlere Reife/Realschulabschluss) und einfacher Bildungsposition (Hauptschulabschluss, 9. Klasse) mehrheitlich unentschlossen sind: 47 % derjenigen mit mittlerer und 43 % mit einfacher Bildungsposition geben »weder positiv noch negativ« an (siehe Abbildung 2.16).

[4] Wir haben den statistischen Zusammenhang auf Basis einer multivariaten Varianzanalyse zur

abhängigen Variable »Bild von der EU« (1 = »Sehr positiv« bis 5 = »Sehr negativ«) anhand der unabhängigen Variablen Altersgruppen, Geschlecht, Ost/West, Bildungsposition, Herkunftsschicht, Migrationshintergrund sowie Stadt/Land untersucht.

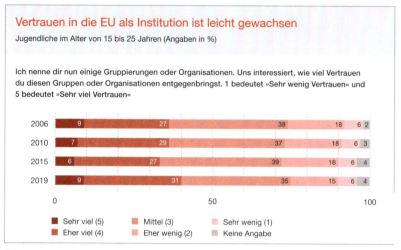

Vertrauen in die EU als Institution ist leicht gewachsen

Jugendliche im Alter von 15 bis 25 Jahren (Angaben in %)

Ich nenne dir nun einige Gruppierungen oder Organisationen. Uns interessiert, wie viel Vertrauen du diesen Gruppen oder Organisationen entgegenbringst. 1 bedeutet »Sehr wenig Vertrauen« und 5 bedeutet »Sehr viel Vertrauen«

	Sehr viel (5)	Eher viel (4)	Mittel (3)	Eher wenig (2)	Sehr wenig (1)	Keine Angabe
2006	9	27	38	18	6	2
2010	7	29	37	18	6	3
2015	6	27	39	18	6	4
2019	9	31	35	15	6	4

Abb. 2.17

Shell Jugendstudie 2019 – Kantar

Deutlich zurückhaltender wird die EU von Jugendlichen aus dem ländlichen Raum bewertet. Hier sind es immerhin 15 %, die die EU eher oder sogar sehr negativ sehen. Geringfügig negativere Bewertungen finden sich auch bei Jugendlichen aus kleineren oder mittleren Städten[5]. Diese Unterschiede dürften auch mit der EU-Agrarpolitik korrespondieren. Der EU wurden hier – auch im Kontext des Verbraucherschutzes – vergleichsweise weitgehende politische Gestaltungsmöglichkeiten eingeräumt, die insbesondere im Agrarsektor häufig als bürokratische Hemmnisse gedeutet werden und auch in Deutschland ihren Nachklang finden.

Jugendliche im Westen bewerten die EU auch in der Gesamtsicht etwas positiver als die Jugendlichen im Osten. Diejenigen, bei denen die EU ein explizit negatives oder sogar sehr negatives Bild hervorruft, bilden hingegen sowohl im Osten (10 %) als auch im Westen (8 %) die Minderheit.

EU-Vertrauen ist gestiegen

Im Rahmen der Abfrage nach dem sogenannten Institutionen-Vertrauen haben wir auch danach gefragt, wie viel Vertrauen die Jugendlichen der EU entgegenbringen. Hierzu liegt uns eine Zeitreihe seit 2006 vor (siehe Abbildung 2.17). Anders als bei den bisher dargestellten Abfragen liegt der Schwerpunkt hier stärker auf den politischen und verwaltungsbezogenen Aspekten (»Governance«) und weniger auf der Idee und den Möglichkeiten eines vereinten Europas als Ganzem.

---

5 Wir nutzen hierfür den sog. BIK-Siedlungsstrukturtyp (BIK-Stadtregionen). Hierbei handelt es sich um eine Klassifikation, die bei uns im Rahmen der Stichprobenziehung Anwendung findet. Dabei werden die Städte und Gemeinden in Deutschland sowohl nach der Einwohnerzahl als auch nach einem ggf. vorhandenen wirtschaftlichen Verflechtungsgrad mit größeren Stadtregionen zugeordnet, um auf diese Weise größere Städte oder Ballungsräume nach Kerngebieten und mit diesen verflochtenen Randlagen von kleineren bis mittleren Städten sowie vom ländlichen Raum unterscheiden zu können.

EU-Realismus: Gemeinschaft ja, aber kein einheitlicher Staat

Jugendliche im Alter von 15 bis 25 Jahren (Angaben in %)

Sollte sich die Europäische Union längerfristig zu einem einheitlichen Staat entwickeln und zusammenschließen?

In 2010 und 2015 nicht abgefragt

Jahr	Ja	Weiß nicht / keine Angabe	Nein
2002	49	23	28
2006	32	23	45
2019	28	26	46

■ Ja   ■ Weiß nicht / keine Angabe   ■ Nein

Abb. 2.18   Shell Jugendstudie 2019 – Kantar

Ganz generell, wie in Abschnitt 2.7 noch weiter ausgeführt, bringen Jugendliche in Deutschland den meisten Institutionen ein mittelgroßes Vertrauen entgegen. Wir messen dies anhand einer Einstufungsskala von 1 (= »Sehr wenig Vertrauen«) bis 5 (= »Sehr viel Vertrauen«). Die Skalenmitte liegt bei 3.0. War die Bewertung der EU mit einem Durchschnittswert von 3.1 seit 2006 auch bisher immer positiv gewesen, so ist diese jetzt erneut gestiegen. 40 % der Jugendlichen bringen der EU eher viel oder sehr viel Vertrauen entgegen und weitere 35 % ein mittleres Vertrauen. Rückläufig ist demgegenüber der Anteil derjenigen, die der EU eher oder sehr wenig vertrauen (21 %).

Auch diese Ergebnisse unterstreichen, dass die Haltung der Jugendlichen in Deutschland gegenüber der EU positiv geblieben ist und sich in der jüngsten Vergangenheit, trotz der international zu beobachtenden Abkehr vom Multilateralismus, sogar weiter vertieft hat.

Keine EU-Euphorie, stattdessen realistische Beurteilung der Vor- und Nachteile

Das Bild, das Jugendliche in Deutschland von der EU haben, ist weitgehend positiv. Hinter dieser Sicht verbirgt sich jedoch weniger eine Europa-Euphorie, sondern vielmehr eine Art bejahender Realismus. Die EU ist ein selbstverständlicher Teil der Lebenswirklichkeit einer gänzlich erst nach dem Vertrag von Maastricht geborenen Generation. Ihr positives Bild der EU entspringt weniger einer Einsicht in eine Notwendigkeit, sondern vielmehr einer Abschätzung der Vorteile, die mit der EU verbunden sind und auf die man auch nicht mehr verzichten möchte. Vor allem ein Europa ohne innere Grenzen ist für Jugendliche eine Errungenschaft, die nicht infrage zu stellen ist und die keinen Widerspruch zu einer eigenen deutschen Staatlichkeit darstellt. Man kann sich proeuropäisch positionieren, ohne sich genötigt zu fühlen, eine eigene Identität als Bürger seines Landes aufzugeben.

Sichtbar wird dies auch bei der Antwort auf die Frage, ob sich die EU längerfristig zu einem einheitlichen Staat zusammenschließen sollte (siehe Abbildung 2.18). Waren es im Jahr 2002 noch geradezu euphorische 49 %, die dies befürworteten, und nur 32 %, die sich dagegen aussprachen, so hatte sich das Ergebnis bereits 2006 auf 45 % Ablehnung gedreht. Auch aktuell hat sich daran eher wenig verändert.

Der von uns festgestellte positive EU-Realismus gilt, trotz der Bildungsabhängigkeit in der »Pro-Europa-Positionierung«, übergreifend für alle Gruppen und Schichten. Dies zeigt vor allem die positive Bewertung, die so gut wie alle Jugendlichen der Freizügigkeit in Europa sowie der europäischen Vielfalt entgegenbringen. Europa steht, trotz wirtschaftlicher Verwerfungen in der Euro-Zone, des Brexits und der im Zuge der Flüchtlingskrise sichtbar gewordenen Risse innerhalb der europäischen Partnerländer, als Ganzes bei den deutschen Jugendlichen nicht infrage.

2.5 Populismusaffinitäten

Populismus und eine möglicherweise damit einhergehende zunehmende gesellschaftliche Polarisierung spielen in der jüngeren Vergangenheit sowohl in Deutschland (Klein, Heckert und Pepper 2018; Vehrkamp und Merkel 2018) als auch in fast allen anderen europäischen Ländern eine zunehmende Rolle. Bereits seit etwa 2000 sind populistische Parteien in Europa erstarkt (Grabow und Hartleb 2013). Auch die weltweiten Entwicklungen deuten spätestens seit der Wahl von Donald Trump zum US-Präsidenten auf eine Renaissance national orientierter unilateraler Staatsdoktrinen hin, die häufig mit nationalpopulisti-

schen Argumenten begründet oder unterfüttert werden (Hirschmann 2017).

Unter Populismus ist laut Karin Priester keine kohärente Ideologie zu verstehen, sondern eine kommunikative Strategie, mit der bestimmte Vorstellungen, Bilder und Narrative in Abgrenzung zu Anderen (Gegnern) durchgesetzt werden sollen:

»Populismus ist kein Substanz-, sondern ein Relationsbegriff. Er zeichnet sich aus durch Anti-Elitarismus, Anti-Intellektualismus, Antipolitik, Institutionenfeindlichkeit sowie Moralisierung, Polarisierung und Personalisierung der Politik. [...] Populismus lässt sich daher nicht essentialistisch definieren und auf eine kohärente Doktrin festlegen. Seine programmatische Variationsbreite hat dazu geführt, ihn lediglich als eine Strategie des Machterwerbs zu definieren. [...] Auch wenn sich Populismus nur in Relation zu einem akuten Gegner bestimmen lässt, verfügt er über ein ideologisches Minimum, das auf einer vertikalen Achse von ›Volk‹ und ›Elite‹ beruht. Um diese Achse gruppiert sich ein Bündel nicht variabler Vorstellungen, die nicht politisch, sondern moralisch verankert sind.« (Priester 2012)

Typische Merkmale von Populismus sind in diesem Sinne die Simplifizierung komplexer Zusammenhänge (Anti-Intellektualismus), die Berufung auf einen »gesunden Menschenverstand« (Antipolitik, Personalisierung der Politik), die Mobilisierung von Ressentiments und Vorurteilen gegenüber anderen (Moralisierung, Polarisierung) sowie die Enthüllung von scheinbaren Verschwörungen (Anti-Elitarismus, Institutionenfeindlichkeit). In Deutschland hat sich populistisches Denken in den letzten Jahren insbesondere im Kontext der Flüchtlingskrise als Rechts- bzw. Nationalpopulismus präsentiert.

Im Rahmen der Shell Jugendstudie hat uns interessiert, wieweit Jugendliche in Deutschland populistische Verhal-

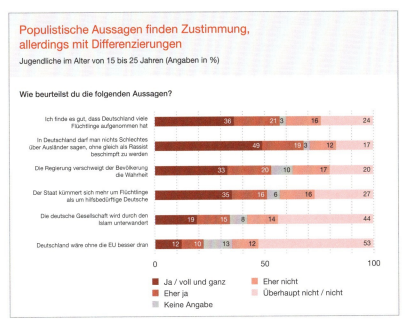

Populistische Aussagen finden Zustimmung, allerdings mit Differenzierungen

Jugendliche im Alter von 15 bis 25 Jahren (Angaben in %)

Wie beurteilst du die folgenden Aussagen?

Aussage	Ja / voll und ganz	Eher ja	Keine Angabe	Eher nicht	Überhaupt nicht / nicht
Ich finde es gut, dass Deutschland viele Flüchtlinge aufgenommen hat	36	21	3	16	24
In Deutschland darf man nichts Schlechtes über Ausländer sagen, ohne gleich als Rassist beschimpft zu werden	49	19	3	12	17
Die Regierung verschweigt der Bevölkerung die Wahrheit	33	20	10	17	20
Der Staat kümmert sich mehr um Flüchtlinge als um hilfsbedürftige Deutsche	35	16	6	16	27
Die deutsche Gesellschaft wird durch den Islam unterwandert	19	15	8	14	44
Deutschland wäre ohne die EU besser dran	12	10	13	12	53

0   50   100

■ Ja / voll und ganz   ■ Eher nicht
■ Eher ja   ■ Überhaupt nicht / nicht
■ Keine Angabe

Abb. 2.19

Shell Jugendstudie 2019 – Kantar

tens- und Denkmuster übernommen haben und ob die Ausbreitung populistischer Denkweisen zugleich zu einer offensichtlichen Spaltung innerhalb der jüngeren Generation geführt hat. Die Beobachtung, ob sich populistische Einstellungen unter jungen Menschen in den nächsten Jahren verfestigen werden und welche Konsequenzen dies für demokratisch verfasste, pluralistische Gesellschaften haben wird, zu deren wesentlichen Kennzeichen eine Vielfalt von Herkünften, Religionen und Einstellungen gehört, ist von großem gesellschaftlichen Interesse.

Wir haben in der Shell Jugendstudie eine Liste mit Statements vorgelegt, die typische zeitgenössische populistische Argumentationsmuster enthalten und die bereits in anderen empirischen Erhebungen eingesetzt worden sind (»Mitte-Studie«: Zick, Küpper und Berghan 2019; »Radar gesellschaftlicher Zusammenhalt«: Arant, Dragolov und Boehnke 2017). Wir haben – wie auch an anderer Stelle im Thementeil Politik und Gesellschaft – hier nur Jugendliche im Alter von 15 bis 25 Jahren einbezogen. Eingeleitet wurde die Statement-Abfrage mit einer Frage dazu, ob man es gut findet,»dass Deutschland so viele Flüchtlinge aufgenommen hat«. Danach folgten die Populismus-Statements in jeweils zufälliger Reihenfolge.

Die Ergebnisse machen deutlich, dass populistische Argumentationsmuster auch bei Jugendlichen anschlussfähig sind und auf Zustimmung treffen (siehe Abbildung 2.19). Doch es werden auch wichtige Unterschiede sichtbar: Immerhin betont die Mehrheit der Jugendlichen (57%), dass sie es gut finden, dass Deutschland viele Flüchtlinge aufgenommen hat. Diejenigen, die dies ablehnen, sind in der Minderheit (40%). Insgesamt betrachtet stimmen dieser

Aussage mehr Jugendliche zu als den nachfolgenden Populismus-Statements. Es gibt allerdings eine Ausnahme: Das Statement »In Deutschland darf man nichts Schlechtes über Ausländer sagen, ohne gleich als Rassist beschimpft zu werden« erhält noch mehr Zustimmung (68 %). Das Argumentationsmuster deckt ein offenbar weit verbreitetes Gefühl ab, dass es Dinge gibt, die man nicht ansprechen darf, ohne dafür sofort im eigenen Empfinden moralisch sanktioniert zu werden. Zum Ausdruck kommt an dieser Stelle das Bedürfnis, sich selbst eine eigene Meinung zu bilden und diese auch vertreten zu dürfen, selbst wenn damit gegen gesellschaftliche Konventionen verstoßen wird. Man will sich nicht den Mund verbieten lassen und sich, wenn man seine Sichtweise darlegt, nicht gleich moralisch in eine Ecke gestellt sehen. Riskant an dieser Stelle ist allerdings, wenn das Argumentationsmuster in dem von uns abgefragten Statement dazu benutzt wird, entweder gezielte Tabubrüche zu rechtfertigen, etwa im Sinne einer Verharmlosung der nationalsozialistischen deutschen Vergangenheit, oder wenn dies eingesetzt wird, um zu verhindern, dass eine kontroverse Debatte, wie etwa die Frage der Bewertung des Zuzugs von Flüchtlingen nach Deutschland, auf Basis von sachlichen Argumenten geführt wird.

Etwas mehr als jeder zweite Jugendliche stimmt der Aussage zu: »Die Regierung verschweigt der Bevölkerung die Wahrheit«. Auch hier mischt sich das Empfinden, nicht ernst genug genommen zu werden, mit der populistischen Wendung, dass die Elite, also das Establishment, einen bevormunden und manipulieren will. Auch dies erscheint bei Jugendlichen anschlussfähig und bedient typische Ressentiments gegenüber der Politik, bei der es ja nur darum ginge, dass »die Politiker« sich um ihre eigenen Interessen kümmern. Politikverdrossenheit dient in diesem Sinne als Steigbügelhalter für die populistische Verschwörungsthese einer »Manipulation durch die Eliten«.

Ebenfalls jeder zweite Jugendliche unterstützt die Aussage »Der Staat kümmert sich mehr um Flüchtlinge als um hilfsbedürftige Deutsche«. Die andere knappe Hälfte (43 %) bewertet dies hingegen komplett gegenteilig und stimmt hier nicht oder überhaupt nicht zu. Auch diese Aussage basiert nicht auf einer faktengestützten Gesamtbewertung der deutschen Sozialpolitik und der Ausgestaltung der sozialen Sicherungssysteme, sondern mobilisiert in der vorgenommenen Verkürzung eher Vorurteile und knüpft an latente Ängste an, dass man nach eigenem Empfinden dann möglicherweise selbst zu kurz kommen könnte.

Dem Statement »Die deutsche Gesellschaft wird durch den Islam unterwandert« stimmt etwa ein Drittel der Jugendlichen zu. Auch hier basiert die populistische Argumentation auf einer Verschwörungshypothese. Sie produziert Identität in Gestalt eines »Wir-Gefühls« als Antwort auf komplexe Problemlagen und bietet eine scheinbar konsistente Lösung. Vergleichbares gilt auch für das ebenfalls in diesem Befragungskontext stark nationalpopulistisch aufgeladen wirkende Statement »Deutschland wäre ohne die EU besser dran«. Dem stimmt dann allerdings nur noch etwas mehr als jeder fünfte Jugendliche zu.

Den populistischen Statements ist gemein, dass sie gezielt an affektiven Komponenten, also an Gefühlsregungen und weniger an kognitiven Prozessen ansetzen. Bedient werden Ressentiments und Ängste. Die verbreiteten Behauptungen entziehen sich, so wie die meisten Verschwörungstheorien, in der Regel einer wissenschaftlichen oder auch einfach nur sachlichen Überprüfung. Bei einer solchen Analyse gilt es jedoch zu berücksichtigen, dass jede schnell geäußerte Zustimmung zu einem popu-

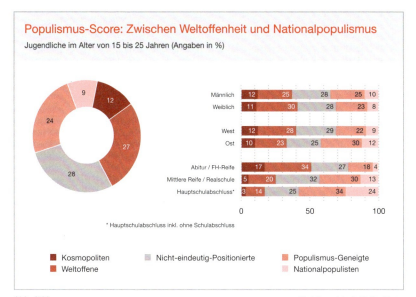

Populismus-Score: Zwischen Weltoffenheit und Nationalpopulismus

Jugendliche im Alter von 15 bis 25 Jahren (Angaben in %)

Männlich	12	25	28	25	10
Weiblich	11	30	28	23	8
West	12	28	29	22	9
Ost	10	23	25	30	12
Abitur / FH-Reife	17	34	27	18	4
Mittlere Reife / Realschule	5	20	32	30	13
Hauptschulabschluss*	3	14	25	34	24

0   50   100

* Hauptschulabschluss inkl. ohne Schulabschluss

■ Kosmopoliten   ■ Nicht-eindeutig-Positionierte   ■ Populismus-Geneigte
■ Weltoffene   ■ Nationalpopulisten

Abb. 2.20

Shell Jugendstudie 2019 – Kantar

listischen Grundmuster nicht unbedingt mit in sich konsistenten Überzeugungen verbunden sein muss. Populismus ist in diesem Sinne tatsächlich eine »dünne Ideologie« (»thin-centred ideology«; Freeden 1998).

Zwischen Weltoffenheit und Nationalpopulismus: Differenzierungen und Unterschiede

Gruppiert man die Jugendlichen nach der Häufigkeit der Zustimmung zu den Populismus-Statements (»Populismus-Score«, siehe Abbildung 2.20 sowie die Tabellen 2.6 und 2.7), so ergibt sich eine differenzierte Zuordnung[6].

6 Für die Score-Bildung wurden die ursprünglichen Angaben im Wertebereich 1 (= »Trifft überhaupt nicht zu«) bis 6 (= »Trifft voll und ganz zu«) auf den Wertebereich 1 bis 7 übertragen. Fehlende Angaben, also »Weiß nicht« oder »keine Angabe«, wurden dem Wertebereich 4

Etwa 12 % der Jugendlichen (Altersgruppe 15 bis 25 Jahre) lassen sich als Kosmopoliten beschreiben. Sie befürworten, dass Deutschland viele Flüchtlinge aufgenommen hat, und lehnen so gut wie alle populistischen Statements ab. Nimmt man an dieser Stelle einige weitere Einstellungsmerkmale hinzu (Tabelle 2.7), die selbst nicht in die Modellierung des Populismus-Score

zugeordnet. Das Statement »Ich finde es gut, dass Deutschland viele Flüchtlinge aufgenommen hat« wurde dabei in der Richtung der Bewertung den anderen Statements angepasst (1 = »Trifft voll und ganz zu« bis 7 = »Trifft überhaupt nicht zu«). Die Ergebnisse wurden danach aufsummiert und durch Division durch die Anzahl der aufsummierten Statements (6) wieder auf den Wertebereich von 1 bis 7 zurückgeführt. Der auf diese Weise gebildete Populismus-Score wurde danach in 5 Gruppen unterteilt: Wertebereich 1 bis 2 = »Kosmopoliten«, Wertebereich >2 bis <3.5 = »Weltoffene«, Wertebereich 3.5 bis 4.5 = »Nicht-eindeutig-Positionierte«, Wertebereich >4.5 bis <6 = »Populismus-Geneigte«, Wertebereich 6 bis 7 = »Nationalpopulisten«.

eingegangen sind, so zeigt sich, dass Kosmopoliten mehrheitlich auch weiterhin der Zuwanderung nach Deutschland positiv gegenüberstehen. Autoritäre Staatskonzepte (Lienz 1996), hier gemessen über das Statement »Eine starke Hand müsste mal wieder Ordnung in unseren Staat bringen«, lehnen sie genauso ab wie extremistische und mit Gewalt verbundene Positionen (»In jeder Gesellschaft gibt es Konflikte, die nur mit Gewalt gelöst werden können«).

27 % der Jugendlichen gehören zu den **Weltoffenen**. Auch sie begrüßen mehrheitlich, dass Deutschland viele Flüchtlinge aufgenommen hat, und distanzieren sich von den explizit sozial- oder nationalpopulistischen Statements. Immerhin fast ein Drittel dieser Gruppe findet allerdings auch, dass »die Regierung der Bevölkerung die Wahrheit verschweigen würde«, und sogar fast jeder Zweite stimmt der Aussage zu: »In Deutschland darf man nichts Schlechtes über Ausländer sagen, ohne gleich als Rassist beschimpft zu werden«. Auch die Weltoffenen stehen einer Zuwanderung nach Deutschland mehrheitlich positiv gegenüber. Autoritäre Staatskonzepte werden genauso wie extremistische Positionen ebenfalls klar abgelehnt.

28 % der Jugendlichen bilden die im Vergleich größte Gruppe der **Nicht-eindeutig-Positionierten**. Auch von ihnen bejaht die Mehrheit die Aussage, dass es gut ist, dass Deutschland viele Flüchtlinge aufgenommen hat. Zugänglich sind sie aber oftmals bezüglich solcher Aussagen, die auch auf ein diffuses »Meinungsdiktat« abzielen und die an ein vorhandenes Misstrauen gegenüber Regierung und dem sogenannten Establishment anknüpfen. Dies gilt insbesondere für die Aussage »In Deutschland darf man nichts Schlechtes über Ausländer sagen, ohne gleich als Rassist beschimpft zu werden«. Dem stimmen hier 79 % zu. Auffällig ist, dass in dieser Gruppe ebenfalls jeder Zweite dem

sozialpopulistisch gefärbten Statement zustimmt »Der Staat kümmert sich mehr um Flüchtlinge als um hilfsbedürftige Deutsche«. Nationalpopulistische Statements werden hingegen auch von ihnen mit großer Mehrheit abgelehnt. Jeder Zweite in dieser Gruppe spricht sich dafür aus, die Zuwanderung nach Deutschland zu begrenzen. Nur etwa ein Drittel kann sich mit der Aussage »Eine starke Hand müsste mal wieder Ordnung in unseren Staat bringen« identifizieren. Extremismus und Gewalt werden auch von ihnen in der großen Mehrheit abgelehnt.

Zu den **Populismus-Geneigten** zählen 24 % der Jugendlichen. Von ihnen findet es nur etwa jeder dritte gut, dass Deutschland viele Flüchtlinge aufgenommen hat. Den populistisch gefärbten Aussagen »In Deutschland darf man nichts Schlechtes über Ausländer sagen, ohne gleich als Rassist beschimpft zu werden« und »Der Staat kümmert sich mehr um Flüchtlinge als um hilfsbedürftige Deutsche« stimmen hier hingegen so gut wie alle zu. Ebenfalls anschlussfähig ist die an das populistische Muster einer »Elitenverschwörung« anknüpfende Aussage »Die Regierung verschweigt der Bevölkerung die Wahrheit« (86 %). Eine weitere Zuwanderung nach Deutschland wird von der großen Mehrheit dieser Gruppierung abgelehnt. Fast jeder Zweite unterstützt die Aussage, dass eine starke Hand Ordnung bringen sollte. Immerhin jeder Fünfte bejaht, dass es gesellschaftliche Konflikte gäbe, die nur mit Gewalt zu lösen seien.

Als **Nationalpopulisten** können 9 % der Jugendlichen bezeichnet werden. Sie distanzieren sich von der Aufnahme von Flüchtlingen und stimmen allen populistisch aufgeladenen Statements durchgängig zu. Einzig bei der Aussage »Deutschland wäre ohne die EU besser dran« stimmt immerhin ein Viertel in dieser Gruppe nicht zu oder macht zumindest keine Angabe. Eine weitere Zu-

Tab. 2.6 Weltoffene und Populisten

Jugendliche im Alter von 15 bis 25 Jahren

»Trifft zu (4–6)« in %	Gruppierung*				
	Kosmo-politen	Weltoffene	Nicht-eindeutig-Positio-nierte	Populis-mus-Geneigte	National-populisten
Ich finde es gut, dass Deutschland viele Flüchtlinge aufgenommen hat	95	84	56	34	3
In Deutschland darf man nichts Schlechtes über Ausländer sagen, ohne gleich als Rassist beschimpft zu werden	8	48	79	98	100
Die Regierung verschweigt der Bevölkerung die Wahrheit	8	32	51	86	99
Der Staat kümmert sich mehr um Flüchtlinge als um hilfsbedürftige Deutsche	2	14	53	96	100
Die deutsche Gesellschaft wird durch den Islam unterwandert	2	4	26	71	97
Deutschland wäre ohne die EU besser dran	0	5	15	41	73

* Gruppierung anhand der Antworten zu den Populismus-Statements (Summenscore)

Shell Jugendstudie 2019 – Kantar

wanderung lehnen sie ab. Drei von vier Jugendlichen dieser Gruppe präferieren autoritäre Staatskonzepte, und fast jeder vierte verweist auf gesellschaftliche Konflikte, die nur mit Gewalt lösbar seien.

Die von uns auf Basis der abgefragten Statements vorgenommene Gruppierung bildet die Zugänglichkeit und Nähe der Jugendlichen zum aktuell in Deutschland und auch international beobachtbaren Phänomen des Rechts- und Nationalpopulismus ab. Sichtbar werden die bei den Jugendlichen vorhandenen Anknüpfungspunkte, aber auch die ebenfalls vorhandenen Differenzierungen und Widersprüchlichkeiten. Populismus ist, wie bereits angemerkt, kein in sich geschlossenes Konzept oder Weltbild, sondern eine insbesondere in der politischen Kommunikation benutzte Methode, mit der versucht wird, jenseits

einer sachlich fundierten Diskussion bestimmte Anschauungen scheinbar »volksnah« zu präsentieren und dadurch anzukurbeln und voranzutreiben.

Bildung und Weltoffenheit gehen Hand in Hand. Kosmopoliten finden sich vor allem in der obersten Herkunftsschicht

Fragt man nach den sozialen Merkmalen und den Zusammenhängen, die mit einer Affinität zum Populismus einhergehen, so differenziert auch an dieser Stelle zuerst einmal die Bildungsposition (siehe Abbildung 2.20). Die Populismusaffinität sinkt, je höher die Bildungsposition ist, die Jugendliche anstreben oder erreicht haben. Von den Jugendlichen mit höherer Bildungsposition (angestrebtes oder erreichtes Abitur

Tab. 2.7 **Populismusaffinität und weitere Einstellungen**

Jugendliche im Alter von 15 bis 25 Jahren

Spalten in %	Gruppierung*				
	Kosmo-politen	Weltoffene	Nicht-eindeutig-Positio-nierte	Populis-mus-Geneigte	National-populisten
Zuwanderung nach Deutschland					
Mehr als bisher	22	11	5	1	0
Genauso viel wie bisher	60	51	32	17	4
Weniger als bisher	9	30	53	79	96
Weiß nicht	9	8	10	3	0
Autoritarismus					
»Trifft zu (4–6)« in %					
Eine starke Hand müsste mal wieder Ordnung in unseren Staat bringen	8	15	35	49	73
In jeder Gesellschaft gibt es Konflikte, die nur mit Gewalt ausgetragen werden können	5	7	12	21	24

* Gruppierung anhand der Antworten zu den Populismus-Statements (Summenscore)

Shell Jugendstudie 2019 – Kantar

oder FH-Reife) gehört jeder zweite zu den Weltoffenen oder zu den Kosmopoliten, während es bei Jugendlichen mit niedriger Bildungsposition (angestrebter oder erreichter Hauptschulabschluss, 9. Klasse) entgegengesetzt ist. Hier gehört weit mehr als jeder zweite zu den Populismus-Geneigten oder zu den Nationalpopulisten. Noch deutlicher werden die Befunde, wenn man die Herkunftsschicht betrachtet. Auch hier gilt der Zusammenhang: Je gehobener die Herkunftsschicht, desto höher der Anteil weltoffener oder kosmopolitisch orientierter Jugendlicher. Sichtbar wird, dass junge Kosmopoliten vor allem in der obersten Schicht (26 %) zu finden sind.

Weibliche Jugendliche gehören etwas häufiger (41 %) zu den Kosmopoliten oder den Weltoffenen als männliche Jugendliche (37 %). Bei diesen finden sich hingegen etwas häufiger Populismus-Geneigte oder Nationalpopulisten (Abbildung 2.20).

Ebenfalls etwas höher ausgeprägt ist die Populismusaffinität im Osten. Hier gehört ein etwas kleinerer Anteil der Jugendlichen zu den Weltoffenen oder den Kosmopoliten (zusammengenommen 33 %), hingegen ein größerer Teil zu den Populismus-Geneigten oder den Nationalpopulisten (zusammen 42 %). Im Westen sind die Anteile etwas stärker in Richtung Weltoffene oder Kosmopoliten verschoben (40 %). Populismus-Geneigte und Nationalpopulisten (zusammen 31 %) sind hier entsprechend weniger häufig anzutreffen (Abbildung 2.20).

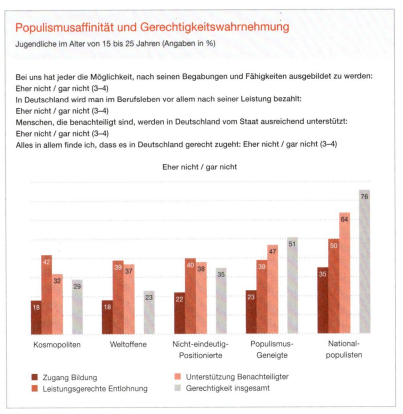

Populismusaffinität und Gerechtigkeitswahrnehmung

Jugendliche im Alter von 15 bis 25 Jahren (Angaben in %)

Bei uns hat jeder die Möglichkeit, nach seinen Begabungen und Fähigkeiten ausgebildet zu werden:
Eher nicht / gar nicht (3–4)
In Deutschland wird man im Berufsleben vor allem nach seiner Leistung bezahlt:
Eher nicht / gar nicht (3–4)
Menschen, die benachteiligt sind, werden in Deutschland vom Staat ausreichend unterstützt:
Eher nicht / gar nicht (3–4)
Alles in allem finde ich, dass es in Deutschland gerecht zugeht: Eher nicht / gar nicht (3–4)

Eher nicht / gar nicht

	Kosmopoliten	Weltoffene	Nicht-eindeutig-Positionierte	Populismus-Geneigte	National-populisten
Zugang Bildung	18	18	22	23	35
Leistungsgerechte Entlohnung	42	39	40	39	50
Unterstützung Benachteiligter	32	37	38	47	64
Gerechtigkeit insgesamt	29	23	35	51	76

- Zugang Bildung
- Leistungsgerechte Entlohnung
- Unterstützung Benachteiligter
- Gerechtigkeit insgesamt

Abb. 2.21

Shell Jugendstudie 2019 – Kantar

Unterschiedliches Gerechtigkeitsempfinden

Interessant ist auch ein Blick auf das Empfinden sozialer Gerechtigkeit in den verschiedenen Gruppen. Während bei den Kosmopoliten und Weltoffenen nur etwa jeder Vierte und bei den Nicht-eindeutig-Positionierten nur jeder Dritte meint, dass es in Deutschland nicht hinreichend gerecht zuginge, beklagt hingegen jeder Zweite aus der Gruppe der Populismus-Geneigten fehlende soziale Gerechtigkeit. Bei den Nationalpopulisten sind es sogar drei von vier Jugendlichen, die in Deutschland keine

hinreichende Gerechtigkeit gewährleistet sehen (Abbildung 2.21).

Ähnliches gilt bei der Bewertung des Zugangs zur Bildung. Die große Mehrheit aller Jugendlichen geht davon aus, dass jeder in Deutschland einen angemessenen Zugang zur Bildung hat. Nur bei den Nationalpopulisten sieht dies jeder dritte anders.

Etwas häufiger kritisieren Jugendliche, wie in Abschnitt 2.3 erläutert, eine fehlende Leistungsgerechtigkeit bei der Entlohnung. Dies äußern etwa 40 % der Jugendlichen über alle Gruppen hinweg bis hin zu den Populismus-Geneigten. Bei den Nationalpopulisten trifft dies hingegen auch hier auf jeden zweiten zu.[7] Über fehlende Gerechtigkeit gegenüber benachteiligten Menschen klagen dann wieder deutlich häufiger populistisch orientierte Jugendliche – jeweils jeder Zweite von den Populismus-Geneigten und sogar drei von vier Nationalpopulisten. Beim Leistungsversprechen, also der Möglichkeit, durch eigene Anstrengung gesellschaftlich voranzukommen, unterscheiden sich die Jugendlichen hingegen kaum: Dies sehen über alle Gruppen hinweg etwa vier von fünf Jugendlichen so.

Bei der Frage, inwieweit es in Deutschland alles in allem gerecht zugeht, fällt auf, dass Jugendliche mit geringer Populismusaffinität die soziale Gerechtigkeit insgesamt häufiger auch dann positiv bewerten, wenn dies aus ihrer Sicht für einzelne Bereiche nicht zutrifft (Abbildung 2.21). Man kann also zum Beispiel auf fehlende Gerechtigkeit bei der Entlohnung verweisen und trotzdem antworten, dass es in Deutschland alles in allem eher gerecht zugeht. Bei den populistisch orientierten Jugendlichen stellt sich dies hingegen anders dar. Sie beklagen in der Gesamtbewertung eine fehlende Gerechtigkeit, auch wenn die einzelnen Bewertungen für sich genommen weniger häufig negativ ausfallen. Nationalpopulistische Jugendliche fallen mit ihrer Negativbewertung der Gerechtigkeit in Deutschland hierbei besonders auf.

Weniger Kontrolle über das eigene Leben, generelles Benachteiligungsempfinden sowie Distanz gegenüber Vielfalt sind typisch für Affinität zum Populismus

Es liegt nahe zu vermuten, dass Jugendliche besonders populismusaffin sind, wenn sie die eigenen Verhältnisse als prekär betrachten und befürchten, keinen angemessenen sozialen Aufstieg erzielen zu können. Die Befunde zur Bildungsposition und zu den damit verbundenen ökonomischen Verhältnissen, die bei uns in den Indikator Herkunftsschicht einfließen, bestätigen dies: Eine geringere Bildungsposition sowie eine ökonomische Benachteiligung befördern die Tendenz zu populistischen Positionen. Erklärbar wird das Phänomen Populismus damit allerdings noch nicht. Im Gegenteil: Da wirtschaftliche und soziale Ängste junger Menschen rückläufig sind, zeigen die hohen Zustimmungsraten bei den sozial- und nationalpopulistischen Statements quer über alle Bildungspositionen hinweg, dass der soziale Status hier keinesfalls als alleinige Erklärung herangezogen werden kann.

Hinzu kommen an dieser Stelle subjektive Dimensionen. Populismus und die damit verbundene Simplifizierung von Sachverhalten erzeugen die Illusion, dass Verhältnisse, die als »aus der Kontrolle geraten« erscheinen, wieder zu bewältigen wären. Populistisch orientierte Jugendliche meinen mehrheitlich, dass andere über ihr Leben bestimmen. Ähnliches trifft für die Aussage »Ich finde, dass andere mir gegenüber häufig bevorzugt werden« zu. Letzteres verbindet fehlendes Kontrollempfinden mit dem affektiv gesteuerten Element, dass sich andere, die über einen entscheiden könnten, gegen einen verschworen hätten. Die Zusammenhänge zur Populismusaffinität sind signifikant und auch im Rahmen einer multivariaten statistischen Analyse darstellbar, bei

---

7 Die Nennungen liegen mit durchschnittlich 40 % etwas höher als in Abschnitt 2.3 für Jugendliche insgesamt ausgewiesen (38 %). Dies liegt daran, dass bei den Populismusfragen nur Jugendliche ab 15 Jahren einbezogen wurden, die wiederum etwas häufiger als die Jüngeren auf eine ihrer Ansicht nach nicht hinreichende Leistungsgerechtigkeit bei der Entlohnung in Deutschland verweisen.

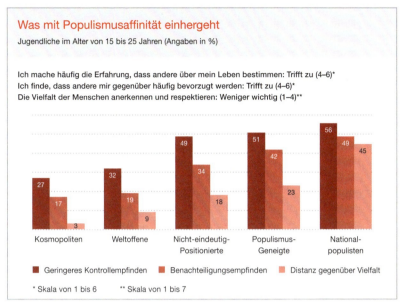

Was mit Populismusaffinität einhergeht

Jugendliche im Alter von 15 bis 25 Jahren (Angaben in %)

Ich mache häufig die Erfahrung, dass andere über mein Leben bestimmen: Trifft zu (4–6)*
Ich finde, dass andere mir gegenüber häufig bevorzugt werden: Trifft zu (4–6)*
Die Vielfalt der Menschen anerkennen und respektieren: Weniger wichtig (1–4)**

	Kosmopoliten	Weltoffene	Nicht-eindeutig-Positionierte	Populismus-Geneigte	National-populisten
Geringeres Kontrollempfinden	27	32	49	51	56
Benachteiligungsempfinden	17	19	34	42	49
Distanz gegenüber Vielfalt	3	9	18	23	45

■ Geringeres Kontrollempfinden ■ Benachteiligungsempfinden ■ Distanz gegenüber Vielfalt

* Skala von 1 bis 6   ** Skala von 1 bis 7

Abb. 2.22

Shell Jugendstudie 2019 – Kantar

der die unterschiedlichen erklärenden Merkmale im Zusammenhang betrachtet werden.[8] Populismus bedient also den Wunsch nach Rückgewinnung von Kontrolle und holt Jugendliche auch dann ab, wenn die unmittelbaren ökonomischen und sozialen Verhältnisse in der modernen und komplexen Welt als vergleichweise sicher erscheinen. Dies gilt sowohl für die Populismus-Geneigten und die Nationalpopulisten als auch für

[8] Durchgeführt haben wir hierzu sowohl eine multivariate Varianzanalyse mit dem (ungruppierten) Populismus-Score als abhängiger Variable und den Merkmalen Altersgruppen, Geschlecht, Bildungsposition, Herkunftsschicht, Ost/West sowie den gruppierten Merkmalen Kontrollüberzeugungen, Benachteiligungsempfinden und Distanz gegenüber Vielfalt als unabhängigen Erklärungsfaktoren als auch eine ordinale Regressionsanalyse auf den gruppierten Score. In beiden Verfahren erwiesen sich die benannten Merkmale zusammen mit Bildungsposition und Schicht sowie Ost-West-Herkunft als signifikant.

die Nicht-eindeutig-Positionierten. Auch hier meint die Hälfte der Jugendlichen, dass andere über ihr Leben bestimmen. Das Empfinden, benachteiligt zu werden, ist hier allerdings deutlich geringer ausgeprägt (siehe Abbildung 2.22).

Nationalpopulisten lehnen Vielfalt und eine Pluralisierung der Lebensweisen besonders häufig ab. Fast jeder zweite nationalpopulistisch orientierte Jugendliche hat ein kritisch-distanziertes Verhältnis dazu, »die Vielfalt der Menschen anzuerkennen und zu respektieren«. Im Unterschied zu allen anderen Gruppen identifizieren sich diese Jugendlichen nicht oder nur weit unterdurchschnittlich mit dieser Wertorientierung (Wertebereich 1 bis 4 auf einer Skala von 1 = »Unwichtig« bis 7 = »Außerordentlich wichtig«). Zum Gefühl der fehlenden Kontrolle gesellt sich die Ablehnung von allem, was als »fremde Kultur« angesehen wird und nicht mit der persönlichen Vorstellung,

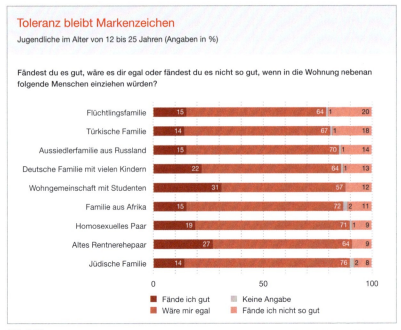

Toleranz bleibt Markenzeichen

Jugendliche im Alter von 12 bis 25 Jahren (Angaben in %)

Fändest du es gut, wäre es dir egal oder fändest du es nicht so gut, wenn in die Wohnung nebenan folgende Menschen einziehen würden?

	Fände ich gut	Wäre mir egal	Keine Angabe	Fände ich nicht so gut
Flüchtlingsfamilie	15	64	1	20
Türkische Familie	14	67	1	18
Aussiedlerfamilie aus Russland	15	70	1	14
Deutsche Familie mit vielen Kindern	22	64	1	13
Wohngemeinschaft mit Studenten	31	57		12
Familie aus Afrika	15	72	2	11
Homosexuelles Paar	19	71	1	9
Altes Rentnerehepaar	27	64		9
Jüdische Familie	14	76	2	8

Abb. 2.23

Shell Jugendstudie 2019 – Kantar

wie das Leben auszusehen hat, in Übereinstimmung gebracht werden kann.

2.6 Toleranz

Neben dem Thema Populismus-Affinität haben wir uns in der aktuellen Shell Jugendstudie wiederum ausführlicher mit dem Toleranzempfinden junger Menschen in Deutschland befasst. Um die Einstellungen von Jungen und Mädchen zu untersuchen, haben wir sie danach gefragt, ob sie es gut oder nicht so gut fänden oder ob es ihnen egal wäre, wenn in der Nachbarschaft bestimmte Menschen oder Gruppen einziehen würden. Wie auch schon in den vorherigen Shell Jugendstudien festgestellt, erweist sich die große Mehrheit der Jugendlichen in

Deutschland als grundsätzlich tolerant gegenüber anderen Lebensformen oder sozialen Gruppen (Abbildung 2.23). Schaut man näher auf die geäußerten Vorbehalte, dann zeigt sich, dass am häufigsten geflüchtete Menschen abgelehnt werden. Jeder Fünfte fände es nicht so gut, wenn er eine Flüchtlingsfamilie als Nachbarn hätte. Ähnlich hoch sind die Vorbehalte gegenüber einer türkischen Familie. Eine deutsche Familie mit vielen Kindern oder eine Wohngemeinschaft mit Studenten lehnt etwas mehr als jeder Zehnte ab. Vergleichbares gilt für ein homosexuelles Paar. Am wenigsten häufig wird eine jüdische Familie negativ bewertet. Hier sind es 8 %, die diese als Nachbarn ablehnen. Die große Mehrheit der Jugendlichen erweist sich als tolerant und sagt, dass es ihnen egal wäre, wen sie als Nachbarn bekämen.

Tab. 2.8 Toleranz gegenüber anderen nach Ost/West
Jugendliche im Alter von 12 bis 25 Jahren

Mehrfachnennungen: »Trifft zu« in %	Ost	West
Fände ich nicht so gut, wenn folgende Menschen neben mir wohnen würden		
Flüchtlingsfamilie	26	19
Türkische Familie	27	16
Aussiedlerfamilie aus Russland	19	13
Deutsche Familie mit vielen Kindern	22	12
Wohngemeinschaft mit Studenten	19	10
Familie aus Afrika mit schwarzer Hautfarbe	18	10
Altes Rentnerehepaar	7	9
Homosexuelles Paar	7	9
Jüdische Familie	13	7

Shell Jugendstudie 2019 – Kantar

Toleranz bleibt bei Jugendlichen Markenzeichen

Im zeitlichen Verlauf betrachtet gehen Vorbehalte gegenüber bestimmten sozialen Gruppen oder Minderheiten immer mehr zurück. So sind etwa die Vorbehalte gegenüber einer türkischen Familie von 27 % im Jahr 2010 aktuell auf 18 % der Jugendlichen gesunken. Auch im Vergleich zu 2015 gibt es einen zumindest leichten weiteren Rückgang der Ressentiments gegenüber den meisten von uns abgefragten Gruppen. Die Flüchtlingskrise hat an dieser Stelle zu keiner Trendwende geführt. Bei einzelnen Gruppen gibt es leichte Schwankungen, so sind etwa die Vorbehalte gegenüber einer Wohngemeinschaft mit Studenten im Trend leicht angestiegen.

Unterschiede nach Ost und West bleiben bestehen

Nach wie vor äußern Jugendliche im Osten häufiger Vorbehalte gegenüber anderen als Jugendliche im Westen. So lehnt im Osten jeder vierte eine Flüchtlingsfamilie als Nachbarn ab, im Westen ist es nur jeder fünfte (siehe Tabelle 2.8). Ein ähnliches Gefälle zwischen Ost und West findet sich aber auch bei anderen Gruppen, so zum Beispiel gegenüber einer deutschen Familie mit vielen Kindern. Ausnahmen bilden an dieser Stelle sowohl die Bewertung eines alten Rentnerehepaares als auch die eines homosexuellen Paares als Nachbarn. Diese werden im Osten von 7 % im Vergleich zu 9 % im Westen etwas weniger häufig abgelehnt.

Je populismusaffiner, desto mehr Vorbehalte gegenüber »Fremden«

Die für eine Affinität zum Populismus typische Distanz gegenüber Vielfalt drückt sich auch ganz unmittelbar in den Vorbehalten aus, die gegenüber »Fremden« oder sonstigen Gruppen mit Lebensweisen, die hier offenbar als nicht akzeptabel gelten, geäußert werden. Exemplarisch lässt sich dies am Beispiel der Einstellungen gegenüber einer deutschen Familie mit vielen Kindern, einem homosexuellen Paar, einer jüdischen

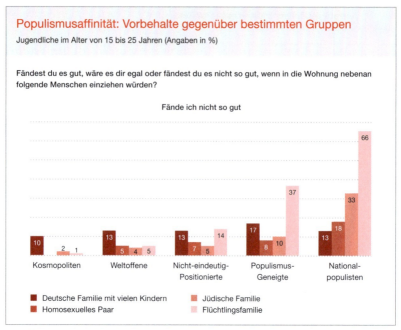

Populismusaffinität: Vorbehalte gegenüber bestimmten Gruppen

Jugendliche im Alter von 15 bis 25 Jahren (Angaben in %)

Fändest du es gut, wäre es dir egal oder fändest du es nicht so gut, wenn in die Wohnung nebenan folgende Menschen einziehen würden?

Fände ich nicht so gut

	Kosmopoliten	Weltoffene	Nicht-eindeutig-Positionierte	Populismus-Geneigte	National-populisten
Deutsche Familie mit vielen Kindern	10	13	13	17	13
Homosexuelles Paar	2	5	7	8	18
Jüdische Familie	1	4	5	10	33
Flüchtlingsfamilie		5	14	37	66

■ Deutsche Familie mit vielen Kindern   ■ Jüdische Familie
■ Homosexuelles Paar   ■ Flüchtlingsfamilie

Abb. 2.24

Familie und einer Flüchtlingsfamilie aufzeigen (siehe Abbildung 2.24). Die Gruppen stehen an dieser Stelle stellvertretend und beleuchten die Gesamtproblematik einer ablehnend ausgrenzenden Haltung gegenüber bestimmten Gruppen von Menschen.

Die Ergebnisse zeigen, dass mit zunehmender Populismusaffinität generell häufiger Vorbehalte geäußert werden. Gegenüber der deutschen Familie mit vielen Kindern ist diese Tendenz allerdings nur schwach ausgeprägt. Hier finden sich in allen Gruppen unabhängig von der Populismusaffinität ähnliche Vorbehalte. Bemerkenswerterweise äußern sich Nationalpopulisten hier sogar eher nur durchschnittlich häufig ablehnend. Populismus-Geneigte tun dies hingegen am häufigsten. Die Vorbehalte gegenüber einem homosexuellen Paar steigen ebenfalls eher nur schwach an.

Bei den Nationalpopulisten ist es dann aber bereits jeder fünfte, der nicht bereit wäre, eine gleichgeschlechtliche Partnerschaft als Nachbarn zu akzeptieren.

Bestürzend hoch ist bei den nationalpopulistisch orientierten Jugendlichen die Ablehnung gegenüber einer jüdischen Familie. Jeder dritte von ihnen will sie nicht als Nachbarn haben. Populismus-geneigte Jugendliche sind zwar weniger auffällig, aber auch hier ist die Häufigkeit, mit der die jüdische Mitbürger abgelehnt werden, leicht höher als bei den anderen Gruppen. Die Vorbehalte gegenüber einer Flüchtlingsfamilie sind im Vergleich dazu extrem: Zwei von drei Nationalpopulisten und auch jeder dritte Populismus-Geneigte lehnt diese Menschen als Nachbarn ab.

Bei der Ablehnung von »Fremden« differenzieren sich die Einstellungen der Jugendlichen stark. Die Haltung,

Jugendliche im Alter von 12 bis 25 Jahren

Mehrfachnennungen: »Trifft zu« in %	Türkei, arabische Länder, sonstige islamische Länder	Ost-Europa, Ex-UdSSR, Ex-YU	Sonstige OECD-Länder	Deutsche ohne Migrationshintergrund
Fände ich nicht so gut, wenn folgende Menschen neben mir wohnen würden				
Flüchtlingsfamilie	6	19	16	23
Türkische Familie	6	15	22	20
Aussiedlerfamilie aus Russland	14	9	12	15
Deutsche Familie mit vielen Kindern	9	9	17	15
Wohngemeinschaft mit Studenten	7	13	7	13
Familie aus Afrika	9	10	11	13
Homosexuelles Paar	18	12	8	7
Altes Rentnerehepaar	11	8	22	8
Jüdische Familie	14	8	4	8

* Sonstige Herkunftsländer können fallzahlbedingt nicht ausgewiesen werden.

Shell Jugendstudie 2019 – Kantar

die insbesondere Nationalpopulisten gegenüber Geflüchteten einnehmen, wirkt gegenüber der Haltung von kosmopolitisch sowie weltoffen orientierten Jugendlichen an dieser Stelle tendenziell unvereinbar und von daher polarisiert. Die Nicht-eindeutig-Positionierten präsentieren sich hingegen in der großen Mehrheit tolerant und aufgeschlossen und auch bei den Populismus-Geneigten ist es nur der kleinere Teil, der andere Menschen aufgrund ihrer Kultur, Herkunft oder bestimmter Merkmale ihrer Lebensführung ablehnt. Die Übergänge sind hier aber fließend. Die im Vergleich deutlich höhere Ablehnung von Geflüchteten unterscheidet sie vom Mainstream der toleranten Jugendlichen.

Differenzierte Toleranzbereitschaft je nach Migrationshintergrund

Unterscheidet man bei den Befragten nach einem vorhandenen Migrationshintergrund, dann differenziert sich das Bild deutlich hinsichtlich der jeweiligen Gruppen, die eher toleriert oder eher abgelehnt werden. In der Regel sind Vorbehalte bei Deutschen ohne Migrationshintergrund höher ausgeprägt als bei Jugendlichen mit Migrationshintergrund. Gewichtige und nicht zu unterschätzende Ausnahmen finden sich allerdings bei spezifischen Gruppen (siehe Tabelle 2.9). So äußern Jugendliche mit einem Hintergrund aus islamisch geprägten Ländern (Türkei, arabische Länder, sonstige islamisch geprägte Herkunftsländer) anders als Deutsche ohne Migrationshintergrund wenig Vorbehalte gegenüber Flüchtlingen. Sie lehnen jedoch vor allem homosexuelle Paare sowie jüdische Familien deutlich stärker ab. Auch in diesem Fall gilt aber, dass mehr als vier von fünf Jugendlichen mit einem entsprechenden Migrationshintergrund hier keine Vorbehalte benennen (zur Bedeutung von Respekt vor Vielfalt sowie von Toleranz gegenüber anderen Meinungen siehe im Folgenden auch Kapitel 3, Abschnitt 3.3).

Jugendliche mit einem Migrationshintergrund aus den osteuropäischen Ländern, aus dem Ex-Jugoslawien oder aus der Ex-UdSSR lehnen ebenfalls etwas häufiger Homosexuelle ab (12 %) und äußern ebenfalls häufiger (19 %) Vorbehalte gegenüber Flüchtlingen. Jugendliche mit einem Hintergrund aus den sonstigen OECD-Ländern teilen hingegen die Vorbehalte gegenüber türkischen Familien, lehnen allerdings auch häufiger deutsche Familien mit vielen Kindern oder ältere Menschen als Nachbarn ab.

Der Respekt gegenüber Vielfalt ist demnach nicht allein eine Herausforderung im Umgang mit Menschen mit Migrationshintergrund, sondern gilt auch umgekehrt.

2.7 Bezug auf Demokratie und Gesellschaft

Trotz der im letzten Abschnitt dargestellten Populismusaffinität denken junge Menschen über die Praxis der Demokratie in Deutschland ausgesprochen positiv. Etwa vier von fünf sind mit der Demokratie, so wie sie in Deutschland besteht, »eher« (65 %) oder »sehr« (12 %) zufrieden – Tendenz steigend (siehe Abbildung 2.25).

Seit dem Jahr 2006 ist die Zufriedenheit der jungen Menschen mit der Demokratie in Deutschland kontinuierlich gestiegen. Seit dem Jahr 2010 verlief

diese Entwicklung übrigens parallel zur gewachsenen Zuversicht in die Zukunft Deutschlands als Gesellschaft sowie zur ebenfalls positiv wahrgenommenen wirtschaftlichen Lage des Landes. Dies haben die Jugendlichen auch genauso wahrgenommen, mit dem Effekt, dass bei der Mehrheit bis hinein in die unteren Herkunftsschichten wirtschaftliche Existenzsorgen sowie Deprivations- und Abstiegsängste deutlich rückläufig waren. Dieser Prozess hat sich seitdem fortgesetzt.

Demokratiezufriedenheit ist bei Jugendlichen im Osten deutlich angestiegen

Besonders bemerkenswert ist die Entwicklung bei ostdeutschen Jugendlichen. War es im Jahr 2015 nur etwa jeder Zweite, der sich im Osten eher oder sehr zufrieden mit der Demokratie in Deutschland zeigte (im Vergleich zu damals mehr als drei von vier Jugendlichen im Westen), so sind es heute zwei von drei (Abbildung 2.25).

Unterschiede zwischen ost- und westdeutschen Jugendlichen bleiben damit zwar bestehen, gleichen sich aber in der positiven Bewertung von Demokratie und Gesellschaft in Deutschland deutlich an. Ein ähnliches Bild zeigt sich auch bei der Zufriedenheit mit der Demokratie als Staatsform. Auf die Frage: »Jetzt einmal abgesehen davon, wie gut oder schlecht die Demokratie in Deutschland funktioniert: Hältst du die Demokratie ganz allgemein für eine gute Staatsform oder für eine nicht so gute Staatsform?« antworten im Westen 86 % und im Osten inzwischen 80 % der Jugendlichen positiv. 2015 waren es bei den ostdeutschen Jugendlichen erst 74 %. Im Westen ist der Anteil hier hingegen schon seit längerem in etwa stabil. Für eine nicht so gute Staatsform halten die Demokratie 9 % der ostdeutschen und

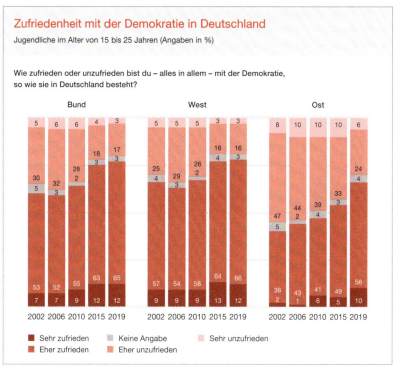

Zufriedenheit mit der Demokratie in Deutschland

Jugendliche im Alter von 15 bis 25 Jahren (Angaben in %)

Wie zufrieden oder unzufrieden bist du – alles in allem – mit der Demokratie, so wie sie in Deutschland besteht?

Bund / West / Ost

2002 2006 2010 2015 2019

- Sehr zufrieden
- Eher zufrieden
- Keine Angabe
- Eher unzufrieden
- Sehr unzufrieden

Abb. 2.25

Shell Jugendstudie 2019 – Kantar

5 % der westdeutschen Jugendlichen – Tendenz fallend. Fragt man diese Jugendlichen nach einer besseren Staatsform, dann verweist die Mehrheit im Osten wie im Westen darauf, dass ihnen die Demokratie zwar nicht gefallen würde, dass es aber auch keine bessere Alternative gäbe. Nur eine verschwindend kleine Minderheit spricht sich für einen starken Mann, der herrscht, oder für ein sozialistisches System wie früher in der DDR aus.

Nationalpopulisten sind grundsätzlich mit der Demokratie unzufrieden

Nationalpopulistisch orientierte Jugendliche sind mehrheitlich generell unzufrieden mit der Demokratie in Deutschland (65 %) und tendenziell auch mit der Demokratie als Staatsform (23 %). Insbesondere Letzteres ist ausgesprochen bedenklich, da Jugendliche in Deutschland ansonsten in der großen Mehrheit einer Meinung sind und die Demokratie als Staatsform in keiner Weise infrage stellen (siehe Tabelle 2.10). Wir hatten bereits auf die autoritaristische Orientierung bei populismusaffinen Jugendlichen hingewiesen. Jeder zweite Populismus-Geneigte und drei von vier Nationalpopulisten würden eine »starke Hand«, die für Ordnung sorgt, begrüßen. Bei den Nicht-eindeutig-Positionierten ist es jeder Dritte und bei den anderen beiden populismusfernen Gruppen nur eine kleine Minderheit, die dies bejaht.

Tab. 2.10 Demokratiezufriedenheit nach Populismusaffinität

Jugendliche im Alter von 15 bis 25 Jahren

Spalten in %	Gruppierung*				
	Kosmo-politen	Weltoffene	Nicht-eindeutig-Positio-nierte	Populis-mus-Geneigte	National-populisten
Zufriedenheit mit Demokratie					
Sehr zufrieden	26	16	10	7	3
Eher zufrieden	62	72	68	65	29
Eher unzufrieden	10	10	15	21	46
Sehr unzufrieden	1	1	1	4	19
Weiß nicht / keine Angabe	1	1	6	3	3
Demokratie als Staatsform					
Gute Staatsform	96	94	83	82	62
Keine gute Staatsform	1	1	4	8	23
Weiß nicht / keine Angabe	3	4	13	10	15

* Gruppierung anhand der Antworten zu den Populismus-Statements (Summenscore)

Shell Jugendstudie 2019 – Kantar

Interessant für die Funktion und Wirkungsweise von Populismus ist, dass auch die Nicht-eindeutig-Positionierten sowie die Populismus-Geneigten mit der Demokratie in Deutschland mehrheitlich zufrieden sind und diese auch als Staatsform klar befürworten. Bedenkt man, dass eine Populismusaffinität stark mit Wut und Empörung über Elitenverschwörungen sowie mit der Befürwortung von Tabubrüchen einhergeht (siehe Abschnitt 2.5), dann wäre hier insbesondere von den Populismus-Geneigten eigentlich ein negatives Antwortverhalten zu erwarten gewesen. Populismus wirkt insbesondere dann, wenn er an unbewusste Vorbehalte, Ängste oder Verdrossenheiten anknüpft. Offene Distanz gegenüber der Demokratie findet sich hingegen erst bei den Jugendlichen, die nationalpopulistische Positionen durchgängig teilen. Ihre Kritik an den »herrschenden Eliten« schlägt an dieser Stelle in offen demokratiefeindliche Positionen um.

Das generelle Vertrauen in Institutionen ist weiter gewachsen

Institutionenvertrauen messen wir, wie bereits angesprochen, auf einer Skala von 1 (= »Sehr wenig Vertrauen«) bis 5 (= »Sehr viel Vertrauen«[9]). Der Wertebereich 3 stellt die Mitte der Skala dar, mehr Vertrauen als Misstrauen signa-

9 Jugendliche, die hier keine Angaben machen, werden bei der Mittelwertdarstellung nicht berücksichtigt. Der Anteil fehlender Werte liegt, je nach Institution, im Bereich von 1 bis 3 %. Eine Ausnahme stellen hierbei die Bürgerinitiativen, das Bundesverfassungsgericht, die Gewerkschaften sowie die Vereinten Nationen dar. In diesem Fall gibt zusätzlich ein Anteil von weiteren 4 bis 8 % an, diese nicht zu kennen, oder gibt, wie bei den Gewerkschaften, keine Antwort.

Tab. 2.11 Vertrauen in Institutionen
Jugendliche im Alter von 15 bis 25 Jahren

Mittelwerte einer Skala von 1 bis 5	2002	2006	2010	2015	2019
Polizei	3.4	3.5	3.5	3.5	3.7
Bundesverfassungsgericht	3.5	3.4	3.4	3.5	3.6
Umweltschutzgruppen	3.4	3.4	3.3	3.5	3.5
Bundeswehr	3.2	3.3	3.2	3.4	3.3
Gewerkschaften	3.1	3.0	3.1	3.3	3.3
Bürgerinitiativen	3.0	3.0	3.0	3.3	3.3
Europäische Union	–	3.1	3.1	3.1	3.3
Vereinte Nationen	–	3.3	3.1	3.2	3.1
Bundesregierung	2.8	2.8	2.8	3.0	3.1
Große Unternehmen	2.9	2.7	2.6	2.7	2.6
Kirchen	2.7	2.7	2.7	2.7	2.6
Parteien	2.5	2.6	2.5	2.6	2.6
Banken	–	–	2.4	2.6	2.6

Shell Jugendstudie 2019 – Kantar

lisiert ein Wert oberhalb von 3.0 (siehe Tabelle 2.11).

Bereits seit vielen Jahren zeigt die Shell Jugendstudie, dass junge Menschen den staatlichen und gesellschaftlichen Institutionen in Deutschland ein insgesamt hohes und sogar steigendes Vertrauen entgegenbringen. Dies gilt zuallererst für die Polizei oder das Bundesverfassungsgericht, die stellvertretend für die Instanzen stehen, die zentrale staatliche Aufgaben unabhängig von der Politik wahrnehmen oder kontrollieren. Stabil ist auch das Vertrauen in die Bundeswehr. Darüber hinaus vertrauen junge Leute unabhängigen Initiativen oder Organisationen (z. B. Umweltschutzgruppen, Bürgerinitiativen oder Gewerkschaften). Einen leichten Anstieg hat ebenfalls die Bundesregierung zu verzeichnen, der jetzt zum ersten Mal seit 2002 mit einem Mittelwert von 3.1 mit mehr Vertrauen als Misstrauen begegnet

wird. Dies gilt, wenngleich in etwas geringerer Intensität (Mittelwert 3.0), ebenfalls für ostdeutsche Jugendliche. Das Vertrauen gegenüber der Bundesregierung lag hier bislang im negativen Bereich unterhalb des Mittelwertes. Ebenfalls gestiegen ist das Vertrauen in die EU, die sich in der Liste aktuell jetzt sogar vor die Vereinten Nationen geschoben hat.

Unterdurchschnittlich bleibt das Vertrauen, das Jugendliche den Banken oder großen Unternehmen entgegenbringen. Selbiges gilt auch für die Parteien, die bisher offenbar vom gestiegenen politischen Interesse nicht profitieren konnten. Aktuell rückläufig ist das Vertrauen in die Kirchen (zum Thema Religiosität und Kirche siehe Kapitel 4, Abschnitt 4.6).

Das Institutionenvertrauen bestätigt den Trend, dass sich Jugendliche im Osten und im Westen positiv auf die Demo-

Tab. 2.12 Demokratienormen und Bezug auf Politik*

Jugendliche im Alter von 15 bis 25 Jahren

»Trifft zu« in %	2002	2006	2015	2019
Trifft zu (4–6)				
In der Politik sollten mehr junge Leute was zu sagen haben	–	85	84	84
Auch wer sich in einer politischen Auseinandersetzung im Recht fühlt, sollte einen Kompromiss suchen	70	76	–	81
In jeder Demokratie ist es die Pflicht jedes Bürgers, sich regelmäßig an Wahlen zu beteiligen	58	75	73	78
Eine lebensfähige Demokratie ist ohne politische Opposition nicht denkbar	69	80	72	73
Ich glaube nicht, dass sich Politiker darum kümmern, was Leute wie ich denken	66	71	69	71
Eine starke Hand müsste mal wieder Ordnung in unseren Staat bringen	50	51	–	33
In jeder Gesellschaft gibt es Konflikte, die nur mit Gewalt ausgetragen werden können	16	12	14	13

* Fehlende Werte: Statement im Befragungsjahr nicht erhoben

Shell Jugendstudie 2019 – Kantar

kratie beziehen. Dies gilt sowohl für die regierungsunabhängigen Institutionen als auch für parteipolitisch unabhängige politische Initiativen.

Demokratienormen bleiben der Maßstab

Jugendliche identifizieren sich ebenfalls stark mit einschlägigen Demokratienormen (siehe Tabelle 2.12). So stimmen sie mehrheitlich zu, dass man einen Kompromiss suchen sollte, auch wenn man sich in einer politischen Auseinandersetzung im Recht fühlt, oder dass es in einer Demokratie die Pflicht jeden Bürgers ist, wählen zu gehen. Ebenso erkennen sie an, dass eine lebensfähige Demokratie ohne Opposition nicht denkbar ist.

Dabei ist sowohl die Zustimmung zur Wahlnorm als auch zur demokratieimmanenten Kompromissnorm angestiegen. Insbesondere die Befürwortung

von Kompromissen fällt auf. Unversöhnlichkeit und mangelnde Fähigkeit zur Verständigung werden durch populistische Argumentationen gefördert und können zu gesellschaftlicher Polarisierung führen. Genau dies betrachtet die Mehrheit der Jugendlichen als Gefahr: 56 % aller Jugendlichen, und sogar noch etwas mehr im Osten, ängstigt die wachsende Feindlichkeit zwischen Menschen, die unterschiedliche politische Meinungen haben (siehe dazu Abschnitt 2.2). Jugendliche heißen demnach, trotz vorhandener Populismusaffinität, eine Polarisierung der Gesellschaft und eine damit einhergehende Erosion im Zusammenhalt nicht gut.

Jugendliche geben sich überzeugt, dass sie in der Politik mehr zu sagen haben sollten. Dies war bereits seit der ersten Abfrage bei der 15. Shell Jugendstudie 2006 der Fall und hat sich seitdem nicht verändert. Auch hier muss insofern genauer differenziert werden, wenn etwa anlässlich der Schülerproteste zum

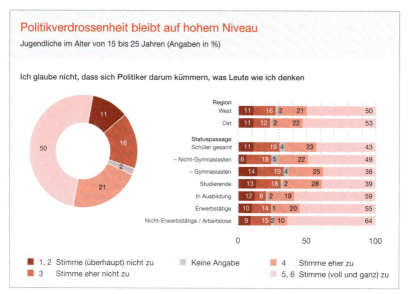

Politikverdrossenheit bleibt auf hohem Niveau

Jugendliche im Alter von 15 bis 25 Jahren (Angaben in %)

Ich glaube nicht, dass sich Politiker darum kümmern, was Leute wie ich denken

	1, 2	3	Keine Angabe	4	5, 6
Region					
West	11	16	2	21	50
Ost	11	12	2	22	53
Statuspassage					
Schüler gesamt	11	19	4	23	43
– Nicht-Gymnasiasten	6	18	5	22	49
– Gymnasiasten	14	19	4	25	38
Studierende	13	18	2	28	39
In Ausbildung	12	8	2	19	59
Erwerbstätige	10	14	1	20	55
Nicht-Erwerbstätige / Arbeitslose	9	15	2	10	64

■ 1, 2 Stimme (überhaupt) nicht zu   ■ Keine Angabe   ■ 4 Stimme eher zu
■ 3 Stimme eher nicht zu   ■ 5, 6 Stimme (voll und ganz) zu

Abb. 2.26

Shell Jugendstudie 2019 – Kantar

Klimawandel von einer »Politisierung« der jungen Generation gesprochen wird. Zumindest der Anspruch, in der Politik gehört zu werden, ist in seinem Ausmaß keinesfalls neu.

Politikverdrossenheit auch weiterhin auf hohem Niveau

Wie schon in den letzten Shell Jugendstudien zu beobachten, ist trotz steigender Demokratieakzeptanz kein Rückgang bei der grundsätzlichen Politikverdrossenheit feststellbar. So ist das Vertrauen, welches Jugendliche den Parteien entgegenbringen, weiterhin gering, und die Zustimmung der populistisch geformten Aussage »Ich glaube nicht, dass sich Politiker darum kümmern, was Leute wie ich denken« ist im Vergleich zu 2015 ebenfalls wieder angestiegen Sie liegt mit 71 % ähnlich hoch wie bei den von uns abgefragten Demokratienormen.

Die Unterschiede zwischen Ost und West sind hier weniger stark, als man vermuten könnte (siehe Abbildung 2.26). Auffällig ist hingegen wieder der Zusammenhang mit der Bildungsposition. Je niedriger die Herkunftsschicht und die Bildungsposition, desto größer die Verdrossenheit. Dies ändert allerdings nichts daran, dass sich Jugendliche unabhängig von Bildung und Sozialstatus mehrheitlich politikverdrossen artikulieren. Dies gilt auch explizit für Studierende, also der sozialen Gruppe mit dem höchsten politischen Interesse. Der Anteil der Unzufriedenen ist hier im Vergleich zwar etwas kleiner als zum Beispiel bei Auszubildenden oder erwerbstätigen Jugendlichen, trotzdem bilden sie aber auch bei Studierenden die Mehrheit.

Politikverdrossenheit bremst

Politikverdrossenheit stützt sich in den meisten Fällen weniger auf eigene kon-

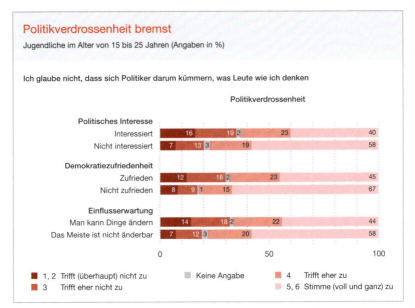

Politikverdrossenheit bremst

Jugendliche im Alter von 15 bis 25 Jahren (Angaben in %)

Ich glaube nicht, dass sich Politiker darum kümmern, was Leute wie ich denken

Politikverdrossenheit

Politisches Interesse				
Interessiert	16	19 2	23	40
Nicht interessiert	7	13 3	19	58
Demokratiezufriedenheit				
Zufrieden	12	18 2	23	45
Nicht zufrieden	8	9 1	15	67
Einflusserwartung				
Man kann Dinge ändern	14	18 2	22	44
Das Meiste ist nicht änderbar	7	12 3	20	58

0   50   100

■ 1, 2 Trifft (überhaupt) nicht zu   ■ Keine Angabe   ■ 4 Trifft eher zu
■ 3 Trifft eher nicht zu   ■ 5, 6 Stimme (voll und ganz) zu

Abb. 2.27

Shell Jugendstudie 2019 – Kantar

krete Erfahrungen, sondern häufig auch auf eine eher diffuse Grundhaltung. Auch hier geht es um das sogenannte Establishment und um Eliten, denen man nicht trauen könne. Auf der anderen Seite reflektiert dies aber auch Wahrnehmungen davon, wie Politiker erscheinen, wie Entscheidungsprozesse ablaufen können oder aber wie der Politikbetrieb in den Medien dargestellt wird. Politikverdrossenheit kann jedoch beeinflusst werden. Nicht immer sind die gewählten Strategien der einzelnen Parteien dabei erfolgreich. Dies ändert aber nichts daran, dass sich auch politikverdrossene Jugendliche für Themen oder für ein Engagement gewinnen lassen. Politikverdrossenheit wirkt sich allerdings auch unmittelbar auf die Einstellungen und Haltungen von Jugendlichen zu Demokratie und Gesellschaft aus (siehe Abbildung 2.27).

Im statistischen Zusammenhang betrachtet[10] sind politikverdrossene Jugendliche weniger häufig politisch interessiert, wobei sich in diesem Fall natürlich beides bedingt. Es ist auch nicht verwunderlich, dass politikverdrossene Jugendliche weniger zufrieden mit der Demokratie sind. Gelingt es der Politik also, mehr Attraktivität bei Jugendlichen zu entwickeln, fördert dies die Demokratiezufriedenheit und damit den Bezug auf die Gesellschaft als Ganzes. Politikverdrossene Jugendliche sind weniger davon überzeugt, dass ihr eigener Beitrag Veränderungen bewirken kann. Die Erwartung, selbst Einfluss nehmen zu

10 Durchgeführt haben wir eine multivariate Varianzanalyse mit dem Statement zur Politikverdrossenheit als abhängige Variable (Wertebereich 1 bis 6) und Altersgruppen und Geschlecht, Ost/West, Bildungsposition und Schicht sowie den Merkmalen Interesse an Politik (interessiert, nicht interessiert), Demokratiezufriedenheit (zufrieden, nicht zufrieden) und Einflusserwartung (man kann Dinge ändern, die meisten Dinge sind nicht änderbar).

können, ist eine der wichtigsten Voraussetzungen für verantwortungsvolles Handeln im Rahmen einer modernen Zivilgesellschaft. Politikverdrossenheit fördert hingegen eher Passivität und Fatalismus. Standpunkte und Engagement von aktiven Jugendlichen mögen nicht immer dem entsprechen, was politische Parteien programmatisch vertreten. Dies ändert aber nichts daran, dass Gesellschaft und Politik auf Jugendliche angewiesen sind, die ihre Interessen artikulieren und sich einbringen.

Resümierend kann festgehalten werden, dass trotz der Debatte um die Flüchtlingskrise und des in diesem Kontext verstärkt um sich greifenden Rechts- und Nationalpopulismus die Jugendlichen ihre grundsätzlichen Positionen beibehalten haben. Dies gilt insbesondere hinsichtlich ihres positiven Bezugs auf die Demokratie in Deutschland sowie für ihre in der breiten Mehrheit durch Toleranz und Offenheit gegenüber anderen geprägten Haltungen und Sichtweisen. Eine Polarisierung der jungen Generation im Sinne einer Aufspaltung in größere und unversöhnliche Lager lässt sich, trotz der tiefgreifenden und tendenziell unversöhnlich wirkenden Differenzen bei der Frage des Zuzugs nach Deutschland, in Gänze nicht feststellen. Unterschätzt werden sollte allerdings nicht die Wirkung populistischer Argumentationsmuster, die auch bei Jugendlichen Anklang finden.

2.8 Engagement

In der Shell Jugendstudie verstehen wir unter Engagement, dass man im Alltag für soziale oder politische Ziele aktiv ist oder sich ganz einfach für andere Menschen einsetzt. Hierzu legen wir eine Liste mit unterschiedlichen Bereichen vor, innerhalb derer man sich engagieren kann (siehe Tabelle 2.14). »Sich für andere einsetzen« ist Ausdruck für eine persönliche Haltung, die aus der Sicht des befragten Jugendlichen mit entsprechend motivierten Aktivitäten verbunden ist.

Persönliches Engagement von Jugendlichen schwankt und erscheint insgesamt leicht rückläufig

Insgesamt schwankt das persönliche Engagement von Jugendlichen seit 2002 (siehe Abbildung 2.28). Der Anteil der Jugendlichen, die angeben, oft aktiv für die Gesellschaft oder einfach nur für andere Menschen zu sein, liegt über die verschiedenen Messzeitpunkte hinweg zwischen 33 und 36 %. 2010 bildet eine gewisse positive Ausnahme: Hier betrug der Anteil 40 %. Angestiegen ist allerdings der Anteil derjenigen, die angeben, gar nicht für soziale oder politische Ziele oder für andere Menschen aktiv zu sein. Im Jahr 2019 bekennen dies inzwischen 31 %. Fokussiert man auf diejenigen, die oft aktiv sind, dann ist das Engagement-Niveau bei Jugendlichen aktuell leicht angestiegen. Bezieht man hingegen auch die mit ein, die gelegentlich aktiv sind, dann ist es rückläufig. Hierbei sollte aber berücksichtigt werden, dass die Antwortvorgabe »gelegentlich« nicht besonders trennscharf ist und eher unregelmäßige Aktivitäten abbilden dürfte. Die Kategorie »oft« ist an dieser Stelle sicherlich schärfer. Betrachten wir diejenigen, die sich oft engagieren, dann gibt es keinen wesentlichen Unterschied zwischen männlichen oder weiblichen sowie aus dem Osten oder aus dem Westen stammenden Jugendlichen. Die Unterschiede beim Alter – Jugendliche im Alter zwischen 15 und 17 Jahren geben am häufigsten an, engagiert zu sein – hängen hingegen primär mit der jeweiligen Statuspassage – Schule,

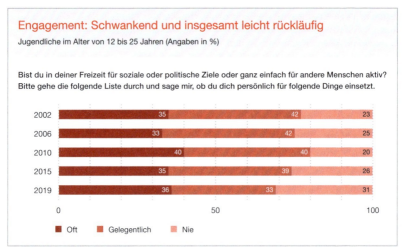

Engagement: Schwankend und insgesamt leicht rückläufig

Jugendliche im Alter von 12 bis 25 Jahren (Angaben in %)

Bist du in deiner Freizeit für soziale oder politische Ziele oder ganz einfach für andere Menschen aktiv?
Bitte gehe die folgende Liste durch und sage mir, ob du dich persönlich für folgende Dinge einsetzt.

	Oft	Gelegentlich	Nie
2002	35	42	23
2006	33	42	25
2010	40	40	20
2015	35	39	26
2019	36	33	31

Abb. 2.28

Shell Jugendstudie 2019 – Kantar

Ausbildung, Erwerbstätigkeit – zusammen.

Auch persönliches Engagement ist eine Frage der Herkunft

Erwartungsgemäß sind es am häufigsten Gymnasiasten (38 %) und Studierende (38 %), die berichten, dass sie oft in mindestens einem der von uns abgefragten Bereiche aktiv sind (siehe Tabelle 2.13). Die Anteile sind im Vergleich nicht viel höher als bei erwerbstätigen Jugendlichen oder denen, die in Ausbildung sind: Auch hier berichtet etwa jeder dritte Jugendliche, dass er oft gesellschaftlich oder für andere aktiv ist.

Auffällig ist auch hier der Zusammenhang mit der Herkunftsschicht: Je gehobener die Herkunft, desto höher das eigene Engagement. Eine wichtige Rolle dürfte an dieser Stelle neben der Bildungsposition auch die Erfahrung spielen, dass eigenes privates oder gesellschaftliches Engagement für andere Menschen in der Familie möglicherweise schon immer üblich war und das Aufwachsen mit geprägt hat. Davon unabhängig bieten bessere materielle Lebensbedingungen natürlich auch mehr Freiräume für eigenes Engagement.

Unter regionalen Aspekten betrachtet fällt auf, dass Jugendliche, die in den Randlagen von größeren Städten oder Ballungsräumen leben, ebenfalls etwas häufiger über ein gesellschaftliches Engagement berichten. Ein wichtiger Punkt hierbei ist, dass es sich bei diesen Gebieten häufig um gehobene Wohnlagen in den sogenannten Speckgürteln von Großstädten handelt. Das höhere Engagement-Niveau hängt hier stark mit der sozialen Herkunft der Jugendlichen in diesen Wohnlagen zusammen. Stadt/Land-Unterschiede spielen, ähnlich wie auch Unterschiede zwischen Ost und West, hingegen keine signifikante Rolle.

Inhalte und Bereiche des persönlichen Engagements ändern sich wenig

Schaut man auf die Bereiche, in denen sich Jugendliche engagieren, dann finden sich nur wenige Änderungen

Tab. 2.13 Wer oft aktiv ist. Entwicklung bei unterschiedlichen Gruppen im Zeitverlauf
Jugendliche im Alter von 12 bis 25 Jahren

Oft aktiv in % bei den jeweiligen Teilgruppen	2002	2006	2010	2015	2019
Oft aktiv waren/sind	35	33	40	35	36
Nach Statuspassage					
Schüler insgesamt	36	34	43	34	37
– An Nicht-Gymnasien	35	33	42	32	35
– An Gymnasien	36	34	44	36	38
Studierende	44	41	44	42	38
In Ausbildung	29	35	34	33	35
Erwerbstätige	31	27	38	33	36
Nicht-Erwerbstätige/Arbeitslose	33	33	35	31	29
Nach Herkunftsschicht					
Untere Schicht	25	30	22	29	23
Untere Mittelschicht	30	28	38	35	33
Mittelschicht	37	31	38	29	35
Obere Mittelschicht	39	38	47	38	37
Obere Schicht	39	40	50	42	47

Shell Jugendstudie 2019 – Kantar

(siehe Tabelle 2.14). Relativ gesehen am häufigsten berichten Jugendliche über ein Engagement für die Interessen von Jugendlichen, für eine sinnvolle Freizeitgestaltung von Jugendlichen sowie für den Umwelt- oder Tierschutz.

Im Vergleich zu 2015 wird etwas häufiger das Engagement für ein besseres Zusammenleben am Wohnort, für behinderte Menschen, zur Pflege der deutschen Kultur und Tradition und für soziale und politische Änderungen genannt. Die Zuwächse sind aber eher marginal. Leicht rückläufig ist das Engagement für ein besseres Zusammenleben mit Migranten sowie für Menschen in armen Ländern. Ob dies in irgendeinem Zusammenhang zur Flüchtlingskrise steht, lässt sich an dieser Stelle nicht beurteilen.

Bezüglich eines eigenen Migrationshintergrundes sind die Effekte ebenfalls differenziert und zum Teil gegenläufig. Während sich Jugendliche mit einem Hintergrund aus den islamisch geprägten Herkunftsländern häufiger um das Zusammenleben im Wohngebiet, und hier möglicherweise besonders im Hinblick auf die Integration von Geflüchteten kümmern, ist dies bei anderen Herkunftshintergründen (Osteuropa, Ex-UdSSR, Ex-Jugoslawien oder sonstige OECD-Länder) weniger häufig der Fall. Insgesamt berichten Jugendliche mit Migrationshintergrund (»oft«: 38 %) aber etwas häufiger über ein eigenes gesellschaftliches Engagement, als dies für Deutsche ohne Migrationshintergrund zutrifft (»oft«: 35 %).

Auch bei der Frage, wie und wo man dem persönlichen Engagement nachgeht, ergeben sich keine größeren Änderungen (siehe Tabelle 2.15). Wir haben dafür alle Jugendlichen befragt,

Tab. 2.14 **Engagement nach Bereichen**

Jugendliche im Alter von 12 bis 25 Jahren

in % in den jeweiligen Bereichen	2002	2006	2010	2015	2019
Interessen von Jugendlichen					
Oft	12	10	13	11	12
Gelegentlich	38	36	38	37	32
Sinnvolle Freizeitgestaltung von Jugendlichen					
Oft	13	13	15	13	12
Gelegentlich	35	31	33	29	26
Umwelt- und Tierschutz					
Oft	8	7	8	10	10
Gelegentlich	29	24	28	28	27
Hilfsbedürftige ältere Menschen					
Oft	8	8	10	9	9
Gelegentlich	35	34	37	31	26
Besseres Zusammenleben mit Migranten					
Oft	8	6	9	10	8
Gelegentlich	25	22	25	23	23
Sozial schwache Menschen					
Oft	5	5	7	7	7
Gelegentlich	29	29	32	27	23
Besseres Zusammenleben am Wohnort					
Oft	6	6	6	5	7
Gelegentlich	23	18	22	21	20
Behinderte Menschen					
Oft	6	5	5	6	7
Gelegentlich	16	13	18	15	17
Pflege deutscher Kultur und Tradition					
Oft	4	3	6	4	6
Gelegentlich	17	15	17	18	16
Menschen in armen Ländern					
Oft	4	4	6	6	5
Gelegentlich	24	24	27	22	19
Soziale und politische Veränderungen					
Oft	2	2	4	4	5
Gelegentlich	15	14	18	17	16
Sicherheit und Ordnung am Wohnort					
Oft	6	6	6	5	5
Gelegentlich	20	16	20	15	14
Sonstiges					
Oft	5	7	7	6	7
Gelegentlich	26	24	25	18	20

Shell Jugendstudie 2019 – Kantar

Tab. 2.15 **Wie und wo man (oft oder gelegentlich) aktiv ist**

Jugendliche im Alter von 12 bis 25 Jahren

Gelegentlich oder oft aktiv in % in den jeweiligen Bereichen	2002	2006	2010	2015	2019
Verein	40	40	47	40	37
Gruppe oder Amt an der Schule/Hochschule	–	23	22	19	26
Projektgruppe	13	11	15	16	15
Kirchengemeinde	15	15	17	13	15
Jugendorganisation	19	12	12	9	13
Rettungsdienst, freiwillige Feuerwehr	7	7	7	5	8
Hilfsorganisation (Greenpeace, Amnesty etc.)	4	4	5	5	8
Gewerkschaft	2	2	3	3	3
Bürgerinitiative	3	2	3	2	5
Partei	2	2	2	2	4
Allein durch meine persönliche Aktivität	37	35	37	32	39

Shell Jugendstudie 2019 – Kantar

die angegeben haben, dass sie oft oder gelegentlich aktiv sind.

An der Spitze der sozialen Räume eines freiwilligen Engagements steht nach wie vor der Verein. Immerhin 37 % der Jugendlichen geben an, dass sie hier in irgendeiner Weise für die Gesellschaft oder für andere aktiv sind, allerdings mit rückläufiger Tendenz. Es folgt eine Gruppe oder ein Amt an der Schule oder der Hochschule (26 %). Der Anteil der Jugendlichen, die in diesem Bereich über Engagement berichten, ist inzwischen wieder angestiegen. Zugleich sagen viele von ihnen, dass sie allein durch persönliche Aktivitäten ihrem Engagement nachgehen.

Insgesamt betrachtet bleibt das persönliche Engagement von Jugendlichen breit und vielfältig. Trotz eines gewissen Rückgangs finden sich keinerlei Hinweise, die auf einen substanziellen Rückzug von Jugendlichen hinsichtlich der Übernahme von Verantwortung für die Gesellschaft hindeuten.

Ulrich Schneekloth

3 Entwicklungen bei den Wertorientierungen der Jugendlichen

Im Rahmen der Shell Jugendstudie gehen wir bereits seit dem Jahr 2002 der Frage nach, welche Wertorientierungen für Jugendliche charakteristisch sind.

Unter Wertorientierungen verstehen wir drei konstitutive Aspekte: 1) Lebensziele, nach denen man strebt, 2) Tugenden im Sinne von normativen Tüchtigkeitsidealen und 3) spezifische Haltungen, mit denen man sich gegenüber gesellschaftlichen oder alltagspraktischen Fragestellungen positioniert. Diese Wertorientierungen bilden zusammengenommen den Wertekanon, der als Kompass für die eigenen Einstellungen, Bewertungen und das eigene Handeln dient. In unseren Interviews fragen wir Wertorientierungen sehr alltagspraktisch und lebensnah ab. Hierfür nutzen wir das Speyerer Werteinventar (Klages, Gensicke 1999), welches aus einer Liste mit ursprünglich 24 Orientierungen[1] dazu besteht, was Jugendliche in ihrem Leben anstreben und was ihnen persönlich wichtig ist (siehe Tabelle 3.1).[2]

Mit dem statistischen Verfahren der Faktorenanalyse lässt sich darstellen, welche Orientierungen untereinander korreliert sind, also in einer wechselseitigen Beziehung miteinander stehen, so dass einzelne Wertorientierungen zu Wertemustern zusammengefasst werden können. Die Ergebnisse dieser Analyse führen aktuell zu sechs Wertemustern, die als relevante Dimensionen die Einstellungen der Jugendlichen zu den eigenen zentralen Lebenszielen sowie zum gesellschaftlichen Miteinander kennzeichnen:

- Familie, Beziehung, Teilhabe: die Lebensziele Familienleben und soziale Beziehungen im Verbund mit dem Wunsch nach eigenverantwortlicher Teilhabe
- Bewusste Lebensführung: die Haltung, das eigene Leben bewusst und verträglich für sich und andere zu gestalten
- Tugendhaftigkeit: die Orientierung an Tugenden im Sinne von als normativ wertvoll betrachteten Tüchtigkeiten oder vorbildhaften Einstellungen
- Engagement und Toleranz: die Einstellung und Positionierung, politisch und sozial engagiert sowie tolerant gegenüber anderen zu sein

1 Die Wertorientierung »Die Vielfalt der Menschen anerkennen und respektieren« wurde von uns im Rahmen der Befragung zur 17. Shell Jugendstudie 2015 ergänzt.
2 Anders als bei dem »klassischen« Materialismus/Postmaterialismus-Konzept (Inglehart 1977, Inglehart/Welzel 2005) müssen die Befragten hier nicht zwischen konkurrierenden Zielen auswählen, sondern können sich anhand einer Einstufungsskala von 1 (= »Unwichtig«) bis 7 (= »Außerordentlich wichtig«) zu jeder Wertorientierung individuell positionieren. Dahinter

steht die Hypothese, dass sich unterschiedliche Orientierungen nicht gegenseitig ausschließen müssen, sondern im Sinne einer Wertesynthese miteinander verbunden werden können (Klages 1984, 2001).

Tab. 3.1 Struktur der Wertorientierungen 2019

	Familie, Beziehungen, Teilhabe	Bewusste Lebensführung	Tugendhaftigkeit	Engagement und Toleranz	Macht und Materialismus	Tradition und Konformität
Gute Freunde haben, die einen anerkennen und akzeptieren	+++					
Einen Partner haben, dem man vertrauen kann	+++					
Das Leben in vollen Zügen genießen	+++					
Eigenverantwortlich leben und handeln	+++					
Ein gutes Familienleben führen	+++		++			
Von anderen Menschen unabhängig sein	++					
Gesundheitsbewusst leben		+++				
Sich unter allen Umständen umweltbewusst verhalten		+++				
Sich bei seinen Entscheidungen auch von seinen Gefühlen leiten lassen		+++				
Viele Kontakte zu anderen Menschen haben		+++			++	
An Gott glauben		++				
Gesetz und Ordnung respektieren			+++(+)			
Nach Sicherheit streben			+++			
Fleißig und ehrgeizig sein			+++			
Sich politisch engagieren				+++		
Sozial Benachteiligten und gesellschaftlichen Randgruppen helfen				+++		
Auch solche Meinungen tolerieren, denen man eigentlich nicht zustimmen kann				+++		
Die Vielfalt der Menschen anerkennen und respektieren			++	++(+)		
Seine eigene Phantasie und Kreativität entwickeln				++		
Macht und Einfluss haben					+++(+)	
Einen hohen Lebensstandard haben					+++(+)	
Sich und seine Bedürfnisse gegen andere durchsetzen					++(+)	
Am Althergebrachten festhalten						++++
Stolz sein auf die deutsche Geschichte						+++(+)
Das tun, was die anderen auch tun						+++

Quelle: Shell Jugendstudie 2019 – Kantar, Faktorenanalyse: Hauptkomponentenanalyse, Rotation: Varimax mit Kaiser-Normalisierung, Plus- und Minuszeichen geben die Höhe der Ladungen der einzelnen Werte mit den durch die Faktorenanalyse ermittelten Wertemustern an (Plus- bzw. Minuszeichen bedeuten Ladungen von ca. +0,2 bzw. –0,2, eingeklammerte Zeichen eine von +0,1 bzw. –0,1). Werte, die die Wertemuster inhaltlich besonders bestimmen, sind fett hervorgehoben.

- Macht und Materialismus: die Bedeutung von materialistischen Lebenszielen und die Ausprägung des Bedürfnisses nach Macht und Durchsetzungskraft
- Tradition und Konformität: die Bedeutung von Traditionsverbundenheit und Konformität gegenüber dem, was die (vermeintlich) überwiegende Mehrheit denkt

3.1 Was für das eigene Leben wichtig ist

Drei Lebensziele sind für die meisten Jugendlichen besonders zentral: gute Freunde zu haben, die einen anerkennen und akzeptieren; einen Partner zu haben, dem man vertrauen kann, und ein gutes Familienleben zu führen (siehe Abbildung 3.1)[3]. An der Spitzenposition dieser drei Wertorientierungen hat sich seit der Shell Jugendstudie 2002 nichts verändert. Familie und soziale Beziehungen sind demnach die mit Abstand wichtigsten Lebensziele, die Jugendliche für ihre eigene Lebensführung gewährleistet sehen wollen.

Beziehungen und Familie bleiben der Dreh- und Angelpunkt

Im Wertemuster *Familie, Beziehungen und Teilhabe* sind Wertorientierungen vereint, die auf den ersten Blick sehr gegensätzlich sind: Die auf Gemeinsamkeit ausgerichteten Wertorientierungen »Beziehung« und »Familie« und die auf sich selbst bezogenen und eher individuellen Werte »Selbstverantwortung« und »Unabhängigkeit«. Die beiden letztgenannten Bereiche markieren besondere Entwicklungsaufgaben, die im Übergang zum Erwachsensein bewältigt werden müssen. Hierzu gehört auch die für den Prozess des Erwachsenwerdens notwendige Abgrenzung zur eigenen Herkunftsfamilie. Dies führt bei den Jugendlichen aber nicht zu einer generellen Absage an die Familie. Ganz im Gegenteil: Seit 2002 können wir durchgängig feststellen, dass der Blick auf die eigene Herkunftsfamilie überaus positiv ausfällt (vgl. dazu Kapitel 4, Abschnitt 4.2), wobei die große Mehrheit der Jugendlichen dabei sowohl an die eigene Herkunftsfamilie als auch an eine selbst zu gründende neue Familie denken dürfte.

Eigenverantwortung und Unabhängigkeit sind aktuell für fast 9 von 10 bzw. mehr als vier von fünf Jugendlichen wichtig – noch wichtiger sind für sie nur noch die Werte »Beziehungen« und »Familie«. Damit kommt an dieser Stelle die grundsätzliche Haltung der Jugendlichen zum Ausdruck, in Partnerschaft und Familie einerseits gut eingebunden und aufgehoben sein zu wollen und andererseits selbstverantwortlich am Leben teilhaben und eigene Entscheidungen treffen zu wollen.

Tugenden als Richtschnur

Im Wertemuster *Tugendhaftigkeit* nimmt für junge Menschen die Wertorientierung »Gesetz und Ordnung respektieren« (87 %) den höchsten Stellenwert ein, gefolgt von der Wertorientierung »Fleißig und ehrgeizig sein« (81 %). Damit stehen die klassischen Tugenden »Fleiß« und »Ehrgeiz« konstant hoch im

---

3 Die Wertorientierungen sind in den Abbildungen 3.1 und 3.2 nach dem Mittelwert der Ausprägungen von 1 (= »Unwichtig«) bis 7 (= »Außerordentlich wichtig«) sortiert. Für die Darstellung wurden die Wertebereiche 1–3 als Kategorie »Nicht wichtig« und die Wertebereiche 5–7 als Kategorie »Wichtig« zusammengefasst. Würde man nach der Häufigkeit der Nennungen für die Kategorie »Wichtig« sortieren, so würde sich an der Reihenfolge nur Marginales ändern.

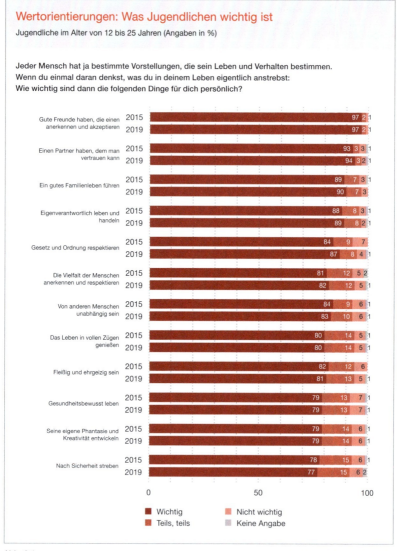

Wertorientierungen: Was Jugendlichen wichtig ist

Jugendliche im Alter von 12 bis 25 Jahren (Angaben in %)

Jeder Mensch hat ja bestimmte Vorstellungen, die sein Leben und Verhalten bestimmen.
Wenn du einmal daran denkst, was du in deinem Leben eigentlich anstrebst:
Wie wichtig sind dann die folgenden Dinge für dich persönlich?

		Wichtig	Teils, teils	Nicht wichtig	Keine Angabe
Gute Freunde haben, die einen anerkennen und akzeptieren	2015	97	2	1	
	2019	97	2	1	
Einen Partner haben, dem man vertrauen kann	2015	93	3	3	1
	2019	94	3	2	1
Ein gutes Familienleben führen	2015	89	7	3	1
	2019	90	7	3	
Eigenverantwortlich leben und handeln	2015	88	8	3	1
	2019	89	8	2	1
Gesetz und Ordnung respektieren	2015	84	9	7	
	2019	87	8	4	1
Die Vielfalt der Menschen anerkennen und respektieren	2015	81	12	5	2
	2019	82	12	5	1
Von anderen Menschen unabhängig sein	2015	84	9	6	1
	2019	83	10	6	1
Das Leben in vollen Zügen genießen	2015	80	14	5	1
	2019	80	14	5	1
Fleißig und ehrgeizig sein	2015	82	12	6	
	2019	81	13	5	1
Gesundheitsbewusst leben	2015	79	13	7	1
	2019	79	13	7	1
Seine eigene Phantasie und Kreativität entwickeln	2015	79	14	6	1
	2019	79	14	6	1
Nach Sicherheit streben	2015	78	15	6	1
	2019	77	15	6	2

Abb. 3.1

Shell Jugendstudie 2019 – Kantar

Kurs, um gesellschaftliche Anerkennung zu finden und voranzukommen (siehe dazu auch Kapitel 2, Abschnitt 2.3). Sie sind das Pendant zum Leistungsversprechen der sozialen Marktwirtschaft.

In eine ähnliche Richtung zielt auch die Wertorientierung »Nach Sicherheit streben«, die knapp vier von fünf Jugendlichen als wichtig bezeichnen. Dies ist aus Sicht der Jugendlichen sehr plausibel: Die zentralen Lebensziele Freundschaften, soziale Einbindung und ein gutes Familienleben sind auf Nachhaltigkeit angelegte Orientierungen, in die man selbst investieren muss. Familie stellt einen »sicheren Heimathafen« dar, der jungen Menschen Halt und Unterstützung gibt, gute Freunde können helfen, Anforderungen im Leben besser zu meistern. Mit dem Streben nach Sicherheit wollen sie Verlässlichkeit für sich und andere schaffen. Dies ist eine Voraussetzung dafür, dass Familie und soziale Einbindung wirksame und stabile Komponenten in der eigenen Lebensführung bleiben.

Mit der großen Relevanz des Themas Sicherheit reagieren Jugendliche auf komplexe gesellschaftliche Herausforderungen und die damit verbundenen biografischen Unsicherheiten. Es wird für die Jugendlichen immer schwieriger, ihren eigenen Lebensweg vorauszusehen, und es bleiben, trotz der guten wirtschaftlichen Entwicklung, Risiken. Diesen Risiken wollen sich Jugendliche stellen, sichtbar an dem bereits genannten Stellenwert von Selbstverantwortung und Unabhängigkeit. Will man sein Leben selbst gestalten, dann bedarf es auch zugleich einer hinreichenden Sicherheit, um im Lebensverlauf möglichst nicht aus der Bahn geworfen zu werden. Dass Jugendliche trotzdem offen für Neues sind und von daher eine Rolle als Träger von Veränderungen übernehmen können, zeigt sich daran, dass ebenfalls vier von fünf »die eigene Phantasie und Kreativität entwickeln« als wichtiges Lebensziel benennen.

Lebensgenuss als Wunsch teilzuhaben

Vier von fünf Jugendlichen geben an, dass sie das Leben in vollen Zügen genießen wollen. Diese Haltung hat seit 2002 kontinuierlich an Bedeutung gewonnen und ist nun seit 2015 stabil

(siehe Abbildung 3.2). Jugendliche wollen »nichts verpassen«. Allerdings nicht im übersteigert individualistischen Sinne ohne Rücksicht darauf, was andere wollen. Lebensgenuss geht für sie vielmehr Hand in Hand mit dem Aufbau und der Pflege persönlicher sozialer Beziehungen. Statistisch betrachtet, ist Lebensgenuss bei den Jugendlichen im gleichen Wertemuster angesiedelt wie der Wunsch nach Partnerschaft, sozialer Einbindung und nach einem guten Familienleben (siehe Tabelle 3.1). Familie und Gemeinschaft sowie ein eher hedonistisches Streben nach Vergnügen und Genuss schließen sich nicht aus, sondern bedingen sich sogar. Gut beobachten lässt sich dies am Stellenwert der sogenannten Event-Kultur, die vor allem davon lebt, neue Erlebniswelten gemeinschaftlich zu entdecken und für sich zu gestalten (Opaschowski 2000).

Die Betonung des Lebensgenusses unterstreicht die Bedeutung, die Jugendliche der eigenen Teilhabe beimessen. Das Hier und Jetzt verbunden mit dem Bedürfnis, an den diversen Angeboten, die die Gesellschaft zu bieten hat, persönlich zu partizipieren, ist für die große Mehrheit der Jugendlichen maßgeblich.

Eine Orientierung am Lebensgenuss im Kontext von befriedigenden sozialen Beziehungen kann zugleich auch als Absage an eine einseitige Priorisierung von Leistungsnormen und Karriereorientierungen interpretiert werden. »Das Leben in vollen Zügen genießen« bedeutet für viele Menschen eben auch, dass weder Beruf noch Freizeit entgrenzt werden sollen. Versuche, die eigene Karriere im Sinne eines entgrenzten Events zu inszenieren, scheitern meistens dann, wenn eine Partnerschaft und ein gutes Familienleben damit in Einklang gebracht werden sollen.

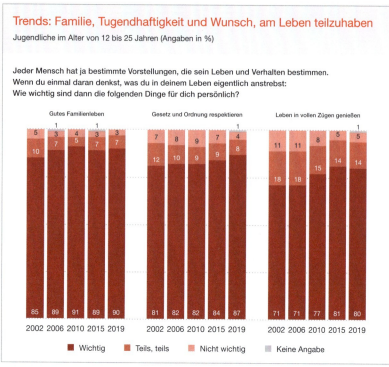

Trends: Familie, Tugendhaftigkeit und Wunsch, am Leben teilzuhaben

Jugendliche im Alter von 12 bis 25 Jahren (Angaben in %)

Jeder Mensch hat ja bestimmte Vorstellungen, die sein Leben und Verhalten bestimmen.
Wenn du einmal daran denkst, was du in deinem Leben eigentlich anstrebst:
Wie wichtig sind dann die folgenden Dinge für dich persönlich?

Gutes Familienleben / Gesetz und Ordnung respektieren / Leben in vollen Zügen genießen

■ Wichtig   ■ Teils, teils   ■ Nicht wichtig   ■ Keine Angabe

Abb. 3.2

Shell Jugendstudie 2019 – Kantar

Bewusste Lebensführung und eigener Gestaltungsanspruch

Die deutlichste Veränderung im Wertekanon von Jugendlichen zeigt sich bei Wertorientierungen, die für das Wertemuster *Bewusste Lebensführung* stehen. Stellvertretend hierfür sei die Wertorientierung »Sich unter allen Umständen umweltbewusst verhalten« genannt. Der Schutz der Umwelt liegt 71 % am Herzen und ist damit inzwischen sogar wichtiger als ein hoher Lebensstandard (63 %) (siehe Abbildung 3.3). Abbildung 3.4 zeigt den ungewöhnlich hohen Bedeutungsanstieg des Umweltbewusstseins bei den Jugendlichen seit 2002. Haben damals noch 60 % der Jugendlichen Umweltbewusstsein als wichtigen Wert benannt, sind es 2019 nunmehr 71 %. Der einzige Bereich, der seitdem ähnlich stark an Relevanz gewonnen hat, ist interessanterweise das politische Engagement, dessen Bedeutung aus der Sicht der Jugendlichen, wenn auch auf einem niedrigeren Niveau, sogar noch etwas stärker angestiegen ist.

Umwelt-, Klima- und Gesundheitsbewusstsein sowie eine bewusste Lebensführung gehen Hand in Hand mit dem Wunsch, sich bei den eigenen Entscheidungen auch von seinen Gefühlen leiten zu lassen. Auch diese Wertorientierung, die drei von vier Jugendlichen als wichtig einstufen, gehört zum Wertemuster *Bewusste Lebensführung*. Es steht für die besondere Achtsamkeit der Jugendlichen dafür, was sowohl für sie selbst

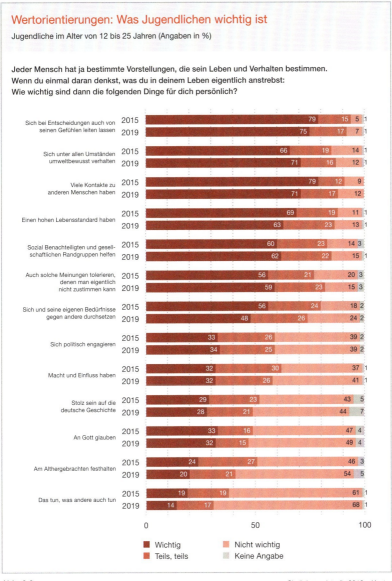

Wertorientierungen: Was Jugendlichen wichtig ist

Jugendliche im Alter von 12 bis 25 Jahren (Angaben in %)

Jeder Mensch hat ja bestimmte Vorstellungen, die sein Leben und Verhalten bestimmen.
Wenn du einmal daran denkst, was du in deinem Leben eigentlich anstrebst:
Wie wichtig sind dann die folgenden Dinge für dich persönlich?

		Wichtig	Teils, teils	Nicht wichtig	Keine Angabe
Sich bei Entscheidungen auch von seinen Gefühlen leiten lassen	2015	79	15	5	1
	2019	75	17	7	1
Sich unter allen Umständen umweltbewusst verhalten	2015	66	19	14	1
	2019	71	16	12	1
Viele Kontakte zu anderen Menschen haben	2015	79	12	9	
	2019	71	17	12	
Einen hohen Lebensstandard haben	2015	69	19	11	1
	2019	63	23	13	1
Sozial Benachteiligten und gesellschaftlichen Randgruppen helfen	2015	60	23	14	3
	2019	62	22	15	1
Auch solche Meinungen tolerieren, denen man eigentlich nicht zustimmen kann	2015	56	21	20	3
	2019	59	23	15	3
Sich und seine eigenen Bedürfnisse gegen andere durchsetzen	2015	56	24	18	2
	2019	48	26	24	2
Sich politisch engagieren	2015	33	26	39	2
	2019	34	25	39	2
Macht und Einfluss haben	2015	32	30	37	1
	2019	32	26	41	1
Stolz sein auf die deutsche Geschichte	2015	29	23	43	5
	2019	28	21	44	7
An Gott glauben	2015	33	16	47	4
	2019	32	15	49	4
Am Althergebrachten festhalten	2015	24	27	46	3
	2019	20	21	54	5
Das tun, was andere auch tun	2015	19	19	61	1
	2019	14	17	68	1

Abb. 3.3

Shell Jugendstudie 2019 – Kantar

als auch für andere Menschen gut und verträglich im Leben ist und was zu menschlichem Wohlbefinden, einer gesunden Umwelt und einem gesunden Miteinander beiträgt.

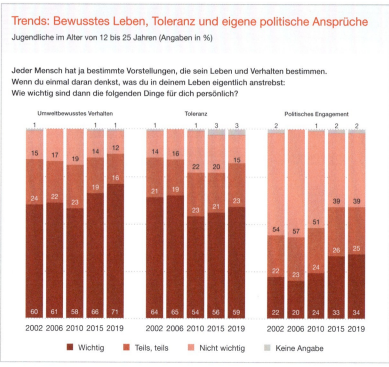

Trends: Bewusstes Leben, Toleranz und eigene politische Ansprüche

Jugendliche im Alter von 12 bis 25 Jahren (Angaben in %)

Jeder Mensch hat ja bestimmte Vorstellungen, die sein Leben und Verhalten bestimmen. Wenn du einmal daran denkst, was du in deinem Leben eigentlich anstrebst: Wie wichtig sind dann die folgenden Dinge für dich persönlich?

Umweltbewusstes Verhalten · Toleranz · Politisches Engagement

2002 2006 2010 2015 2019

■ Wichtig ■ Teils, teils ■ Nicht wichtig ■ Keine Angabe

Abb. 3.4

Shell Jugendstudie 2019 – Kantar

Wertemuster Engagement und Toleranz

Die große Bedeutung einer bewussten und achtsamen Lebensführung dürfte eine wesentliche Triebkraft dafür sein, dass Jugendliche das eigene politische Engagement wieder höher bewerten (siehe Abbildung 3.4). Engagement, ausgeprägte Sensibilität für soziale Benachteiligungen sowie Toleranz und Respekt vor Vielfalt bilden zusammen das Wertemuster *Engagement und Toleranz*. Damit verbunden ist die sinnstiftende Wertorientierung »Seine eigene Phantasie und Kreativität entwickeln« (siehe Tabelle 3.1).

Für junge Menschen haben vor allem politisches Engagement und Umweltbewusstsein ebenso wie die Hilfe für sozial Benachteiligte seit 2002 deutlich an Bedeutung gewonnen (siehe Abbildung 3.4). Auch diese Wertorientierung ist seit 2010 stetig angestiegen. Der Trend repräsentiert keineswegs eine Minderheit, sondern einen großen Teil der Jugendlichen. Gleiches gilt für die Wertorientierung »Die Vielfalt der Menschen respektieren«, die wir seit der letzten Shell Jugendstudie 2015 ergänzend abfragen. Mit 82 % steht diese Haltung bei den Jugendlichen nach wie vor mit an der Spitze des Wertekanons (siehe Abbildung 3.1).

Die Wertorientierung, auch solche Meinungen zu tolerieren, denen man eigentlich nicht zustimmen kann, schwankt zwar im Zeitverlauf, steigt jedoch seit 2010 wieder an. Es hat den

Anschein, dass im aktuellen Antwortverhalten der Wunsch nach Dialog und Kompromissfähigkeit, den diese Wertorientierung mit beinhaltet, im Sinne einer Absage an eine gesellschaftliche Polarisierung wieder stärker zum Ausdruck kommt.

Die Wertorientierung »Eigene Phantasie und Kreativität entwickeln« ist nach einem leichten Rückgang seit 2010 eher stabil, für etwa vier von fünf Jugendlichen ist dies wichtig. Die Verbindung mit den übrigen Wertorientierungen des Wertemusters *Engagement und Toleranz* ist interessant und könnte dafür stehen, dass Engagement, und damit vor allem politisches Engagement, wieder stärker als sinn- und identitätsstiftendes Moment im eigenen Wertekanon begriffen und aktiv ausgebaut wird. Ansätze dafür, dass sich Jugendliche in den nächsten Jahren noch verstärkter zu Wort melden und politisch aktiv werden, sind in der aktuellen Shell Jugendstudie klar erkennbar. Vor dem Hintergrund der Entwicklungen bei den Wertorientierungen ist es offensichtlich, dass Jugendliche inzwischen wieder deutlich stärker als noch vor 10 oder 20 Jahren die Fragen der Nachhaltigkeit und insbesondere des Erhalts der Umwelt zu ihrer Sache machen. Diese Fragen haben sehr unmittelbar mit der eigenen Zukunftsperspektive zu tun haben und dass die Jugendlichen in ihrem weiteren Lebensverlauf davon aus ihrer Sicht stärker betroffen sein werden als die jetzigen älteren Generationen. Es liegt für sie daher nahe, jetzt ihre Positionen einzubringen und sich Gehör verschaffen zu wollen. Insgesamt muss diese Entwicklung nicht auf die Umweltthematik beschränkt bleiben, sondern kann auch andere Bereiche betreffen, bei denen Jugendliche den Eindruck haben, dass ihr Lebensgefühl oder ihre Interessenslagen nicht hinreichend berücksichtigt werden.

Non-Konformität und rückläufiges Machtstreben

Für junge Menschen haben die idealistischen, also die eher sinnstiftenden Wertorientierungen an Bedeutung gewonnen, dagegen spielen die auf Macht und Durchsetzung ausgerichteten Haltungen für viele Jugendliche eine geringere Rolle. Besonders sichtbar wird dies bei der Orientierung, »sich gegen andere durchsetzen« zu wollen. Nicht einmal der Hälfte von ihnen ist dies wichtig (48 %), 2002 waren es noch 59 %. Geringer, wenn auch nicht so stark abnehmend, wird ebenfalls die Zahl derjenigen, die auf Macht und Einfluss setzen (siehe Abbildung 3.5). Dies hat nichts mit fehlender eigener Zielstrebigkeit zu tun. Fast alle Jugendlichen (87 %) reklamieren für sich, ihre Ziele und Erfolgsvorstellungen in die Tat umzusetzen, und knapp zwei von drei Jugendlichen halten es für wichtig, mehr zu leisten als die anderen. Auch diese Entwicklung bringt zum Ausdruck, dass sich der Wertehorizont der Jugendlichen verschiebt: Sie tendieren zu stärkerer Achtsamkeit und Verträglichkeit auch im persönlichen Bereich.

Nur jeder dritte Jugendliche betont den Stellenwert von »Macht und Einfluss haben«, also deutlich weniger als diejenigen, denen es wichtig ist, sozial Benachteiligten zu helfen (62 %). Sich und seine eigenen Bedürfnisse gegen andere durchzusetzen ist für jeden Zweiten wichtig, und damit ebenfalls für weniger Jugendliche als diejenigen, die Toleranz gegenüber anderen Meinungen betonen (59 %).

Etwas anders verhält es sich bei der Bedeutung eines hohen Lebensstandards. Diese ebenfalls im Wertemuster *Macht und Materialismus* angesiedelte Wertorientierung benennen zwei von drei Jugendlichen; ein hoher Lebensstandard bleibt also ein relevantes Lebensziel. Zwar ist im Vergleich zu 2015 auch hier ein Rückgang feststellbar, doch

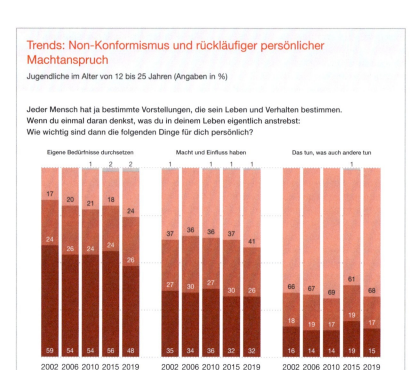

Trends: Non-Konformismus und rückläufiger persönlicher Machtanspruch

Jugendliche im Alter von 12 bis 25 Jahren (Angaben in %)

Jeder Mensch hat ja bestimmte Vorstellungen, die sein Leben und Verhalten bestimmen.
Wenn du einmal daran denkst, was du in deinem Leben eigentlich anstrebst:
Wie wichtig sind dann die folgenden Dinge für dich persönlich?

Eigene Bedürfnisse durchsetzen · Macht und Einfluss haben · Das tun, was auch andere tun

■ Wichtig ■ Teils, teils ■ Nicht wichtig ■ Keine Angabe

Abb. 3.5

Shell Jugendstudie 2019 – Kantar

hat sich diese materielle Anspruchshaltung damit nur wieder auf das Niveau von 2002 und 2006 eingependelt.

Wertemuster Tradition und Konformität

Wertorientierungen, die *Tradition und Konformität* kennzeichnen, verlieren an Bedeutung. »Am Althergebrachten festhalten«, »Stolz sein auf die deutsche Geschichte« oder »Das tun, was andere auch tun« ist nur für eine Minderheit der Jugendlichen relevant (siehe Abbildung 3.3). Es ist der Non-Konformismus, der nach wie vor die Lebensphase Jugend prägt. Noch 2015 hatte es den Anschein, dass die traditionsbezogenen

Wertemuster leicht ansteigen würden. Dies hat sich aktuell allerdings wieder umgekehrt, wie in Abbildung 3.5 zu sehen ist.

»An Gott glauben« ist heute nur noch für etwa jeden dritten Jugendlichen wichtig. Bezüglich der Einordnung in die Struktur der Wertorientierung rückt der Gottesglaube nach den Ergebnissen der von uns hierzu durchgeführten statistischen Analyse (Faktorenanalyse: siehe Tabelle 3.1) jetzt mit ins Muster *Bewusste Lebensführung*, nachdem er nach den Ergebnissen der früheren Erhebungen beim Muster *Tradition und Konformität* angesiedelt war. Momentan lässt sich noch nicht abschätzen, ob dies im Zusammenhang damit steht, dass die

Spiritualität als Orientierung sukzessive bei Jugendlichen an Bedeutung verloren hat und sich dadurch eine spezifischere Gruppe herausschält, die in ihren Wertorientierungen eher mit einer bewussten Lebensführung übereinstimmt, oder ob diese Formierungsprozesse instabil sind (siehe Kapitel 4, Abschnitt 4.6).

Die Wertorientierung »Viele Kontakte zu anderen Menschen haben« hat eine auffällige und aufschlussreiche Entwicklung durchlaufen: Beschrieben im Jahr 2010 noch 86 % der Jugendlichen dies als wichtig, so sind es jetzt nur noch 71 %. Nach den Ergebnissen der Faktorenanalyse ist diese Wertorientierung nicht nur im Wertemuster *Bewusste Lebensführung* angesiedelt, sondern auch im Muster *Macht und Materialismus* und steht demnach mit beiden Wertemustern in Wechselwirkung. Es hat deshalb den Anschein, dass »viele Kontakte zu haben« auch ein Statussymbol darstellt und eben nicht nur ein Merkmal einer bewussten und für sich und andere verträglichen Lebensführung ist. Solche Statussymbole aber verlieren an Bedeutung. Folglich liegt es nahe, dies auch mit der »Inflation« der Freundschaften und Kontakte in den sozialen Netzwerken in Zusammenhang zu bringen, deren Wert Jugendliche inzwischen ebenfalls deutlich relativieren. Viel spricht dafür, dass mehr Jugendliche hier eher auf die Qualität der Beziehungen als auf die Quantität achten.

Eine pragmatische Generation

Insgesamt hat sich der Wertekanon von Jugendlichen insbesondere in den letzten Jahren zu einer etwas stärkeren Betonung von idealistischen Orientierungen hin verändert. Allerdings haben diese Trends bisher nicht dazu geführt, dass sich damit auch die grundsätzlichen Wertemuster und Wertorientierungen bereits substanziell gewandelt hätten.

Von daher kann die aktuelle Jugendgeneration zumindest im Grundsatz auch weiterhin als pragmatisch im Hinblick auf die Herausforderungen charakterisiert werden, die Alltag, Beruf und Gesellschaft mit sich bringen. Sie ist, wie von uns schon in den letzten Shell Jugendstudien beschrieben, auch weiterhin bereit, sich in hohem Maße an Leistungsnormen zu orientieren, und hegt gleichzeitig den Wunsch nach stabilen sozialen Beziehungen im persönlichen Nahbereich. Sie sucht nach einem gesicherten und eigenständigen Platz in der Gesellschaft. Die Jugendlichen versuchen dabei, sich den Gegebenheiten so anzupassen, dass sie Chancen, die sich auftun, ergreifen können. Mehr und bewusster als bislang nehmen sie allerdings Zukunftsfragen wahr, und auch ihr Wille, eigene Ansprüche zu artikulieren und sich dafür auch Gehör zu verschaffen, nimmt eindeutig zu.

3.2 Junge Frauen als das wertebewusstere Geschlecht

Junge Frauen repräsentieren die Veränderungen im Wertekanon besonders deutlich.[4] Ihnen liegen insbesondere die Orientierungen aus dem Wertemuster *Bewusste Lebensführung* häufiger am Herzen. So halten es fast vier von fünf weiblichen Jugendlichen (77 %) im Vergleich zu nur zwei von drei männlichen Jugendlichen (66 %) für wichtig, sich unter allen Umständen umweltbewusst zu verhalten. Auch die soziale Orientierung ist bei ihnen stärker ausgeprägt (67 % zu 56 %) (siehe Abbildung 3.6).

---

4 Die einzelnen Werteausprägungen sind differenziert nach dem Geschlecht ergänzt zu den Abbildungen in Tabelle 3.2 am Ende des Abschnitts dokumentiert.

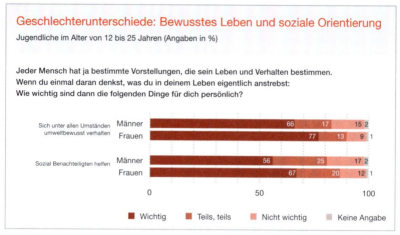

Abb. 3.6

Shell Jugendstudie 2019 – Kantar

Junge Frauen als Trendsetter einer bewussteren Lebensführung

Eine besondere Rolle spielt die Haltung, sich bei Entscheidungen auch von seinen Gefühlen leiten zu lassen. Dies ist für gut vier von fünf jungen Frauen (82 %) im Vergleich zu gut zwei von drei jungen Männern (68 %) relevant. Die im Rahmen des Wertemusters *Bewusste Lebensführung* auch dadurch zum Ausdruck kommende besondere Achtsamkeit gegenüber dem, was für einen selbst und auch für andere gut und verträglich ist, charakterisiert inzwischen beide Geschlechter. Aber Trendsetter dieser stärker idealistischen Orientierung sind vor allem die jungen Frauen. Man erkennt dies auch an anderen Wertorientierungen, sei es an der Rolle, die bei ihnen ein gesundheitsbewusstes Verhalten einnimmt, an der noch stärkeren Betonung des Respekts vor Vielfalt oder auch daran, dass junge Frauen ebenfalls stärker als junge Männer betonen, ihre eigene Phantasie und Kreativität entwickeln zu wollen.

Die Bedeutung eines eigenen politischen Engagements ist bei jungen Frauen angestiegen (34 %) und wird von ihnen jetzt genauso hoch wie von jungen Männern bewertet (siehe dazu Kapitel 2, Abschnitt 2.1). Gefühlsbetonte Achtsamkeit sowie eine bewusste Lebensführung betreffen in diesem Sinne nicht nur die private Haltung, sondern führen unmittelbar zum Wunsch, eigene Ansprüche anzumelden und sich Gehör zu verschaffen. Beobachten lässt sich dies auch bei den aktuellen politischen »Fridays for Future«-Aktivitäten. Hier sind es ebenfalls vor allem junge Frauen, die die Bewegung repräsentieren und öffentlich vertreten (siehe dazu Thunberg, Neubauer u. a. 2019).

Frauen sind weniger materialistisch, jedoch genauso zielstrebig

Junge Männer orientieren sich weniger gefühlsbetont und stärker materialistisch als junge Frauen. Deutlich ausgeprägter ist vor allem ihr Wunsch, selbst Macht und Einfluss zu haben: Mehr als jeder dritte Mann, aber nur etwa jede vierte Frau halten dies für wichtig. Beim hohen Lebensstandard gehen die Vor-

Geschlechterunterschiede: Eigener Durchsetzungswille, aber geringerer persönlicher Machtanspruch

Jugendliche im Alter von 12 bis 25 Jahren (Angaben in %)

Jeder Mensch hat ja bestimmte Vorstellungen, die sein Leben und Verhalten bestimmen. Wenn du einmal daran denkst, was du in deinem Leben eigentlich anstrebst: Wie wichtig sind dann die folgenden Dinge für dich persönlich?

Sich und seine Bedürfnisse gegenüber anderen durchsetzen			
Männer	48	25	25	2
Frauen	49	26	24	1

Macht und Einfluss haben			
Männer	37	27	35	1
Frauen	26	26	47	1

0   50   100

■ Wichtig   ■ Teils, teils   ■ Nicht wichtig   ▫ Keine Angabe

Abb. 3.7   Shell Jugendstudie 2019 – Kantar

stellungen jedoch wieder zusammen: Junge Männer benennen dies zu 65 % und junge Frauen zu 61 % als wichtig. Interessant ist, dass junge Männer sich stärker konformitäts- und traditioneller orientiert geben. So legen sie zum Beispiel häufiger Wert darauf, stolz auf die deutsche Geschichte zu sein. Jeder dritte Mann, aber nur jede vierte Frau hält dies für wichtig (siehe Tabelle 3.2). Im langfristigen Trend aber ist diese Wertorientierung, wie auch die anderen im Wertemuster *Tradition und Konvention*, rückläufig.

Ausgesprochen bemerkenswert ist an dieser Stelle, dass junge Frauen es keinesfalls an Durchsetzungsanspruch mangeln lassen. Ebenso wie die jungen Männer wollen sie keineswegs darauf verzichten, sich und die eigenen Interessen gegen andere durchzusetzen (siehe Abbildung 3.7). Die Orientierung an Macht und Einfluss, eine entsprechende Statussymbolik sowie die Absage an eine vermeintliche Gefühlsduselei werden häufig mit größerer Zielstrebigkeit und persönlicher Stärke verwechselt. Aus der weiblichen Perspektive stellt sich das jedoch anders dar. So betonen junge

Frauen sogar noch häufiger als junge Männer Fleiß und Ehrgeiz und schätzen sich genauso zielstrebig ein wie ihre männlichen Altersgenossen.

Bei den Leitorientierungen im Wertemuster *Familie, Beziehungen, Teilhabe* finden sich zwischen jungen Männern und jungen Frauen keine relevanten Unterschiede. Dass der Wunsch, ein gutes Familienleben zu führen, bei jungen Frauen mit 92 % im Vergleich zu 88 % bei jungen Männern noch etwas stärker ausgeprägt ist, hängt ebenfalls damit zusammen, dass junge Frauen generell etwas häufiger Tugenden betonen. Ebenfalls häufiger als junge Männer benennen sie die Wertorientierung, nach Sicherheit zu streben. Die von jungen Frauen ebenfalls etwas häufiger als wichtig bezeichneten Ansprüche auf Eigenverantwortlichkeit sowie auf Lebensgenuss unterstreichen dabei die Bedeutung, die junge Frauen der eigenen Teilhabe und Partizipation beimessen.

Nimmt man alle Wertorientierungen zusammen, dann erweisen sich weibliche Jugendliche als das wertebewusstere Geschlecht.

Tab. 3.2 Was Jugendlichen wichtig ist: Wertorientierungen nach Geschlecht
Jugendliche im Alter von 12 bis 25 Jahren

Mehrfachnennungen: »Wichtig« in %	Männer	Frauen	Gesamt
Ist für mich wichtig (5–7)			
Gute Freunde haben, die einen anerkennen	97	98	97
Einen Partner haben, dem man vertrauen kann	94	95	94
Ein gutes Familienleben führen	88	92	90
Eigenverantwortlich leben und handeln	86	91	89
Gesetz und Ordnung respektieren	86	89	87
Von anderen Menschen unabhängig sein	82	83	83
Vielfalt anerkennen und respektieren	81	84	82
Fleißig und ehrgeizig sein	78	84	81
Das Leben in vollen Zügen genießen	79	82	80
Gesundheitsbewusst leben	75	84	79
Seine Phantasie und Kreativität entwickeln	74	84	79
Nach Sicherheit streben	74	81	77
Sich bei Entscheidungen auch von Gefühlen leiten lassen	68	82	75
Sich unter allen Umständen umweltbewusst verhalten	66	77	71
Viele Kontakte zu anderen Menschen haben	74	67	71
Einen hohen Lebensstandard haben	65	61	63
Sozial Benachteiligten helfen	56	67	62
Auch solche Meinungen tolerieren, denen man eigentlich nicht zustimmen kann	59	59	59
Sich und seine Bedürfnisse gegenüber anderen durchsetzen	48	49	48
Sich politisch engagieren	34	34	34
An Gott glauben	31	34	32
Macht und Einfluss haben	37	26	32
Stolz sein auf die deutsche Geschichte	32	24	28
Am Althergebrachten festhalten	21	20	20
Das tun, was andere auch tun	16	13	15

Shell Jugendstudie 2019 – Kantar

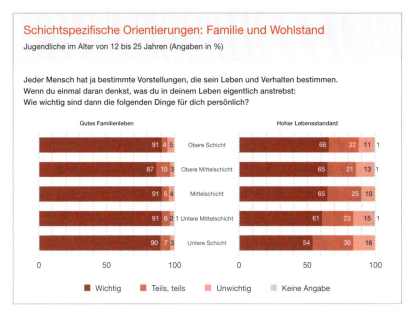

Schichtspezifische Orientierungen: Familie und Wohlstand

Jugendliche im Alter von 12 bis 25 Jahren (Angaben in %)

Jeder Mensch hat ja bestimmte Vorstellungen, die sein Leben und Verhalten bestimmen. Wenn du einmal daran denkst, was du in deinem Leben eigentlich anstrebst: Wie wichtig sind dann die folgenden Dinge für dich persönlich?

	Gutes Familienleben				Hoher Lebensstandard			
Obere Schicht	91	4	5		66	22	11	1
Obere Mittelschicht	87	10	3		65	21	13	1
Mittelschicht	91	5	4		65	25	10	
Untere Mittelschicht	91	6	2 1		61	23	15	1
Untere Schicht	90	7	3		54	30	16	

■ Wichtig   ■ Teils, teils   ■ Unwichtig   ■ Keine Angabe

Abb. 3.8

Shell Jugendstudie 2019 – Kantar

3.3 Schichtspezifische Orientierungen

Soziale Beziehungen, eine gute Partnerschaft und ein gutes Familienleben sind die primären Lebensziele, an denen sich Jugendliche in Deutschland schichtübergreifend[5] orientieren. Ähnliches gilt für den Wunsch nach Selbstverantwortung, Unabhängigkeit und Lebensgenuss.[6]

Alle Jugendlichen streben angemessenen Wohlstand an, wobei auffällt, dass weniger Jugendliche aus der untersten Schicht diesen als wichtig erachten.

5 Der Schichtindex der Shell Jugendstudie ist primär über den Bildungshintergrund der Eltern sowie über die materielle Wohlstandsposition des Haushaltes konstruiert, in dem die Jugendlichen leben. Siehe dazu die Erläuterung im Anhang.
6 Die Werteausprägungen für die jeweiligen Schichten sind ergänzend zu den Abbildungen im Text in Tabelle 3.3 wiederum am Ende dieses Abschnitts dokumentiert.

Generell steigt die Bedeutung, die dem eigenen Wohlstand beigemessen wird, mit der jeweiligen Schichtzugehörigkeit (siehe Abbildung 3.8). Dies hat weniger damit zu tun, dass Jugendliche aus den unteren Schichten genügsamer wären, sondern vielmehr mit einer realistischen Einschätzung ihrer eigenen Möglichkeiten, die aufgrund ihrer Bildungsposition eher beschränkt sind. Man merkt dies auch daran, dass Jugendliche aus der untersten Schicht die Wertorientierung, von anderen Menschen unabhängig sein, noch etwas häufiger als wichtig bewerten, als dies in den anderen Schichten der Fall ist (89 % zu etwas über 80 %). Unabhängigkeit meint hier vor allem auch ökonomische Unabhängigkeit im Sinne der Vermeidung von Bedürftigkeit und Abhängigkeit von staatlichen oder privaten Transferleistungen.

Schichtspezifische Orientierungen: Ordnung und Tüchtigkeit

Jugendliche im Alter von 12 bis 25 Jahren (Angaben in %)

Jeder Mensch hat ja bestimmte Vorstellungen, die sein Leben und Verhalten bestimmen.
Wenn du einmal daran denkst, was du in deinem Leben eigentlich anstrebst:
Wie wichtig sind dann die folgenden Dinge für dich persönlich?

Gesetz und Ordnung respektieren

	Wichtig	Teils, teils	Unwichtig	Keine Angabe
Obere Schicht	89	7	3	1
Obere Mittelschicht	87	7	5	1
Mittelschicht	88	6	5	1
Untere Mittelschicht	88	7	4	1
Untere Schicht	80	16	4	

Fleißig und ehrgeizig sein

	Wichtig	Teils, teils	Unwichtig	Keine Angabe
Obere Schicht	84	9	6	1
Obere Mittelschicht	78	16	6	
Mittelschicht	82	13	4	1
Untere Mittelschicht	83	12	4	1
Untere Schicht	80	15	5	

■ Wichtig ■ Teils, teils ■ Unwichtig ■ Keine Angabe

Abb. 3.9 Shell Jugendstudie 2019 – Kantar

Leistungsorientierung ist für Jugendliche aus allen sozialen Schichten kennzeichnend

Nahezu alle Jugendlichen aus allen Schichten orientieren sich an den Tüchtigkeitsidealen im Wertemuster *Tugendhaftigkeit*. »Respekt vor Gesetz und Ordnung« oder »Fleiß und Ehrgeiz« gehören für alle jungen Menschen unabhängig von ihrer Herkunftsschicht zu den wichtigen Leitbildern. Fleiß und Ehrgeiz als Leistungsideal benennen Jugendliche aus der obersten Herkunftsschicht im Vergleich am häufigsten, allerdings dicht gefolgt von ihren Altersgenossen aus der unteren Mittelschicht. Alles in allem sind die Abstände zwischen den Schichten aber eher gering. Ehrgeiz ist also kein primäres Mittelschichtsphänomen, sondern auch für die oberste und die unteren Schichten eine klare Leitorientierung (siehe Abbildung 3.9). Vergleichbares gilt auch für die Orientierung an Gesetz und Ordnung. Hier fällt die untere Schicht ein wenig aus dem Rahmen. Mit 80 % ist dies zwar für die große Mehrheit dieser Jugendlichen ein besonders wichtiges Gut im Leben, doch die Jugendlichen aus den anderen Schichten betonen dies deutlich häufiger.

Die allgemeine Leistungsnorm, hier gemessen über das Statement »Ich halte es für wichtig, mehr zu leisten als andere«, gilt ebenfalls schichtübergreifend. Zwei Drittel aller Jugendlichen stimmen dieser Aussage zu (siehe Abbildung 3.10). Die Jugendlichen aus der obersten Schicht benennen dies zwar am häufigsten, doch auch hier sind die Unterschiede zwischen den Schichten eher gering.

Die Wertorientierungen stehen für eine klare und über alle Schichten hinweg vergleichbar vorhandene Leistungsethik. Ethik bedeutet hier, dass sich

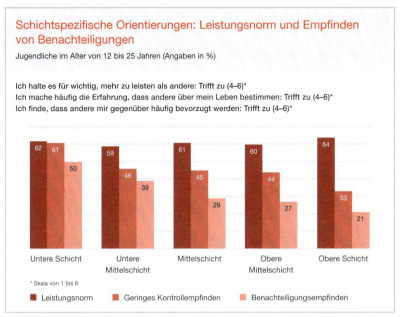

Schichtspezifische Orientierungen: Leistungsnorm und Empfinden von Benachteiligungen

Jugendliche im Alter von 12 bis 25 Jahren (Angaben in %)

Ich halte es für wichtig, mehr zu leisten als andere: Trifft zu (4–6)*
Ich mache häufig die Erfahrung, dass andere über mein Leben bestimmen: Trifft zu (4–6)*
Ich finde, dass andere mir gegenüber häufig bevorzugt werden: Trifft zu (4–6)*

	Untere Schicht	Untere Mittelschicht	Mittelschicht	Obere Mittelschicht	Obere Schicht
Leistungsnorm	62	59	61	60	64
Geringes Kontrollempfinden	61	46	45	44	33
Benachteiligungsempfinden	50	39	29	27	21

* Skala von 1 bis 6

■ Leistungsnorm ■ Geringes Kontrollempfinden ■ Benachteiligungsempfinden

Abb. 3.10

Shell Jugendstudie 2019 – Kantar

die Jugendlichen über die Bedeutung von Tüchtigkeit und eigenem Einsatz im Klaren sind und dies grundsätzlich auch nicht infrage stellen. Ob sie dies allerdings auch selbst immer erfolgreich umsetzen können, ist damit noch nicht gesagt.

Jugendliche aus der untersten Herkunftsschicht fühlen sich deutlich stärker benachteiligt

Die schichtübergreifend starke Orientierung an den Tugenden Tüchtigkeit und Leistungsbereitschaft ist vor dem Hintergrund, dass sich Jugendliche aus der untersten Herkunftsschicht als stärker benachteiligt empfinden, bemerkenswert. Immerhin fast zwei von drei dieser weniger privilegierten Jugendlichen sagen, häufiger die Erfahrung zu machen, dass andere über sie bestimmen. Von der Gesamtheit ihrer Altersgenossen meint dies nur knapp jeder zweite und in der obersten Herkunftsschicht sogar nur jeder dritte. Das Empfinden, weniger Kontrolle über das eigene Leben zu haben, hängt sicherlich stark mit der niedrigeren Bildungsposition und den deutlich geringeren materiellen häuslichen Ressourcen zusammen. Auch dies kann man sicherlich als ungerecht empfinden. Auf der anderen Seite zeigen die Einstellungen zur sozialen Gerechtigkeit in Deutschland, dass auch Jugendliche aus der untersten Schicht hier eine differenzierte Sicht haben und, trotz der Betonung eigener Benachteiligungen, der Gesellschaft nicht grundsätzlich distanziert gegenüberstehen oder diese gar aufgegeben haben (siehe Kapitel 2, Abschnitt 2.3). Die hohe Betonung der Leistungsnorm steht vielmehr dafür, dass die große Mehrheit davon überzeugt ist, dass sich auch für sie die eigene Leistungsbereitschaft lohnt, selbst wenn die Chancen je nach Herkunft unterschiedlich verteilt sind.

Unterschiede gibt es ebenfalls bei der Wahrnehmung, dass andere bevorzugt werden. Dies meint jeder zweite Jugendliche aus der untersten Herkunftsschicht und ebenfalls mehr als jeder dritte aus der unteren Mittelschicht. Bei Gleichaltrigen aus der Mittelschicht und der oberen Mittelschicht sind es im Vergleich nur etwas mehr als jeder vierte und aus der obersten Schicht sogar nur jeder fünfte (siehe Abbildung 3.10).

Eine niedrigere Bildungsposition und ein mit weniger Verantwortung versehener oder geringfügiger vergüteter Beruf wirken sich auf die individuell erreichbare Wohlstandsposition und die damit verbundenen Teilhabemöglichkeiten aus. Im Alltag ist dies dann natürlich mit Einschränkungen und empfundenem Kontrollverlust verbunden. Davon unabhängig sollte der für moderne Zivilgesellschaften konstitutive individuelle Gleichbehandlungsgrundsatz und der Anspruch darauf, im Alltag nicht diskriminiert zu werden, trotzdem für alle gewährleistet bleiben. Die Wahrnehmungen von Jugendlichen aus den unterschiedlichen sozialen Schichten gehen an dieser Stelle offensichtlich auseinander. Die beschriebene Leistungsethik schützt von daher nicht davor, sich als unberechtigterweise benachteiligt oder sogar als abgehängt zu empfinden. Dies trifft vor allem für Jugendliche aus der unteren Herkunftsschicht zu.

Konformität und der Wille, sich selbst zu behaupten

Typisch für Jugendliche aus der untersten Herkunftsschicht ist die höhere Bedeutung, die sie dem Wertemuster *Tradition und Konformität* beimessen. »Das tun, was die anderen auch tun«

spielt für immerhin jeden vierten von ihnen eine große Rolle, während dies noch nicht einmal für jeden zehnten aus der obersten Schicht zutrifft. Mit dabei sein, um dazuzugehören, so lässt sich diese von der Lebenswirklichkeit geprägte Haltung charakterisieren. Die jugendlichen Angehörigen der untersten Schicht bewerten übrigens auch das Altbewährte und nationale Traditionen höher. Möglicherweise kommt hierin eine stärkere Sehnsucht nach (vergangener) Überschaubarkeit und wiedererlangter Kontrolle über das eigene Leben zum Ausdruck.

Auffällig ist aber vor allem der persönliche Durchsetzungswille von Jugendlichen aus den unteren Herkunftsschichten: 59 % der jungen Leute aus der untersten Herkunftsschicht und 51 % derjenigen aus der unteren Mittelschicht ist es wichtig, sich und die eigenen Bedürfnisse gegen andere durchzusetzen. Bei der Mittelschicht sinkt der Anteil auf 49 % und in der oberen Mittelschicht und der oberen Schicht bis sogar auf 43 % (siehe Abbildung 3.11). Das geringere Kontroll- und das höhere Benachteiligungsempfinden in den unteren Schichten führt mehrheitlich also nicht dazu zu resignieren. Im Gegenteil: Für die Mehrheit ist der Wille nach einer fast schon unbedingten Selbstbehauptung prägend. Die jungen Menschen wollen sich nicht unterkriegen lassen. Jugendliche aus den oberen Schichten betonen den Durchsetzungswillen etwas seltener, sicherlich auch, weil sie es aufgrund ihrer privilegierteren Position per se weniger nötig haben. Gleiches gilt für das Streben nach Macht und Einfluss. Für etwa jeden dritten Jugendlichen ist dies relevant, bei ihren Altersgenossen aus der obersten Schicht hingegen nur für jeden vierten. Diese eher materialistischen Orientierungen sind nicht überraschend, sondern passen zur Lebenswirklichkeit, die nach wie vor stärker von sozialen Problemen und dem

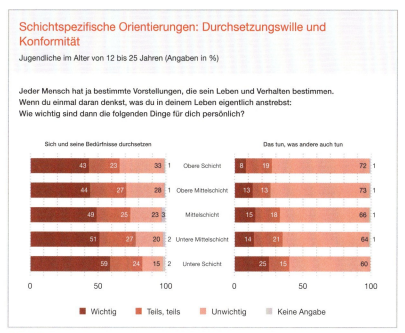

Schichtspezifische Orientierungen: Durchsetzungswille und Konformität

Jugendliche im Alter von 12 bis 25 Jahren (Angaben in %)

Jeder Mensch hat ja bestimmte Vorstellungen, die sein Leben und Verhalten bestimmen.
Wenn du einmal daran denkst, was du in deinem Leben eigentlich anstrebst:
Wie wichtig sind dann die folgenden Dinge für dich persönlich?

Sich und seine Bedürfnisse durchsetzen | Das tun, was andere auch tun

	Sich durchsetzen					Das tun, was andere tun		
Obere Schicht	43	23	33	1	8	19	72	1
Obere Mittelschicht	44	27	28	1	13	13	73	1
Mittelschicht	49	25	23	3	15	18	66	1
Untere Mittelschicht	51	27	20	2	14	21	64	1
Untere Schicht	59	24	15	2	25	15	60	

Legende: ■ Wichtig ■ Teils, teils ■ Unwichtig ■ Keine Angabe

Abb. 3.11

Shell Jugendstudie 2019 – Kantar

Empfinden, nicht genug abzubekommen, geprägt ist. Der Anspruch nach eigener Gestaltungsmacht im Sinne einer Selbstbehauptung ist allerdings nicht unproblematisch und kann, je nach Situation und Ausprägung, auch dazu führen, den gesellschaftlichen Anschluss sogar noch weiter zu verlieren.

Der Toleranz gegenüber anderen Meinungen messen Jugendliche aus den unteren Schichten eine etwas geringere Bedeutung bei. Dies ist nur etwa jedem Zweiten in dieser Gruppe wichtig. Bei Altersgenossen aus der Mittelschicht oder aus den oberen Schichten betonen dies etwa zwei von drei. Noch deutlicher sind die prozentualen Abweichungen beim Respekt gegenüber Vielfalt: Die Achtung der Verschiedenartigkeit innerhalb einer Gesellschaft ist für 70 % der Jugendlichen aus der untersten Schicht wichtig, aber für fast 90 % der

Gleichaltrigen aus der obersten Schicht. Die Bedeutung steigt also parallel zur Herkunftsschicht.

Diese Akzentuierungen bedeuten zwar keineswegs, dass sich Jugendliche aus den verschiedenen Schichten hinsichtlich ihres Wertekanons grundsätzlich unterscheiden. Es gibt aber durchaus einzelne Unterschiede, die sich bei der Bewertung von gesellschaftlichen Problemen und gewünschten Lösungen bemerkbar machen.

Achtsamkeit und Verträglichkeit werden vor allem von Jugendlichen aus den oberen Schichten betont

Vor allem viele Jugendliche aus den oberen Schichten stehen für solche Haltungen, die zu den Wertemustern *Bewusste Lebensführung* sowie *Engagement und*

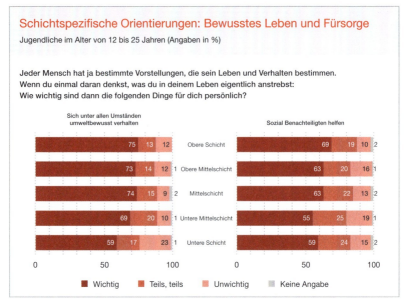

Schichtspezifische Orientierungen: Bewusstes Leben und Fürsorge

Jugendliche im Alter von 12 bis 25 Jahren (Angaben in %)

Jeder Mensch hat ja bestimmte Vorstellungen, die sein Leben und Verhalten bestimmen.
Wenn du einmal daran denkst, was du in deinem Leben eigentlich anstrebst:
Wie wichtig sind dann die folgenden Dinge für dich persönlich?

Sich unter allen Umständen umweltbewusst verhalten

Sozial Benachteiligten helfen

	Wichtig	Teils, teils	Unwichtig	Keine Angabe
Obere Schicht	75	13	12	
Obere Mittelschicht	73	14	12	1
Mittelschicht	74	15	9	2
Untere Mittelschicht	69	20	10	1
Untere Schicht	59	17	23	1

	Wichtig	Teils, teils	Unwichtig	Keine Angabe
Obere Schicht	69	19	10	2
Obere Mittelschicht	63	20	16	1
Mittelschicht	63	22	13	2
Untere Mittelschicht	55	25	19	1
Untere Schicht	59	24	15	2

■ Wichtig ■ Teils, teils ■ Unwichtig ■ Keine Angabe

Abb. 3.12

Shell Jugendstudie 2019 – Kantar

Toleranz gehören (siehe Abbildung 3.12). Für drei Viertel der Jugendlichen aus den oberen Schichten und der Mittelschicht ist Umweltbewusstsein zentral, in der unteren Mittel- und der untersten Schicht sind es ebenfalls immerhin zwei Drittel, die ebenso denken. Allerdings betrachtet immerhin auch noch ein Viertel der letzten Gruppe umweltbewusstes Verhalten als nicht wichtig. Kein relevanter Unterschied findet sich interessanterweise dabei, sich bei Entscheidungen auch von Gefühlen leiten zu lassen.

Auch die Fürsorge für sozial Benachteiligte als wichtige Haltung im Rahmen der eigenen Lebensführung spielt vor allem für Jugendliche aus den oberen Schichten eine größere Rolle. Die Bedeutung dieser Wertorientierung steigt mit der Herkunftsschicht an. Das ist an sich kaum verwunderlich. Schließlich sehen sich Jugendliche aus den unteren Schichten hier häufiger selbst als Betroffene und weniger als diejenigen, die

selbst in der Lage sind, Benachteiligten oder sozialen Randgruppen zu helfen. Dies sollte insbesondere bei verteilungsbezogenen Debatten nicht aus den Augen verloren werden. Andererseits ist es auch bei den Jugendlichen aus den unteren Schichten eine klare Mehrheit, die es für das eigene Leben bedeutsam findet, sich für Benachteiligte oder für gesellschaftliche Randgruppen einzusetzen.

Im Vergleich am deutlichsten unterscheiden sich die Jugendlichen aus den unterschiedlichen sozialen Herkunftsschichten bei der Frage, welche Bedeutung sie einem eigenen politischen Engagement beimessen. Dies ist für jeden zweiten Jugendlichen aus der obersten Schicht wichtig, hingegen nur für jeden vierten aus den unteren Schichten. Von den jungen Menschen aus der Mittelschicht und aus der oberen Mittelschicht hält es etwa jeder dritte für wichtig, sich politisch zu engagieren. Die weniger

Tab. 3.3 **Was Jugendlichen wichtig ist.** Wertorientierungen nach Herkunftsschicht

Jugendliche im Alter von 12 bis 25 Jahren

Mehrfachnennungen: »Trifft zu« in %	Untere Schicht	Untere Mittelschicht	Mittel- schicht	Obere Mittelschicht	Obere Schicht
Ist für mich wichtig (5–7)					
Gute Freunde haben, die einen anerkennen	96	97	96	98	98
Einen Partner haben, dem man vertrauen kann	95	94	94	94	95
Ein gutes Familienleben führen	90	91	91	87	91
Eigenverantwortlich leben und handeln	87	86	89	90	92
Gesetz und Ordnung respektieren	80	88	88	87	89
Von anderen Menschen unabhängig sein	89	81	84	81	82
Vielfalt anerkennen und respektieren	70	77	81	88	89
Fleißig und ehrgeizig sein	80	83	82	78	84
Das Leben in vollen Zügen genießen	76	80	77	83	85
Gesundheitsbewusst leben	69	80	82	78	82
Seine Phantasie und Kreativität entwickeln	69	76	80	80	85
Nach Sicherheit streben	75	77	80	76	78
Sich bei Entscheidungen auch von Gefühlen leiten lassen	73	75	78	74	73
Sich unter allen Umständen umweltbewusst verhalten	59	69	74	73	76
Viele Kontakte zu anderen Menschen haben	69	66	71	71	77
Einen hohen Lebensstandard haben	54	61	65	65	66
Sozial Benachteiligten helfen	55	57	63	63	69
Auch solche Meinungen tolerieren, denen man eigentlich nicht zustimmen kann	54	51	64	59	64
Sich und seine Bedürfnisse gegenüber anderen durchsetzen	59	51	49	44	43
Sich politisch engagieren	26	25	31	37	49
An Gott glauben	40	35	29	30	32
Macht und Einfluss haben	34	33	32	34	26
Stolz sein auf die deutsche Geschichte	33	28	31	27	22
Am Althergebrachten festhalten	26	21	22	20	13
Das tun, was andere auch tun	25	14	15	13	8

Shell Jugendstudie 2019 – Kantar

privilegierten Jugendlichen neigen eher zur Politikverdrossenheit, während es ihre Altersgenossen mit gehobenem oder höherem Bildungshintergrund eher gewohnt sind, sich aktiv einzubringen und die eigenen Interessen zu vertreten (siehe Kapitel 2, Abschnitt 2.7).

Insgesamt kann festgehalten werden, dass eine bewusste Lebensführung inzwischen für Angehörige aller Schichten eine große Rolle spielt, am stärksten allerdings für Jugendliche aus den gehobenen Schichten. Sie unterliegen aufgrund ihrer guten Qualifikation einem geringeren unmittelbaren sozialen Problemdruck und haben bessere Perspektiven. Insofern können sie sich auch stärker mit den Zukunftsfragen einer nachhaltigen und verträglichen Entwicklung auseinandersetzen.

3.4 Einfluss eines Migrationshintergrundes

In der Shell Jugendstudie definieren wir einen Migrationshintergrund über das eigene Geburtsland, die eigene Nationalität sowie über das Geburtsland der Eltern. Ein Migrationshintergrund liegt dann vor, wenn man entweder nicht in Deutschland geboren wurde oder nicht die deutsche Staatsbürgerschaft hat oder wenn ein Elternteil nicht in Deutschland geboren wurde. Erhoben haben wir zusätzlich, aus welchen Herkunftsländern Jugendliche mit Migrationshintergrund kommen oder wo ihre Eltern geboren wurden. Auf dieser Grundlage haben wir die Jugendlichen mit Migrationshintergrund angesichts der in der Stichprobe verfügbaren Fallzahlen vier Herkunftsregionen zuordnen können:
1) *Türkei, arabische Länder oder sonstige vorwiegend islamisch geprägte Länder*,
2) *Osteuropa, Ex-UdSSR, Ex-Jugoslawien*,

3) *Sonstige Nicht-OECD-Länder* sowie
4) *Sonstige Länder*[7].

Beziehungen und Familie stehen auch bei Jugendlichen mit Migrationshintergrund im Zentrum

Familie, Freunde und soziale Beziehungen im Verbund mit Eigenverantwortung und Unabhängigkeit sind auch bei Jugendlichen mit einem Migrationshintergrund die wichtigsten Lebensziele (siehe Abbildung 3.13). Die Unterschiede je nach Herkunftshintergrund dürften spezifische Traditionen widerspiegeln, fallen aber, bezogen auf die Gesamtbedeutung, nicht so sehr ins Gewicht. Darüber hinaus sind es die gleichen Tugenden wie bei deutschen Jugendlichen ohne Migrationshintergrund, etwa Fleiß und Ehrgeiz, nach Sicherheit streben und ein gutes Familienleben führen, die für ihre Einstellungen und Haltungen eine gemeinsame Richtschnur bilden.[8]

Der Hauptunterschied zwischen Jugendlichen mit und ohne Migrationshintergrund besteht in der Bedeutung, den sie dem Glauben an Gott beimessen. Für fast zwei von drei Jugendlichen aus den islamisch geprägten Ländern spielt der Gottesglaube eine wichtige Rolle. Bei denen mit einem Hintergrund aus Osteuropa, der Ex-UdSSR oder Ex-Jugoslawien gilt dies immerhin für jeden zweiten. Für deutsche Jugendliche ohne Migrationshintergrund sowie diejenigen aus den sonstigen OECD-Ländern trifft

7 Jugendliche mit einem Hintergrund aus sonstigen Ländern sind als Gruppe sehr heterogen und auch hinsichtlich der Fallzahlen in der Stichprobe nur gering vertreten. In der folgenden Darstellung können diese deshalb nicht mit ausgewiesen werden. Siehe dazu auch Kapitel 4, Abschnitt 4.1 sowie die Erläuterungen im Kapitel 10: Methode.
8 Die Werteausprägungen für die jeweiligen Migrationshintergründe sind ergänzend zu den jeweiligen Abbildungen im Text in Tabelle 3.5 wiederum am Ende dieses Abschnitts dokumentiert.

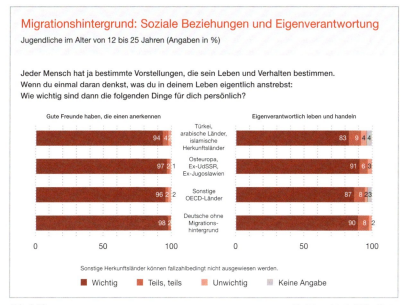

Migrationshintergrund: Soziale Beziehungen und Eigenverantwortung

Jugendliche im Alter von 12 bis 25 Jahren (Angaben in %)

Jeder Mensch hat ja bestimmte Vorstellungen, die sein Leben und Verhalten bestimmen.
Wenn du einmal daran denkst, was du in deinem Leben eigentlich anstrebst:
Wie wichtig sind dann die folgenden Dinge für dich persönlich?

Gute Freunde haben, die einen anerkennen — Eigenverantwortlich leben und handeln

Türkei, arabische Länder, islamische Herkunftsländer: 94 4 2 | 83 9 4 4
Osteuropa, Ex-UdSSR, Ex-Jugoslawien: 97 2 1 | 91 6 3
Sonstige OECD-Länder: 96 2 2 | 87 8 2 3
Deutsche ohne Migrationshintergrund: 98 2 | 90 8 2

Sonstige Herkunftsländer können fallzahlbedingt nicht ausgewiesen werden.

■ Wichtig   ■ Teils, teils   ■ Unwichtig   ■ Keine Angabe

Abb. 3.13

Shell Jugendstudie 2019 – Kantar

dies hingegen nur für jeden vierten zu (siehe Abbildung 3.14).

Der Respekt für Gesetz und Ordnung steht bei allen Jugendlichen vergleichbar hoch im Kurs, egal ob es sich hierbei um Jugendliche ohne Migrationshintergrund handelt oder welchen Migrationshintergrund die Jugendlichen besitzen (siehe Abbildung 3.14). Jugendliche mit einem Migrationshintergrund aus den islamischen Herkunftsländern oder aus Osteuropa, der Ex-UdSSR und aus Ex-Jugoslawien identifizieren sich darüber hinaus besonders stark mit den Leistungs- und Tüchtigkeitsnormen, deutlich stärker als Jugendliche ohne Migrationshintergrund oder aus sonstigen OECD-Ländern (siehe Abbildung 3.15). Gleiches gilt für den hohen Lebensstandard, den Jugendliche mit Migrationshintergrund aus den beiden genannten großen Herkunftsgebieten im Vergleich ebenfalls als wichtiger bewerten. Zum Ausdruck kommt an dieser Stelle der

»Traum« vom Wohlstand und der Teilhabe in der neuen Heimat, in der man lebt und in der man mehrheitlich auch selbst geboren wurde. Diese Jugendlichen wollen sich mit Fleiß und Ehrgeiz ihre Position erarbeiten und zeigen sich grundsätzlich bereit, Regeln anzuerkennen sowie Gesetz und Ordnung zu folgen. Dies gilt, wie bereits angemerkt, vor allem für Jugendliche mit einem Hintergrund aus den islamisch geprägten Ländern sowie für diejenigen aus Osteuropa, der Ex-UdSSR oder Ex-Jugoslawien. Diese Jugendlichen bringen mit ihrem Antwortverhalten ihre grundsätzliche Bereitschaft zum Ausdruck, sich an die herrschenden Normen und Regeln anpassen zu wollen.

Etwas bedeutsamer ist für Jugendliche mit einem Hintergrund aus den beiden großen Herkunftsregionen auch die Konformitätsorientierung, die immerhin jeder fünfte von ihnen betont. Auch dies unterscheidet sie von ihren Alters-

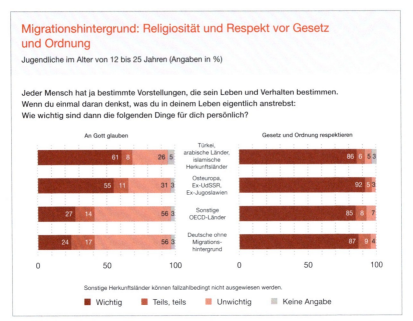

Migrationshintergrund: Religiosität und Respekt vor Gesetz und Ordnung

Jugendliche im Alter von 12 bis 25 Jahren (Angaben in %)

Jeder Mensch hat ja bestimmte Vorstellungen, die sein Leben und Verhalten bestimmen. Wenn du einmal daran denkst, was du in deinem Leben eigentlich anstrebst: Wie wichtig sind dann die folgenden Dinge für dich persönlich?

An Gott glauben / Gesetz und Ordnung respektieren

Türkei, arabische Länder, islamische Herkunftsländer: 61 | 8 | 26 | 5 — 86 | 6 | 5 | 3

Osteuropa, Ex-UdSSR, Ex-Jugoslawien: 55 | 11 | 31 | 3 — 92 | 5 | 3

Sonstige OECD-Länder: 27 | 14 | 56 | 3 — 85 | 8 | 7

Deutsche ohne Migrationshintergrund: 24 | 17 | 56 | 3 — 87 | 9 | 4

Sonstige Herkunftsländer können fallzahlbedingt nicht ausgewiesen werden.

■ Wichtig   ■ Teils, teils   ■ Unwichtig   ■ Keine Angabe

Abb. 3.14

Shell Jugendstudie 2019 – Kantar

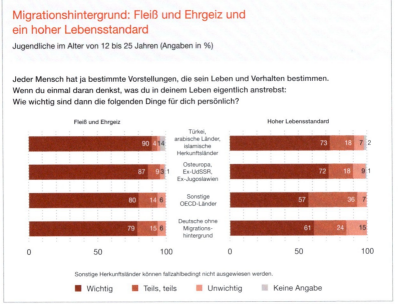

Migrationshintergrund: Fleiß und Ehrgeiz und ein hoher Lebensstandard

Jugendliche im Alter von 12 bis 25 Jahren (Angaben in %)

Jeder Mensch hat ja bestimmte Vorstellungen, die sein Leben und Verhalten bestimmen. Wenn du einmal daran denkst, was du in deinem Leben eigentlich anstrebst: Wie wichtig sind dann die folgenden Dinge für dich persönlich?

Fleiß und Ehrgeiz / Hoher Lebensstandard

Türkei, arabische Länder, islamische Herkunftsländer: 90 | 4 | 1 | 4 — 73 | 18 | 7 | 2

Osteuropa, Ex-UdSSR, Ex-Jugoslawien: 87 | 9 | 3 | 1 — 72 | 18 | 9 | 1

Sonstige OECD-Länder: 80 | 14 | 6 — 57 | 36 | 7

Deutsche ohne Migrationshintergrund: 79 | 15 | 6 — 61 | 24 | 15

Sonstige Herkunftsländer können fallzahlbedingt nicht ausgewiesen werden.

■ Wichtig   ■ Teils, teils   ■ Unwichtig   ■ Keine Angabe

Abb. 3.15

Shell Jugendstudie 2019 – Kantar

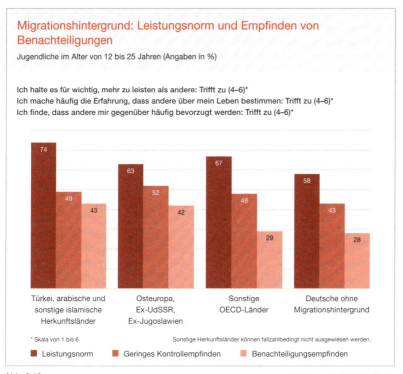

Migrationshintergrund: Leistungsnorm und Empfinden von Benachteiligungen

Jugendliche im Alter von 12 bis 25 Jahren (Angaben in %)

Ich halte es für wichtig, mehr zu leisten als andere: Trifft zu (4–6)*
Ich mache häufig die Erfahrung, dass andere über mein Leben bestimmen: Trifft zu (4–6)*
Ich finde, dass andere mir gegenüber häufig bevorzugt werden: Trifft zu (4–6)*

	Türkei, arabische und sonstige islamische Herkunftsländer	Osteuropa, Ex-UdSSR, Ex-Jugoslawien	Sonstige OECD-Länder	Deutsche ohne Migrationshintergrund
Leistungsnorm	74	63	67	58
Geringes Kontrollempfinden	49	52	48	43
Benachteiligungsempfinden	43	42	29	28

* Skala von 1 bis 6   Sonstige Herkunftsländer können fallzahlbedingt nicht ausgewiesen werden.

■ Leistungsnorm   ■ Geringes Kontrollempfinden   ■ Benachteiligungsempfinden

Abb. 3.16   Shell Jugendstudie 2019 – Kantar

genossen ohne Migrationshintergrund oder mit einem Hintergrund aus den sonstigen OECD-Ländern, von denen gerade einmal jeweils etwa jeder Zehnte es als wichtig erachtet, das zu tun, was andere auch tun. Konformitätsorientierte Jugendliche berufen sich auf Tradition und Althergebrachtes, auch der Gottesglaube spielt bei ihnen eine stärkere Rolle. Tradition ist für jeden Vierten mit einem Hintergrund aus den islamisch geprägten Herkunftsländern wichtig. Bei den Jugendlichen aus Osteuropa, der Ex-UdSSR oder Ex-Jugoslawien trifft dies nur für etwas mehr als jeden fünften zu und ist damit vergleichbar mit den Jugendlichen ohne Migrationshintergrund. Von den jungen Menschen mit einem Hintergrund aus den sonstigen

OECD-Ländern hält dies hingegen nur jeder zehnte für relevant für die eigene Lebensführung.

Jugendliche mit Migrationshintergrund fühlen sich stärker benachteiligt

Die Bedeutung der Tugenden und die Leistungsorientierung stellen bei Jugendlichen mit Migrationshintergrund allerdings nur die eine Seite der Medaille dar. Auf der anderen Seite stehen besonders für Jugendliche aus den islamisch geprägten Herkunftsländern als auch für die aus Osteuropa, der Ex-UdSSR oder Ex-Jugoslawien gefühlte Ungerechtigkeiten und das Empfinden, gegenüber anderen benachteiligt zu werden. Mehr

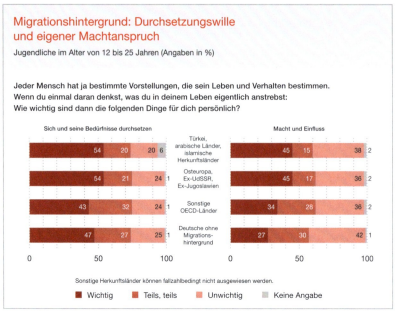

Migrationshintergrund: Durchsetzungswille und eigener Machtanspruch

Jugendliche im Alter von 12 bis 25 Jahren (Angaben in %)

Jeder Mensch hat ja bestimmte Vorstellungen, die sein Leben und Verhalten bestimmen. Wenn du einmal daran denkst, was du in deinem Leben eigentlich anstrebst: Wie wichtig sind dann die folgenden Dinge für dich persönlich?

Sich und seine Bedürfnisse durchsetzen / Macht und Einfluss

Herkunft	Sich und seine Bedürfnisse durchsetzen				Macht und Einfluss			
Türkei, arabische Länder, islamische Herkunftsländer	54	20	20	6	45	15	38	2
Osteuropa, Ex-UdSSR, Ex-Jugoslawien	54	21	24	1	45	17	36	2
Sonstige OECD-Länder	43	32	24	1	34	28	36	2
Deutsche ohne Migrationshintergrund	47	27	25	1	27	30	42	1

Sonstige Herkunftsländer können fallzahlbedingt nicht ausgewiesen werden.

■ Wichtig ■ Teils, teils ■ Unwichtig ■ Keine Angabe

Abb. 3.17

Shell Jugendstudie 2019 – Kantar

als 40 % der Jugendlichen mit einem Migrationshintergrund aus den beiden genannten großen Herkunftsregionen sehen es so, dass sie im Alltag häufiger benachteiligt werden. Insbesondere Letzteres unterscheidet sie von ihren Altersgenossen ohne Migrationshintergrund und auch von denen mit einem Hintergrund aus den sonstigen OECD-Ländern (siehe Abbildung 3.16).

Wir finden an dieser Stelle ein durchaus ähnliches Muster wie bei den Jugendlichen aus der untersten Herkunftsschicht. Auf die wahrgenommenen Zurücksetzungen und Diskriminierungen reagieren Jugendliche mit Migrationshintergrund vergleichsweise intensiver (siehe Abbildung 3.17). Für 54 % der jungen Menschen mit einem Hintergrund aus islamisch geprägten Ländern sowie ebenfalls 54 % derjenigen aus Osteuropa, der Ex-UdSSR oder aus Ex-Jugoslawien spielt der Aspekt, sich

und seine Bedürfnisse gegen andere durchzusetzen, eine wichtige Rolle. Bei Jugendlichen ohne Migrationshintergrund trifft dies für 47 % und bei denjenigen mit einem Hintergrund aus den sonstigen OECD-Ländern für 43 % zu. Auffällig ist, dass Jugendliche mit Migrationshintergrund aus den beiden genannten großen Herkunftsregionen, anders als ihre Altersgenossen aus der untersten Herkunftsschicht, auch größeren Wert auf das Lebensziel Macht und Einfluss legen. Dies trifft hier für fast jeden Zweiten zu, während von den Jugendlichen ohne Migrationshintergrund oder mit Hintergrund aus den sonstigen OECD-Ländern dies nur etwa jeder vierte benennt. Auch dahinter verbirgt sich ihr ausgeprägter Anspruch auf Anerkennung und Teilhabe, möglicherweise im Verbund mit Misstrauen gegenüber den »Einheimischen«, von denen sie sich nicht hinreichend respektiert und anerkannt fühlen. Eine weitere Beobachtung: Bei diesen empfundenen Benachteiligungen gibt es bei den Jugendlichen mit einem Migrationshintergrund aus den genannten großen Herkunftsregionen keine Geschlechterunterschiede. Der im Vergleich stärker ausgeprägte Materialismus hängt offenbar mit dem Bedürfnis zusammen,»im fremden Land« Fuß zu fassen und zu Anerkennung und Wohlstand zu kommen. Macht und Einfluss sowie unbedingtes Durchsetzungsvermögen werden dabei, neben Fleiß, Ehrgeiz und der Bereitschaft, die allgemeine Ordnung zu respektieren, als nötig und sinnvoll betrachtet. Schwierig wird diese Synthese von Ordnungsempfinden und Machtstreben allerdings dann, wenn die Alltagserfahrungen nicht mit dem Anspruch nach Anerkennung und Prestige in Übereinstimmung zu bringen sind. Das stärkere Empfinden von Jugendlichen mit Migrationshintergrund, sich benachteiligt und zurückgesetzt zu fühlen, unterstreicht diese Problematik.

Respekt und Toleranz als wichtige Güter

Auffällig ist schließlich die Bedeutung im Umgang mit »anders sein« (siehe Abbildung 3.18). Neun von zehn Jugendlichen mit einem Migrationshintergrund aus Osteuropa, der Ex-UdSSR oder Ex-Jugoslawien betonen die Notwendigkeit des Respekts vor Vielfalt, nur etwas geringer ist der Anteil bei den Jugendlichen mit islamisch geprägtem Hintergrund. Bei ihren Altersgenossen ohne Migrationshintergrund und auch bei Jugendlichen aus den sonstigen OECD-Staaten sind es hier etwa vier von fünf. Bei der Toleranz gegenüber anderen Meinungen sind es mit 65% vor allem diejenigen mit dem Hintergrund Ost-Europa, Ex-UdSSR und Ex-Jugoslawien, die dies für wichtig erachten, im

Vergleich zu 59% sowohl der Jugendlichen mit einem Hintergrund aus den islamisch geprägten Ländern als auch der Deutschen ohne Migrationshintergrund. Die Frage nach der Toleranz gegenüber Meinungen, denen man eigentlich nicht zustimmen kann, wird je nach Migrationshintergrund etwas unterschiedlicher beantwortet. Jugendliche mit einem Hintergrund aus den islamischen Herkunftsländern liegen aber auch hier mit Deutschen ohne Migrationshintergrund gleichauf.

Dabei dürften diese Jugendlichen sicherlich besonders an die eigene Kultur und Lebensweise denken. Es liegt nahe, hier auch die Erfahrung, sich selbst nicht genügend respektiert zu sehen, mit einzubringen.

Durchaus ins Bild passt, dass der Unterstützung von sozial Benachteiligten eine im Vergleich noch wichtigere Bedeutung als bei Jugendlichen ohne Migrationshintergrund beigemessen wird. Dies mag zum einen mit Traditionen, zum anderen aber auch mit einem gemeinsamen Betroffenheitsempfinden zusammenhängen.

Einige der im Rahmen der Shell Jugendstudie vorliegenden Befunde zeigen allerdings, dass die unterschiedlichen Traditionen und Konzepte im Zusammenleben, die mit einem Migrationshintergrund einhergehen können, im Alltag nicht immer unproblematisch sind. So lehnen zum Beispiel 14% der Jugendlichen mit einem Migrationshintergrund aus den islamisch geprägten Ländern eine jüdische Familie als Nachbarn ab. Bei Deutschen ohne Migrationshintergrund trifft dies für 8% zu. Ein homosexuelles Paar würden 18% der Jugendlichen mit einem Hintergrund aus den islamisch geprägten Ländern und ebenfalls 12% mit einem Hintergrund aus Osteuropa, der Ex-UdSSR oder Ex-Jugoslawien nicht akzeptieren, im Vergleich zu 7% der Deutschen ohne Migrationshintergrund. Auf der anderen

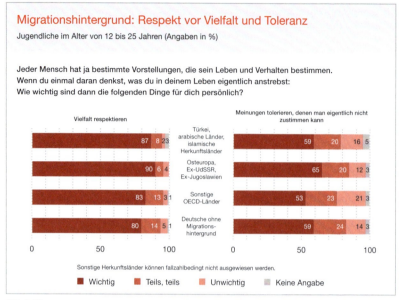

Migrationshintergrund: Respekt vor Vielfalt und Toleranz

Jugendliche im Alter von 12 bis 25 Jahren (Angaben in %)

Jeder Mensch hat ja bestimmte Vorstellungen, die sein Leben und Verhalten bestimmen.
Wenn du einmal daran denkst, was du in deinem Leben eigentlich anstrebst:
Wie wichtig sind dann die folgenden Dinge für dich persönlich?

Vielfalt respektieren

Meinungen tolerieren, denen man eigentlich nicht
zustimmen kann

Türkei, arabische Länder, islamische Herkunftsländer: 87 | 8 | 23 — 59 | 20 | 16 | 5

Osteuropa, Ex-UdSSR, Ex-Jugoslawien: 90 | 6 | 4 — 65 | 20 | 12 | 3

Sonstige OECD-Länder: 83 | 13 | 3 1 — 53 | 23 | 21 | 3

Deutsche ohne Migrationshintergrund: 80 | 14 | 5 1 — 59 | 24 | 14 | 3

Sonstige Herkunftsländer können fallzahlbedingt nicht ausgewiesen werden.

■ Wichtig   ■ Teils, teils   ■ Unwichtig   ■ Keine Angabe

Abb. 3.18

Shell Jugendstudie 2019 – Kantar

Seite lehnen allerdings auch 20 % der deutschen Jugendlichen ohne Migrationshintergrund eine türkische und 23 % eine Flüchtlingsfamilie als Nachbarn ab (siehe dazu Kapitel 2, Abschnitt 2.6). Weitere Unterschiede finden sich auch bei den Vorstellungen bezüglich Familie und Geschlechterrollen. So berichtet nur jede vierte junge Frau mit einem Migrationshintergrund aus den islamisch geprägten Herkunftsländern, und damit signifikant weniger, über eine feste Partnerschaft. Ebenso viele von ihnen wünschen sich wiederum vor allem den Mann als Haupt- oder sogar Alleinversorger der Familie, sobald ein eigenes Kind vorhanden ist (siehe dazu Kapitel 4, Abschnitt 4.4 und 4.5).

Toleranz und die Respektierung von Vielfalt spielen für die große Mehrheit der Jugendlichen eine wichtige Rolle. Dies gilt, trotz kultureller Unterschiede und Traditionen, unabhängig von einem möglichen Migrationshintergrund. Auch insgesamt betrachtet finden sich bei Jugendlichen mit und ohne Migrationshintergrund in den zentralen Wertorientierungen keine grundsätzlichen Unterschiede. Vielmehr überwiegt das Gemeinsame. Die pragmatische Grundhaltung der Jugendlichen, also die Bereitschaft, sich in hohem Maße an Leistungsnormen zu orientieren und sich an die jeweiligen Gegebenheiten anzupassen, im Verbund mit dem Wunsch nach stabilen sozialen Beziehungen im persönlichen Nahbereich, bildet einen gemeinsamen Rahmen, der verbindend wirken kann.

Jugendliche im Alter von 12 bis 25 Jahren

Mehrfachnennungen: »Trifft zu« in %	Türkei, arab. Länder, islam. Länder	Osteuropa, Ex-UdSSR, Ex-YU	Sonstige OECD- Länder	Deutsche ohne Migrations- hintergrund
Ist für mich wichtig (5–7)				
Gute Freunde haben, die einen anerkennen	94	97	96	98
Einen Partner haben, dem man vertrauen kann	92	95	92	95
Ein gutes Familienleben führen	87	89	84	91
Eigenverantwortlich leben und handeln	83	91	87	90
Gesetz und Ordnung respektieren	86	92	85	87
Von anderen Menschen unabhängig sein	80	83	76	84
Vielfalt anerkennen und respektieren	87	90	84	80
Fleißig und ehrgeizig sein	90	87	80	79
Das Leben in vollen Zügen genießen	76	87	79	80
Gesundheitsbewusst leben	85	88	79	77
Seine Phantasie und Kreativität entwickeln	76	83	83	79
Nach Sicherheit streben	79	86	66	77
Sich bei Entscheidungen auch von Gefühlen leiten lassen	72	78	76	75
Sich unter allen Umständen umwelt- bewusst verhalten	69	78	74	70
Viele Kontakte zu anderen Menschen haben	76	72	76	70
Einen hohen Lebensstandard haben	73	72	57	61
Sozial Benachteiligten helfen	68	70	62	60
Auch solche Meinungen tolerieren, denen man eigentlich nicht zustimmen kann	59	65	53	59
Sich und seine Bedürfnisse gegenüber anderen durchsetzen	54	54	42	47
Sich politisch engagieren	27	40	36	34
An Gott glauben	61	55	27	24
Macht und Einfluss haben	45	45	34	27
Stolz sein auf die deutsche Geschichte	27	24	23	29
Am Althergebrachten festhalten	25	22	12	20
Das tun, was andere auch tun	20	22	9	13

Shell Jugendstudie 2019 – Kantar

Sabine Wolfert, Gudrun Quenzel

4 Vielfalt jugendlicher Lebenswelten: Familie, Partnerschaft, Religion und Freundschaft

In der öffentlichen Diskussion wird häufig darauf hingewiesen, dass Familien und Familienformen sich in den letzten Jahrzehnten stark verändert haben (Steinbach 2017). Der Anteil der alleinerziehenden Mütter, seltener sind es die Väter, ist in den letzten 20 Jahren gestiegen, der Anteil an Scheidungen ist hoch und damit auch die Zahl der Jugendlichen, die bei einem Elternteil, mit Stiefeltern oder in Patchworkfamilien leben (Statistisches Bundesamt 2018c: 12; Statistisches Bundesamt 2019b). Einige Jugendliche leben auch bei gleichgeschlechtlichen Eltern. Nicht selten werden diese Entwicklungen im Hinblick auf die Fragen diskutiert, ob die Familie in unserer Gesellschaft an Bedeutung verliert und was sie ersetzen könnte. Für Jugendliche ist Familie jedoch nach wie vor zentral und ein gutes Familienleben ganz elementar, daran haben diese Entwicklungen nichts geändert. Die Sozialisation in den Familien ist durch die verschiedenen Familienformen zwar in Stil und Inhalt betroffen, sie findet aber nach wie vor in einer emotionalen und sozialen Intensität statt, wie es in keiner anderen Sozialisationsinstanz möglich ist (Hurrelmann und Quenzel 2016: 154).

So wichtig Familie für Jugendliche ist und bleibt, mit dem Übergang von der Kindheit ins Jugendalter beginnt ein Prozess der zunehmenden emotionalen Selbstständigkeit gegenüber den Eltern, die zumeist mit einer ver-stärkten Orientierung hin zur Gruppe der Gleichaltrigen einhergeht. Dieser Ablösungsprozess mit all seinen Höhen und Tiefen erfolgt über einen Zeitraum von mehreren Jahren und auf mehreren Ebenen. Auf der psychischen Ebene wird etwa die vorhandene Eltern-Kind-Beziehung aus dem hierarchisch geprägten generationalen Verhältnis sukzessive in ein neues selbstverantwortlicheres und gleichberechtigteres Verhältnis umgeformt. Dieser Prozess umfasst Phasen der Trennung, der Umgestaltung und der Neuschöpfung der Eltern-Kind-Beziehung (King 2010: 14). Der Ablösungsprozess kann sehr anstrengend und konfliktreich für alle Beteiligten sein, das emotionale Grundvertrauen der Jugendlichen in ihre Eltern und die Orientierung an ihnen in relevanten Lebensfragen bleibt jedoch in der Regel auch während der emotionalen Autonomiegewinnung erhalten. Bei der großen Mehrheit der Jugendlichen sind die Beziehungen zu den Eltern eng und vertrauensvoll. Wie gut das Verhältnis zu den Eltern ist und in welcher Form diese als Sozialisationsinstanzen wirken, hängt stark vom Erziehungsstil der Eltern, von der Ehepartnerbeziehung, vom Familienklima und auch von der wirtschaftlichen und sozialen Position des Familienhaushalts ab (Arnett 2014).

Uns interessiert deswegen das Verhältnis der jungen Menschen zu ihren Eltern und ihre Einstellung zu Kindern und Familie. Die Beziehung zu den

Eltern ist nicht nur emotional wichtig, sie ist auch entscheidend dafür, wie Jugendliche auf ihre eigene (spätere) Familiengründung blicken. Ob Jugendliche eigene Kinder möchten, unterscheidet sich noch immer zwischen West und Ost, hängt aber auch von vielen anderen Faktoren ab, nicht zuletzt bleibt die Vereinbarkeit von Karriere und Familie für Jugendliche ein wichtiges Thema. Erstmals in dieser Studie haben wir deswegen danach gefragt, wie sich Jugendliche die partnerschaftliche Aufteilung der Erwerbstätigkeit vorstellen, wenn einmal Kinder da sind.

Auf der räumlichen Ebene erfolgt die Autonomiegewinnung zunächst durch einen stärkeren Rückzug in das eigene Zimmer und durch die Verlagerung von Aktivitäten an Orte außerhalb des eigenen Zuhauses, später kommt es zum temporären oder endgültigen Auszug aus dem Elternhaus (Papastefanou 2006: 32). Wann die räumliche Ablösung erfolgt, hängt vom Verhältnis der Jugendlichen zu ihren Eltern, vom verfügbaren Platz im Elternhaus und von den eingeschlagenen Ausbildungswegen ab. Wir fragen die Jugendlichen deswegen, ob sie noch oder wieder zu Hause wohnen, und nach den Gründen dafür.

Im Zuge des Ablösungsprozesses von den Eltern gewinnt auch die Gleichaltrigengruppe an Bedeutung. Jugendliche haben mehr Freundschaften, verbringen mehr Zeit mit ihren Altersgenossen, und die Qualität der Freundschaften, die gegenseitige Unterstützung und Beratung, nehmen zu (Reinders 2015). Aus diesem Grunde interessiert uns, wie wichtig Jugendlichen Freundschaften sind, wovon es abhängt, ob sie gute Freunde haben, und inwiefern soziale Netzwerke für die Qualität von Freundschaften eine Rolle spielen.

Ebenfalls charakteristisch ist die Annäherung an das »andere« Geschlecht. Wir fragen deshalb in den Shell Jugendstudien traditionell, wie wichtig Jugendlichen eine vertrauensvolle Beziehung in ihrem Leben ist, ob sie eine Beziehung haben und ob sie einmal eigene Kinder möchten. Auch das Thema Religion greifen wir wieder auf und beschreiben, was Glaube und Kirche für junge Menschen bedeutet.

4.1 Anteil Jugendlicher mit Migrationshintergrund steigt

Der Anteil Jugendlicher mit Migrationshintergrund (hier zusammengefasst deutsche und nichtdeutsche Jugendliche mit Migrationshintergrund) ist in den letzten Jahren stetig angewachsen, in unserer Stichprobe stieg er seit dem Jahr 2010 von 25 % auf nun 30 %, ein vergleichbarer Anstieg ist in der amtlichen Bevölkerungsstatistik (Mikrozensus) zu beobachten (vgl. Kapitel 10) und unter anderem durch die Zuwanderung seit 2015 begründet. Die Gruppe der Jugendlichen mit Migrationshintergrund verteilt sich jeweils hälftig auf diejenigen mit und ohne deutsche Staatsbürgerschaft (siehe Tabelle 4.1). In den Analysen weisen wir die »Jugendlichen mit Migrationshintergrund« (d.h. sowohl deutsche als auch nichtdeutsche Jugendliche mit Migrationshintergrund) in der Regel als gesamte Gruppe aus. Die Hälfte (51 %) aller Jugendlichen mit Migrationshintergrund ist in Deutschland geboren. Von den Deutschen mit Migrationshintergrund sind es vier Fünftel (84 %) und von den nichtdeutschen Jugendlichen ein Sechstel (17 %).

Wir haben alle Jugendlichen gefragt, welche Staatsbürgerschaft(en) sie besitzen, welches ihr Geburtsland und welches das ihrer Eltern. Die Antworten der Jugendlichen mit Migrationshintergrund wurden zusammengefasst, um ihnen »Herkunftsregionen« zuordnen

Tab. 4.1   Anteil Jugendlicher ohne und mit Migrationshintergrund
Jugendliche im Alter von 12 bis 25 Jahren

%-Angaben (Spalten %)	2010	2015	2019
Deutsche Jugendliche ohne Migrationshintergrund	75	73	70
Deutsche Jugendliche mit Migrationshintergrund	14	17	15
Nichtdeutsche Jugendliche	11	10	15
»Herkunftsländer« der Jugendlichen mit Migrationshintergrund (deutsche und nichtdeutsche Jugendliche)*			
Osteuropäische Herkunftsländer (z. B. Polen, Ex-UdSSR, Ex-Jugoslawien)			39
Vorwiegend islamisch geprägte Herkunftsländer (z. B. Türkei, arabische Länder)			35
Sonstige OECD-Länder			17
Sonstige Nicht-OECD-Länder			9

* In den Jahren 2010 und 2015 wurde nicht nach den Herkunftsländern gefragt.

Shell Jugendstudie 2019 – Kantar

zu können. Von allen Jugendlichen mit Migrationshintergrund (d. h. sowohl den Deutschen mit Migrationshintergrund als auch den nichtdeutschen Jugendlichen) haben knapp vier von zehn (39 %) einen osteuropäischen Hintergrund, sei es durch eigene Migrationserfahrung oder die ihrer Mutter und/oder ihres Vaters. Ein gutes Drittel hat einen Migrationshintergrund aus einem islamisch geprägten Herkunftsland. Die übrigen Herkunftsländer haben wir den beiden Gruppen »Sonstige OECD-Länder« und »Sonstige Nicht-OECD-Länder« zugeordnet. In Tabelle 4.1 sind alle vier Gruppen ausgewiesen, in den Analysen sind die »Sonstigen Nicht-OECD-Länder« aufgrund ihrer geringen Fallzahl und Heterogenität allerdings nicht gesondert dargestellt.

4.2 Elternbeziehung bleibt gut

Wer wohnt noch zu Hause?

Mehr als vier Fünftel (84 %) der 12- bis 21-Jährigen lebt bei den Eltern (bzw. bei Mutter oder Vater), von den 22- bis 25-Jährigen ist es noch ein Drittel (siehe Tabelle 4.2). Zwischen den Geschlechtern zeigen sich keine nennenswerten Unterschiede, so wohnen 35 % der 22- bis 25-jährigen Männer und 33 % der Frauen in diesem Alter im Elternhaus. Drei Viertel der Jugendlichen in Berufsausbildung, aber auch jeweils etwa vier von zehn Studierenden und Erwerbstätigen wohnen noch »zu Hause«. Diejenigen, die in größeren Städten[1] wohnen, leben seltener bei ihren Eltern (66 % der Auszubildenden, 38 % der Studierenden und 31 % der Erwerbstätigen). Viele Jugendliche müssen für einen Ausbildungsplatz, fürs Studium oder einen Arbeitsplatz in größere Städte um- und damit aus dem Elternhaus ausziehen. Ein zunehmendes

1 In den Zentren von Ballungsgebieten mit mindestens 100.000 Einwohnern.

Tab. 4.2   **Wohnen bei den Eltern oder anders – nach Alter und Statuspassage**
Jugendliche im Alter von 12 bis 25 Jahren
»Lebst du zu Hause in deinem Haushalt …?«

%-Angaben (Spalten %)	Gesamt	12–14 Jahre	15–17 Jahre	18–21 Jahre	22–25 Jahre	In Berufs-ausbildung	Studie-rende	Erwerbs-tätige
Bei den Eltern bzw. bei der Mutter / beim Vater	69	96	95	70	34	75	44	39
Allein	13	0	2	14	27	11	20	27
Mit dem Ehepartner oder Partner oder Lebensgefährten	9	2	2	7	20	8	10	26
In einer Wohngemein-schaft	8	1	0	8	17	6	25	8
Keine Angabe	1	1	1	1	2	0	1	0

Shell Jugendstudie 2019 – Kantar

»Nesthockertum« können die Ergebnisse der letzten knapp 20 Jahre also nicht bestätigen: 2002 wohnten noch 75 % aller 12- bis 25-Jährigen bei den Eltern, heute sind es nur noch 69 % (bei den 22- bis 25-Jährigen ist der Anteil von 38 % auf 34 % gesunken).

Die Gründe für das Verbleiben im Elternhaus für ältere Jugendliche sind vielfältig: Von den Jugendlichen, die schon mit der Schule fertig sind und noch bei ihren Eltern wohnen, sagen nur 5 %, dass sie gerne ausziehen würden, aber ihre Eltern dagegen seien (2010[2]: 2 %). 52 % wohnen bei ihren Eltern, weil das für die gesamte Familie am bequemsten ist (2010: 44 %). 47 % würden in eine eigene Wohnung ziehen, wenn sie es sich finanziell leisten könnten (2010: 46 %)[3].

Die meisten Eltern machen offenbar viel richtig

Für Jugendliche spielt ein gutes Familienleben eine zentrale Rolle, 90 % sagen, dass ihnen das wichtig ist[4]. Seit 2002 nimmt der Anteil der Jugendlichen, die ein positives Verhältnis zu den Eltern haben, beständig zu, der in den vorangegangenen Shell Jugendstudien festgestellte Trend setzt sich somit fort (siehe Abbildung 4.1). Vier von zehn Jugendlichen kommen bestens mit ihren Eltern aus, die Hälfte kommt trotz gelegentlicher Meinungsverschiedenheiten mit ihnen klar. Nur wenige (7 %) sprechen von einem weniger guten oder schlechten Verhältnis zu ihren Eltern.

Das positive Bild eines guten Verhältnisses zu den Eltern zeigt sich unabhängig von Geschlecht und Alter der Jugendlichen. Allerdings werden deutliche Differenzierungen nach sozialer Herkunftsschicht sichtbar: Die

2 Diese Frage wird erst seit 2010 gestellt.
3 Bei diesen Aussagen waren Mehrfachnennungen möglich.

4 Auf einer Skala von 1 (= »Unwichtig«) bis 7 (= »Außerordentlich wichtig«) wurden 25 Wertorientierungen bewertet. Als »Wichtig« wurden Antworten mit den Skalenwerten 5 bis 7 interpretiert.

Verhältnis zu den Eltern gut und immer besser

Jugendliche im Alter von 12 bis 25 Jahren (Angaben in %)

Wie würdest du das Verhältnis zu deinen Eltern beschreiben? Was trifft auf dich zu?

2002	31	59	7 2	1
2019	42	50	6 1	1

0 · 50 · 100

■ Kommen bestens miteinander aus
■ Kommen klar, gelegentlich Meinungsverschiedenheiten
■ Verstehen uns oft nicht, häufig Meinungsverschiedenheiten
□ Verhältnis ist schlecht, ständig Meinungsverschiedenheiten
■ Keine Angabe

Abb. 4.1   Shell Jugendstudie 2019 – Kantar

Hälfte (48 %) der 12- bis 25-Jährigen aus der oberen Schicht kommt laut eigener Aussage bestens mit den Eltern aus, aber nur knapp jeder dritte (31 %) derjenigen aus der unteren Schicht. Letztere haben zu 15 % ein weniger gutes oder schlechtes Verhältnis zu den Eltern, in der oberen Schicht sind das nur sehr wenige (3 %). Hier wird deutlich, wie drastisch sich unterschiedliche sozioökonomische Lagen von Familien auswirken: Eine prekäre finanzielle Situation kann psychische Belastungen und Konfliktpotenziale in einer Familie verstärken, auch eine beengte Wohnsituation oder fehlende Unterstützungsmöglichkeiten der Eltern bei Schule und Ausbildung können zu Spannungen führen.

Mit der Erziehung im Elternhaus sind die meisten Jugendlichen offenbar ziemlich zufrieden. Die Eltern sind auch weiterhin maßgebliche Erziehungsvorbilder für sie: Weniger als ein Viertel der jungen Menschen würde seine Kinder anders oder sogar ganz anders erziehen, als sie selbst von ihren Eltern erzogen wurden, im Jahr 2002 äußerten dies noch 29 %. Drei Viertel würden es bei der Kindererziehung so machen wie ihre Eltern (genau oder ungefähr so, siehe Abbil-

dung 4.2). Tabelle 4.3 zeigt einen Zeitvergleich der Antworten von 1985 bis 2019 – allerdings beschränkt auf Jugendliche im Alter von 15 bis 24 Jahren in Westdeutschland. Dieser Vergleich über einen Zeitraum von fast 35 Jahren macht deutlich, wie sehr sich der Blick der Jugend auf die elterliche Erziehung verändert hat: Mitte der 1980er-Jahre wollte noch knapp die Hälfte aller westdeutschen Jugendlichen die Erziehung ihrer eigenen Kinder anders als ihre Eltern angehen, dieser Anteil hat sich mehr als halbiert.

Betrachtet man die Einflussfaktoren auf die Zustimmung zum elterlichen Erziehungsstil im Zusammenhang, erweisen sich insbesondere die soziale Herkunftsschicht sowie der Bildungs- und Berufsstatus, aber auch das Alter als signifikante Erklärungsvariablen[5]. Zu Beginn der Pubertät, im Alter von 12 bis

5 Der Zusammenhang wurde multivariat anhand einer nominalen Regressionsanalyse auf die Kriteriumsvariable »Würde eigene Kinder genau so oder ungefähr so erziehen, wie ich von den eigenen Eltern erzogen wurde« getestet. Einbezogene Prädiktoren: Geschlecht, Alter, West/Ost, Siedlungsstrukturtyp, Migrationshintergrund, soziale Herkunftsschicht sowie der Bildungs- und Berufsstatus (Statuspassage).

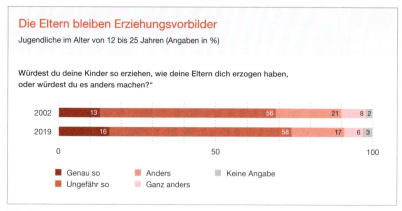

Die Eltern bleiben Erziehungsvorbilder

Jugendliche im Alter von 12 bis 25 Jahren (Angaben in %)

Würdest du deine Kinder so erziehen, wie deine Eltern dich erzogen haben, oder würdest du es anders machen?"

2002: 13 | 56 | 21 | 8 | 2
2019: 16 | 58 | 17 | 6 | 3

■ Genau so ■ Anders ■ Keine Angabe
■ Ungefähr so ■ Ganz anders

Abb. 4.2

Shell Jugendstudie 2019 – Kantar

Tab. 4.3 **Die Eltern als Erziehungsvorbilder – Zeitvergleich 1985–2019***

Jugendliche im Westen im Alter von 15 bis 24 Jahren
»Würdest du deine Kinder so erziehen, wie deine Eltern dich erzogen haben,
oder würdest du es anders machen?«

%-Angaben (Spalten %)	1985	2000	2002	2006	2010	2015	2019
Genau so	12	12	12	16	16	14	16
Ungefähr so	41	60	59	56	59	64	62
Anders	37	20	21	21	19	17	16
Ganz anders	11	8	8	7	6	5	6

* Angaben für 1985 und 2000, zit. n. 13. Shell Jugendstudie. Deutsche Shell (Hrsg.) (2000): Jugend 2000. Opladen, S. 59.1

Shell Jugendstudie 2019 – Kantar

14 Jahren, geben noch 79 % an, dass sie ihre Kinder genau so oder ungefähr so erziehen würden, wie sie selbst erzogen wurden. Mit einer Ablösung vom Elternhaus geht eine etwas distanziertere Sicht auf die Eltern als Erziehungsvorbild einher, von den 22- bis 25-Jährigen sind davon nur noch 68 % überzeugt. Gravierende Unterschiede sind zwischen den sozialen Herkunftsschichten zu sehen: 86 % der Jugendlichen aus der oberen Schicht sagen, dass sie den Erziehungsstil der Eltern übernehmen würden, bei denjenigen aus der unteren Schicht ist es nur die Hälfte (51 %). Abbildung 4.3 zeigt, dass die Differenzierung nach Herkunftsschicht bei den Ergebnissen der vergangenen beiden Shell Jugendstudien sogar noch etwas stärker ausgeprägt war. Daneben erweist sich auch der soziale Bildungs- und Berufsstatus der Jugendlichen als wichtiger Einflussfaktor: 82 % der Gymnasiasten, 79 % der Realschüler, aber nur 71 % der Hauptschüler würden ihre Kinder so erziehen, wie sie selbst erzogen wurden. Besonders deutlich distanzieren sich arbeitslose Jugendliche von ihren Eltern: Weniger als die Hälfte (46 %) würden sich bei der Erziehung an ihren Eltern orientieren.

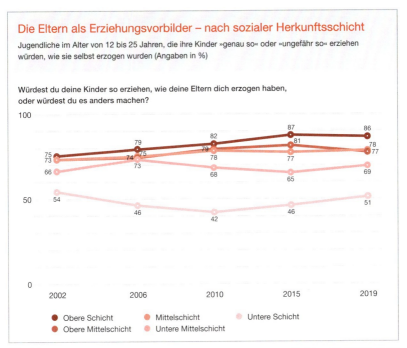

Die Eltern als Erziehungsvorbilder – nach sozialer Herkunftsschicht

Jugendliche im Alter von 12 bis 25 Jahren, die ihre Kinder »genau so« oder »ungefähr so« erziehen würden, wie sie selbst erzogen wurden (Angaben in %)

Würdest du deine Kinder so erziehen, wie deine Eltern dich erzogen haben, oder würdest du es anders machen?

- Obere Schicht
- Obere Mittelschicht
- Mittelschicht
- Untere Mittelschicht
- Untere Schicht

Abb. 4.3

Shell Jugendstudie 2019 – Kantar

4.3 Kinderwunsch im Zeitverlauf stabil

Gut zwei Drittel aller 12- bis 25-Jährigen, die selbst noch kein Kind haben, möchten später einmal Kinder haben, nur 8 % verneinen diese Frage. Jeder fünfte ist sich noch nicht sicher. Im Zeitverlauf stellt sich der Wunsch, Kinder zu haben, recht stabil dar, bei jungen Frauen bleibt er stärker ausgeprägt als bei jungen Männern (siehe Abbildung 4.4). Das liegt aber nicht etwa daran, dass Männer häufiger angeben, sie wünschten sich keine Kinder, sondern daran, dass sie oftmals noch unentschlossen sind. Die Jüngeren sind sich etwas sicherer, dass sie später einmal Kinder möchten, als die Älteren (siehe Tabelle 4.4).

Kinderwunsch im Osten (noch) höher

Noch 30 Jahre nach der Wiedervereinigung sind beim Thema Kinderwunsch Unterschiede zwischen Ost und West sichtbar: Jugendliche in den neuen Bundesländern wünschen sich etwas häufiger als die Gleichaltrigen in den alten Bundesländern Kinder (siehe Tabelle 4.4). Allerdings sprechen sich im Westen nicht etwa mehr Jugendliche explizit gegen Kinder aus, hier ist lediglich der Anteil derjenigen größer, die noch unentschieden sind. In der Shell Jugendstudie 2015 konnten wir zeigen, dass ostdeutsche Jugendliche familienorientierter sind und eigene Kinder für sie in stärkerem Maße zu einem glücklichen Leben dazugehören (Leven, Quenzel, Hurrelmann 2015). Tatsächlich

Tab. 4.4   **Kinderwunsch nach Geschlecht, Alter und West/Ost**

Jugendliche im Alter von 12 bis 25 Jahren, die noch kein Kind haben (oder unter 15 Jahre alt sind)
»Möchtest du später Kinder haben?«

%-Angaben (Spalten %)	Gesamt	Männ-lich	Weib-lich	12–14 Jahre	15–17 Jahre	18–21 Jahre	22–25 Jahre	West	Ost
Ja	68	64	71	71	68	65	67	67	71
Nein	8	8	9	6	10	10	8	8	10
Weiß noch nicht	19	21	17	19	18	21	18	19	17
Keine Angabe	5	7	3	4	4	4	7	6	2

Shell Jugendstudie 2019 – Kantar

Abb. 4.4

Shell Jugendstudie 2019 – Kantar

liegt das Geburtenniveau im Osten seit etwa zehn Jahren wieder leicht über dem im Westen, nachdem es dort nach der Wende drastisch unter das Niveau der westdeutschen Bundesländer gesunken war (BiB 2016).

Der Kinderwunsch von jungen Männern im Osten und Westen bleibt in den betrachteten knapp 20 Jahren stabil unterschiedlich ausgeprägt: Deutlich mehr ostdeutsche als westdeutsche Männer wünschen sich Kinder. Bei den Frauen zeigt sich ein anderes Bild: Während der Kinderwunsch junger Frauen in den westdeutschen Bundesländern über die Jahre relativ stabil bleibt, geht der Anteil

Kinderwunsch der Frauen im Osten nähert sich dem der Frauen im Westen an

Jugendliche im Alter von 12 bis 25 Jahren, die noch kein Kind haben (oder unter 15 Jahre alt sind) (Angaben in %)

Möchtest du später Kinder haben?

Frauen
- 2002: 70 / 84
- 2006: 67 / 75
- 2010: 73 / 76
- 2015: 69 / 76
- 2019: 71 / 73

Männer
- 2002: 59 / 68
- 2006: 53 / 66
- 2010: 65 / 70
- 2015: 57 / 67
- 2019: 63 / 70

0 — 50 — 100

■ West ■ Ost

Abb. 4.5   Shell Jugendstudie 2019 – Kantar

ostdeutscher Frauen, die sich Kinder wünschen, zurück und nähert sich immer mehr dem Anteil der Frauen im Westen an (siehe Abbildung 4.5).

Ein gutes Verhältnis zu den Eltern bestärkt den eigenen Kinderwunsch

Um zu verstehen, wovon es abhängt, ob Jugendliche einmal Kinder haben wollen, haben wir verschiedene Merkmale im Rahmen einer Zusammenhangsanalyse betrachtet[6]. Die beobachteten Unterschiede zwischen Ost und West haben dabei im Zusammenhang keine Erklärungskraft für den Kinderwunsch. Den stärksten Einfluss auf einen Kinderwunsch hat das Verhältnis zu den eigenen Eltern. Je besser diese Beziehung ist, desto eher möchten junge Menschen einmal eigenen Nachwuchs haben: Sieben von zehn, die bestens mit ihren Eltern auskommen, wünschen sich selbst Kinder. Wird das Verhältnis als weniger gut beschrieben, sagt das nur knapp die Hälfte (siehe Abbildung 4.6).

6 Der Zusammenhang wurde multivariat anhand einer ordinalen logistischen Regression auf die Kriteriumsvariable »Kinderwunsch« getestet. Einbezogene Prädiktoren: Geschlecht, Alter, West/Ost, Siedlungsstrukturtyp, soziale Herkunftsschicht, sozialer Bildungs- und Berufsstatus (Statuspassage), Bildungsposition (höchster angestrebter/erreichter Schulabschluss), Migrationshintergrund, Religionszugehörigkeit sowie Verhältnis zu den eigenen Eltern.

Kinderwunsch je nach Verhältnis zu den eigenen Eltern

Jugendliche im Alter von 12 bis 25 Jahren, die noch kein Kind haben (oder unter 15 Jahre alt sind) (Angaben in %)

Möchtest du später Kinder haben?

Verhältnis zu den Eltern

Wir kommen bestens miteinander aus	71	15	7	7
Wir kommen klar, auch wenn es gelegentlich Meinungsverschiedenheiten gibt	67	21	4	8
Wir verstehen uns oft nicht, es gibt häufig Meinungsverschiedenheiten / Unser Verhältnis ist schlecht und es gibt ständig Meinungsverschiedenheiten	48	29	5	18

0   50   100

Eigener Kinderwunsch

■ Ja   ■ Keine Angabe
■ Weiß noch nicht   ■ Nein

Abb. 4.6

Shell Jugendstudie 2019 – Kantar

Drei Viertel (73 %) der 12- bis 25-Jährigen aus der oberen Schicht möchten später Kinder haben, aber nur 58 % der Jugendlichen aus der unteren Schicht. Die soziale Herkunftsschicht erweist sich im Zusammenhang allerdings nicht als signifikante Erklärungsvariable, mögliche Effekte werden offenbar überlagert von der ebenfalls in die Analyse genommenen Bildungsposition: Bei Jugendlichen mit hoher Bildungsposition (Abitur oder fachgebundene Hochschulreife angestrebt oder erreicht) ist der Kinderwunsch am höchsten ausgeprägt (70 %), am schwächsten bei denjenigen mit niedriger Bildungsposition (ohne Schulabschluss oder mit angestrebtem oder erreichtem Hauptschulabschluss, 58 %). Dies war in ähnlicher Form auch in den vorhergehenden Erhebungen zu sehen.

Sieben von zehn (70 %) Jugendlichen mit Migrationshintergrund möchten Kinder und zwei Drittel derjenigen ohne Migrationshintergrund (66 %). Auch die Religionszugehörigkeit erweist sich als relevanter Einflussfaktor. Knapp drei Viertel (74 %) der muslimischen Jugendlichen möchten später Kinder haben, nur zwei Prozent sprechen sich dagegen aus. 67 % der katholischen, 70 % der evangelischen, 57 % der Jugendlichen mit einem anderen Glaubensbekenntnis[7] sowie 68 % der konfessionslosen Jugendlichen möchten einmal Kinder haben. Bemerkenswert sind auch die Unterschiede nach Wohnregion: Während Jugendliche aus kleineren und mittelgroßen Städten überdurchschnittlich häufig angeben, dass sie Kinder haben wollen, sind Jugendliche aus dem ländlichen Raum zurückhaltender (71 % zu 60 %). Bei den Jugendlichen in Ballungsräumen (Kern- und Randgebiete) sind es jeweils zwei Drittel (68 %).

[7] Andere christliche Religionsgemeinschaften oder andere nichtchristliche Religionsgemeinschaften (außer Islam).

Tab. 4.5 **Feste Partnerschaft – nach Altersgruppen**

Jugendliche im Alter von 12 bis 25 Jahren

»Hast du zurzeit eine feste Partnerschaft?«

%-Angaben (Spalten %)	Gesamt	12–14 Jahre	15–17 Jahre	18–21 Jahre	22–25 Jahre
Gesamt	32	5	24	34	52
Männer	27	4	20	28	43
Frauen	38	7	28	40	62

Shell Jugendstudie 2019 – Kantar

4.4 Partnerschaft

Etwa ab dem Alter von 12 Jahren beginnen sich Jugendliche auch für romantische Bindungen mit dem »anderen«, manchmal auch mit dem »gleichen« Geschlecht zu interessieren. Dieser Prozess erfolgt in verschiedenen Phasen (Seiffge-Krenke 2003). Zunächst werden vor allem Sehnsüchte und Wünsche auf bestimmte Individuen gerichtet (Bütow 2006: 194). Aus entwicklungspsychologischer Perspektive dient diese Phase der Integration romantischer Vorstellungen in das Selbstkonzept und der Entwicklung von Zutrauen in die Fähigkeit, sich mit potenziellen Partnern auf eine romantische Beziehung einlassen zu wollen und zu können. Auch wenn es wenig zu tatsächlichen Interaktionen kommt, ist diese Zeit für Jugendliche trotzdem eine aufwühlende Phase. In einem nächsten Schritt beginnen Mädchen und Jungen sich in gemischtgeschlechtlichen Gruppen zu treffen. Erste Beziehungen werden geknüpft, die jedoch eher kameradschaftlicher Art sind. Die Peergroup ist die primäre Bezugsgruppe, und Begegnungen und Beziehungen finden vor allem innerhalb dieser Gruppe von Gleichaltrigen statt. Wichtig ist dann, ob man in den Augen der Peers mit dem oder der Richtigen eine Beziehung hat. Letztlich wird über die Beziehung vor allem der Status in der Gruppe verhandelt (Carlson und Rose 2012: 219). In dieser Phase entwickeln Jugendliche Vertrauen in ihre eigenen romantischen Fähigkeiten und beginnen, sich vom Einfluss der Peers zu lösen. In einem weiteren Schritt gelingt es Mädchen und Jungen, erste vertrauensvolle und romantische Beziehungen einzugehen, in der sie tiefere beidseitige Gefühle erfahren und in der in der Regel auch mit weitergehenden sexuellen Aktivitäten experimentieren. Diese Beziehungen dauern zunächst eher wenige Wochen an, dann mehrere Monate, schließlich Jahre.

Von den 12- bis 14-Jährigen hat bereits jeder zwanzigste eine Beziehung, bei den 22- bis 25-Jährigen ist es dann mehr als die Hälfte (siehe Tabelle 4.5). Es fällt auf, dass junge Frauen häufiger als junge Männer von einer festen Partnerschaft sprechen – und zwar in allen Altersgruppen. So geben dies beispielsweise vier von zehn der 22- bis 25-jährigen Männer, aber sechs von zehn der gleichaltrigen Frauen an. Bei jungen Frauen scheint eine feste Partnerschaft mehr als bei jungen Männern einem Gefühl von Einsamkeit entgegenzuwirken: 47 % der jungen Frauen in einer festen Beziehung fühlen sich gar nicht einsam, dem stimmen aber nur 34 % ihrer Geschlechtsgenossinnen ohne feste Partnerschaft zu.[8] Bei den jungen Männern

---

8 Sie stimmen »gar nicht zu«, dass sie sich oft einsam fühlen, auf einer Skala von 1 (= »Stimme gar nicht zu«) bis 6 (= »Stimme voll und ganz zu«).

Tab. 4.6   Feste Partnerschaft – nach Migrationshintergrund und Herkunftsländern

Jugendliche im Alter von 12 bis 25 Jahren

»Hast du zurzeit eine feste Partnerschaft?«

%-Angaben (Spalten %)	Gesamt	Deutsche ohne Migrationshintergrund	Mit Migrationshintergrund*		
			Osteuropa, Ex-UdSSR, Ex-YU	Türkei, arabische Länder, sonstige islamische Herkunftsländer	Sonstige OECD-Länder
Gesamt	32	34	25	25	37
Männer	27	29	19	25	25
Frauen	38	40	32	26	47

* Sonstige Herkunftsländer können fallzahlbedingt nicht ausgewiesen werden.

Shell Jugendstudie 2019 – Kantar

macht sich eine feste Partnerschaft im Hinblick auf ein Einsamkeitsgefühl weniger stark bemerkbar (49 % zu 43 %).

Auffallend ist der Unterschied nach Migrationshintergrund: 40 % der jungen Frauen ohne Migrationshintergrund, aber nur 26 % der jungen Frauen mit Migrationshintergrund aus islamisch geprägten Ländern haben eine feste Partnerschaft. Ob hier strengere religiöse Vorstellungen und/oder konservativere Auffassungen der Familie eine Rolle spielen, kann an dieser Stelle nicht geklärt werden. Junge Frauen mit osteuropäischem Migrationshintergrund haben zu 32 % eine feste Partnerschaft. Bemerkenswert ist zudem, dass bei den Jugendlichen mit islamisch geprägtem Migrationshintergrund – anders als bei den anderen Gruppen – kein Unterschied zwischen den Aussagen der jungen Männer und Frauen besteht (siehe Tabelle 4.6).

4.5 Traditionelle Vorstellungen von Familie und Berufstätigkeit

In Diskussionen um die Gleichstellung der Geschlechter wird regelmäßig der »Gender Pay Gap« (das geschlechtsspezifische Lohngefälle) thematisiert. Mit dem 2015 eingeführten Elterngeld Plus werden Familien mit kleinen Kindern durch ein staatliches Familiengeld unterstützt, wenn Eltern die Verantwortung für Familie und Erwerbstätigkeit partnerschaftlich aufteilen. Entscheiden sie sich, parallel in Teilzeit zu gehen (für vier Monate lang zwischen 25 bis 30 Wochenstunden), erhalten sie mit dem Partnerschaftsbonus zusätzliche finanzielle Vergünstigungen. Damit soll dem Umstand entgegenwirkt werden, dass nach wie vor hauptsächlich Frauen die Kinderbetreuung übernehmen und dadurch häufiger als Männer gar nicht oder nur geringfügig erwerbstätig sind. Der Väterreport des BMFSFJ aus dem Jahr 2018 beschreibt, dass sich Männer zunehmend eine »aktive« Vaterrolle wünschen, d.h. sich mehr als ihre eigenen Väter an der Erziehung und Betreuung ihrer Kinder beteiligen möchten (Juncke, Braukmann, Heimer 2018). Auch in der Shell Jugendstudie 2015 war es vielen jungen Männern wichtig, dass sie später einmal Familie und Beruf gut vereinbaren können.

Von einer Generation, die so viel Zeit in ihre Bildung und Ausbildung investiert und in der die Mädchen seit längerem die höheren Bildungsabschlüsse

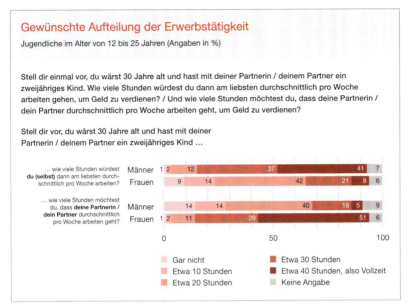

Gewünschte Aufteilung der Erwerbstätigkeit

Jugendliche im Alter von 12 bis 25 Jahren (Angaben in %)

Stell dir einmal vor, du wärst 30 Jahre alt und hast mit deiner Partnerin / deinem Partner ein zweijähriges Kind. Wie viele Stunden würdest du dann am liebsten durchschnittlich pro Woche arbeiten gehen, um Geld zu verdienen? / Und wie viele Stunden möchtest du, dass deine Partnerin / dein Partner durchschnittlich pro Woche arbeiten geht, um Geld zu verdienen?

Stell dir vor, du wärst 30 Jahre alt und hast mit deiner
Partnerin / deinem Partner ein zweijähriges Kind …

… wie viele Stunden würdest **du (selbst)** dann am liebsten durchschnittlich pro Woche arbeiten?	Männer	1 2	12	37	41	7
	Frauen		9	14	42	21 8 6
… wie viele Stunden möchtest du, dass **deine Partnerin / dein Partner** durchschnittlich pro Woche arbeiten geht?	Männer		14	14	40	18 5 9
	Frauen	1 2	11	29	51	6

0   50   100

- Gar nicht
- Etwa 10 Stunden
- Etwa 20 Stunden
- Etwa 30 Stunden
- Etwa 40 Stunden, also Vollzeit
- Keine Angabe

Abb. 4.7

Shell Jugendstudie 2019 – Kantar

erzielen, würde man erwarten, dass sich viele in einer Partnerschaft eine »gleichberechtigte« Aufteilung der Erwerbstätigkeit wünschen. In der diesjährigen Shell Jugendstudie haben wir den 12- bis 25-Jährigen deswegen ein Gedankenspiel präsentiert: Sie sollten sich vorstellen, sie wären 30 Jahre alt und hätten mit ihrer Partnerin bzw. ihrem Partner ein zweijähriges Kind. Wir haben gefragt, wie viele Stunden sie selbst in dieser Situation am liebsten pro Woche arbeiten würden und wie viele Stunden die Partnerin bzw. der Partner arbeiten sollte.

Die Antworten der weiblichen und männlichen Jugendlichen unterscheiden sich deutlich, wenn es um ihre potenzielle Arbeitszeit als Väter und Mütter geht. Zwar möchte weniger als die Hälfte der jungen Männer (41 %) in Vollzeit arbeiten, wenn sie ein zweijähriges Kind haben – hier zeigt sich offenbar der Wunsch nach einer »aktiven« Vater-

rolle –, von den jungen Frauen möchten allerdings nur 8 % in Vollzeit arbeiten (siehe Abbildung 4.7). Umgekehrt würden 65 % der Frauen und 15 % der Männer gerne maximal halbtags arbeiten.

Bemerkenswert sind die Antworten der jungen Menschen auch hinsichtlich ihrer Vorstellungen zu den Arbeitszeiten des jeweiligen Partners: Männer und Frauen reproduzieren jeweils fast spiegelbildlich die Wünsche und Erwartungen des jeweils anderen Geschlechts: Nur 14 % der jungen Frauen möchten, dass ihr Partner halbtags (bis maximal 20 Stunden in der Woche) arbeitet, aber 68 % der jungen Männer erwarten das von ihrer Partnerin[9]. Entsprechend möchten nur 5 % der Männer eine Partnerin, die in Vollzeit arbeitet, während

9 In unserer Erhebung haben wir nicht nach der sexuellen Orientierung gefragt, in der Analyse gehen wir daher von heterosexuellen Partnerschaften aus.

die Hälfte der Frauen sich dies von ihrem Partner wünscht. Die Geschlechter sind sich also nicht nur weitgehend einig über die geschlechtsspezifische Rollenverteilung – in einer Partnerschaft mit kleinem Kind sollte die Frau und nicht der Mann beruflich kürzer treten –, die jungen Frauen haben sogar eine noch etwas traditionellere Vorstellung von der Vaterrolle als die jungen Männer selbst (vier von zehn jungen Männern würden in Vollzeit arbeiten, von den jungen Frauen wünschen sich aber 51 % einen in Vollzeit arbeitenden Partner). Der Vater als traditioneller Ernährer der Familie ist also ganz offensichtlich keine rein männliche Vorstellung, sondern wird auch von vielen jungen Frauen favorisiert. Allerdings wünschen sich die Frauen auch häufiger eine stärkere eigene Erwerbsbeteiligung, 29 % würden mit einem zweijährigen Kind gerne 30 Stunden oder mehr arbeiten, nur 23 % der Männer wünschen sich das von ihrer Partnerin.

Angesichts der Tatsache, dass wir junge Menschen befragt haben, erscheinen diese Rollenbilder recht traditionell. Tatsächlich spiegelt sich in diesen Aussagen die gesellschaftliche Normalität wider, also die tatsächlich vorhandenen Unterschiede der Erwerbsbeteiligung von Männern und Frauen. Im Jahr 2017 arbeiteten 69 % der erwerbstätigen Mütter im Alter von 30 bis 39 Jahren in Teilzeit, aber nur 6 % der Väter in dieser Altersgruppe (Statistisches Bundesamt 2019c)[10]. Immer noch kehren viele Frauen, wenn sie Kinder bekommen, gar nicht oder nur in Teilzeit in ihren Beruf zurück. Wenn die jungen Frauen ihre hier geäußerten Vorstellungen

später umsetzen und diejenigen, die in Teilzeit arbeiten, dies auch längerfristig tun, muss man davon ausgehen, dass der Gender Pay Gap auch weiterhin bestehen bleibt. Letztlich müssen Frauen dann auch im Alter mit einer niedrigeren eigenen Rente auskommen als Männer.

Traditioneller Blick auf die Mutterrolle vor allem im Westen (von Männern wie von Frauen selbst!)

Wie sehr die Vorstellungen der Jugendlichen von gesellschaftlichen Normen beeinflusst werden, wird an den Unterschieden zwischen West- und Ostdeutschland sichtbar. Während junge Menschen in Ost und West die Vaterrolle recht ähnlich betrachten, blicken sie noch immer unterschiedlich auf die Mutterrolle (und zwar sowohl die Männer als auch die Frauen): Mehr als die Hälfte der jungen Frauen im Osten wünscht sich mit einem zweijährigen Kind eine Arbeitswoche mit 30 Stunden oder mehr (52 %), im Westen sind es nur halb so viele (26 %). 43 % der Männer im Osten möchten, dass ihre Partnerin mit einem kleinen Kind mindestens 30 Stunden arbeitet, im Westen sind es hingegen weniger als halb so viele Männer (siehe Abbildung 4.8).

Die Studie »Familienleitbilder in Deutschland« beschreibt vergleichbare Unterschiede in den Vorstellungen von jungen Menschen in West- und Ostdeutschland. Die Studienleiter erklären dies durch Leitbilder, die innerhalb von Familien weitergegeben werden und so über die Zeit hinweg recht stabil bleiben. Töchter entwickeln ähnliche Einstellungen wie ihre Mütter, wenn diese ihnen die eigenen Ideale weitergeben und beispielsweise die eigene Erwerbstätigkeit vorleben (Schiefer, Naderi 2015). Die unterschiedliche Erwerbsbeteiligung von Frauen in der DDR und der BRD lebt in den Köpfen der heutigen jungen

---

10 Bei 30- bis 39-jährigen Männern mit Kindern beträgt die realisierte Erwerbstätigenquote 91 %, bei 30- bis 39-jährigen Frauen mit Kindern 63 %. Basis: Männer und Frauen mit Kindern im gemeinsamen Haushalt, Lebensformen am Hauptwohnsitz.

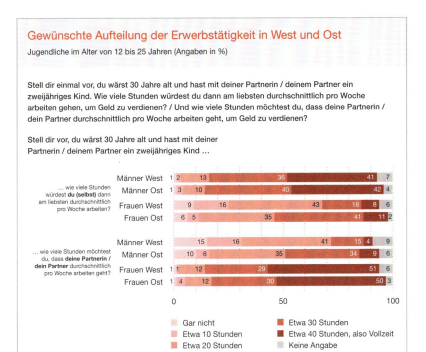

Gewünschte Aufteilung der Erwerbstätigkeit in West und Ost

Jugendliche im Alter von 12 bis 25 Jahren (Angaben in %)

Stell dir einmal vor, du wärst 30 Jahre alt und hast mit deiner Partnerin / deinem Partner ein zweijähriges Kind. Wie viele Stunden würdest du dann am liebsten durchschnittlich pro Woche arbeiten gehen, um Geld zu verdienen? / Und wie viele Stunden möchtest du, dass deine Partnerin / dein Partner durchschnittlich pro Woche arbeiten geht, um Geld zu verdienen?

Stell dir vor, du wärst 30 Jahre alt und hast mit deiner Partnerin / deinem Partner ein zweijähriges Kind …

Abb. 4.8   Shell Jugendstudie 2019 – Kantar

Generation offenbar fort und erklärt den erheblichen Unterschied in den Einstellungen zur Aufteilung der Erwerbs- und Familienarbeit, wenn Kinder da sind.

Je älter, desto häufiger wird vom Vater eine Versorgerrolle erwartet

Betrachtet man die Rollenbilder der Jugendlichen nach ihrem Alter, ergibt sich ein weiterer interessanter Befund: Jüngere und Ältere sind sich recht einig, was die gewünschte Arbeitszeit für Mütter angeht – und das gilt sowohl für die männlichen als auch für die weiblichen Befragten (siehe Abbildung 4.9). Allerdings steigt mit zunehmendem Alter die Erwartung, dass der Vater eines zweijährigen Kindes in Vollzeit arbeiten solle. So

wünschen sich vier von zehn der 12- bis 14-jährigen Mädchen, dass ihr Partner in Vollzeit arbeitet, wenn ein zweijähriges Kind da ist, aber bereits sechs von zehn der 22- bis 25-jährigen Frauen. Bei den jungen Männern ist sogar ein noch stärkerer Anstieg zu beobachten. Möglicherweise wird der Blick auf die Versorgerrolle des Vaters mit zunehmendem Alter mehr und mehr von den realen Geschlechterrollen geprägt.

Mehr als die Hälfte wünscht sich ein »männliches Versorgermodell«

Kombiniert man die Wünsche bezüglich eigener Arbeitszeit und der des Partners, so sind es mehr als die Hälfte (54 %) aller 12- bis 25-Jährigen, die ein männ-

Gewünschte Aufteilung der Erwerbstätigkeit nach Altersgruppen und Geschlecht

Jugendliche im Alter von 12 bis 25 Jahren (Angaben in %)

Stell dir einmal vor, du wärst 30 Jahre alt und hast mit deiner Partnerin / deinem Partner ein zweijähriges Kind. Wie viele Stunden würdest du dann am liebsten durchschnittlich pro Woche arbeiten gehen, um Geld zu verdienen? / Und wie viele Stunden möchtest du, dass deine Partnerin / dein Partner durchschnittlich pro Woche arbeiten geht, um Geld zu verdienen?

Stell dir vor, du wärst 30 Jahre alt und hast mit deiner Partnerin / deinem Partner ein zweijähriges Kind …

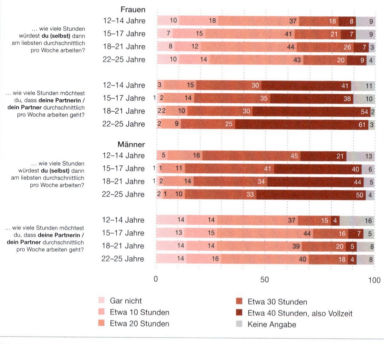

Abb. 4.9

Shell Jugendstudie 2019 – Kantar

liches Versorgermodell favorisieren, d.h. möchten, dass der Mann 30 oder 40 Stunden arbeitet, die Frau hingegen gar nicht (»männlicher Alleinversorger«) oder maximal halbtags (»männlicher Hauptversorger«, siehe Abbildung 4.10). Junge Männer und Frauen im Westen sind sich hier in ihrer Zustimmung zu diesem Modell recht einig, 58 % bzw. 56 %

präferieren das männliche Versorgermodell. Im Osten findet es deutlich weniger Anklang. Hier sind gleichwertiger aufgeteilte Modelle sehr viel beliebter als im Westen: 21 % der ostdeutschen Männer und 28 % der ostdeutschen Frauen fänden es gut, wenn der Mann in Vollzeit und die Frau entweder ebenfalls in Vollzeit oder vollzeitnah (30 Stunden) arbei-

148 S. Wolfert, G. Quenzel

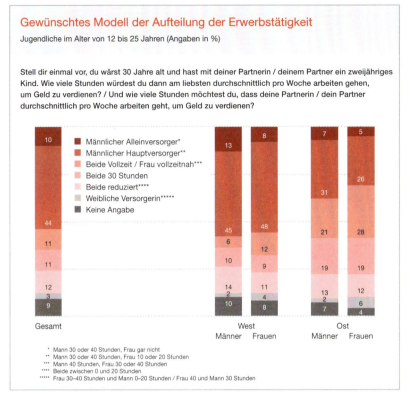

Gewünschtes Modell der Aufteilung der Erwerbstätigkeit

Jugendliche im Alter von 12 bis 25 Jahren (Angaben in %)

Stell dir einmal vor, du wärst 30 Jahre alt und hast mit deiner Partnerin / deinem Partner ein zweijähriges Kind. Wie viele Stunden würdest du dann am liebsten durchschnittlich pro Woche arbeiten gehen, um Geld zu verdienen? / Und wie viele Stunden möchtest du, dass deine Partnerin / dein Partner durchschnittlich pro Woche arbeiten geht, um Geld zu verdienen?

Legende:
- Männlicher Alleinversorger*
- Männlicher Hauptversorger**
- Beide Vollzeit / Frau vollzeitnah***
- Beide 30 Stunden
- Beide reduziert****
- Weibliche Versorgerin*****
- Keine Angabe

Gesamt: 10, 44, 11, 11, 12, 3, 9

West Männer: 13, 45, 6, 10, 14, 2, 10
West Frauen: 8, 48, 12, 9, 11, 4, 8

Ost Männer: 7, 31, 21, 19, 13, 2, 7
Ost Frauen: 5, 26, 28, 19, 12, 6, 4

* Mann 30 oder 40 Stunden, Frau gar nicht
** Mann 30 oder 40 Stunden, Frau 10 oder 20 Stunden
*** Mann 40 Stunden, Frau 30 oder 40 Stunden
**** Beide zwischen 0 und 20 Stunden
***** Frau 30–40 Stunden und Mann 0–20 Stunden / Frau 40 und Mann 30 Stunden

Abb. 4.10

Shell Jugendstudie 2019 – Kantar

tet, wenn das Paar ein kleines Kind hat. Knapp ein Fünftel (sowohl der Männer als auch der Frauen) befürwortet hier, dass beide Partner 30 Wochenstunden arbeiten.

Die Vorstellung eines männlichen Versorgers kommt bei Jugendlichen umso besser an, je älter sie sind. 47 % der 12- bis 14-Jährigen bevorzugen dieses Modell und 59 % der 22- bis 25-Jährigen. Die Jugendlichen aus den oberen sozialen Herkunftsschichten sind etwas weniger traditionell als die Gleichaltrigen aus den unteren Schichten (61 % in der unteren Schicht und 50 % in der oberen Schicht sprechen sich für das Modell des männlichen Versorgers aus).

Auch nach Religionszugehörigkeit lassen sich Unterschiede feststellen: Während sich 71 % der muslimischen Jugendlichen für ein männliches Versorgermodell entscheiden würden, sind es 58 % der katholischen, 56 % der evangelischen, aber nur 40 % der konfessionslosen Jugendlichen. Auch hier ist ein Blick auf die Unterschiede zwischen jungen Männern und Frauen interessant: Während sich bei Jugendlichen, die keiner Konfession angehören, beide Geschlechter recht einig sind, wie sie sich in einer Partnerschaft mit Kind die Erwerbstätigkeit aufteilen würden, sind vor allem bei muslimischen, aber auch bei katholischen Jugendlichen die

Tab. 4.7 Gewünschtes Modell der Aufteilung der Erwerbstätigkeit – nach Religionsgemeinschaft

Jugendliche im Alter von 12 bis 25 Jahren

%-Angaben (Spalten %)	Römisch-katholisch		Evangelisch		Islam		Keine Religions-gemeinschaft	
	Männer	Frauen	Männer	Frauen	Männer	Frauen	Männer	Frauen
Männlicher Alleinversorger (Mann 30 oder 40 Stunden, Frau gar nicht)	11	6	11	8	22	11	9	8
Männlicher Hauptversorger (Mann 30 oder 40 Stunden, Frau 10 oder 20 Stunden)	49	49	46	46	53	53	31	33
Beide Vollzeit / Frau vollzeitnah (Mann 40 Stunden, Frau 30 oder 40 Stunden)	9	12	4	16	7	12	15	18
Beide 30 Stunden	8	10	15	10	3	7	15	16
Beide reduziert (Beide zwischen 0 und 20 Stunden)	12	10	13	11	8	9	15	15
Weibliche Versorgerin (Frau 30–40 Stunden und Mann 0–20 Stunden / Frau 40 und Mann 30 Stunden)	2	4	2	3	0	3	2	4
Keine Angabe	9	9	9	6	7	5	13	6

Shell Jugendstudie 2019 – Kantar

jungen Männer konservativer als die Frauen (siehe Tabelle 4.7). So möchten beispielsweise 22 % der muslimischen jungen Männer allein und in Vollzeit die Familie ernähren, wenn ein kleines Kind zu betreuen ist. Nur halb so viele junge muslimische Frauen sehen das ebenso, sie wünschen sich stärker als die Männer eine gleichgewichtige Aufteilung der Erwerbstätigkeit.

Ganz ähnlich stellen sich die unterschiedlichen Vorstellungen der beiden Geschlechter dar, wenn man Jugendliche mit Migrationshintergrund nach ihren Herkunftsländern betrachtet: 21 % der jungen Männer, aber nur 10 % der jungen Frauen aus islamisch geprägten Ländern wünschen sich das Modell eines männlichen Alleinversorgers. Ein vergleichbares Bild zeigt sich bei Jugendlichen

mit osteuropäischem Migrationshintergrund: 19 % der jungen Männer, aber nur 6 % der jungen Frauen möchten, dass ausschließlich der Vater Geld verdient.

4.6 Religiosität und Kirche

Zugehörigkeit zur Kirche bzw. zu Religionsgemeinschaften

Nach unserem Blick auf Familienbeziehungen und Partnerschaft betrachten wir nun das Thema Religiosität und Kirche als prägendes Element der Lebenswelt von Jugendlichen. Die christlichen Kirchen waren in Deutschland jahrhundertelang kirchliche Institutionen, denen

Tab. 4.8 Indikatoren der Religiosität in den Shell Jugendstudien (2002–2019)

Jugendliche im Alter von 15 bis 25 Jahren

%-Angaben (Spalten %)	2002	2006	2010	2015	2019
Konfession*					
Katholisch	33	30	30	30	31
Evangelisch	34	34	34	35	29
Andere Christen	2	4	4	4	5
Islam	4	5	7	8	9
Andere Religionen	1	1	1	1	2
Keine Religion/Konfession	24	25	23	22	22
Keine Angabe	2	1	1	0	2
Wichtigkeit des Glaubens an Gott					
Wichtig (5–7)	37	36	37	33	32
Teils, teils (4)	16	16	16	17	15
Unwichtig (1–3)	45	46	45	46	49
Keine Angabe	2	2	2	4	4
Wie oft betest du?**					
Ein- oder mehrmals am Tag		9		7	8
Ein- oder mehrmals in der Woche		16		9	10
Ein- oder mehrmals im Monat		18		13	11
Ein- oder mehrmals im Jahr		26		23	19
Nie		29		43	47
Keine Angabe		2		5	5

* Auch der jüdische Glaube wurde abgefragt, der Anteil liegt allerdings weit unter einem Prozent und wurde daher den
»anderen Religionen« zugeordnet.
** Die Häufigkeit des Betens wurde in den Shell Jugendstudien 2002 und 2010 nicht erhoben.

Shell Jugendstudie 2019 – Kantar

praktisch jeder ganz selbstverständlich angehörte. Andere Glaubensgemeinschaften existierten hierzulande lange Zeit kaum, von jüdischen Gemeinden abgesehen. Heute ist das religiöse Leben vielfältiger. So bekennen sich Jugendliche neben dem katholischen und dem evangelischen Glauben auch zu anderen christlichen Religionsgemeinschaften (beispielsweise evangelische Freikirchen, christlich-orthodoxer Glauben), zum Islam oder anderen Religionen (siehe Tabelle 4.8). Zwar machen diese Jugendlichen einen relativ geringen Anteil an allen jungen Menschen aus, ihre Zahl steigt jedoch auf niedrigem Niveau kontinuierlich an. Die Zahl der evangelischen Jugendlichen ist seit 2015 rückläufig, während sich der Anteil der Katholiken, von kleineren Schwankungen abgesehen, insgesamt stabil darstellt. Bekannten sich im Jahr 2002 noch zwei Drittel der Jugendlichen in Deutschland zu einer der beiden großen Kirchen, sind es jetzt nur noch 60 %.

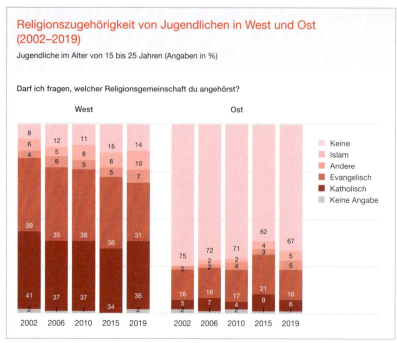

Religionszugehörigkeit von Jugendlichen in West und Ost (2002–2019)

Jugendliche im Alter von 15 bis 25 Jahren (Angaben in %)

Darf ich fragen, welcher Religionsgemeinschaft du angehörst?

West · Ost

Legende:
- Keine
- Islam
- Andere
- Evangelisch
- Katholisch
- Keine Angabe

Abb. 4.11

Shell Jugendstudie 2019 – Kantar

Mit aktuell 22 % machen die Konfessionslosen einen bedeutenden Anteil der Jugendlichen in Deutschland aus. Der überwiegende Teil dieser Gruppierung lebt im Osten, wo eine Konfessionszugehörigkeit aufgrund der Nachwirkungen der DDR mit ihrer geringen religiösen Bindung generell weniger verbreitet ist als im Westen. So gehören im Osten zwei Drittel der Jugendlichen keiner Kirche bzw. Konfession an, im Westen trifft dies nur auf 14 % der Jugendlichen zu (siehe Abbildung 4.11). Im Zeitverlauf liegt der Anteil der Konfessionslosen insgesamt relativ stabil zwischen 22 % und 25 %, wobei für Ost- und Westdeutschland gegenläufige Entwicklungen erkennbar sind. So gehört eine zunehmende Zahl von westdeutschen Jugendlichen keiner Religion an, während ostdeutsche Jugendliche heute häufiger als im Jahr 2002

konfessionell gebunden sind. Maßgeblich dafür sind Jugendliche, die anderen (christlichen) Religionsgemeinschaften oder dem Islam angehören.

Der Glaube an Gott und die Ausübung des Glaubens

Wir haben die Jugendlichen gefragt, wie wichtig der Glaube an Gott für ihre Lebensführung ist. Tabelle 4.8 zeigt, dass der Gottesglaube im Zeitverlauf etwas an Bedeutung verloren hat, inzwischen äußert sogar die Hälfte, dass der Glaube weniger wichtig oder unwichtig für ihre Lebensführung ist. Geht diese Entwicklung von den konfessionell gebundenen Jugendlichen aus und, wenn ja, von welcher Gruppe genau? Bereits im Jahr 2002 war die Wichtigkeit des Glaubens

Tab. 4.9 **Wichtigkeit des Glaubens an Gott (2002–2019)**
Jugendliche im Alter von 15 bis 25 Jahren
»Wie wichtig sind die folgenden Dinge für dich persönlich: An Gott glauben?«

%-Angaben (Spalten %)	2002	2006	2010	2015	2019
Katholisch					
Wichtig (5–7)*	51	45	43	38	39
Teils, teils (4)	18	20	23	19	18
Unwichtig (1–3)	30	34	32	39	41
Keine Angabe	1	1	2	4	2
Evangelisch					
Wichtig (5–7)	38	38	37	32	24
Teils, teils (4)	20	21	18	20	22
Unwichtig (1–3)	40	40	44	44	50
Keine Angabe	2	1	1	4	4
Andere Religionen**					
Wichtig (5–7)	68	70	75	70	70
Teils, teils (4)	11	12	8	14	11
Unwichtig (1–3)	19	12	12	13	16
Keine Angabe	2	6	5	3	3
Keine Konfession					
Wichtig (5–7)	7	8	8	9	6
Teils, teils (4)	8	6	9	8	7
Unwichtig (1–3)	82	85	81	80	82
Keine Angabe	3	1	2	3	5

* Abfrage auf einer Skala von 1 (= »Unwichtig«) bis 7 (= »Außerordentlich wichtig«). Als »wichtig« wurden Antworten mit den Skalenwerten 5–7 interpretiert.
** Hier sind die Angaben derjenigen zusammengefasst, die anderen christlichen und anderen nichtchristlichen Religionen, wie beispielsweise dem Islam oder dem Judentum, angehören. (Die Gruppe der muslimischen Jugendlichen kann für die Erhebungen 2002 und 2006 aufgrund zu geringer Fallzahlen nicht gesondert ausgewiesen werden.)

Shell Jugendstudie 2019 – Kantar

an Gott zwischen den Konfessionen unterschiedlich stark ausgeprägt (siehe Tabelle 4.9). Für katholische und evangelische Jugendliche hat der Glaube an Gott im Laufe der Jahre erheblich an Bedeutung verloren, heutzutage spielt er für die Hälfte der evangelischen und für vier von zehn der katholischen Jugendlichen keine bzw. keine große Rolle mehr.

Von dieser Entwicklung abgekoppelt sind junge Menschen, die anderen Religionen angehören, allen voran die jungen Muslime. Deren starker Glaube zeigt sich daran, dass 73 % von ihnen im Jahr 2019 den Glauben an Gott als wichtig einstufen, nur 18 % bezeichnen ihn als unwichtig. Auch für die Jugendlichen der anderen Religionen gilt, dass sie offenbar »glaubensfester« sind als ihre katholischen oder evangelischen Altersgenossen, und das über sämtliche Erhebungszeitpunkte hinweg. Dies dürfte auch damit zusammenhängen, dass

Tab. 4.10 Religionszugehörigkeit und Bedeutung von Gott
»Wie oft betest du?«

%-Angaben (Spalten %)	Konfession/Religion			Gott ist ...		
	Katholisch	Evangelisch	Islam	Wichtig	Teils, teils	Unwichtig
2006						
Mind. 1x pro Woche	28	21	53	42	12	8
Mind. 1x pro Monat	22	17	19	25	17	8
Seltener	27	33	8	20	37	27
Nie	20	27	17	11	31	55
Keine Angabe	3	2	3	2	3	2
2015						
Mind. 1x pro Woche	18	13	53	37	8	3
Mind. 1x pro Monat	19	14	19	24	18	4
Seltener	31	26	13	21	33	21
Nie	26	41	13	14	34	69
Keine Angabe	6	6	2	4	7	3
2019						
Mind. 1x pro Woche	18	13	60	44	11	4
Mind. 1x pro Monat	18	11	6	17	21	4
Seltener	28	25	10	15	29	19
Nie	32	43	21	17	33	70
Keine Angabe	4	8	3	7	6	3

Shell Jugendstudie 2019 – Kantar

diese jungen Menschen – wie in den vorangegangenen Shell Jugendstudien aufgezeigt – ihr Elternhaus in stärkerem Maße als religiös beschreiben als katholische oder evangelische Jugendliche. Auch in diesem Punkt stechen muslimische Jugendliche heraus, von denen 64 % im Jahr 2015 angaben, aus einem ziemlich oder sehr religiösen Elternhaus zu stammen (katholische Jugendliche 38 %, evangelische 19 %). Das häufiger religiös geprägte (familiäre) Umfeld gibt diesen Jugendlichen offenbar ein festes Glaubensfundament und führt dazu, dass der Gottesglaube nicht an Bedeutung verliert. Konfessionslose Jugendliche geben überwiegend an, dass der Glaube an Gott unwichtig für sie ist. Nur für wenige von ihnen ist er auch ohne formales Glaubensbekenntnis wichtig.

Die konkrete Religionsausübung wird in der Shell Jugendstudie mit der Frage »Wie oft betest du?« erhoben. Tabelle 4.8 zeigt, dass im Jahr 2019 fast die Hälfte der Jugendlichen gar nicht (mehr) betet. Parallel zum Rückgang des Gottesglaubens wird auch die religiöse Praxis immer unbedeutender. Dabei zeigen sich ähnliche konfessionelle Muster wie beim Glauben an Gott: Grundsätzlich beten katholische Jugendliche häufiger als evangelische, und muslimische Jugendliche beten wesentlich häufiger als christliche (siehe Tabelle 4.10). Dies gilt für alle drei Erhebungszeitpunkte, zu denen diese Frage in der Shell Jugend-

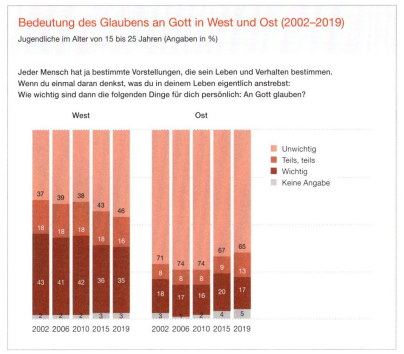

Bedeutung des Glaubens an Gott in West und Ost (2002–2019)

Jugendliche im Alter von 15 bis 25 Jahren (Angaben in %)

Jeder Mensch hat ja bestimmte Vorstellungen, die sein Leben und Verhalten bestimmen. Wenn du einmal daran denkst, was du in deinem Leben eigentlich anstrebst: Wie wichtig sind dann die folgenden Dinge für dich persönlich: An Gott glauben?

West   Ost

- Unwichtig
- Teils, teils
- Wichtig
- Keine Angabe

West: 2002 2006 2010 2015 2019 — 37 39 38 43 46 / 18 18 18 18 16 / 43 41 42 36 35 / 2 2 2 3 3

Ost: 2002 2006 2010 2015 2019 — 71 74 74 67 65 / 8 8 8 9 13 / 18 17 16 20 17 / 3 1 2 4 5

Abb. 4.12

Shell Jugendstudie 2019 – Kantar

studie gestellt wurde. Im Zeitverlauf betrachtet zeigt sich, dass sowohl die Katholiken als auch die Protestanten unter den Jugendlichen heutzutage sehr viel seltener oder gar nicht mehr beten. Bei jungen Muslimen hingegen beten 60 % mindestens einmal pro Woche – Tendenz steigend.

Die formale Zugehörigkeit zu einer Religionsgemeinschaft sagt folglich für die evangelischen und katholischen Jugendlichen immer weniger darüber aus, wie stark sie sich dem Glauben verbunden fühlen und ob sie ihn auch praktizieren (z. B. in Form des Betens).[11]

Jugendliche, für die der Glaube an Gott eine wichtige Rolle spielt, praktizieren ihren Glauben dagegen intensiv, daran ändert sich im Zeitverlauf nur wenig. 44 % derjenigen, für die Gott wichtig ist, beten im Jahr 2019 mindestens einmal pro Woche, weitere 17 % mindestens einmal pro Monat.

Das Verhältnis zur Kirche

Abgesehen von ihrer Rolle als Glaubensgemeinschaft erfüllen die katholische und die evangelische Kirche in Deutschland wichtige gesellschaftliche

11 In der Shell Jugendstudie 2015 haben wir darauf hingewiesen, dass bewusst nicht nach dem Kirchgang als Merkmal für religiöses Verhalten gefragt wurde, da nur noch sehr wenige Jugend-

liche (und auch Erwachsene) regelmäßig in die Kirche gehen. Das Beten schließt jedoch auch die private religiöse Praxis mit ein (Gensicke 2015).

Tab. 4.11 Meinungen zur Kirche nach Konfession (2006, 2010, 2015, 2019)
Jugendliche im Alter von 15 bis 25 Jahren

%-Angaben (Spalten %)	Katholisch				Evangelisch				Keine Konfession			
	2006	2010	2015	2019	2006	2010	2015	2019	2006	2010	2015	2019
»Ich finde es gut, dass es die Kirche gibt.«												
Trifft zu	79	77	75	75	77	76	73	79	47	45	43	45
Trifft nicht zu	16	15	14	13	15	15	14	13	45	39	38	38
Keine Angabe	5	8	11	12	8	9	13	8	8	16	19	17
»Die Kirche muss sich ändern, wenn sie eine Zukunft haben will.«												
Trifft zu	73	65	75	73	72	60	63	65	65	57	62	55
Trifft nicht zu	23	29	17	20	23	34	26	26	26	26	19	24
Keine Angabe	4	6	8	7	5	6	11	9	9	17	19	21
»Die Kirche hat keine Antworten auf die Fragen, die mich wirklich bewegen.«												
Trifft zu	62	60	59	59	62	61	56	59	83	73	68	65
Trifft nicht zu	31	29	27	25	29	28	26	23	12	12	13	13
Keine Angabe	7	11	14	16	9	11	18	18	5	15	19	22

Shell Jugendstudie 2019 – Kantar

und soziale Aufgaben. Sie kümmern sich nicht nur aktiv um Menschen in sozialen Notlagen, sondern beziehen in der öffentlichen Debatte Stellung und beanspruchen damit auch eine moralische Autorität. Die Institution Kirche wird daher, unabhängig vom Glaubensbekenntnis, von insgesamt 69 % aller Jugendlichen bejaht, sie finden es gut, dass es die Kirche gibt. Von den katholischen Jugendlichen sind drei Viertel dieser Meinung, von den evangelischen etwas mehr. Bei beiden Konfessionen sind im Zeitverlauf keine nennenswerten Veränderungen festzustellen. Selbst 45 % der konfessionslosen jungen Leute sehen die Existenz der Institution Kirche positiv (siehe Tabelle 4.11).

Unabhängig von der grundsätzlichen Wertschätzung der Kirche wird deren Zukunftsfähigkeit jedoch kritisiert, sogar deutlich häufiger von den katholischen und evangelischen als von den konfessionslosen Jugendlichen. Drei Viertel der katholischen und zwei Drittel der evan-gelischen jungen Menschen sind der Meinung, dass sich die Kirche ändern muss, wenn sie eine Zukunft haben will. Bemerkenswerterweise ist diese Haltung bei beiden Konfessionen langfristig stabil, die in den letzten 20 Jahren bekannt gewordenen Missbrauchsskandale innerhalb der katholischen Kirche haben offenbar nicht zu einer kritischeren Einstellung geführt. Fragt man die Jugendlichen hingegen danach, wie viel Vertrauen sie verschiedenen Gruppen oder Organisationen entgegenbringen (vgl. Kapitel 2.7), zeigt sich vor allem bei den katholischen Jugendlichen ein deutlicher Vertrauensverlust in die Institution Kirche: Im Jahr 2002 äußerten noch 38 % aller jungen Katholiken Vertrauen in die Kirchen[12], jetzt sind es noch 25 %. Bei den evangelischen Jugendlichen blieb

12 Auf einer Skala von 1 (= »Sehr wenig Vertrauen«) bis 5 (= »Sehr viel Vertrauen«) haben wir Antworten mit den Skalenwerten 4 und 5 zusammengefasst.

dieser Wert im selben Zeitraum – mit leichten Schwankungen – stabil (2002: 31 %, 2019: 29 %).

Für jeweils 59 % der Jugendlichen beider christlichen Konfessionen hat die Kirche keine Antwort auf die Fragen, die sie wirklich bewegen. Lediglich ein Viertel der Katholiken und ein knappes Viertel der Protestanten sind hier explizit anderer Meinung.

4.7 Freundschaften: Qualität zählt mehr als Quantität

Freundschaften im Jugendalter sind dadurch charakterisiert, dass die Jugendlichen einen ähnlichen Entwicklungskontext haben und Herausforderungen, wie die Ausbildung einer eigenen Identität, die Auseinandersetzung mit den Geschlechterrollen und die Integration der körperlichen Veränderungen in das Selbstbild gemeinsam angegangen werden können (Seiffge-Krenke & Seiffge 2005: 267). Aus entwicklungspsychologischer Sicht sind Freundschaften im Jugendalter deswegen wichtig für die Entwicklung der Bindungsfähigkeit und die Bewältigung der körperlichen Veränderungen. Viele Jugendliche haben bereits sehr früh einen festen Freundeskreis, andere erst später und ein Teil bleibt unzufrieden mit dem Verhältnis zu den Gleichaltrigen.

Freundschaften mit Gleichaltrigen sind für Jugendliche von zentraler Bedeutung. Für 97 % aller 12- bis 25-Jährigen sind »gute Freunde, die einen anerkennen und akzeptieren« wichtig[13] –

---

13 Auf einer Skala von 1 (= »Unwichtig«) bis 7 (= »Außerordentlich wichtig«) wurden 25 Wertorientierungen bewertet. Als »Wichtig« wurden Antworten mit den Skalenwerten 5 bis 7 interpretiert.

unter 25 abgefragten Wertorientierungen ist dies der höchste Wert (siehe Kapitel 3). Deutlich weniger bedeutsam finden sie es, viele Kontakte zu anderen Menschen zu haben, nur 71 % sagen, dass ihnen das wichtig oder äußerst wichtig ist. Es ist Jugendlichen heute sogar weniger wichtig als noch vor knapp 20 Jahren (2002: 84 %) – was vor dem Hintergrund des hohen Stellenwerts sozialer Netzwerke bemerkenswert ist. Die Qualität von sozialen Beziehungen zählt für sie offensichtlich mehr als die Quantität. Jugendlichen ist es unabhängig von Geschlecht, Alter, Herkunftsschicht oder Wohnort in der Stadt oder auf dem Land, in Ost oder West, gleichermaßen wichtig, gute Freunde zu haben.

Freundschaften finden nach wie vor in der realen Welt statt

Zwar findet ein beträchtlicher Teil der Kommunikation unter Jugendlichen über digitale Medien statt und soziale Netzwerke dienen dem Beziehungsaufbau und der Kontaktpflege. Dennoch leben auch die Digital Natives ihre Freundschaften in der »Offline-Welt«: Wir haben die 12- bis 25-Jährigen gefragt, ob es in ihrem Freundeskreis Personen gibt, mit denen sie ausschließlich über soziale Medien Kontakt haben und die sie noch nie persönlich getroffen haben. Nur 5 % geben an, dass das auf mindestens die Hälfte aller ihrer Freunde zutrifft (»etwa die Hälfte meiner Freunde«: 4 %, »die meisten meiner Freunde«/»alle meine Freunde«: 1 %). Bei 27 % trifft das nur auf wenige ihrer Freunde zu, und die überwiegende Mehrheit hat ausschließlich Freunde, mit denen sie (auch) persönlich Kontakt pflegt (siehe Abbildung 4.13).

Unterschiede werden bezüglich der sozialen Herkunftsschicht deutlich: Acht von zehn Jugendlichen aus der oberen Schicht haben mit all ihren Freunden

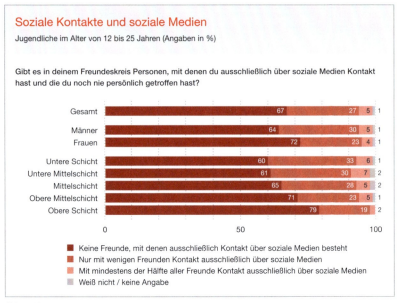

Soziale Kontakte und soziale Medien

Jugendliche im Alter von 12 bis 25 Jahren (Angaben in %)

Gibt es in deinem Freundeskreis Personen, mit denen du ausschließlich über soziale Medien Kontakt hast und die du noch nie persönlich getroffen hast?

	Keine Freunde	Nur wenige	Mind. Hälfte	Weiß nicht
Gesamt	67	27	5	1
Männer	64	30	5	1
Frauen	72	23	4	1
Untere Schicht	60	33	6	1
Untere Mittelschicht	61	30	7	2
Mittelschicht	65	28	5	2
Obere Mittelschicht	71	23	5	1
Obere Schicht	79	19		2

■ Keine Freunde, mit denen ausschließlich Kontakt über soziale Medien besteht
■ Nur mit wenigen Freunden Kontakt ausschließlich über soziale Medien
■ Mit mindestens der Hälfte aller Freunde Kontakt ausschließlich über soziale Medien
■ Weiß nicht / keine Angabe

Abb. 4.13   Shell Jugendstudie 2019 – Kantar

(auch) offline Kontakt. Bei Jugendlichen aus der unteren Schicht sind es lediglich sechs von zehn. Allerdings ist es unabhängig von der sozialen Schicht nur jeweils eine kleine Minderheit, die mit mindestens der Hälfte ihrer Freunde ausschließlich über soziale Medien Kontakt hält.

Zusammensetzung des Freundeskreises

Fragt man die Jugendlichen, ob sich ihr Freundeskreis mehr aus Deutschen, eher aus Migranten oder aus beiden Gruppen etwa gleichermaßen zusammensetzt, unterscheiden sich die Antworten naturgemäß deutlich nach eigenem Migrationshintergrund. Von allen 12- bis 25-Jährigen sagen 63 %, dass sie mehrheitlich mit Deutschen befreundet sind (siehe Abbildung 4.14), 2015 waren es 66 %. Jugendliche ohne Migrationshin-

tergrund haben deutlich häufiger einen Freundeskreis, der sich mehrheitlich aus Deutschen zusammensetzt. Umgekehrt ist ein Fünftel der Jugendlichen mit Migrationshintergrund mehrheitlich mit Migranten befreundet.

Junge Männer und Frauen ohne Migrationshintergrund haben ähnlich zusammengesetzte Freundeskreise. Bei Jugendlichen mit Migrationshintergrund haben junge Frauen häufiger einen Freundeskreis aus mehrheitlich Deutschen als junge Männer (siehe Tabelle 4.12). Die Antworten differenzieren zudem nach sozialer Herkunftsschicht: Betrachtet man Deutsche ohne Migrationshintergrund, so sind diejenigen aus der unteren Schicht deutlich häufiger mehrheitlich mit Deutschen befreundet als Jugendliche aus der oberen Schicht. Letztere haben häufiger gleichermaßen Freunde ohne und mit Migrationshintergrund, woran sich möglicherweise ihre kosmopolitischere Orientierung zeigt:

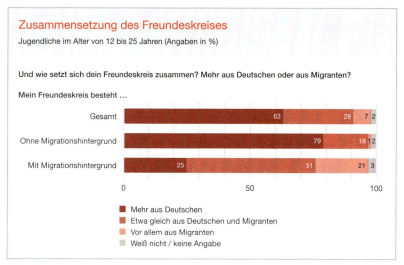

Zusammensetzung des Freundeskreises

Jugendliche im Alter von 12 bis 25 Jahren (Angaben in %)

Und wie setzt sich dein Freundeskreis zusammen? Mehr aus Deutschen oder aus Migranten?

Mein Freundeskreis besteht ...

Gesamt	63	28	7	2
Ohne Migrationshintergrund	79	18	1	2
Mit Migrationshintergrund	25	51	21	3

0   50   100

■ Mehr aus Deutschen
■ Etwa gleich aus Deutschen und Migranten
■ Vor allem aus Migranten
■ Weiß nicht / keine Angabe

Abb. 4.14

Shell Jugendstudie 2019 – Kantar

Tab. 4.12   **Zusammensetzung des Freundeskreises**

Jugendliche im Alter von 12 bis 25 Jahren

»Und wie setzt sich dein Freundeskreis zusammen? Mehr aus Deutschen oder aus Migranten?«

%-Angaben (Spalten %)	Gesamt	Männer	Frauen	Untere Schicht	Untere Mittel- schicht	Mittel- schicht	Obere Mittel- schicht	Obere Schicht
Der eigene Freundeskreis besteht ...								
Jugendliche ohne Migrationshintergrund								
... mehrheitlich aus Deutschen	79	79	80	88	79	81	77	76
... etwa gleich aus Deut- schen und Migranten	18	19	18	11	17	16	21	23
... vor allem aus Migranten	1	0	1	1	0	1	1	1
... weiß nicht / keine Angabe	2	2	1	0	4	2	1	0
Jugendliche mit Migrationshintergrund								
... mehrheitlich aus Deutschen	25	22	28	14	20	30	27	36
... etwa gleich aus Deut- schen und Migranten	51	51	52	48	56	47	53	54
... vor allem aus Migranten	21	25	17	35	19	21	20	9
... weiß nicht / keine Angabe	3	2	3	3	5	2	0	1

Shell Jugendstudie 2019 – Kantar

Zufriedenheit mit dem Freundeskreis – nach sozialer Herkunftsschicht

Jugendliche im Alter von 12 bis 25 Jahren (Angaben in %)

Wie zufrieden bist du insgesamt mit deinem Freundeskreis?

	Sehr zufrieden	Zufrieden	Teils, teils	Unzufrieden / sehr unzufrieden
Gesamt	48	41	10	1
Untere Schicht	36	43	16	5
Untere Mittelschicht	47	45	7	1
Mittelschicht	49	42	8	1
Obere Mittelschicht	48	41	10	1
Obere Schicht	56	35	9	

Abb. 4.15

Shell Jugendstudie 2019 – Kantar

Durch Schüleraustausche, Auslandsaufenthalte oder ein Studium – in der Regel Privilegien höherer sozialer Schichten – können Jugendliche interkulturelle Freundschaften aufbauen und pflegen. Bei Jugendlichen mit Migrationshintergrund verhält es sich umgekehrt: Je höher die soziale Schicht, aus der sie kommen, desto häufiger besteht ihr Freundeskreis mehrheitlich aus Deutschen.

Zufriedenheit mit dem eigenen Freundeskreis

Knapp die Hälfte aller 12- bis 25-Jährigen ist sehr zufrieden mit dem eigenen Freundeskreis, vier von zehn sind zufrieden, jeder zehnte sagt teils, teils. Unzufrieden ist lediglich 1 %, und als sehr unzufrieden äußert sich kaum jemand (unter 1 %). Im Zusammenhang erweisen sich sowohl die soziale Herkunftsschicht als auch der soziale Bildungs- und Berufsstatus als signifikant für die Zufriedenheit mit dem eigenen Freundes-

kreis[14]: Während mehr als die Hälfte der Jugendlichen aus der oberen Schicht sehr zufrieden mit ihrem Freundeskreis ist, trifft dies in der unteren Schicht nur auf etwas mehr als ein Drittel zu (siehe Abbildung 4.15). Dass sich benachteiligte Lebenslagen auch auf die soziale Einbindung auswirken, zeigt sich beispielsweise daran, dass Nicht-Erwerbstätige und Arbeitslose im Vergleich nur sehr selten mit ihrem Freundeskreis sehr zufrieden sind (40 % und 30 %), während es bei Studierenden mehr als die Hälfte ist (53 %).

14 Der Zusammenhang wurde multivariat anhand einer ordinalen logistischen Regression auf die Kriteriumsvariable »Zufriedenheit mit dem Freundeskreis« getestet. Einbezogene Prädiktoren: Alter, Geschlecht, West/Ost, soziale Herkunftsschicht, sozialer Bildungs- und Berufsstatus (Statuspassage), Migrationshintergrund, Siedlungsstrukturtyp, Zusammensetzung des Freundeskreises, Anteil Kontakt mit Freunden nur über soziale Medien, Nutzungshäufigkeit sozialer Netzwerke sowie die Wertorientierungen »Gute Freunde haben, die einen anerkennen und akzeptieren« und »Viele Kontakte zu anderen Menschen haben«.

Zusätzliche Erklärungskraft liefern die oben beschriebenen Wertorientierungen: Eine eher gleichgültige Haltung gegenüber Freundschaftsbeziehungen geht Hand in Hand mit einer geringeren Zufriedenheit mit dem eigenen Freundeskreis. Jugendliche, denen es nicht wichtig ist, gute Freunde zu haben, die einen anerkennen und akzeptieren,[15] sind mit 16% auch nur äußerst selten sehr zufrieden mit ihrem Freundeskreis. Besonders zufrieden zeigen sich diejenigen, denen es außerordentlich wichtig ist, viele Kontakte zu anderen Menschen zu haben[16] (61% sind sehr zufrieden mit dem Freundeskreis).

Eine intensive Nutzung von sozialen Netzwerken und gute Freundesbeziehungen widersprechen sich offensichtlich nicht: 49% derjenigen, die mindestens einmal täglich in den sozialen Netzwerken aktiv sind, zeigen sich sehr zufrieden mit ihrem Freundeskreis (im Zusammenhang mit den anderen untersuchten Merkmalen liefert diese Variable aber keine Erklärungskraft). Haben Jugendliche allerdings mit mindestens der Hälfte ihrer Freunde ausschließlich über soziale Medien Kontakt, sind sie deutlich weniger zufrieden mit ihrem Freundeskreis als der Durchschnitt (35% »sehr zufrieden«).

---

15 Skalenwerte 1 bis 4 auf einer Skala von 1 (= »Unwichtig«) bis 7 (= »Außerordentlich wichtig«).
16 Skalenwert 7 auf einer Skala von 1 (= »Unwichtig«) bis 7 (= »Außerordentlich wichtig«).

Ingo Leven, Gudrun Quenzel, Klaus Hurrelmann

5 Bildung: Immer noch entscheidet die soziale Herkunft

Jugendliche verbringen heute den Großteil des Tages und viele Jahre ihres Lebens in Schulen, Ausbildungsinstitutionen und Hochschulen. Das ist ein Trend, der sich kontinuierlich seit der Einführung der Schulpflicht fortsetzt (Oelkers 2017: 19). Sukzessive wurde die zunächst dreijährige Schulpflicht auf sechs, dann auf acht, später auf neun Jahre angehoben. Seitdem verbringen Jugendliche immer mehr Zeit in Bildungsinstitutionen, sowohl auf die Anzahl der Jahre als auch auf den zeitlichen Umfang in einer Woche bezogen. Dabei setzt sich der Ansturm auf Schulen, die hochwertige Bildungsabschlüsse vermitteln, ungebrochen fort.

Ein Grund dafür sind die steigenden formalen Anforderungen an Berufstätige (Dohmen 2019). Die junge Generation kann sich daher nicht auf einem vielleicht schon hohen Bildungsgrad der Eltern ausruhen, um sich einen guten Zugang zum Beruf zu sichern. Das war noch in den 1960er-Jahren anders, als Jugendliche mehrheitlich die Volksschule besuchten und aus heutiger Sicht nicht so sehr unter Bildungsdruck standen. Von den 1966 für die Shell Jugendstudie befragten 14- bis 21-Jährigen besuchten nur 18 % eine abiturführende Schule oder hatten das Abitur bereits erreicht. Weitere 15 % hatten eine Mittlere Reife oder strebten diese an (Jugendwerk der Deutschen Shell 1966: 285). Die übrigen zwei Drittel als die große Mehrheit besuchten eine Volksschule oder

hatten diese (mit oder ohne Abschlussprüfung) abgeschlossen.

Heute, fast 60 Jahre später, sind Bildung und Qualifikation zu einer der zentralen »Entwicklungsaufgaben« geworden, von deren erfolgreicher Bewältigung nicht nur die Qualität der weiteren Ausbildung abhängt, sondern auch, ob Jugendliche berufliche Chancen wahrnehmen und für sich eine gute Lebensqualität sichern können. Heutige Gesellschaften räumen der jungen Generation deshalb große Zeiträume ein, in denen sie Wissen erwerben und Kompetenzen entwickeln sollen, um für die Aufnahme qualifizierter Tätigkeiten und ein anspruchsvolles Erwerbsleben vorbereitet zu sein.

In den Shell Jugendstudien kommt den Themen Bildung, Bildungsaspirationen und Erfahrungen im Schul- und Ausbildungssystem traditionell eine hohe Bedeutung zu. Auch in der vorliegenden Studie fragen wir wieder, welche Bildungsziele Jugendliche haben und von welchen – vor allem sozialen – Faktoren es abhängt, ob sie ihre Ziele erreichen. Am Ende des Kapitels fragen wir, wie Jugendliche ihre persönliche Zukunft sehen und wie stark diese von ihrem Bildungserfolg abhängt.

%-Angaben	2002	2006	2010	2015	2019
Hauptschüler	10	9	7	4	3
Realschüler	12	11	11	10	8
Schule mit mehreren Bildungsgängen	6	5	5	9	11
Gymnasiasten	20	19	19	19	20
Studierende	12	11	11	14	15
In Berufsausbildung	18	16	12	11	11
Erwerbstätige	16	20	23	22	21
Nicht-Erwerbstätige	4	5	8	8	9
Arbeitslose	2	4	4	3	2

Shell Jugendstudie 2019 – Kantar

Der Übergang von der Schule in den Beruf wird wieder länger

In der Shell Jugendstudie 2015 konnten wir einen Anstieg der Erwerbstätigen unter den 12- bis 25-Jährigen verzeichnen. Verschiedene bildungs- und gesellschaftspolitische Weichenstellungen hatten dazu beigetragen, dass Jugendliche wieder früher anfingen zu arbeiten. Dazu gehörten die Einführung des achtjährigen Gymnasiums (G8) in den westdeutschen Bundesländern, die Abschaffung des verpflichtenden Wehr- und Zivildienstes für junge Männer und die Einführung von zeitlich stärker strukturierten Bachelor- und Masterprogrammen an den Universitäten. Auch die seit 2006 verbesserte Lage am Arbeits- und Ausbildungsmarkt führte zu einem früheren Einstieg ins Erwerbsleben. Dadurch sank die Zahl der Jugendlichen in den berufsvorbereitenden Bildungsgängen, und Studierende wurden motiviert, zügig ihren Abschluss zu machen.

Die aktuelle Erhebung zeigt, dass sich dieser Trend wieder umkehrt.[1] Die Bil-

dungsaspirationen steigen kontinuierlich weiter, weshalb auch immer mehr Jugendliche das Abitur machen und ein Studium aufnehmen. Hinzu kommt, dass fast alle westdeutschen Bundesländer wieder zum Abitur nach 13 Schuljahren zurückgekehrt sind oder dieses zumindest als Wahlmöglichkeit besteht. Insgesamt wird damit die Zeit, die Jugendliche in Schulen, Hochschulen und Ausbildungsinstitutionen verbringen, wieder länger. Entsprechend verlängert sich auch die Phase des Übergangs vom Bildungs- in das Beschäftigungssystem.

In der Folge ist der Anteil der Jugendlichen in schulischer, beruflicher oder

1 In der Shell Jugendstudie 2015 hatten wir zur Gewichtung der Daten auf Zahlenmaterial des

Statistischen Bundesamtes zurückgegriffen, mit dem Heranwachsende in Schule, Ausbildung oder Studium zum weitaus größeren Teil auch zu den Erwerbstätigen gezählt wurden, sobald sie zusätzlich (neben-)beruflich tätig waren. In der Shell Jugendstudie 2019 greifen wir dagegen auf Zahlenmaterial des Statistischen Bundesamtes zurück, das unserer Definition der Zugehörigkeit zu bestimmten (Bildungs-)Etappen folgt und diese Heranwachsenden nicht zu den Erwerbstätigen hinzuzählt. Wir haben deshalb, um die Konsistenz der Zeitreihe zu erhalten, auch die Gewichtungen der Shell Jugendstudien 2010 und 2015 entsprechend korrigiert.

akademischer Ausbildung von seinem Tiefpunkt in 2010 (65 %) wieder leicht angestiegen (2019: 68 %), ohne jedoch wieder das Niveau von 2002 (78 %) erreicht zu haben (siehe Tabelle 5.1). Im Gegenzug ist seit dem Höhepunkt 2010 (23 %) der Anteil der Erwerbstätigen wieder leicht rückläufig (2019: 21 %).

Ein zweiter Trend wird deutlich: Heutzutage studieren immer mehr Jugendliche, während immer weniger eine Berufsausbildung machen. Im Jahr 2002 entschieden sich noch deutlich mehr junge Menschen für eine Berufsausbildung als für ein Studium. Im Jahr 2019 sind die Verhältnisse umgekehrt. Zwischen 2010 und 2015 vollzog sich eine Wende, die dazu geführt hat, dass die traditionell als »Königsweg« für den Übergang von der Schule in den Beruf gerühmte duale berufliche Ausbildung nur noch die zweite Wahl für viele Schulabgängerinnen und Schulabgänger darstellt. Ein Studium an einer Hochschule erscheint inzwischen der Mehrheit der jungen Leute attraktiver zu sein als die berufliche Ausbildung.

5.1 Die Bildungsambitionen steigen weiter an

Für junge Menschen spielen Bildung und Ausbildung eine entscheidende Rolle, denn diese stellen wichtige Weichen für ihre gesamte weitere Lebensplanung und insbesondere ihre berufliche Laufbahn. Uns interessiert deswegen, welche Bildungsziele Jugendliche heute haben und in welchem Ausmaß es ihnen gelingt, diese auch zu erreichen.

Gymnasien und integrierte Schulformen werden immer beliebter

Schaut man sich die Schulformen an, die Jugendliche besuchen, fällt auf, dass der Anteil der Hauptschülerinnen und Hauptschüler im Laufe der letzten Jahre stark zurückgegangen ist (siehe Tabelle 5.2). Im Jahr 2002 besuchte noch ein gutes Fünftel (21 %) der Schüler eine Hauptschule, heute nicht einmal mehr jeder zehnte (7 %). Der Anteil der Realschüler blieb demgegenüber relativ lange konstant, ging aber im Zeitraum von 2015 bis 2019 deutlich zurück (25 % auf 20 %). Es deutet alles darauf hin, dass es sich hierbei um unumkehrbare Trends handelt, denn beide Schulformen führen keine gymnasiale Oberstufe. Weil die Jugendlichen aber heute mehrheitlich das Abitur als Schulabschluss anstreben, entscheiden sie sich immer häufiger für Schulformen, die einen direkten oder zumindest einen direkt vermittelten Weg in die gymnasiale Oberstufe anbieten. Zulauf haben aus diesem Grund vor allem integrierte Schulformen und Gymnasien.

Integrierte Schulformen kombinieren in der Regel mindestens die Bildungsgänge von Haupt- und Realschule. Damit halten sie die weichenstellenden Entscheidungen für die Schullaufbahn möglichst lange offen. Sie sind auch deshalb attraktiv, weil sie immer häufiger selbst eine gymnasiale Oberstufe führen oder enge Kooperationen mit entsprechenden Schulen eingehen. Der Anteil der Schülerinnen und Schüler an Schulen mit mehreren Bildungsgängen ist jedenfalls auf ein Viertel (26 %) angestiegen und hat sich damit seit 2002 (13 %) verdoppelt.

Hauptschule und Realschule als getrennte Schulformen werden damit immer seltener. In vielen Regionen liegt das auch an der demographischen Entwicklung. Weil die Schülerzahlen so stark abgesunken sind, lassen sich

Tab. 5.2 **Besuchte Schulform**

Schülerinnen und Schüler im Alter von 12 bis 21 Jahren

%-Angaben	2002			2006			2010			2015			2019		
	Gesamt	Männlich	Weiblich	Gesamt	Männlich	Weiblich	Gesamt	Männlich	Weiblich	Gesamt	Männlich	Weiblich	Gesamt	Männlich	Weiblich
Hauptschule	21	24	19	19	22	17	16	19	14	8	9	8	7	8	5
Realschule	25	24	26	25	25	25	26	25	26	25	25	24	20	20	21
Gymnasium	41	39	43	44	40	47	46	42	49	46	44	49	47	42	53
Integrierte Schulform	13	13	12	12	13	11	12	14	11	21	22	19	26	30	21

Shell Jugendstudie 2019 – Kantar

mehrere Schulformen nebeneinander aus organisatorischen und finanziellen Gründen nicht mehr betreiben. In weiten Teilen Deutschlands erfolgte in den letzten Jahren deswegen eine Zusammenlegung der Hauptschulen mit den Realschulen. Bei der Namensgebung dieser Schulen mit mehreren Bildungsgängen herrscht eine große föderale Vielfalt. In einigen Ländern heißen sie Mittelschulen, in anderen Gemeinschaftsschulen oder integrierte Sekundarschulen. Hinzu kommen die in vielen Bundesländern bereits seit den 1970er-Jahren etablierten Gesamtschulen. Wie bereits erwähnt, unterscheiden sich die integrierten Schulen je nach Bundesland auch erheblich darin, ob sie einen direkten oder indirekten Zugang zur gymnasialen Oberstufe anbieten oder nicht.

Immer mehr Schüler (47 %) entscheiden sich für das Gymnasium – Tendenz steigend. Damit ist diese Schulform ganz eindeutig der »Marktführer« in der Mittel- und der Oberstufe des deutschen Schulsystems (siehe Tabelle 5.2). Sie konnte ihren Anteil an der Schülerschaft von 2002 bis heute noch einmal um 6 Prozentpunkte steigern. Für die meisten Jugendlichen ist das Gymnasium eine sichere Bank bei der Schulwahl, weil es den direkten Weg zum Abitur anbietet und außerdem einen besonders guten Ruf hat. Gegenüber den integrierten Schulen hat es den nicht zu unterschätzenden Vorteil, in jedem Bundesland den gleichen Namen zu tragen.

Jungen und Mädchen unterscheiden sich bei der Wahl der Schulform stark. Von den Mädchen geht inzwischen mehr als jedes zweite (53 %) aufs Gymnasium, bei den Jungen ist der Anteil deutlich geringer (42 %). Dieser Unterschied zwischen den Geschlechtern ist im Vergleich zu 2015 wieder größer geworden. Junge Männer sind häufiger in integrierten Schulformen und Hauptschulen zu finden. In den Realschulen ist das Geschlechterverhältnis seit Jahren relativ ausgeglichen. In der Gesamtschau wird deutlich, dass Mädchen und junge Frauen die anspruchsvolleren Schulformen besuchen. In der Konsequenz erreichen sie deshalb im Durchschnitt auch bessere Schulabschlüsse als ihre männlichen Mitschüler.

Wunschabschluss Abitur

Bildung besitzt bei jungen Menschen aus unterschiedlichen Gründen einen hohen Stellenwert. Ihr kommt für die weitere Lebensgestaltung gleich in mehreren Bereichen eine Schlüsselrolle zu. Ein möglichst hoher Bildungsabschluss mit guten Noten ist für junge Menschen häufig die Voraussetzung, um den angestrebten Ausbildungs- oder Studienplatz zu bekommen. Ein erfolgreicher Ab-

Tab. 5.3 **Zeitreihenvergleich zum angestrebten Schulabschluss**

Jugendliche im Alter von 12 bis 21 Jahren, die noch zur Schule gehen

%-Angaben	2002			2006			2010			2015			2019		
	Gesamt	Männlich	Weiblich	Gesamt	Männlich	Weiblich	Gesamt	Männlich	Weiblich	Gesamt	Männlich	Weiblich	Gesamt	Männlich	Weiblich
Angestrebter Schulabschluss															
Hauptschulabschluss	14	16	13	12	13	11	9	10	8	5	5	6	4	5	3
Realschulabschluss	31	32	31	32	33	30	27	29	24	27	28	25	27	28	26
Fachhochschulreife	4	4	3	5	6	4	6	7	6	7	7	6	7	7	6
Abitur	49	46	53	51	47	55	58	54	62	60	59	61	61	60	63
Keine Angaben	2	2	0	1	1	0	0	0	0	1	1	2	1	0	2

Shell Jugendstudie 2019 – Kantar

schluss einer Ausbildung oder eines Studiums ist wiederum die Voraussetzung für den Berufseinstieg und die weitere Berufslaufbahn. Zudem schafft ein möglichst hoher Schulabschluss vielfach erst die Grundlage, sich im weiteren Leben selbst verwirklichen und einen individuellen Lebensstil entfalten zu können.

Die Entscheidung für den einen oder anderen Bildungsweg ist dabei keine einmalige, sondern muss an den verschiedenen Weichenstellungen im Schulsystem, am Übergang zwischen Schule und Ausbildung sowie am Übergang zwischen Ausbildung und Beruf jeweils überdacht und vor dem Hintergrund der offen stehenden Möglichkeiten angepasst werden.

Deshalb sind die Bildungsmotivation und die eigenen Bildungsziele so essenziell. Auch in der aktuellen Shell Jugendstudie fragen wir deswegen wieder alle Jugendlichen, die noch zur Schule gehen, danach, welchen Abschluss sie anstreben. Wie Tabelle 5.3 zeigt, wollen zwei Drittel (68 %) von ihnen die Hochschulreife erwerben, im Jahr 2002 waren es mit 53 % deutlich weniger. Etwas mehr als ein Viertel (27 %) strebt einen Realschulabschluss an, und nur 4 % geben

sich mit einem Hauptschulabschluss zufrieden.

Dabei werden im Zeitverlauf die geschlechterspezifischen Unterschiede wieder kleiner. Heute wollen etwa gleich viele junge Männer (60 %) wie junge Frauen (63 %) das Abitur erreichen. Bis 2010 waren die Unterschiede noch deutlich ausgeprägter, und junge Frauen strebten wesentlich häufiger das Abitur an als junge Männer. Im Zeitvergleich wird ebenfalls deutlich, dass der Ehrgeiz der jungen Männer im Blick auf ihren Bildungsabschluss gestiegen ist: Waren es 2002 nur 46 %, die das Abitur anstrebten, stieg dieser Wert 2019 auf 60 % an. Auch die Frauen haben ihre Ansprüche erhöht. Bei ihnen sind die Werte von 53 % auf 63 % gestiegen, womit der Abstand zu den Männern kleiner geworden ist. Es hat den Anschein, dass die jungen Männer eine Aufholjagd begonnen haben und versuchen, ihren seit über 20 Jahren anhaltenden Bildungsrückstand gegenüber den Mädchen und jungen Frauen wettzumachen. Es wird sich zeigen, ob ihnen der vermehrte Besuch von integrierten Schulformen erlaubt wird, diese Ambitionen auch in die Tat umzusetzen.

Jugendliche im Alter von 12 bis 25 Jahren

%-Angaben	Gesamt	Kein oder einfacher Schulabschluss des Vaters (Volksschule …)	Mittlerer Schulabschluss des Vaters (Mittlere Reife …)	Höherer Schulabschluss des Vaters (Fachabitur, Abitur …)
Hauptschulabschluss	11	23	7	4
Realschulabschluss / Mittlere Reife	29	35	36	15
Abitur / Fachhochschulreife	58	39	55	81

Fehlend zu 100 %: keine Angabe (1 %) und Abgang ohne Abschluss (1 %)

Shell Jugendstudie 2019 – Kantar

Das Abitur anzustreben bedeutet jedoch nicht, es auf Anhieb auch zu erreichen. Von den Jugendlichen, die nicht mehr zur Schule gehen, haben »erst« 42 % das Abitur erreicht. Der Anteil, der dann auf dem zweiten Bildungsweg Abschlüsse nachholt, ist jedoch erfahrungsgemäß hoch, und am Ende erwirbt über die Hälfte der jungen Erwachsenen die Hochschulreife (Autorengruppe Bildungsberichterstattung 2018: 276). Dass diese Quote in vielen OECD-Ländern bei um die 70 % liegt, deutet darauf hin, dass sich auch in Deutschland der Trend zum Abitur als Regelabschluss weiter fortsetzen wird (OECD 2017: 52).

Der Bildungsaufstieg bleibt eine Frage der sozialen Herkunft

Die Hochschulreife ist inzwischen auch bei denjenigen Jugendlichen, deren Vater[2] keinen oder einen einfachen Schulabschluss hat, der am häufigsten angestrebte Abschluss. Das demokratische Versprechen, dass in Deutschland

grundsätzlich alle Bildungswege für alle Bevölkerungsgruppen offenstehen, wird somit zumindest zum Teil erfüllt. Die jetzige Generation erwirbt nahezu durchgehend höhere Bildungstitel als die Generation ihrer Eltern, und auch für Kinder aus den sogenannten »bildungsfernen« Familien steht die Tür zum Abitur grundsätzlich offen – jedoch nach wie vor längst nicht so weit wie für Akademikerkinder.

Wie stark der Bildungserfolg der Jugendlichen in Deutschland auch heute noch vom Bildungserfolg der Eltern abhängt, verdeutlichen die Tabellen 5.4 und 5.5.

Für einen Jugendlichen, dessen Vater einen höheren Schulabschluss hat, ist die Wahrscheinlichkeit, die Schule mit einer Hochschulreife zu verlassen oder diesen Schulabschluss anzustreben (81 %), immer noch mehr als doppelt so hoch wie für denjenigen, dessen Vater keinen oder einen einfachen Schulabschluss hat (39 %). Es ist also für Jugendliche aus einfacheren Bildungsverhältnissen zwar durchaus möglich, höhere Bildungsabschlüsse zu erreichen, doch im Vergleich ist dies deutlich seltener der Fall. Umgekehrt verlässt kaum ein Jugendlicher mit einem höher gebil-

2 Wir haben im Folgenden die Ergebnisse für den Schulabschluss des Vaters dargestellt. Vergleichbares gilt auch für den Schulabschluss der Mutter.

Tab. 5.5 **Trend zum erreichten/angestrebten Schulabschluss der Jugendlichen**

Jugendliche im Alter von 12 bis 25 Jahren, deren Vater keinen oder einen einfachen Schulabschluss hat

%-Angaben	2002	2006	2010	2015	2019
Abgang ohne Abschluss	2	2	2	1	2
Hauptschulabschluss	33	34	31	23	23
Realschulabschluss / Mittlere Reife	39	40	41	40	35
Abitur / Fachhochschulreife	26	24	26	35	39
Keine Angabe	0	0	0	1	1

Shell Jugendstudie 2019 – Kantar

deten Vater die Schule mit einem Hauptschulabschluss (4 %). Bei Jugendlichen, deren Väter keinen oder einen einfachen Schulabschluss haben, liegt der Anteil bei knapp einem Viertel (23 %). Das bedeutet, dass sie mit einer sechsmal so hohen Wahrscheinlichkeit die Schule mit einem Hauptschulabschluss verlassen. Diese Unterschiede sind nicht neu, in den letzten zwei Jahrzehnten hat sich an den ungleichen Erfolgschancen nichts Maßgebliches geändert.

Die Bildungsabschlüsse der Jugendlichen aus den unteren sozialen Schichten haben sich zwar durchaus erhöht. Da jedoch höhere Bildungsabschlüsse bei Jugendlichen aus allen Bildungsschichten insgesamt zugenommen haben, hat sich an den Unterschieden zwischen den sozialen Schichten wenig geändert. Ob wir nun 2002 oder 2019 betrachten – es bleibt dabei, dass für den Jugendlichen, dessen Vater das Abitur hat, die Wahrscheinlichkeit, selbst das Abitur zu erreichen, mehr als doppelt so hoch ist wie bei demjenigen, dessen Vater einen Hauptschulabschluss oder keinen Schulabschluss vorweisen kann.

Die soziale Herkunft der Eltern hat maßgeblichen Einfluss auf den Bildungserfolg der Jugendlichen. An diesem grundsätzlichen Befund hat sich seit 2002 nichts geändert. Es ist markant, dass in diesem Zeitraum integrierte Schulformen und Gymnasien an Bedeutung gewonnen haben, während vor allem Hauptschulen von der bildungspolitischen Bildfläche fast gänzlich verschwinden. Dabei gilt zugleich, dass es vor allem Jugendliche aus besseren sozialen Verhältnissen an das Gymnasium schaffen (siehe Abbildung 5.1). Während fast drei Viertel aller Jugendlichen aus der oberen Schicht (71 %) den Weg ans Gymnasium finden, ist es nur ein gutes Achtel der Jugendlichen aus der unteren Schicht (13 %). Damit hat sich seit dem Jahr 2002 an dieser Stelle nicht sehr viel getan. Auch wenn es im Vergleich zu 2002 (41 %) heute (47 %) mehr Jugendliche ans Gymnasium schaffen, kommt dieser Anstieg nicht durch eine überproportionale Öffnung für junge Menschen aus unteren sozialen Schichten zustande.

Im gleichen Zeitraum hat sich der Bildungsvorsprung der jungen Frauen gegenüber den jungen Männern verstetigt. Inzwischen schafft es eine Mehrheit junger Frauen (53 %) ans Gymnasium, während bei jungen Männern der Anteil fast konstant bei gut zwei Fünfteln liegt (42 %).

Die Unterschiede zwischen den westlichen (47 %) und östlichen Bundesländern (49 %) sind übrigens – wie insgesamt bereits seit 2002 – nicht signifikant. Dagegen ist es bemerkenswert, dass im Jahr 2019 für Jugendliche in ländlichen Regionen (44 %) der Zugang zum Gymnasium inzwischen vergleichbar

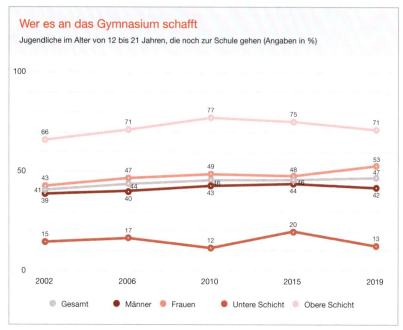

Wer es an das Gymnasium schafft

Jugendliche im Alter von 12 bis 21 Jahren, die noch zur Schule gehen (Angaben in %)

Gesamt ● Männer ● Frauen ● Untere Schicht ● Obere Schicht

Abb. 5.1

Shell Jugendstudie 2019 – Kantar

wahrscheinlich ist wie für Jugendliche aus den (groß-)städtischen Regionen. Dies war noch im Jahr 2002 (30 %) nicht der Fall. Hier ist es in den letzten Jahren gelungen, das klassische Stadt-Land-Gefälle fast vollständig zu beseitigen. Junge Menschen können auch in ländlichen Regionen vergleichbare Bildungswege vor Ort verwirklichen, wie sie Jugendlichen in (groß-)städtischen Regionen zugänglich sind.

Zusätzlich zu den sozialen und persönlichen Besonderheiten in der Zusammensetzung der Schülerschaft an Gymnasien stellt sich die Frage, welche weiteren persönlichen Eigenschaften hier hervorstechen.[3] Inwiefern unterscheiden sich Jugendliche an Gymnasien im Vergleich zu Jugendlichen, die andere Schulformen besuchen? Und resultieren diese Unterschiede eher aus bestimmten persönlichen Einstellungen und Sichtweisen auf die Welt oder eher im Hinblick auf grundsätzliche soziodemographische Merkmale? Sowohl die soziale Herkunft als auch persönliche Abstiegsängste erweisen sich als signifikant.

So berichten Gymnasiasten (39 %) deutlich seltener von der Sorge, keinen geeigneten Ausbildungs- oder Arbeitsplatz zu finden, als Nicht-Gymnasiasten (51 %). Ebenso sind sie weniger beunru-

---

[3] Dazu greifen wir auf ein erweitertes Modell zurück. Zusätzlich zu den bereits im Vorabschnitt genutzten Merkmalen Alter, Geschlecht, West/Ost, Migrationshintergrund, Siedlungsstrukturtyp und soziale Herkunftsschicht werden in diesem erweiterten Modell mit einbezogen: Populismusaffinität, Toleranzindex, offene Gesellschaft, Kontrollverlust, Gerechtigkeitsempfinden, persönliche Abstiegsängste und gesellschaftliche Zukunftsängste.

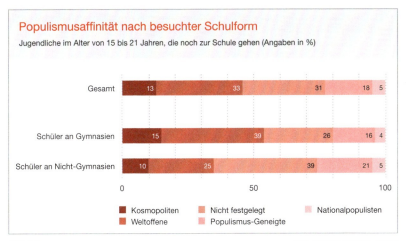

Populismusaffinität nach besuchter Schulform

Jugendliche im Alter von 15 bis 21 Jahren, die noch zur Schule gehen (Angaben in %)

	Kosmopoliten	Weltoffene	Nicht festgelegt	Populismus-Geneigte	Nationalpopulisten
Gesamt	13	33	31	18	5
Schüler an Gymnasien	15	39	26	16	4
Schüler an Nicht-Gymnasien	10	25	39	21	5

Kosmopoliten Weltoffene Nicht festgelegt Populismus-Geneigte Nationalpopulisten

Abb. 5.2

Shell Jugendstudie 2019 – Kantar

higt über die schlechte Wirtschaftslage und steigende Armut (48 % zu 55 %). Bereits seit dem Jahr 2006 sind Gymnasiasten deutlich optimistischer geworden als die Schüler an anderen Schulformen. Vor diesem Hintergrund ist es nicht verwunderlich, dass beim Thema Populismusaffinität (zur Definition siehe Kapitel 2) derzeit deutliche Unterschiede zwischen den Schulformen auszumachen sind (siehe Abbildung 5.2). An Gymnasien bilden Kosmopoliten (15 %) und Weltoffene (39 %) eine breite Mehrheit (54 %), während Populismus-Geneigte (16 %) und Nationalpopulisten (4 %) deutlich seltener anzutreffen sind. An Nicht-Gymnasien lassen sich dagegen keine eindeutigen Mehrheitsverhältnisse ausmachen. Aufgrund überproportional vieler Jugendlicher, die noch nicht festgelegt sind (39 %), halten sich hier die Kosmopoliten (10 %) zusammen mit den Weltoffenen (25 %) auf der einen Seite fast die Waage mit den Populismus-Geneigten (21 %) und Nationalpopulisten (5 %) auf der anderen Seite. Dies sorgt in den Klassenräumen von Gymnasien im Vergleich zu den Nicht-Gymnasien für erhebliche Unterschiede in der Zusammensetzung politischer Weltsichten.

Warum sich die persönlichen Abstiegsängste je nach Schulform so stark unterscheiden und zugleich für Jugendliche ein möglichst hoher Schulabschluss so wichtig ist, wird deutlich, wenn man sich die unterschiedlichen Chancen am Arbeitsmarkt anschaut (siehe Tabelle 5.6). Von den Jugendlichen, die die Schule ohne Abschluss verlassen haben, waren zwei Drittel (65 %) zum Zeitpunkt der Befragung arbeitslos oder nicht-erwerbstätig. Bei denjenigen mit Hauptschulabschluss war es immer noch ein Drittel (33 %). Sie hatten also im Vergleich zu denjenigen mit Abitur (12 %) ein fünf- bzw. fast dreimal so hohes Risiko der Erwerbslosigkeit.

Umgekehrt steigt die Chance, erfolgreich in den Arbeitsmarkt zu gelangen, mit der Höhe des Bildungsabschlusses deutlich an. Ein gutes Viertel (26 %) der Jugendlichen ohne Schulabschluss ist erwerbstätig, hingegen rund zwei Fünftel (44 %) mit Hauptschulabschluss. Jugendliche mit Realschulabschluss sind im Alter bis 25 Jahren mehrheit-

Tab. 5.6 Erwerbsstatus der Jugendlichen nach dem von ihnen erreichten Schulabschluss

Jugendliche im Alter von 12 bis 25 Jahren, die die Schule bereits verlassen haben

%-Angaben	Gesamt	Ohne Abschluss	Hauptschul- abschluss	Realschul- abschluss	Fachhoch- schulreife	Abitur
Arbeitslose / Nicht-Erwerbstätige	19	65	33	21	14	12
In Ausbildung	18	6	23	26	20	10
Studierende	26	3		1	29	55
Erwerbstätige	37	26	44	52	37	23

Shell Jugendstudie 2019 – Kantar

lich erwerbstätig (52 %). Sie haben ihre berufliche Ausbildung vielfach bereits abgeschlossen und gehen entsprechend häufiger früh in ihrem Leben einer Erwerbstätigkeit nach. Dies ist bei Jugendlichen mit Fachhochschulreife (37 %) und mit Abitur (23 %) deutlich seltener der Fall. Ein Studium, dem mehr als ein Viertel der Jugendlichen mit Fachhochschulreife (29 %) und mehr als die Hälfte der Jugendlichen mit Abitur (55 %) nachgehen, nimmt mehr Zeit in Anspruch, so dass sie eine Erwerbstätigkeit erst später aufnehmen können. Da die Erwerbstätigenquote bei Akademikern höher ist als in den anderen Statusgruppen, ist eine erfolgreiche Integration in den Arbeitsmarkt nach dem Studium jedoch sehr wahrscheinlich (Eurostat 2019).

5.2 Brüche in der Bildungskarriere – eine soziale Frage

Dass Schülerinnen und Schüler immer höhere Bildungsabschlüsse anstreben und auch erreichen, ist aus volkswirtschaftlicher Sicht wichtig. Der – möglichst hohe – Bildungsstand der Bevölkerung wird als entscheidender Faktor der wirtschaftlichen Entwicklung betrachtet (Hanushek und Wößmann 2019). Wie

wir gesehen haben, sind die Bildungsambitionen in der jungen Generation nicht nur hoch, sondern werden auch mehrheitlich erfolgreich umgesetzt.

Was aber passiert mit denjenigen, die hier aus verschiedenen Gründen nicht mithalten können? Wie gehen junge Menschen mit Problemen in ihrer Bildungskarriere um, wenn sie beispielsweise eine Klasse wiederholen müssen oder den angestrebten Schulabschluss nicht erreichen? Solche Erlebnisse können als massiver Fehlschlag empfunden werden. Das Gefühl, einmal »versagt« zu haben, kann Heranwachsende mitunter ihr ganzes Leben lang begleiten und stellt ein Risiko für psychische Krankheiten dar (Krohne und Tillmann 2006; Ricking und Hagen 2016). Besonders schwierig sind von jeher die Übergänge zwischen den Schulformen, zwischen Schule und Ausbildung sowie zwischen Ausbildung und Beruf.

Dabei scheinen drei Weichenstellungen von besonderer Bedeutung und Tragweite für das weitere Leben zu sein. Nach der Grundschule steht zunächst die Frage an, welche weiterführende Schulform besucht werden kann und soll. Nach dem Abschluss der Schule müssen die Schulabgänger entscheiden, welche schulische oder betriebliche Ausbildung sie aufnehmen oder welchen Studiengang sie wählen. Nach Abschluss der beruflichen Ausbildung oder des

Studiums geht es für die jungen Menschen um die erfolgreiche Integration in den Arbeitsmarkt, und zwar möglichst im Wunschberuf.

Diese drei in der Regel sehr anspruchsvollen Weichenstellungen fallen zeitgleich mit verschiedenen Entwicklungsaufgaben der Lebensphase Jugend an: die emotionale Ablösung von den Eltern, der Aufbau von Freundschaften mit Gleichaltrigen, das Ausprobieren von Partnerbeziehungen und die Entwicklung einer eigenen Wertorientierung. Angesichts dieser vielfältigen Herausforderungen stellt sich für die Heranwachsenden nicht selten die Frage, wie sie das alles zugleich meistern sollen. Wenn dann die Unterstützung von Eltern und anderen erwachsenen Bezugspersonen fehlt, kann die erfolgreiche Bewältigung der schulischen Anforderungen erheblich gefährdet sein. Und Deutschland gehört im internationalen Vergleich zu den Ländern, in denen die Bildungschancen besonders stark von den Bildungsressourcen der Eltern abhängen (OECD 2016: 225). Diese Übergänge und Probleme wollen wir uns deswegen Schritt für Schritt etwas näher ansehen.

Bereits erlebte Brüche in der Bildungskarriere

In der Schule galt das Sitzenbleiben lange als einleuchtende Folge von gravierenden Leistungsdefiziten: Wer den Stoff beim ersten Mal nicht erfolgreich gelernt hat, muss ihn eben wiederholen. In welchem Ausmaß es sich dabei auch um ein geeignetes Förderinstrument handelt, ist umstritten. Viele Pädagogen halten jedoch eine möglichst frühe Intervention bei ersten Anzeichen von Leistungsproblemen für deutlich wirkungsvoller und empfehlen eine auf den individuellen Lernstand des Schülers aufbauende Unterstützung. Viele Bundesländer haben in den letzten Jahren deswegen Klassenwiederholungen bei Nicht-Erreichung der Lernziele zugunsten einer begleitenden Förderung abgeschafft. Entsprechend zeigt sich auch in unseren Daten ein gegenüber 2010 leicht rückläufiger Trend bei den Klassenwiederholungen. Nichtsdestotrotz sind in Deutschland Wiederholungen ganzer Schuljahre bei Leistungsproblemen in einigen Fächern immer noch sehr viel üblicher als in den meisten anderen Staaten (OECD 2016: 442).

Unter den Schülern im Alter von 12 bis 21 Jahren musste bereits jeder siebte (15 %) im Laufe seiner Schullaufbahn einmal eine Klasse wiederholen (siehe Tabelle 5.7). Naheliegenderweise gibt es hier Unterschiede im Hinblick auf das Alter. Je älter Jugendliche werden, je länger verweilen sie auch im Schulsystem, und desto höher ist entsprechend die Wahrscheinlichkeit, dass sie bereits einmal eine Klasse wiederholen mussten.

Bemerkenswert sind dagegen die Unterschiede zwischen den Schulformen: Von den Gymnasiasten musste nicht einmal jeder zehnte (9 %) eine Klasse wiederholen, während es in den anderen Schulformen mehr als jeder fünfte (22 %) der Schülerschaft war. Auch fällt hier ein Unterschied hinsichtlich der Klassenwiederholungen je nach sozialer Herkunft auf: Im Vergleich zu Schülern aus der oberen Schicht (5 %) ist für solche aus der unteren Schicht (24 %) die Wahrscheinlichkeit, in der bisherigen Schullaufbahn bereits einmal sitzen geblieben zu sein, rund fünfmal so groß. Die soziale Herkunft entscheidet also in hohem Maße über den Verlauf der Lebensphase Jugend und vor allem auch über den Bildungsweg junger Menschen. Ein ähnliches Muster zeigt sich bei den gefährdeten Versetzungen. Hiervon war etwa jeder fünfte Jugendliche (21 %) schon einmal betroffen (siehe Tabelle 5.8). An den Gymnasien sind sie dabei deutlich seltener (16 %) als an den

Tab. 5.7 **Zusammenhangsanalyse*: Klasse wiederholen müssen nach relevanten sozialen und persönlichen Merkmalen**

Jugendliche im Alter von 12 bis 25 Jahren, die noch zur Schule gehen

%-Angaben	2002	2006	2010	2015	2019
Jugendliche insgesamt	16	17	18	18	15
Alter					
12–14 Jahre	13	9	8	12	11
15–17 Jahre	15	23	20	17	14
18–21 Jahre	23	28	35	38	34
Sozialer Status					
Schüler an Nicht-Gymnasien	19	24	21	24	22
Schüler an Gymnasien	10	9	14	11	9
Soziale Herkunft					
Untere Schicht	28	26	21	37	24
Untere Mittelschicht	19	27	20	20	22
Mittelschicht	12	15	18	20	16
Obere Mittelschicht	15	12	14	15	14
Obere Schicht	10	9	17	10	5

[1] Der Zusammenhang wurde für die Daten aus 2019 multivariat anhand einer logistischen Regression auf die Kriteriumsvariable »Klasse wiederholen müssen« getestet. Einbezogene Prädiktoren: Alter, Geschlecht, West/Ost, Migrationshintergrund, Siedlungsstrukturtyp, soziale Herkunftsschicht sowie der Bildungs- und Berufsstatus

Shell Jugendstudie 2019 – Kantar

Tab. 5.8 **Zusammenhangsanalyse*: Gefährdete Versetzung nach relevanten sozialen und persönlichen Merkmalen**

Jugendliche im Alter von 12 bis 21 Jahren, die noch zur Schule gehen

%-Angaben	2002	2006	2010	2015	2019
Jugendliche insgesamt	26	26	27	23	21
Alter					
12–14 Jahre	21	19	20	17	16
15–17 Jahre	26	30	31	26	23
18–21 Jahre	39	38	37	37	31
Sozialer Status					
Schüler an Nicht-Gymnasien	29	31	31	26	25
Schüler an Gymnasien	23	20	22	20	16
Geschlecht					
Männlich		30	28	30	25	25
Weiblich	23	23	24	22	17

* Der Zusammenhang wurde für die Daten aus 2019 multivariat anhand einer logistischen Regression auf die Kriteriumsvariable »Versetzung gefährdet« getestet. Einbezogene Prädiktoren: Alter, Geschlecht, West/Ost, Migrationshintergrund, Siedlungsstrukturtyp, soziale Herkunftsschicht sowie der Bildungs- und Berufsstatus

Shell Jugendstudie 2019 – Kantar

Tab. 5.9 Zusammenhangsanalyse*: Nicht ausreichende Schulnoten für den Wunschberuf nach relevanten sozialen und persönlichen Merkmalen

Jugendliche im Alter von 12 bis 25 Jahren, die nicht mehr zur Schule gehen

%-Angaben	2002	2006	2010	2015	2019
Jugendliche insgesamt	20	24	25	25	23
Soziale Herkunft					
Untere Schicht	37	47	49	49	46
Untere Mittelschicht	19	24	28	29	21
Mittelschicht	17	21	21	24	19
Obere Mittelschicht	17	19	22	16	18
Obere Schicht	17	15	17	15	20
Sozialer Status					
Studierende	10	12	13	16	14
Auszubildende	23	30	26	30	23
Erwerbstätige	17	20	24	23	26
Nicht-Erwerbstätige	28	31	32	30	27
Arbeitslose	53	42	55	45	38
Region					
West	17	23	25	23	22
Ost	28	28	28	34	29

* Der Zusammenhang wurde für die Daten aus 2019 multivariat anhand einer logistischen Regression auf die Kriteriumsvariable »Nicht ausreichende Schulnoten für den Wunschberuf« getestet. Einbezogene Prädiktoren: Alter, Geschlecht, West/Ost, Migrationshintergrund, Siedlungsstrukturtyp, soziale Herkunftsschicht sowie der Bildungs- und Berufsstatus

Shell Jugendstudie 2019 – Kantar

Nicht-Gymnasien (25 %). Auffällig sind außerdem die Unterschiede zwischen den Geschlechtern: Junge Männer (25 %) berichten im Vergleich zu jungen Frauen (17 %) deutlich häufiger von gefährdeten Versetzungen.

Am Ende der Schulzeit stellt sich die Frage, ob Jugendliche die von ihnen ins Auge gefasste berufliche Laufbahn in Angriff nehmen können. Auch hier berichten sie von sehr unterschiedlichen Erfahrungen. Fast ein Viertel (23 %) von ihnen konnte aufgrund nicht ausreichender Schulnoten nicht den Wunschberuf ergreifen. Seit 2002 ist der Anteil derer, die diese Erfahrung machen mussten, ziemlich konstant geblieben (siehe Tabelle 5.9).

Erhebliche Unterschiede zeigen sich erneut zwischen den sozialen Schichten: Jugendliche aus der unteren Schicht (46 %) berichten viel häufiger als Gleichaltrige aus anderen Herkunftsschichten, dass ihre Noten nicht für den gewünschten Beruf ausgereicht haben. Auch Jugendliche aus ostdeutschen Bundesländern (29 %) berichten davon deutlich häufiger als ihre Altersgenossen aus westdeutschen Bundesländern (22 %).

Auch ein fehlender Schulabschluss kann den gewünschten Beruf verhindern. Mehr als jeder fünfte Jugendliche (22 %) muss davon berichten (siehe Tabelle 5.10). Dieser Wert ist in den letzten Jahren trotz Lehrlingsknappheit und eines entspannteren Arbeitsmarktes

Tab. 5.10 Zusammenhangsanalyse*: Fehlender Schulabschluss für den Wunschberuf nach relevanten sozialen und persönlichen Merkmalen

Jugendliche im Alter von 12 bis 25 Jahren, die nicht mehr zur Schule gehen

%-Angaben	2002	2006	2010	2015	2019
Jugendliche insgesamt	18	24	23	22	22
Soziale Herkunft					
Untere Schicht	40	46	49	52	48
Untere Mittelschicht	16	29	26	27	24
Mittelschicht	18	20	20	17	16
Obere Mittelschicht	13	16	17	16	16
Obere Schicht	8	9	10	9	12
Sozialer Status					
Studierende	1	4	3	6	6
Auszubildende	22	28	23	23	25
Erwerbstätige	20	23	24	24	25
Nicht-Erwerbstätige	27	36	34	33	31
Arbeitslose	48	48	46	49	46
Migrationshintergrund					
Deutsche ohne Migrationshintergrund					20
Islamisch geprägte Länder					30
Ost-Europa, Ex-YU, Ex-UdSSR					29
Sonstige OECD-Länder					12

* Der Zusammenhang wurde für die Daten aus 2019 multivariat anhand einer logistischen Regression auf die Kriteriumsvariable »Fehlender Schulabschluss für den Wunschberuf« getestet. Einbezogene Prädiktoren: Alter, Geschlecht, West/Ost, Migrationshintergrund, Siedlungsstrukturtyp, soziale Herkunftsschicht sowie der Bildungs- und Berufsstatus

Shell Jugendstudie 2019 – Kantar

bemerkenswert konstant geblieben. Gravierend sind auch hier die Unterschiede nach sozialer Herkunft. Während bei fast der Hälfte der Jugendlichen aus einfachen sozialen Verhältnissen (48 %) der Schulabschluss für den Wunschberuf fehlte, trifft dies »nur« auf jeden achten Jugendlichen aus der oberen Schicht zu (12 %).

Immerhin gibt es aber noch Möglichkeiten, zum Beispiel doch noch an eine Hochschule zu kommen, auch wenn ein Schulabschluss nicht erreicht wurde: Selbst 6 % der Studierenden berichten von einem fehlenden Schulabschluss.

Die verschiedenen kritischen Bildungsereignisse lassen sich in einem Indikator zusammenfassen, der ausweist, ob man mindestens eine dieser Erfahrungen schon einmal gemacht hat (siehe Tabelle 5.11). Für mehr als ein Viertel (28 %) der 12- bis 25-Jährigen trifft dies zu.

Wie auch bei den einzelnen Indikatoren spielt die soziale Herkunft der Jugendlichen in dieser Gesamtbetrachtung eine wesentliche Rolle. Weit mehr als doppelt so viele Jugendliche aus der unteren Schicht (48 %) haben im Vergleich zu ihren Altersgenossen aus der oberen

Tab. 5.11 Zusammenhangsanalyse*: Bereits erlebte Brüche in der Bildungskarriere nach relevanten sozialen und persönlichen Merkmalen

Jugendliche im Alter von 12 bis 25 Jahren

%-Angaben	2002	2006	2010	2015	2019
Jugendliche insgesamt	27	30	32	30	28
Soziale Herkunft					
Untere Schicht	46	51	55	60	48
Untere Mittelschicht	28	38	36	34	31
Mittelschicht	24	26	29	30	26
Obere Mittelschicht	24	23	26	24	26
Obere Schicht	22	18	22	19	18
Sozialer Status					
Schüler an Nicht-Gymnasien	33	36	36	34	32
Schüler an Gymnasien	24	21	25	22	19
Studierende	11	14	15	19	19
Auszubildende	29	37	33	38	31
Erwerbstätige	25	27	32	29	34
Nicht-Erwerbstätige	33	41	43	44	34
Arbeitslose	62	53	59	61	54
Alter					
12–14 Jahre	24	21	22	21	20
15–17 Jahre	30	35	36	30	26
18–21 Jahre	34	36	39	36	34
22–25 Jahre	21	25	27	32	29
Migrationshintergrund					
Deutsche ohne Migrationshintergrund					26
Islamisch geprägte Länder					39
Ost-Europa, Ex-YU, Ex-UdSSR					34
Sonstige OECD-Länder					21
Siedlungsstrukturtyp					
Ballungsräume	30	28	32	33	30
Stadtregionen 100.000 Einwohner+	24	33	30	31	25
Mittelzentren 20.000+	30	29	32	29	33
Ländliche Regionen bis 20.000	25	27	32	25	26

* Der Zusammenhang wurde für die Daten aus 2019 multivariat anhand einer Regression auf die aus den Tabellen 5.7 bis 5.10 zusammengefasste Kriteriumsvariable »Bereits erlebte Brüche in der Bildungskarriere« getestet. Einbezogene Prädiktoren: Alter, Geschlecht, West/Ost, Migrationshintergrund, Siedlungsstrukturtyp, soziale Herkunftsschicht sowie Bildungs- und Berufsstatus

Shell Jugendstudie 2019 – Kantar

Tab. 5.12 **Jugendliche in den Übergängen**

Auszubildende im Alter von 12 bis 25 Jahren

%-Angaben	2002	2006	2010	2015	2019
Schülerinnen/Schüler: Schulabschluss erreichen					
(Sehr) sicher	86	89	89	89	89
(Eher) nicht sicher	12	10	10	9	9
Auszubildende: Übernahme nach der Ausbildung					
(Sehr) sicher		61	76	83	87
(Eher) nicht sicher		34	21	14	9
Studierende: Arbeit nach dem Studium finden					
(Sehr) sicher					94
(Eher) nicht sicher					5

Fehlend zu 100 %: keine Angabe

Shell Jugendstudie 2019 – Kantar

Schicht (18 %) solche Brüche in der Bildungskarriere erfahren. Auch wenn heute Jugendliche aus allen sozialen Schichten grundsätzlich sämtliche Bildungstitel erwerben und damit alle Berufe ergreifen können, ist der Weg dorthin doch für Jugendliche aus den weniger privilegierten Familien deutlich schwieriger und hat wenig gemein mit der Leichtigkeit, mit der ihre Altersgenossen aus den höheren Schichten in der Regel die unterschiedlichen Herausforderungen auf dem Weg ins Berufsleben meistern.

Zuversichtlicher Blick auf die künftige Bildungskarriere

Die für Jugendliche grundsätzlich gute Lage auf dem Ausbildungs- und Arbeitsmarkt spiegelt sich in der Zuversicht wider, mit der die meisten jungen Menschen auf die Einmündung in den Arbeitsmarkt blicken. Die große Unsicherheit, die bei Jugendlichen im ersten Jahrzehnt des neuen Jahrtausends diesbezüglich noch deutlich zu spüren war, ist nahezu verschwunden.

Heute sind Jugendliche in Sachen Bildungsverlauf und Berufsleben außerordentlich optimistisch: Schülerinnen und Schüler glauben in großer Überzahl (89 %), ihren Schulabschluss zu erreichen, Auszubildende sind im vergleichbaren Umfang (87 %) optimistisch, die Lehre erfolgreich zu beenden, und Studierende sind ebenfalls sehr häufig (94 %) zuversichtlich, innerhalb von 12 Monaten nach dem Studienabschluss einen angemessenen Job zu finden.

Bei den Studierenden können wir nicht auf eine Zeitreihe zurückblicken, da die Frage an sie, ob sie meinen, in den 12 Monaten nach ihrem Abschluss eine angemessene Arbeit zu finden, 2019 neu in die Shell Jugendstudie aufgenommen wurde. Im Vergleich dazu ist bereits seit 2006 in der Shell Jugendstudie die Frage an die Auszubildenden enthalten, ob sie der Meinung sind, nach der Ausbildung übernommen zu werden. Hier fällt auf, dass sich die Selbsteinschätzungen der Auszubildenden, die 2006 noch in der Nähe der tatsächlichen Übernahmequoten lagen, immer mehr vom betrieblichen Geschehen abkoppeln. War 2006 noch ein gutes Drittel (34 %) von

Tab. 5.13 **Zusammenhangsanalyse*: Unsicherheit in der Qualifikationsphase nach relevanten sozialen und persönlichen Merkmalen**

Schüler, Auszubildende** und Studierende*** im Alter von 12 bis 25 Jahren

%-Angaben	2002	2006**	2010	2015	2019***
Jugendliche insgesamt	12	17	13	10	8
Sozialer Status					
Schüler nicht am Gymnasium	14	13	12	11	13
Schüler am Gymnasium	11	8	7	6	6
Studierende					5
Auszubildende		34	21	14	9
Siedlungsstrukturtyp					
Ballungsräume	10	18	12	9	10
Stadtregionen 100.000 Einwohner+	15	16	11	14	9
Mittelzentren 20.000+	13	17	13	8	5
Ländliche Regionen bis 20.000	14	16	16	8	6
Soziale Herkunft					
Untere Schicht	14	28	21	23	18
Untere Mittelschicht	17	21	16	14	9
Mittelschicht	12	15	14	11	6
Obere Mittelschicht	10	14	9	5	8
Obere Schicht	8	10	6	4	7

* Der Zusammenhang wurde für die Daten aus 2019 multivariat anhand einer Regression auf die aus der Tabelle 5.11 zusammengefasste Kriteriumsvariable »Unsicherheit in der Qualifikationsphase« getestet. Einbezogene Prädiktoren: Alter, Geschlecht, West/Ost, Migrationshintergrund, Siedlungsstrukturtyp, soziale Herkunftsschicht sowie der Bildungs- und Berufsstatus.
** Seit 2006 werden die Auszubildenden zu ihrer Einschätzung hinsichtlich ihrer Übernahme nach der Ausbildung befragt.
*** Seit 2019 werden Studierende gefragt, ob sie der Meinung sind, innerhalb von 12 Monaten nach ihrem Studienabschluss eine angemessene Beschäftigung zu finden.

Shell Jugendstudie 2019 – Kantar

ihnen der Meinung, dass die Übernahme nach der Ausbildung schwierig wird, so sind es 2019 weniger als jeder Zehnte (9 %). Die seit ihrem Tiefpunkt 2004 im Vergleich dazu eher leicht steigenden Übernahmequoten auf betrieblicher Ebene liegen aktuell seit ein paar Jahren bei rund zwei Dritteln (68 %) und können mit der deutlich zunehmenden Zuversicht der Auszubildenden somit nicht Schritt halten (Bundesinstitut für Berufsbildung 2018: 299). Hier scheint die grundsätzliche Entspannung auf dem Arbeitsmarkt für junge Beschäftigte insgesamt positiv hineinzuspielen

und den Jugendlichen die Sicherheit zu geben, dass sie, wenn sie nicht von ihrem Ausbildungsbetrieb übernommen werden, sehr wahrscheinlich bei jemand anderem unterkommen.

Die Unsicherheiten bei den Schülerinnen und Schülern (ob sie den angestrebten Schulabschluss erreichen), bei den Auszubildenden (ob sie nach der Ausbildung übernommen werden) und bei den Studierenden (ob sie nach dem Studium eine Arbeit finden) lassen sich zu einem Indikator »Unsicherheit in der Qualifikationsphase« zusammenfassen. Dadurch dass die Nachfrage zur

Tab. 5.14 Zuversichtliche unter den Jugendlichen, je nachdem ob Brüche (nicht) erlebt wurden oder sich (nicht) ankündigen

Jugendliche im Alter von 12 bis 25 Jahren

%-Angaben	2002	2006*	2010	2015	2019**
Jugendliche insgesamt	56	50	58	61	58
Jugendliche ohne kritische Bildungsereignisse	63	55	64	69	63
Jugendliche mit kritischen Bildungsereignissen	41	38	47	45	47
Jugendliche mit Unsicherheiten in der Qualifikationsphase*.**	24	34	41	36	30

* Seit 2006 werden die Auszubildenden zu ihrer Einschätzung hinsichtlich ihrer Übernahme nach der Ausbildung befragt.
** Seit 2019 werden Studierende gefragt, ob sie der Meinung sind, innerhalb von 12 Monaten nach ihrem Studienabschluss eine angemessene Beschäftigung zu finden.

Shell Jugendstudie 2019 – Kantar

Übernahme nach der Ausbildung 2006 und die Frage zur angemessenen Arbeit in den ersten 12 Monaten nach dem Abschluss für die Studierenden neu aufgenommen wurde, können wir nur die Daten für 2019 analysieren und keine Angaben zur Trendentwicklung machen (siehe Tabelle 5.13).

Insgesamt lässt sich für 2019 festhalten, dass weniger als jeder zehnte Jugendliche (8 %) in Schule, Ausbildung oder Studium Schwierigkeiten am Ende der jeweiligen Bildungsetappe erwartet. Doch so optimistisch die Grundstimmung auch ist, hier finden wir wieder eine ungleiche Verteilung nach Schultypen und sozialer Herkunft. Gymnasiasten sind beispielsweise nur halb so häufig unsicher wie diejenigen, die andere Schulformen besuchen (6 % zu 13 %), und Auszubildende häufiger unsicher als Studierende (9 % zu 5 %).

Jugendliche auf dem Land und in den Kleinstädten sind zuversichtlicher als ihre Altersgenossen in Großstädten und Ballungsräumen.

Die größten Unterschiede bei der Unsicherheit in der Qualifikationsphase können wir erneut entlang der sozialen Herkunftsgruppen ausmachen. Jugendliche aus einfachen Verhältnissen (18 %)

sehen hier deutlich häufiger Schwierigkeiten auf sich zukommen als ihre Altersgenossen aus anderen Herkunftsschichten.

Die psychischen Kosten von Brüchen in der Bildungskarriere

Insgesamt stellt sich die Frage nach den Auswirkungen, die bereits erlebte und sich abzeichnende Schwierigkeiten in der Bildungskarriere im weiteren Verlauf des Lebens haben. Die Frage danach, wie zuversichtlich die Jugendlichen in ihre persönliche Zukunft blicken, gibt hier einen Einblick (siehe Tabelle 5.14).

Betrachtet man die Brüche in der Bildungskarriere von Jugendlichen, so bewahrheiten sich zwei Redensarten: »Die Zeit heilt alle Wunden« und »Die Berge, vor denen wir stehen, erscheinen immer größer als die, die wir bereits überwunden haben«. Denn Schwierigkeiten, die man bereits hinter sich gebracht hat, sind weniger gravierend als die, die einem aktuell noch bevorstehen. Sowohl Jugendliche, die bereits kritische Bildungsereignisse erlebt haben (47 %), als auch Jugendliche mit bevorstehenden Unsicherheiten in der Qualifikationsphase (30 %) blicken deutlich seltener zuversichtlich in die Zukunft als Jugendliche, die von solchen Schwierigkeiten nicht berichten müssen (63 %).

Dabei sind die Unterschiede zwischen den bereits erlebten und den eventuell bevorstehenden Ereignissen genauso erheblich wie die Unterschiede zu den Jugendlichen mit eher glatten Bildungsverläufen.

Wir als Gesellschaft sollten nicht unterschätzen, was es bedeutet, Jugendlichen die Zugänge zu den von ihnen angestrebten Bildungszielen zu verwehren. Und Eltern sollten die Bildungschancen der Heranwachsenden realistisch bewerten. Denn die Kosten, die entstehen, wenn sich ankündigt, dass hohe Bildungsaspirationen nicht verwirklicht werden können, sind hoch.

5.3 Optimismus in die eigene Zukunft bleibt auf hohem Niveau

Abschließend betrachten wir in diesem Kapitel die Sicht der Jugendlichen auf ihre persönliche Zukunft. Diese scheinbar einfache Abfrage ermöglicht Einsichten, mit welchen Färbungen Jugendliche ihr Leben betrachten. Denn in einer Lebensphase, die von der Bewältigung vielfältiger Anforderungen gekennzeichnet ist, liefert eine grundsätzlich optimistische Grundhaltung das Fundament dafür, die notwendigen Anstrengungen für die nächsten Schritte im Leben zu leisten. Für den Bereich der Qualifikation gilt dies in besonderem Maße. Investitionen in die eigene Bildung gehen mit der Erwartungshaltung einher, dass sie sich in der Zukunft auszahlen werden. Daher stellt sich die Frage, in welchem Umfang unter Jugendlichen ein optimistischer Blick verbreitet

ist und ob dies in allen sozialen Gruppen gleichermaßen der Fall ist.

Trotz vielfältiger Sorgen und Ängste bezüglich der politischen, wirtschaftlichen und gesellschaftlichen Krisen der letzten Jahre blickt eine Mehrheit der Jugendlichen (58 %) weiterhin zuversichtlich in die eigene Zukunft. Der positive Trend seit 2006 setzt sich damit allerdings nicht weiter fort (siehe Abbildung 5.3). Vielmehr pendelt sich das heutige Niveau auf dem Stand von 2010 (58 %) ein, nachdem es zwischenzeitlich im Jahr 2015 (61 %) einen Höhepunkt erreicht hatte.

Interessant ist ein Vergleich von Ost und West in der langen Zeitreihe für die 15- bis 24-Jährigen seit 1991 (siehe Abbildung 5.4): Insgesamt hat sich der Optimismus junger Menschen sowohl in den westlichen als auch in den östlichen Bundesländern auf hohem Niveau stabilisiert. Die seit 2006 entstandene Lücke hat sich damit zugleich geschlossen.

Die aktuelle Bildungssituation der Jugendlichen erklärt ihren Optimismus am besten:

Dies ist zum einen der angestrebte oder bereits erreichte Bildungsabschluss sowie zum anderen der aktuelle soziale Status der Jugendlichen. Studierende (66 %) und Gymnasiasten (64 %) sind deutlich zuversichtlicher, wenn es um ihre persönliche Zukunft geht als Auszubildende (57 %) und Schüler an Nicht-Gymnasien (50 %). Im Vergleich mit dem Jahr 2015 fällt jedoch auf, dass der Rückgang in der Zuversicht bei Studierenden (von 71 % auf 65 %) und Gymnasiasten (von 72 % auf 64 %) im Vergleich zu Auszubildenden (von 58 % auf 57 %) und Schülern an Nicht-Gymnasien (55 % auf 50 %) stärker ist.

In die gleiche Richtung gehen die Befunde beim angestrebten oder bereits erreichten Bildungsabschluss. Jugendliche, die das Abitur oder die Fachhochschulreife anstreben oder

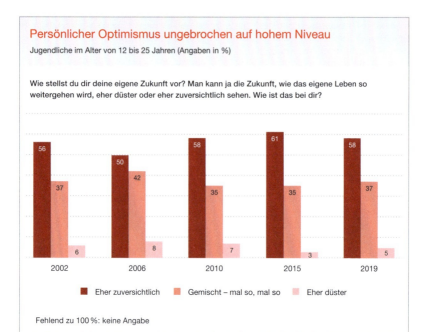

Persönlicher Optimismus ungebrochen auf hohem Niveau

Jugendliche im Alter von 12 bis 25 Jahren (Angaben in %)

Wie stellst du dir deine eigene Zukunft vor? Man kann ja die Zukunft, wie das eigene Leben so weitergehen wird, eher düster oder eher zuversichtlich sehen. Wie ist das bei dir?

	2002	2006	2010	2015	2019
Eher zuversichtlich	56	50	58	61	58
Gemischt – mal so, mal so	37	42	35	35	37
Eher düster	6	8	7	3	5

Fehlend zu 100 %: keine Angabe

Abb. 5.3

Shell Jugendstudie 2019 – Kantar

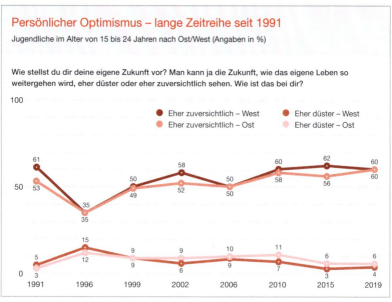

Persönlicher Optimismus – lange Zeitreihe seit 1991

Jugendliche im Alter von 15 bis 24 Jahren nach Ost/West (Angaben in %)

Wie stellst du dir deine eigene Zukunft vor? Man kann ja die Zukunft, wie das eigene Leben so weitergehen wird, eher düster oder eher zuversichtlich sehen. Wie ist das bei dir?

● Eher zuversichtlich – West   ● Eher düster – West
● Eher zuversichtlich – Ost   ○ Eher düster – Ost

Abb. 5.4

Shell Jugendstudie 2019 – Kantar

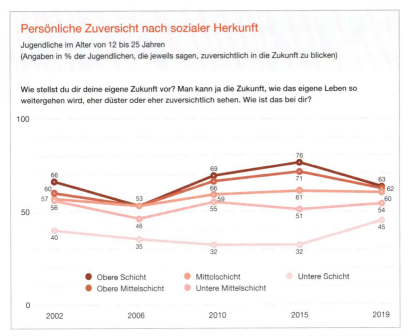

Persönliche Zuversicht nach sozialer Herkunft

Jugendliche im Alter von 12 bis 25 Jahren
(Angaben in % der Jugendlichen, die jeweils sagen, zuversichtlich in die Zukunft zu blicken)

Wie stellst du dir deine eigene Zukunft vor? Man kann ja die Zukunft, wie das eigene Leben so
weitergehen wird, eher düster oder eher zuversichtlich sehen. Wie ist das bei dir?

- ● Obere Schicht
- ● Obere Mittelschicht
- ● Mittelschicht
- ● Untere Mittelschicht
- ● Untere Schicht

Abb. 5.5

Shell Jugendstudie 2019 – Kantar

bereits erreicht haben (62 % und 64 %), gehören zu den besonders optimistischen Jugendlichen. Doch auch hier fällt der Rückgang im Vergleich zu 2015 bei den Jugendlichen mit Abitur (68 % auf 62 %) besonders deutlich aus. Im Gegensatz dazu nahm der Optimismus unter Jugendlichen mit Hauptschulabschluss als angestrebtem oder erreichtem Schulabschluss zu (35 % auf 44 %). Im Namen der Bewegung »Fridays for Future« ist der Aspekt einer infrage gestellten Zukunft der Heranwachsenden bereits genuin enthalten. Der Rückgang im Optimismus gerade der in ihrer Bildungskarriere besser gestellten Jugendlichen lässt sich an dieser Stelle darauf zurückführen, dass sie sich von dieser Bewegung besonders angesprochen fühlen. Dies legt politischen Entscheidungsträgern nahe, sich dieser Themen inhaltlich anzunehmen, um den Bedürfnissen

dieser Gruppe unter den Jugendlichen Rechnung zu tragen.

In diesen Zusammenhang passt auch der Befund, dass die soziale Herkunft hier gar keine eigene Erklärungskraft mehr besitzt. Im Trend der Shell Jugendstudien ließ sich seit 2006 eine hinsichtlich des Optimismus auseinandergehende soziale Schere beobachten. Diese Schere hat sich im Jahr 2019 wieder etwas geschlossen (siehe Abbildung 5.5). Genau wie im Jahr 2006 beträgt auch heute der Unterschied im Optimismus zwischen den Jugendlichen aus der unteren Schicht und denen aus der oberen Schicht 18 Prozentpunkte. Angesichts des markanten Unterschieds von 44 Prozentpunkten im Jahr 2015 ist diese Entwicklung rasant und bemerkenswert. Der schwindende Optimismus der oberen Schicht und die stärker unter Jugendlichen verbreitete Sorge hin-

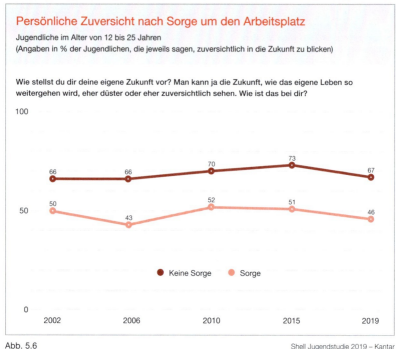

Persönliche Zuversicht nach Sorge um den Arbeitsplatz

Jugendliche im Alter von 12 bis 25 Jahren
(Angaben in % der Jugendlichen, die jeweils sagen, zuversichtlich in die Zukunft zu blicken)

Wie stellst du dir deine eigene Zukunft vor? Man kann ja die Zukunft, wie das eigene Leben so weitergehen wird, eher düster oder eher zuversichtlich sehen. Wie ist das bei dir?

- Keine Sorge
- Sorge

2002 · 2006 · 2010 · 2015 · 2019

Keine Sorge: 66 · 66 · 70 · 73 · 67
Sorge: 50 · 43 · 52 · 51 · 46

Abb. 5.6

Shell Jugendstudie 2019 – Kantar

sichtlich Klimawandel und Umweltverschmutzung sind nur die eine Seite und führen dazu, dass die Zuversicht unter allen Jugendlichen insgesamt leicht rückläufig ist. Auf der anderen Seite blicken Jugendliche in unteren sozialen Schichten 2019 gegen den Trend optimistischer in die eigene Zukunft, als das noch 2015 der Fall war. Hier zeigt sich besonders deutlich der Optimismus von Jugendlichen mit Migrationshintergrund, von denen viele erst nach 2015 nach Deutschland gekommen sind. Dabei lassen sie sich nicht von ihrer sozialen Lage in Deutschland leiten, sondern offenbar mehr von den häufig dramatischen Umständen, die diese jungen Menschen erst vor kurzem hinter sich gelassen haben. Zugleich hellt sich die Stimmung unter denjenigen Jugendlichen aus der unteren Schicht auf, die mit

und ohne Migrationshintergrund schon länger in Deutschland leben. Dies hängt sicherlich mit den besser gewordenen Chancen auf dem Ausbildungsmarkt zusammen, unter Umständen auch mit verschiedenen sozialpolitischen Maßnahmen, wie die Einführung des gesetzlichen Mindestlohns Anfang 2015, mit denen untere Haltelinien in Deutschland eingezogen wurden.

Wie schon bei der Frage, wer es an die Gymnasien schafft, können wir auch beim Thema Optimismus in einem weiteren Schritt die Betrachtung um persönliche und psychologische Inhalte erweitern. Hierbei ist erneut die Sorge, keinen Arbeits- oder Ausbildungsplatz zu finden oder diesen zu verlieren, besonders relevant. Sie besitzt an dieser Stelle am meisten Erklärungskraft. Denn Jugendliche, die von dieser Sorge berichten, blicken deutlich seltener optimistisch in die eigene Zukunft (46 %) als diejenigen, die sich nicht um ihren (zukünftigen) Arbeitsplatz sorgen (67 % / siehe Abbildung 5.6). Mit Blick auf die Zeitreihe seit 2002 zeigt sich weiter, dass Unterschiede im Optimismus schon immer ausgeprägt waren. Zusätzlich gilt, dass der Optimismus in allen Schultypen seit 2015 deutlich rückläufig ist.

Der unter den Jugendlichen sehr unterschiedliche Blick auf die eigene Zukunft trägt dazu bei, ein sehr differenziertes Bild von der heutigen Jugend zu zeichnen. Nach einer langen Phase der ökonomischen Stabilität und insgesamt positiver Entwicklung stellt sich die Frage, ob und, wenn ja, in welchem Ausmaß Deutschland als Exportnation in der aktuellen Weltlage von wirtschaftlichem Abschwung betroffen sein wird und wie es auf die aktuellen gesellschaftlichen Herausforderungen rund um Klimawandel, Umweltverschmutzung und Migrationsbewegungen reagieren wird. Die junge Generation wirft hier mit der ihr eigenen Vielfalt ihre eigenen Fragen auf. Wie die Antworten darauf ausfallen, wird sie dabei nicht nur anderen überlassen, sondern selbst tatkräftig mit anpacken wollen.

Ingo Leven, Klaus Hurrelmann, Gudrun Quenzel

6 Beruf und Karriere: Im Falle des Falles zählt die Sicherheit des Arbeitsplatzes

Der Übergang von der Schule in den Beruf ist für die Angehörigen der jungen Generation heute eine Herausforderung. Die Chancen, einen Ausbildungs- oder Arbeitsplatz zu bekommen, sind zwar so gut wie schon lange nicht mehr, aber gleichzeitig ist die Zahl der Optionen immer weiter angestiegen. Es gibt immer mehr Ausbildungswege und Studiengänge, so dass die Entscheidung für den »richtigen« Beruf quälend werden kann.

Für Jugendliche an den verschiedenen Formen der Sekundarschule stehen überwiegend Ausbildungsgänge auf dem Plan, deren Zukunftsfähigkeit in Zeiten der Globalisierung und Digitalisierung häufig unklar ist. Mit der Wahl einer entsprechenden Ausbildung steht in einem ersten Schritt nur die Qualifizierung für den ersten Berufswunsch an, und es werden sich im weiteren Berufsleben ohnehin noch viele Gelegenheiten für weiteres Lernen und für Umorientierungen ergeben. Dennoch nehmen die Jugendlichen aus ihrer Sicht mit dieser Wahl bereits eine grundlegende und damit entscheidende Weichenstellung vor. Nicht viel einfacher ist die Ausgangslage für Jugendliche, die ihre Schule mit der Berechtigung verlassen, ein Studium aufzunehmen. Zusätzlich zu den beruflichen Ausbildungsgängen können sie aus einer unübersehbaren Vielzahl von Studiengängen wählen. Für alle Jugendlichen stellt sich dabei die Frage, ob sie hier ihren Neigungen oder anderen Erwägungen folgen sollen und können.

Im Hinblick auf die Erwartungen der Jugendlichen an ihr Berufsleben haben wir die Fragen aus der vorigen Shell Jugendstudie erneut eingesetzt, um zu sehen, ob und wie sie sich in den letzten vier Jahren verändert haben. Zusätzlich haben wir diesmal eine Befragungstechnik eingesetzt, bei der die Jugendlichen aus ihren Wünschen an das Berufsleben eine Auswahl treffen müssen. Dadurch werden ihre Prioritäten deutlich, wenn – wie oft im realen Berufsleben – eben nicht alles, sondern nur ein Teil der Ziele realisiert werden kann. Abschließend gruppieren wir die Wünsche und Prioritäten der Jugendlichen nach vier Typen von Berufsorientierung.

6.1 Erwartungen an den Beruf: Die Zuversicht wächst, die Ansprüche steigen

Seit 2002 betrachten wir in der Shell Jugendstudie, in welchem Ausmaß sich Jugendliche sicher sind, ihre beruflichen Wünsche erfüllen zu können. Im Zeitvergleich wird deutlich, dass die Werte für Zuversicht im Jahr 2006 – dem Höhepunkt der Jugendarbeitslosigkeit während der weltweiten Wirtschafts- und Finanzkrise – einen Tiefpunkt erreichten, seitdem aber kontinuierlich ansteigen. Mit über vier von fünf Jugendlichen

Tab. 6.1 Zusammenhangsanalyse*: Jugendliche, die sich sehr / eher sicher sind, ihre beruflichen Wünsche verwirklichen zu können, nach relevanten sozialen und persönlichen Merkmalen

Schüler, Auszubildende und Studierende im Alter von 12 bis 25 Jahren

%-Angaben	2002	2006	2010	2015	2019
Jugendliche insgesamt	73	66	74	78	84
Alter					
12–14 Jahre	66	66	72	75	80
15–17 Jahre	68	57	74	80	82
18–21 Jahre	78	70	77	77	84
22–25 Jahre	84	73	72	81	92
Soziale Herkunft					
Untere Schicht	63	50	43	51	72
Untere Mittelschicht	69	62	67	74	79
Mittelschicht	72	67	75	78	85
Obere Mittelschicht	78	69	80	84	85
Obere Schicht	84	73	83	84	91
Migrationshintergrund					
Deutsche ohne Migrationshintergrund			74	79	85
Deutsche mit Migrationshintergrund			72	73	78
Nicht-Deutsche			73	76	86

* Der Zusammenhang wurde für die Daten aus 2019 multivariat anhand einer logistischen Regression auf die Kriteriumsvariable »Berufliche Wünsche verwirklichen« getestet. Einbezogene Prädiktoren: Alter, Geschlecht, West/Ost, Migrationshintergrund, Siedlungsstrukturtyp, soziale Herkunftsschicht sowie der Bildungs- und Berufsstatus

Shell Jugendstudie 2019 – Kantar

(84 %) sind im Jahr 2019 im Vergleich zu 2006 (66 %) deutlich mehr der Meinung, dass sie ihre beruflichen Wünsche verwirklichen können.

Der Optimismus, die beruflichen Wünsche verwirklichen zu können, steigt

Damit setzt sich der in der Shell Jugendstudie 2015 beschriebene Trend fort, dass die objektiv günstigen Rahmenbedingungen im Wirtschaftsleben von den Jugendlichen auch subjektiv gewürdigt werden. In Zeiten des demographischen Wandels und der damit verbundenen Verknappung der dem Arbeitsmarkt zur Verfügung stehenden Fachkräfte haben sie in den meisten Regionen in Deutschland derzeit hervorragende Chancen, ihre Position auf dem Arbeitsmarkt zu finden. Diese Entwicklung macht sich auch bei den Jugendlichen aus der unteren Schicht bemerkbar. Obwohl sie im Vergleich zu den privilegierteren Altersgenossen immer noch zurückhaltend sind, ist ihre Zuversicht hinsichtlich ihrer beruflichen Wünsche seit 2015 überproportional stark angestiegen. Hier färbt auch bei ihnen ganz offensichtlich die gute wirtschaftliche Lage auf den Optimismus ab. Wie stabil der Trend zur Zuversicht ist, spiegelt auch die Tatsache wider, dass die älteren Jugendlichen, die kurz vor dem Eintritt in den Beruf stehen und sich bereits intensiv mit ihren Chancen auseinandersetzen, deutlich zuversichtlicher als die jüngeren sind (siehe Tabelle 6.1).

Erwartungen an den Beruf: Eine gute Work-Life-Balance

Mit der aktuellen Shell Jugendstudie haben wir den Jugendlichen die im Jahr 2015 erstmals gestellten Fragen zu den allgemeinen Erwartungen an den Beruf und zur konkreten Ausgestaltung der Berufstätigkeit erneut vorgelegt.[1] So können wir feststellen, ob ihre Einstellungen rund um den Beruf kurzfristigen Schwankungen unterliegen oder ob es sich hierbei eher um stabile Konzepte handelt, die sich ähnlich wie ihre Wertorientierungen erst in größeren Zeiträumen verändern.

Die Ergebnisse zeigen, dass die Erwartungen der Jugendlichen im Alter von 12 bis 25 Jahren an ihre (bevorstehende) Berufstätigkeit im Vergleich zu 2015 sehr konstant geblieben sind. Wie im Jahr 2015 (94 %) ist auch heute (93 %) für fast alle Jugendliche ein sicherer Arbeitsplatz (sehr) wichtig (siehe Abbildung 6.1). Die Verlässlichkeit eines Arbeitsplatzes steht vermutlich angesichts der bevorstehenden Umbrüche in der Wirtschaft durch Globalisierung und Digitalisierung besonders hoch im Kurs.

Den meisten Jugendlichen geht es dabei eindeutig nicht allein um die materiellen Aspekte der eigenen Erwerbstätigkeit. Sie wünschen sich vielmehr, ihre Berufstätigkeit als sinnvoll und erfüllend zu erleben. Neun von zehn

Heranwachsenden ist das wichtig oder sehr wichtig.

Im Vergleich zu 2015 wollen mehr Jugendliche im Beruf etwas leisten. Das halten sie heutzutage (88 %) deutlich häufiger als 2015 (55 %) für wichtig oder sehr wichtig. Im Gegenzug hat bei jungen Menschen die Bedeutung, etwas Nützliches für die Gesellschaft zu tun, von 2015 (84 %) bis 2019 (67 %) deutlich abgenommen. Im Verhältnis dazu eher geringfügig sind die Einschätzungen der Wichtigkeit, eigene Ideen einbringen zu können (92 % auf 82 %) und sich um andere kümmern zu können (68 % auf 54 %), zurückgegangen.

Ob sich hier ein genereller Trend zu mehr Nutzenorientierung unter den Jugendlichen abzeichnet, müssen zukünftige Studien zeigen. Wir wollen dies zum Anlass nehmen, diese Fragestellungen kontinuierlich im Blick zu behalten, weil sich mit einer zunehmenden Anzahl an Messzeitpunkten das Gesamtbild abrunden lassen wird.

Ansonsten liegen alle Einschätzungen auf dem Niveau von 2015. Vor allem ist auffällig, dass unter Jugendlichen die Erwartung, genügend Freizeit neben der Berufstätigkeit zu haben, im Vergleich zu 2015 (88 %) auch 2019 (85 %) sehr hoch im Kurs steht. Einer breiten Mehrheit von Jugendlichen (jeweils 85 %) ist auch unverändert das Gefühl der Anerkennung wichtig, ebenso gute Aufstiegsmöglichkeiten (jeweils 77 %) und ein hohes Einkommen (jeweils 77 %).

Dagegen fällt die 2019 neu abgefragte Anforderung, für einen Job nicht umziehen zu wollen, deutlich ab. Für nur gut die Hälfte (52 %) der Jugendlichen ist dies wichtig oder sehr wichtig. Entsprechende Beobachtungen von Personalverantwortlichen aus Bewerbungsgesprächen mit Jugendlichen, dass es sich dabei um einen sensiblen Aspekt handelt, decken sich durchaus mit diesen Werten. Im Einzelfall kann es ausschlaggebend sein, sich für oder gegen

---

1 Eine Abfrage der örtlichen Mobilität ergänzt die Fragen zur Erwartung an die Berufstätigkeit und rundet diese ab. Diese Ergänzung stellt den einzigen Unterschied zur Erhebung im Jahr 2015 dar.

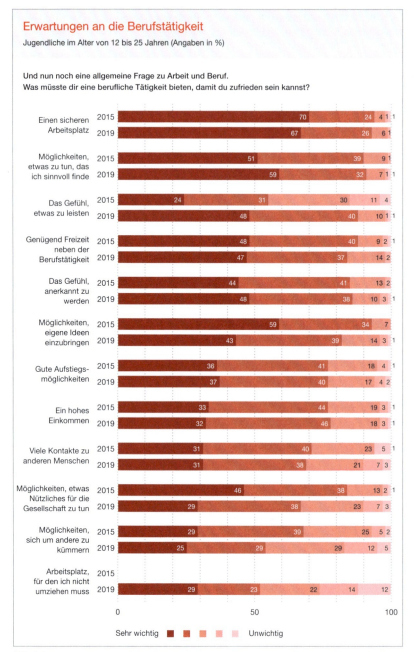

Erwartungen an die Berufstätigkeit

Jugendliche im Alter von 12 bis 25 Jahren (Angaben in %)

Und nun noch eine allgemeine Frage zu Arbeit und Beruf.
Was müsste dir eine berufliche Tätigkeit bieten, damit du zufrieden sein kannst?

		Sehr wichtig → Unwichtig
Einen sicheren Arbeitsplatz	2015	70 / 24 / 4 / 1 / 1
	2019	67 / 26 / 6 / 1
Möglichkeiten, etwas zu tun, das ich sinnvoll finde	2015	51 / 39 / 9 / 1
	2019	59 / 32 / 7 / 1 / 1
Das Gefühl, etwas zu leisten	2015	24 / 31 / 30 / 11 / 4
	2019	48 / 40 / 10 / 1 / 1
Genügend Freizeit neben der Berufstätigkeit	2015	48 / 40 / 9 / 2 / 1
	2019	47 / 37 / 14 / 2
Das Gefühl, anerkannt zu werden	2015	44 / 41 / 13 / 2
	2019	48 / 38 / 10 / 3 / 1
Möglichkeiten, eigene Ideen einzubringen	2015	59 / 34 / 7
	2019	43 / 39 / 14 / 3 / 1
Gute Aufstiegsmöglichkeiten	2015	36 / 41 / 18 / 4 / 1
	2019	37 / 40 / 17 / 4 / 2
Ein hohes Einkommen	2015	33 / 44 / 19 / 3 / 1
	2019	32 / 46 / 18 / 3 / 1
Viele Kontakte zu anderen Menschen	2015	31 / 40 / 23 / 5 / 1
	2019	31 / 38 / 21 / 7 / 3
Möglichkeiten, etwas Nützliches für die Gesellschaft zu tun	2015	46 / 38 / 13 / 2 / 1
	2019	29 / 38 / 23 / 7 / 3
Möglichkeiten, sich um andere zu kümmern	2015	29 / 39 / 25 / 5 / 2
	2019	25 / 29 / 29 / 12 / 5
Arbeitsplatz, für den ich nicht umziehen muss	2015	
	2019	29 / 23 / 22 / 14 / 12

Sehr wichtig ■ ■ ■ ■ ▪ Unwichtig

Abb. 6.1

Shell Jugendstudie 2019 – Kantar

ein konkretes Jobangebot zu entscheiden. In Abbildung 6.1 sind die Ergebnisse nach der Größe des jeweiligen Mittelwertes 2019 absteigend aufgelistet.

Erwartungen an die Ausgestaltung der Berufstätigkeit

Bei den Erwartungen an die gewünschte Ausgestaltung der Berufstätigkeit zeigen sich gegenüber 2015 ebenfalls nur leichte Verschiebungen. Vielen Jugendlichen sind heute solche Aspekte der Berufstätigkeit noch einmal wichtiger geworden, die es erlauben, die Erwerbstätigkeit besser mit weiteren Lebensinhalten vereinbaren zu können. Jugendliche wollen

vor allem, dass neben dem Beruf Familie und Kinder nicht zu kurz kommen. Die Vereinbarkeit von Beruf und Familie wird von ihnen aktuell häufiger (68 %) als sehr wichtig eingeschätzt, als dies noch 2015 (60 %) der Fall war. Ebenfalls halten es mehr Jugendliche für sehr wichtig, dass Teilzeitarbeit möglich ist, sobald sie eigene Kinder haben (47 % zu 43 %), und ein Teil der beruflichen Arbeit von zu Hause aus erledigt werden kann (31 % zu 27 %).

Zusätzlich haben wir die Frage gestellt, wie die Jugendlichen die Möglichkeiten einschätzen, das berufliche und das private Leben miteinander in Einklang zu bringen. Die entsprechende Frage wurde an alle Jugendlichen

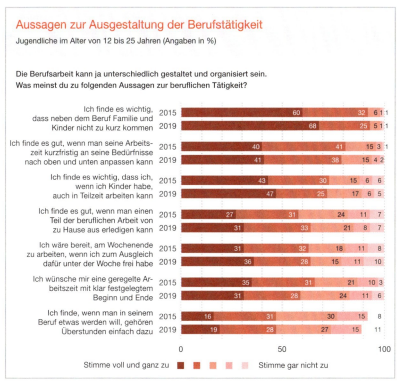

Abb. 6.2

gestellt, also nicht nur an die bereits Berufstätigen, sondern auch an die noch in Schule, Ausbildung und Studium befindlichen Heranwachsenden. Deshalb stehen hinter diesen Einschätzungen sowohl erste konkrete Erfahrungen als auch eher abstrakte zukünftige Erwartungen. Wie 2015 schätzt die Hälfte der Jugendlichen aktuell, dass neben der Berufstätigkeit wohl zu wenig Zeit für die Freizeit bleibt. Das befürchten vor allem die älteren Jugendlichen, die schon im Beruf sind oder kurz vor dem Einstieg stehen, also auch Studierende und Auszubildende. Unter den Schülerinnen und Schülern ist der Anteil der noch Unentschlossenen am höchsten, so dass sich bei ihnen keine Mehrheit bei dieser Frage in die eine oder andere Richtung ergibt.

Es geht den Jugendlichen aber nicht nur verstärkt um Fragen der Vereinbarkeit des Berufs mit weiteren Lebensinhalten. Auch im Beruf selbst wollen sie sich intensiver einbringen: So sind 2019 mehr Jugendliche (36 % zu 31 %) bereit, am Wochenende zu arbeiten, wenn man dafür unter der Woche frei hat. Dieser Aspekt deckt Inhalte wie Einsatzbereitschaft und die damit verbundene Karriereorientierung ab.

Fünf Dimensionen der Erwartungshaltung

Da wir wie in der Shell Jugendstudie 2015 ermitteln wollen, welche grundlegenden Orientierungen (Dimensionen) hinter den verschiedenen Erwartungen an den Beruf und den Aussagen zur Ausgestaltung der Berufstätigkeit liegen, haben wir in der aktuellen Studie die Inhalte beider Fragen wieder mit einer Faktorenanalyse dimensioniert. Aus den zwölf Erwartungshaltungen aus Abbildung 6.1 und den sieben Anforderungen aus Abbildung 6.2 wurden fünf den Einzeleinstellungen zugrundeliegende

Dimensionen ermittelt, die sich wie folgt beschreiben lassen:

Mit der *Nutzenorientierung* sind ein hohes Einkommen, gute Aufstiegsmöglichkeiten, das Gefühl der Anerkennung und ein sicherer Arbeitsplatz verbunden.[2] Das Gefühl, etwas zu leisten, die Möglichkeit, eigene Ideen einbringen zu können, und die Bereitschaft, für eine Karriere auch Überstunden zu machen, spielen in dieser Dimension eine untergeordnete, aber ebenfalls wichtige Rolle. Materielle Aspekte der Berufstätigkeit stehen bei der Nutzenorientierung also stark im Fokus. Aber mit dem Wunsch nach Arbeitsplatzsicherheit und dem Werkstolz aus dem Gefühl heraus, etwas zu leisten, sind emotionale Aspekte auch nicht zu unterschätzen. Insgesamt kommt mit der Nutzenorientierung zum Ausdruck, dass Erwerbstätigkeit für junge Leute bedeutet, in einem auskömmlichen Umfang und einem sicheren Umfeld langfristig den eigenen Lebensunterhalt sichern zu können.

In der zweiten Dimension der *Erfüllungsorientierung* stehen soziale Aspekte der Erwerbstätigkeit und damit die Sinnhaftigkeit des eigenen beruflichen Handelns im Vordergrund. Eine Erwerbstätigkeit soll die Möglichkeit bereithalten, sich um andere kümmern zu können und viele Kontakte zu anderen Menschen zu pflegen. Dabei wollen diese Jugendlichen beruflich etwas tun, was sie selbst als sinnvoll erleben und was ihnen die Möglichkeit gibt, eigene Ideen einzubringen und für die eigene Leistung Anerkennung zu finden. In dieser Dimension finden sich damit vor allem Inhalte, die sich auf die Identifikation mit der eigenen Erwerbstätigkeit beziehen.

In der Dimension *Vereinbarkeit von Arbeit und Leben* wird eine (berufs-)biographische Perspektive sichtbar. Hier ist

---

2 Hier war in der Shell Jugendstudie 2015 u.a. noch die Anforderung enthalten, genügend Freizeit neben der Berufstätigkeit zu haben.

Tab. 6.2 Struktur der Erwartungen an den Beruf und der Ausgestaltung der Berufstätigkeit

	Nutzen	Erfüllung	Vereinbarkeit von Arbeit und Leben	Planbarkeit der Berufstätigkeit	Karriereorientierung
Ein hohes Einkommen	+++(+)				
Gute Aufstiegsmöglichkeiten	+++(+)				
Das Gefühl, anerkannt zu werden	++(+)	+			
Einen sicheren Arbeitsplatz	++			++	
Möglichkeiten, sich um andere zu kümmern		+++(+)			
Möglichkeiten, etwas Nützliches für die Gesellschaft zu tun		+++(+)			
Viele Kontakte zu anderen Menschen		+++			
Möglichkeiten, etwas zu tun, was ich sinnvoll finde		++(+)		–	
Das Gefühl etwas zu leisten	++	++(+)			
Möglichkeiten, eigene Ideen einzubringen	+	++	+	–(–)	
Ich finde es wichtig, dass ich, wenn ich Kinder habe, auch in Teilzeit arbeiten kann			+++	+(+)	
Ich finde es gut, wenn man seine Arbeitszeit kurzfristig nach oben und nach unten an seine Bedürfnisse anpassen kann			+++		+
Ich finde es wichtig, dass neben dem Beruf Familie und Kinder nicht zu kurz kommen			++(+)		
Genügend Freizeit neben der Berufstätigkeit			++(+)		–(–)
Ich finde es gut, wenn man einen Teil der beruflichen Arbeit von zu Hause aus erledigen kann			++(+)		+(+)
Ich wünsche mir eine geregelte Arbeitszeit mit klar festgelegtem Beginn und Ende				+++	
Arbeitsplatz, für den ich nicht umziehen muss				+++	
Ich wäre bereit, am Wochenende zu arbeiten, wenn ich zum Ausgleich dafür unter der Woche frei habe					+++
Ich finde, wenn man in seinem Beruf etwas werden will, gehören Überstunden einfach dazu	+(+)				+++

Quelle: Shell Jugendstudie 2019 – Kantar, Faktorenanalyse: Hauptkomponentenanalyse, Rotation: Varimax mit Kaiser-Normalisierung, Plus- und Minuszeichen geben die Höhe der Ladungen der einzelnen Aspekte mit den durch die Faktorenanalyse ermittelten Dimensionen an. Plus- bzw. Minuszeichen bedeuten Ladungen von ca. +0,2 bzw. –0,2, eingeklammerte Zeichen eine von +0,1 bzw. –0,1. Aspekte, die die Dimension inhaltlich besonders bestimmen, sind fett hervorgehoben.

vor allem wichtig, als Mutter oder Vater mit eigenen Kindern Teilzeit arbeiten und die Arbeitszeit kurzfristig nach oben und nach unten an die eigenen Bedürfnisse anpassen zu können. Zusätzlich soll neben dem Beruf auch Zeit für Familie, Kinder und Freizeit bleiben sowie die Flexibilität vorhanden sein, einen Teil der beruflichen Arbeit von zu Hause aus erledigen zu können. Hier steht im Fokus, dass es wichtig ist, sich neben der Erwerbstätigkeit auch in anderen Lebensbereichen zu verwirklichen.

Die *Planbarkeit der eigenen Berufstätigkeit* steht dazu im Kontrast. Eine Arbeitszeit mit klar festgelegtem Beginn und Ende sowie die Erwartung, für den Job nicht die eigene Heimat verlassen zu müssen, sind hier die wichtigen Aspekte der Erwerbstätigkeit. Zudem soll der eigene Arbeitsplatz sicher und für Teilzeit geeignet sein, wenn einmal eigene Kinder da sind. Eigene Ideen einbringen zu können, ist dagegen ausdrücklich weniger wichtig. In dieser Dimension kommt die Erwartungshaltung zum Ausdruck, dass auch im alltäglichen Handeln Arbeit nicht oberste Priorität haben soll. Warum für einen Job einen angestammten und selbst aufgebauten sozialen Nahbereich aufgeben? Und was ist ein Job in der Region wert, wenn er so arbeitsintensiv ist, dass dieser soziale Nahbereich im hektischen Alltag nicht mehr mit Leben gefüllt werden kann? Jugendliche, die dieser Dimension eine hohe Bedeutung zuschreiben, sind zu solchen persönlichen Opfern für einen Job nicht bereit.

Schließlich setzt die *Karriereorientierung* als abschließende fünfte Dimension den Akzent auf eine hohe Einsatzbereitschaft in Form von Wochenendarbeit und Überstunden. Die Jugendlichen, die hier ihren Schwerpunkt setzen, sind zwar bereit, ihre Arbeitszeiten je nach Bedarf auch kurzfristig anzupassen, wollen dafür aber auch die Flexibilität haben, einen Teil

der beruflichen Tätigkeit von zu Hause aus zu erledigen.

Junge Frauen setzen deutlich andere Akzente als junge Männer

Die fünf Dimensionen der Berufsperspektive werden von den beiden Geschlechtern sehr unterschiedlich bewertet: Jungen Frauen ist es im Vergleich zu jungen Männern deutlich wichtiger, dass ihnen die eigene Berufstätigkeit Erfüllung bietet, im Alltag planbar bleibt und sich die Arbeit mit dem weiteren Leben gut in Einklang bringen lässt. Nutzen und Karriere spielen dagegen eine geringere Rolle. Hinsichtlich des Nutzens (siehe Abbildung 6.3)[3] ist nur gut einem Viertel der jungen Frauen (28 %) ein hohes Einkommen sehr wichtig, während es bei den Männern (36 %) mehr als ein Drittel ist.

Deutliche Unterschiede zeigen sich auch hinsichtlich der Erfüllung. Während weniger als die Hälfte der jungen Männer (48 %) es für (sehr) wichtig hält, in der Arbeit Möglichkeiten zu haben, sich um andere Menschen zu kümmern, ist für fast zwei Drittel (62 %) der jungen Frauen dieser Aspekt der Erfüllung (sehr) wichtig.

Hinsichtlich der Vereinbarkeit der Arbeit mit weiteren Lebensinhalten ist die Vorstellung, dass bei eigenen Kindern im Job auch Teilzeit möglich sein muss, unter jungen Frauen eine weit verbreitete Erwartung an ihre Arbeit. Sie wird von neun von zehn jungen Frauen (89 %) als sehr wichtig erachtet. Unter jungen Männern (56 %) wird dieser Aspekt

---

3 Wir haben in der Abbildung 6.3 beispielhaft die Unterschiede zwischen den Geschlechtern bei der Nutzenorientierung dargestellt. Für die im fortlaufenden Text berichteten Unterschiede der weiteren Dimensionen (siehe Tabelle 6.2) haben wir auf weitere Abbildungen verzichtet. Dies gilt auch für die im folgenden Unterkapitel berichteten Unterschiede hinsichtlich der sozialen Herkunft.

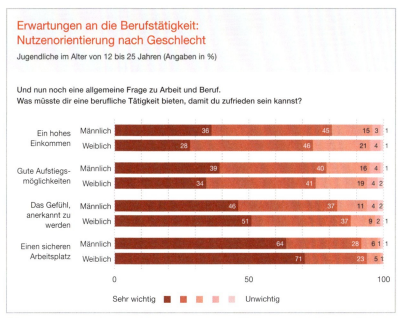

**Erwartungen an die Berufstätigkeit:
Nutzenorientierung nach Geschlecht**

Jugendliche im Alter von 12 bis 25 Jahren (Angaben in %)

Und nun noch eine allgemeine Frage zu Arbeit und Beruf.
Was müsste dir eine berufliche Tätigkeit bieten, damit du zufrieden sein kannst?

		Sehr wichtig				Unwichtig
Ein hohes Einkommen	Männlich	36	45	15	3	1
	Weiblich	28	46	21	4	1
Gute Aufstiegsmöglichkeiten	Männlich	39	40	16	4	1
	Weiblich	34	41	19	4	2
Das Gefühl, anerkannt zu werden	Männlich	46	37	11	4	2
	Weiblich	51	37	9	2	1
Einen sicheren Arbeitsplatz	Männlich	64	28	6	1	1
	Weiblich	71	23	5	1	

Abb. 6.3

Shell Jugendstudie 2019 – Kantar

deutlich seltener als wichtig oder sehr wichtig erachtet. Da verwundert es nicht, dass auch hinsichtlich der alltäglichen Planbarkeit Unterschiede zwischen den Geschlechtern sichtbar werden. Zwei Drittel (65 %) der jungen Frauen ist es wichtig, dass die Arbeitszeit hinsichtlich Beginn und Ende klar festgelegt ist. Unter jungen Männern (54 %) ist diese Vorstellung deutlich seltener verbreitet. Für die Karriereorientierung gilt der Umkehrschluss: Hier ist die Akzeptanz von Mehrarbeit am Wochenende bei jungen Männern (40 %) deutlich verbreiteter als bei jungen Frauen (33 %).

Junge Frauen investieren im Vergleich zu ihren männlichen Altersgenossen erfolgreicher in ihre Bildungskarriere, erreichen öfter bessere Bildungsabschlüsse und sind im Anschluss durch ihre berufliche Ausbildung oder ihr Studium bestmöglich für den Arbeitsmarkt vorbereitet. Gleichzeitig erwarten viele von ihnen von

ihren Jobs, dass sie eine sinnvolle Tätigkeit mit einer Familiengründung in Einklang bringen können. Dies alles schafft die Grundlage für eine selbstbestimmte Lebensführung, die sich dadurch vervollständigt, dass die Arbeit nicht alles im Leben sein soll. Insgesamt denken junge Frauen eine aktive Teilhabe an weiteren Lebensinhalten und damit auch die Verantwortungsübernahme bei einer Familiengründung schon früh im Leben bei der Berufs- und Arbeitsplatzwahl mit.

Mit diesen vielfältigen Erwartungen an das Berufsleben werden junge Frauen durchaus zu einer treibenden Kraft hinter den Veränderungen bei der Ausgestaltung von Arbeitsplätzen in vielen Unternehmen. Ganz offensichtlich strahlen die Vorstellungen der jungen Frauen aus, denn auch die männliche Vorstellungswelt hinsichtlich der Erwartungen an die Berufstätigkeit ist inzwischen im Wandel begriffen. Immer noch fokussieren junge

Männer auf Inhalte der praktischen Nutzenerwägung: Karriere und Einkommen stehen bei ihnen hoch im Kurs. Doch im Trend ist seit 2015 bei den Aspekten rund um die Vereinbarkeit der Arbeit mit weiteren Lebensinhalten zu beobachten, dass sich ihre Einstellungen hinsichtlich der Work-Life-Balance schrittweise denen der Frauen angleichen.

Große Unterschiede auch nach sozialer Herkunft

Große Unterschiede bestehen darüber hinaus bezüglich der sozialen Herkunft. Junge Menschen aus einfacheren Verhältnissen (36 %) bewerten im Vergleich zu Heranwachsenden aus der oberen Schicht (22 %) ein hohes Einkommen deutlich häufiger als ein sehr wichtiges Element der Berufstätigkeit. Ebenfalls ist für sie (56 %) das Gefühl der Anerkennung häufiger sehr wichtig, als dies für Jugendliche aus der oberen Schicht der Fall ist (46 %). Zudem ist ihnen ein sicherer Arbeitsplatz häufiger sehr wichtig (69 % zu 60 %).

Hier wird deutlich, dass die Aspekte des Nutzens, der sich aus einer Erwerbstätigkeit ziehen lässt, für junge Menschen aus einfacheren sozialen Verhältnissen eine größere Bedeutsamkeit besitzen. Sie sind augenscheinlich mehr auf diese grundlegenden Aspekte der Ausgestaltung der eigenen Jobs angewiesen, da ihnen im Vergleich zu jungen Menschen aus besseren Verhältnissen bei einem Wegbrechen dieses Fundaments der eigenständigen Lebensführung weniger Netzwerkstrukturen zur Verfügung stehen, die sie im Notfall auffangen könnten.

Dass die soziale Herkunft eine bedeutsame Rolle spielt, zeigt sich auch darin, dass Jugendlichen aus einfacheren sozialen Verhältnissen die Planbarkeit der Erwerbstätigkeit besonders wichtig ist. Ihre Altersgenossen aus der oberen Schicht bevorzugen demgegenüber Inhalte der Erfüllungsorientierung. Dies gilt etwas abgeschwächt auch für die Aspekte rund um die Vereinbarkeit von Arbeit und Leben.

Keine Unterschiede lassen sich dagegen zwischen Ost und West sowie zwischen städtischen und ländlichen Regionen ausmachen. Dies gilt auch bei den Dimensionen Planbarkeit, Vereinbarkeit und Karriereorientierung, bei denen sich, wenn überhaupt, nur eher geringe Unterschiede ergeben. Das heißt, es ist keine Frage der regionalen Herkunft, was Jugendliche im Beruf erwarten.

6.2 Prioritäten: Wenn Jugendliche nicht alles haben können, steht die Sicherheit im Vordergrund

Die Ergebnisse zur Berufsorientierung in der Shell Jugendstudie 2015 sind auf ein großes Interesse gestoßen. Bei den damals abgefragten Zustimmungen und Wichtigkeiten blieb aber letzten Endes offen, für welchen beruflichen Aspekt sich Jugendliche entscheiden würden, wenn sie die Wahl hätten. Wie sehr sind sie beispielsweise bereit, für eine sinnvolle Tätigkeit auf den sicheren Arbeitsplatz zu verzichten? Oder würden sie für gute Aufstiegschancen einen Umzug in Kauf nehmen? Wie sieht es mit anderen Perspektiven und Wünschen aus, wenn in der konkreten Entscheidungssituation nur eine davon realisiert werden kann? Die Antworten auf diese Fragen sind zum Beispiel für die Unternehmen wichtig. Sie können an ihnen ablesen, worauf sie sich bei der Ausgestaltung ihrer betrieblichen Rahmenbedingungen fokussieren sollten, um im Wettbewerb um die besten Talente in Zeiten des sich ankündigenden Fachkräftemangels bestehen zu können. Auch für Arbeitnehmervertretungen ist es relevant, besser zu verstehen, mit welchen Inhalten sie junge Menschen für kollektivrechtliche Regelungen besonders ansprechen können.

Um Antworten auf diese Fragen zu erhalten, haben wir eine zusätzliche »Priorisierungsabfrage« vorgenommen.[4] Dafür haben wir aus der Liste der 18 Einzelaspekte zu den allgemeinen Erwartungen an den Beruf und den konkreten Erwartungen an die Berufstätigkeit folgende zehn mit den jeweils höchsten Faktorladungen ausgewählt:[5]

Nutzenorientierung
- ein hohes Einkommen
- gute Aufstiegsmöglichkeiten
- ein sicherer Arbeitsplatz

Erfüllungsorientierung
- Möglichkeiten, sich um andere zu kümmern
- Möglichkeiten, etwas zu tun, was ich sinnvoll finde
- Möglichkeiten, eigene Ideen einzubringen

Vereinbarkeit von Arbeit und Leben
- Ich finde es gut, wenn man seine Arbeitszeit kurzfristig nach oben und nach unten an seine Bedürfnisse anpassen kann.

Genügend Freizeit neben der Berufstätigkeit
- Planbarkeit der Berufstätigkeit
- Ich wünsche mir eine geregelte Arbeitszeit mit klar festgelegtem Beginn und Ende.
- Arbeitsplatz, für den ich nicht umziehen muss

Die Jugendlichen erhielten eine Auswahl von vier dieser insgesamt zehn Aspekte und wurden aufgefordert, auszuwählen, welcher dieser vier Aspekte für sie im Vergleich am wichtigsten und welcher am unwichtigsten ist. Insgesamt erhielt jeder der Befragten fünf solcher Auswahlen. Mit Hilfe eines vorher festgelegten Rahmens wurde sichergestellt, dass jeder Aspekt zweimal in diesen fünf Auswahlen vorkam. Die Ergebnisse erläutern wir im Folgenden.[6]

4 Für die Ermittlung von Wahlverhalten von Konsumenten stehen in der Marktforschung vielfältige Methoden zur Verfügung. Beispiele finden sich in der Produktzusammenstellung. Welche Merkmale sind bei einem Handyvertrag entscheidend, um sich dafür zu entscheiden? Welche zusätzlichen Programmpakete reichern ein Fernsehabonnement entscheidend an? Neben der direkten Form der Abfrage der Aspekte gibt es in Form des Conjoints noch die Möglichkeit, Pakete von mehreren Aspekten gegeneinander antreten zu lassen. Dies lässt sich in der Preisforschung mit der Zahlungsbereitschaft verbinden. Auch diese Form der Abfrage ist im Bereich von Jobangeboten denkbar. Die sprachliche Übersetzung von Preisschildern bei Produkten in Form von Bezahlung auf dem Arbeitsmarkt ist jedoch nicht so einfach, da hier am Ende aufgrund der stark unterschiedlichen Bezahlungen je nach Tätigkeiten und Branchen keine Werte stehen können, sondern nur verklausulierte Formulierungen wie »für die Tätigkeit (übliche / (stark) unterdurchschnittliche / (stark) überdurchschnittliche) Bezahlung«. Aufgrund solcher Vorüberlegungen haben wir von einem Conjoint als Methode Abstand genommen und stattdessen in der direkten Abfrage einer Max-Diff-Abfrage die Aspekte gegeneinander antreten lassen.
5 Diese Auswahl der Aspekte erfolgte auf Basis der Ergebnisse der Faktorenanalysen der Shell Jugendstudie 2015. So konnten wir im Vorfeld sicherstellen, dass wir die Aspekte abfragen, die für die jeweiligen Dimensionen besonders charakteristisch sind. Zugleich haben wir den neu aufgenommenen Aspekt der örtlichen Mobilität hinzugefügt. Nicht in die Abfrage mit aufgenommen wurden die Aspekte der Karriereorientierung, die sich sprachlich nicht in diese Logik der Abfrage einfügen ließen.

6 Die Ergebnisse einer solchen sogenannten Max-Diff-Abfrage sind skalierte Nutzenwerte. Solche Nutzenwerte sind metrisch und lassen sich daher in beliebiger Skalierung darstellen. Wir arbeiten in unseren Darstellungen mit einer Skala von 0 bis 100 und einem Mittelwert von 50. Je höher der Wert, desto wichtiger ist der Aspekt. Die absolute Höhe der Nutzenwerte ist direkt vergleichbar (Aspekt A mit einem Wert von 80 ist

Sicherer Arbeitsplatz und Freizeit neben dem Beruf stehen an der Spitze

Das Ergebnis der Priorisierung ist aus Abbildung 6.4 ablesbar: Wenn sie sich zwischen konkurrierenden Erwartungen entscheiden müssen, wird Jugendlichen die Option des sicheren Arbeitsplatzes und damit eine stabile Existenzgrundlage[7] zum mit Abstand wichtigsten Inhalt, den ihnen ein Job bieten sollte. An zweiter Stelle der Liste von insgesamt zehn Prioritäten steht die Erwartung, genügend Freizeit neben der Berufstätigkeit zu haben, an dritter ein hohes Einkommen. Danach folgen: die Möglichkeit, etwas Sinnvolles zu tun, und gute Aufstiegsmöglichkeiten.

zweimal wichtiger als Aspekt B mit einem Wert von 40). Aus Gründen der besseren Lesbarkeit haben wir im Text den Begriff »Wichtigkeitswert« genutzt, um Verwechslungen der Nutzenwerte mit dem »Nutzen« als einer Dimension der Erwartungen an die Berufstätigkeit zu vermeiden.
Um die Unterschiede zwischen dem »Wichtigkeitswert« und den Häufigkeiten, mit der Jugendliche in den Einzelabfragen angeben, dass ihnen der jeweilige Aspekt (sehr) wichtig ist, überhaupt vergleichbar zu machen, lassen sich diese Häufigkeiten der Einzelabfragen gemäß ihrem Anteil an der Gesamtsumme der Häufigkeiten, mit der Jugendliche in den Einzelabfragen angeben, dass ihnen der jeweilige Aspekt (sehr) wichtig ist, auf den Mittelwert der Wichtigkeitswerte (50) gewichten. Diese aufgeführten Werte in Abbildung 6.4 sind fiktiv in dem Sinne, dass sie nicht die realen Häufigkeitswerte der einzelnen Items angeben, sondern die Abstände in den Häufigkeiten so darstellen (skaliert von 0 bis 100), dass sie mit den Wichtigkeitswerten der Priorisierungsabfrage vergleichbar sind.
7 Psychologisch ist dies nicht per se gleichzusetzen mit einem verzweifelten Festhalten an einen einmal erhaltenen Arbeitsvertrag. Vielmehr kann es bei einer differenzierten Betrachtung dieses Aspekts auch darum gehen, über solch hinreichende Fertigkeiten zu verfügen, dass sich im Falle einer Arbeitsvertragsauflösung eine nächste Beschäftigung zeitnah ergeben wird. Dann wandelt sich dieser Sicherheitsstreben suggerierende Aspekt in die Idee einer Beschäftigungsfähigkeit, die eine deutlich aktivere Konnotation hat.

Schauen wir auf die Dimensionen aus der Faktorenanalyse, können sich die Erwartungen aus der Nutzenorientierung und der Vereinbarkeit von Familie und Beruf also besonders gut durchsetzen, die aus den Dimensionen Erfüllung und Planbarkeit der Berufstätigkeit weniger. Aus dem Bereich der Erfüllung bleibt die Möglichkeit, etwas Sinnvolles zu tun, für viele Jugendliche auch in der Entscheidungssituation weiterhin wichtig. Die Möglichkeiten, sich um andere Menschen kümmern zu können und eigene Ideen einzubringen, stehen hingegen weiter unten.

Festzuhalten ist, dass bei der Priorisierungsabfrage die Inhalte der Berufstätigkeit (Sinnvolles tun, eigene Ideen einbringen, sich um Menschen kümmern) in die Mitte oder an das Ende der Rangfolge absinken, während die gesellschaftlichen Funktionen der Berufstätigkeit und ihr materieller Tauschwert (sicherer Arbeitsplatz, hohes Einkommen) zusammen mit ihrer Bedeutung für die gesamte Lebensgestaltung (genügend Freizeit neben dem Beruf) an die Spitze rücken.

Zugespitzt ausgedrückt: Wenn es wirklich darauf ankommt, dann sind junge Leute bereit, auf Aspekte der inhaltlichen Wertigkeit der Arbeit zu verzichten, um die materielle Absicherung und die Sicherheit der Lebensplanung nicht zu gefährden. Dieses Ergebnis ist, wie schon erwähnt, ein wichtiger Hinweis an die Personalabteilungen von Unternehmen, für Gewerkschaften und die Regionalpolitik: Im Wettbewerb um Nachwuchskräfte spielen im Falle eines Falles trotz der starken Neigung der jungen Generation, im Beruf Erfüllung und Sinngebung zu finden, die Sicherheit des Arbeitsplatzes und die materiellen Aspekte des Einkommens zusammen mit der Zusicherung von familienfreundlichen Arbeitszeitregelungen die ausschlaggebende Rolle.

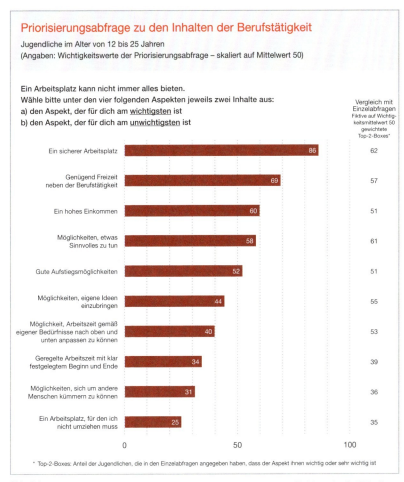

Priorisierungsabfrage zu den Inhalten der Berufstätigkeit

Jugendliche im Alter von 12 bis 25 Jahren
(Angaben: Wichtigkeitswerte der Priorisierungsabfrage – skaliert auf Mittelwert 50)

Ein Arbeitsplatz kann nicht immer alles bieten.
Wähle bitte unter den vier folgenden Aspekten jeweils zwei Inhalte aus:
a) den Aspekt, der für dich am <u>wichtigsten</u> ist
b) den Aspekt, der für dich am <u>unwichtigsten</u> ist

Vergleich mit
Einzelabfragen
Fiktive auf Wichtig-
keitsmittelwert 50
gewichtete
Top-2-Boxes*

Ein sicherer Arbeitsplatz	86	62
Genügend Freizeit neben der Berufstätigkeit	69	57
Ein hohes Einkommen	60	51
Möglichkeiten, etwas Sinnvolles zu tun	58	61
Gute Aufstiegsmöglichkeiten	52	51
Möglichkeiten, eigene Ideen einzubringen	44	55
Möglichkeit, Arbeitszeit gemäß eigener Bedürfnisse nach oben und unten anpassen zu können	40	53
Geregelte Arbeitszeit mit klar festgelegtem Beginn und Ende	34	39
Möglichkeiten, sich um andere Menschen kümmern zu können	31	36
Ein Arbeitsplatz, für den ich nicht umziehen muss	25	35

0   50   100

* Top-2-Boxes: Anteil der Jugendlichen, die in den Einzelabfragen angegeben haben, dass der Aspekt ihnen wichtig oder sehr wichtig ist

Abb. 6.4   Shell Jugendstudie 2019 – Kantar

Geschlecht und soziale Herkunft führen zu unterschiedlichen Prioritäten

Vergleicht man die Prioritäten der jungen Frauen mit denen der jungen Männer (siehe Abbildung 6.5), fällt auf, dass bei beiden Geschlechtern die Sicherheit des Arbeitsplatzes an der ersten Stelle steht. Ansonsten gibt es einige Unterschiede: Die jungen Männer messen dem Einkommen und den guten Aufstiegsmöglichkeiten eine höhere Bedeutung bei. Dafür sind für junge Frauen die Möglichkeiten, etwas Sinnvolles zu tun und sich um andere kümmern zu können, deutlich wichtiger. Damit zeigt sich wie bei den Einzelabfragen, dass die Männer mit hohem Einkommen und guten Aufstiegsmöglichkeiten Aspekten der Nutzenorientierung insgesamt eine höhere Bedeutung beimessen, während junge Frauen das bei Inhalten aus der

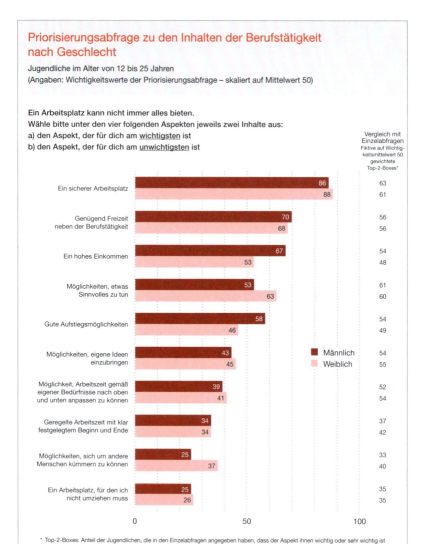

Priorisierungsabfrage zu den Inhalten der Berufstätigkeit nach Geschlecht

Jugendliche im Alter von 12 bis 25 Jahren
(Angaben: Wichtigkeitswerte der Priorisierungsabfrage – skaliert auf Mittelwert 50)

Ein Arbeitsplatz kann nicht immer alles bieten.
Wähle bitte unter den vier folgenden Aspekten jeweils zwei Inhalte aus:
a) den Aspekt, der für dich am <u>wichtigsten</u> ist
b) den Aspekt, der für dich am <u>unwichtigsten</u> ist

Vergleich mit
Einzelabfragen
Fiktive auf Wichtig-
keitsmittelwert 50
gewichtete
Top-2-Boxes*

Aspekt	Männlich	Weiblich	Top-2 Männlich	Top-2 Weiblich
Ein sicherer Arbeitsplatz	86	88	63	61
Genügend Freizeit neben der Berufstätigkeit	70	68	56	56
Ein hohes Einkommen	67	53	54	48
Möglichkeiten, etwas Sinnvolles zu tun	53	63	61	60
Gute Aufstiegsmöglichkeiten	58	46	54	49
Möglichkeiten, eigene Ideen einzubringen	43	45	54	55
Möglichkeit, Arbeitszeit gemäß eigener Bedürfnisse nach oben und unten anpassen zu können	39	41	52	54
Geregelte Arbeitszeit mit klar festgelegtem Beginn und Ende	34	34	37	42
Möglichkeiten, sich um andere Menschen kümmern zu können	25	37	33	40
Ein Arbeitsplatz, für den ich nicht umziehen muss	25	26	35	35

■ Männlich
■ Weiblich

* Top-2-Boxes: Anteil der Jugendlichen, die in den Einzelabfragen angegeben haben, dass der Aspekt ihnen wichtig oder sehr wichtig ist

Abb. 6.5

Shell Jugendstudie 2019 – Kantar

Erfüllungsorientierung tun. Allerdings ist jungen Frauen ein sicherer Arbeitsplatz innerhalb der Priorisierung sogar noch etwas wichtiger als ihren männlichen Altersgenossen.

Auch die soziale Herkunft führt zu unterschiedlichen Prioritäten, sobald eine Entscheidung verlangt wird (siehe Abbildung 6.6). So messen Heranwachsende aus der oberen Schicht den Möglichkeiten, etwas Sinnvolles zu tun,

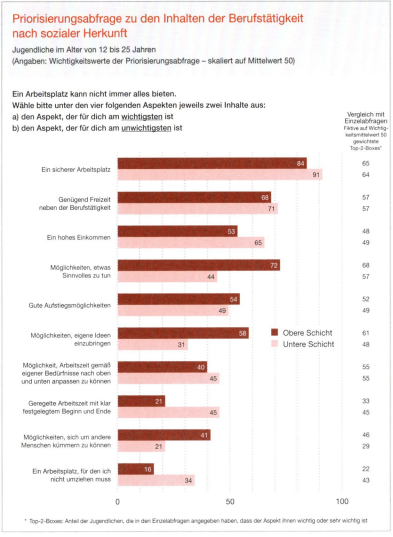

Priorisierungsabfrage zu den Inhalten der Berufstätigkeit nach sozialer Herkunft

Jugendliche im Alter von 12 bis 25 Jahren
(Angaben: Wichtigkeitswerte der Priorisierungsabfrage – skaliert auf Mittelwert 50)

Ein Arbeitsplatz kann nicht immer alles bieten.
Wähle bitte unter den vier folgenden Aspekten jeweils zwei Inhalte aus:
a) den Aspekt, der für dich am <u>wichtigsten</u> ist
b) den Aspekt, der für dich am <u>unwichtigsten</u> ist

Vergleich mit
Einzelabfragen
Fiktive auf Wichtig-
keitsmittelwert 50
gewichtete
Top-2-Boxes*

	Obere Schicht	Untere Schicht		Vergleich Obere	Vergleich Untere
Ein sicherer Arbeitsplatz	84	91		65	64
Genügend Freizeit neben der Berufstätigkeit	68	71		57	57
Ein hohes Einkommen	53	65		48	49
Möglichkeiten, etwas Sinnvolles zu tun	72	44		68	57
Gute Aufstiegsmöglichkeiten	54	49		52	49
Möglichkeiten, eigene Ideen einzubringen	58	31		61	48
Möglichkeit, Arbeitszeit gemäß eigener Bedürfnisse nach oben und unten anpassen zu können	40	45		55	55
Geregelte Arbeitszeit mit klar festgelegtem Beginn und Ende	21	45		33	45
Möglichkeiten, sich um andere Menschen kümmern zu können	41	21		46	29
Ein Arbeitsplatz, für den ich nicht umziehen muss	16	34		22	43

Obere Schicht
Untere Schicht

0   50   100

* Top-2-Boxes: Anteil der Jugendlichen, die in den Einzelabfragen angegeben haben, dass der Aspekt ihnen wichtig oder sehr wichtig ist

Abb. 6.6

Shell Jugendstudie 2019 – Kantar

eigene Ideen einzubringen und sich um andere Menschen kümmern zu können, deutlich mehr Bedeutung bei als Jugendliche aus der unteren Schicht. Dagegen schätzen diese wiederum einen sicheren Arbeitsplatz, ein hohes Einkommen und eine geregelte Arbeitszeit mit klar festgelegtem Beginn und Ende mehr als ihre Altersgenossen aus besseren sozialen Herkunftsverhältnissen. Dies ist so zu verstehen, dass Jugendliche aus einfachen Verhältnissen in Situationen, in denen sie priorisieren müssen, verstärkt den Nutzen maximieren. Aus ihrer Lebenswelt und ihren biografischen Erfahrungen heraus ist dies für sie naheliegend, und oftmals können oder wollen sie sich nichts anderes erlauben. Ihren Altersgenossen aus der oberen Schicht ist es dagegen möglich, eher darauf zu achten, dass ihre eigenen Neigungen nicht komplett hinter Nutzenerwägungen hintanstehen müssen.

6.3 Vier Typen der Berufsorientierung: Starke Unterschiede nach Herkunft, Bildung und Geschlecht

Wie in der Shell Jugendstudie 2015 auch haben wir die verschiedenen Ausprägungen der fünf Dimensionen der Erwartungen an den Beruf und die Gestaltung der Berufstätigkeit im Rahmen einer Clusteranalyse bearbeitet. Dabei ergeben sich folgende vier Typen jugendlicher Berufsorientierung (siehe Tabelle 6.3):

Die Durchstarter
- Fast einem Drittel der Jugendlichen (32 %) ist in einem gewissen Maße alles zugleich wichtig: Erfüllung und noch mehr der Nutzen sind für sie zentral und werden mit der Bereitschaft zu Überstunden und flexiblen Arbeitszeiten (Karriereorientierung) verbunden. Vereinbarkeit der Arbeit mit weiteren Lebensinhalten und etwas weniger die Planbarkeit sind ebenfalls für sie wichtig.

Die Idealisten
- Gut ein Fünftel (21 %) der Jugendlichen stellt den Aspekt der Erfüllung eindeutig in den Vordergrund. Zugleich ist ihnen wichtig, dass der Beruf

nicht ihr gesamtes Leben dominiert. Alltägliche Planbarkeit und vor allem Nutzen nehmen dagegen eine untergeordnete Rolle ein. Bereitschaft zu Überstunden und flexiblen Arbeitszeiten ist bei ihnen hingegen seltener vorhanden.

Die Bodenständigen
- Bei fast einem Viertel (24 %) der Jugendlichen dominieren beim Beruf der Nutzen und die alltägliche Planbarkeit. Dem Wunsch nach Erfüllung stehen sie neutral gegenüber. Die Vereinbarkeit der Arbeit mit weiteren Lebensinhalten ist ihnen weniger wichtig, die Bereitschaft zu Überstunden und flexiblen Arbeitszeiten am wenigsten gegeben.

Die Distanzierten
- Ebenfalls fast ein Viertel (23 %) der Jugendlichen fühlt sich von wesentlichen Aspekten des Berufslebens nicht wirklich angesprochen. Nutzen, Erfüllung und die Vereinbarkeit der Arbeit mit weiteren Lebensinhalten sind für sie weniger von Bedeutung. Dagegen sind ihnen eine Karriere und vor allem eine alltägliche Planbarkeit der Arbeit sehr wichtig.

Diese Profilierung greift auf die Begrifflichkeiten der Shell Jugendstudie 2015 zurück, wobei sich seitdem merkliche Verschiebungen ergeben haben. Durch die neue Abfrage, ob Jugendliche für einen Job auch einen Umzug in Kauf nehmen würden, entsteht auf der Ebene der Dimensionen eine neue Komposition.[8] Die Bereitschaft umzuziehen bildet

---

8 Sobald dieser in der Shell Jugendstudie 2019 neu aufgenommene Aspekt der örtlichen Mobilität aus den Betrachtungen herausgelassen wird und die Profile wie in der Shell Jugendstudie 2015 auf Basis zweier getrennter Faktoranalysen gebildet werden, würden sich die 2015 beschriebenen Details der Profile weitgehend replizieren lassen.

Tab. 6.3 Schema der vier Typen von Berufsorientierungen und ihre Erwartungen an das Arbeitsleben

	Durchstarter	Idealisten	Bodenständige	Distanzierte
Nutzen	++	– –	+	– –
Erfüllung	(+)	++	o	– –
Vereinbarkeit Leben/Arbeit	+	(+)	–	– –
Planbarkeit	(+)	– –	(+)	++
Karriereorientierung	++	o	– –	+

Quelle: Shell Jugendstudie 2019 – Kantar, Clusteranalyse mit vier Gruppen

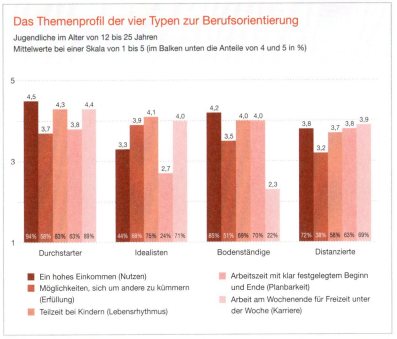

Das Themenprofil der vier Typen zur Berufsorientierung

Jugendliche im Alter von 12 bis 25 Jahren
Mittelwerte bei einer Skala von 1 bis 5 (im Balken unten die Anteile von 4 und 5 in %)

Ein hohes Einkommen (Nutzen)
Möglichkeiten, sich um andere zu kümmern (Erfüllung)
Teilzeit bei Kindern (Lebensrhythmus)
Arbeitszeit mit klar festgelegtem Beginn und Ende (Planbarkeit)
Arbeit am Wochenende für Freizeit unter der Woche (Karriere)

Abb. 6.7   Shell Jugendstudie 2019 – Kantar

zusammen mit einer klar geregelten Arbeitszeit die Dimension Planbarkeit ab.

Wie sehr sich die vier Typen in ihrem Profil unterscheiden, zeigen ihre Präferenzen, die die jeweiligen Dimensionen besonders prägen (siehe Abbildung 6.7).

Es ist prägnant, wie selten Idealisten dem Einkommen (44 %) oder einer geregelten Arbeitszeit mit klar festgelegtem Beginn und Ende (24 %) im Vergleich zu den anderen drei Gruppen eine (sehr) hohe Bedeutung beimessen. Den Bodenständigen als ihrer Kontrastgruppe sind ein hohes Einkommen (85 %) und eine geregelte Arbeitszeit mit klar festgelegtem Beginn und Ende (70 %) demgegenüber deutlich häufiger (sehr) wichtig. Beim letztgenannten Aspekt liegen sie vom Niveau her sogar noch über den Durchstartern (63 %), die ansonsten wie bereits 2015 stark dominieren. Allerdings laufen die Idealisten (68 %) den Durchstartern (58 %) den Rang ab, wenn es um die Möglichkeiten geht, sich um andere Menschen kümmern zu wollen. Auch die Distanzierten treten in diesem Themenprofil markant in Erscheinung. Mit dem vergleichsweise häufigen Wunsch nach einer geregelten Arbeitszeit mit klar festgelegtem Beginn und Ende (63 %) liegen sie gleichauf mit den Durchstartern auf Platz 2 hinter den Bodenständigen (70 %) und sind damit deutlich vor den Idealisten (24 %). Ebenfalls markant häufiger (69 %) sind sie bereit, am Wochenende zu arbeiten, wenn sie dafür zum Ausgleich unter der Woche frei haben. Mit dieser Bereitschaft bewegen sie sich auf dem Niveau der Idealisten (71 %) und liegen deutlich vor den Bodenständigen (22 %), die auffallend selten dazu bereit sind.

Der eigene Bildungsweg und die Herkunft entscheiden über die Berufsorientierung

Besonders interessant ist die Frage, wie sehr sich die vier Typen hinsichtlich ihrer persönlichen und sozialen Merkmale unterscheiden. Betrachten wir als Erstes die üblichen Merkmale rund um Geschlecht, regionale und soziale Herkunft, so fällt auf, dass das Geschlecht keine herausragende Erklärungskraft besitzt. So markant die Unterschiede in den einzelnen Dimensionen zwischen den Geschlechtern auch ausfallen, andere persönliche und soziale Merkmale besitzen mehr Erklärungskraft hinsicht-

lich der Unterschiede zwischen den vier Typen.

Am meisten Erklärungskraft entfällt auf den Bildungshintergrund der Jugendlichen. Je nach erreichtem oder angestrebtem Bildungsabschluss der Jugendlichen unterscheiden sich die Gruppenzugehörigkeiten deutlich. Idealisten und Distanzierte bilden hier die Kontrastgruppen. Unter den Idealisten sind deutlich häufiger Jugendliche zu finden, die Abitur haben bzw. anstreben (75 % / siehe Abbildung 6.8 links). Nicht einmal jeder sechste Idealist gibt Realschulabschluss (13 %) oder Hauptschulabschluss (2 %) als erreichten oder angestrebten Schulabschluss an. Bei den Distanzierten bilden dagegen Jugendliche mit erreichtem oder angestrebtem Realschulabschluss (36 %) und Hauptschulabschluss (20 %) zusammengenommen die Mehrheit und Jugendliche mit Abitur (35 %) die deutliche Minderheit. In punkto des eigenen Bildungshintergrundes sind Bodenständige und Durchstarter durchschnittlich aufgestellt.

Dies führt dazu, dass unter den Jugendlichen, die Abitur anstreben oder erreicht haben, Distanzierte (15 %) seltener vertreten sind (siehe Abbildung 6.8 rechts). Unter den Jugendlichen mit Hauptschulabschluss bilden sie (34 %) zusammen mit den Durchstartern (35 %) fast gleichauf die größten Gruppen. Im Gegenzug sind Idealisten unter den Jugendlichen mit Abitur als angestrebtem oder erreichtem Schulabschluss (32 %) deutlich häufiger anzutreffen. Unter solchen mit Hauptschulabschluss vor Augen oder in der Tasche (3 %) kommen sie fast gar nicht vor. Diese Form von Idealismus, die im Berufsleben vor allem auf Erfüllung, aber auch auf eine Vereinbarkeit der Arbeit mit weiteren Lebensinhalten setzt, gilt anscheinend erst mit einer gewissen Bildungsposition als erreichbar. Sie kann sich offenbar erst dann herausbilden, wenn Jugendliche aufgrund ihrer Bildungsposition

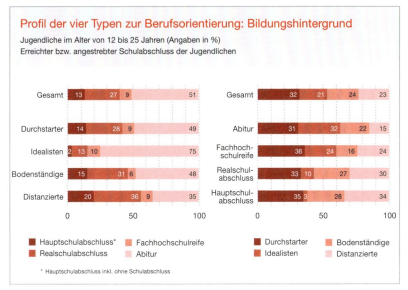

Profil der vier Typen zur Berufsorientierung: Bildungshintergrund

Jugendliche im Alter von 12 bis 25 Jahren (Angaben in %)
Erreichter bzw. angestrebter Schulabschluss der Jugendlichen

	Hauptschulabschluss	Realschulabschluss	Fachhochschulreife	Abitur
Gesamt	13	27	9	51
Durchstarter	14	28	9	49
Idealisten	2	13	10	75
Bodenständige	15	31	6	48
Distanzierte	20	36	9	35

	Durchstarter	Idealisten	Bodenständige	Distanzierte
Gesamt	32	21	24	23
Abitur	31	32	22	15
Fachhochschulreife	36	24	16	24
Realschulabschluss	33	10	27	30
Hauptschulabschluss	35	3	28	34

■ Hauptschulabschluss*   ■ Fachhochschulreife
■ Realschulabschluss   ■ Abitur

■ Durchstarter   ■ Bodenständige
■ Idealisten   ■ Distanzierte

* Hauptschulabschluss inkl. ohne Schulabschluss

Abb. 6.8

Shell Jugendstudie 2019 – Kantar

aus einer sehr breiten Palette an für sie infrage kommenden Berufen tatsächlich neigungsorientiert wählen können.

Im gleichen Maße deutliche Unterschiede mit eigener zusätzlicher Erklärungskraft zeigen sich bei der sozialen Herkunft der Jugendlichen. Erneut bilden Idealisten und Distanzierte die Kontrastgruppen (siehe Abbildung 6.9 links). Bodenständige und Durchstarter sind hier wieder unauffällig. Unter den Idealisten bilden junge Menschen aus der oberen Mittel- (33 %) und der oberen Schicht (29 %) eine breite Mehrheit. Nicht einmal jeder sechste junge Mensch stammt bei diesem Typ aus der unteren Mittel- (11 %) und der unteren Schicht (4 %). Bei den Distanzierten sind es hingegen mehr als zwei von fünf (44 %), die aus diesen beiden Schichten stammen.

Hier zeigen sich für die sozialen Herkunftsschichten (siehe Abbildung 6.9 rechts) also die gleichen Unterschiede in der Verteilung wie beim eigenen Bil-

dungshintergrund. Während unter den Idealisten zwei von fünf Heranwachsenden (40 %) der oberen Schicht angehören, sind Jugendliche aus der unteren Schicht (8 %) hier nur sehr selten anzutreffen. Im Vergleich dazu nicht ganz so markant sind die Unterschiede bei den Distanzierten: Bei diesem Typ stammt nur jeder neunte (11 %) aus der oberen Schicht, aber immerhin jeder dritte (33 %) aus der unteren Schicht. Dass hiermit nicht alle Unterschiede zwischen diesen beiden sozialen Schichten in der Gruppenzusammensetzung erklärt sind, liegt daran, dass in der oberen Schicht (25 %) Heranwachsende deutlich seltener durchstarten wollen, als dies in allen anderen sozialen Schichten, und damit auch der unteren Schicht (35 %), der Fall ist. Dies verdeutlicht einmal mehr, dass Nutzenerwägungen vor allem dann in den Hintergrund treten können, wenn eine gute materielle Ausgangsbasis bereits durch die eigenen Eltern vorhanden ist.

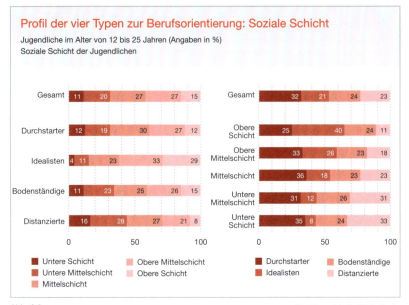

Profil der vier Typen zur Berufsorientierung: Soziale Schicht

Jugendliche im Alter von 12 bis 25 Jahren (Angaben in %)
Soziale Schicht der Jugendlichen

Gesamt	11	20	27	27	15
Durchstarter	12	19	30	27	12
Idealisten	4	11	23	33	29
Bodenständige	11	23	25	26	15
Distanzierte	16	28	27	21	8

Gesamt	32	21	24	23
Obere Schicht	25	40	24	11
Obere Mittelschicht	33	26	23	18
Mittelschicht	36	18	23	23
Untere Mittelschicht	31	12	26	31
Untere Schicht	35	8	24	33

■ Untere Schicht   ■ Obere Mittelschicht
■ Untere Mittelschicht   ■ Obere Schicht
■ Mittelschicht

■ Durchstarter   ■ Bodenständige
■ Idealisten   ■ Distanzierte

Abb. 6.9

Shell Jugendstudie 2019 – Kantar

Zusätzlich zeigt sich beim Migrationshintergrund der Jugendlichen ein interessanter Effekt. Im Vergleich zu den beiden vorher thematisierten Merkmalen sind hier Durchstarter und Idealisten die Kontrastgruppen. Denn Jugendliche ohne deutsche Staatsangehörigkeit wollen deutlich häufiger durchstarten (46 %) und sind weniger unter den Idealisten anzutreffen (13 %).

Im Hinblick auf die regionale Herkunft der Jugendlichen gilt, dass Idealismus (23 %) und Bodenständigkeit (24 %) in den westlichen Bundesländern höher im Kurs stehen. Dagegen wollen junge Menschen aus den östlichen Bundesländern überproportional häufiger durchstarten (35 %), sind aber zugleich auch häufiger distanziert (30 %). Gerade mit diesem geschärften Profil im Osten Deutschlands zeigt sich eine gewisse mentale Polarisierung. Zum einen wollen hier viele Jugendliche eigenverantwortlich ihre Erwerbstätigkeit

dazu nutzen, um sich ihren Platz in der Gesellschaft zu erarbeiten. Zum anderen gibt es aber auch einen erhöhten Anteil, der diesbezüglich eher wenig Ambitionen entwickelt. Fällt dies zusammen mit schlechteren Bildungsabschlüssen und einer weniger privilegierten sozialen Herkunft, ist die Gemengelage benannt, aus der heraus es Heranwachsenden schwerer fällt, sich selbst nicht nur in der Berufswelt zu behaupten.

Wertorientierungen und Ängste sind unterschiedlich verteilt

In einem weiteren Schritt untersuchen wir, wie sich die vier Typen der Berufsorientierung außer nach den Merkmalen Bildung, Herkunft und Migrationshintergrund nach ihren Wertorientierungen und politischen Ängsten unterscheiden (siehe Kapitel 3).

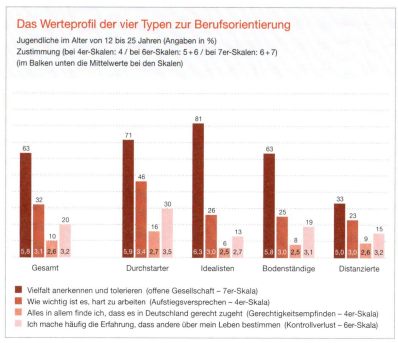

Das Werteprofil der vier Typen zur Berufsorientierung

Jugendliche im Alter von 12 bis 25 Jahren (Angaben in %)
Zustimmung (bei 4er-Skalen: 4 / bei 6er-Skalen: 5 + 6 / bei 7er-Skalen: 6 + 7)
(im Balken unten die Mittelwerte bei den Skalen)

	Gesamt	Durchstarter	Idealisten	Bodenständige	Distanzierte
Vielfalt anerkennen und tolerieren	63	71	81	63	33
Wie wichtig ist es, hart zu arbeiten	32	46	26	25	23
Alles in allem ... gerecht zugeht	20	16	6	19	9
Ich mache häufig die Erfahrung ...	10	30	13	8	15

Mittelwerte:
- Gesamt: 5,8 | 3,1 | 2,6 | 3,2
- Durchstarter: 5,9 | 3,4 | 2,7 | 3,5
- Idealisten: 6,3 | 3,0 | 2,5 | 2,7
- Bodenständige: 5,8 | 3,0 | 2,5 | 3,1
- Distanzierte: 5,0 | 3,0 | 2,6 | 3,2

- ■ Vielfalt anerkennen und tolerieren (offene Gesellschaft – 7er-Skala)
- ■ Wie wichtig ist es, hart zu arbeiten (Aufstiegsversprechen – 4er-Skala)
- ■ Alles in allem finde ich, dass es in Deutschland gerecht zugeht (Gerechtigkeitsempfinden – 4er-Skala)
- ■ Ich mache häufig die Erfahrung, dass andere über mein Leben bestimmen (Kontrollverlust – 6er-Skala)

Abb. 6.10

Shell Jugendstudie 2019 – Kantar

Dabei besitzt die Wertorientierung, Vielfalt anzuerkennen und zu tolerieren, eine große Erklärungskraft für die Unterscheidung zwischen den vier Typen (siehe Abbildung 6.10). Vor allem bei Distanzierten (33 %) schreibt nur eine Minderheit dieser Wertorientierung eine (sehr) hohe Wichtigkeit zu. Damit bilden sie die Kontrastgruppe zu den Idealisten, bei denen einer breiten Mehrheit von gut vier Fünfteln (81 %) diese Vorstellung (sehr) wichtig ist. Die Durchstarter messen dem Aufstiegsversprechen, dass sich harte Arbeit lohnen wird, deutlich häufiger (46 %) als die anderen Gruppen (23 % – 26 %) eine sehr große Bedeutung bei. Im gleichen Maße bewerten die Durchstarter auch die soziale Gerechtigkeit (16 %) häufiger als die anderen drei Gruppen als voll und ganz gegeben. Zugleich machen sie aber auch häufiger (30 %) die Erfahrung, dass andere über ihr Leben bestimmen. Besonders bei den Idealisten ist dies deutlich seltener (13 %) der Fall.

Die persönlichen und gesellschaftlichen Ängste (siehe Abbildung 6.11) besitzen ebenfalls eine wesentliche Erklärungskraft zur Unterscheidung der vier Gruppen. Hier sind es die Idealisten, die die Kontraste maßgeblich prägen. Vor allem fällt auf, wie selten Idealisten ängstlich sind, wenn es um den eigenen Arbeits- oder Ausbildungsplatz geht (28 %) oder die Zuwanderung in Deutschland (17 %) thematisiert wird. Zusätzlich berichten sie ebenso wie die Bodenständigen häufiger von der Sorge vor dem Klimawandel (86 %) und der Umweltverschmutzung (83 %). Vor allem die Distanzierten sind hier seltener besorgt.

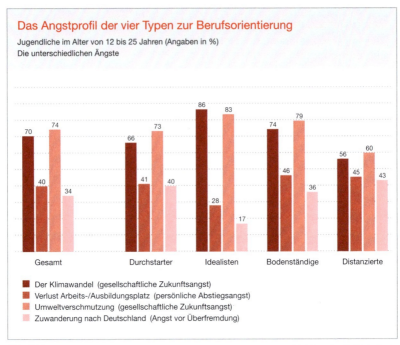

Das Angstprofil der vier Typen zur Berufsorientierung

Jugendliche im Alter von 12 bis 25 Jahren (Angaben in %)
Die unterschiedlichen Ängste

Gesamt — Durchstarter — Idealisten — Bodenständige — Distanzierte

■ Der Klimawandel (gesellschaftliche Zukunftsangst)
■ Verlust Arbeits-/Ausbildungsplatz (persönliche Abstiegsangst)
■ Umweltverschmutzung (gesellschaftliche Zukunftsangst)
■ Zuwanderung nach Deutschland (Angst vor Überfremdung)

Abb. 6.11

Shell Jugendstudie 2019 – Kantar

Bei der Prioritätensetzung fallen die Idealisten auf

Betrachten wir abschließend, wie sich die einzelnen Typen der Berufsorientierung entscheiden, wenn sie bei den Erwartungen an den Beruf und an die Ausgestaltung der Berufstätigkeit Prioritäten setzen müssen.

Abbildung 6.12 macht deutlich, dass sich die Idealisten markant von allen drei anderen Typen unterscheiden – vor allem weil sie den Möglichkeiten, etwas Sinnvolles zu tun, eigene Ideen einzubringen und sich um andere Menschen zu kümmern, im Vergleich zu den anderen Gruppen deutlich mehr Wichtigkeit zuschreiben. Weniger wichtig sind ihnen demgegenüber der sichere Arbeitsplatz, gute Aufstiegsmöglichkeiten und vor allem ein hohes Einkommen. Es sind vor allem die Durchstarter, die sich auf das Dreieck aus sicherem Arbeitsplatz, hohem Einkommen und der Anforderung, genügend Freizeit neben der Berufstätigkeit zu haben, fokussieren.

Zusammenfassung der Profile der vier Typen von Berufsorientierung

Betrachten wir alle Ergebnisse aus den vorgestellten Analysen zusammen, ergeben sich klare Profile für die vier Typen von Berufsorientierung, die wir bei den 15- bis 25-Jährigen gefunden haben.

Durchstarter
Fast einem Drittel der Jugendlichen (32 %) ist in einem gewissen Maße alles zugleich wichtig. Die Erfüllung und im Vergleich dazu noch deutlich mehr der

Priorisierungsabfrage zu den Inhalten der Berufstätigkeit für die vier Typen der Berufsorientierung

Jugendliche im Alter von 15 bis 25 Jahren
(Angaben: Wichtigkeitswerte der Priorisierungsabfrage – skaliert auf Mittelwert 50)

Ein Arbeitsplatz kann nicht immer alles bieten.
Wähle bitte unter den vier folgenden Aspekten jeweils zwei Inhalte aus:
a) den Aspekt, der für dich am <u>wichtigsten</u> ist
b) den Aspekt, der für dich am <u>unwichtigsten</u> ist

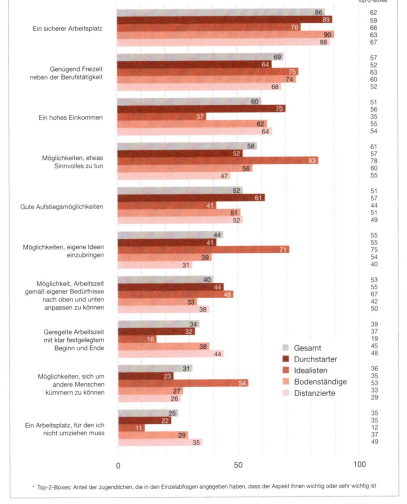

Vergleich mit Einzelabfragen
Fiktive auf Wichtigkeitsmittelwert 50 gewichtete Top-2-Boxes*

Aspekt	Gesamt	Durchstarter	Idealisten	Bodenständige	Distanzierte		T2B Gesamt	T2B Durchstarter	T2B Idealisten	T2B Bodenständige	T2B Distanzierte
Ein sicherer Arbeitsplatz	86	89	76	90	88		62	59	66	63	67
Genügend Freizeit neben der Berufstätigkeit	69	64	75	74	68		57	52	63	60	52
Ein hohes Einkommen	60	70	37	62	64		51	56	35	55	54
Möglichkeiten, etwas Sinnvolles zu tun	58	52	83	56	47		61	57	78	60	55
Gute Aufstiegsmöglichkeiten	52	61	41	51	52		51	57	44	51	49
Möglichkeiten, eigene Ideen einzubringen	44	41	71	39	31		55	55	75	54	40
Möglichkeit, Arbeitszeit gemäß eigener Bedürfnisse nach oben und unten anpassen zu können	40	44	48	33	38		53	55	67	42	50
Geregelte Arbeitszeit mit klar festgelegtem Beginn und Ende	34	32	16	38	44		39	37	19	45	48
Möglichkeiten, sich um andere Menschen kümmern zu können	31	23	54	27	26		36	35	53	33	29
Ein Arbeitsplatz, für den ich nicht umziehen muss	25	22	11	29	35		35	35	12	37	49

Legende: Gesamt, Durchstarter, Idealisten, Bodenständige, Distanzierte

0   50   100

* Top-2-Boxes: Anteil der Jugendlichen, die in den Einzelabfragen angegeben haben, dass der Aspekt ihnen wichtig oder sehr wichtig ist

Abb. 6.12

Shell Jugendstudie 2019 – Kantar

Nutzen sind für sie im Erwerbsleben zentral. Auch sind für sie die Möglichkeiten zur eigenen Karriere von wesentlicher Bedeutung. Vereinbarkeit der Arbeit mit weiteren Lebensinhalten und in einem etwas geringeren Maße die Planbarkeit sind ebenfalls positiv besetzt.

Hinsichtlich der sozialen Merkmale ist auffällig, dass sowohl ostdeutsche als auch Jugendliche ohne deutschen Pass in dieser Gruppe überrepräsentiert sind. Nutzen und Karriereorientierung stehen bei diesen auf dem ersten Blick scheinbar so ungleichen Jugendlichen gemeinsam hoch im Kurs.

Sie glauben eher als die anderen Gruppen an das Aufstiegsversprechen, durch harte Arbeit zum Erfolg zu kommen, und bewerten die Chancensituation in Deutschland häufiger als die anderen als gerecht. Zugleich haben sie öfter das Gefühl, dass andere über ihr Leben bestimmen, und haben zusammen mit den Distanzierten am meisten Angst vor (weiterer) Zuwanderung. Vielfalt anzuerkennen und zu respektieren, ist ihnen dabei durchaus wichtig, wobei die Idealisten dieser Vorstellung noch mehr Bedeutung beimessen.

Hinsichtlich eigenem Bildungshintergrund und sozialer Herkunft weichen die Durchstarter in ihrer Zusammensetzung nicht von den anderen Jugendlichen ab. Auch wenn es um die Sorge um den eigenen Arbeitsplatz und die Angst vor der Umweltverschmutzung geht, liegen sie im Durchschnitt. Zugleich sind sie angesichts des Klimawandels weniger besorgt, wenn auch nicht auf dem niedrigen Niveau der Distanzierten.

Idealisten

Gut ein Fünftel (21 %) der Jugendlichen stellt den Aspekt der Erfüllung eindeutig in den Vordergrund. Zugleich ist ihnen wichtig, dass der Beruf nicht ihr gesamtes Leben dominiert. Die alltägliche Planbarkeit und vor allem der Nutzen der Berufstätigkeit sind dagegen weniger wichtig. Ihre Bereitschaft zu flexiblen Arbeitszeiten und Überstunden ist eher moderat.

Idealisten verfügen deutlich häufiger über bessere Schulabschlüsse. Zudem entstammen sie öfter der oberen Mittelschicht und oberen Schicht. Vor allem in den westlichen Bundesländern und bei Deutschen ohne Migrationshintergrund ist die idealistische Orientierung häufiger anzutreffen.

Vielfalt anzuerkennen und zu respektieren, ist ihnen besonders wichtig. Zugleich berichten sie besonders häufig von ihrer Angst vor dem Klimawandel und der Umweltzerstörung. Im Gegenzug sind sie besonders selten ängstlich, wenn es um die Zuwanderung nach Deutschland und um den Verlust des eigenen Arbeits- oder Ausbildungsplatzes geht. Idealisten berichten besonders selten von der Erfahrung, dass andere über ihr Leben bestimmen. Zugleich sehen sie aber auch seltener, dass es in Deutschland gerecht zugeht und Arbeit sich für sozialen Aufstieg wirklich lohnt.

Bodenständige

Bei fast einem Viertel (24 %) der Jugendlichen dominieren beim Beruf der Nutzen und die alltägliche Planbarkeit. Dem Wunsch nach Erfüllung stehen sie neutral gegenüber. Die Vereinbarkeit der Arbeit mit weiteren Lebensinhalten und vor allem eine Karriere sind ihnen weniger wichtig.

Bei den Bodenständigen fällt auf, dass sie selten hinsichtlich ihrer persönlichen und sozialen Merkmale in Erscheinung treten. Vermehrt in den westdeutschen Bundesländern anzutreffen, sorgen sie sich eher um ihren Ausbildungs- und Arbeitsplatz und berichten zudem leicht häufiger von Sorgen um dem Klimawandel, der Umweltverschmutzung und der Zuwanderung nach Deutschland. Genauso wie die Idealisten schenken sie dem Aufstiegsversprechen durch harte

Arbeit und der Vorstellung, dass es in Deutschland gerecht zugeht, weniger Glauben als die Durchstarter. Hinsichtlich Bildungshintergrund, Herkunftsschicht und Migrationshintergrund gilt, dass sich in den Bodenständigen ein Querschnitt durch alle Teilgruppen wiederfindet.

Distanzierte
Fast ein Viertel (23 %) fühlt sich von wesentlichen Aspekten des Berufslebens nicht wirklich angesprochen. Dies gilt für Nutzen, Erfüllung und die Vereinbarkeit der Arbeit mit weiteren Lebensinhalten. Dagegen sind ihnen eine Karriere und vor allem die alltägliche Planbarkeit der Arbeit sehr wichtig.

Die Distanzierten sind durch eine eher geringere soziale Herkunftsschicht und einen weniger guten eigenen Bildungshintergrund gekennzeichnet. Unter diesen Startvoraussetzungen machen sie sich zusammen mit den Bodenständigen am meisten Sorge um den Verlust des eigenen Arbeits- oder Ausbildungsplatzes. Zugleich sind sie besonders besorgt, wenn es um das Thema Zuwanderung nach Deutschland geht, und am wenigsten bereit, Vielfalt anzuerkennen und zu respektieren.

Häufiger in den neuen Bundesländern anzutreffen, gilt bei den Distanzierten zudem, dass sie die einzige Gruppe sind, die hinsichtlich des Geschlechts eine besonders auffällige Zusammensetzung hat. Im Gegensatz zu den anderen Gruppen stellen hier die jungen Männer eine deutlichere Mehrheit. Hinsichtlich des Gerechtigkeitsempfindens erweisen sich die Distanzierten als unauffällig.

Sabine Wolfert, Ingo Leven

7 Freizeitgestaltung und Internetnutzung: Wie Online und Offline ineinandergreifen

In diesem Kapitel interessiert uns, wie Jugendliche ihre freie Zeit verbringen und was sich dabei im Zeitverlauf der letzten knapp 20 Jahre verändert hat. Freizeit dient einerseits der Erholung, andererseits vollzieht sich in dieser Zeit aber auch in wesentlichen Bereichen soziale Integration (Familie, Partnerschaft, Freundschaft, siehe Kapitel 4). Außerdem haben Jugendliche in ihrer Freizeit die Gelegenheit, ihre eigenen Neigungen auszubilden, ihren Interessen nachzugehen oder sich gesellschaftlich einzubringen.

Die digitalen Medien durchdringen den Alltag der Jugendlichen in allen Bereichen. Heranwachsende bewegen sich im Netz ganz selbstverständlich, flexibel und zu unterschiedlichen Zwecken. In diesem Kapitel wird sichtbar, in welchem Umfang Jugendliche online sind, um zu kommunizieren und zu spielen, Musik zu hören und Videos zu sehen, nach Informationen zu suchen oder in den sozialen Medien ihre Meinung zu äußern oder sich selbst zu präsentieren. Auch wenn sie als Digital Natives jeden Tag und in der ganzen Bandbreite digitale Inhalte konsumieren, nutzen sie die Onlinemedien individuell und mit einer unterschiedlichen Haltung und Souveränität.

Im Folgenden stellen wir die Ergebnisse des quantitativen Studienteils zu diesem Themengebiet dar. Die Digitalisierung der jugendlichen Lebenswelt war auch der Schwerpunkt des qualitativen Teils der 18. Shell Jugendstudie mit seinen 20 vertiefenden Gesprächen mit Jugendlichen im Alter von 12 bis 25 Jahren. Dieser Studienteil ist in Kapitel 8 zu finden. An einigen Stellen verweisen wir auf diese Gespräche.

7.1 Freizeit: Sowohl offline als auch digital

Wie in den vorhergehenden Shell Jugendstudien haben wir den Jugendlichen eine Liste mit verschiedenen Freizeitaktivitäten vorgelegt und sie gebeten, darunter maximal fünf der für sie wichtigsten zu nennen. Trotz der dynamischen Veränderungen, die die digitalen Medien für alle Lebensbereiche mit sich gebracht haben, sind viele andere Freizeitbeschäftigungen immer noch wichtig (siehe Tabelle 7.1).

Treffen mit Gleichaltrigen verlieren an Bedeutung

Mehr als die Hälfte der Jugendlichen trifft sich in ihrer Freizeit gerne mit anderen. Im Jahr 2002 waren es allerdings noch etwas mehr (siehe Tabelle 7.1) – im langfristigen Trend nimmt die Bedeutung von Treffen mit Freunden leicht ab. Dass junge Menschen gute und ver-

Tab. 7.1   Häufigste Freizeitaktivitäten im Zeitverlauf

»Was machst du üblicherweise in deiner Freizeit? Bitte nenne mir von dieser Liste die Aktivitäten,
die du im Wochenverlauf am häufigsten ausführst. Du kannst bis zu 5 Freizeitaktivitäten benennen.« (Liste)

%-Angaben (Spalten %)	2002	2006	2010	2015	2019
Medien					
Musik hören	66	63	56	55	57
Im Internet surfen	26	38	59	52	50
Videos, Filme, Serien anschauen	18	26	20	15	45
Soziale Medien nutzen (Facebook, Twitter usw.)	–*	–*	–*	36	34
Fernsehen	59	58	53	49	33
An der Spielkonsole oder am Computer spielen	21	20	21	23	23
Soziale Kontakte & Sport					
Sich mit Leuten treffen	62	57	59	57	55
Training / Aktiv Sport treiben (Fitnessclub, Sportverein …)	26	28	29	31	27
Sport in der Freizeit, wie Rad fahren, Skaten, Kicken usw.	31	26	28	29	24
Etwas mit der Familie unternehmen	16	19	21	24	23
In Clubs oder zu Partys gehen	34	31	30	20	13
In eine Bar oder Kneipe gehen	10	11	7	7	9
Engagement in Projekt / Initiative / Verein	5	6	7	7	6
Jugendfreizeittreff, Jugendzentrum besuchen	–*	6	6	4	4
Chillen, Lesen, Kreatives und Shoppen					
Nichts tun, chillen	19	15	14	16	26
Bücher lesen	25	28	27	23	21
Etwas Kreatives, Künstlerisches machen	9	12	13	10	13
Shoppen, sich tolle Sachen kaufen	16	18	16	14	10
Zeitschriften oder Magazine lesen	13	12	8	6	3

* In den betreffenden Jahren nicht abgefragt

Shell Jugendstudie 2019 – Kantar

trauensvolle Freundschaftsbeziehungen jedoch weiterhin wertschätzen, haben wir in Kapitel 4.7 gezeigt. Interessant ist der Geschlechterunterschied: Jungen Frauen ist es deutlich wichtiger, sich mit Leuten zu treffen. Fast zwei Drittel (62 %) zählen dies zu ihren wichtigsten Freizeitaktivitäten, bei jungen Männern ist es nicht ganz die Hälfte (48 %). Mit zunehmendem Alter werden Kontakte mit Gleichaltrigen bedeutsamer. Für Jugendliche mit und ohne Migrationshintergrund ist es gleichermaßen wichtig, sich mit Freunden und Bekannten zu treffen. Leichte Unterschiede lassen sich nach Wohnort erkennen: Etwas mehr

Jugendliche aus Städten (57 %) setzen im Vergleich zu Gleichaltrigen auf dem Land (51 %) auf diese Geselligkeit. Sicherlich sind Verabredungen gerade in ländlichen Regionen für Jüngere nicht so einfach, da sie nicht ohne Weiteres mobil sind. Zudem wissen wir aus den Wertorientierungen, dass es für Jugendliche auf dem Land auch nicht ganz so wichtig ist wie für ihre Altersgenossen aus der Stadt, viele Kontakte zu anderen Menschen zu haben.

Junge Leute gehen immer weniger in Clubs oder auf Partys[1]: 2002 zählte das noch für gut ein Drittel zu den wichtigsten Freizeitaktivitäten, jetzt nur noch für 13 %. Diese Entwicklung gilt für junge Männer und Frauen gleichermaßen. Unverändert häufig besuchen Jugendliche hingegen Bars oder Kneipen[2]. Die Vermutung liegt nahe, dass das rückläufige Interesse an Club- und Partybesuchen mit einer veränderten Lebenseinstellung der Jugendlichen – beispielsweise einer weniger ausgeprägten Spaßorientierung – zu tun haben könnte. Unsere Studienergebnisse lassen diesen Schluss allerdings nicht zu: Tatsächlich sagen seit 2002 immer mehr junge Leute, dass es ihnen sehr wichtig ist, ihr Leben in vollen Zügen zu genießen (vgl. Kapitel 3.1). Da der Rückgang von Club- und Partybesuchen bei den verschiedenen Gruppen Jugendlicher ganz ähnlich zu beobachten ist, kann auch eine verkürzte Schulzeit an westdeutschen Gymnasien (G8) oder der Bologna-Prozess ebenfalls nicht als alleinige Erklärung dafür herhalten.

1 Die Abfrage wurde zwischen 2015 und 2019 leicht umformuliert. Bis 2015 »In die Disco, zu Partys oder Feten gehen«, 2019 »In Clubs oder zu Partys gehen«. Auch die JIM-Studie 2018 stellt fest, dass der Anteil der 12- bis 19-Jährigen, die zumindest einmal im Monat auf Partys gehen, zwischen 1998 (73 %) und 2018 (44 %) deutlich gesunken ist (mpfs 2018).
2 Von 2002 bis 2015 wurde an dieser Stelle »In die Kneipe gehen« abgefragt, seit 2019 heißt die Formulierung »In eine Bar oder Kneipe gehen«.

Weitgehend konstant ist das Engagement junger Frauen und Männer in Projekten, Initiativen oder Vereinen.

Unternehmungen mit der Familie bleiben hoch im Kurs

Unternehmungen mit der Familie gewinnen zunehmend an Stellenwert: Der Anteil der 12- bis 25-Jährigen, der dies als eine der häufigsten Freizeitaktivitäten benennt, ist zwischen 2002 und 2015 kontinuierlich angestiegen und bleibt weiterhin hoch. Da den Jugendlichen ein gutes Familienleben sehr wichtig ist (vgl. Kapitel 3.1) und sie sich zunehmend positiv über ihr Verhältnis zu den eigenen Eltern äußern (vgl. Kapitel 4.2), ist dies kaum verwunderlich. Von denjenigen, die bestens mit ihren Eltern auskommen, unternehmen fast drei von zehn (29 %) in ihrer Freizeit häufig etwas mit ihrer Familie. Äußern sich Jugendliche verhaltener über die Beziehung zu ihren Eltern (»Wir kommen klar, auch wenn es gelegentlich Meinungsverschiedenheiten gibt«), ist es fast jeder fünfte (19 %). Ist das Verhältnis zu den Eltern jedoch von Konflikten geprägt, ist es nur noch jeder zehnte (10 %).

Besonders familienorientiert sind junge Frauen: 31 % von ihnen unternehmen in ihrer Freizeit häufig etwas mit der Familie (2002: 21 %), bei jungen Männern sind dies nur 16 % (2002: 11 %). Ein gutes Familienleben zu führen, ist jungen Frauen grundsätzlich wichtiger als ihren männlichen Altersgenossen (49 % im Vergleich zu 38 % finden das »außerordentlich wichtig«[3]). Wenig verwunderlich unternehmen die Jüngeren (12 bis 14 Jahre: 31 %) in ihrer Freizeit häufiger etwas mit der Familie als die Älteren (18 bis 21 Jahre: 17 %). Während sich die

3 Auf einer Skala von 1 (= »Unwichtig«) bis 7 (= »Außerordentlich wichtig«) ist dies der Skalenpunkt 7.

18- bis 21-Jährigen offenbar mehr von der Familie abgrenzen wollen, verbringen die 22- bis 25-Jährigen wieder mehr Zeit mit der Familie (23 %). In diesem Alter kommen einige Jugendliche wieder gerne zu den Eltern, jeder Zehnte (10 %) von ihnen hat bereits selbst Kinder, so dass das Thema Familie für sie noch eine weitere Bedeutung erhält. Eine Hinwendung zum Familiären geht nicht zwingend mit einem Rückzug von Kontakten mit Gleichaltrigen einher: Diejenigen, die in ihrer Freizeit häufig etwas mit der Familie unternehmen, treffen sich nicht seltener mit Freunden oder Bekannten als Jugendliche, die weniger familienorientiert sind.

Vom linearen Fernsehen zum flexiblen Streaming

Bereits seit vielen Jahren wird das klassische Fernsehen zunehmend von seiner digitalen Konkurrenz verdrängt: Nannten 2002 noch rund sechs von zehn (59 %) der 12- bis 25-Jährigen Fernsehen als eine ihrer wichtigsten Freizeitbeschäftigungen, sind es 2019 mit einem Drittel (33 %) deutlich weniger. Dagegen geben viele Jugendliche (45 %) 2019 an, in ihrer Freizeit sehr gerne Videos, Filme und Serien[4] zu schauen. Inwieweit die Befragten unter Fernsehen ausschließlich das lineare Fernsehen (also zum Ausstrahlungszeitpunkt am Fernsehgerät oder auch per Live-Stream über das Internet) verstehen oder ob sie auch Fernsehsendungen dazu zählen, die sie in Mediatheken oder auf YouTube aufrufen, kann hier nicht abgegrenzt werden (Stichwort »Medienkonvergenz«). Dass hier aber ein Bedeutungsverlust des

klassischen Fernsehens mit seinen fest gefügten Programmschemata zugunsten des flexiblen Streamens deutlich wird, ist unbestritten. Jugendliche schauen lieber, wann und wo sie wollen. Neben YouTube sind Angebote auf Netflix, Amazon Prime und weiteren Wettbewerbern auf dem Vormarsch. Laut JIM-Studie 2018 hatten im Jahr 2017 erst 54 % der Haushalte, in denen Jugendliche zwischen 12 und 19 Jahren leben, einen Videostreaming-Dienst abonniert, im Jahr 2018 waren es bereits 77 % (mpfs 2018).

Sowohl nach Migrationshintergrund als auch nach Wohnregion lassen sich Unterschiede feststellen: Während Jugendliche mit Migrationshintergrund seltener das Fernsehen als wichtige Freizeitaktivität nennen (27 % im Vergleich zu 36 % derjenigen ohne Migrationshintergrund), streamen sie häufiger (49 % zu 44 %). Jugendliche auf dem Land nennen mit 45 % überdurchschnittlich häufig Fernsehen als eine ihrer wichtigsten Freizeitbeschäftigungen, aber etwas seltener Videos, Filme oder Serien schauen (41 %).

Musik, Social Media und Gamen

Musik hören wird als Freizeitbeschäftigung seltener genannt als noch in den Jahren 2002 oder 2006. Viele Jugendliche haben uns jedoch in den vertiefenden Gesprächen eingehend beschrieben, wie das Musikhören sie im Alltag begleitet. Dabei hören sie Musik weniger auf Tonträgern, sondern haben sie über Online-Plattformen wie Spotify mit dem Smartphone jederzeit und überall verfügbar. So können Jugendliche Musik hören, wenn sie in öffentlichen Verkehrsmitteln unterwegs sind, aber auch wenn sie Freunde treffen. Die rückläufigen Nennungen sind möglicherweise dadurch zu erklären, dass viele junge Menschen Musik hören, wenn sie im Internet surfen oder Videos streamen –

---

4 Von 2002 bis 2015 wurde dieses Statement abgefragt als »Videos/DVDs anschauen«, 2019 wurde es umformuliert in »Videos, Filme, Serien anschauen«. Es ist nicht auszuschließen, dass dies ebenfalls einen Effekt hat.

beides Aktivitäten, die in den letzten Jahren immer wichtiger geworden sind.

Nur ein Drittel der Jugendlichen benennt die Nutzung sozialer Medien als eine der wichtigsten Freizeitaktivitäten, offenbar wird Social Media weniger als abgekoppelte Beschäftigung, sondern als integraler Bestandteil des Alltags verstanden. Junge Frauen nutzen etwas häufiger als junge Männer soziale Medien (36 % zu 31 %), die 12- bis 14-Jährigen (25 %) seltener als die älteren Jugendlichen. Dies lässt auf elterliche Einflussnahme bei den Jüngeren schließen. Jugendliche mit Migrationshintergrund nutzen soziale Medien etwas häufiger als Gleichaltrige ohne Migrationshintergrund (39 % zu 31 %).

Stabil im Zeitverlauf stellt sich das Spielen an der Konsole oder am Computer dar[5], auch wenn sich innerhalb der letzten knapp 20 Jahre die genutzten Geräte verändert haben. Bei den männlichen Jugendlichen, für die das Gamen deutlich wichtiger ist, hat diese Beschäftigung leicht an Bedeutung zugenommen. Nannten es im Jahr 2002 noch 33 %, sind es jetzt 38 %, während bei jungen Frauen ein leichter Rückgang bei deutlich geringerer Häufigkeit auszumachen ist (8 % auf 7 %). Es sind vor allem die Jüngeren, die digital spielen: Für 57 % der 12- bis 14-jährigen Jungen ist das Gamen eine zentrale Freizeitbeschäftigung (gleichaltrige Mädchen: 14 %), daran dürfte das erst 2017 auf den Markt gekommene Spiel »Fortnite« einen großen Anteil haben (mpfs 2018). Mit zunehmendem Alter sinkt auch das Interesse der männlichen Jugendlichen am Gamen deutlich: Bei den 15- bis 17-Jährigen sind es 48 %, bei den 18- bis 21-Jährigen 32 % und bei den 22- bis 25-Jährigen nur noch 28 %.

5 Von 2002 bis 2015 hieß die Abfrage »Playstation, Nintendo spielen, Computerspiele«, 2019 wurde sie geändert in »An der Spielkonsole oder am Computer spielen«.

Sport, Lesen, Kreativität und Chillen

Aktiv Sport zu treiben bzw. zum Training zu gehen, bleibt für ein gutes Viertel der Jugendlichen eine der wichtigsten Aktivitäten in ihrer Freizeit. Für junge Männer (31 %) ist aktiver Sport in einem Verein oder Sportclub offenbar wichtiger als für junge Frauen (23 %). Freizeitsport wie Rad fahren, Skaten, Kicken usw. verliert hingegen an Attraktivität (Rückgang um 7 Prozentpunkte von 2002 bis 2019). Hier zeigen sich keine Geschlechterunterschiede. Für die 15- bis 17-Jährigen ist aktiver Sport besonders wichtig (32 %). Die Bedeutung von Freizeitsport nimmt mit zunehmendem Alter stetig ab. So geben immerhin 33 % der 12- bis 14-Jährigen und nur noch 21 % der 22- bis 25-Jährigen dies als eine ihrer häufigsten Freizeitaktivitäten an. Auffallend sind auch die Unterschiede zwischen städtischen und ländlichen Regionen: Jugendliche auf dem Land treiben etwas seltener Sport in einem Verein oder Sportclub als der Durchschnitt (21 %), gleichen dies aber offenbar mit mehr Freizeitsport aus (29 %).

Für gut jeden Fünften (21 %) ist das Bücherlesen eine wichtige Freizeitbeschäftigung, wenig überraschend deutlich häufiger für junge Frauen (29 %) als junge Männer (14 %). Insgesamt ist das Bücherlesen seit 2002 (25 %) leicht rückläufig. Dagegen ist laut JIM-Studie 2018 der Anteil der 12- bis 19-Jährigen, die mehrmals pro Woche in ihrer Freizeit (also nicht für die Schule) gedruckte Bücher lesen, in den letzten 20 Jahren stabil (mpfs 2018). Da sich die Jugendlichen in unserer Studie auf die fünf wichtigsten Beschäftigungen festlegen müssen, kann sich der Unterschied durch diese andere Art der Abfrage ergeben. Die Bedeutung des Lesens hat offenbar in Konkurrenz zu den anderen Freizeitaktivitäten abgenommen.

Zugleich lesen Jugendliche heute deutlich weniger Zeitschriften oder

Magazine als noch 2002 (Rückgang bei jungen Männern von 10 % auf 2 %, bei jungen Frauen von 16 % auf 3 %). Möglicherweise zeigt sich hier ein Trend zum digitalen Lesen – viele Informationen, die man noch vor 20 Jahren ausschließlich in den Printausgaben fand, sind inzwischen online vielfältig verfügbar.

Kreative oder künstlerische Aktivitäten bewegen sich bei jungen Männern stabil auf einem recht niedrigen Niveau (7 % im Jahr 2002 auf 9 % im Jahr 2019). Bei jungen Frauen erfreuen sich diese Beschäftigungen zunehmender Beliebtheit (11 % auf 17 %), möglicherweise einhergehend mit dem Do-It-Yourself-Trend und den zunehmenden Kreativ-Tutorials auf YouTube (Kerkmann, Sünkler, Schultheiß 2017).

Zwischen 2015 und 2019 ist der Anteil derjenigen, die in ihrer Freizeit besonders häufig »nichts tun«, deutlich angestiegen. Dieser Effekt ist wahrscheinlich darauf zurückzuführen, dass wir in der Befragung 2019 die bisherige Formulierung der Abfrage von »Nichts tun, rumhängen« in »Nichts tun, chillen« geändert haben, was offenbar weniger negativ besetzt ist und entsprechend von deutlich mehr Jugendlichen genannt wurde. Unterschiede zwischen jungen Männern und Frauen gibt es an dieser Stelle nicht. Für 12- bis 14-Jährige (32 %) ist der Müßiggang noch wichtiger als für die Älteren (25 %).

Unterschiedliche Freizeitgestaltung je nach sozialer Herkunftsschicht

Die soziale Herkunftsschicht von Jugendlichen hat starken Einfluss auf ihr Freizeitverhalten. So gehen Mädchen und Jungen aus den unteren sozialen Schichten besonders häufig medienzentrierten und »häuslichen« Beschäftigungen nach: Internetsurfen, Fernsehen, die Nutzung sozialer Medien oder Chillen (siehe Abbildung 7.1).

Dass Jugendliche aus höheren sozialen Herkunftsschichten tendenziell häufiger Videos, Filme oder Serien schauen, hat möglicherweise auch mit den zusätzlichen Gebühren von Streaming-Abonnements zu tun.

Beim Spielen an der Konsole oder dem PC zeigen sich bei beiden Geschlechtern unterschiedliche Effekte des sozialen Hintergrunds. Für junge Männer aus der unteren wie aus der oberen Schicht ist das Gamen gleich wichtig (jeweils 39 %, im Durchschnitt sind es 38 %). Bei jungen Frauen ist das Gamen hingegen nicht so angesagt, und je höher ihre Herkunftsschicht ist, desto seltener setzen sie sich überhaupt zum Spielen an die Konsole (untere Schicht 14 %, obere Schicht 4 %).

Jugendliche aus den oberen sozialen Schichten nennen umgekehrt häufiger eine »aktive« Freizeitgestaltung wie Lesen, Kreativität oder Sport. Beim Freizeitsport zeigen sich soziale Unterschiede vor allem bei jungen Frauen: 31 % der Frauen in der oberen Schicht benennen ihn als eine ihrer wichtigsten Beschäftigungen, aber nur 15 % in der unteren Schicht (bei jungen Männern 20 % zu 19 %). Beim aktiven Sport zeigen sich die sozialen Unterschiede geschlechtsübergreifend: Für 40 % der jungen Männer aus der oberen Schicht gehört Training bzw. aktiver Sport in der Freizeit unbedingt dazu, aber nur für 14 % aus der unteren Schicht (Frauen 33 % zu 10 %). Beim aktiven Sport, der oftmals in Clubs oder Vereinen betrieben wird, müssen häufig Mitgliederbeiträge oder Übungsstunden bezahlt werden, und je nach Sportart spielen auch die Kosten für die Ausrüstung eine Rolle. Gelegentlich ist auch ein Engagement der Eltern nötig, um ihre Kinder zum Training oder zu Wettkämpfen zu fahren. Diese Unterschiede stehen im Einklang mit den Ergebnissen der KiGGS-Untersuchung des Robert Koch-Instituts aus dem Jahr 2018: Kinder und Jugendliche aus Familien mit

Freizeitaktivitäten – nach sozialer Herkunft

Jugendliche im Alter von 12 bis 25 Jahren (Angabe in %)

Was machst du üblicherweise in deiner Freizeit? Bitte nenne mir von dieser Liste die Aktivitäten, die du im Wochenverlauf am häufigsten ausführst. Du kannst bis zu 5 Freizeitaktivitäten benennen.

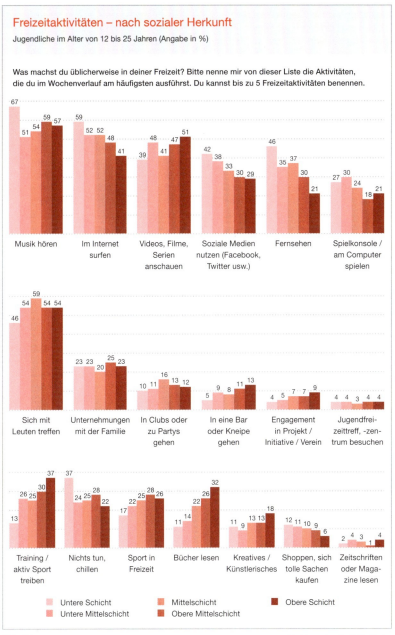

Abb. 7.1

Shell Jugendstudie 2019 – Kantar

niedrigem sozioökonomischen Status treiben seltener Sport als Gleichaltrige aus sozial bessergestellten Familien und sind – damit einhergehend – häufiger übergewichtig oder adipös (Kuntz 2018).

Freizeittypologie: Die Medienfokussierten bilden die größte Gruppe

Wie in den bisherigen Shell Jugendstudien haben wir eine Typologie erstellt, mit der die Jugendlichen hinsichtlich ihres Freizeitverhaltens gruppiert werden.[6] Zu den vier Typen gehören die Medienfokussierten, die Familienorientierten, die Geselligen und die kreativ-engagierten Aktiven (siehe Abbildung 7.2). Die Profile der Freizeitgestaltung dieser vier Gruppen (siehe Tabelle 7.2) ähneln denen der Typologie aus dem Jahr 2015, manche Unterschiede zwischen den Gruppen sind nun etwas stärker ausgeprägt, andere etwas weniger prägnant.

Medienfokussierte
Die Medienfokussierten zeichnen sich durch einen besonders intensiven Medienkonsum aus und stellen nun mit 37 % die größte Gruppe, anders noch als in der Freizeittypologie der Shell Jugendstudie 2015 (damals waren die »Medienfreaks« mit 27 % die zweitgrößte Gruppe nach den »Geselligen Jugendlichen« mit 30 %). Diese Gruppe nutzt überdurchschnittlich häufig verschiedene Medienangebote (außer Fernsehen), vor allem beim Streaming und Gaming

6 Mittels einer Clusteranalyse wurden die Jugendlichen anhand von acht Dimensionen (Geselligkeit & Familie, Bücher & Kreativität, Konservativer Medienkonsum, Shoppen & Party, Ausgehen, Freizeitsport & Familie, Aktiver Sport, Aktivität, Engagement & Kreativität), die sich auf Basis einer Faktorenanalyse über die abgefragten Freizeitaktivitäten (Ausnahme: Jugendfreizeittreff) ergeben haben, gruppiert. Die Vorgabe von vier zu berechnenden Clustern führte zu der am besten interpretierbaren Lösung.

liegt sie weit vorne. Bei den Medienfokussierten sind die Jüngeren überproportional vertreten (siehe Tabelle 7.3). Dies erklärt, warum sie seltener abends ausgehen. Sie sagen aber auch seltener, dass sie sich mit Leuten treffen oder etwas mit der Familie unternehmen – soziale Kontakte haben in der Freizeit der Medienfokussierten ganz offensichtlich weniger Platz. Sport (aktives Training) ist ihnen jedoch wichtig. Sieben von zehn Medienfokussierten sind junge Männer. Dieser Freizeittyp ist entsprechend der mit Abstand »männlichste«. Die sozialen Herkunftsschichten sind hier gemischt, Schichtunterschiede bei den verschiedenen Medienaktivitäten gleichen sich aus (z.B. gamen die Jugendlichen aus den unteren sozialen Schichten etwas häufiger, dafür werden in den oberen Schichten häufiger Videos gestreamt).

Familienorientierte
Knapp ein Drittel der Jugendlichen lässt sich den familienorientierten Freizeitlern zuordnen. Deutlich häufiger als die anderen unternehmen sie in ihrer Freizeit etwas mit der Familie oder widmen sich dem »klassischen Medienkonsum« wie Fernsehen, Zeitschriften und Bücher lesen. Hier unterscheiden sie sich deutlich von den Medienfokussierten, aber auch darin, dass sie sich häufiger mit anderen treffen. In der Mehrzahl sind die Familienorientierten junge Frauen. Diese Gruppe hat sich erst in der Shell Jugendstudie 2015 herausgebildet, korrespondierend mit dem zunehmend positiven Verhältnis der jungen Menschen zu ihren eigenen Eltern (vgl. Kapitel 4.2).

Gesellige
Die 17 % Geselligen setzen sich vor allem durch ihr abendliches Ausgehen von den anderen Jugendlichen ab: Für knapp zwei Drittel von ihnen gehört es zu ihren wichtigsten Freizeitaktivitäten, in Clubs oder auf Partys zu gehen, für knapp die Hälfte, eine Bar oder Kneipe

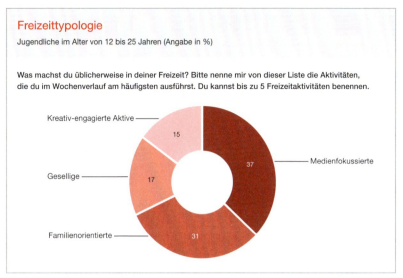

Freizeittypologie

Jugendliche im Alter von 12 bis 25 Jahren (Angabe in %)

Was machst du üblicherweise in deiner Freizeit? Bitte nenne mir von dieser Liste die Aktivitäten, die du im Wochenverlauf am häufigsten ausführst. Du kannst bis zu 5 Freizeitaktivitäten benennen.

Kreativ-engagierte Aktive — 15

Gesellige — 17

Familienorientierte — 31

Medienfokussierte — 37

Abb. 7.2

Shell Jugendstudie 2019 – Kantar

zu besuchen – entsprechend sind vier von fünf der Geselligen 18 Jahre oder älter. Diese Partygänger sind jedoch nicht nur am Abend gesellig, ihnen ist es auch überdurchschnittlich wichtig, ganz grundsätzlich Leute zu treffen. Unternehmungen mit der Familie sind bei ihnen allerdings eher nebensächlich.

Kreativ-engagierte Aktive
15 % der Jugendlichen gehören zu den engagierten Kreativen. Deutlich häufiger als den anderen Jugendlichen ist es ihnen in ihrer Freizeit wichtig, etwas Kreatives oder Künstlerisches zu tun, sich in einem Projekt, einer Initiative oder einem Verein zu engagieren. Chillen, Internetsurfen oder abendliches Ausgehen spielt für sie eine untergeordnete Rolle. Sechs von zehn dieser Jugendlichen sind junge Frauen, die mittleren und höheren Schichten sind überdurchschnittlich vertreten. Zwei Drittel der kreativ-engagierten Aktiven haben (oder planen) Abitur oder fachgebundene Hochschulreife.

Digitale Medien und/oder soziale Kontakte?

Geht die im Netz verbrachte Zeit auf Kosten von sozialen Kontakten? Hier muss man zwischen sozialen Medien und den übrigen digitalen Aktivitäten unterscheiden. Tatsächlich ist es Jugendlichen, die besonders häufig soziale Medien nutzen, nicht weniger wichtig, sich mit Leuten zu treffen, in Clubs oder auf Partys zu gehen oder aktiv Sport zu treiben. Weder bei jungen Männern noch bei jungen Frauen lassen sich hier signifikante Zusammenhänge feststellen. Wie in Abschnitt 4.7 dargestellt, geht eine intensive Nutzung von sozialen Netzwerken mit einer hohen Zufriedenheit mit den eigenen Freundschaftsbeziehungen einher. Das sieht bei Jugendlichen, die gerne im Internet surfen, Videos streamen, fernsehen oder gamen etwas anders aus: Sie legen weniger Wert darauf, sich in ihrer Freizeit mit Leuten zu verabreden. Beispielsweise sagen 46 % der häufigen Internetsurfer, dass sie gerne Leute treffen,

Tab. 7.2   Freizeittypologie: Freizeitaktivitäten

Jugendliche im Alter von 12 bis 25 Jahren

%-Angaben (Spalten %)	Gesamt	Medien-fokussierte	Familien-orientierte	Gesellige	Kreativ-enga-gierte Aktive
Medien					
Musik hören	57	64	57	43	56
Im Internet surfen	50	56	54	51	29
Videos, Filme, Serien anschauen	45	73	19	42	37
Soziale Medien nutzen (Facebook, Twitter usw.)	34	36	38	27	27
Fernsehen	33	28	50	26	20
An der Spielkonsole oder am Computer spielen	23	52	2	9	14
Soziale Kontakte & Sport					
Sich mit Leuten treffen	55	47	58	64	57
Training / Aktiv Sport treiben (Fitnessclub, Sportverein …)	27	31	21	31	23
Sport in der Freizeit, wie Rad fahren, Skaten, Kicken usw.	24	23	31	18	22
Etwas mit der Familie unternehmen	23	13	41	9	26
In Clubs oder zu Partys gehen	13	2	2	63	2
In eine Bar oder Kneipe gehen	9	0	0	46	8
Sich in einem Projekt / einer Initiative / einem Verein engagieren	6	0	0	4	36
Jugendfreizeittreff, Jugendzentrum besuchen	4	3	5	2	4
Chillen, Lesen, Kreatives und Shoppen					
Nichts tun, chillen	26	32	30	26	8
Bücher lesen	21	12	29	12	39
Etwas Kreatives, Künstlerisches machen	13	3	1	4	69
Shoppen, sich tolle Sachen kaufen	10	1	24	10	1
Zeitschriften oder Magazine lesen	3	0	8	0	1

Shell Jugendstudie 2019 – Kantar

aber deutlich mehr derjenigen, die das Internetsurfen nicht zu ihren wichtigsten Freizeitaktivitäten zählen (63 %).

Auch in der Freizeittypologie bestätigt sich, dass Medienfokussierte im Vergleich zu anderen Jugendlichen seltener etwas mit anderen unternehmen. Dies korrespondiert damit, dass die Online-Aktivitäten in den letzten vier Jahren für Jugendliche insgesamt wichtiger geworden sind – auf Kosten der anderen Freizeitbeschäftigungen.

Mit Sicherheit ist ein Teil der sozialen Interaktion unter Jugendlichen, die frü-

Tab. 7.3 **Freizeittypologie nach soziodemographischen Merkmalen**
Jugendliche im Alter von 12 bis 25 Jahren

%-Angaben (Spalten %)	Medien-fokussierte	Familienori-entierte	Gesellige	Kreativ-engagierte Aktive
Geschlecht				
Männlich	70	37	55	38
Weiblich	30	63	45	62
Alter				
12–14 Jahre	25	22	2	15
15–17 Jahre	22	21	14	20
18–21 Jahre	27	26	42	30
22–25 Jahre	26	31	42	35
Soziale Herkunftsschicht				
Untere Schicht	12	14	7	7
Untere Mittelschicht	24	20	19	17
Mittelschicht	23	28	29	28
Obere Mittelschicht	26	26	29	29
Obere Schicht	15	12	16	19
Bildungsposition (angestrebter/erreichter Schulabschluss)				
Ohne Schulabschluss / Hauptschulabschluss	13	15	10	7
Realschule / Mittlere Reife	30	32	31	19
Fachhochschulreife	9	7	9	7
Abitur oder fachgebundene Hochschulreife	48	45	50	66
Keine Angabe	0	1	0	1
Siedlungsstrukturtyp				
Kerngebiete von Ballungsräumen	42	42	48	41
Randgebiete von Ballungsräumen	27	25	18	23
Klein- und Mittelstädte	20	19	23	21
Ländlicher Raum	11	14	11	15

Shell Jugendstudie 2019 – Kantar

her »face-to-face« stattfand, inzwischen ins Digitale gewechselt. Gewiss hat dies auch qualitative Veränderungen der Beziehungen mit sich gebracht. Die digitale Welt kann aber nicht als kategorischer Gegenspieler zu sozialen Kontakten interpretiert werden. Beispielsweise bedeutet Gamen für viele Jugendliche nicht, dass sie immer allein in ihrem Zimmer vor dem Bildschirm sitzen, viele verabreden sich auch »face-to-face« mit Freunden, um gemeinsam zu »zocken« oder auf LAN-Partys zu gehen.

7.2 Die Digital Natives im Internet: Welche Geräte und wie lange?

Das Smartphone ist der wichtigste Zugang zum Internet

Laut JIM-Studie 2018 besitzen so gut wie alle Jugendlichen ein Smartphone, Mädchen mit 99 % etwas häufiger als Jungen mit 97 % (mpfs 2018). Wir haben die jungen Leute gefragt, über welchen Zugang sie hauptsächlich ins Internet gehen (egal ob privat, in der Ausbildung oder im Beruf). 70 % nutzen dafür in erster Linie ihr Smartphone. Für weitere 18 % ist ein Laptop, Notebook oder Tablet der Hauptzugang zum Internet, für 8 % ein Desktop-PC. Lediglich 1 % aller 12- bis 25-Jährigen gibt an, nie online zu sein, dies sind vor allem die Jüngeren (3 % der 12- bis 14-Jährigen).

Hier zeigen sich geschlechtsspezifische Unterschiede: Während junge Frauen häufiger als junge Männer das Smartphone als Hauptzugang zum Internet nutzen, setzen sich diese wiederum häufiger an ihren Desktop-PC (siehe Abbildung 7.3). Internetfähige Spielkonsolen werden von 3 % der Männer, aber keiner der jungen Frauen genannt (in der Abbildung zusammengefasst mit anderen Geräten). Die JIM-Studie 2018 bestätigt den Geschlechterunterschied bei der Geräteausstattung: 61 % der 12- bis 19-jährigen Jungen, aber nur 30 % der Mädchen besitzen eine feste Spielkonsole (mpfs 2018). Dies überrascht nicht, da junge Männer deutlich häufiger gamen als junge Frauen (vgl. Abschnitt 7.1).

Jugendliche aus der unteren Schicht nutzen mit 75 % etwas häufiger das Smartphone als hauptsächlichen Onlinezugang als ihre Altersgenossen aus anderen sozialen Schichten, und dafür seltener Laptop, Notebook oder Tablet.

Hier macht sich die vielfältigere technische Ausstattung von finanziell bessergestellten Haushalten bemerkbar. Diesen Zusammenhang haben wir bereits in der Shell Jugendstudie 2015 festgestellt: Je höher die soziale Herkunftsschicht eines Jugendlichen, desto mehr Zugänge ins Internet gibt es im Haushalt (Leven, Schneekloth 2015).

Selbsteinschätzung der im Internet verbrachten Zeit

Wir wollten von den Jugendlichen wissen, wie viele Stunden sie an einem gewöhnlichen Tag online sind – unabhängig davon, ob privat, in der Ausbildung oder im Beruf. Im Durchschnitt sind sie 3,7 Stunden im Internet aktiv[7]. Nur 2 % haben angegeben, zwischen 12 und 24 Stunden täglich online zu sein. Die große Mehrheit (86 %) nennt Nutzungszeiten zwischen einer halben Stunde und 6 Stunden (siehe Abbildung 7.4). Jugendliche verstehen diese Frage ganz offensichtlich als Frage nach ihrem aktiven Tun im Internet und nicht etwa danach, wie viele Stunden ihr Smartphone online geschaltet ist. Nur ein Drittel der 12- bis 25-jährigen Internetnutzer ist täglich maximal zwei Stunden online.

Im Internet sind (fast) alle – und (fast) alle verbringen dort viel Zeit

Bei der Internetnutzungsdauer zeigen sich keine auffälligen Unterschiede nach Geschlecht, Alter oder sozialem Hintergrund: Junge Männer verbringen mit

---

7 Die JIM-Studie 2018 gibt für die 12- bis 19-Jährigen eine tägliche Onlinenutzungsdauer von Montag bis Freitag von durchschnittlich 214 Minuten an (mpfs 2018). In unserer Studie beträgt der Durchschnittswert für die Altersgruppe der 12- bis 19-Jährigen 3,65 Stunden bzw. 219 Minuten.

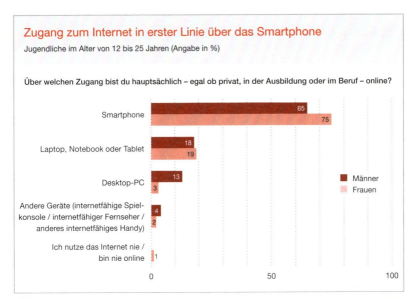

Zugang zum Internet in erster Linie über das Smartphone

Jugendliche im Alter von 12 bis 25 Jahren (Angabe in %)

Über welchen Zugang bist du hauptsächlich – egal ob privat, in der Ausbildung oder im Beruf – online?

	Männer	Frauen
Smartphone	65	75
Laptop, Notebook oder Tablet	18	19
Desktop-PC	13	3
Andere Geräte (internetfähige Spielkonsole / internetfähiger Fernseher / anderes internetfähiges Handy)	4	2
Ich nutze das Internet nie / bin nie online		1

Abb. 7.3

Shell Jugendstudie 2019 – Kantar

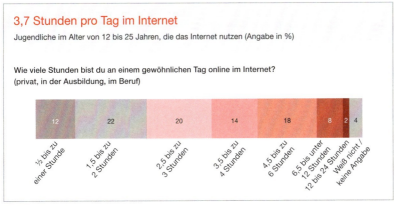

3,7 Stunden pro Tag im Internet

Jugendliche im Alter von 12 bis 25 Jahren, die das Internet nutzen (Angabe in %)

Wie viele Stunden bist du an einem gewöhnlichen Tag online im Internet?
(privat, in der Ausbildung, im Beruf)

½ bis zu einer Stunde	1,5 bis zu 2 Stunden	2,5 bis zu 3 Stunden	3,5 bis zu 4 Stunden	4,5 bis zu 6 Stunden	6,5 bis unter 12 Stunden	12 bis 24 Stunden	Weiß nicht / keine Angabe
12	22	20	14	18	8	2	4

Abb. 7.4

Shell Jugendstudie 2019 – Kantar

durchschnittlich 3,9 Stunden etwas mehr Zeit im Internet als junge Frauen mit 3,6 Stunden. Jüngere etwas weniger als Ältere (12- bis 14-Jährige: 3,1 Stunden, am längsten sind die 18- bis 21-Jährigen aktiv: 4,0 Stunden). Auch nach sozialer Herkunftsschicht zeigen sich nur leichte Differenzierungen: Jugendliche aus der unteren Schicht sind am Tag durchschnittlich 3,9 Stunden online, Jugendliche aus der unteren Mittelschicht 4,3 Stunden. Bei ihren Altersgenossen aus der Mittelschicht oder der oberen Mittelschicht sind es 3,6 Stunden und in

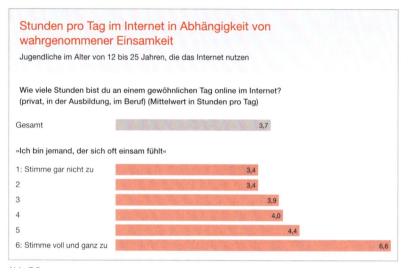

Stunden pro Tag im Internet in Abhängigkeit von wahrgenommener Einsamkeit

Jugendliche im Alter von 12 bis 25 Jahren, die das Internet nutzen

Wie viele Stunden bist du an einem gewöhnlichen Tag online im Internet?
(privat, in der Ausbildung, im Beruf) (Mittelwert in Stunden pro Tag)

Gesamt	3,7

»Ich bin jemand, der sich oft einsam fühlt«

1: Stimme gar nicht zu	3,4
2	3,4
3	3,9
4	4,0
5	4,4
6: Stimme voll und ganz zu	6,6

Abb. 7.5

Shell Jugendstudie 2019 – Kantar

der oberen Schicht 3,3 Stunden. Deutlicher werden die Unterschiede, wenn man Schülerinnen und Schüler nach verschiedenen Schulformen betrachtet: Während Gymnasiasten durchschnittlich 3,0 Stunden täglich im Internet aktiv sind, sind es bei Realschülern 3,5 Stunden und bei Hauptschülern 4,0 Stunden.

Digitale Einsamkeit?

Die ständige Verfügbarkeit des Internets ist für Jugendliche Normalität. Unsere Studie zeigt, dass sich Internetnutzung und soziale Kontakte nicht ausschließen. So hat die Nutzungshäufigkeit von sozialen Netzwerken keinen negativen Einfluss auf die Zufriedenheit mit dem Freundeskreis. Es ist auch nicht so, dass gesellige Jugendliche besonders wenig Zeit online verbringen. Junge Leute, die es wichtig finden, sich mit anderen zu treffen oder in eine Bar oder Kneipe zu gehen, sind jeweils durchschnittlich 3,6 Stunden täglich online. Bei Club-

oder Partygängern sind es 4,0 Stunden. Auch aktiv Sport treibende Jugendliche sind üblicherweise 3,5 Stunden täglich im Internet.

Allerdings zeigt sich ein Zusammenhang zwischen Intensität der Internetnutzung und der subjektiv empfundenen Qualität der eigenen sozialen Einbindung: Diejenigen, die sich oft einsam fühlen, sind mit 6,6 Stunden überdurchschnittlich lange im Internet (siehe Abbildung 7.5). Ob sie sich nun oft einsam fühlen, weil sie so viel Zeit im Internet verbringen, oder ob sie dies tun, weil sie einsam sind, lässt sich an dieser Stelle allerdings nicht klären.

7.3 Breite Nutzung des Internets

Wir haben die Jugendlichen gefragt, was sie im Internet wie häufig tun, und ihnen dazu verschiedene Aktivitäten vorgelegt. Abbildung 7.6 veranschaulicht, wie vielfältig junge Menschen Angebote im In-

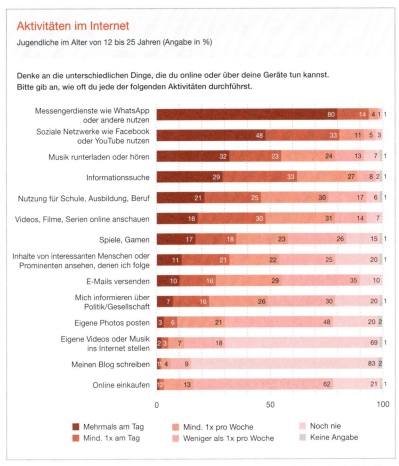

Aktivitäten im Internet

Jugendliche im Alter von 12 bis 25 Jahren (Angabe in %)

Denke an die unterschiedlichen Dinge, die du online oder über deine Geräte tun kannst.
Bitte gib an, wie oft du jede der folgenden Aktivitäten durchführst.

Aktivität	Mehrmals am Tag	Mind. 1x am Tag	Mind. 1x pro Woche	Weniger als 1x pro Woche	Noch nie	Keine Angabe
Messengerdienste wie WhatsApp oder andere nutzen	80	14	4	1	1	
Soziale Netzwerke wie Facebook oder YouTube nutzen	48	33	11	5	3	
Musik runterladen oder hören	32	23	24	13	7	1
Informationssuche	29	33	27	8	2	1
Nutzung für Schule, Ausbildung, Beruf	21	25	30	17	6	1
Videos, Filme, Serien online anschauen	18	30	31	14	7	
Spiele, Gamen	17	18	23	26	15	1
Inhalte von interessanten Menschen oder Prominenten ansehen, denen ich folge	11	21	22	25	20	1
E-Mails versenden	10	16	29	35	10	
Mich informieren über Politik/Gesellschaft	7	16	26	30	20	1
Eigene Photos posten	3	6	21	48	20	2
Eigene Videos oder Musik ins Internet stellen	2	3	7	18	69	1
Meinen Blog schreiben	1	4	9		83	2
Online einkaufen	1	2	13	62	21	1

Mehrmals am Tag Mind. 1x pro Woche Noch nie
Mind. 1x am Tag Weniger als 1x pro Woche Keine Angabe

Abb. 7.6

Shell Jugendstudie 2019 – Kantar

ternet nutzen. Um die insgesamt 14 Aktivitäten zu strukturieren, haben wir eine Faktorenanalyse durchgeführt, mit der die Aktivitäten auf vier inhaltliche Dimensionen reduziert wurden: Kommunikation, Unterhaltung, Information und Selbstdarstellung (siehe Tabelle 7.4). In den folgenden Abschnitten stellen wir diese vier Motive der Internetnutzung im Detail dar.

Das Internet ist für Jugendliche kein reines Unterhaltungsmedium: Zwar nutzen fast alle jugendlichen Onliner (96 %) mindestens einmal täglich ein soziales Medium (Messengerdienste und/oder soziale Netzwerke), und drei von vier (76 %) gehen zumindest einmal am Tag zu Unterhaltungszwecken ins Netz (sei es für Musik, Videostreaming, Gamen und/oder Ansehen von Beiträgen von Personen, denen sie folgen). Aber es sind auch 71 %, die mindestens einmal am Tag im Internet nach Informationen suchen (Informationen allgemein, für

Tab. 7.4 **Aktivitäten im Internet – Ergebnisse der Faktorenanalyse**
Jugendliche im Alter von 12 bis 25 Jahren, die das Internet nutzen

Aktivitäten im Internet	Kommunikation	Unterhaltung	Information	Selbstdarstellung
Messengerdienste wie WhatsApp oder andere nutzen	++++			
Soziale Netzwerke wie Facebook oder YouTube nutzen	++(+)	++(+)		
Videos, Filme, Serien online anschauen		++++		
Musik runterladen oder hören		+++(+)		
Spiele, Gamen	−	+++	−	
Inhalte von interessanten Menschen/ Prominenten ansehen, denen ich folge	++	++(+)		
Mich informieren über Politik/Gesellschaft			++++	
Informationssuche	+(+)		+++(+)	
Nutzung für Schule, Ausbildung oder Beruf	+(+)		+++(+)	
E-Mails versenden			+++(+)	+
Online einkaufen		+	++(+)	++
Eigene Videos oder Musik ins Internet stellen				++++
Eigene Fotos posten	+(+)			+++(+)
Meinen Blog schreiben				+++(+)

Quelle: Shell Jugendstudie 2019 – Kantar, Faktorenanalyse: Hauptkomponentenanalyse, Rotation: Varimax mit Kaiser-Normalisierung. Plus- und Minuszeichen geben die Höhe der Ladungen der einzelnen Aktivitäten mit den durch die Faktorenanalyse ermittelten Dimensionen an (Plus- bzw. Minuszeichen bedeuten Ladungen von ca. +0,2 bzw. –0,2, eingeklammerte Zeichen eine von +0,1 bzw. –0,1).

Schule, Ausbildung oder Beruf und/oder zu Politik und Gesellschaft[8]). Deutlich weniger junge Menschen nutzen das Internet derzeit, um mit eigenen Beiträgen ihre Kreativität auszuleben oder sich selbst zu inszenieren: Nur 12 % sind mindestens einmal täglich im Netz, um eigene Fotos, Videos, Musik und/oder Blogartikel ins Netz zu stellen.

Kommunikation ist besonders wichtig

94 % aller 12- bis 25-Jährigen nutzen zumindest einmal am Tag einen Messengerdienst. Die Ergebnisse unserer qualitativen Interviews sowie der JIM-Studie 2018 verweisen darauf, dass hinter der Kategorie Messengerdienste in erster Linie WhatsApp steckt (mpfs 2018)[9]. In den vertiefenden Gesprächen haben uns die Jugendlichen berichtet, dass sie nicht nur mit ihren Freunden, sondern in der Regel auch mit ihren Eltern und gelegentlich sogar Großeltern über WhatsApp Kontakt halten (siehe Kapitel 8.4). WhatsApp ist ein »Muss«, einige Jugendliche empfinden es als sozialen Druck, dass man dabei sein muss, um nicht ausgeschlossen zu sein (siehe Kapitel 8.4).

8 Auf den Faktor »Information« laden auch die Aktivitäten »E-Mails versenden« und »Online einkaufen«. Nimmt man diese beiden Tätigkeiten mit hinzu, ergeben sich 74 %.

9 Laut JIM-Studie 2018 ist WhatsApp für die 12- bis 19-Jährigen auf dem Smartphone das wichtigste Angebot – für Mädchen und Jungen gleichermaßen (mpfs 2018).

Vier von fünf Jugendlichen (81 %) sind zumindest einmal am Tag in sozialen Netzwerken unterwegs. Nicht einmal einer von 100 hat überhaupt noch nie Messengerdienste oder soziale Netzwerke genutzt. Insofern lassen sich in der Intensität der Nutzung nur geringe Differenzierungen nach soziodemographischen Merkmalen feststellen. Junge Frauen (84 %) nutzen Messengerdienste etwas häufiger mehrmals am Tag als junge Männer (76 %), bei den sozialen Netzwerken unterscheiden sich die Geschlechter nicht. Mit dem Alter nutzen Jugendliche die Messengerdienste etwas häufiger mehrmals am Tag, bei den 12- bis 14-Jährigen sind es 72 %, während es bei den anderen Altersgruppen 81 % bzw. 82 % sind. Soziale Netzwerke werden vor allem in den mittleren Altersgruppen intensiv genutzt (15- bis 17-Jährige 49 %, 18- bis 21-Jährige 54 % mehrmals am Tag). Während bei den Jüngeren (12- bis 14 Jahre 43 %) möglicherweise die Eltern noch für Zurückhaltung sorgen, geht bei den Älteren das Interesse offenbar wieder etwas zurück (22- bis 25 Jahre 43 %). Jugendliche im Westen sind etwas häufiger mehrmals am Tag in den sozialen Medien unterwegs als die Gleichaltrigen im Osten, sowohl bei den Messengerdiensten (81 % im Westen zu 75 % im Osten) als auch den sozialen Netzwerken (49 % zu 42 %). 55 % der Jugendlichen mit Migrationshintergrund sind mehrmals am Tag in sozialen Netzwerken aktiv, aber nur 44 % derjenigen ohne Migrationshintergrund. Nach sozialer Herkunftsschicht lässt sich kein unterschiedliches Nutzungsverhalten sozialer Medien feststellen.

Das Internet als Unterhaltungsmedium

Eine weitere Dimension der Internetnutzung ist die Unterhaltung. Mehr als jeder zweite junge Mensch hört zumindest einmal am Tag Musik im Internet oder lädt sie sich von dort herunter. Musikstreaming-Dienste sind für beide Geschlechter gleichermaßen wichtig. Beim Gamen bestätigen sich jedoch die in Abschnitt 7.1 beschriebenen Geschlechterunterschiede: Junge Männer gamen deutlich häufiger als junge Frauen (siehe Abbildung 7.7). 27 % der jungen Frauen sagen, dass sie noch nie im Internet gespielt haben (nur 5 % der Männer). Junge Frauen liegen allerdings vorne, wenn es um Inhalte von Menschen oder Prominenten geht, denen sie folgen. Auch Jugendliche mit Migrationshintergrund sind hier besonders aktiv: 39 % sehen sich mindestens einmal täglich Posts von anderen an, bei Jugendlichen ohne Migrationshintergrund sind es 28 %. Möglicherweise ist dies für Jugendliche mit Familie fernab von Deutschland eine Möglichkeit, am Leben der Menschen in ihrer zweiten Heimat teilzuhaben. Die aktuelle JIM-Studie zeigt, dass Jugendliche sowohl bei Instagram als auch Snapchat deutlich häufiger Posts bzw. Snaps von Personen aus ihrem persönlichen Umfeld konsumieren als von Stars oder Prominenten (mpfs 2018).

Vor allem das Online-Spielen verliert mit zunehmendem Alter an Attraktivität: Während die Hälfte (50 %) aller 12- bis 14-Jährigen einmal oder mehrmals täglich online »zockt«, tut das nur noch ein Viertel der 22- bis 25-Jährigen (26 %). Je höher die soziale Herkunftsschicht, desto häufiger laden sich Jugendliche Musik aus dem Internet herunter oder hören sie dort – möglicherweise spielen hier die Kosten für Streaming-Dienste wie Spotify eine Rolle (»mehrmals am Tag« – untere Schicht: 26 %, obere Schicht: 36 %). Umgekehrt sind die 12- bis 25-Jährigen aus den unteren sozialen Herkunftsschichten deutlich häufiger zum Gamen im Netz (»mehrmals am Tag« – untere Schicht: 25 %, obere Schicht: 10 %).

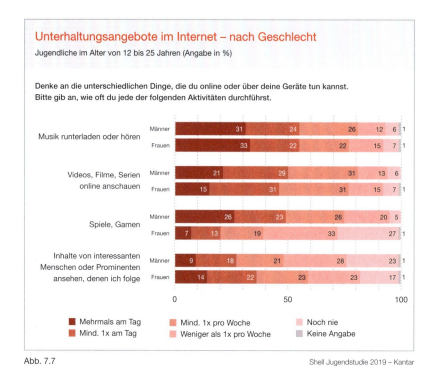

Unterhaltungsangebote im Internet – nach Geschlecht

Jugendliche im Alter von 12 bis 25 Jahren (Angabe in %)

Denke an die unterschiedlichen Dinge, die du online oder über deine Geräte tun kannst.
Bitte gib an, wie oft du jede der folgenden Aktivitäten durchführst.

		Mehrmals am Tag	Mind. 1x am Tag	Mind. 1x pro Woche	Weniger als 1x pro Woche	Noch nie	Keine Angabe
Musik runterladen oder hören	Männer	31	24	26	12	6	1
	Frauen	33	22	22	15	7	1
Videos, Filme, Serien online anschauen	Männer	21	29	31	13	6	
	Frauen	15	31	31	15	7	1
Spiele, Gamen	Männer	26	23	26	20	5	
	Frauen	7	13	19	33	27	1
Inhalte von interessanten Menschen oder Prominenten ansehen, denen ich folge	Männer	9	18	21	28	23	1
	Frauen	14	22	23	23	17	1

Abb. 7.7

Shell Jugendstudie 2019 – Kantar

Das Internet als Informationsmedium

Im Folgenden betrachten wir jene Internetaktivitäten, die sich zum Faktor »Information« zusammenfassen lassen. Hier liegen – je nach Informationsinhalt – mal die jungen Männer, mal die jungen Frauen vorne. Über Politik oder Gesellschaft informieren sich häufiger junge Männer (25 % zu 20 %). Wie in Kapitel 2 ausgeführt, äußern sie sich auch ganz allgemein interessierter am politischen Geschehen als junge Frauen. Umgekehrt nutzen junge Frauen das Netz häufiger für Schule, Ausbildung oder Beruf (50 % zu 42 %). Für viele Schülerinnen und Schüler ist es inzwischen üblich, sich über YouTube-Kanäle (von denen sich einige auf bestimmte Schulfächer spezialisiert haben) Lernstoff anzueignen. Dass YouTube für Jugendliche nicht nur ein Unterhaltungsmedium ist, zeigte auch jüngst eine Studie des Rats für kulturelle Bildung: 47 % der Schülerinnen und Schüler halten YouTube-Videos für schulische Belange für wichtig oder sehr wichtig (Rat für Kulturelle Bildung 2019).

Mit zunehmendem Alter nutzen Jugendliche das Internet mehr und mehr als Informationsmedium. So informieren sich beispielsweise 8 % der 12- bis 14-Jährigen mindestens einmal am Tag über Politik und Gesellschaft und 33 % der 22- bis 25-Jährigen, bei den Studierenden sind es sogar 42 %. Die Letztgenannten liegen ebenfalls vorne, wenn es um die Nutzung für Schule, Ausbildung oder Beruf geht. Fast drei Viertel (73 %) sind dafür mindestens einmal am Tag im Netz – aber auch die Hälfte (50 %) der Nicht-Erwerbstätigen nutzt das Internet in diesem Zusammenhang.

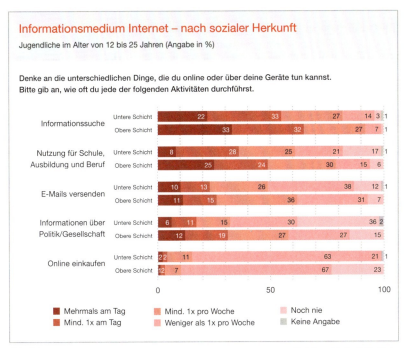

Informationsmedium Internet – nach sozialer Herkunft

Jugendliche im Alter von 12 bis 25 Jahren (Angabe in %)

Denke an die unterschiedlichen Dinge, die du online oder über deine Geräte tun kannst.
Bitte gib an, wie oft du jede der folgenden Aktivitäten durchführst.

		Mehrmals am Tag	Mind. 1x am Tag	Mind. 1x pro Woche	Weniger als 1x pro Woche	Noch nie	Keine Angabe
Informationssuche	Untere Schicht	22	33		27	14	3 1
	Obere Schicht	33	32		27	7	1
Nutzung für Schule, Ausbildung und Beruf	Untere Schicht	8	28	25	21	17	1
	Obere Schicht	25	24		30	15	6
E-Mails versenden	Untere Schicht	10	13	26	38	12	1
	Obere Schicht	11	15	36	31	7	
Informationen über Politik/Gesellschaft	Untere Schicht	6	11	15	30	36	2
	Obere Schicht	12	19	27	27	15	
Online einkaufen	Untere Schicht	2 2	11		63	21	1
	Obere Schicht	1 2	7		67	23	

0   50   100

■ Mehrmals am Tag ■ Mind. 1x pro Woche ■ Noch nie
■ Mind. 1x am Tag ■ Weniger als 1x pro Woche ■ Keine Angabe

Abb. 7.8

Shell Jugendstudie 2019 – Kantar

Je nach Wohnort der jungen Menschen zeigen sich Unterschiede in ihrem Nutzungsverhalten. 64 % der Jugendlichen in größeren Städten geben an, dass sie das Internet mindestens einmal am Tag zur Informationssuche nutzen. Bei denjenigen, die im ländlichen Raum leben, sind es nur 52 %. Geht es um politische oder gesellschaftliche Themen, haben ebenfalls die jugendlichen Städter die Nase vorn: 27 % von ihnen, aber nur 12 % ihrer Altersgenossen auf dem Land informieren sich mindestens einmal am Tag darüber. Hier macht sich möglicherweise bemerkbar, dass politische Veranstaltungen oder gar Demonstrationen (wie die »Fridays for Future«-Bewegung, die während der Erhebungszeit der diesjährigen Shell Jugendstudie zunehmend Zulauf bekam) häufiger in Städten stattfinden und auch Universitäten als

Zentren von politischen Aktivitäten in Städten liegen. Abbildung 7.8 zeigt den unterschiedlichen Umgang Jugendlicher aus verschiedenen sozialen Herkunftsschichten mit dem »Informationsmedium« Internet: Jugendliche aus der oberen Schicht nutzen es zu diesem Zweck deutlich intensiver als Gleichaltrige aus der unteren Schicht.

Selbstdarstellung im Internet

Selbstinszenierung im Internet ist für Jugendliche ein längst vertrautes Phänomen. Auch wenn nur eine Minderheit häufig etwas selbst ins Internet stellt, ist es für junge Leute normal, dass neben Influencern auch Personen ihres Umfeldes das Netz wie eine Bühne nutzen. Einige unserer Gesprächspartner in den

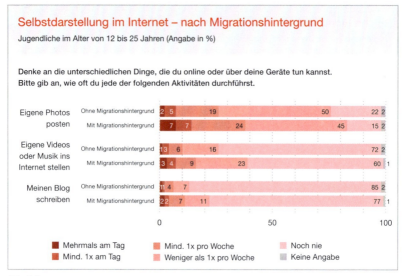

Selbstdarstellung im Internet – nach Migrationshintergrund

Jugendliche im Alter von 12 bis 25 Jahren (Angabe in %)

Denke an die unterschiedlichen Dinge, die du online oder über deine Geräte tun kannst.
Bitte gib an, wie oft du jede der folgenden Aktivitäten durchführst.

		Mehrmals am Tag	Mind. 1x am Tag	Mind. 1x pro Woche	Weniger als 1x pro Woche	Noch nie	Keine Angabe
Eigene Photos posten	Ohne Migrationshintergrund	2	5	19		50	22 2
	Mit Migrationshintergrund	7	7	24		45	15 2
Eigene Videos oder Musik ins Internet stellen	Ohne Migrationshintergrund	1 3	6	16		72	2
	Mit Migrationshintergrund	3 4	9	23		60	1
Meinen Blog schreiben	Ohne Migrationshintergrund	1 1 4	7			85	2
	Mit Migrationshintergrund	2 2	7	11		77	1

Abb. 7.9

Shell Jugendstudie 2019 – Kantar

ausführlichen Interviews weisen ausdrücklich darauf hin, dass hinter dem Hochladen eigener Dateien nicht nur Selbstinszenierung, sondern auch Kreativität stecke (siehe Kapitel 8.5).

Ob Jugendliche diese Form der Selbstdarstellung betreiben, korreliert auch mit dem Migrationshintergrund (siehe Abbildung 7.9). Junge Menschen jeglichen Migrationshintergrunds posten deutlich regelmäßiger Fotos im Netz und stellen dort auch häufiger eigene Videos oder Musik ein als ihre Altersgenossen ohne Migrationshintergrund. Dies lässt sich auch damit erklären, dass es ihnen mit Hilfe dieser interaktiven Elemente ohne viel Aufwand möglich ist, Familienbeziehungen und Freundschaften über Ländergrenzen aufrechtzuerhalten und zu pflegen.

Ansonsten fallen die Unterschiede zwischen jungen Männern und jungen Frauen, den Altersgruppen oder hinsichtlich der regionalen Herkunft sehr gering aus. Bloggen ist nicht besonders angesagt: Nur 15 % der jungen Männer und Frauen haben schon einmal einen Blogbeitrag geschrieben.

Typologie der Internetnutzer

Um die verschiedenen Aktivitätsmuster der Jugendlichen zu veranschaulichen, haben wir eine Typologie mit fünf unterschiedlichen Nutzertypen erstellt (siehe Abbildung 7.10). Die Gruppierung der Befragten hinsichtlich ihres Nutzungsverhaltens erfolgte anhand einer Clusteranalyse[10].

10 Die von uns durchgeführte Clusterzentrenanalyse gruppiert die Jugendlichen anhand von vier Dimensionen (Kommunikation, Unterhaltung, Information und Selbstdarstellung), so wie sich diese auf Basis einer Faktorenanalyse über die abgefragten Internetaktivitäten ergeben haben. Die Vorgabe von fünf zu berechnenden Clustern führte zu der klarsten Abgrenzung des Nutzungsverhaltens und damit zu der am besten interpretierbaren Lösung.

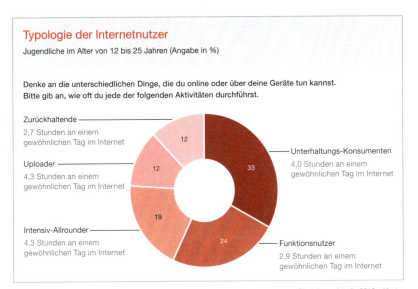

Typologie der Internetnutzer

Jugendliche im Alter von 12 bis 25 Jahren (Angabe in %)

Denke an die unterschiedlichen Dinge, die du online oder über deine Geräte tun kannst.
Bitte gib an, wie oft du jede der folgenden Aktivitäten durchführst.

Zurückhaltende
2,7 Stunden an einem
gewöhnlichen Tag im Internet

Uploader
4,3 Stunden an einem
gewöhnlichen Tag im Internet

Intensiv-Allrounder
4,3 Stunden an einem
gewöhnlichen Tag im Internet

Unterhaltungs-Konsumenten
4,0 Stunden an einem
gewöhnlichen Tag im Internet

Funktionsnutzer
2,9 Stunden an einem
gewöhnlichen Tag im Internet

Abb. 7.10

Shell Jugendstudie 2019 – Kantar

Unterhaltungs-Konsumenten
Ein Drittel (33 %) der 12- bis 25-jährigen Onliner lässt sich als eher passive Unterhaltungsnutzer beschreiben. Sie sind überdurchschnittlich aktiv bei sozialen Medien und Unterhaltungsangeboten (siehe Tabelle 7.5). Besonders häufig schauen sie Videos, Filme oder Serien an, hören Musik oder laden sie im Internet runter und gamen. Auch verfolgen sie besonders regelmäßig Inhalte von anderen Menschen oder von Prominenten. Umgekehrt sind sie unterdurchschnittlich an Informationsangeboten interessiert und zurückhaltend, wenn es darum geht, eigene Beiträge ins Internet zu stellen. Sie sind täglich 4,0 Stunden im Internet, also etwas mehr als der Durchschnitt aller Jugendlichen. Bei den Unterhaltungs-Konsumenten ist die jüngste Altersgruppe besonders stark vertreten, wenig verwunderlich angesichts der Tatsache, dass die 12- bis 14-jährigen Jungen besonders passionierte Gamer sind.

Funktionsnutzer
Ein knappes Viertel (24 %) von allen Onlinern sind die Funktionsnutzer. Sie sind fokussiert auf Messengerdienste, Informationssuche und die fachbezogene Nutzung des Internets für Schule, Ausbildung oder Beruf, die sie überdurchschnittlich oft anwenden. Alle anderen Aktivitäten spielen bei ihnen hingegen eine untergeordnete Rolle. Mit 2,9 Stunden täglich verbringen die Funktionsnutzer weniger Zeit im Internet als der Durchschnitt. Innerhalb dieser Gruppe ist der Anteil an Frauen sowie der oberen sozialen Herkunftsschichten überdurchschnittlich hoch (65 % sind Frauen, 46 % gehören der oberen Mittelschicht oder der oberen Schicht an).

Intensiv-Allrounder
Fast ein Fünftel (19 %) der jugendlichen Internetnutzer zeichnet sich durch eine breite und überdurchschnittliche Internetnutzung aus – außer beim Einstellen eigener Beiträge ins Netz. Markant häufiger als alle anderen Gruppen informie-

Tab. 7.5 Internetaktivitäten nach Nutzertypologie

Jugendliche im Alter von 12 bis 25 Jahren, die das Internet nutzen

%-Angaben (Spalten %) Angaben »mehrmals am Tag« oder »mindestens einmal am Tag«	Gesamt	Unter-haltungs-Konsu-menten	Funk-tions-nutzer	Intensiv-All-rounder	Uploader	Zurück-haltende
Kommunikation						
Messengerdienste wie WhatsApp oder andere nutzen	94	100	100	96	98	62
Soziale Netzwerke wie Facebook oder YouTube nutzen	81	96	76	86	91	31
Unterhaltung						
Musik runterladen oder hören	55	74	26	81	54	23
Videos, Filme, Serien online anschauen	48	72	16	67	47	22
Spiele, Gamen	35	52	5	37	42	35
Inhalte von interessanten Menschen oder Prominenten ansehen, denen ich folge	32	44	15	44	40	6
Information						
Informationssuche	62	51	72	94	61	22
Nutzung für Schule, Ausbildung, Beruf	46	26	64	77	50	13
E-Mails versenden	26	4	25	56	43	21
Mich informieren über Politik/ Gesellschaft	23	6	16	69	23	9
Online einkaufen	3	1	0	5	16	2
Selbstdarstellung						
Eigene Fotos posten	9	6	4	4	40	1
Eigene Videos oder Musik ins Internet stellen	5	1	0	3	31	0
Meinen Blog schreiben	2	0	1	0	18	0

Shell Jugendstudie 2019 – Kantar

ren sich die Intensiv-Allrounder über Politik oder Gesellschaft. Sie nutzen das Netz zudem regelmäßiger zur allgemeinen Informationssuche oder gezielt für Schule, Ausbildung oder Beruf. Aber auch Musik sowie Videos, Filme und Serien sind dieser Gruppe besonders wichtig. Die Intensiv-Allrounder sind mit 4,3 Stunden pro Tag länger im Internet als der Durchschnitt. Ältere Jugend-liche, junge Männer und Jugendliche aus den oberen Schichten und den größeren Städten sind in dieser Gruppe häufiger anzutreffen. Die Intensiv-Allrounder verfügen zudem deutlich häufiger über gute Bildungsabschlüsse oder streben sie an (58 % sind Männer, 45 % sind zwischen 22 und 25 Jahre alt, und 53 % gehören der oberen Mittelschicht oder oberen Schicht an).

Uploader

Ebenso breit gefächert und überdurchschnittlich häufig nutzen die Uploader (12 %) das Internet – täglich 4,3 Stunden. Von allen anderen Usern unterscheiden sie sich durch das Ausmaß, in dem sie das Internet zur Kreativität bzw. Selbstinszenierung nutzen: Vier von zehn posten zumindest einmal täglich eigene Fotos, drei von zehn eigene Videos oder Musik, und zwei von zehn sitzen mindestens einmal täglich an ihrem Blog. Interessant ist, dass sie seltener Inhalte von anderen Personen ansehen, als es die Unterhaltungs-Konsumenten und die Intensiv-Allrounder tun. Unter den Uploadern sind Jugendliche aus den unteren sozialen Herkunftsschichten, Jugendliche mit Migrationshintergrund sowie aus größeren Städten überdurchschnittlich häufig vertreten (43 % gehören der unteren Mittelschicht oder der unteren Schicht an, 44 % haben Migrationshintergrund).

Zurückhaltende

Weitere 12 % der jugendlichen Internetnutzer kann man als Zurückhaltende beschreiben: Sie sind mit 2,7 Stunden täglich am wenigsten online und üben dabei auch alle Aktivitäten unterdurchschnittlich oft aus. Sie zeichnen sich dadurch aus, dass es viele von ihnen schaffen, sich von den sozialen Netzwerken, aber auch den Messengerdiensten fernzuhalten. Zwei Drittel (65 %) dieser Internetnutzer sind junge Männer. Zudem sind die Jüngsten, die sich noch in Internetzurückhaltung üben – oder aufgrund der Vorschriften ihrer Eltern üben müssen –, in dieser Gruppe besonders häufig zu finden (35 % sind 12 bis 14 Jahre alt). Dass aber wie 2015 auch die ältesten Jugendlichen unter den Zurückhaltenden vertreten sind, macht deutlich, dass Internetaktivitäten für einige von ihnen mit der Zeit doch wieder an Reiz verlieren.

Die Typologie zeigt, dass die 12- bis 25-Jährigen das Internet äußerst vielseitig nutzen, sich die individuellen Nutzungsmuster aber deutlich voneinander unterscheiden. Dabei entfalten die Messengerdienste und sozialen Netzwerke bei den Jugendlichen eine Sogwirkung, der sich nur die wenigsten entziehen können. Die »Online-Welt ist genuiner Teil der jugendlichen Lebenswelt« (Lochner 2018: 496).

7.4 Bedenken und Verunsicherung prägen jugendliche Sicht auf das Internet

Wir haben die Jugendlichen nach ihrer Meinung zu verschiedenen Aussagen über das Internet und soziale Netzwerke gefragt (siehe Abbildung 7.11). Mit einer Faktorenanalyse lassen sich die neun Aussagen auf drei Einstellungsmuster reduzieren: 1) Äußerungen, die Bedenken und Verunsicherung ausdrücken, 2) ein von Abhängigkeit geprägtes Bedürfnis, immer »online« zu sein, und 3) ein kritisch-kompetenter Standpunkt (siehe Tabelle 7.6).

Bedenken und Verunsicherung

Die meisten Jugendlichen stimmen Aussagen zu, mit denen Bedenken und Verunsicherung ausgedrückt werden: Sechs von zehn der 12- bis 25-Jährigen ist es bewusst, dass sie als Internetuser Teil eines Geschäftsmodells sind, und finden es (gar) nicht gut, dass Konzerne wie Facebook oder Google mit den Daten der Nutzer viel Geld verdienen (siehe Abbildung 7.11). Ebenso viele befürchten, dass man keine Kontrolle über die eigenen Daten hat. Angesichts der verschiedenen Datenskandale, wegen

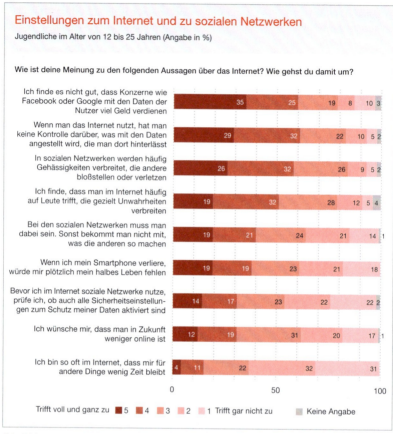

Einstellungen zum Internet und zu sozialen Netzwerken

Jugendliche im Alter von 12 bis 25 Jahren (Angabe in %)

Wie ist deine Meinung zu den folgenden Aussagen über das Internet? Wie gehst du damit um?

Aussage	Trifft voll und ganz zu (5)	4	3	2	Trifft gar nicht zu (1)	Keine Angabe
Ich finde es nicht gut, dass Konzerne wie Facebook oder Google mit den Daten der Nutzer viel Geld verdienen	35	25	19	8	10	3
Wenn man das Internet nutzt, hat man keine Kontrolle darüber, was mit den Daten angestellt wird, die man dort hinterlässt	29	32	22	10	5	2
In sozialen Netzwerken werden häufig Gehässigkeiten verbreitet, die andere bloßstellen oder verletzen	26	32	26	9	5	2
Ich finde, dass man im Internet häufig auf Leute trifft, die gezielt Unwahrheiten verbreiten	19	32	28	12	5	4
Bei den sozialen Netzwerken muss man dabei sein. Sonst bekommt man nicht mit, was die anderen so machen	19	21	24	21	14	1
Wenn ich mein Smartphone verliere, würde mir plötzlich mein halbes Leben fehlen	19	19	23	21	18	
Bevor ich im Internet soziale Netzwerke nutze, prüfe ich, ob auch alle Sicherheitseinstellungen zum Schutz meiner Daten aktiviert sind	14	17	23	22	22	2
Ich wünsche mir, dass man in Zukunft weniger online ist	12	19	31	20	17	1
Ich bin so oft im Internet, dass mir für andere Dinge wenig Zeit bleibt	4	11	22	32	31	

Trifft voll und ganz zu ■ 5 ■ 4 ■ 3 ■ 2 ■ 1 Trifft gar nicht zu ■ Keine Angabe

Abb. 7.11

Shell Jugendstudie 2019 – Kantar

derer beispielsweise Facebook in den letzten Jahren regelmäßig in der Kritik stand (u. a. 2018 wegen des Missbrauchs persönlicher Daten durch die Politikberatungsfirma Cambridge Analytica), verwundert diese kritische Haltung nicht. Die Mehrheit der Jugendlichen weiß auch um die Gefahren von Hate Speech oder Fake News: Knapp sechs von zehn finden, dass in sozialen Netzwerken häufig Gehässigkeiten verbreitet werden, die andere bloßstellen oder verletzen. Etwas mehr als die Hälfte findet auch, dass man im Internet häufig auf

Leute trifft, die gezielt Unwahrheiten verbreiten. Man kann vermuten, dass einige Jugendliche selbst schlechte Erfahrungen im Internet gemacht bzw. im Umfeld beobachtet haben.

Junge Frauen hegen eher Bedenken gegenüber dem Netz als junge Männer. Sie stimmen der Aussage, dass in sozialen Netzwerken häufig Gehässigkeiten verbreitet werden, deutlich häufiger zu.[11] Auch missfällt ihnen noch mehr,

11 Und das obwohl laut JIM-Studie 2018 Jungen (23 %) gemäß eigener Aussage etwas häufiger in

Tab. 7.6 Einstellungen zum Internet und zu sozialen Netzwerken – nach Geschlecht und Alter

Jugendliche im Alter von 12 bis 25 Jahren

»Wie ist deine Meinung zu den folgenden Aussagen über das Internet? Wie gehst du damit um?«

%-Angaben (Spalten %) Angaben »Trifft zu« (Skalen-Werte 4/5)	Ge-samt	Männ-lich	Weib-lich	12–14 Jahre	15–17 Jahre	18–21 Jahre	22–25 Jahre
Bedenken und Verunsicherung							
Ich finde es nicht gut, dass Konzerne wie Facebook oder Google mit den Daten der Nutzer viel Geld verdienen	60	56	63	51	62	59	63
Wenn man das Internet nutzt, hat man keine Kontrolle darüber, was mit den Daten angestellt wird, die man dort hinterlässt	61	58	63	53	59	64	63
In sozialen Netzwerken werden häufig Gehässigkeiten verbreitet, die andere bloßstellen oder verletzen	58	54	63	53	54	61	61
Ich finde, dass man im Internet häufig auf Leute trifft, die gezielt Unwahrheiten verbreiten	51	51	52	42	47	54	57
Bedürfnis, »immer online« zu sein							
Bei den sozialen Netzwerken muss man dabei sein. Sonst bekommt man nicht mit, was die anderen so machen	40	40	41	35	40	39	45
Wenn ich mein Smartphone verliere, würde mir plötzlich mein halbes Leben fehlen	38	34	42	32	37	40	40
Ich bin so oft im Internet, dass mir für andere Dinge wenig Zeit bleibt	15	15	14	15	15	15	15
Kritisch-kompetente Haltung							
Bevor ich im Internet soziale Netzwerke nutze, prüfe ich, ob auch alle Sicherheitseinstellungen zum Schutz meiner Daten aktiviert sind	31	31	32	27	28	32	36
Ich wünsche mir, dass man in Zukunft weniger online ist	31	23	38	23	30	33	32

Shell Jugendstudie 2019 – Kantar

dass Konzerne wie Facebook oder Google mit den Nutzerdaten viel Geld verdienen (siehe Abbildung 7.12). Mit zunehmendem Alter entwickeln geschlechtsübergreifend alle Jugendlichen eine kritischere Sicht auf das Netz (siehe Tabelle 7.6).

Kontakt mit feindseligen Botschaften kommen als Mädchen (18%) (mpfs 2018).

Jugendliche ohne Migrationshintergrund und diejenigen aus höheren sozialen Herkunftsschichten haben mehr Bedenken gegenüber dem Internet als ihre Altersgenossen aus den weniger privilegierten Schichten. Sieben von zehn (70%) der Jugendlichen aus der oberen Schicht stehen dem Geschäftsmodell der Internetkonzerne kritisch gegenüber, aber nur die Hälfte derjenigen

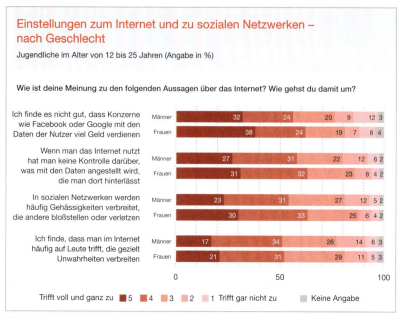

Einstellungen zum Internet und zu sozialen Netzwerken – nach Geschlecht

Jugendliche im Alter von 12 bis 25 Jahren (Angabe in %)

Wie ist deine Meinung zu den folgenden Aussagen über das Internet? Wie gehst du damit um?

Ich finde es nicht gut, dass Konzerne wie Facebook oder Google mit den Daten der Nutzer viel Geld verdienen
- Männer: 32 | 24 | 20 | 9 | 12 | 3
- Frauen: 38 | 24 | 19 | 7 | 8 | 4

Wenn man das Internet nutzt hat man keine Kontrolle darüber, was mit den Daten angestellt wird, die man dort hinterlässt
- Männer: 27 | 31 | 22 | 12 | 6 | 2
- Frauen: 31 | 32 | 23 | 8 | 4 | 2

In sozialen Netzwerken werden häufig Gehässigkeiten verbreitet, die andere bloßstellen oder verletzen
- Männer: 23 | 31 | 27 | 12 | 5 | 2
- Frauen: 30 | 33 | 25 | 6 | 4 | 2

Ich finde, dass man im Internet häufig auf Leute trifft, die gezielt Unwahrheiten verbreiten
- Männer: 17 | 34 | 26 | 14 | 6 | 3
- Frauen: 21 | 31 | 29 | 11 | 5 | 3

Trifft voll und ganz zu ■ 5 ■ 4 ■ 3 ■ 2 ■ 1 Trifft gar nicht zu ■ Keine Angabe

Abb. 7.12

Shell Jugendstudie 2019 – Kantar

aus der unteren Schicht (52 %). Letztere scheinen wiederum häufiger schlechte Erfahrungen mit Hate Speech gemacht zu haben. 64 % der Jugendlichen aus der unteren Schicht und 56 % derjenigen aus der oberen Schicht stimmen zu, dass in sozialen Netzwerken häufig Gehässigkeiten geäußert werden.

Bedürfnis, »immer online« zu sein

Weniger ausgeprägt ist die Angst, etwas zu verpassen, wenn man nicht ständig online ist (Stichwort »Fear of Missing Out«): Etwa vier von zehn Jugendlichen finden, dass man bei den sozialen Netzwerken dabei sein muss, da man sonst nicht mitbekomme, was die anderen so machen, oder dass ihnen plötzlich ihr halbes Leben fehlen würde, wenn sie ihr Smartphone verlieren würden. Nur 15 % aber sagen, dass sie so oft im Internet sind, dass ihnen für andere Dinge wenig Zeit bleibt. Zwei Drittel behaupten hingegen, dass dies auf sie nicht zutrifft. Die Aussagen in den ausführlichen Interviews veranschaulichen jedoch, wie sehr Jugendliche das Gefühl von Internetabhängigkeit umtreibt: Erstaunlich viele unserer Gesprächspartner haben uns von ihren »Social Media Detox«-Versuchen berichtet, die nicht immer erfolgreich gewesen sind: Sie haben sich beispielsweise von sozialen Medien abgemeldet, um sich aber kurze Zeit später wieder anzumelden, oder sie wollen einen Urlaub als Online-Auszeit nutzen, weil es ihnen im Alltag sonst nicht gelingen würde (vgl. Kapitel 8.3 und 8.4).

Die Smartphone-Sucht scheint bei jungen Frauen etwas stärker ausgeprägt. Sie sagen häufiger als junge Männer, dass ihnen plötzlich ihr halbes Leben fehlen würde, wenn sie ihr Smartphone verlieren würden (Tabelle 7.6). Gleich-

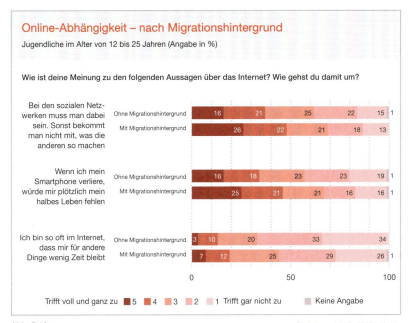

Online-Abhängigkeit – nach Migrationshintergrund

Jugendliche im Alter von 12 bis 25 Jahren (Angabe in %)

Wie ist deine Meinung zu den folgenden Aussagen über das Internet? Wie gehst du damit um?

Bei den sozialen Netzwerken muss man dabei sein. Sonst bekommt man nicht mit, was die anderen so machen

| | Ohne Migrationshintergrund | 16 | 21 | 25 | 22 | 15 | 1 |
| | Mit Migrationshintergrund | 26 | 22 | 21 | 18 | 13 | |

Wenn ich mein Smartphone verliere, würde mir plötzlich mein halbes Leben fehlen

| | Ohne Migrationshintergrund | 16 | 18 | 23 | 23 | 19 | 1 |
| | Mit Migrationshintergrund | 25 | 21 | 21 | 16 | 16 | 1 |

Ich bin so oft im Internet, dass mir für andere Dinge wenig Zeit bleibt

| | Ohne Migrationshintergrund | 3 | 10 | 20 | 33 | 34 | |
| | Mit Migrationshintergrund | 7 | 12 | 25 | 29 | 26 | 1 |

0   50   100

Trifft voll und ganz zu ■5 ■4 ■3 ■2 ▪1 Trifft gar nicht zu   ■ Keine Angabe

Abb. 7.13

Shell Jugendstudie 2019 – Kantar

zeitig wünschen sich junge Frauen deutlich häufiger, dass man in Zukunft weniger online ist – und das, obwohl sie sogar etwas weniger Zeit im Internet verbringen als ihre männlichen Altersgenossen (3,6 im Vergleich zu 3,9 Stunden täglich). Auch steigt das Bedürfnis, immer online und mit dabei zu sein, mit zunehmendem Alter.

Deutlich werden auch Unterschiede je nach Migrationshintergrund (siehe Abbildung 7.13). Jugendliche mit Migrationshintergrund scheinen häufiger von Onlinemedien abhängig zu sein. Sie wollen in den sozialen Netzwerken nichts verpassen, und für sie würde auch der Verlust des Smartphones häufiger eine geradezu existenzielle Einbuße bedeuten. Es geben auch mehr von ihnen zu, dass ihnen für andere Dinge wenig Zeit bleibt. Vergleichbare Unterschiede sind nach sozialer Herkunftsschicht zu beobachten, so sagen 27 % der Jugendli-

chen aus der unteren Schicht, dass sie so oft im Internet sind, aber nur 9 % derjenigen aus der oberen Schicht. Tatsächlich verbringen Jugendliche aus der unteren Schicht mit durchschnittlich 3,9 Stunden am Tag etwas mehr Zeit im Internet als Gleichaltrige aus der oberen Schicht (3,3 Stunden).

Jugendliche im Westen nutzen soziale Netzwerke nicht nur regelmäßiger als Gleichaltrige im Osten (siehe Abschnitt 7.3). Sie sagen auch häufiger, dass man dabei sein muss, um zu sehen, was die anderen machen (42 % im Westen zu 34 % im Osten).

Kritisch-kompetente Haltung eher selten

Nur wenige Jugendliche zeigen ein kritisch-kompetentes Online-Verhalten:

Weniger als ein Drittel überprüft, bevor sie im Internet soziale Netzwerke nutzen, ob alle Sicherheitseinstellungen zum Schutz ihrer Daten aktiviert sind. 44 % geben sogar zu, dass sie es nicht tun. Ein bezüglich Datenschutz umsichtiges Verhalten ist bei jungen Männern wie Frauen gleichermaßen schwach ausgeprägt. Wie oben beschrieben, äußern Jugendliche aus den höheren Schichten etwas mehr Bedenken als ihre Altersgenossen aus den unteren Schichten, dies führt allerdings nur minimal zu mehr Achtsamkeit beim Datenschutz: Mit 34 % sagen sie nur leicht häufiger als die Gleichaltrigen aus der unteren Schicht (28 %), dass sie die Sicherheitseinstellungen vor der Nutzung von sozialen Netzwerken prüfen.

Lediglich ein knappes Drittel aller Jugendlichen wünscht sich, dass man in Zukunft weniger online ist. Jugendliche aus dem Osten fühlen sich nicht nur seltener von Onlinemedien abhängig, sie stehen einer Dauerpräsenz im Internet auch etwas kritischer gegenüber als ihre Altersgenossen aus dem Westen. 36 % wünschen sich, dass man in Zukunft weniger online ist (29 % im Westen). Zudem sind jugendliche Internetuser im Osten achtsamer beim Datenschutz: 39 % im Vergleich zu 30 % im Westen prüfen die Sicherheitseinstellungen, bevor sie soziale Netzwerke nutzen.

Mit zunehmendem Alter stimmen die Jugendlichen den verschiedenen Aussagen zum Internet mehr und mehr zu (siehe Tabelle 7.6). Paradoxerweise nehmen zugleich Bedenken und eine kritische Haltung sowie das Suchtpotenzial zu. Lediglich der Aussage »Ich bin so oft im Internet, dass mir für andere Dinge wenig Zeit bleibt« stimmen konstant über alle Altersgruppen jeweils 15 % zu.

Trotz Bewusstsein sorgloser Umgang mit Sicherheitseinstellungen

Eine intensive Nutzung sozialer Netzwerke bringt kein besonders umsichtiges Verhalten im Hinblick auf den Datenschutz mit sich: Nur 27 % der Intensivnutzer von sozialen Netzwerken überprüfen die entsprechenden Sicherheitseinstellungen, aber 38 % derjenigen, die seltener als einmal pro Woche in sozialen Netzwerken unterwegs sind. Vier von fünf Jugendlichen haben schon einmal eigene Fotos ins Internet gestellt (vgl. Abschnitt 7.3). Diejenigen, die Hate Speech fürchten, tun das bemerkenswerterweise nicht seltener als der Durchschnitt. Auch das Bewusstsein von mangelnder Kontrolle über seine eigenen Daten führt erstaunlicherweise nicht dazu, dass Jugendliche mit eigenen Fotos oder Daten vorsichtiger wären.

Auch wenn die Mehrzahl der Jugendlichen die potenziellen Gefahren des Internetkonsums reflektiert, verhält sich nur eine Minderheit entsprechend umsichtig. Über die Gründe kann an dieser Stelle nur spekuliert werden: Liegt es daran, dass die Jugendlichen nicht wissen, was sie konkret tun können, um ihre Daten zu schützen, ist es also mangelnde Internetkompetenz? Ist Bequemlichkeit der Grund oder die Normalität, mit der private Daten und persönliche Fotos heutzutage anderen offen zugänglich gemacht werden? Möglicherweise ist es auch ein gewisses Schulterzucken, da Jugendliche ihren Handlungsspielraum hier begrenzt sehen. Schließlich hat man bei den sozialen Netzwerken in der Regel nur sehr eingeschränkt eine Kontrolle darüber, was mit den eigenen Daten geschieht. Vielen Jugendlichen dürfte bekannt sein, dass neben Whats App auch Instagram zu Facebook gehört. Nicht immer ist es einfach, immer konsequent zu handeln, wie verschiedene Aussagen aus den vertiefenden Gesprächen veranschaulichen, dabei spielt

Jugendliche im Alter von 12 bis 25 Jahren, die das Internet nutzen

%-Angaben (Spalten %) Angaben »trifft zu« (Skalen-Werte 4/5)	Gesamt	Unter- haltungs- Konsu- menten	Funk- tions- nutzer	Intensiv- All- rounder	Uploader	Zurück- haltende
Bedenken und Verunsicherung						
Ich finde es nicht gut, dass Konzerne wie Facebook oder Google mit den Daten der Nutzer viel Geld verdienen	60	55	70	62	48	62
Wenn man das Internet nutzt, hat man keine Kontrolle darüber, was mit den Daten angestellt wird, die man dort hinterlässt	61	60	70	63	55	54
In sozialen Netzwerken werden häufig Gehässigkeiten verbreitet, die andere bloßstellen oder verletzen	58	61	57	64	58	51
Ich finde, dass man im Internet häufig auf Leute trifft, die gezielt Unwahrheiten verbreiten	51	50	49	56	58	48
Bedürfnis, »immer online« zu sein						
Bei den sozialen Netzwerken muss man dabei sein. Sonst bekommt man nicht mit, was die anderen so machen	40	43	40	30	69	27
Wenn ich mein Smartphone verliere, würde mir plötzlich mein halbes Leben fehlen	38	39	32	35	68	25
Ich bin so oft im Internet, dass mir für andere Dinge wenig Zeit bleibt	15	15	6	16	30	12
Kompetent-kritische Haltung						
Bevor ich im Internet soziale Netzwerke nutze, prüfe ich, ob auch alle Sicherheitseinstellungen zum Schutz meiner Daten aktiviert sind	31	21	39	33	41	31
Ich wünsche mir, dass man in Zukunft weniger online ist	31	25	35	38	32	24

Shell Jugendstudie 2019 – Kantar

auch der soziale Druck, mit dabei sein zu müssen, eine Rolle (vgl. Kapitel 8.5). Wie sehr hinter diesen Überlegungen am Ende eine gewisse Resignation steckt, machen die Ausführungen der Jugendlichen jeglichen Alters deutlich. Viele finden es unheimlich, wie viele ihrer Daten im Netz gespeichert werden, blenden diese Bedenken im Alltag aber lieber aus.

Die Haltung der verschiedenen Internetnutzer-Typen

So wie Jugendliche das Netz in unterschiedlicher Weise und Intensität nutzen, haben sie auch mannigfaltige Einstellungen dazu. Tabelle 7.7 zeigt dies anhand der fünf Typen auf.

Die *Unterhaltungs-Konsumenten* sind etwas weniger kritisch als die durchschnittlichen Nutzer und auch beim Datenschutz weniger achtsam.

Ganz anders die *Funktionsnutzer*: Sie sind überdurchschnittlich kritisch und vorsichtig. Das Dabeisein in sozialen Netzwerken ist ihnen zwar durchaus wichtig, sie verlieren sich aber offenbar seltener im Internet als andere Jugendliche.

Die *Intensiv-Allrounder* stehen dem Internet ebenfalls etwas distanzierter gegenüber als der Durchschnitt aller Jugendlichen: Dass man in sozialen Netzwerken dabei sein »muss«, findet bei ihnen vergleichsweise wenig Verständnis, und sie wünschen sich überdurchschnittlich häufig, dass man in Zukunft weniger online ist.

Die kleine Gruppe der *Uploader* fällt durch ihre eher unkritische Haltung auf (nur 48 % im Vergleich zu durchschnittlich 60 % finden es nicht gut, dass man als Internetnutzer Teil eines Geschäftsmodells ist), vor allem aber dadurch, dass sie Anzeichen für ein Abhängigkeitsverhältnis zeigen. Dafür schützen Uploader ihre Daten in sozialen Netzwerken gewissenhafter.

Die *Zurückhaltenden* stimmen fast allen Aussagen weniger häufig zu als der Durchschnitt aller Nutzer und zeigen dabei naturgemäß die geringste Tendenz für eine Abhängigkeit. In den Statements, in denen es um Fake News und Hate Speech geht, geben sie überdurchschnittlich häufig keine Antwort, vielleicht haben sie bisher weniger – gute wie schlechte – Erfahrungen gemacht oder haben sich mit diesen Themen bisher (noch) nicht auseinandergesetzt.

7.5 Bei Informationen vertrauen Jugendliche vor allem den klassischen Medien

Vor der Europawahl 2019 sorgten junge YouTuber mit kritischen Beiträgen für viel Wirbel bei den politischen Parteien. Tatsächlich informieren sich Jugendliche – auch die politisch besonders interessierten – bevorzugt im Netz über politisches Geschehen (vgl. Kapitel 2). Wie stehen junge Menschen in ihrem digitalisierten Alltag zu den klassischen Medien? Können sie mit diesen überhaupt noch etwas anfangen, oder sind dies für sie lediglich Relikte aus der Welt ihrer Eltern? Wir haben die 12- bis 25-Jährigen gefragt, für wie vertrauenswürdig sie Informationen auf verschiedenen Nachrichtenkanälen halten – unabhängig von ihrem eigenen Nutzungsverhalten.

Wenn es um das Vertrauen geht, liegen die sogenannten Qualitätsmedien im Vergleich zu den digitalen Kanälen weit vorne. Jeweils vier von fünf Jugendlichen halten Informationen in den öffentlich-rechtlichen Fernsehnachrichten (82 %) oder Meldungen in großen überregionalen Tageszeitungen (80 %) für (sehr) vertrauenswürdig. Nur jeweils 13 % bringen Informationen in den klassischen Medien wenig oder kein Vertrauen entgegen (siehe Abbildung 7.14).

Obwohl sich Jugendliche auch über Politik in erster Linie online informieren, bringen sie Informationen auf digitalen Kanälen deutlich weniger Vertrauen entgegen. Dies lässt darauf schließen, dass sie sich im Internet gezielt und selektiv die Kanäle ihres Vertrauens heraussuchen, während sie klassischen Medien in der Breite Glauben schen-

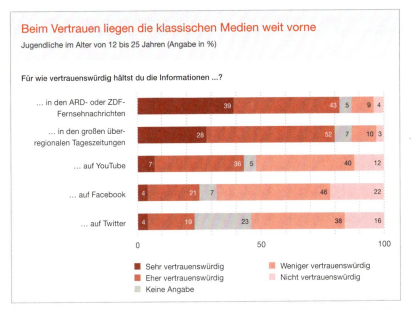

Beim Vertrauen liegen die klassischen Medien weit vorne

Jugendliche im Alter von 12 bis 25 Jahren (Angabe in %)

Für wie vertrauenswürdig hältst du die Informationen ...?

... in den ARD- oder ZDF-Fernsehnachrichten: 39 | 43 | 5 | 9 | 4

... in den großen überregionalen Tageszeitungen: 28 | 52 | 7 | 10 | 3

... auf YouTube: 7 | 36 | 5 | 40 | 12

... auf Facebook: 4 | 21 | 7 | 46 | 22

... auf Twitter: 4 | 19 | 23 | 38 | 16

0 — 50 — 100

- ■ Sehr vertrauenswürdig
- ■ Eher vertrauenswürdig
- Keine Angabe
- ■ Weniger vertrauenswürdig
- Nicht vertrauenswürdig

Abb. 7.14   Shell Jugendstudie 2019 – Kantar

ken. Dass das Vertrauen in Medien in bestimmten Situationen, in denen man Informationen anzweifelt, zu einer veränderten Nutzung führen kann, zeigen Ergebnisse des Reuters Institute Digital News Reports 2019 (Hölig, Hasebrink 2019): 36 % der 18- bis 24-Jährigen haben laut dieser Studie im letzten Jahr die Berichterstattung einer Nachricht anhand zusätzlicher Quellen überprüft – ebenso viele von ihnen tendieren laut eigener Aussage mittlerweile dazu, sich mehr auf Nachrichtenquellen zu verlassen, die als seriöser gelten.

Informationen auf YouTube schneiden unter den abgefragten Onlinekanälen am besten ab. Ihnen vertrauen 43 % der Jugendlichen. Den Nachrichten auf Facebook und Twitter bringen junge Menschen hingegen deutlich weniger Vertrauen entgegen. Da Twitter kein Jugendmedium ist, wie wir auch in den qualitativen Interviews feststellen konnten, haben sich viele Jugendliche bezüglich der Vertrauenswürdigkeit noch keine Meinung gebildet. Auffallend schlecht schneidet Facebook ab. Zwei Drittel der Jugendlichen halten die Informationen dieser Plattform für weniger oder nicht vertrauenswürdig. Berichte über Fake News in sozialen Medien zeigen offenbar auch bei jungen Menschen ihre Wirkung. In der Tat bringen in den ausführlichen Interviews mehrere Befragte den Begriff Fake News automatisch mit Facebook in Verbindung (vgl. Kapitel 8.4).

Insgesamt sind es nur 2 % aller 12- bis 25-Jährigen, die ausschließlich Informationen in digitalen Medien vertrauen (d. h. zugleich beiden genannten klassischen Medienkanälen kein Vertrauen aussprechen). Umgekehrt sind es 31 %, die lediglich Vertrauen in die Informationen in den ARD- oder ZDF-Nachrichten oder den großen überregionalen Zeitungen haben und weder den Informationen auf YouTube noch Facebook oder Twitter vertrauen.

YouTube genießt vor allem bei den Jüngeren Vertrauen

Mit steigendem Alter manifestiert sich zunehmend ein dezidierter Standpunkt: So bringen ältere Jugendliche den klassischen Medien sowohl mehr Vertrauen als auch mehr Misstrauen entgegen. Bei den Jüngeren haben sich besonders viele noch keine Meinung gebildet: 12- bis 14-Jährige geben zu 13 % bzw. 16 % keine Antwort auf die Frage nach der Vertrauenswürdigkeit der beiden klassischen Medienanbieter, bei den 22- bis 25-Jährigen sind es nur 3 % bzw. 5 %. Auch wenn es um die Bewertung von Informationen auf Facebook und Twitter geht, können (oder wollen) sich die Jüngeren deutlich seltener positionieren. Bei YouTube ist das nicht der Fall, hier haben alle gleichermaßen eine Meinung. Besonders die Jüngeren vertrauen YouTube (53 % der 12- bis 14-Jährigen, aber nur 39 % der 22- bis 25-Jährigen).

Vertrauen in klassische Medien im Osten deutlich niedriger

Die Vertrauenswürdigkeit digitaler Medienkanäle bewerten Jugendliche in Ost und West recht ähnlich, die Jugendlichen im Westen haben allerdings generell etwas weniger Vertrauen. Deutliche Unterschiede zeigen sich beim Vertrauen in die klassischen Medienkanäle: 42 % der Jugendlichen im Westen, aber nur 25 % derjenigen im Osten finden Informationen in den ARD- und ZDF-Nachrichten sehr vertrauenswürdig (siehe Abbildung 2.3 in Kapitel 2). Ein ganz ähnliches Bild zeigt sich bei der Bewertung der großen überregionalen Tageszeitungen: Drei von zehn Jugendlichen im Westen, aber nur 16 % der Gleichaltrigen im Osten sind der Meinung, dass sie diesen Informationen sehr vertrauen können.

Unterschiedliche Bewertung nach sozialer Herkunftsschicht

Jugendliche aus höheren sozialen Herkunftsschichten haben ein deutlich höheres Vertrauen in die klassischen Medien und äußern mehr Misstrauen gegenüber Informationen in sozialen Medien. So vertrauen neun von zehn (91 %) der Jugendlichen aus der oberen Schicht den ARD- oder ZDF-Nachrichten, aber nur drei von vier (74 %) derjenigen aus der unteren Schicht. Umgekehrt vertrauen sechs von zehn (59 %) aus der unteren Schicht Informationen auf YouTube, derselben Meinung ist lediglich ein gutes Drittel (36 %) ihrer Altersgenossen aus der oberen Schicht. Grundsätzlich ist aber auch bei den jungen Menschen aus der unteren sozialen Schicht das Vertrauen in die klassischen Medien deutlich höher als in die sozialen Medien.

Die Meinung der verschiedenen Internetnutzer-Typen

Abbildung 7.15 stellt dar, wie die verschiedenen Internetnutzer-Typen (siehe Kapitel 7.3) den unterschiedlichen Nachrichtenquellen trauen. Bei allen fünf Typen vertraut eine breite Mehrheit den Informationen klassischer Medien, die Funktionsnutzer und Intensiv-Allrounder am häufigsten. Das größte Misstrauen hegen die Uploader: Ein Fünftel von ihnen hält jeweils Informationen in den Nachrichten der beiden öffentlich-rechtlichen Sender und den großen überregionalen Tageszeitungen für weniger oder auch gar nicht vertrauenswürdig. Die Uploader vertrauen hingegen mehrheitlich YouTube, die Hälfte vertraut Facebook und eine knappe Hälfte Twitter. Vor allem bei der Bewertung von Facebook und Twitter heben sich die Uploader deutlich von allen anderen Typen ab.

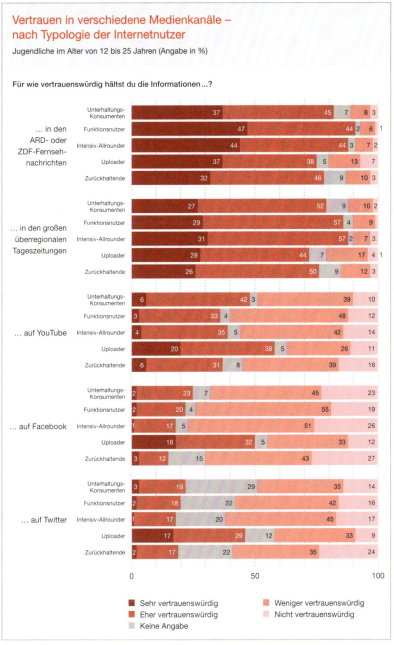

Vertrauen in verschiedene Medienkanäle –
nach Typologie der Internetnutzer

Jugendliche im Alter von 12 bis 25 Jahren (Angabe in %)

Für wie vertrauenswürdig hältst du die Informationen ...?

... in den ARD- oder ZDF-Fernsehnachrichten

	Sehr	Eher	Keine Angabe	Weniger	Nicht
Unterhaltungs-Konsumenten	37	45	7	8	3
Funktionsnutzer	47	44	2	6	1
Intensiv-Allrounder	44	44	3	7	2
Uploader	37	38	5	13	7
Zurückhaltende	32	46	9	10	3

... in den großen überregionalen Tageszeitungen

Unterhaltungs-Konsumenten	27	52	9	10	2
Funktionsnutzer	29	57	4	9	
Intensiv-Allrounder	31	57	2	7	3
Uploader	28	44	7	17	4 1
Zurückhaltende	26	50	9	12	3

... auf YouTube

Unterhaltungs-Konsumenten	6	42	3	39	10
Funktionsnutzer	3	33	4	48	12
Intensiv-Allrounder	4	35	5	42	14
Uploader	20	38	5	26	11
Zurückhaltende	6	31	8	39	16

... auf Facebook

Unterhaltungs-Konsumenten	2	23	7	45	23
Funktionsnutzer	2	20	4	55	19
Intensiv-Allrounder	1	17	5	51	26
Uploader	18	32	5	33	12
Zurückhaltende	3	12	15	43	27

... auf Twitter

Unterhaltungs-Konsumenten	3	19	29	35	14
Funktionsnutzer	2	18	22	42	16
Intensiv-Allrounder	1	17	20	45	17
Uploader	17	29	12	33	9
Zurückhaltende	2	17	22	35	24

■ Sehr vertrauenswürdig
■ Eher vertrauenswürdig
■ Keine Angabe
■ Weniger vertrauenswürdig
■ Nicht vertrauenswürdig

Abb. 7.15

Shell Jugendstudie 2019 – Kantar

Mit diesen unterschiedlichen Meinungen zur Vertrauenswürdigkeit von klassischen und neuen Medien verkörpern die Jugendlichen eine Vielfalt, die verallgemeinernden Aussagen über die Digital Natives eine Absage erteilt. Auch viel beachtete einzelne YouTuber werden deshalb nicht zu einer einheitlichen Meinungsbildung unter Jugendlichen beitragen. Vielmehr wird ihre große Reichweite in dieser Zielgruppe zu einer Auseinandersetzung mit ihren Inhalten führen, die die Jugendlichen aber die je eigenen individuellen Konsequenzen ziehen lässt.

Ingo Leven, Hilde Utzmann

8 Die Vielfalt der Digital Natives

8.1 Unsere Gesprächspartner – die Jugendlichen im qualitativen Teil

Die Namen der befragten Jugendlichen wurden geändert.

Lisa: 12 Jahre, Hauptschülerin, ländlicher Raum im Süden Deutschlands

Lisa lebt mit ihrem Vater und ihren Geschwistern in einer süddeutschen Kleinstadt in einem Einfamilienhaus. Trotz der Trennung ihrer Eltern macht sie einen ausgeglichenen Eindruck. Sie ist mäßig viel im Internet, verbringt aber viel Zeit damit, Videos und Serien bei Netflix anzuschauen.

Laura: 13 Jahre, Gymnasiastin, ländlicher Raum im Osten Deutschlands

Laura lebt in einer Kleinstadt im Osten Deutschlands. Sie wohnt mit ihren Eltern in einem Einfamilienhaus und hat mehrere Haustiere. Ihr Vater ist Engländer, ihre Großeltern väterlicherseits leben in England. Die Gymnasiastin ist eine gewitzte Person und sehr selbstständig. Laura neigt nicht zu umständlicher Rede, sondern bringt die Dinge zügig auf den Punkt. Sie spielt zwar viele Spiele, ist aber sonst nicht übermäßig viel online, weil sie sich lieber draußen mit ihrem Hund beschäftigt oder zum Angeln geht.

Simon: 13 Jahre, Hauptschüler, Migrationshintergrund, Randbereich einer Großstadt im Süden Deutschlands

Simon lebt mit seiner Mutter, seinem Stiefvater und seinem kleinen Bruder in einem Einfamilienhaus am Rande einer Großstadt in Süddeutschland. Dort besucht er die Hauptschule. Er ist in Mombasa (Kenia) geboren, seine Mutter ist Kenianerin. Sein leiblicher Vater ist Schweizer, deshalb hat Simon die Schweizer Staatsangehörigkeit. Er spricht etwas Swaheli, fließend Englisch und Schweizerdeutsch. Im Oktober 2016 ist er mit seiner Mutter nach Deutschland ausgewandert. Simon ist ein selbstbewusster Jugendlicher, der nicht über Gebühr im Netz unterwegs ist.

Jesko: 14 Jahre, Realschüler, ländlicher Raum im Norden Deutschlands

Jesko lebt als Einzelkind in einem geräumigen Haus im Randbereich einer ländlichen Gemeinde. Das Haus ist Teil eines kleinen Ensembles mit insgesamt sechs Einheiten, das nur von landwirtschaftlicher Nutzung umgeben ist. Er ist sehr aufgeweckt und lebensfroh. Jesko ist vor allem im Sommer viel mit seinen Freunden draußen. Er programmiert selbst und hat seine Eltern digital längst überholt. Diese erziehen ihn diesbezüglich aber nach strengen Regeln, so wird nachts das WLAN ausgeschaltet und im Schlafzimmer gilt absolutes Handyverbot. Vor dem Schlafengehen bestehen sie zudem auf eine gemeinsame Familienzeit ohne Handy und Computer.

Özcan: 15, Realschüler, Stadt in der Mitte Deutschlands

Özcan lebt in einer Patchworkfamilie in einem Mehrfamilienhaus an einer stark befahrenen Straße einer Stadt in der Mitte Deutschlands. Er ist ein Online-Nerd, der den ganzen Tag Musik hört (Samsung Music) und auch selbst Musik macht – Zitat »no music, no life«. Er spielt in einer Band und nutzt dabei einige Digital-Tools. Zusätzlich spielt er Computerspiele, schaut Videos (You Tube) oder Serien und Filme (u.a. Netflix, aber auch andere Plattformen, weil er sich für Mangas [japanische Comics] interessiert). Auch seine Mutter schaut gerne Serien auf Netflix, häufig auch zusammen mit Özcan.

Nele: 16 Jahre, Gymnasiastin, Kernbereich einer Großstadt im Süden Deutschlands

Nele lebt mit ihrer Mutter in einem Altbau in einer süddeutschen Großstadt. Die Eltern sind getrennt, der Vater lebt jedoch im selben Haus. Nele ist ein aufgeschlossenes, aufgewecktes Mädchen, das sich gut ausdrücken kann. Sie bewegt sich viel im Digitalen und hat gut beschrieben, wie digitale Inhalte im letzten Jahr in ihrer Schule Einzug gehalten haben (Whiteboard, PowerPoint). In der ersten Zeit ist sie bei der Nutzung von Internet und Smartphone noch von ihrem Vater begleitet worden.

Erik: 17 Jahre, Gymnasiast, ländlicher Raum im Osten Deutschlands

Erik lebt mit seiner Familie in einem Einfamilienhaus in einem abgelegenen Ortsteil einer ostdeutschen Kleinstadt. Er besucht das Gymnasium und ist politisch interessiert. Obwohl er bereits den Führerschein hat, darf er noch nicht alleine fahren. Mit seiner Freundin hält er über häufige WhatsApp-Nachrichten

Kontakt. Täglich spielt er mehrere Stunden Online-Spiele mit Freunden. Sein Vater bezeichnet ihn sogar als spielsüchtig.

Grey: 17, arbeitslos, Stadt im Osten Deutschlands

Grey wohnt in einem Mehrfamilien-Altbau an einer vielbefahrenen Straße in einer Stadt im Osten Deutschlands. Er hat einen Realschulabschluss, ist derzeit arbeitslos und wartet auf seine Musterung bei der Bundeswehr (Infanterie). In der Woche steht er erst spät auf und ist dann den ganzen Tag online. Er engagiert sich in Foren und dort auch in der Admin-Verwaltung und nutzt dafür Teamspeak. Grey erhält am Tag bis zu 3.000 WhatsApp-Nachrichten, ist davon aber nicht überfordert. § 13 hat ihn stark politisiert, so dass er zum ersten Mal an einer Demo teilgenommen hat. Mit seiner Freundin, die in Berlin lebt, führt er eine Fernbeziehung. Wenn er am Wochenende bei ihr ist, verbringt er deutlich weniger Zeit online.

Julia: 19 Jahre, nicht erwerbstätig, Großstadt im Westen Deutschlands

Julia lebt mit ihrem Freund und ihrem Hund in einer Wohnung einer westdeutschen Stadt. Sie macht demnächst ihren Realschulabschluss an der Volkshochschule und will anschließend eine Ausbildung zur Sozialarbeiterin machen. Sie ist nachmittags und abends viel online, vor allem am Abend sieht sie Serien und Filme.

Malala: 21 Jahre, Gymnasiastin (Fernstudium), Großstadt im Westen Deutschlands

Malala lebt mit ihren Eltern und ihrem Bruder in einer Wohnung in einem schönen Stadtteil einer westdeutschen Großstadt. Sie hat pakistanische Wurzeln, ist aber in Deutschland geboren. Malala ist Muslima, trägt jedoch – anders als ihre Mutter – kein Kopftuch, weil sie nach ihrer Ansicht »noch nicht reif dafür ist«. Sie ist politisch sehr interessiert und bezeichnet sich als »inklusive Feministin«. Sie macht in diesem Jahr Abitur per Fernstudium und überlegt, danach Soziologie oder Politik zu studieren. Sie liest sehr viel, überwiegend eBooks, und nutzt häufig WhatsApp, auch mit Verwandten in Pakistan und in Europa.

Franziska: 22 Jahre, erwerbstätig, Randbereich einer Großstadt im Süden Deutschlands

Franziska lebt mit ihren Hunden in einem Einzimmerapartment in dörflicher Umgebung am Rande einer süddeutschen Großstadt. Ihre Mutter wohnt im selben Haus, die Großeltern leben zwei Häuser weiter. Franziska arbeitet als Logistikerin und macht Network Marketing, das heißt, sie handelt mit Crypto-Währungen. Sie lebt sehr zurückgezogen und ist viel online, u. a. mit Motivationsvideos und virtuellen Einschlafhilfen.

Fabian: 21 Jahre, erwerbstätig, Randbereich einer Großstadt im Süden Deutschlands

Fabian lebt mit seinen Eltern und seinem Bruder in einer Wohnung am Rande einer süddeutschen Großstadt. Er ist sehr interessiert, liest regelmäßig mehrere ePaper, u. a. auch die ZEIT. Er selbst ist in Süddeutschland geboren, seine Eltern stammen aus Bosnien und Slowenien. Derzeit arbeitet er als Aushilfe am Band und ist noch unschlüssig, was er beruflich machen will.

Mona: 21 Jahre, Studentin, Großstadt in der Mitte Deutschlands

Mona studiert Geisteswissenschaften sowohl in Deutschland als auch den Niederlanden. Mit ihrem Freund, der in den Niederlanden lebt, führt sie eine Fernbeziehung. Mona hat beobachtet, dass es zwischen den Universitäten in Deutschland und den Niederlanden deutliche Unterschiede in der Nutzung des Internets gibt. Während es in den Niederlanden völlig selbstverständlich

ist, zum Beispiel Wissensfragen und auch Abstimmungen während der Vorlesung online zu bearbeiten, geht es in Deutschland im Vergleich dazu noch recht analog zu. Privat unterscheidet sie stark zwischen Online-Kontakten und persönlichen Treffen mit Freunden.

Luisa: 22 Jahre, Studentin, süddeutsche Großstadt

Luisa lebt alleine in einer kleinen Wohnung in einer größeren süddeutschen Stadt. Sie studiert Ingenieurwissenschaften und macht gerade ihren Bachelor. Danach will sie noch den Master machen. Sie ist lebhaft, reist viel und gerne, ist politisch und sehr an Datenschutz interessiert. In einem Auslandssemester in Russland hat sie ihren Freund kennengelernt und führt mit ihm eine Fernbeziehung. Demnächst wollen sie aber zusammenziehen.

Denis: 22, Auszubildender, Stadt im Osten Deutschlands

Denis wohnt in einer Plattenbausiedlung (5. OG ohne Fahrstuhl) am Rande einer ostdeutschen Stadt in seiner ersten eigenen Einzimmerwohnung. Er hat einen Realschulabschluss und macht gerade seine Ausbildung zum Einzelhandelskaufmann an einer Tankstelle. Für ihn ist das Digitale reines Mittel zum Zweck. Zur Information und Meinungsbildung nutzt er vornehmlich YouTube, WhatsApp dient den Verabredungen mit Freunden. Die dritte Anwendung, die für ihn am wichtigsten ist, ist das DHL-Paket-System. Da die Tankstelle jetzt ein DHL-Shop ist, muss er diese Anwendung bei der Arbeit nutzen.

Tobias: 22 Jahre, erwerbstätig, westdeutsche Großstadt

Tobias wohnt mit seiner Frau und seiner zweijährigen Tochter in einer Genossenschaftssiedlung in einer westdeutschen Großstadt. Die Familie will demnächst in eine größere Wohnung umziehen. Tobias arbeitet als Einzelhandelskaufmann, ist sehr familienorientiert und nicht sehr viel digital unterwegs.

Leon: 24 Jahre, Student, Stadt im Norden Deutschlands
Leon lebt in einer WG in der Nähe der Universität im Zentrum einer Stadt in Norddeutschland. Er studiert Politikwissenschaften und Französisch. Leon ist nachdenklich, kritisch und politisch sehr interessiert. Er engagiert sich sowohl im sozialen wie auch im umweltpolitischen Bereich. Sein digitales Verhalten ist sehr moderat und unterscheidet sich von dem der jüngeren Jugendlichen deutlich. Das Smartphone ist nicht sein ständiger Begleiter, es ist lediglich Mittel zum Zweck und nicht seine »digitale Heimat«.

Sarah: 24 Jahre, erwerbstätig, Stadt im Süden Deutschlands
Sarah lebt in einer kleinen Wohnung mitten in einer kleineren süddeutschen Stadt an einem Fluss. Die Werkstudentin ist viel digital unterwegs und war selbst über den Umfang überrascht, der im Gespräch sichtbar wurde. In ihrer Wohnung hat sie keinen Fernseher. Sarah hört häufig Musik, auch unterwegs zum Beispiel auf dem Weg zur Arbeit oder beim Joggen am Fluss. Sie ist stark gewerkschaftlich engagiert und nutzt auch in dem Bereich viel die neuen Medien, insbesondere WhatsApp. Sarah hat eine Ingenieurswissenschaft studiert, will aber nicht ihr Leben lang in dem Bereich arbeiten. Ihr Studium selbst war noch nicht sehr digital ausgestaltet.

Sophia: 25 Jahre, erwerbstätig, Stadt im Norden Deutschlands
Sophia lebt im Zentrum einer Stadt in Norddeutschland, wo sie ihr Psychologiestudium mit dem Bachelor abgeschlossen hat. Sie hat aktuell eine Teilzeit-Festanstellung in der Jugendhilfe, plant aber, später noch den Master

in Psychologie zu machen. Sophia ist politisch interessiert und engagiert. Ihr Berufsalltag als Psychologin verläuft ohne digitale Inhalte, sondern nur durch persönliche Gespräche.

Patrick: 25 Jahre, erwerbstätig, Großstadt im Westen Deutschlands
Patrick lebt mit seiner Freundin in einer Wohnung in einer westdeutschen Großstadt. Er arbeitet ganztags als Mechatroniker, dabei hat er auch mit einem digitalen Programm zu tun, das über die verschiedenen Fahrzeugtypen informiert. Er wirkt sehr erwachsen, selbstständig, besonnen und pflichtbewusst. Zumindest tagsüber, wenn er arbeitet, ist Patrick nur verhalten online, dann nutzt er meistens WhatsApp.

8.2 Digital by Default – Die neue Generation der Digital Natives

Ich hatte mein Smartphone aus heutiger Sicht sehr spät, wenn man betrachtet, wie alt die Kids heute sind, die mit einem Smartphone rumrennen. Ich hatte mein erstes mit 13, 14.
Sarah, 24 Jahre, erwerbstätig

Die Frage, ob es möglich und überhaupt sinnvoll ist, eine ganze Generation mit einem einzigen Begriff zu charakterisieren, wird in der Jugendforschung zu Recht kontrovers diskutiert. Kapitel 1 verweist deshalb auch auf die »energische Suche nach einprägenden Beschreibungen der aktuellen Generation« und benennt die jüngste, häufig adaptierte Wortschöpfung »Generation Z« auch nur als vorläufige Arbeitsbezeichnung.

Gleichwohl erleichtert es den Zugang zum Verständnis jugendlicher Lebenswelten, wenn wir mit einer Metapher einen charakteristischen Wesenszug der jeweiligen jungen Generation einfangen können. Die inzwischen schon klassische Metapher von den »Digital Natives« (deutsch: »Digitaler Eingeborener«, »von Geburt an digital«), eine Wortschöpfung des amerikanischen Autors Marc Prensky aus dem Jahr 2001, erfüllt nach wie vor diesen Anspruch.

Prensky hatte in seinem Essay »Digital Natives, Digital Immigrants« die nach 1980 geborenen Jugendlichen und deren Umgang mit den damals neuen Medien im Blick (Prensky 2001).

Der globale Siegeszug des Internets und die Art und Weise, wie die Digitalisierung das Alltagsleben (nicht nur Jugendlicher) nachhaltig verändert hat und verändern wird, werden durch diese Metapher anschaulich; nicht zuletzt im Kontrast zu den »Digital Immigrants« in Gestalt (älterer) Erwachsener, die keinen vergleichbar »angeborenen« Zugang zur digitalen Welt und ihren spezifischen Kommunikationsformen haben.

Damit knüpft dieser qualitative Teil der aktuellen Shell Jugendstudie inhaltlich nahtlos an die Vorgängerstudien an. Es ist gerade einmal 15 bis 20 Jahre her, als wir in der Shell Jugendstudie 2002 eine gänzlich andere Ausgangssituation hatten. Erst knapp zwei Drittel (65 %) der Jugendlichen im Alter von 12 bis 25 Jahren waren im Jahr 2002 online, und dies dann auch nur rund 7 Stunden pro Woche. 13 Jahre später ließ sich eine Vollversorgung mit Internet bei mehr als doppelter wöchentlicher Nutzung beschreiben.

In der Shell Jugendstudie 2002 sind wir daher im qualitativen Teil der Frage nachgegangen, wie sich durch das aufkommende WorldWideWeb zivilgesellschaftliches Engagement der Jugendlichen veränderte (Picot, Willert 2002). Im Fokus standen dabei die Jugendlichen, die sich als digitale Avantgarde politisch oder gesellschaftlich engagierten und dabei schon damals das Internet genutzt

haben. Eine Jugendgeneration später sind wir heute längst in einer anderen Welt angekommen. Die technischen Grundlagen haben sich entscheidend geändert. Statt wie noch im Jahr 2002 vor allem mit Desktop-PC und seltener mit Laptop ins Internet zu gehen, hat sich seit dieser Zeit eine immer größere Vielfalt an Geräten durchgesetzt, mit denen wir heute online sind. Zugleich ist mit dem Smartphone ein Gerät aufgekommen und Standard geworden, mit dem das Netz überall in Griffweite verfügbar ist. Zusammen mit den Zugängen haben sich die Kosten für diese Nutzung und die Übertragungsgeschwindigkeiten weiterentwickelt. Flatrates für ein unbegrenztes Datenvolumen machen inzwischen Datenmengen tagtäglich abrufbar, die vor 15 Jahren noch unvorstellbar waren. Videos und andere datenaufwendige Inhalte sind damit jederzeit unbegrenzt verfügbar. Zugleich haben sich in der letzten Zeit auch Bezahlmodelle immer mehr durchgesetzt, die das Abrufen von Inhalten mit entsprechenden Kosten verbinden. Netflix und Spotify sind die Vorreiter.

Die immer weiter um sich greifende Digitalisierung der Lebenswelten Jugendlicher drückt sich aktuell vor allem im Dauergebrauch des Smartphones und in der intensiven Nutzung der sozialen Medien aus. In unseren Gesprächen mit den 20 Jugendlichen im Alter von 12 bis 25 Jahren, die im Rahmen der Shell Jugendstudie für unsere vertiefenden Gespräche zur Verfügung standen, tritt diese Allgegenwart der Digitalisierung facettenreich zutage.[1]

Deutlich wird auch, wie rasant die Digitalisierung voranschreitet: Die Unterschiede in der digitalen Sozialisierung zwischen den jüngeren Befragten im Alter von 12 bis 16 Jahren, die aus-

---

1 Der Leitfaden und Inhalte zum methodischen Vorgehen im qualitativen Teil der Shell Jugendstudie sind im Anhang beschrieben.

schließlich der Gruppe der sogenannten Post-Millennials angehören, und den älteren Befragten im Alter von 17 bis 25 Jahren lassen sich selbst in unserer kleinen qualitativen Stichprobe deutlich nachweisen. Der erste generelle Befund lautet: Jugendliche machen ihre erste Erfahrung mit Computer, Internet und Smartphone immer früher.

Nutzung digitaler Inhalte findet immer früher statt

Alle befragten Jugendlichen haben heute selbstverständlich ein Smartphone. Darüber hinaus gehen sie mit dem Laptop online, etwa die Hälfte der Befragten verfügt zusätzlich über ein Tablet oder ein iPad.

Die älteren Jugendlichen und jungen Erwachsenen, also die Mitte der 1990er-Jahre Geborenen, haben ihre PC-Grundkenntnisse zumeist in der fünften und sechsten Klasse erworben, mit etwa elf oder zwölf Jahren. Zugang zu einem PC oder Laptop der Eltern hatten sie überwiegend mit zehn oder elf Jahren.

Papa hat mir viel am Computer gezeigt. Wir haben Lernspiele gemacht. Sonst bringt man sich viel selbst bei. In der Schule hat man dann auch Informatik.
Luisa, 22 Jahre, Studentin

Wenig später richteten sich die Jugendlichen ihre eigene E-Mail-Adresse ein oder ließen sie von den Eltern installieren, um erste E-Mails verschicken zu können.

Dann mal an irgendwen eine E-Mail schreiben oder, auch spannend, auf Word einen Brief zu schreiben und den auszudrucken, zu verschicken, irgendwie so was habe ich da ausprobiert.
Sophia, 25 Jahre, erwerbstätig

Kurz darauf kamen die ersten Chatplattformen wie ICQ oder Schüler- und Studi-VZ auf den Markt, mit denen man allerdings nur auf dem PC chatten konnte. Dann schließlich kam Facebook.

Die jüngeren Befragten, also die in den 2000er-Jahren Geborenen, saßen bereits mit sieben oder acht Jahren zum ersten Mal zum Spielen am PC. Auf diese Weise eigneten sie sich – zumeist unterstützt von ihren Eltern – spielerisch erste Computer-Grundkenntnisse an. Weitergehende Kenntnisse erhielten sie in der Grundschule zumeist in der dritten oder vierten Klasse.

Nein, das konnte ich schon vorher. Da habe ich gespielt und Word gelernt. In der Grundschule habe ich PowerPoint und Excel gelernt, das konnte ich vorher nicht.
Laura, 13 Jahre, Gymnasiastin

Da Smartphones erst mit dem iPhone im Jahr 2007 ihren Siegeszug antraten, verwundert es nicht, dass die Älteren unter den befragten Jugendlichen in der Regel zwischen 13 und 15 Jahre alt waren, als sie ihr erstes Smartphone erhielten. Die Jüngeren berichten, dass sie schon mit zehn oder elf Jahren ihr erstes Smartphone erhalten haben, was im Einklang mit vergleichbaren Studien (Medienpädagogischer Forschungsverbund Südwest 2018) steht.

Das ist jetzt echt schwierig. Also, mein eigenes Handy hatte ich mit zwölf in der fünften oder sechsten Klasse. Aber das war noch kein Handy mit Internet. Das erste Internet hatte ich vielleicht mit vierzehn, fünfzehn.
Luisa, 22 Jahre, Studentin

Ein heute 24-jähriger Student hat sein erstes Smartphone sogar erst mit 19 Jahren bekommen, er begnügte sich bis dahin mit Tastentelefonen, die er von seinem Vater erbte. Dies war allerdings seine bewusste Entscheidung: Er wollte sich von einem Smartphone nicht gleichermaßen abhängig machen wie seine Klassenkameraden. In seinem Freundeskreis war er einer der wenigen »Smartphonelosen«, was er bereitwillig in Kauf nahm.

Ja, also ich habe mich ziemlich lange dagegen gewehrt gegen das Smartphone. […] ich hatte während der gesamten Schulzeit kein Smartphone, weil mich das immer schon gestört hat, dass es so viel Raum einnimmt.
Leon, 24 Jahre, Student

Die Zeit bis zum begehrten eigenen Smartphone überbrückten viele der jüngeren Befragten mit ausrangierten Handys, die sie von den Eltern überlassen bekamen. Die meisten Kinder sind zu diesem Zeitpunkt sieben oder acht Jahre alt.

Viele hatten bei uns in den ersten, zweiten Klassen schon Handys. Das war wirklich ziemlich früh. Ich bin mir gar nicht sicher, wann ich meins bekommen habe. Also, mein erstes Handy war ein Tastenhandy irgendwie. Ich glaube, da war ich auch in der zweiten Klasse. Das war so ein uraltes Nokia.
Jesko, 14 Jahre, Realschüler

Eine Studentin berichtet, dass ihrer sieben Jahre jüngeren Schwester bereits mit sechs oder sieben Jahren ein, allerdings gebrauchtes, iPhone zur Verfügung stand. Daran erinnert sich auch ein Dreizehnjähriger, der mit sieben Jahren sein erstes Handy erhielt. Das erste Smartphone folgte zwei Jahre später.

Ich habe es, glaube ich, wo ich von der Grundschule runtergekommen bin, als Ablöse für mein Tastenhandy gekriegt. Das Tastenhandy war auch wahnsinnig. Also, das habe ich immer noch irgendwo hier rumliegen, das ist so ein unkaputtbares Handy.
Özcan, 15 Jahre, Realschüler

Die Digitalisierung vollzieht sich kollektiv und intuitiv

Menschen, die im Erwachsenenalter den Umgang mit dem Computer lernen mussten, können sich zumeist genau erinnern, wann sie zum ersten Mal im Internet waren und wer ihnen die Kenntnisse dafür vermittelt hat.

Die heutigen Jugendlichen dagegen sind tatsächlich sukzessive ins Digitale hineingewachsen und haben sich intuitiv das Wissen durch neugieriges Ausprobieren angeeignet. Deshalb fällt es vielen schwer, sich an den Zeitpunkt und die genauen Umstände zu erinnern.

Meine Eltern haben mir nur die Grundregeln beigebracht, dann hat man sich alles selbst erarbeitet, mit den Freunden zusammen. Auch was den Rechner anbelangt, da habe ich mir das selbst erarbeitet. Aber ich kann mich nicht mehr so genau erinnern. Ist eigentlich eine gute Frage …
Fabian, 21 Jahre, erwerbstätig

Die Frage, wie sie sich das Internet erarbeitet haben und wer ihnen dabei geholfen hat, können viele der befragten Jugendlichen nicht mehr genau beantworten. Sie sind aber übereinstimmend der Meinung, dass weder die Schule noch die Eltern dabei federführend waren, sondern ihr soziales Umfeld.

Aber erklärt hat mir das jetzt direkt niemand. Manchmal hat meine Freundin gesagt, das geht so und so, aber nicht oft. Das habe ich dann schon selber herausgefunden. Ich habe es halt ausprobiert.
Lisa, 12 Jahre, Hauptschülerin

Eine junge Befragte leitet diesen Prozess des kollektiven Aneignens und die zunehmende Gegenwart des Internet historisch und biografisch sehr stringent ab.

Ich bin in einer Zeit groß geworden, wo es sozusagen in den Vordergrund gerückt ist. Ich bin 1998 geboren und ich glaube, so ungefähr 2010 hat das Internet eine große Rolle übernommen. Dass es dann halt leichter war, Internetzugang zu bekommen. Smartphones sozusagen ein Ding geworden sind, dass Leute sich Smartphones gekauft haben. Dass Smartphones auch teilweise etwas billiger geworden sind, dass man sich auch eins leisten konnte irgendwann mal. Meine pubertäre Zeit habe ich in so einer Zeit verbracht, in der Internet allgegenwärtig war, auch in der Schule. [...] Das lag irgendwie in der Luft ...
Malala, 21 Jahre, Gymnasiastin

»Digital Natives« fühlen sich ihren Eltern überlegen

Jugendliche haben sich das Internet also selbst erschlossen und kennen sich heute besser im Internet und mit dem Smartphone aus als ihre Eltern. Das sagen die meisten Jugendlichen, auch die jüngsten, im Brustton der Überzeugung. Sie begründen diese Behauptung damit, dass sie von ihren Eltern, insbesondere ihren Müttern, regelmäßig um Hilfe gebeten werden.

Wie macht man einen Screenshot? Wie kann man das Hintergrundbild ändern? Wie kann man Widgets einfügen? Oder wie kriege ich die App deinstalliert?
Laura, 13 Jahre, Gymnasiastin

Viele Jugendliche machen ihre Eltern auf Innovationen und neue Anwendungen beim Smartphone aufmerksam. Manch Jugendlicher wird sogar selbst kreativ und hat es dabei bereits zu einer

gewissen Virtuosität gebracht. So erzählt ein 14-Jähriger, er habe sich seinen Computer selbst zusammengebaut und programmiere heute auch Spiele.

Also, größtenteils ist es mir, wenn wir Spiele spielen, zu langweilig. [...] Man könnte fast sagen, nicht fordernd genug. Aber irgendwie, wenn ich ein Spiel spiele, denke ich mir so, hole ich mir da eher Ideen raus, wie ich selber ein Spiel machen könnte.
Jesko, 14 Jahre, Realschüler

Vier jüngere Befragte räumen jedoch ein, dass zumindest ihr Vater ihnen im Umgang mit Internet und Smartphone derzeit noch überlegen sei.

Nein, meinen Eltern helfe ich nicht, meinen Omas schon. Also meiner Mutter manchmal. Mein Vater ist, glaube ich, fitter als ich.
Nele, 16 Jahre, Gymnasiastin

Auch ein junger Erwachsener gibt zu, dass sich seine Mutter ziemlich gut mit dem Smartphone auskennt und teilweise breiter aufgestellt ist als er, der sich im Grunde auf Facebook und Google beschränkt.

Ich würde sagen, ich kenne mich besser aus. Aber ich würde jetzt nicht sagen, dass meine Mama aus der Steinzeit kommt. Die kennt sich auch schon ... Ich würde wahrscheinlich sogar schon sagen, in bestimmten Bereichen kennt sie sich besser aus, Informationsbeschaffung zum Beispiel.
Patrick, 25 Jahre, erwerbstätig

Auch die Eltern werden digitaler

Die Eltern der befragten Jugendlichen besitzen mit wenigen Ausnahmen ein Smartphone, einige dazu noch ein iPad oder Tablet. Insbesondere die Eltern der Jüngeren sind in der Regel selbst sehr internetaffin. Einige spielen mit ihren Kindern am Computer oder sehen gemeinsam Filme oder Serien von Streamingdiensten auf dem Smart-TV.

Ja genau, ich spiele mit meiner Familie Wii U und Wii, das ist halt auch eine Gesellschaftskonsole. Und mit meiner Mutter gucke ich halt auf dem Fernseher am Abend, wenn alle ins Bett gehen, Anime.
Özcan, 15 Jahre, Realschüler

Einige laden beispielsweise – wie ihre Kinder – das Handy am Bett auf und gucken vor dem Aufstehen und nach dem Zubettgehen auf das Gerät.

Jeden Tag, würde ich sagen, genauso wie ich. Definitiv. Meine Mutter hat auch Schlafstörungen, also kann es passieren, dass sie da auch nachts noch mal draufschaut, ja.
Sarah, 24 Jahre, erwerbstätig

Für die Eltern ist das Internet mittlerweile ebenfalls Alltag. Sie kommunizieren in der Regel mit Plattformen wie WhatsApp und Facebook mit Kindern, Freunden und Bekannten.

Interessanterweise nutzen Eltern die von ihren Kindern favorisierten Apps wie Instagram, Snapchat, Spotify oder TikTok etc. so gut wie gar nicht. Das verleiht den Jugendlichen eine Art digitaler Vorreiterrolle und trägt wohl auch zu dem schon erwähnten Überlegenheitsgefühl bei.

[…] Mein Papa hat eigentlich nur WhatsApp und Facebook. Weil wenn er irgendwas am Handy macht, schickt er vielleicht nur mal kurz eine Nachricht, wenn es wichtig ist. Aber mein Papa hat so was wie zum Beispiel wie Instagram, TikTok, so was hat er nicht.
Lisa, 12 Jahre, Hauptschülerin

Aber auch bei den Eltern hat sich das Online-Zeitbudget im Laufe der letzten Jahre erhöht, wenn auch nicht so drastisch wie bei den Jugendlichen und jungen Erwachsenen.

Sie sind schlimmer geworden in der letzten Zeit. Nein, aber so viel wie ich noch nicht. Aber es wird auch öfter bei denen. Wenn ich jetzt schätzen würde, pro Tag eine Stunde, anderthalb Stunden.
Fabian, 21 Jahre, erwerbstätig

Die Internetaffinität der Großeltern hingegen lässt aus Sicht der Jugendlichen eher zu wünschen übrig: Sie verfügen nicht immer über ein Smartphone, häufig auch nur über ein »Rentnerhandy« mit großen Tasten. Außerdem haben sie das Mobiltelefon nicht immer zur Hand oder aufgeladen.

Ein Auszubildender ist jedoch kurioserweise ausgerechnet durch seine Großmutter ins Digitale gelangt: Sie hat den Computer in die Familie gebracht und ihrem Enkel die Grundlagen des Internet beigebracht.

Also, ich muss sagen, ich bin durch meine Oma erst auf Technik gekommen, Computer und alles. Meine Oma, die hat damit angefangen, PCs zu kaufen, zusammenzubauen. Weil, weiß ich nicht, hat sie wohl als Hobby entdeckt für sich neben Stricken und alles. Und dann hat sie mir das Ganze gezeigt, Internet, Bestellungen, eBay und so, YouTube hat sie mir gezeigt.
Denis, 22 Jahre, Auszubildender

Social Media als Speerspitze der Digitalisierung

Das Interesse der Jugendlichen am Internet explodierte um 2010 herum, die Initialzündung lieferten entweder Spiele oder Social Media wie Facebook, You Tube oder WhatsApp.

Ich weiß noch damals, als ich ungefähr 12 war, dass da jeder auf einmal Facebook hatte. Und dann wollte ich auch Facebook haben. Und dann habe ich langsam mit dem Rest ... Weil wir waren alle gleich alt. Haben gemeinsam herausgefunden, o.k., was ist das, was bedeutet das und so weiter.

Malala, 21 Jahre, Gymnasiastin

In vielen Fällen reagierten die Eltern auf diesen Internetboom mit bestimmten Regeln und zeitlichen oder inhaltlichen Beschränkungen des Internetverhaltens ihrer Kinder.

Wir hatten auch immer eine Internet-Sperre, um zehn oder so war dann, glaube ich, das WLAN aus und dann konnte ich ja nicht mehr am Handy sein. Und mein Vater hat auch draufgeschaut, was für Apps ich mir runterlade. Ich durfte nicht einfach so mir selber Spiele oder so runterladen.

Nele, 16 Jahre, Gymnasiastin

Der Vater einer Zwölfjährigen reguliert bewusst die Nutzung bestimmter Plattformen: Seine Tochter darf viele Apps nutzen, aber sie darf nicht bei Facebook sein, weil ihr Vater diese Plattform für zweifelhaft hält (obwohl oder gerade, weil er sie selbst nutzt).

Ganz entgegen den Gepflogenheiten der meisten Jugendlichen, das Smartphone als Wecker zu benutzen und am Bett aufzuladen, wurde ein Jugendlicher angehalten, das Handy nachts nicht am Bett liegenzulassen und es auch nicht permanent am Körper zu tragen. Das Smartphone wurde am Abend aus seinem Zimmer verbannt.

Nein, ich habe das ja schon immer so beibehalten. Technik nur nutzen, wenn es notwendig ist.

Denis, 22 Jahre, Auszubildender

Ein Elternpaar bremste das Verlangen ihres Sohnes nach dem Smartphone bewusst aus, weil Smartphones – anders als Laptops oder PCs – einen unkontrollierten Internetzugang ermöglichen. Sie versuchten sozusagen, die Digitalisierung zu entschleunigen.

Die wollten eher, dass es langsam geht. Also PC war früher. Dann irgendwann, haben sie gesagt, kriegst du erst mal ein Handy von uns. Und dann habe ich so ein älteres Handy bekommen, wo man noch nicht Internet-Zugang oder so was hatte. Und dann in der achten Klasse, wo dann so gut wie jeder eins hatte, habe ich dann auch eins bekommen.

Erik, 17 Jahre, Gymnasiast

Im Großen und Ganzen reagierten die Eltern jedoch eher mit einer »Laisserfaire«-Haltung auf das Online-Verhalten ihrer Kinder.

Meine Mutter, digital, sie war irgendwann dann bei Social Media aktiv, aber Mama hat nicht zu denen gehört, die gesagt haben »du musst da aufpassen« oder »das und das sind die Gefahren dahinter«. Also, hat mich nicht dazu angeregt, kritisch über mein digitales Verhalten nachzudenken.

Sarah, 24 Jahre, erwerbstätig

8.3 Die Allgegenwart digitaler Inhalte im Alltag der Jugendlichen

Ich habe halt meinen Handy-Wecker und das ist auch blöd. Eigentlich braucht man einen anderen Wecker. Dann ist man halt direkt am Handy und dann zum Wachwerden, wie wird denn das Wetter heute? Hat mir jemand eine Mail geschrieben oder auf WhatsApp? Und

dann hat man es schon so in der Hand und dann …
Ist es einfach da?
Ja. Ich finde es ja selber auch nicht gut.
Mona, 21 Jahre, Studentin

Mit der Shell Jugendstudie 2015 konnten wir nachweisen, dass in den letzten zwei Jahrzehnten eine Vollversorgung von Jugendlichen mit Zugängen zum Internet Wirklichkeit geworden ist (Leven, Schneekloth 2015). Die damit in diesem Zeitraum einhergehende geänderte Mediennutzung ließ sich dabei und durch weitere Studien eindrucksvoll belegen (Hajok 2018). Eine Mehrheit der Jugendlichen nutzt Messengerdienste, soziale Netzwerke, Musikdienste und Informationsplattformen mindestens einmal täglich (siehe Kapitel 7). Vor allem Messengerdienste bieten genügend Anlass, von einer breiten Mehrheit sogar mehrmals täglich genutzt zu werden. In den offenen Gesprächen mit den Jugendlichen haben wir den Fokus noch erweitert. Die Jugendlichen sind mit uns nicht nur ihre online genutzten, sondern alle digitalen Inhalte durchgegangen. Dabei wurde in allen Gesprächen mit den Jugendlichen deutlich, wie weitreichend sie digitale Inhalte über den gesamten Tag nutzen. Für fast alle von ihnen sind solche Inhalte bereits morgens beim Aufwachen und auch abends kurz vorm Einschlafen ganz selbstverständlich allgegenwärtig. Ihr Smartphone ist dabei das bevorzugte Gerät, da es sehr viele Anwendungen und damit Nutzungsanlässe in sich vereint.

Die digitale Routine beim Wachwerden und am Morgen

Die Nutzung digitaler Möglichkeiten fängt bei der Mehrheit der Jugendlichen bereits im Bett vor dem Aufstehen an. So ist beispielsweise bei Jugendlichen in allen Altersgruppen das Handy als Wecker am Bett sehr üblich.

Nutzt du das Smartphone als Wecker?
Ja.
Und wird das auch über Nacht an deinem Bett aufgeladen?
Ja, meistens, im Flugmodus meistens.
Weißt du, wo deine Eltern ihr Handy aufladen?
Ja, überall in der Wohnung.
Sophia, 25 Jahre, erwerbstätig

Wenn Sie aufstehen, gucken Sie noch im Bett aufs Handy oder erst, wenn Sie geduscht oder fertig sind?
Nein, ich gucke noch im Bett aufs Handy. […]. Haben Sie ein Handy oder Smartphone als Wecker?
Ja.
Fabian, 21 Jahre, erwerbstätig

Doch es gibt dabei durchaus bemerkenswerte Ausnahmen. Vor allem bei Jesko spielen die Eltern eine entscheidende Rolle. Sie haben in der Familie die Regel aufgestellt, dass alle Schlafzimmer technikfrei bleiben. Dies führt zwangsläufig dazu, dass sein erster Blick auf das Handy noch im Bett nicht erfolgen kann.

Nach dem Aufstehen gehe ich eigentlich erst mal frühstücken. Also da habe ich das Handy noch gar nicht. Ich habe es auch nachts im anderen Zimmer liegen. Auch PC habe ich nicht im Schlafzimmer, und deswegen vor dem Frühstück auf keinen Fall und danach eigentlich auch nicht.
Jesko, 14 Jahre, Realschüler

Viele Jugendliche nutzen das Handy jedoch nicht nur als Wecker. Haben sie das Handy erst einmal in die Hand genommen, starten sie meist gleich viele weitere Anwendungen.

Und was machst du dann mit dem Handy?
Mails lesen.

Machst du das noch im Bett?
Ja, das mache ich alles noch im Bett. Nachrichten schreiben und lesen und ich schaue mir auch manchmal Videos an in der Früh.
Um aufzuwachen?
Ja. Und Nachrichten lesen und Videos schauen, irgendwie was über Nacht passiert ist.
Und wo guckst oder liest du Nachrichten?
Auch alles noch im Bett. Das mache ich alles über Firefox oder Startpage. Da rufe ich Süddeutsche oder Tagesschau auf. […] Soll ich auch noch Threema hier hintun, weil ich damit ja meine Nachrichten beantworte?
Machst du das auch morgens vor dem Aufstehen?
Ja, ich habe halt einen Freund, und dem antworte ich direkt als erstes morgens früh.
Das machst du alles morgens?
Ja, ich bin lange im Bett.
Luisa, 22 Jahre, Studentin

Die weitere Routine nach dem Aufstehen zeigt, dass von Jugendlichen eine breite Vielfalt an digitalen Inhalten genutzt wird, darunter besonders häufig digitale Musikangebote – auch und gerade zum Wachwerden.

Frühstücken Sie dann morgens?
Ja.
Und was machen Sie da mit dem Handy?
Da lasse ich es immer noch laufen. Auch die normale Musik-App.
Franziska, 23 Jahre, erwerbstätig

Nehmen Sie das Handy auch mit ins Bad, wenn Sie sich fertig machen?
Ja, um Musik zu hören.
Franziska, 23 Jahre, erwerbstätig

Und nimmst du dann, wenn du aufstehst, das Handy auch mit ins Bad?

Manchmal schon, aber manchmal auch nicht. Aber meistens schon, weil da mache ich Musik an.
Lisa, 12 Jahre, Hauptschülerin

Und bei etlichen Jugendlichen stehen dann die nächsten Aktivitäten auf dem Programm. Welche Neuigkeiten gibt es? Hier ist WhatsApp als weit verbreiteter Nachrichtendienst allgegenwärtig (weit häufiger als Facebook), um die neuesten Nachrichten aus dem sozialen Nahbereich zu lesen.

Was machst du dann mit dem Handy?
Handy und dann WhatsApp wahrscheinlich.
Erik, 17 Jahre, Gymnasiast

Nehmen Sie denn das Handy auch mit ins Bad?
Häufig.
Um was damit zu tun?
Wenn ich viel Zeit habe, dann stöbere ich nochmal ein bisschen auf Facebook. Gucke vielleicht meine Nachrichten durch, falls schon oder noch Nachrichten da sind. Ansonsten habe ich das Handy nur dafür da, um die Uhrzeit im Blick zu haben.
Patrick, 25 Jahre, erwerbstätig

Vor allem ältere Jugendliche beschränken ihre morgendliche Nutzung nicht nur auf Musik hören und WhatsApp, sondern schauen nach, was sich über Nacht so alles in Politik und Gesellschaft getan hat.

Wenn du ins Bad gehst oder wenn du frühstückst, ist da das Smartphone dabei?
Unterschiedlich. Hängt meistens davon ab, ob ich in Gesellschaft bin oder nicht. Wenn ich in Gesellschaft bin, dann ist es bestimmt trotzdem oft dabei. Irgendwie Musik oder so, das nutze ich dann zum Musik hören. Aber vor allem eher, wenn ich alleine frühstücke, dann würde ich zum Beispiel Nachrichten gucken. […]

Und beim Frühstück würdest du Nachrichten gucken?
Ja.
Du sagtest Tagesschau.
Ja, und ZEIT online. Das mache ich aber auch oft schon im Bett, also dass ich Nachrichten lese tatsächlich direkt. Oder Tagesschau gucken, das mache ich gerne noch im Bett.
Sophia, 25 Jahre, erwerbstätig

Und beim Frühstücken?
Beim Frühstücken meistens über den Laptop.
Und was gucken Sie da?
E-Mails erst mal die Arbeit betreffend und dann Spiegel online, also so News, Nachrichten. [...]
Sonst noch was? Und da lesen Sie Nachrichten und checken?
Ja, Nachrichten erst mal checken, ob irgendwas noch ansteht vom Verein, also vom Handballverein und so was, solche Sachen.
Leon, 24 Jahre, Student

Die Routine vorm Schlafengehen

Auch am Abend wartet eine breite Nutzung von digitalen Inhalten. Es gilt, den Tag abzuschließen, und auch hier stehen letzte Neuigkeiten des Tages im Mittelpunkt. Bei Mona kommt hinzu, dass sie eine Fernbeziehung mit ihrem Freund führt und daher am Abend noch einmal abschließend mit ihm Kontakt halten möchte.

Wahrscheinlich auch jeden Abend. Aber das ist auch viel, dann schreibe ich noch mit meinem Freund oder so gute Nacht oder so, so nochmal den Tag Revue passieren lassen.
Mona, 21 Jahre, Studentin

Wie oft kommt es in einer gewöhnlichen Woche vor, dass du im Bett vor dem Einschlafen noch mal online gehst?

Das ist jeden Tag, definitiv. Selbst wenn ich Besuch hatte, dann abends noch mal WhatsApp.
Sarah, 24 Jahre, erwerbstätig

Ob das Ganze so kurz vorm Schlafengehen nicht auch noch Zeit bis zum nächsten Morgen hätte? Doch hier gilt für viele Jugendliche, dass das Wichtige nicht so lange liegen bleiben soll.

Ja. Man schaut nochmal, sozusagen abschließend und wenn es was Wichtiges ist, dann schreibe ich auch nochmal, im Bett, bevor ich einschlafe.
Leon, 24 Jahre, Student

Machen Sie nochmal einen Durchgang vor dem Schlafengehen?
Vor dem Schlafengehen schaue ich nochmal aufs Handy. Aber meistens, wenn ich sehe, dass es nichts Dringliches ist, dann mache ich das nicht mehr. Also dann antworte ich nicht mehr.
Fabian, 21 Jahre, erwerbstätig

Dies wirft die Frage auf, was abends noch dringlich ist. Und für wen. Bei WhatsApp hat Malala beispielsweise eine klare Vorstellung davon, dass dies Empfänger und Sender einer Nachricht durchaus unterschiedlich interpretieren können. Von daher hat sie ihren eigenen Umgang damit gefunden, grundlegende Informationen zur Kenntnis zu nehmen, ohne gleich darauf reagieren zu müssen.

Gucken Sie denn abends auch nochmal, wenn Sie schon im Bett sind, ob Whats Apps gekommen sind?
Ich gucke mir die Push-Benachrichtigungen an, aber ich gucke nicht extra drauf. Dann ist die Sache, dass man dann online gewesen ist. Und viele, ich kenne viele Leute, wenn man online gewesen ist, nachdem jemand eine Nachricht geschickt hat, und dann nicht antwortet, sind sie daraufhin beleidigt. Das ist so ein bisschen ... Man kann ja sehen, ob

man online gewesen ist, dass man die Nachricht gelesen hat, aber halt nicht geantwortet hat, das heißt, man die Nachricht für nicht so wichtig gehalten hat. Mir ist das egal, wenn ich keine Lust habe, antworte ich nicht. Aber ja, ich schaue schon noch mal im Bett.

Malala, 21 Jahre, Gymnasiastin

Andere Jugendliche lassen es nicht so weit kommen, dass sie im Bett noch einen Blick auf das Handy werfen. Sie stellen routinemäßig sicher, dass sie solche Dinge vorher erledigen. Denis blickt hier auf eine Entwicklung bei sich selbst zurück und hat das eigene Verhalten in letzter Zeit umgestellt.

Abends beim Schlafengehen, dass du dann nochmal ans Handy rangehst und was machst, während du schon liegst und eigentlich schon schlaffertig bist?
Ja, da muss ich sagen, das war früher so. Da hat man meistens noch die ganzen Gedanken, die einem durch den Kopf schießen so vom Tag. Da kommt man meistens auf die Idee, ach Mensch, da könnte ich zum Beispiel den Termin da und da hinlegen oder so was. Aber mittlerweile kann ich das schon so vom Kopf her. Früher war es auch immer so, dass ich mir zum Beispiel noch YouTube-Videos gegeben habe über bestimmte Themen. Einfach nur, um mit diesen Gedanken einzuschlafen. Aber jetzt brauche ich das eigentlich gar nicht. Also wenn ich schlafen gehe, dann lege ich mich wirklich hin.
Dann ist der Tag auch vorbei und dann ist nichts mehr zu erledigen.
Im Bett Handy benutzen, nein.

Denis, 22 Jahre, Auszubildender

Gucken Sie abends, bevor Sie einschlafen, auch nochmal kurz aufs Handy?
Also ja, meistens eigentlich nur, um den Wecker zu stellen. Oder halt, wenn ich etwas sehe, dann klicke ich kurz drauf, gucke es mir kurz an, dann lege ich das Handy weg.
Aber da antworten Sie dann nicht mehr vor dem Einschlafen?
Das versuche ich immer alles davor zu machen. Dass ich quasi einen Film gucke, dann nochmal kurz aufs Handy gucke, o. k., so viel Uhr, dann Wecker stellen, Handy laden und dann ist es weg. Antworten tu ich dann nicht mehr.

Tobias, 22 Jahre, erwerbstätig

Bei Jesko läuft die Abendroutine angesichts der elterlichen Spielregeln anders ab.

Was machst du, wenn der Tag sich langsam dem Ende neigt, vor dem Schlafengehen?
Jetzt so in der Woche, wenn Schule ist, dann ist es eigentlich so geregelt mit Mama und Papa, dass ich bis je nachdem viertel vor 9 oder 9 Uhr an den PC darf. Und dann soll ich noch für eine Stunde, ja eine Stunde wäre zu viel, für eine halbe Stunde oder höchstens mal eine Dreiviertelstunde noch runterkommen, hier nach unten, und dann noch kurz Fernsehen mit gucken, damit ich vom Computer wegkomme. Weil ich bin so jemand, der ziemlich viel über die Sachen nachdenkt. Und dann könnte ich sonst nicht einschlafen.

Jesko, 14 Jahre, Realschüler

Tagsüber bestimmt der institutionelle Rahmen die Nutzung digitaler Inhalte

Tagsüber bestimmen die sozialen Räume, in denen sich die Heranwachsenden bewegen, Ausmaß und Zweck der Nutzung digitaler Inhalte. Für Erwerbstätige und Auszubildende im betrieblichen Kontext ist hier die eigene berufliche Tätigkeit konstituierend.

So arbeitet Sophia, die in der Jugendhilfe tätig ist, vornehmlich im direkten Kontakt mit Menschen.

Während der Arbeit, wann bist du da online und warum?
Wenig. Ich habe jetzt keine direkte Pause. Ich gehe zwischendurch eine rauchen, wobei ich da auch oft in Begleitung von Teilnehmern aus der Gruppe bin. Und zwischendurch gucke ich auf jeden Fall mal auf mein Handy. Und wenn mich zum Beispiel etwas bezüglich einer Verabredung danach erreicht, dann habe ich da auch die Zeit zu antworten. Aber es ist jetzt nicht so, dass ich da ständig mein Handy im Blick habe. Ansonsten bin ich bei der Arbeit eigentlich nicht online. Da verläuft die Kommunikation ausschließlich persönlich.
Sophia, 25 Jahre, erwerbstätig

Auch die Arbeit von Patrick, dem Mechatroniker, hat keine unmittelbaren Berührungspunkte mit digitalen Inhalten. Entsprechend nutzt er digitale Inhalte vornehmlich in den Pausen. Patrick hat dabei sein Verhalten bewusst geändert, um berufliche Tätigkeiten während der Arbeitszeit nicht mit seinem privaten Handy zu erledigen.

Jetzt habe ich mir die Angewohnheit zutage gemacht, während der Arbeitszeit das Handy auf Flugmodus zu stellen und mich dann um die privaten Klamotten zu kümmern, wenn ich in der Pause bin oder wirklich die Zeit dafür habe. Ansonsten habe ich vorher immer mal wieder über das Handy im Autoshop angerufen, wo wir unsere Teile beziehen, oder bei irgendwelchen Firmen, wenn wir irgendwelche Teile brauchten. Das mache ich häufig.
Haben Sie ein Firmenhandy oder machen Sie das mit dem eigenen?
Nein, das ist mit dem eigenen Handy. Wir haben auf der Arbeit allerdings auch ein Festnetztelefon. Und da ich mein Handy jetzt auf Flugmodus habe während der Arbeitszeit, benutze ich immer dieses Telefon, um diese Anrufe zu tätigen. Also das Festnetz.
Patrick, 25 Jahre, erwerbstätig

Sobald die berufliche Tätigkeit eng mit digitalen Inhalten verknüpft ist, stellt sich das Ganze zwangsläufig anders dar. Sarah und Denis stehen für solche Berufsfelder. Sarah bringt sich in die betrieblichen und überbetrieblichen Interessenvertretungen meist digital ein. Sie widerlegt zudem die häufig geäußerte Sorge, dass heutige Heranwachsende die direkte Kommunikation in Form von Telefonaten verlernt hätten.

Auf der Arbeit arbeite ich am Laptop. Da arbeite ich mit Office-Anwendungen.
Was nutzt du vornehmlich von den Office-Anwendungen?
Excel. Nutze ich tatsächlich am häufigsten. Word und PowerPoint auch. Word zum Schreiben oder Lesen, ja. Power Point für Präsentationen. Dann Fernsehen oder Beamer, weil man muss ja auch sein Zeug präsentieren. Auf Arbeit das betrifft eher meine Jugendvertreter-Tätigkeiten, dass da viel auch über WhatsApp läuft. Und was ganz wichtig ist, auch Skype. Laptop und Skype. Für die überörtliche Ebene ist das total praktisch. Dann habe ich hier für WhatsApp auch wieder mein Handy, aber auch mein privates Handy, ich habe kein Firmenhandy. Und ich telefoniere auch. Man will es nicht glauben, aber heute habe ich gerade mit einem Kollegen aus Berlin telefoniert.
Sarah, 25 Jahre, erwerbstätig

Bei Denis, Service-Mitarbeiter einer Tankstelle mit DHL-Shop, sind Online-Anwendungen selbstverständlicher Bestandteil der Arbeit. Damit wollen er und seine Kollegen sicherstellen, bei technischen Entwicklungen auf der Höhe der Zeit zu bleiben, um den besten Service für die Kunden bieten zu können.

Ich bin Kaufmann im Einzelhandel an der Tankstelle. Und da bedienen wir schon eigentlich viele technische Geräte. […] Wir haben noch einen DHL-Shop, da haben wir speziell einen Computer […]
Was nutzt du denn da, wenn du am Computer bist?
Also den Computer benutze ich bei der Arbeit. Da haben wir, wie soll ich das beschreiben, ist halt ein DHL-System, mit dem wir Pakete einschreiben und ausschreiben können. Also Paketshop schreibe ich mal.
[…] Und das wird auch gut angenommen?
Ja, das wird gut angenommen. Das ist auch ziemlich wichtig, weil wir haben kaum hier DHL-Stationen. Wir haben nur zwei, eine in der Innenstadt beim Kreisverkehr, und da kommt man echt immer schwer ran, das ist viel Stress. Deswegen kommen die Meisten zu uns. Und für mich ist das wichtig, weil wenn man da einmal rauskommt, dann kann man den Kunden nicht mehr behilflich sein.
Denis, 22 Jahre, Auszubildender

Nicht nur im Erwerbsleben, sondern auch an den Schulen wird sehr unterschiedlich mit der Digitalisierung umgegangen, je nach Schulform und Bundesland und letzten Endes je nach Schule. So ist das Handy an manchen Schulen komplett verboten und wird bei Verstößen abgenommen. An anderen ist es wiederum Teil des Unterrichts, und die Schüler sollen währenddessen per Google recherchieren oder selbst im Kunstunterricht Musik hören.

An den meisten Schulen stehen Computerräume zur Verfügung, die in Kleingruppen besucht werden. Von einer flächendeckenden Computer- oder Laptopbereitstellung bzw. einer Integration digitaler Inhalte in den Unterrichtsablauf sind die Schulen insgesamt jedoch noch weit entfernt.

Inwieweit das Thema »Digital« im Unterricht vorkommt, hängt auch von den Lehrkräften selbst ab: Aus Sicht der Jugendlichen nutzen ältere Lehrer noch bevorzugt den Overheadprojektor, während jüngere häufiger auf Präsentationen in digitaler Form, zum Beispiel PowerPoint, zurückgreifen.

In Mathe und Englisch haben wir ältere Lehrer, die freunden sich damit nicht so an bei uns. Aber zum Beispiel unser Deutschlehrer, wir haben auch iPads von der Schule selber halt, und die kann man sich immer holen.
Jesko, 14 Jahre, Realschüler

Alle befragten Jugendlichen waren oder sind in der Schule in irgendeiner Weise mit dem Thema Digitalisierung konfrontiert: sei es in Computerkursen bereits im Hort oder an der Grundschule, sei es im Fach Informatik oder Medientechnik an Realschulen oder Gymnasien.

Und im Hort habe ich quasi so einen Computer-Führerschein gemacht, wie man Excel benutzt, wie man PowerPoint benutzt, wie man Word benutzt, halt die Grunddinge.
Tobias, 22 Jahre, erwerbstätig

Es gibt Grundschulen, die bereits in der 3. Klasse Computerkurse anbieten, in denen allerdings Computerspiele im Vordergrund stehen. Ein Studierender aus Niedersachsen erinnert sich an einen Kurs »International Education« in der 7. Klasse, in dem E-Mail-Adressen und ein Facebook-Konto eingerichtet wurden, um mit Austauschschülern zu kommunizieren. In Brandenburg gibt es das Fach »Wirtschaft, Arbeit, Technik«. Dabei sollen die Grundzüge der Informatik und der Umgang mit Arbeitsprogrammen vermittelt werden. Nicht alle Schüler sind von der Qualität bzw. dem Niveau des Unterrichts überzeugt, manche fühlen sich unterfordert, weil nur Grundlagen vermittelt werden oder weil die technische Ausstattung nicht zeitgemäß ist.

Weil, wer mit 12 schon an Quellcodes rumbastelt, der weiß, glaube ich, schon, wie ein PC angeht.
Grey, 17 Jahre, arbeitslos

Wir hatten uralte PCs mit Windows 98 und Röhrenbildschirmen.
Patrick, 25 Jahre, erwerbstätig

Eine Schülerin, die per Fernstudium das Abitur machen möchte, absolviert die Kurse und die Kommunikation mit der Schule über Facebook. An den meisten Schulen werden die Kreidetafeln sukzessive von Smartboards, digitalisierten Flatscreens oder Whiteboards abgelöst.

Die sind wie Zwei-Meter-Tablets oder so was in der Art ist das. Da drauf können wir auch zum Beispiel, wenn man das Handy mithat, dann dürfen wir, wenn wir Referate vorbereiten, Sachen suchen.
Jesko, 14 Jahre, Realschüler

Auch PowerPoint zieht zunehmend in die Schulen ein, sowohl Lehrer als auch Schüler präsentieren damit Vorträge und Referate.

Das ist mir auch aufgefallen, weil ich komme ja noch aus der Zeit … Früher hatten wir ja auch noch die Overheadprojektoren und grüne Wandtafeln, da war das noch gar nicht so. Und diesen Wandel habe ich schon mitbekommen in der Schule.
Nele, 16 Jahre, Gymnasiastin

Auf wenig Anklang jedoch stößt beispielsweise eine App, mit der die Schüler den Unterricht bewerten können. Sie wird nicht ernst genommen, so ein Realschüler.

Ich glaube, in meiner Klasse hat die keiner. Meines Erachtens ist die auch komplett sinnlos, weil die meisten Schüler eh nur Scheiße reinschreiben.
Özcan, 15 Jahre, Realschüler

Auch die Kommunikation der Lehrer mit den Eltern ist inzwischen weitgehend digitalisiert: Es gibt kaum Schulbriefe mehr, es werden vielmehr E-Mails verschickt. Die Kommunikation zwischen Lehrern und Schülern via WhatsApp ist dagegen grundsätzlich verboten.

Hochschulen sind neben der Arbeit und den allgemeinbildenden Schulen der dritte wesentliche institutionelle Rahmen, der den Alltag von Jugendlichen tagsüber bestimmt. Hier gilt, dass die Nutzung digitaler Inhalte sehr weit verbreitet ist. Für bestimmte Forschungsprojekte werden WhatsApp- oder Telegram-Gruppen gebildet, und es wird jeweils eine spezielle, projektbezogene Software eingesetzt, zum Beispiel maschinelle Sprachverarbeitungsprogramme zur Auswertung von Volltextkorpora. Die Dozenten sind diesbezüglich aus Sicht von Studierenden allerdings unterschiedlich kompetent.

Manche sind schon sehr kompetent. Aber dann gibt es wieder einige, die nicht wissen, wie man den Beamer startet.
Mona, 21 Jahre, Studentin

Zum Lernen benutzen die Studierenden Laptops. Recherchen für Referate oder Essays führen sie ebenfalls online durch. Je nach Studiengang programmieren sie oder verwenden Open Office. Sie arbeiten auch mit Google Drive oder mit der Cloud, so dass sich auch Gruppenarbeiten online erledigen lassen.

Wenn ich in der Klausurenphase bin, bin ich halt von 9 bis 18 Uhr an meinem Rechner, das heißt, ich bin online.
Luisa, 22 Jahre, Studentin

Ein wichtiges Kommunikationstool mit der Universität ist die E-Mail, die regelmäßig gecheckt werden muss, um nichts Wichtiges zu verpassen. Klausurnoten können mit einem speziellen Programm online abgerufen werden, ebenfalls Anmeldungen, Ausdrucke und Überweisungen sowie Vorlesungen, Referate, Hausarbeiten, Stunden- und Mensapläne.

Das machen aber noch nicht viele Unis, das ist nicht selbstverständlich.
Luisa, 22 Jahre, Studentin

Klausuren werden jedoch immer noch schriftlich auf Papier geschrieben, dabei dürfen auch keine internetfähigen elektronischen Geräte benutzt werden. Mona liefert mit ihren Erfahrungen aus ihrem Studium eine wesentliche Erweiterung hinsichtlich der Einsatzmöglichkeiten digitaler Endgeräte: Ihr internationaler Studiengang lässt sie sowohl in Deutschland als auch in den Niederlanden studieren. Damit kann sie einen direkten Vergleich hinsichtlich der Nutzung digitaler Inhalte im Alltag der beiden Universitäten ziehen. Während alle Studierenden berichten, dass in deutschen Universitäten das Smartphone organisatorisch keine Rolle spielt, erzählt Mona, dass in den Niederlanden anonyme Befragungen zu Vorlesungen per Smartphone beantwortet werden, um damit laufend den eigenen Wissensstand zu überprüfen. Auch werden Vorlesungen in den Niederlanden zum Teil interaktiv gestaltet. So werden zum Beispiels Links genannt, die von den Studierenden geklickt werden sollen.

Eigene Wahrnehmung des Umfangs der Nutzung digitaler Inhalte variiert

Anhand von Karteikarten sollten uns die Jugendlichen den Umfang ihrer Nutzung digitaler Inhalte aufzeigen, und zwar über den Tag verteilt in einzelnen Zeitabschnitten. Der teilweise sehr große Umfang brachte zumindest einige der älteren Gesprächsteilnehmer zum Nachdenken.

Ja. Sechseinhalb Stunden. Das ist krass.
Sophia, 25 Jahre, erwerbstätig

250 Minuten, da kommt ganz schön was zusammen.
Ja. Das hätte ich nicht gedacht. Das sind über vier Stunden, aber das ist schon realistisch, glaube ich.
Leon, 24 Jahre, Student

Krass, wie viel Zeug man auf seinem Handy oder anderen …
Luisa, 22 Jahre, Studentin

Fabian bringt es bei der Nachfrage zum Thema Internetsucht auf den Punkt. Er kann nicht erkennen, dass dies in seinem Umfeld ein Thema ist.

Naja, ich bin ja doch häufiger online, als ich dachte. […] Ja, es kommt schon verdammt viel zusammen. Ich glaube, zweieinhalb Stunden müssten es am Tag sein.
[…] Ist das echt ein Thema, Internetsucht?
Eigentlich nicht. Aber wenn man es sich jetzt vor Augen führt, so zweieinhalb Stunden am Tag, das ist schon krass, aber eigentlich nicht wirklich. Ich kenne niemanden, der sich darüber Gedanken macht.
Fabian, 21 Jahre, erwerbstätig

Noch deutlicher formuliert es Özcan, der für sich (an)erkennen muss, dass er den ganzen Tag ununterbrochen digitale Inhalte nutzt.

Wenn du die einzelnen Tagesabschnitte mal notierst, wie lange nutzt du digitale Inhalte in Minuten? […]

Kann ich im Prinzip aufschreiben immer. Weil ich habe immer Samsung Music laufen.
Ist eine Antwort. Dann brauchen wir auch gar nichts aufschreiben.
Echt? Das ist krass.
Das ist ja vollkommen in Ordnung. Uns umgeben viele digitale Inhalte, und wenn du ziemlich lange Musik hörst über den Tag verteilt, dann nutzt du den ganzen Tag digitale Inhalte. Ist ja nichts Schlechtes dran.
Ja, ich lebe nach dem Tower Records Motto »no music, no life«, wie man hier sieht.

Özcan, 15 Jahre, Realschüler

Selbst das stille Örtchen ist keine Oase digitaler Enthaltsamkeit

Die Dauernutzung digitaler Inhalte geht sogar so weit, dass die Jugendlichen nicht einmal auf dem stillen Örtchen per se digital enthaltsam sind. Mit unserer kleinen Nachfrage zur Nutzung digitaler Inhalte auf der Toilette haben wir es stattdessen geschafft, altersübergreifend eine große Bandbreite an Reaktionen hervorzurufen. Es gibt Beispiele für Vielnutzer und Gelegenheitsnutzer. Leon und Laura können sich dagegen die Nutzung des Smartphones auf der Toilette nun so gar nicht vorstellen.

Nehmen Sie Ihr Handy eigentlich mit auf die Toilette?
So weit kommt es noch!
Leon, 24 Jahre, Student

Nimmst du das Handy auch mal mit auf die Toilette?
Warum das denn? Ich muss doch nicht permanent erreichbar sein.
Laura, 13 Jahre, Gymnasiastin

Tobias und Jesko stehen beispielhaft für die Auffassung, dass sich ein wenig Entspannung auf dem stillen Örtchen mit der Nutzung digitaler Inhalte durchaus mal vertragen kann.

Nehmen Sie das Handy mit auch die Toilette?
Ganz selten mal.
Tobias, 22 Jahre, erwerbstätig

Dann eine andere Frage, wenn du auf die Toilette gehst, kann es vorkommen, dass du dein Handy mitnimmst?
Ja schon, zwischendurch. Mal WhatsApp schreiben oder so.
Jesko, 14 Jahre, Realschüler

Die Zitate von Denis und Özcan machen deutlich, dass auch eine regelmäßige Nutzung digitaler Inhalte beim Gang auf die Toilette in dieser Altersgruppe vorkommen kann.

Nimmst du dein Handy auf das stille Örtchen mit, um es dort zu nutzen?
Ja. Musik. […]
Es heißt ja nicht umsonst stilles Örtchen. Aber ist egal.
Denis, 22 Jahre, Auszubildender

Nimmst du dein Handy auch mal mit aufs stille Örtchen?
Um Unterhaltung zu haben dabei, ja. Sonst ist es ja langweilig, die ganze Zeit da so zu sitzen.
Özcan, 15 Jahre, Realschüler

Längste Auszeit digitaler Nutzung im Vorjahr variiert stark

Bei einer derart umfassenden Präsenz im Alltag stellt sich die Frage, inwiefern Jugendliche überhaupt Zeiten erleben, in denen sie keine digitalen Inhalte nutzen. Für diese digitalen Auszeiten wird häufig der Begriff »Digital Detox« verwendet. Studien zeigen, dass der Wunsch nach solchen Auszeiten vor allem unter denjenigen verbreitet ist, die seltener online sind (Deutsches Institut für Vertrauen und Sicherheit im Internet 2016). In den offenen Gesprächen mit den Jugendlichen haben wir die Gelegenheit genutzt, nicht ihre Wünsche, sondern das eigene Verhalten in den Mittelpunkt zu rücken. Die sehr anschauliche Frage, was im gesamten Vorjahr 2018 ihre längste digitale Auszeit war, brachte die Jugendlichen zum Nachdenken.

Für die meisten Jugendlichen gibt es nur zwei Anlässe, die digitalen Routinen längere Zeit zu durchbrechen: ein Urlaub oder der Verlust des Smartphones. Patrick geht gleich auf beide Aspekte ein. Der Verlust des Smartphones oder ein Defekt sind keine freiwilligen Umstellungen der Alltagsroutinen.

Was war denn im letzten Jahr der längste Zeitraum, den Sie mal komplett nur offline waren?
Der längste Zeitraum, den ich komplett offline war? Auch ohne Anruf und SMS oder nur aus dem Netz ohne Facebook, ohne WhatsApp?
Ja.
Da muss ich echt überlegen. Ich hätte jetzt gesagt maximal drei Tage, vielleicht vier.
Warum waren Sie da nicht online?
Das war im Urlaub in den Bergen.
War das freiwillig oder war das Handy kaputt?
Nein, da gab es gar kein Netz. Als das Handy kaputt war, war ich nur zwei Tage offline. Ich habe mir gleich ein Neues besorgt.
Patrick, 25 Jahre, erwerbstätig

Wie sehr das als unpraktisch erlebt wird, schildert Sophia. Die daraus resultierenden neuen Verhaltensweisen sind ebenfalls von dann seltenerer digitaler Nutzung geprägt. Für Sophia wurde der Laptop zum umständlichen und unhandlichen Ersatzgerät, dessen Nutzung von zugänglichen WLANs abhängig war. Zugleich bot sich ihr damit aber auch eine Gelegenheit, die eigene Handynutzung zu reflektieren.

Was war denn 2018 der längste Zeitraum, den du mal am Stück online warst? [...]
Mir wurde letztes Jahr mein Handy geklaut, da hatte ich recht lange kein Smartphone.
Wie lange nicht?
Sechs Wochen oder so, glaube ich.
Und wie war das für dich?
Es war ein bisschen anstrengend. Da war ich gerade in Spanien, also ich habe in Spanien gelebt ein halbes Jahr. Und dann ist zum Beispiel zu dem Zeitpunkt meine Oma gestorben, und ich konnte immer nur entweder über das Telefon meiner Mitbewohnerin oder über den Laptop dann mit meiner Familie und meinem Freund kommunizieren. Also hat es mich schon ein bisschen eingeschränkt. Gleichzeitig hat es mich in den Momenten, wo ich draußen unterwegs war, ziemlich entstresst, dass ich tatsächlich ohne Handy unterwegs war. Aber ja, es hatte den Effekt, dass ich oft meinen Laptop dabei hatte und an Orten, wo ich Internet hatte, den Laptop genommen habe.
Du ihn immer mitschleppen musstest.
Ja, genau. Aber der längste Zeitraum wahrscheinlich trotzdem 24 Stunden oder so.
Sophia, 25 Jahre, erwerbstätig

Die Urlaubsberichte von Leon, Luisa und Erik geben Aufschluss darüber, wie die Nutzung digitaler Inhalte im Urlaub funktioniert. Tagsüber, vor allem bei Leon auf einer erlebnisreichen Radtour, kann die Nutzung digitaler Inhalte hintanstehen. Nach solchen eindrucksvollen Episoden tagsüber gehört es dann aber auch zu den Selbstverständlichkeiten, abends Kontakt mit Freunden und Familie zu suchen und sich über diese Erlebnisse zeitnah bereits während des Urlaubs auszutauschen.

Anderes Thema, was war denn nach Ihrer Erinnerung im letzten Jahr, also 2018 der längste Zeitraum, in dem Sie mal komplett offline waren?
Das waren 14 Tage Radtour in Dänemark.
Hatten Sie das Handy gar nicht dabei?
Ich hatte das Handy dabei. Aber wir hatten streckenweise gar keinen Empfang. Ja, vielleicht hat man abends mal den Eltern geschrieben oder so was.
Oder mal ein Bild verschickt, ein besonders schönes Foto?
Ja, aber eigentlich hat man dann abends mal draufgeguckt oder so was, aber ich habe eigentlich bewusst gesagt, wenn ich Urlaub mache, dann bleibt das aus.
Leon, 24 Jahre, Student

Insgesamt nimmt die Nutzung digitaler Inhalte während des Urlaubs damit vor allem tagsüber deutlich ab, wie dies beispielsweise Luisa berichtet.

Was war denn 2018, wenn überhaupt, der längste Zeitraum, wo du mal nicht online warst?
Ein, zwei Tage, als ich in die Mongolei gefahren bin. Da hatte man kein Internet. Komplett nichts.
Aber das war nicht freiwillig, sondern das war einfach tot?
Nicht freiwillig, genau, einfach tot. Aber auch, ich bin in Ebersberg mit meinem Freund ein bisschen spazieren gegangen oder wenn ich mal wandern bin, kommt halt mein Handy weg. Und dann ist es von neun bis abends weg. Erst am Abend schaue ich mal wieder drauf.
Also das kommt vor und es ist auch so, dass du das gut überlebst?
Ja. Das finde ich auch mal ganz schön. Oder wenn ich am Wochenende weggehe und schlechtes Internet ist, habe ich jetzt kein Problem mit.
Luisa, 22 Jahre, Studentin

Erik bringt auf den Punkt, dass die EU-weite Möglichkeit, das Smart-phone wie in Deutschland nutzen zu können, und die quasi flächendeckende Verfügbarkeit von hoteleigenen WLAN-Zugängen die regelmäßige Nutzung des Handys auch im Urlaub ermöglicht und befördert.

Gab es 2018 einen Zeitraum, wo du mal komplett offline warst?
Was heißt komplett? Also was für ein Zeitraum?
Ein Tag, eine Woche, einen Monat?
Ein Monat auf jeden Fall nicht. Im Sommerurlaub, wo waren wir da? Da war ich auch nicht offline. Dadurch, dass jetzt in der EU komplett Internet da ist und WLAN ja eigentlich in jedem Hotel. Ja, zwei, drei Tage war ich bestimmt schon mal.
War das freiwillig oder weil das Handy kaputt war oder was Ähnliches?
War wahrscheinlich eher, weil irgendwas war, denke ich mal. Urlaub oder so, wenn man da jetzt unterwegs ist oder so. Mal ein Tag kommt schon öfter mal vor, jetzt vielleicht ein, zwei Mal im Monat, wenn jetzt irgendwas Besonderes ist. Weil man guckt ja nicht jeden Tag aufs Handy, wenn man unterwegs ist. Aber so richtig aktiv, dass ich jetzt gesagt habe, ich mache jetzt einen Monat Pause oder so, das war nicht.
Erik, 17 Jahre, Gymnasiast

Fabian kann auf die Erfahrung mit einem defekten Handy im Vorjahr zurückblicken. Nun hat er sich für eine anstehende Kreuzfahrt vorgenommen, in dieser Woche Urlaub das Handy komplett im Flugmodus zu belassen. Er ist schon sehr gespannt, was das mit ihm machen wird.

Können Sie sich erinnern, wann Sie mal eine Zeit lang tatsächlich konsequent nicht online waren, und wenn ja, wie lange?
Durchgehend? [...] Ich glaube, das war da, wo mein Handy abgestürzt ist. [...]
Und wie lange waren Sie da nicht online?

Ich glaube, eine Woche. Aber ich versuche es jetzt … Wir fahren Ende März auf Kreuzfahrt und da habe ich mir auch überlegt, ob ich vielleicht mein Handy auf Flugmodus tue und dann nichts annehme. Versuche wirklich mal, eine Woche ohne auszuhalten. Dass das mal so ein bisschen Selbstexperiment ist, wie man selbst süchtig ist. […]
Es gibt ja schon Leute, die verordnen sich das richtig. Weil sie Angst haben, dass sie schon süchtig sind.
Ja, ich möchte es halt ausprobieren, inwiefern mich das beeinflusst, diese Woche auf dem Schiff.
Fabian, 21 Jahre, erwerbstätig

Julia erinnert sich an ihren Krankenhausaufenthalt im Jahr 2017. Für sie hat sich dabei nach kurzer Zeit gezeigt, dass es auch sechs Wochen einmal ohne Handy gehen kann, wenn es denn sein muss.

Was war denn 2018 der längste Zeitraum, wo Sie nicht online waren, also komplett weg?
Ich weiß es 2018 nicht mehr, aber 2017.
Warum wissen Sie das noch?
Weil ich da eine Zeit lang in einer Klinik war, und da hatte ich sechs Wochen mein Handy nicht.
Und wie war das?
Die ersten zwei, drei Tage waren sehr schlimm, weil man es ja nicht gewohnt ist. Aber dann geht es eigentlich.
Julia, 19 Jahre, nicht erwerbstätig

Vor allem die Jüngeren blicken auf eine nicht freiwillige, eingeschränkte Nutzung digitaler Inhalte aufgrund eines nicht mehr funktionstüchtigen Handys zurück. Dabei fällt das Fazit sehr unterschiedlich aus. Laura hat das ziemlich unbeeindruckt gelassen. Dies hängt für sie vor allem damit zusammen, dass sie genug anderes mit sich anzufangen weiß.

Warst du im letzten Jahr, also 2018, mal eine ganze Zeit lang offline?
Ja.
Was war denn die längste Zeit, die du mal offline warst am Stück?
Eine Woche ungefähr.
Was war denn der Anlass?
Handy kaputt. Akku kaputt.
Und hast du dann was vermisst?
Also wenn man eine andere schöne Aktivität hat, mit der man sich beschäftigen kann, eigentlich nur WhatsApp, um zu sehen, ob irgendjemand versucht hat, dich zu erreichen. Ich vermisse eigentlich nichts, ich kann mich beschäftigen.
Laura, 13 Jahre, Gymnasiastin

Für Simon steht dagegen der Verlust des einfachen Zugangs zu seiner Musik im Vordergrund. Dies besitzt für ihn eine hohe Priorität.

Warst du denn im letzten Jahr mal über einen längeren Zeitraum offline, also nur offline, konsequent offline?
Ja.
Was war denn der längste Zeitraum, den du mal offline warst?
Die längste Zeit, die ich offline war? […] Vier, fünf Monate.
An einem Stück?
Ja.
Und wie ist es dir damit gegangen ohne Handy?
Nicht tödlich.
Schön. Das können nicht alle Jugendlichen von sich sagen. Also hat dir was gefehlt? Hast du eine gewisse Leere gespürt? Oder kamst du damit unproblematisch zurecht?
Ich kam damit unproblematisch zurecht außer mit einem, das war Musik.
Aber das könnte man ja zur Not auch ohne Handy hinkriegen, Musik hören.
Ja. Ja, o.k., heutzutage gibt es ja keine Kassetten mehr und so weiter, CD und Radio, da kann man auch Musik hören.
Simon, 13 Jahre, Hauptschüler

Für Lisa ist das Ganze etwas anders gelagert. Gerade nach ihrer zweijährigen Phase ohne Handy würde sie einen erneuten Verlust des Smartphones als eine eigentlich längst überwundene Einschränkung empfinden.

Du hast vorher mal gesagt, du wärst längere Zeit nicht online gewesen, weil dein Handy kaputt war oder weg war.
Ja, das alte Handy ist kaputt gegangen und da habe ich so zwei Jahre auf das nächste gewartet.
Warst du zwei Jahre nicht online?
Ja.
Und wie alt warst du da?
Also da war ich so ungefähr zehn, ich weiß es nicht mehr so genau. Da hatte ich mal kurz ein Handy, aber dann nicht mehr. [...]
Und wie ist es dir gegangen in den zwei Jahren, wo du kein Handy hattest und nicht online gehen konntest? War das für dich eine große Umstellung, eine Veränderung?
Nein. Also früher hat mich das noch gar nicht so interessiert. Bloß dann vor einem Jahr, irgendwie, habe ich schon mal gesagt, kriege ich jetzt endlich ein Handy, Papa? Und ich habe ihn wirklich sehr genervt damit vielleicht, jetzt habe ich es bekommen. Weil alle haben ein Handy, deshalb habe ich ihn so genervt. Aber so, wo ich kleiner war, hat mich das gar nicht interessiert. Da war es auch gar nicht wichtig, solche Geräte. Aber jetzt ist es für mich schon wichtig.
Seit wann ist es denn für dich wichtig?
Seitdem ich mein Handy bekommen habe. Das ist jetzt noch nicht so lange her. Ich glaube vor ein paar Monaten ist das erst gewesen. Und seitdem ist mein Handy überall dabei. Also ich fotografiere das Meiste auch immer. Aber ohne kann ich es mir jetzt nicht mehr vorstellen. Wenn das jetzt kaputt gehen würde und ich hätte wieder ein Jahr nichts, das wäre schon sehr schlimm für mich.
Lisa, 12 Jahre, Hauptschülerin

Spannend in diesem Zusammenhang ist auch, dass Jesko sich an eine Woche im letzten Jahr erinnern kann, in dem er Computerverbot hatte. Hier erweisen sich seine Eltern als konsequent in ihrer Erziehung, da die familieninternen Regeln nicht nur aufgestellt werden, sondern deren Nicht-Einhaltung entsprechend spürbare Folgen mit sich bringt.

Wenn du an das letzte Jahr 2018 zurückdenkst, was war da der längste Zeitraum, den du nicht am Stück online warst? Gab es irgendwie einen besonderen, längeren Zeitraum, und wenn ja, was war der Anlass?
Ich meine, das war mal eine Woche durchgängig wirklich nichts, weil ich da Computerverbot hatte.
Wie hattest du dir den eingehandelt?
Ich bin mir gar nicht mehr sicher. Aber ich glaube tatsächlich dadurch, dass ich ein Handy bei mir im Schlafzimmer hatte. Oder dass ich irgendwie zum Essen immer fünf Minuten zu spät gekommen bin von da. Und dann haben die irgendwann gesagt, du musst es mal eine Woche ohne schaffen. Vielleicht wird es ja besser.
Und hat es was bewirkt?
Denke ich schon.
Jesko, 14 Jahre, Realschüler

Sarah, Denis, Mona und Nele können nicht auf Anlässe wie Urlaub oder Verlust des Smartphones verweisen. Aus ihren Ausführungen wird aber deutlich, dass andere Lebensinhalte, gemeinsame Zeit mit Freunden oder Hobbies gerade bei den älteren Jugendlichen dazu führen können, dass digitale Inhalte für längere Zeit in den Hintergrund treten.

Und auf das letzte Jahr betrachtet, 2018. Was war denn da der längste Zeitraum, den du nicht online warst am Stück?
Ein ganzer Tag ist kein Thema tatsächlich. Ich habe auch mal zwei Tage kein Handy, weil kein Ladegerät zur Hand.

Also 24 Stunden ist kein Problem gewesen letztes Jahr.
Also es gab schon durchaus mal längere Zeiträume.
Ja, auch weil ich das Handy einfach mal nicht dabei hatte.
Sarah, 24 Jahre, erwerbstätig

Muss ich mal überlegen. Könnte sein, wenn mein Handy mal aus war oder so, maximal sechs Stunden. Im Endeffekt, keine Ahnung, wenn keiner mir schreibt und ich auch …
Mit Freunden unterwegs bist und so weiter.
Ja, dann liegt das sowieso irgendwo rum. Man ist ja trotzdem permanent online im Hintergrund, aber benutzen tue ich das dann schon Stunden lang nicht am Tag. Also wirklich nur mal ganz kurz, dann wieder wegpacken.
Und manchmal vergeht die Zeit dann auch wie im Fluge, weil was anderes angesagt ist.
Ich sage mal, so am Tag maximal zwölf Stunden benutze ich das Handy gar nicht. Und dann die anderen zwölf Stunden, oder wenn man den Schlaf abzieht, vier Stunden sage ich jetzt mal, vier Stunden ab und zu durch den ganzen Tag verteilt so ungefähr.
Denis, 22 Jahre, Auszubildender

Dann wäre noch die Frage, was war in diesem Jahr 2018 der längste Zeitraum, den du am Stück nicht online warst? Was war der Anlass?
Ich denke, wahrscheinlich war ich jeden Tag online. Weil ich hatte auch eine Zeit wirklich, wo ich mich nur auf die Uni konzentriert habe und nichts anderes gemacht habe. Aber selbst für die Uni war ich ja online und deshalb ist es wahrscheinlich jeden Tag.
Mona, 21 Jahre, Studentin

Wirft dann auch die Frage auf, was war in diesem Jahr, also 2018 der längste
Zeitraum, den du am Stück nicht online warst? Und was war der Anlass?
Das weiß ich jetzt wirklich nicht. Also einen besonderen Anlass gab es sicher nicht. Der längste Raum war vielleicht ein Tag?
Wo du einen Tag tatsächlich nie aufs Smartphone geguckt hast?
Ja, gab es bestimmt. Aber mir würde jetzt nicht einfallen wann. Doch, wenn ich reiten gehe.
Dann bist du drei Stunden nicht online?
Nein, dann bin ich auch mal einen Tag nicht online. Also es kommt darauf an, wie lange ich da bin. Aber dann lasse ich auch manchmal mein Handy einfach zu Hause.
Nele, 16 Jahre, Gymnasiastin

In die gleiche Richtung gehen die deckungsgleichen Ausführungen von Luisa, Mona und Grey an anderer Stelle. Alle drei haben gemeinsam, dass sie jeweils in einer Fernbeziehung leben. Es ist das Merkmal einer Fernbeziehung, dass sie im Alltag zur Überwindung der räumlichen Trennung sehr digital funktioniert. Entsprechend groß ist der Kontrast, wenn endlich die Gelegenheit besteht, Qualitätszeit miteinander verbringen zu können. Dann nimmt auch der Umfang der Nutzung digitaler Inhalte deutlich ab. Dies ist ein weiterer Beleg dafür, dass eine solche Nutzung oftmals kein Selbstzweck ist, sondern vor allem eine soziale Funktion besitzt.

Wie sieht es eigentlich an einem normalen Wochenende aus? Bist du da häufiger online oder weniger?
Es kommt sehr darauf an. Bei mir ist es halt dadurch, dass ich in einer Fernbeziehung bin, wenn ich bei meinem Freund bin, bin ich viel weniger am Laptop. Weil ich dann ständig was mit ihm mache, oder wenn schönes Wetter ist.
Luisa, 22 Jahre, Studentin

Abb. 8.1

Shell Jugendstudie 2019 – Kantar

Zur Partnerschaft, wie digital würdest du deine Beziehung einschätzen?
Da wahrscheinlich auch sehr digital. Es ist natürlich, wenn man sich sieht, ist es deutlich weniger. Da bin ich auch deutlich weniger am Handy. [...] Und wenn man sich dann mal sieht, ist es eher so, dass man das Handy schon mal links liegen lassen kann.
Mona, 21 Jahre, Studentin

Am Wochenende gehe ich eigentlich fast immer nach Berlin, um sie zu sehen, und da fällt halt der Kontakt über WhatsApp weg. [...] Da wird das Handy generell zur Seite gelegt.
Grey, 17 Jahre, arbeitslos

8.4 Bedeutung, Bewertung und Nutzung sozialer Medien im sozialen Nahraum

Ich denke schon auch, dass es so ein bisschen, nicht Gruppenzwang ist, sondern eher so, dieses Mal will ich schon auch sehen, was die anderen so sehen und teilen und posten.
Nele, 16 Jahre, Gymnasiastin

Im Anschluss an die Betrachtung der alltäglichen Nutzung digitaler Inhalte im Tagesverlauf haben wir die Jugendlichen darum gebeten, die von ihnen genannten Anwendungen zu betrachten und in eine Rangreihe nach Wichtigkeit einzuordnen. Die drei Favoriten haben wir im weiteren Gesprächsverlauf vertiefend betrachtet. Dabei sollten die Jugendlichen auch die Rolle von Freunden und Eltern bzw. von Schule, Arbeit oder Studium bei diesen Anwendungen erläutern.

Die dabei als wichtig erachteten Anwendungen lassen sich gemeinsam für alle 20 Jugendlichen betrachten (siehe Abbildung 8.1)[2]. Dabei werden jenseits

2 Ausgehend von der Rangreihe der Anwendungen nach Wichtigkeit haben wir für diese Abbildung jeweils die drei wichtigsten Anwendungen gewertet. Die wichtigste Anwendung erhielt dabei ein fünf- und die zweiwichtigste Anwendung ein dreifaches Gewicht im Vergleich zur drittwichtigsten Anwendung. Die Angaben aus allen 20 Gesprächen zusammengefasst ergeben die Abbildung 8.1, in der mit Wordle durch die Größe der Schrift die dabei beobachtbaren Abstände sichtbar gemacht werden. In Summe kommt WhatsApp auf einen Wert von 53, wobei 100 das Maximum ist (d.h., alle 20 Jugendlichen hätten dies zur wichtigsten Anwendung gewählt). Auf Platz 2 folgt YouTube mit einem deutlichen Abstand und einem Wert von 15.

individueller Präferenzen der Jugendlichen eindeutige Schwerpunkte deutlich, und zwar sowohl hinsichtlich der Bedeutung und Bewertung als auch der Nutzung unterschiedlicher sozialer Medien.

WhatsApp hat sich in jüngerer Zeit zu dem Beziehungs- und Kommunikationsnetzwerk schlechthin entwickelt. Alle haben und nutzen WhatsApp sehr intensiv. Damit werden die Ergebnisse von standardisierten Umfragen auch mit Hilfe dieser Betrachtung bestätigt (siehe Kapitel 7). Der Gedanke, bei WhatsApp oder zumindest einer vergleichbaren Kommunikationsanwendung nicht dabei zu sein, ist für Jugendliche offenbar außerhalb jeder Vorstellung.

Ebenfalls weit verbreitet ist YouTube. Instagram wird eher halbherzig, Facebook nur noch selten besucht. Auch Dating-Apps gelten als unpersönlich und werden nur sehr selten frequentiert. Aber alle Jugendlichen nutzen Google mit seinen unterschiedlichen Programmen, auch wenn dies für sie nicht zu den wichtigsten Anwendungsmöglichkeiten zählt.

Ebenfalls sehr verbreitet sind Streamingdienste für Filme und Musik: Netflix hat bei etlichen Jugendlichen das Fernsehprogramm weitgehend abgelöst, und Musik, vorzugsweise über Spotify, aber auch vergleichbare Anwendungen gestreamt, spielt bei Jugendlichen eine große Rolle. Bei einigen ist es sogar so, dass es gerne fast immer im Hintergrund läuft und damit das klassische Radio abgelöst hat.

Der unter Erwachsenen häufiger genutzte Mikrobloggingdienst Twitter wird von Jugendlichen nicht als ihr Medium betrachtet. Auch E-Mails schreiben sie eher selten. Von einem quasi gewohnten und eingeübten Umgang mit E-Mail-Kommunikation(sformen) darf bei den Digital Natives zu Beginn ihrer beruflichen Laufbahn nicht per se ausgegangen werden. Die SMS wird, spätestens seit es das kostenlose WhatsApp gibt, kaum noch genutzt. Dementsprechend wird einer SMS bei Weitem nicht die Aufmerksamkeit entgegengebracht wie den Nachrichten über WhatsApp – sie kann gerne auch einmal übersehen werden.

Die Jugendlichen haben in der Regel eine hohe Anzahl von Apps auf ihren Smartphones, darunter auch viele Spiele. Das handliche Smartphone ist innerhalb von rund zehn Jahren das wichtigste Fenster zur Erschließung digitaler Inhalte geworden. Da wir nicht alle Anwendungen, die nur von einzelnen Jugendlichen unter die drei Favoriten gezählt wurden, ausführlich behandeln können, haben wir uns auf die am häufigsten verwendeten Anwendungen konzentriert.

WhatsApp ist ein »Must Have«

WhatsApp hat sich in den letzten zehn Jahren zur zentralen Kommunikationsplattform für Jugendliche entwickelt. Der Funktionsumfang der Software ist überschaubar, deckt damit aber die zentralen Kommunikationsbedürfnisse von Jugendlichen ab. Man ist mit allen Personen aus seinem Bekanntenkreis vernetzt, kann seine Nachrichten mit Emojis, Bildern und Videos illustrieren oder auch in Gruppen mit mehreren Leuten gleichzeitig kommunizieren.

Der besondere Stellenwert von WhatsApp für die Kommunikationspraxis Jugendlicher wird auch in unserer Studie bestätigt: Alle befragten Jugendlichen haben auf ihren Smartphones die App mit dem grünen Icon installiert. Und niemand kennt jemanden in seinem Freundes- oder Bekanntenkreis, der WhatsApp oder etwas Vergleichbares nicht verwendet.

Also, aus meinem Freundeskreis hat echt jeder WhatsApp.
Nele, 16 Jahre, Gymnasiastin

WhatsApp hat sich zu einem »Must have« entwickelt: Wer nicht mitmacht, ist draußen. Alle sind dabei, weil man sich sonst vom alltäglichen Diskurs mit Freunden und Bekannten ausschließen würde. Was von außen betrachtet als »digitaler Gruppenzwang« erscheinen mag, erfüllt für Jugendliche das wichtige Bedürfnis nach Teilhabe: Der Wunsch, dazuzugehören, lässt sich ohne Whats App kaum mehr befriedigen.

Also Facebook und Instagram, da gibt es ein paar, die da nicht mitmachen. Aber WhatsApp? Nee, da sind alle engeren Freunde dabei. Man will ja nichts versäumen.
Fabian, 21 Jahre, erwerbstätig

Viele Jugendliche teilen die Bedenken WhatsApp gegenüber. Sie kennen die Argumente: Datenschutz und eine unzureichende Verschlüsselung, Sicherheitslücken oder der Umstand, dass sämtliche Daten auf Servern in den USA liegen und damit dem dort geltenden Recht unterliegen – doch am Ende obsiegt der Wunsch, an einer solchen Plattform teilzuhaben.

Einige Jugendliche haben vor dem Hintergrund solcher Bedenken versucht, mit Freunden über das als sicherer geltende Äquivalent Telegram zu kommunizieren. Den Jugendlichen wird bei solchen Selbstversuchen jedoch schnell klar, dass sie damit WhatsApp als Plattform, über die die großen Kommunikationsströme fließen, nicht substituieren können, wenn sie »am Ball bleiben« wollen. Manche haben deshalb Telegram nach kurzer Zeit wieder aufgegeben, »weil es keiner hat«.

Selbst Luisa als eine sehr datenschutzbewusste Studentin, die sich lieber über Telegram oder Threema austauscht, bleibt auf WhatsApp angewiesen, wenn sie nichts verpassen will.

Das ist auch der Grund, warum ich noch WhatsApp habe. [...] Weil eigentlich passt mir WhatsApp gar nicht. Aber an WhatsApp kommt man halt leider nicht vorbei, das ist leider so.
Luisa, 22 Jahre, Studentin

Im unwahrscheinlichen Fall, dass jemand, den man erreichen will, nicht bei WhatsApp wäre, würde man auf SMS zurückgreifen oder telefonieren. Aber auf solche als Notlösungen empfundenen Ersatzkanäle müssen Jugendliche aufgrund der enormen »Whats App-Dichte« im Alltag nur höchst selten zurückgreifen.

Es wäre nur die Sache, dass es schwerer wäre, sich zu kontaktieren. Aber das ist eher nur theoretisch, weil es haben ja alle WhatsApp. [...] Aber Sie haben schon recht, im Grunde muss man WhatsApp nutzen, um nicht ausgeschlossen zu sein.
Malala, 21 Jahre, Gymnasiastin

WhatsApp hat das Telefonieren im Alltag im Wesentlichen ersetzt. Das gesprochene Wort wird von Jugendlichen allenfalls noch als WhatsApp-Sprachnachricht hinterlassen. Denn der Vorteil von WhatsApp gegenüber dem Telefonieren ist einfach: Die Nachricht kann immer platziert werden, da man nicht auf die Erreichbarkeit des anderen angewiesen ist, bei Bedarf auch an mehrere Empfänger gleichzeitig verschickt werden, und es besteht eine hohe Wahrscheinlichkeit, dass sie den Empfänger in absehbarer Zeit erreicht.

Man verabredet sich über WhatsApp

WhatsApp kommt fast immer ins Spiel, um Verabredungen zu organisieren, weil es aus Sicht der Jugendlichen keinen unkomplizierteren und schnelleren Weg gibt. Man weist einander auf Veranstaltungen hin, tauscht regelmäßig Fotos und Videos aus.

Im Freundeskreis ist es eher, um sich zu treffen, Kommunikation zwischen uns. Wir verabreden uns. Es ersetzt auch teilweise die Kommunikation, dass man sich weniger trifft.
Malala, 21 Jahre, Gymnasiastin

Wenn sich die Jugendlichen im »echten Leben« mit Freunden treffen, tritt das Smartphone in den Hintergrund – es sei denn, eine WhatsApp-Nachricht wird gemeldet. Die verlangt zügig gelesen und gegebenenfalls auch beantwortet zu werden, sofern es sich um Termine dreht.

So Sachen wie Instagram, das ist ja nichts Wichtiges, was man nur jetzt machen muss. Das kann man auch eine Stunde später machen. Und bei Whats App ist es so, wenn jetzt gerade meine Eltern mal eine Nachricht schreiben und wissen wollen, wann ich komme oder so, dann nutze ich das auch schon währenddessen.
Nele, 16 Jahre, Gymnasiastin

Angesichts der großen Anzahl von Nachrichten, die die meisten Jugendlichen täglich erhalten, trägt es wesentlich zur Entspannung bei, dass WhatsApp-Mitteilungen häufig sehr kurz sind und oft auch mit einem einfachen »Ja« oder »Nein« beantwortet werden können

Es gibt ungeschriebene Regeln für WhatsApp

Die Kommunikation mit WhatsApp ist spontan und unkompliziert, verlangt den Nutzern auf den ersten Blick keine Einhaltung formaler Regeln ab. Gleichwohl haben sich bestimmte Gepflogenheiten etabliert, »Anstandsregeln« vergleichbar, die viele Jugendliche befolgen.

Nein. Es gibt auf jeden Fall erst mal keine Regeln, außer die Anstandsregeln. Niemand wird beleidigt.
Denis, 22 Jahre, Auszubildender

Aktuelle Verabredungen erfordern eine schnelle Antwort, wobei die emotionale Nähe zum Dialogpartner die Reaktionsgeschwindigkeit bestimmt. Andere Nachrichten können länger unbeantwortet bleiben – je nach Dringlichkeit auch einen ganzen Tag.

Das ist unterschiedlich, aber bei Verabredungen meistens so in 20, 30 Minuten bei uns.
Fabian, 21 Jahre, erwerbstätig

Die meisten halten es für richtig, wenn in ein paar Stunden, anstandshalber zumindest noch am selben Tag geantwortet wird. Eine längere Antwortdauer indiziert dem Absender, dass er oder seine Nachricht von eher untergeordneter Bedeutung ist.

Im Fünf-Stunden-Turnus oder einmal am Tag, manchen antworte ich auch nur jeden zweiten bis dritten Tag. Das ist, wenn es nicht um Treffen geht, vollkommen o. k.
Luisa, 22 Jahre, Studentin

Bei WhatsApp kann der Absender sehen, ob seine Nachricht gelesen wurde und ob der Empfänger gerade online ist. Manche fühlen sich düpiert, wenn die Nachricht gelesen, aber nicht beantwortet worden ist, und reagieren beleidigt.

Ja, man erwartet es eigentlich schon. Es gibt da ja immer diese zwei Häkchen, wenn es ankommt, und die blauen Häkchen, wenn man es gelesen hat. Und meistens ist es so, wenn man es gelesen hat, dann erwartet man eigentlich schon eine Antwort. Man denkt sonst, vielleicht ist der andere sauer oder so.
Nele, 16 Jahre, Gymnasiastin

Es gibt auch Jugendliche, die feste Regeln mit einem Freund oder einer Freundin vereinbaren: Immer an einem bestimmten Wochentag wird gechattet, damit der Kontakt nicht verloren geht.

Es ist halt Fernbekanntschaft. Ich habe halt eine Freundin in Berlin, also ganz normal, so eine Sandkastenfreundin im Prinzip, mit der tausche ich mich meist jeden Sonntag aus.
Özcan, 15 Jahre, Realschüler

Bloß keinen Druck machen lassen …

Wenn die täglichen Nachrichten in die Hunderte gehen, dann handelt es sich mit großer Wahrscheinlichkeit um Gruppenchats. Die meisten Jugendlichen sehen sich allerdings nicht in der Pflicht, jede Nachricht aus diesen Chats auch zu lesen oder gar zu beantworten. Das hilft, Druck abzubauen, und erlaubt einem, seine Zeit so einzuteilen und zu nutzen, wie es einem angebracht erscheint.

Die meisten Jugendlichen fühlen sich deshalb von privaten Nachrichten, die sie erhalten, nicht unter Druck gesetzt.

Nein, weil ich entscheide ja, wann und wem ich schreibe und antworte.
Tobias, 22 Jahre, erwerbstätig

Einige geben aber durchaus zu, manchmal in Bedrängnis zu geraten, wenn man ohnehin gerade Stress und viel zu tun hat. Viele greifen zu dem Trick, die Blaufärbung der Häkchen einfach abzustellen, damit nicht gesehen werden kann, ob die Nachricht gelesen wurde oder nicht.

Aber es ist auch schon ein bisschen, ich würde sagen, ein leichter Druck, dass man dann auch erreichbar ist, wenn die was wollen. … Auch wenn irgendjemand sagt, der Freund hat Schluss gemacht, dann ist man schon so, dass man sagt,

o. k., ich kann jetzt nicht erst in drei Wochen antworten, sondern muss das jetzt machen. Auch wenn es irgendwie gerade nicht so passt.
Mona, 21 Jahre, Studentin

Für Jugendliche, die abgeschieden auf dem Land leben, bedeutet der Eingang vieler Nachrichten dagegen oft eine willkommene Abwechslung und vermittelt ihnen das Gefühl, weniger isoliert zu sein.

Nein, nicht direkt. Dadurch dass ich hier sowieso nicht so viel zu tun habe. Und ich meine, das kurze Schreiben ist nicht das Problem. […] Und dadurch dass man hier nicht so viele Leute hat, finde ich es auch gut, dass man da Kontakt hat mit Leuten.
Erik, 17 Jahre, Gymnasiast

Mit echten Freunden hat man permanent Kontakt

Die vorrangigen Chat-Partner der Jugendlichen rekrutieren sich aus dem Kreis der Freunde, die man regelmäßig trifft.

Kontakte bei WhatsApp hat man deutlich mehr, aber eine regelmäßige Korrespondenz wird in der Regel mit zehn bis maximal 20 Personen gepflegt; es gibt aber auch junge Leute, die sich nur mit drei bis fünf Freunden schreiben. An einem normalen Werktag erhalten die meisten Jugendlichen etwa 20 bis 30 Nachrichten.

Kontakte habe ich über 50 vielleicht. Aber regelmäßig schreiben tue ich vielleicht mit zehn. Das ist hauptsächlich Familie.
Malala, 21 Jahre, Gymnasiastin

Für Beziehungen ist WhatsApp substanziell

Einen besonders hohen Stellenwert hat WhatsApp in Beziehungen: Man kommuniziert mehrmals täglich mit dem Partner oder der Partnerin, nicht selten werden 20 bis 30 Nachrichten verschickt. Erwartete Nachrichten von ihr oder ihm motivieren zumeist den Griff nach dem Handy.

Deswegen schaue ich eigentlich immer drauf.
Erik, 17 Jahre, Gymnasiast

Vor allem für Fernbeziehungen ist WhatsApp lebenswichtig, die Jugendlichen schreiben sich manchmal im Zwei-Stunden-Rhythmus.

Also, in der Woche ist generell täglich Kontakt da. Das sind meistens auch sehr tiefgehende Gespräche, weil halt auch die Distanz dazwischen ist, da kann man sich nicht jeden Tag sehen. Da wird das dann meist durch WhatsApp ersetzt.
Grey, 17 Jahre, arbeitslos

Fast alle haben einen Familienchat

Nicht nur die Kommunikation mit Freunden, sondern auch die mit der eigenen Familie findet verbreitet auf WhatsApp statt. Die meisten haben einen oder mehrere Familienchats, die je nach Alter und emotionaler Nähe mehr oder wenig häufig genutzt werden.

Zwei Familienchats in Kenia und zwei in Deutschland hier.
Simon, 13 Jahre, Hauptschüler

Für die Jüngeren, die noch zu Hause leben, steht Organisatorisches im Mittelpunkt: Wann kommst du nach Hause? Wo soll ich dich abholen?

Tauscht man sich mit Freunden auch noch über andere Kanäle wie YouTube oder Instagram aus, so ist WhatsApp eindeutig der bevorzugte Chat mit der Familie.

Ich denke natürlich, die Kommunikation mit meinen Eltern wäre viel komplizierter, wenn wir nicht über WhatsApp oder so kommunizieren würden.
Mona, 21 Jahre, Studentin

Seltener wird mit den Großeltern gechattet. Dies liegt daran, dass sie nicht über Smartphones, sondern eher über Tastentelefone verfügen.

Nein, die hat kein WhatsApp. Die hat noch so ein ganz einfaches Handy. […] Das kann nicht mal fotografieren. Das ist wirklich ein Rentnerhandy, wo die Tasten ganz groß sind.
Erik, 17 Jahre, Gymnasiast

Eine Großmutter stellt das Handy sogar nur im Notfall an – unvorstellbar für ihre Enkelin.

Meine Oma hat das Handy nur im Notfall an, da kann man gar nicht chatten. Und sie mag es nicht, wenn sie so viele Nachrichten kriegt.
Lea, 12, Hauptschule

Mit den Großeltern ist das Kommunikationsmittel der Wahl entweder, bei räumlicher Nähe, ein Besuch oder, bei größeren Entfernungen, das Telefon. Nur in wenigen Fällen klappt hier die Kommunikation auch per WhatsApp.

Dann habe ich noch eine Oma von der anderen Seite, und die hat auch ein Smartphone jetzt. Mit der schreibe ich auch über WhatsApp zum Beispiel so Nachrichten, wenn irgendwas ist.
Mona, 21 Jahre, Studentin

In Schule, Universität und am Arbeitsplatz spielt WhatsApp keine große Rolle

Im Unterricht chatten die meisten Jugendlichen zwar nicht, aber in den Pausen und unmittelbar vor und nach dem Unterricht werden die Nachrichten gecheckt. Gleiches gilt für die Universität und den Arbeitsplatz.

Es gibt zwar die bereits erwähnten Klassenchats, sie werden aber nicht in der Schule bedient, weil es sich meist um längere Mitteilungen über anstehende Schulaufgaben handelt, die in Ruhe zu Hause gelesen und gegebenenfalls beantwortet werden.

Jesko berichtet von dem cleveren Weg, den sie gemeinsam in seiner Klasse entwickelt haben, mit den aus seiner Sicht zu umfangreichen Hausaufgaben umzugehen: Die Schülerinnen und Schüler sprechen sich ab, wer reihum für welche Fächer die Hausaufgaben macht und anschließend per WhatsApp verteilt.

Unsere Mathelehrerin hat das auch nicht eingesehen, dass wir über das Wochenende keine sechs Seiten schaffen. Also, gefühlt ist es wirklich so viel. Und das ist halt nur Mathe, wir haben auch noch andere Fächer. Und dann machen wir es meistens so, dass immer einer so eine Seite macht, und dann schicken wir uns das gegenseitig. Dann wird sich abgewechselt. Das ist so eine Organisation, das sollten die Lehrer vielleicht lieber nicht wissen. Aber uns hilft das ziemlich.
Jesko, 14 Jahre, Realschüler

Es gibt auch an den Universitäten Gruppenchats. Aus Kapazitätsgründen werden sie manchmal auf Telegram geführt, da dieser Messenger mehr Platz für Gruppen bietet.

Also, wir haben tatsächlich eine Uni-Gruppe, aber auf Telegram. Weil damals noch mehr Leute in die Gruppe gepasst haben und WhatsApp ein Limit hatte und Telegram hat das Limit höher, die Anzahl der Leute.
Luisa, 22 Jahre, Studentin

Mit Arbeitskollegen wird ebenfalls über den Telegram-Gruppenchat kommuniziert. Ein junger Mechatroniker nutzt sogar zwei Gruppenchats für den Job, einmal mit den Kollegen aus seiner Werkstatt, eine andere mit den Teilelieferanten.

Mittlerweile läuft da schon relativ viel über die Gruppe. Wird da einfach ein Fahrzeugschein reingeschickt, die und die Teile, Kommission so und so. Und dann wird geantwortet, kommt um 15 Uhr oder mit der zweiten Tour.
Patrick, 25 Jahre, erwerbstätig

Ein Auszubildender kommuniziert regelmäßig mit den Kollegen und dem Chef. Dabei handelt es sich ebenfalls primär um die Arbeitsorganisation.

Zum Beispiel hat sie vorhin geschrieben, ob ich nicht einspringen kann. Weil das geht ein bisschen schneller als anrufen. Weil meistens bin ich auch, ehrlich gesagt, nicht erreichbar!
Denis, 22 Jahre, Auszubildender

Gruppenchats sind beliebt, aber auch störend

Alle befragten Jugendlichen und jungen Erwachsenen kommunizieren auch mit Gruppen: Schul-, Klassen-, Vereins-, WG- oder Gaming-Chats. Diese Gruppen haben meist viele Mitglieder, deshalb produzieren Chat-Gruppen unglaublich viele Nachrichten pro Tag. Ein Arbeitsloser, der als Admin verschiedene Foren verwaltet, erhält bis zu 3.000 Nachrichten am Tag.

Ich weiß nicht, wie viele Gruppen ich habe. Das ist recht präsent. Ist auch etwas störend, aber es lässt sich ja nicht vermeiden.
Leon, 24 Jahre, Student

Klassenchats laufen gerade zu Schulaufgabenzeiten über, da sammeln sich leicht 400 Nachrichten pro Tag an. Als besonders ergiebig erweisen sich Gaming-Gruppen, die in heißen Phasen bis zu 1.000 Nachrichten täglich liefern.

Und manchmal ist es dann so, da kommen 50 Nachrichten hintereinander, und man weiß gar nicht, wer die geschrieben hat. Das können 1.000 am Tag werden. Aber ich bin jetzt auch auf kleinere Gruppen umgestiegen, wo ich so freundschaftlich Bekannte habe.
Özcan, 15 Jahre, Realschüler

Als Reaktion auf diesen für Gruppenchats typischen »Nachrichten-Overkill« wissen sich Jugendlich oft nicht anders zu helfen, als besonders »produktive« Gruppen zu verlassen. Denn Appelle, die Nachrichtenflut zu drosseln, scheinen wenig zu fruchten.

Ja, also ich finde es schon immer viel, aber meistens sage ich dann auch in den Gruppen, könnt ihr bitte weniger schreiben oder euch selber gegenseitig schreiben. Aber ich bin auch schon öfter aus den Gruppen rausgegangen, weil mir das halt zu viel geworden ist.
Lisa, 12 Jahre, Hauptschülerin

Es gab Diskussionen, die sehr anstrengend waren oder auch langweilig oder jeder hat das Gleiche gesagt, dass alle gegen Nazis sind. Das ist schön, das muss aber nicht jeder der 60 Leute sagen. Da explodiert so eine Gruppe natürlich. Das waren mehr als 100 Nachrichten am Tag, weil jeder seinen Senf dazu schicken muss. Kids finden es super, ich nicht. […] Es werden aber

auch tatsächlich, das finde ich unnötig, mache ich nicht gerne, werden häufig Streitereien ausgetragen. Das muss man im 1:1-Kontakt machen, wenn man den anderen sieht, vor allem die Mimik auch sieht, wie jemand reagiert.
Sarah, 24 Jahre, erwerbstätig

Generell sind die befragten Jugendlichen zufrieden mit dem WhatsApp-typischen Kommunikationsverhalten.

Ein Studierender führte jedoch zwei aus seiner Sicht problematische Aspekte ins Feld. Erstens: Das kostenlos angebotene Tool hat zu einem inflationären Datenaustausch geführt. Zweitens: Durch die Kurznachrichten ist eine zunehmende Unverbindlichkeit und Unzuverlässigkeit der Jugendlichen und jungen Erwachsenen entstanden. Mit WhatsApp lässt sich eine Verabredung noch in letzter Minute absagen. Das fällt leichter, als wenn man sie beispielsweise persönlich am Telefon absagen und vermutlich begründen müsste.

Und bei mir war das wie gesagt früher so, eine SMS hat, glaube ich, neun Cent gekostet. Und ich hatte, wenn es hochkommt, zehn Euro Guthaben aufgeladen. Und diese zehn Euro Guthaben musste ich auch von meinen fünfzig Euro Taschengeld im Monat bezahlen. Also, da war man sehr vorsichtig mit. Und gerade über WhatsApp, jedes Kind hat einen Handyvertrag und hat 5 Gigabyte Datenvolumen frei im Monat und kann damit machen, was es will. […] Nein, weil man natürlich einfach jede Verabredung zehn Minuten vorher mit einer kurzen Nachricht absagen kann. Ich habe zum Beispiel das Gefühl, wenn man sich verabredet und sagt, wir treffen uns übermorgen um 10 Uhr, dann ist es für viele eine lose Verabredung, die am besten am Tag der Verabredung nochmal über WhatsApp geklärt werden sollte, ob das wirklich stattfindet. Und auch beim Handball, ich bin ja selber Trainer, ich

kriege am Tag des Trainings ganz häufig spontane Absagen über WhatsApp. Und als ich zu meiner Jugendzeit zum Sport gegangen bin, da mussten wir den Trainer anrufen zu Hause, wenn wir nicht gekommen sind. Und ohne diese ganze Smartphone-Geschichte wäre wirklich all dieser Rattenschwanz, der da dranhängt, der würde einfach wegfallen. Es gäbe mehr Verbindlichkeit und mehr Zuverlässigkeit wieder, glaube ich. Ich hätte mich, glaube ich, im Leben nicht getraut, meinem Trainer eine SMS zu schreiben. Das ist schon wieder nochmal eine unpersönlichere Geschichte als ein Anruf, wo man ja auch was begründen muss, warum man nicht kommt.
Leon, 24 Jahre, Student

YouTube eröffnet eine eigene Welt

Alle befragten Jugendliche machen Gebrauch von YouTube, manche sogar mehrere Stunden am Tag. Nur eine junge Frau geht sehr selten auf diese Seite. Die Jugendlichen tauschen Videos, hören Musik, sehen Serien und Dokumentationen. Sie verständigen sich über die eigenen Interessen auf YouTube. Heavy User haben meist mehrere YouTuber abonniert, Wenignutzer haben lediglich einen Account, den sie kostenlos nutzen.

Ich gucke zwar jeden Tag drauf und schaue irgendwelche Videos oder so, aber ich abonniere da nichts.
Fabian, 21 Jahre, erwerbstätig

YouTube ist in erster Linie Entertainment, dann aber auch Nachrichtendienst. Wie in der quantitativen Studie gezeigt wurde, vertrauen immerhin 43 % der Jugendlichen diesem Informationsangebot, und zwar jüngere noch mehr als ältere (siehe Kapitel 7).
Beliebt auf YouTube sind kurze Comedy-Clips, die man abends zur Entspannung ansehen kann. Auch

Sport-Highlights werden gerne konsumiert. Das tun sie sogar häufig gemeinsam mit Freunden. Dafür treffen sie sich jedoch nicht, man verlinkt sich. Auch Spiele werden auf diese Weise gemeinsam gespielt.

Ja, wenn ich Freizeit habe, ja. Wenn ich keine Hausaufgaben oder irgendwas habe, was ich nicht zum Arbeiten machen darf oder soll, dann gucke ich manchmal YouTube. Da kommen auch aktuelle Nachrichten.
Simon, 13 Jahre, Hauptschüler

Einige Jugendliche schauen Filme und Nachrichten auch auf Englisch. Da in den meisten Haushalten der Jugendlichen Smart-TVs stehen, lassen sie die Filme häufig über den Fernseher oder das Tablet bzw. den Laptop laufen. Zwei junge Frauen haben YouTuber abonniert, die Motivations- und Lebenshilfevideos bieten. Sie erteilen Ratschläge für schwierige Lebenssituationen und geben Tipps, wie man sich das Leben einfacher gestalten kann.

Es ist echt ganz gut, das ist so eine allgemeine Therapie fast schon. Die sagen echt schöne Sachen, die einem manchmal weiterhelfen können.
Nele, 16 Jahre, Gymnasiastin

Einige Jugendliche informieren sich gezielt per Videos über politische Themen. Sie betonen dabei die Wichtigkeit, verschiedene YouTuber anzusehen, um informiert zu sein.

Ja, auf YouTube größtenteils. Ab und zu google ich auch was, wenn mich was speziell interessiert. Aber auf YouTube beziehe ich so meine allgemeinen Informationen, was gerade so los ist.
Erik, 17 Jahre, Gymnasiast

YouTube ermöglicht durch seine Dokumentationen und Interviews Einblicke in fremde Kulturen und Länder. Man entdeckt neue Musik und neue Künstler. Ein junger Mann nutzt den Kanal, um sein Schachspiel zu verbessern.

Für viele Jugendliche, die zum Teil extrem viel auf YouTube unterwegs sind, ist YouTube mittlerweile fester Bestandteil des eigenen Lebens, es konstruiert eine eigene Welt, in der man sich verlieren kann.

Man trennt es halt nicht. Es gehört halt mit zum Leben. Aber man muss halt gucken, dass man nicht zu viel davon konsumiert.
Denis, 22 Jahre, Auszubildender

Instagram ist Spiel und Spaß

Man kann den Eindruck bekommen, die Jugendlichen suchten bewusst nach einer Art »Informations-Overkill«, um sicherzustellen, dass man auch überall präsent und immer auf dem Laufenden ist. Instagram nutzen insgesamt 17 von 20 Jugendlichen, viele davon aber eher halbherzig. Instagram gilt als das »neue Facebook«. Der Zugang zu Instagram ist zwar erst ab 16 Jahren erlaubt, tatsächlich nutzen es die jüngeren aber sogar mehr als die älteren Jugendlichen.

Das ist eher für die jüngere Generation, nochmal jünger als ich.
Fabian, 21 Jahre, erwerbstätig

Die Jugendlichen haben im Schnitt 200 bis 300 Follower bei Instagram, was als wenig gilt. Wie vielen sie selbst folgen, wissen sie meist nicht.

Auf Facebook sind es so 350 und auf Instagram 270 oder so was, also nicht viele.
Erik, 17 Jahre, Gymnasiast

Instagram ist nicht annähernd so wichtig wie WhatsApp, es strahlt vor allem nicht

die Dringlichkeit und Intensität aus. Viele Jugendliche sind nur jeden zweiten oder dritten Tag auch auf Instagram, gleich häufig wie auf Facebook.

Weil gerade so Sachen wie Instagram, das ist ja nichts Wichtiges, was man nur jetzt machen kann, das kann man auch eine Stunde später machen.
Nele, 16 Jahre, Gymnasiastin

Manche Jugendliche scrollen bei Instagram nur schnell durch, um sich einen Überblick über gerade Angesagtes zu verschaffen.

Na ja, ich würde so sagen, ich bin wahrscheinlich auf Facebook, Twitter, Instagram so alle zwei, drei Tage mal. Und selbst dann gucke ich mir nicht alles an, was ich verpasst habe, sondern halt nur das, was mir sozusagen der Algorithmus nach oben bringt.
Mona, 21 Jahre, Studentin

Die meisten der in Echtzeit auf Instagram geposteten Fotos sind Selfies, die der Selbstdarstellung oder besser gesagt der optimierten Selbstinszenierung dienen sollen: Die Bilder zeigen glückliche Menschen in besonders schön inszenierten Situationen, zum Beispiel auf spektakulären Urlaubsfotos in einer heilen Welt. Sie zeigen niemals Bilder von Menschen, denen es schlecht geht oder die etwas nicht geschafft haben. Diese Problematik erkennen Jugendliche vielfach selbst:

Und das löst so einen Druck bei Menschen aus. Und ich finde das einfach schlecht, diesen Druck. Jeder zeigt, wie toll sein Leben ist. Man zeigt ja nur die Bilder, wenn es bei einem gut läuft. Wenn man sein Studium erfolgreich abgeschlossen hat, wenn man im Urlaub ist oder was mit Freunden macht. [...] Man

darf ja nicht zugeben, dass es einem schlecht geht.
Luisa, 22 Jahre, Studentin

Andere Fotos sind explizit inszeniert, zum Beispiel gemalt, und werden als Serie produziert und angekündigt als Beweis der eigenen Kreativität.

Da posten wir zum Beispiel neue Charaktere, die wir gemalt haben, oder wann die nächste Folge kommen sollte. Jetzt gerade sind wir in der Produktion von der ersten. Das sind so Nebenbei-Sachen, so Projekte. Mit privaten Bildern würde ich das jetzt nicht unbedingt machen.
Özcan, 15 Jahre, Realschüler

Instagram wird auch zur Informationssuche genutzt: Neuigkeiten auf dem Musik- oder Spielemarkt, wichtige Ereignisse in Gesellschaft und Politik etc. Es gibt allerdings auch Zweifel an der Seriosität dieser Bilder-Nachrichten.

Aber ich weiß nicht, ob man da so vertrauen sollte auf die Meldungen. Auch bei Instagram oder so würde ich jetzt nicht direkt sagen, ja, das ist bestimmt so richtig, wie es da steht. Sondern das ist ja auch oft so ein bisschen überspitzt dargestellt.
Nele, 16 Jahre, Gymnasiastin

Viele sehen sich »Insta-Stories« von Leuten an, die sie interessant finden. Andere folgen ihren Lieblingsbands und »followen« bestimmten Influencern. Dabei handelt es sich nicht nur um Models, die Kleidung oder Kosmetik promoten, es gibt auch Influencer mit einem politischen Anspruch, die sich zum Beispiel für mehr alltägliches Umweltbewusstsein und für den Klimaschutz einsetzen.

Aber es sind wirklich so Influencer, die, weiß ich nicht, ich würde sagen, so nett rüberkommen oder interessante Sachen

machen. Oder die halt eine schöne Einstellung haben und halt viel … Weiß nicht, die eine ist umweltbewusst und nachhaltig. Ist interessant zu sehen, wie Leute so was umsetzen.
Mona, 21 Jahre, Studentin

Einer jungen Frau ist dieses »Follower-Prinzip« als Werbemittel nicht plausibel, weil sie nicht das kaufen will, was alle haben, sondern das, was niemand sonst hat.

Eine Arbeitskollegin, die, glaube ich, an die 50.000 Instagram-Follower hat. Und die postet dann Fotos von sich an irgendwelchen schönen Orten mit einer Tasche, und dann kaufen sich wahrscheinlich alle Menschen auch diese Tasche. […] Aber ich weiß gar nicht, ich würde gar nicht auf die Idee kommen, jetzt eine Tasche kaufen zu wollen, weil die jemand anders hat. Da war ich schon immer eher so, ich will eine Tasche kaufen, die keine andere hat.
Sophia, 25 Jahre, erwerbstätig

Ein Jugendlicher beschwert sich in diesem Zusammenhang über seine Klassenkameraden, die sich für Stars halten, weil sie eine bestimmte Anzahl von Followern haben. Dies wirkt sich seiner Ansicht nach zerstörerisch auf die Klassengemeinschaft aus.

Instagram hilft wie Facebook dabei, alte Kontakte, zum Beispiel mit ehemaligen Klassenkameraden, aufrechtzuerhalten.

Mein Abi ist drei Jahre her, und das Einzige, was ich noch von meinen Schulfreunden mitkriege, ist vielleicht über Facebook oder Instagram, wenn die im Urlaub sind.
Mona, 21 Jahre, Studentin

Instagram ist wie Facebook selbstreferenziell. Es neigt aus der Sicht eines Jugendlichen noch stärker dazu,

»Blasen« zu bilden, als Facebook. Bei Facebook bekommt der Nutzer das vorgeschlagen, was zum Beispiel auch ein Facebook-Kontakt gelesen hat. Bei Instagram funktioniert es dagegen so, dass »Likes« nur die Personen angezeigt bekommen, die dies auch gelikt haben.

Damit bleiben sie sozusagen extremer in ihrem Schema drin und müssen nicht mit was anderem konfrontiert werden, was ihnen nicht passt oder was ihnen nicht gefällt. Das sind die Blasen.
Fabian, 21 Jahre, erwerbstätig

Denjenigen, die Instagram nicht nutzen, ist dieses »dauernde Geposte« zu dumm, und manche verstehen den Sinn von Instagram nicht, nutzen es aber ihren Freunden zuliebe.

Aber das Meiste, zum Beispiel Instagram, verstehe ich einfach den Sinn nicht. Ich weiß nicht, was an dem so anders sein soll und was daran so toll ist. Aber ich habe es eigentlich einfach nur wegen meinen Freunden.
Lisa, 12 Jahre, Hauptschülerin

Facebook hat sich im Grunde für Jugendliche erledigt

Die Facebook-Nutzung ist bekanntermaßen seit Jahren rückläufig: Der Zenit dieser Plattform wurde in den Jahren 2011, 2012 überschritten.

Also, Facebook war wirklich so ein Massenphänomen, wo ich eigentlich am Anfang eher dagegen war. Bis es irgendwie jeder hatte und man sich so ein bisschen zwangsmäßig anschließen musste. Das ist vorbei.
Fabian, 21 Jahre, erwerbstätig

Drei Viertel der Jugendlichen haben die App zwar noch, besuchen die Seite aber nur noch alle zwei, drei Tage, genauso wie Instagram.

Immer, wenn ich auf Instagram bin, gehe ich auch auf Facebook.
Franziska, 23 Jahre, erwerbstätig

Bei Facebook ist der Durchschnittsjugendliche mit etwa 300 bis 400 Menschen befreundet. Dabei sind es sehr häufig Leute, die er selbst gar nicht persönlich kennt, oder sehr alte Kontakte, die längst eingeschlafen sind.

Und irgendwann, wie das im Laufe der Zeit ist, verflüchtigt sich so was. Man weiß noch, ach, die Person gibt es ja noch, und irgendwann schreibe ich der bestimmt mal wieder.
Patrick, 25 Jahre, erwerbstätig

Die möglicherweise negativen Folgen allzu offenherziger Posts für das weitere Leben haben sich selbst bei den Jüngsten herumgesprochen.

Nein, überhaupt nicht. Facebook schon gar nicht, ich will ja mein Leben nicht hinausposaunen.
Laura, 13 Jahre, Gymnasiastin

Da WhatsApp hauptsächlich in Europa weit verbreitet ist, nicht aber in den USA, Australien, Kanada und Afrika, wird Facebook gerne genutzt, um Kontakte zu Reisebekanntschaften zu pflegen.

Ich habe Facebook, aber ich bin kein Fan von. Ich habe es hauptsächlich, um mit Freunden in Anführungszeichen, mit Facebook-Freunden, die man beim Reisen kennengelernt hat, Kontakt zu halten. Dass, wenn man in drei Jahren in deren Land ist, denen spontan schreibt.
Luisa, 22 Jahre, Studentin

Ebenso wie Instagram dient es mehr der Unterhaltung als der Kommunikation:

Man scrollt mal durch, um zu sehen, ob es Neuigkeiten gibt. Allerdings ist Facebook durch die Verbreitung von Fake News in Verruf geraten, und nicht wenige haben Facebook schon einmal aus Unmut gelöscht, um sich ein wenig später wieder anzumelden,»weil es alle haben«.

Also, meistens ist es eher auf Facebook, was ich von den Fake News kriege. Und ich ignoriere sie einfach. Meistens sieht man klar, was eine Unwahrheit ist.
Fabian, 21 Jahre, erwerbstätig

Facebook dient nicht nur der Unterhaltung und der Neugier. Einige nutzen Facebook zur Kommunikation, indem sie sich Links über Neuigkeiten, Musik oder Videos teilen. Die Plattform wird dadurch am Leben gehalten, dass bei vielen Meldungen und Anzeigen das Teilen bei Facebook als Symbol unmittelbar angeboten wird. So gibt es beispielsweise lokale Veranstaltungshinweise, bei denen man online seine Teilnahme ankündigen kann. Man erfährt etwas über Vorträge, Konzerte, Kinofilme oder Partys in seiner Kommune. Es gibt auch Aufrufe von politischen Organisationen zu Demonstrationen und Kundgebungen oder Einladungen zu Workshops unterschiedlichster Art.

Einige Jugendliche nutzen Facebook auch als Nachrichtendienst.

Wenn mal die BILD-Zeitung kommt, dann lese ich das.
Tobias, 22 Jahre, erwerbstätig

Snapchat wird selten und eher von jüngeren weiblichen Jugendlichen genutzt

Snapchat ist ebenfalls ein kostenloser Instant-Messenger, der es ermöglicht, Fotos und andere Medien, die nur für einige Sekunden sichtbar sind und sich dann selbst vernichten, an Freunde zu verschicken. Diese Fotos können auch bearbeitet werden.

Snapchat, da kann man so Fotos einstellen. Man kann die bearbeiten, aber das habe ich noch nicht versucht, da kann man zum Beispiel sagen, man möchte Katzenohren oder Glitzerohren haben. Das sieht auch schön aus, da kann man auch blaue Augen haben.
Lisa, 12 Jahre, Hauptschülerin

Zur Belohnung für das Versenden von Snaps erhält man »Flammen«.

Meine Schwester hat wirklich so mit 20 verschiedenen Leuten, die sie eigentlich alle gar nicht kennt, 300 Flammen, 400 Flammen. […] Aber so hat man auch diese Abhängigkeit so ein bisschen. Dass man denkt, oh, jetzt bevor wir die Flammen verlieren und die Flammen drücken unsere Freundschaft aus.
Mona, 21 Jahre, Studentin

Dieser Dienst wird nur von wenigen Jüngeren genutzt und das auch eher selten. Die Jugendlichen sind offensichtlich mit den ohnehin zahlreichen Apps ausgelastet.

Snapchat finde ich blöd. Ich finde, man braucht auch nicht alles. Ich habe schon genügend.
Luisa, 22 Jahre, Studentin

Ein Jugendlicher sagt etwas herablassend, Snapchat sei nur etwas für Mädchen, aber er hat recht: Wenn es genutzt wird, dann nur von weiblichen Jugendlichen.

Das ist uninteressant, sagen wir es mal so. Das ist für Mädchen, würde ich eher sagen. Ja, das glaube ich.
Simon, 13 Jahre, Hauptschüler

Alle Jugendlichen sind in der Welt von Google unterwegs

Die Jugendlichen googeln im Durchschnitt vier- bis fünfmal täglich und das überwiegend auf dem Handy, seltener auf dem Tablet oder iPad.

Das mache ich zwischendurch immer, wenn mich was interessiert.
Lisa, 12 Jahre, Hauptschülerin

Gegoogelt wird auch im Beisein anderer, wenn spontan eine Frage auftaucht.

Ja, wenn man zusammen in der Runde sitzt, und man fragt sich irgendwas und kommt nicht drauf, dann schon auch einmal.
Nele, 16 Jahre, Gymnasiastin

Im Schulunterricht wird nach Aufforderung der Lehrer und im Zusammenhang mit dem Unterricht gegoogelt.

Also Google halt, wenn man was wissen muss. Aber das geht dann meistens von den Lehrern aus.
Simon, 13 Jahre, Hauptschüler

Zwei Jugendliche bevorzugen Ecosia anstelle von Google, eine ökologisch orientierte Suchmaschine.

Dann Ecosia. Das ist die umweltschonende Variante von Google. Das ist ein europäisches Startup, falls ich mich nicht irre. Und pro 40 Klicks, die man tut, pflanzen die einen Baum in der Welt. Das finde ich unterstützenswert. Und die sind auch datenschutzrechtlich viel besser als Google.
Fabian, 21 Jahre, erwerbstätig

Eine Studierende nutzt aus Datenschutzgründen Startpage. Diese Suchmaschine leitet Anfragen an Google weiter und zeigt auf diese Weise anonymisierte Suchergebnisse an.

Ich benutze auch keinen Google. Also, dass ich Startpage nutze, ist regelmäßig, 15, 20 Mal, weil ich immer irgendwas wissen möchte. Du kriegst die Google Ergebnisse, nur ist es komplett anonym. Das bedeutet mehr Datensicherheit. Genau, die suchen für dich einfach die Google-Ergebnisse.
Luisa, 22 Jahre, Studentin

Häufig zum Einsatz kommt Google Maps zur räumlichen Orientierung.

Drei Jugendliche sehen sich bei Google Chrome personalisierte Nachrichtenartikel an, die sie aber nicht immer zufriedenstellen.

Ab und zu, ja, aber ich werde größtenteils enttäuscht von dem, was da geschrieben wird. Wenn ich jetzt die Google News lese, dann stehen da meistens so Sachen drin, also meine Interessen, das ist ja auch personalisiert meist, aber dann auch dazwischen irgendwie »Lena Meyer-Landrut zeigt sich und Fans sind schockiert« und so weiter.
Jesko, 14 Jahre, Realschüler

Google Drive wird an Universitäten genutzt – wenn auch mit »Bauchschmerzen«.

Aber es ist auch was, wo man von der Uni sozusagen reingepuscht wird. Ja, wir haben Google Drive, benutze das. Und dann gibt man Google da alles preis.
Mona, 21 Jahre, Studentin

Netflix hat teilweise schon das Fernsehprogramm abgelöst

Eine breite Mehrheit der Jugendlichen hat Netflix abonniert. Sie sehen regelmäßig am Abend, manchmal schon im Bett und am Wochenende Serien und Filme.

Also das Wichtigste ist für mich immer noch Netflix. Weil ich liebe Netflix. Ohne Netflix kann ich nicht mehr leben. Das ist auch sehr, sehr wichtig für mich.
Lisa, 12 Jahre, Hauptschülerin

Die Filme sieht man am liebsten auf dem Smart-TV, zur Not aber auch auf dem Laptop oder dem Smartphone.

Ja, ansonsten bleibt das eigentlich so. Abends vielleicht eher, dass ich mich auf mein Sofa lege und Netflix auf dem Fernseher gucke. Weil auf dem Computer ist das irgendwie blöd.
Jesko, 14 Jahre, Realschüler

Die Streams haben das normale Fernsehprogramm und die in Mediatheken vorgehaltenen Filme völlig abgelöst.

Ja, ich gönne mir meistens dann den Sonntagabend für mich alleine. Da sitze ich gerne beim Netflix schauen.
Luisa, 22 Jahre, Studentin

»Seriengucker« verbringen sehr viel Zeit am Stück mit den Filmen, weil sie häufig mehrere Folgen hintereinander ansehen, das kann durchaus auch einmal einen kompletten Sonntag kosten.

Wir gucken meistens Netflix auf dem TV dann immer. Sagen wir mal zwischen zwei und drei Stunden oder am Sonntag den ganzen Tag.
Tobias, 22 Jahre, erwerbstätig

Spotify läuft bei vielen eigentlich immer

Ausdauerndes Musikhören ist traditionell ein Kennzeichen der Jugend. Die zweite Generation der Digital Natives kauft dafür allerdings längst keine CDs mehr, sondern streamt die Musik zumeist kostenlos bei Spotify. Das Smartphone, das man ohnehin ständig mit sich herumträgt, ersetzt ein zusätzliches Gerät wie einen CD-Player. Gut die Hälfte der Jugendlichen nutzt Spotify. Daneben kommen auch Samsung Music, Amazon Prime oder YouTube zum Musikhören zum Einsatz.

Nicht alle Jugendlichen leben nach dem Motto »no music, no life« eines 15-Jährigen, aber bei vielen Jugendlichen läuft Musik ständig nebenher, wenn sie Fahrrad fahren, joggen oder WhatsApp-Nachrichten schreiben. Um das Datenvolumen zu schonen, laden sie sich die Musik oder auch ein Hörbuch per WLAN herunter und hören es dann offline.

Spotify, das mache ich eigentlich über den ganzen Tag. Aber das ist ja, strenggenommen, nicht online.
Fabian, 21 Jahre, erwerbstätig

Spotify bietet auch nach Algorithmen gemixte Musikprogramme und Podcasts an, die gerne gehört bzw. abonniert werden.

Twitter ist kein Jugendmedium

Twitter, der Mikroblogging-Dienst, wird nur von wenigen jungen Erwachsenen genutzt. Sie twittern in der Regel nicht aktiv, sondern sind eher »stille Mitleser«.

Ja, habe ich, aber nutze ich nicht so richtig.
Sophia, 25 Jahre, erwerbstätig

Dating-Apps sind zu unpersönlich und zu unverbindlich

Zwei männliche und eine weibliche Jugendliche haben Erfahrungen gesammelt mit Dating-Apps. Allerdings in allen drei Fällen ohne Erfolg, das heißt, es kam keine Beziehung zustande.

Lovoo habe ich mal benutzt. Ich hatte auch mal kurz bei Tinder reingeschnuppert, aber das war beides nicht so das Gelbe vom Ei. Hat mir nicht so gefallen, hat mich nicht wirklich angesprochen.
Patrick, 25 Jahre, erwerbstätig

Ein Auszubildender nutzt Dating-Apps aus Neugier, um zu sehen, wer an einer Beziehung in seiner unmittelbaren Umgebung interessiert ist.

Was da für Menschen rumlaufen oder was für Menschen eher drin sind in der App und hier in der Umgebung bei uns. Aber ich benutze das auch eher so, um zu gucken, von wem ich mich eher fernhalte. Weil die sind da schon ziemlich offen heutzutage.
Denis, 22 Jahre, Auszubildender

Die Jugendlichen haben die Einsicht gewonnen, dass die Leute auf diesen Plattformen gar nicht ernsthaft eine Beziehung anstreben, sondern nur sehr oberflächlich interessiert sind.

Sondern einfach nur, um quasi etwas Schnelles für zwischendurch zu haben. Oder ich sage mal einen Lückenfüller, Lückenbüßer zu bekommen, bis man was Besseres gefunden hat. Oder im schlimmsten Fall sogar zweigleisig fährt. Mir war das zu oberflächlich, zu unpersönlich, zu unverbindlich.
Patrick, 25 Jahre, erwerbstätig

Einer jungen Frau sind diese Plattformen ebenfalls zu unpersönlich, es ging immer nur um Aussehen und Sex. Dies vermutet auch ein 15-jähriger Realschüler, der allerdings noch keine Dating-App genutzt hat.

Nein. Also, ich halte von Dating-Apps nichts. Da geht es hauptsächlich um das Aussehen und den sogenannten Sexappeal.
Özcan, 15 Jahre, Realschüler

Er hält das Matching-Prinzip der Dating-Apps, das sich auf Ähnlichkeiten fokussiert, für zweifelhaft. Er glaubt, dass sich eher Gegensätze anziehen.

Nicht das Sprichwort, eher gesagt, ist es schon fast eine Tatsache, dass Gegenteile sich anziehen. Deswegen halte ich von solchen Sachen nichts, weil die meist auf Gegenseitigkeit großen Wert legen.
Özcan, 15 Jahre, Realschüler

Die Jugendlichen und jungen Erwachsenen halten grundsätzlich nicht viel von diesen Plattformen: Sie wollen sich nicht künstlich im Internet anpreisen. Das Verfahren ist zu technisch und zu unpersönlich.

Ich habe Freunde, die es gerne benutzen. Ich kann es nachvollziehen. Aber für mich wäre es nichts. Weil ich mag das nicht, wenn es nur um Sex geht. Und das weiß ich schon im Vorhinein. Das finde ich unpersönlich, wenn es auch nur um das Aussehen geht. Ich mag es gerne, den Menschen direkt, wie er redet, zu hören und so. Online ist mir das zu künstlich.
Luisa, 22 Jahre, Studentin

Ein junger Mann fasst die Meinung der Jugendlich zusammen, wenn er sagt, er bevorzuge die »alte Methode« des Kennenlernens, und so dringend sei der Wunsch nach einer Beziehung nun auch nicht.

E-Mails und SMS eher selten genutzt

Jugendliche nutzen Office bzw. Open Office sowie den Internet Explorer, vor allem im beruflichen Kontext und je nach Schule auch schon dort regelmäßig. E-Mails werden allerdings nur in Ausnahmefällen geschrieben. Sie sind der Korrespondenz mit offiziellen Stellen wie der Schule, der Universität oder Ämtern vorbehalten.

Ein junger Erwachsener bevorzugt die E-Mail, wenn er sich an ältere Menschen wendet, weil er nicht weiß, ob sie über WhatsApp kommunizieren, und weil es im Verein üblich ist.

E-Mails liest man eher auf dem Smartphone als auf dem Laptop oder PC.

8.5 Blick auf Gesellschaft wird gerne online geschärft

Nachdem wir mit den Jugendlichen darüber gesprochen haben, wie sie digitale Inhalte und Anwendungen in ihrem täglichen Leben mit Freunden und Familie nutzen, betrachteten wir in den Gesprächen als nächstes das Thema der Informationsbeschaffung über gesellschaftsrelevante Inhalte. Aus standardisierten Umfragen wird deutlich, dass sie digitale Medien für diesen Zweck erkennbar seltener verwenden als zu anderen digitalen Aktivitäten (siehe Kapitel 7).

Wir haben die Einstiegsfrage sehr allgemein gehalten. Damit war es möglich, dass die Jugendlichen erst einmal von sich aus sehr allgemein darüber berichten, wie sie auf dem Laufenden bleiben, was in der Gesellschaft passiert und was sie dabei unter Gesellschaft verstehen. So blieb offen, ob hier bereits Inhalte aus der Politik thematisiert werden. Sofern dies nicht der Fall war, hatten wir im Leitfaden entsprechende Nachfragen vorgesehen, um auch diesen Bereich in jedem Fall in den Blick zu nehmen. Es zeigte sich jedoch, dass eine Mehrheit der Jugendlichen – im offenen Gespräch auf Gesellschaft angesprochen – von sich aus Inhalte aus der Politik zum Thema machte.

Sarah stellt zusammenfassend kurz und knapp fest, dass sie sich gerne digital auf den neuesten Stand bringt und dies für sie auch politische Inhalte umfasst. Klassische Kanäle nutzt sie dafür nicht. So kauft sie keine gedruckten Erzeugnisse und besitzt auch keinen Fernseher.

Mona betont, dass es ihr vor allem um politische Inhalte und nicht so sehr um Themen aus dem Boulevard-Bereich geht.

Ja.

Tust du das online? Machst du da viel digital auch?

Ich würde sagen, so einmal am Tag in der Tagesschau durchgucken, was so los ist. Und dann halt nicht online, aber digital in dem Sinne, dass ich einfach eine Zeitung auch digital lese als ePaper. Die lade ich mir runter und lese die dann auf dem iPad, also ist ja auch digital.

Das heißt Gesellschaft beinhaltet auch für dich, dass du dich auch informierst, was in der Politik so los ist? Politik ist für dich mitgedacht, wenn es um Gesellschaft geht?

Ja, vor allem. Ich würde wahrscheinlich nicht auf Promi Flash gucken, was Heidi Klum wieder mit ihrem Neuen ... Also so was, das interessiert mich gar nicht. Für mich geht das schon eher in die Politikrichtung.

Mona, 21 Jahre, Studentin

Dies gilt auch für Luisa, die einen nicht unwesentlichen Teil ihrer Zeit damit verbringt, bei politischen Themen auf dem Laufenden zu sein.

Wenn wir jetzt mal den Blick etwas erweitern aus dem unmittelbaren Umfeld, wie informierst du dich über das, was so in der Gesellschaft passiert?

Über das Internet. Über die Internetseiten, oder was ist da jetzt relevant?

Ja.

Hauptsächlich Tagesschau. Das ist auch so das Erste, was ich aufrufe. Tagesschau, Süddeutsche sind die meisten Seiten, die ich oft lese. Dann Heise, das ist so eine Computerseite. Dann höre ich den Podcast »Lage der Nation«. Das ist so der bekannteste Polit-Podcast Deutschlands, die sind eher linksliberal eingestellt. Aber das eine ist ein Richter und das andere ist ein Journalist. Und die gehen ein bisschen tiefgehender in die Politik, was ich sehr interessant finde. Einmal wöchentlich, die finde ich echt gut. Kann ich auch immer empfehlen, wirklich jedem. Und meine Eltern

kriegen noch meine Studentenzeitung, die lese ich manchmal.

Und wie guckst du, digital?

Online und Papier, nur die Wochenendausgabe. Dann fluter von der Bundeszentrale für politische Bildung, den man kostenlos zugeschickt kriegt. Und sonst ab und zu auch über Videos und da über neue Informationen. Und dann schaue ich mir die Datenlinks an, die sie dort verlinkt haben. Und englisch manchmal BBC oder so.

Und wie viel Zeit wendest du im Schnitt täglich dafür auf?

Mindestens eine Stunde. Und arte auch, schaue ich mir ganz gerne Dokus an, die finde ich gut.

Luisa, 22 Jahre, Studentin

Auch Denis legt ebenfalls einen Schwerpunkt auf politische Themen, nutzt im Gegensatz zu Luisa, Mona und Sarah aber weniger die Online-Angebote der klassischen Medien, sondern eher die von ihm als positiv erlebte Vielfalt bei YouTube. Damit will er sich durch die unterschiedlichsten Quellen einen kompletten Überblick verschaffen.

Informierst du dich, was in der Gesellschaft los ist, und wenn ja, tust du das auch digital?

Ja. Wie gesagt, YouTube zum Beispiel benutze ich ganz häufig. Wenn zum Beispiel wichtige Debatten anstehen wie zum Beispiel Artikel 13 oder halt 17, will man ja schon mal wissen. Weil der Staat ja nicht wirklich damit rausrückt, was das bewirken soll, will man schon mal wissen, was das überhaupt ist. Recherchieren in Bezug auf die Gesellschaft ... Ja, das ist ja Gesellschaft, das ist ja Politik.

[...]

Auch so ein bisschen den eigenen Blickwinkel erweitern?

Ja, schon so seinen eigenen Blickwinkel überhaupt erst konstruieren so. Das ist halt ein Mittel zum Zweck, und man kann damit auch sein Weltbild formen, sage ich mal. Dafür benutze ich YouTube eigentlich. [...] Also die freien Medien wissen auch nie alles. Und ich kenne auch viele, die bestimmt in freien Medien gar nichts sagen wollen, weil das meistens durchlöcherte Info ist. Und auf YouTube kann man sich alles zusammensuchen und dann den Kreis schließen und dann die Wahrheit, sage ich jetzt mal, herausfinden darüber.

Denis, 22 Jahre, Auszubildender

Grey beschreibt sehr ausführlich seine Politisierung im Zusammenhang mit der EU-Gesetzgebung rund um Urheberrechtsfragen, die medial auf das Thema Uploadfilter zugespitzt wurde. Mit seinem spezifischen Interesse gehört Grey zu den Vertretern der jungen Generation, die Informationen für ein bestimmtes Thema sehr gezielt aus der Vielfalt digitaler Möglichkeiten heraussuchen. So bietet ein Live-Stream aus dem EU-Parlament einen unmittelbareren Eindruck als die Zusammenfassungen auf anderen Kanälen im Nachgang.

Informierst du dich, was in der Gesellschaft so los ist?
Auf jeden Fall. Momentan Artikel 13. [...] Artikel 13 ist die Urheberrechtsreform, die den für sehr viele befürchteten Uploadfilter mit sich ziehen könnte. Das heißt, man kann später, jeder kennt YouTube, das wäre so noch mehr möglich. Auch z.T. Social Media.
Das heißt, da bist du total up to date, und tauschst du dich da auch mit deinen Freunden drüber aus, oder wie läuft das?
Ja, da tauschen wir uns auf jeden Fall drüber aus. Ich war auch auf der Demonstration am 23.3.
Wie war das?
Das war auf jeden Fall was komplett Neues für mich. Weil man ist es halt heutzutage nicht gewohnt, dass sich wirklich mal Leute auf die Straße trauen, zusammen sich gegen was einsetzen.

Schade ist dann nur, dass die meisten Politiker da einfach nicht hinhören.
War es für dich die erste Demonstration so in dieser Form?
Ja.
Das heißt, das hast du noch nicht gemacht gehabt, dass du mal auf so einer größeren Menschenansammlung warst?
Nein. Das war komplett neu.
Wie hat sich das angefühlt für dich, da, an diesem Tag? So Flagge zu zeigen, sage ich mal.
Auf jeden Fall war es sehr angenehm. Man hat auch ein ziemlich großes Gefühl für Gemeinschaft, was man halt wirklich heutzutage, muss ich jetzt mal sagen, nicht mehr hat. Heutzutage denken eigentlich die meisten nur an sich.
Wenn du jetzt so insgesamt die Demonstration betrachtest, dann hast du gesagt, du findest es schade, dass die Politik nicht hinhört. Wie bewertest du, was in der Woche passiert ist? Die letzten Tage?
Eine absolute Frechheit, muss ich ehrlich sagen. Ich weiß nicht, was ich groß dazu sagen soll. Artikel 13 wurde am Dienstag im EU-Parlament abgestimmt. Ob da vielleicht noch Änderungen kommen oder nicht. Das wurde so weit abgelehnt. Trotz halt wirklich den über 200.000 Leuten, die auf die Straße gegangen sind. Auch trotz der fünf Millionen Petitionsunterschreiber. Da wurde einfach nicht hingehört. Das ist für mich keine Demokratie.
Wie frustriert bist du da jetzt an der Stelle?
Ziemlich. Weil da muss ich auch mal kurz sagen, was die liebe Frau Reda in ihrer Rede gesagt hat, das ist eine Abgeordnete im EU-Parlament, die sich wirklich streng gegen Artikel 13 eingesetzt hat. Die Jugend bekommt vermittelt, dass einfach eine Demokratie nicht stattfindet und ganz ehrlich, ich sowie auch viele andere haben mit der Aktion das Vertrauen in die Politik echt verloren.

Klar, verständlich. Wie denkst du, wie du da jetzt weitermachst an der Stelle? Was heißt das jetzt für dich?
Das heißt jetzt für mich, am 9.4. stimmt der EU-Rat dafür ab, ob der Artikel 13 in Kraft treten soll oder nicht. So weit muss ich echt sagen, es ist nicht komplett vorbei der Kampf, er wird auf jeden Fall weitergehen. Ob von der Hackergruppe Anonymous oder von allgemein den Bürgern. Die einzige Chance, die wir jetzt noch haben, ist, die Bundesregierung davon zu überzeugen, dass der Artikel 13 einfach nur falsch ist und sie damit auch gegen ihren Koalitionsvertrag verstoßen, in dem ausdrücklich erklärt wird, dass genau diese Regierung gegen einen Uploadfilter ist. [...]
Was denkst du über die politischen Parteien an der Stelle? Du hast jetzt schon eine Abgeordnete des Europaparlamentes genannt, wie bewertest du da die Parteien und welche Rolle sie da haben und welches Bild sie dabei abgeben?
Generell sieht man, dass die Altparteien, CDU und CSU, generell dafür sind. [...] Generell für Parteien, die sich wirklich dagegen einsetzen, man weiß nicht, ob sie es wirklich ernst meinen oder ob es nur gute PR ist. Da bin ich also unparteiisch. Generell gegen CDU/CSU bin ich, weil die einfach wirklich komplett weghören, bis auf eine einzelne Person.
Das heißt, du bist an der Stelle sehr, sehr wachsam und beobachtest das sehr, sehr genau, wie sie sich da alle verhalten?
Auf jeden Fall. Ich habe auch den Livestream verfolgt aus dem EU-Parlament, wo über das Ganze abgestimmt wurde. Ich sage mal so, Frau Reda konnte nicht mal ihre Rede halten; ohne direkt dazwischen geredet zu werden.
Grey, 17 Jahre, arbeitslos

Auch wenn für Özcan beim Thema Gesellschaft nicht per se politische Themen im Vordergrund stehen und er erst einmal auf das Thema Clickbaits zu sprechen kommt, gelangt er zur gleichen Schlussfolgerung wie Grey. Auch für ihn ist Politik eher ein Feld der älteren Erwachsenen, die für die Belange der Jugendlichen kein Gespür haben. Wenn also Umfragen unter Jugendlichen zutage fördern, dass eine breite Mehrheit der Jugendlichen glaubt, dass Politiker sich nicht darum kümmern, was Leute wie sie denken (siehe Kapitel 2, vor allem Tabelle 2.12), finden sich in diesen ausführlichen Beschreibungen der jungen Menschen erste Anhaltspunkte für einen dahinterliegenden Frust.

Ich habe gefragt, was in der Gesellschaft los ist. Beinhaltet das auch für dich, dass du dich darüber informierst, was in der Politik passiert, oder eher nicht so?
Politisch, da informiere ich mich doch sehr viel. Werde auch meist enttäuscht, aber nicht so, also nicht wie im vorher genannten Bereich, Thema Clickbaits, sondern eher so, was die gerade so tun.
Was gefällt dir daran nicht, dass du so enttäuscht bist?
Also größtenteils, was mich stört, sind die Älteren. Nichts gegen ältere Politiker, aber sie versuchen halt, irgendwie Probleme der Jugendlichen, also in Anführungszeichen, zu lösen, schaffen es aber nicht. Manchmal sind es gar keine Probleme. Oder sie schaffen es nicht oder es ist nur in den Augen der Erwachsenen ein Problem und die Jugendlichen von sich aus wissen schon, was Sache ist. Und entweder werden die Jugendlichen unterschätzt oder überschätzt. Überschätzt in dem Sinne, vor kurzem war das Thema Wahlrecht mit 16 oder mit 18. Ich finde, die Meisten haben so viel Stroh im Gehirn gerade, dass die selbst mit 22 noch nicht mal bereit wären, irgendwas zu tun politisch. Und andererseits berichten die meist auch, Thema Digitales, dass wir übertrieben abhängig wären. Sind meist auch die Älteren, also mir scheint es so, die so was behaupten. Und sich dann gar nicht dazwischenreden lassen. Die behaupten das dann

und dann scheint es Tatsache zu sein. *Was aber meist komplett übertrieben ist. Sozusagen ein Reden über Jugendliche und nicht mit Jugendlichen auch.* Ja genau.

Özcan, 15 Jahre, Realschüler

Doch nicht bei allen Jugendlichen sind politische Inhalte so weit vorne, wenn es um Neues aus der Gesellschaft geht. Dies wird exemplarisch an den Ausführungen von Tobias deutlich.

Informieren Sie sich, was in der Gesellschaft los ist? Also meistens, wenn ich Fernsehen gucke, über Nachrichten, also hauptsächlich über Nachrichten. *Tagesschau?* Ja. *Also auch nicht im Internet?* Also auch manchmal in Facebook. Wenn da zum Beispiel manchmal die BILD kommt, die BILD-Seite, oder auf Insta die BILD-Seite, dann schon. *Instagram nutzen Sie auch?* Genau, nutze ich auch. [...] *Und was posten Sie da? Bilder hauptsächlich, oder?* Auch nicht mehr so. Meistens gucke ich mir Insta-Stories an von irgendwelchen Leuten, die ich interessant finde. *Informieren Sie sich auch über Politik?* Mal so, mal so. Wenn es ein interessantes Thema ist, sage ich mal.

Tobias, 22 Jahre, erwerbstätig

Dies gilt auch für Simon, der angesichts seines kenianischen Migrationshintergrunds auch Interesse an den politischen Inhalten seines Heimatlandes entwickelt. Im Vergleich zu Sport und Kultur (Filme) steht Politik bei ihm hintan. Damit ist Simon typisch für die Jüngeren in dieser Altersgruppe.

Informierst du dich eigentlich darüber, was so in der Gesellschaft los ist? Welche Gesellschaft?

Die deutsche Gesellschaft. Ja. *Wo informierst du dich da?* Google. Weil wenn ich gleich auf Google gehe, da kommt die Startseite und da kommen direkt Nachrichten. Oder wenn ich auf YouTube gehe, wenn ich zum Beispiel auf aktuelle Videos gehe, dann kommen da auch aktuelle Nachrichten und so weiter. *Informierst du dich auch, was in der Politik los ist? Oder was sind so deine Schwerpunkt-Interessen, wofür du dich interessierst?* Sport, Kultur und na ja, Politik ist jetzt auch nicht so interessant für mich. Die einzige Politik, die mich nur interessiert, ist [...] die kenianische Politik halt. Das ist das Einzige, was mich interessiert. *Und wo informierst du dich da?* YouTube. Oder halt KTN. [...] *Was an der Politik in Kenia interessiert dich da genau?* Manchmal hat, wie heißt das auf Deutsch, Prime Minister? *Premierminister.* Manchmal haben die da Streitereien. Die machen sich Sorgen, wer der nächste Präsident wird, in 2022, denke ich, war das, wenn ich mich nicht täusche, oder 2020, nächstes Jahr. Ach, das ist so lustig, die Politik. *Wegen der ganzen Streitereien?* Ja. Wenn Sie englisch verstehen würden, da würden Sie selber auch lachen. Wie sie da miteinander streiten, kämpfen und alles. *Wie im Kindergarten.* Ja.

Simon, 13 Jahre, Hauptschüler

Jesko steht dagegen für einen der jüngeren Jugendlichen, die allgemein von Nachrichten aus der Gesellschaft (noch) nicht so viel Kenntnis nehmen.

Informierst du dich, auch so in der Gesellschaft los ist?

Durch Zufall sehe ich es mal. Wenn ich auf dem Handy zum Beispiel auf dem Home-Bildschirm bin und nach links gehe, habe ich da die aktuellen Nachrichten. Aber sonst wirklich nicht, nein.
Jesko, 14 Jahre, Realschüler

Bei Lisa stehen dagegen schon die Themen, die Influencer setzen, hoch im Kurs, und einige spezifische politische Inhalte wecken ihr erstes Interesse daran.

Interessierst du dich auch dafür, was so in der Gesellschaft passiert?
Ja, also mich interessiert es schon.
Und was interessiert dich da zum Beispiel?
Zum Beispiel die neuesten Sachen, die die haben. Da möchte ich sehen, wie die sind, weil ich sie mir zum Beispiel selber kaufen möchte.
Die Influencer meinst du jetzt?
Ja. Da schaue ich auch immer gerne nach, wie das so ist. Und dann überlege ich, ob ich es haben möchte oder nicht. [...]
Interessiert dich irgendwas in der Politik?
Schon, ja. Mich interessiert es schon, eigentlich schon, aber nicht ganz so viel.
Was interessiert dich da genau?
Zum Beispiel mit den Ausländern interessiert es mich, ob die jetzt ordentlich ...
Untergebracht sind?
Ja. Dann die Leute, die nicht so viel Geld haben in ihren Ländern, dass die Essen bekommen und so. Tierschutz interessiert mich.
Lisa, 12 Jahre, Hauptschülerin

Klassische Medienkanäle finden eher nur am Rande statt

Jugendliche halten sich also über gesellschaftliche Themen auf unterschiedlichste Art und Weise auf dem Laufenden. Dies wirft die Frage auf, ob die Kategorie Digital Natives als Zu-schreibung für die junge Generation analytisch hier funktioniert. Auf der einen Seite ist es natürlich so, dass hier Jugendliche auf vielfältige digitale Möglichkeiten der Informationsbeschaffung in einem großen Umfang zurückgreifen. Wie und für was sie das machen, unterscheidet sich aber sehr stark, so dass es dieser genauen Betrachtung bedarf, um ein Verständnis für die Vielfalt und Unterschiedlichkeit jugendlicher Lebenswelten auch im Zeitalter der Nutzung digitaler Inhalte zu gewinnen.

Diese Unterschiedlichkeit wird auch sichtbar, wenn es darum geht, ob und in welchem Umfang Jugendliche bei der Informationsbeschaffung auch auf klassische Medien(kanäle) zurückgreifen. Die knappen verneinenden Antworten von Franziska bringen es für die Jugendlichen auf den Punkt, die die klassischen Medienkanäle so gar nicht nutzen. Auffällig ist dabei, dass sowohl Franziska als auch Mona und Sarah in ihrem eigenen Haushalt keinen eigenen Fernseher mehr besitzen. Dies macht deutlich, dass solche für ältere Erwachsene vermeintlich allgemeingültige Ausstattungsgegenstände deutscher Haushalte bei Jugendlichen nicht so anzutreffen sind.

Nutzen Sie auch ePapers?
Nein.
Und welche Rolle spielen die traditionellen Medien wie Fernsehen und Radio?
Radio nur im Auto. Fernseher gar nicht.
Hören Sie im Auto auch Nachrichten?
Nein. Nur Musik.
Haben Sie gar keinen Fernseher?
Nein.
Lesen Sie denn Zeitungen oder Zeitschriften? Also Printmedien?
Nein.
Franziska, 23 Jahre, erwerbstätig

Bei den Jüngeren ergeben sich die Zugangsmöglichkeiten zu klassischen Medienkanälen im Elternhaus. Ob hier überhaupt die Chance besteht, darüber mit Informationen versorgt zu werden, hängt im Wesentlichen von den Nutzungsgewohnheiten der Eltern ab.

So erhascht Jesko beispielsweise Überschriften, wenn seine Mutter morgens beim Frühstück ihre gedruckte Zeitung liest.

Wie sieht es dann so aus mit so was wie Radio und Zeitungen, so gedruckt oder auch Fernsehen, Nachrichten jenseits von Mediatheken?
Durch Zufall sehe ich mal Nachrichten mit. Zeitungen, ja, ich lese so die Überschriften, wenn Mama hier morgens sitzt. Wenn ich auch am Frühstücken bin, dann gucke ich die immer so mit von der Seite. Wenn ich etwas Interessantes finde, dann gucke ich mir das kurz an. Aber so selber lesen tue ich die nicht.
Jesko, 14 Jahre, Realschüler

Auch bei Özcan finden Zeitung, Radio und Nachrichten im Fernsehen im familiären Kontext statt.

Du hast auch schon Google News erwähnt. Nutzt du eigentlich auch so was wie traditionelle Medien, also auch so was wie Zeitung oder auch Radio, Fernsehen jenseits der Mediathek?
Ja, Fernsehen gucke ich ab und zu mal die Nachrichten. Radio hat meine Mutter immer morgens laufen lassen neben Samsung Music. Und Zeitung lese ich auch ab und zu mal ganz gerne. Aber die Hauptsache, warum ich mir jetzt noch Zeitungen kaufen würde wahrscheinlich, die Sudoku-Rätsel. Weil wie gesagt die Enttäuschung wird immer größer, was die ganzen Themen anbelangt.
Özcan, 15 Jahre, Realschüler

Bei Nele ist das nicht der Fall.

Welche Rolle spielen so was wie traditionelle Medien Radio, Fernsehen jenseits der Mediatheken oder auch so klassische

Zeitungen, die man auch in der Hand halten kann?
Zeitungen haben wir halt nicht daheim, liegt an meinen Eltern. Tagesschau schaue ich ab und zu schon noch, aber selten.
Was heißt ab und zu ungefähr, einmal die Woche?
Nein, weniger. Einmal im Monat. Und Radio eigentlich nur mal, wenn man im Auto sitzt und gerade Radio hört, dann so nebenbei, aber nicht so gezielt. […]
Da wird irgendwo Spotify angemacht und dann hört man es in der ganzen Wohnung.
Ja genau.
Nele, 16 Jahre, Gymnasiastin

Sobald die Jugendlichen älter werden und ihren eigenen Haushalt gründen, stellt sich ihnen die Frage, ob und in welchem Umfang sie ihre begrenzten finanziellen Mittel für Informationsinhalte verwenden. Und der längere Dialog mit Leon verdeutlicht exemplarisch, dass in Zeiten der freien Verfügbarkeit von Informationen im Internet die Bezahlbereitschaft an der Stelle nicht unbedingt stark ausgeprägt ist. Dabei ist er sich über die Konsequenzen im Bereich Journalismus sehr bewusst.

Und lesen Sie irgendwelche Printmedien?
Wir hatten eine Zeit lang ab und zu mal was von der taz.
Ein Sonderangebot oder so was?
Ja, wir hatten das über Toms Vater bezogen. Und ich würde das gerne machen. Aber wenn man jetzt eine Wochenzeitung oder so abonnieren will, ist das doch relativ teuer. Vor allem, wenn man jetzt nicht nur eine Zeitung lesen will, sondern einen Vergleich haben möchte, das ist für uns nicht finanzierbar. Also, ich hätte gerne die taz, die Süddeutsche und den Spiegel, aber das geht ins Geld … […]
Und ich mag es eigentlich viel mehr, eine Zeitung in der Hand zu haben und

darin zu lesen. Ich bin da eher so bodenständig.

Gibt es die Möglichkeit eigentlich an der Uni, dass man in der Bibliothek Tageszeitungen ausliegen hat?
Man könnte in die Bücherei gehen und Tageszeitungen ausleihen. Ich bin nur schon eh so viel in der Bücherei. Ich gehe ganz gerne, das mache ich relativ häufig tatsächlich, in die Stadt in ein Café. Und wenn ich da die Zeit habe, kann man da dann Zeitungen lesen beziehungsweise die Zeitung lesen, die da liegt und die nicht gerade von jemand anderem gelesen wird. Aber da kriegt man mal so ein bisschen was mit. Aber wie gesagt, wir hatten eine Zeit lang die taz hier. Und ich habe jetzt auch an Weihnachten überlegt gehabt, was man denn an Tageszeitungen relativ günstig abonnieren könnte. Aber wie gesagt, das wäre dann sehr schön, zwei oder drei zu abonnieren, damit man einen Querschnitt hat, um irgendwie … Man sagt ja meinetwegen die Frankfurter Allgemeine ist in die Richtung so ein bisschen, dann gibt es die Süddeutsche, die ist in die andere Richtung irgendwie. Um dann der Wahrheit nahezukommen, müsste man drei lesen, und dann würde der Mittelwert sozusagen der Wahrheit entsprechen. Das ist ja für so eine Studenten-WG finanziell ein recht großer Aufwand und auch drei Zeitungen lesen, passt einfach nicht in den Morgen rein. So viel Zeit ist da nicht, dass man ernsthaft drei Zeitungen lesen könnte. […]
Und was mich ursprünglich so aufgeregt hat, dass diese Digital Natives, jetzt mal pauschalierend gesagt, dass die eigentlich den Anspruch haben, ich will immer alles zur Verfügung haben und das immer alles kostenlos.
Ja gut, das sehe ich tatsächlich auch so. Dass wenn man Qualitätsjournalismus haben möchte, dass man dafür natürlich auch bezahlen muss. Also man kann ja nicht erwarten, dass die nur werbefinanziert oder kostenlos da immer

ihre Arbeit zur Verfügung stellen. Die müssen ja auch überleben. Gerade die Printmedien, die totale Probleme haben im Zeitalter der Digitalisierung.
Leon, 24 Jahre, Student

Wenn es zu Ausgaben in diesem Bereich kommt, dann am ehesten noch für ePaper, wie es Mona beschreibt.

Wie hältst du es mit traditionellen Medien im Vergleich? Du hast jetzt schon ePaper gesagt. Inwieweit finden Radio, Fernsehen oder auch noch Zeitung in Schriftform ausgedruckt bei dir statt?
Alles relativ wenig tatsächlich. Fernsehen habe ich, seitdem ich ausgezogen bin, keinen eigenen. Das heißt, ich gucke eigentlich auch nie Fernsehen. Obwohl man kann die Tagesschau ja auch online gucken, aber das ist ja auch irgendwie nicht das Gleiche. Und Radio tatsächlich auch nur, wenn es irgendwie irgendwo läuft. Also wenn man auf Arbeit ist oder so, beim Minijob lief das Radio, da hat man da auch mal was gehört, was so los ist, oder bei meiner Oma zu Hause. Aber das würde ich jetzt auch nicht bewusst selber hören wahrscheinlich. Und gedruckte Zeitungen lese ich halt auch nie. Ich sehe sie schon, ich nehme sie wahr. Aber dadurch, dass ich halt meine Zeitung als ePaper habe und das so viel praktischer ist als eine riesen Zeitung. Oder halt, wenn man ein bisschen hinterher ist, drei riesen Zeitungen mitzuschleppen, deshalb habe ich so gar nicht mehr viel mit den traditionellen Medien zu tun.
Welche ePaper beziehst du?
Die ZEIT. Die reicht auch.
Mona, 21 Jahre, Studentin

Influencern wird eher mit Skepsis begegnet

Es ist, glaube ich, schon fast der Traum von jedem, dass man das auch so hinkriegen würde. Aber ich glaube, die Leute, die damit wirklich so viel Geld verdienen, die haben es sich vielleicht auch verdient. Weil die wirklich guten Content machen, den sich die Leute auch gerne angucken.

Jesko, 14 Jahre, Realschüler

Die Vielfalt der digitalen Informationskanäle, die Jugendliche für gesellschaftliche Themen nutzen, erstaunt sehr vor dem Hintergrund des geringen Vertrauens im Vergleich zu den klassischen Kanälen (siehe Kapitel 7). Eine Idee davon, warum das Vertrauen bei großer Häufigkeit der Nutzung so gering ausfällt, liefert das Thema Influencer[3]. Das sind Menschen, die laut Wikipedia »aufgrund ihrer starken Präsenz und ihres hohen Ansehens in einem oder mehreren sozialen Netzwerken als Träger für Werbung und Vermarktung in Frage kommen (sogenanntes Influencer-Marketing)«. Vor allem die Gespräche mit den älteren Jugendlichen haben deutlich werden lassen, dass viele von ihnen dieses Phänomen kritisch bewerten.

Zunächst haben wir die Jugendlichen nach ihren Vorbildern gefragt, um sichtbar zu machen, inwieweit sie hier bereits Menschen aus dem digitalen Kontext nennen. In einem zweiten Schritt haben wir im weiteren Gespräch das Thema Influencer mit entsprechenden Nachfragen vertieft.

Bei den Jüngeren wurde in der Tendenz dabei deutlich, mit wie viel größerer Selbstverständlichkeit Menschen aus dem digitalen Kontext eine Vorbildfunktion für sie einnehmen. Für Jesko, der in seiner Freizeit gerne programmiert, sind entsprechende YouTuber, die Tipps und Tricks dazu bereitstellen, weit oben

auf seiner Liste der Inhalte, denen er auf YouTube folgt. Dabei hat er sehr klare Vorstellungen davon, dass das Ganze nicht ausufern, sondern sich eher auf die für ihn sehr relevanten Inhalte fokussieren soll.

Gibt es so was wie Vorbilder für dich, und zwar egal, woher sie kommen?
Also ein YouTuber, den ich ziemlich gerne gucke, ist Linus Tech Tips. Aus Kanada ist der, glaube ich. Aber der spricht so das normale amerikanische Englisch. […]
Du hast jetzt gerade auch schon YouTube genannt. Bist du irgendwo anders Fan oder Follower von Leuten, und wenn ja, von wem?
Ich habe ja gesagt, ich habe auch Instagram und gucke mir da Bilder von Leuten an. Und wenn ich da mal so was finde, zum Beispiel auch YouTuber, die ich gerne auf YouTube gucke und die dann Instagram haben, die Bilder like ich dann auch und abonniere die auch. Aber sonst so, dass ich wirklich den ganzen Tag dasitze und mir Leute angucke und so denke, die kann ich abonnieren und so, das mache ich eigentlich nicht. Weil ich kriege so oder so genug Nachrichten. […]
Aber die, wo du Follower bist, da verfolgst du die Sachen dann schon sehr regelmäßig?
Schon. Einige habe ich auch einfach abonniert, weil es Freunde von mir sind, dass man denen ein bisschen hilft. Aber sonst sind es eigentlich wirklich Sachen, die mich interessieren, die ich dann auch angucke.

Jesko, 14 Jahre, Realschüler

Auch Lisa benennt eine sie mit ihrer Art und Weise beeindruckende YouTuberin als ihr Vorbild, obwohl sie die meisten Influencer für nicht glaubwürdig hält. Wir sollten also nicht den Fehler machen, Jugendliche für gänzlich unkritische »Digital Naives« zu halten.

---

3 Influencer sind in ihrer sozialen Wirkung hinreichend beschrieben (Cialdini 2001; Grenny et al. 2013). Heutzutage werden diese sozialen Phänomene vor allem auf die digitalen sozialen Netzwerke reduziert.

Hast du denn eigentlich ein Vorbild?
Eigentlich die Luisa Crashion, weil die
meisten ...
Das ist die Influencerin, oder?
Ja. Weil die Meisten sind auch nicht ehrlich. Weil da gibt es verschiedene Marken. Und bei manchen Marken, wenn
du etwas Schlechtes über die Produkte
sagst, dann schmeißen die dich aus so
einer Liste raus und dann bekommst du
nicht mehr kostenlos Sachen von diesen
Marken geschickt. Und die Luisa sagt
auch zum Beispiel mal, das ist blöd, das
gefällt mir jetzt nicht. Das ist gar nicht
gut. Und dann hat sie auch schon mal
zu einem Video gesagt, mich haben auch
schon viele aus ihren Listen rausge-
schmissen, weil ich so was gesagt habe.
Aber das ist mir egal, weil mir die Ehr-
lichkeit halt wichtig ist. Und das gefällt
mir, dass sie halt nicht daran denkt, dass
sie Sachen bekommt. Dass sie auch mal
sich traut, was Schlechtes zu sagen.
[...]
*Aber grundsätzlich hältst du Influencer
für glaubwürdig?*
Nicht alle. Also nur manche, aber die
meisten finde ich nicht glaubwürdig.
Lisa, 12 Jahre, Hauptschülerin

Diese kritische Haltung gegenüber Influencern findet sich erwartungsgemäß
auch bei den Älteren. Özcan sticht an
der Stelle sehr hervor. Trotz einer deutlich kritischen Grundhaltung benennt
er nichtsdestotrotz mit Manga/Animie,
Musik und Gaming gleich drei sehr unterschiedliche Bereiche, in denen er Vorbilder in der digitalen Welt findet. Damit
wirft er die Frage auf, welche Inhalte im
Netz als authentisch und nützlich erlebt
werden und welche eine Ablehnung
hervorrufen.

*Wie hältst du es denn mit Vorbildern?
Hast du welche?*
Also ein großes Vorbild für mich im
Manga-Bereich ist die eben genannte
Angarka. Die heißt Yoko. Ist halt so im
Manga-Bereich. Und im Anime-Bereich
ist es so das typische, halt Ghibli Studios
oder die Zeichner oder der Zeichner von
dem Anime, man sagt eher Designer. Die
das designt haben und die sich die Sto-
rys ausgedacht haben. Das ist ja meist
auch ein Mensch. In Gruppen, aber es
war die Idee von einem einzelnen Menschen. Was ich auch im Manga Bereich
so interessant finde. Und dann halt im
musikalischen Bereich sehr viele Vorbilder. Ich glaube, wenn ich die alle aufzäh-
le, dann würde das eine Ewigkeit dauern.
Von manchen kann man die Namen gar
nicht aussprechen. Entweder weil sie
gar nicht aussprechbar sind irgendwie,
weil das auch wieder eine Anreihung
von Buchstaben ist, die so keinen Sinn
ergibt, oder nur hintergründig. Oder es
ist ein komplett seltsamer Name, wie
z.B. der Gitarrist, wie hieß der noch mal,
Richie Kotzen, oder da gab es auch mal
einen Gitarristen, der musste sich in
Deutschland umnennen, weil der heißt
mit Nachnamen Wichsen. Ja, es gibt halt
ziemlich viel an Sachen.
*Das heißt, dass bei dir ganz klar Gitar-
risten von bestimmten Bands für dich ein
Vorbild sind.*
Genau. Und dann Gaming. Und dann
habe ich einen YouTuber, der hauptsächlich Sinnvolles wiedergibt. Der heißt
Alexander Prinz und sein Channel-
Name ist »Der dunkle Parabelritter«. Ist
ein Metal YouTuber, aber auch politisch.
Was so im Trend gerade ist, kritisiert er
auch. [...]
*Aber du kriegst es mit und findest das
Meiste schon vernünftig.*
Ja, er erklärt es auch, benutzt auch Fach-
wörter nicht nur so, sondern gut und ist
halt auch ein angehender Lehrer. Wäre
schon relativ seltsam, wenn Lehrer Fake
News verbreiten. Und er war auch schon
mal im Fernsehen, hat die öffentliche
Rundfunklizenz kritisiert usw., diskutiert
eher gesagt, mit anderen, die die halt
durchsetzen wollten, für YouTuber auch.
Also der macht schon ganz Vernünftiges.

Wie siehst du eigentlich Influencer?
Wie bewertest du das, was die machen?
Also es gibt wahnsinnig viele Influencer,
die komplett beschissen sind. Ich sage
das nicht nur so, ich meine das auch so.
Wenn man sich deren Videos anschaut,
fragt man sich, warum Gleichaltrige so
was gucken. Ist echt teils sehr bescheu-
ert, wie Leon Macher oder so. Dazu hat
auch »Der dunkle Parabelritter« ein
Video gemacht, dass der auch irgendwie
Menschen demütigt in seinen Videos.
Und man sieht die Videos ja. Das bedeutet, sein Video zu Leon Macher z. B.
kann auch keine Fake News sein, weil
es wirklich so ist, dass er Menschen
demütigt usw., um Geld zu kriegen und
Aufmerksamkeit. Ich finde so was einfach nur mies.
Das heißt, das ist schon was, wo du auch
die Nase rümpfst.
Ja. In dem Bereich verstehe ich auch,
warum manche Erwachsene sagen oder
Ältere, dass sie das nicht in Ordnung finden oder so. Da sollte man auch wirklich
größere Einschränkungen, Filter praktisch reinmachen.
Özcan, 15 Jahre, Realschüler

Doch es gibt auch Stimmen unter den
Heranwachsenden, die das Thema Influencer eher positiv bewerten. Julia,
die ihre Vorbilder im sozialen Nahraum
hat, sieht das Thema eher praktisch: Sie
informiert sich so rund um die ihr nahe-
stehenden Themen Beauty und Style,
aber auch Fitness.

Wie ist denn Ihre Haltung zu Influencern?
Also manche Leute übertreiben. Aber
manche Leute, es macht Spaß, denen
zuzugucken.
[…]
So Bekannte wie Dagi Bee. Also es gibt
verschiedene Leute. Sie macht jetzt speziell Beauty und Blogs, also was sie über
ihren Tag lang macht.
Und welche Influencer besuchen Sie noch?
[…]

Man folgt denen eigentlich. Mir fällt
gerade spontan gar keiner ein. Dagi Bee,
die macht Kosmetik.
[…]
Wie ist es denn insgesamt? Nerven Influ-
encer eher oder sind die auch anregend?
Schon anregend. Die geben auch Motivation, wenn es um Fitness geht.
Julia, 19 Jahre, nicht erwerbstätig

Grey stellt vor allem die kreative Eigen-
leistung der Influencer nach vorne. Zugleich bewertet er gewisse kommerzielle
Phänomene sehr kritisch.

Wer ist für dich ein Vorbild, warum und
seit wann?
Vorbild ist auf jeden Fall Anonymous.
Klingt jetzt doof, oh ja, Hacker-Gruppe,
aber ganz ehrlich, so schlimm, wie die
Medien berichten, sind die gar nicht.
Wenn sie sich wirklich für was einsetzen, sieht man ja auch z. B., zum ersten
Mal seit vier Jahren gehen sie wieder
gegen was vor, und da muss man echt
sagen, das, was die abziehen, ist wirklich
zurzeit illegal, z. B. Regierungsseiten zu
hacken usw., aber immerhin ist es für
einen guten Zweck. Ein weiteres Beispiel wäre Raportagen. Das ist jemand,
der macht Rap-Songs über Leute, die es
nicht anders verdient haben. Gutes Beispiel wäre da z. B. Yo Oli. Da gab es mal
einen Skandal, dass sie sich an kleinen
Kindern vergreifen, und Raportagen hat
die da ordentlich auseinandergenom-
men. In meinen Augen komplett verdient. Wenn er sich jemanden vornimmt,
dann hat es wirklich einen Sinn dahinter. Er verbreitet eine Message. Er macht
es nicht wegen dem Geld. Das sieht man
auch an seinen Analytics. Er macht es
wirklich, weil er Spaß dran hat, und weil
er halt wirklich was verbessern will.

.
In dem Zusammenhang gibt es ja noch
ein weiteres Wort, was in vieler Munde ist,
und zwar das Stichwort Influencer. Wie
siehst du das denn?

[...] Ja. Generell finde ich es gut. Ist halt nun mal Kreativität. Zumindest wenn es nicht geklaut ist von irgendwo, was ja ziemlich oft vorkommt. Aber sobald es halt kreativ ist und sich Leute wirklich was dabei einfallen lassen und nicht wirklich Videos zehn Minuten strecken, um fünf Mal Werbung zu schalten, und dann in die eigene Tasche reinzuwirtschaften, finde ich es komplett in Ordnung.

Grey, 17 Jahre, arbeitslos

Denis hält das Thema Influencer nicht für eine gänzlich neue Sache, sondern vergleicht es mit gesellschaftlichen Gruppen, die immer schon Einfluss auf die gesellschaftliche Entwicklung nehmen wollten.

Was sagst du zu Influencern allgemein? Wie findest du das und wie bewertest du selber Influencer?
Influencer ist ja auch ein neues Wort. Ist ja genauso wie damals, [...] es ist halt so wie die ganzen SS-Männer. Da hat sich eine Gruppe gebildet, die hat sich stark gemacht für etwas [...], das ist ja influencen. Sie instruieren ja Menschen so. Das kann man ja überall nehmen. Buddhisten, Christen, das ist nichts Neues. Und ich finde Influencer gut, weil Vielfalt auf der Erde ist wichtig. Weil vieles geht ja unter, vieles baut sich neu auf. Und wir brauchen immer viel, damit es immer weiter geht. Weil die Welt lebt ja vom Wandel und nicht vom Stillstand. Und deswegen finde ich es gut, dass so viele auf YouTube, Instagram Influencer werden können. [...] Es kommt halt darauf an, was die Person als Influencer macht.
Also es kommt sehr auf den Inhalt an sozusagen.
Eigentlich kommt es wirklich auf den Inhalt an. Wie der vermittelt wird und dass es auch nicht in falsche Richtungen und Strömungen führen kann. Und Aufklärung, Aufklärung ist wichtig. Und dass

die Person echt sein muss. Es darf kein Schauspiel sein. Dann baut sich ja die neue Kultur oder neue Subkultur sage ich jetzt mal auf einem ganz falschen Wert auf. Bringt nichts.

Denis, 22 Jahre, Auszubildender

Auch Luisa und Sophia entdecken beim Thema Influencer altbekannte Muster. Aber sie beziehen das auf die Rollenbilder von Mann und Frau, die hier durch die Influencer online in den sozialen Netzwerken als Ideal zur Schau gestellt werden, und sehen hier ein Rollback zu alten Mustern gegeben.

Was hast du denn für eine Meinung zu Influencern?
Ich finde, es gibt gute Influencer.
Hast du da ein Beispiel?
Ich kenne mich nur mit bestimmten Influencern aus. Aber ich weiß, es gibt welche, die zum Beispiel so was wie Zero Waste promoten, was ich eigentlich gut finde.
Was ist das?
Weniger Müll zu verbrauchen. Ich finde, viele Influencer, denen es nur darum geht, den besten Körper zu haben, perfekt auszusehen, den schönsten Urlaub zu machen, sich perfekt zu schminken, finde ich Schwachsinn. Weil die meiner Meinung nach größtenteils, vielleicht nicht alle, aber sehr viele, doch sehr viel faken und das nicht echt ist. Und ich finde, das bringt viele Menschen in eine Drucksituation. Was auf junge Menschen einfach einen Druck auslöst, das finde ich nicht gut. Es gibt aber auch Influencer, die die Möglichkeit haben, dadurch auch so was wie die Gefahren des Klimawandels oder auch Datensicherheit, solche gibt es ja auch, zu promoten. Das sind ja auch Influencer. Die machen aber für mich zumindest, das ist meine Meinung, was Gutes. Es gibt auch welche, die echt gute Reportagen machen und sich Mühe geben und das gut über YouTube verteilen können.

Aber so die klassischen Influencer, was man sich im Kopf vorstellt, die Schmink Tutorials, die man macht zum Beispiel oder dass man ein Workout macht, das finde ich doof. Weil vor allem habe ich das Gefühl, das Rollenbild wird verstärkt wieder zwischen Mann und Frau, also so in die traditionelle Richtung, was ich schrecklich finde. Und ich finde, auch wie sie sich darstellen, ich glaube, das ist auch für junge Mädchen, junge Männer einfach schlimm, wenn sie denken, sie müssen jetzt so sein. Selbstoptimierung betreiben und möglichst perfekt sein.

Luisa, 22 Jahre, Studentin

Wie siehst du denn Influencer?
Schwierig. Finde ich schon erschreckend. Der kleine Bruder von meinem Freund zum Beispiel ist 14. Und der ist schon ganz schön viel auf YouTube zum Beispiel unterwegs und kennt da irgendwelche Stars. Und will dann unbedingt das 60-Euro-Markenshirt …
Also Influencer-Stars?
Genau. Also irgendwelche Rapper, die dann bestimmte Modemarken irgendwie promoten und da Werbung für machen. Wo dann junge Leute dem irgendwie nacheifern. Und bei Instagram sind es natürlich viel auch modische, aber auch Fitness-Geschichten, wo Frauen, also gerade auch junge Frauen dann sehr dem nacheifern und da viel … Ja, das ist alles, finde ich, so eine verzerrte Darstellung.
Werbung, meinst du mit verzerrt Werbung?
Nein, da werden so Ideale verkörpert, die ich nicht erstrebenswert finde. […]
Also für dich spielen Influencer keine Rolle?
Nein. Ich glaube, das ist eher für junge Mädchen wichtig. Ich finde das schon krass. Ich finde das einfach schade, weil es oft vermittelt, dass Menschen, die optisch toll, die gut aussehen oder eine sportliche Figur haben, dass das

die Leute sind, die was zu sagen haben. Finde ich eine schlimme Erfahrung für junge Menschen. […]
Das ist ja auch ein Frauenbild, was da vermittelt wird, was haarsträubend ist.
Ja, genau. Nicht zu selten auch von Sexismus geprägt. Ich meine, ich erlebe in meiner Altersgruppe, dass so was wie schminken auch zurückgeht. Dass man dann auch langsam merkt, muss jetzt nicht immer sein oder nicht jeden Tag. Sondern kann mal was Besonderes sein. Aber klar, gerade so in der Schule sind es auch bestimmte Produkte, die eben auch wieder von Influencern und Influencerinnen irgendwie beworben werden, und klar, dann machen die das große Geld.

Sophia, 25 Jahre, erwerbstätig

Doch nicht nur gesellschaftliche Rollenbilder von Mann und Frau werden hinsichtlich der Wirkung von Influencern kritisch gesehen. Mit dem Stichwort Influencer-Marketing lässt sich beschreiben, was hier gerade unter den älteren Jugendlichen kritisiert wird. Angesichts der immer früher einsetzenden Nutzung digitaler Inhalte (siehe Kapitel 8.2) prangern Malala, Denis und Grey an, dass Influencer gerade mit jüngeren, leicht beeinflussbaren Heranwachsenden ihr Geld machen wollen.

Finden Sie das gerechtfertigt, dass man mit dieser Arbeit Geld verdient?
Ich halte generell nicht viel davon. Weil viele Influencer haben ihre Follower, die sind sehr jung und sind sehr leicht beeinflussbar. Das finde ich problematisch.
Die Follower oder die Influencer?
Die Follower sind meistens sehr jung. Das sind vielleicht 12-, 13-jährige Mädchen. Meiner Meinung nach sind das Kinder, die leicht beeinflussbar sind. Und oft sind das keine guten Vorbilder. Und die Sachen, die Messages, die rübergebracht werden, sind vielleicht

nicht die, die man den Kindern sozusagen vermitteln sollte.

Malala, 21 Jahre, Gymnasiastin

Wenn es so Richtung Marketing geht quasi.
Ja, das macht viel kaputt. Also, es macht echt viel kaputt. Sieht man ja bei den ganzen YouTubern, die Kinder wirklich zum Kaufen drängen und alles. Ich habe da auch schon mal ein bisschen gesehen. Und die meisten Kids dann so, zum Beispiel auch <vor Ort>, laufen dann schon rum wie irgendwelche neureichen Gucci-Frauen, und die sind gerade mal zehn. Und die haben schon Pelzmantel und so was, und Gucci-Taschen. Dann denke ich mir …
Irgendwas läuft falsch in dieser Welt.
Nein, muss ja nicht falsch sein. Ich meine, Reichtum ist ja auch nur ein Hobby. Wenn man arbeiten geht, um Geld zu haben, das ist auch jedem selbst überlassen.
Was er damit macht sozusagen.
Ja, aber weiß ich nicht, irgendwas fehlt in dem Herzen. Die können ja nicht mehr normale Menschen sein, die sind richtig geldfixiert und skrupellos manchmal, arrogant. So was ist nicht gut, wenn man daraus schlechte Menschen macht.

Denis, 22 Jahre, Auszubildender

Warum? Was stört dich daran oder was findest du daran abstoßend?
Ihnen ist vielleicht der Begriff Nerd bekannt. […] Wenn man ein T-Shirt erstellt und das fürs Dreifache weitervermarktet an seine Fans, die z.T. noch 12, 13, 14 Jahre alt sind, das geht in meinen Augen gar nicht.

Grey, 17 Jahre, arbeitslos

Insgesamt geht es beim Thema Influencer um Authentizität. Sobald Inhalte als authentisch erlebt werden, sind die Jugendlichen ihnen wohlgesonnen. Sarah bringt dies beispielhaft auf den Punkt.

Wie schaust du auf solche Phänomene?
Nett. Wenn ich Influencer anschaue, dann achte ich auf ihre Einstellung. Ich bin eine Freundin von Achtsamkeit und solchen Sachen, dann eher in diese Richtung, wo es eher dahin führt, dass man zu sich selber zurückkommt und nicht an andere anhängt. So was finde ich sinnvoll. Es sind zwei Personen, die ich auf Instagram interessant finde, die mich aber nicht so krass beeinflussen, sondern ich schaue, wie sie es für sich herausfinden oder managen.
Also dass dich andere daran teilhaben lassen, das findest du auch cool.
Das finde ich interessant und das ist sicherlich auch für manche bestärkend. Also die eine hat eine Essstörung gehabt, das ist ein ganz anderer Content, der auch lebensnah ist und nicht verschönert, weil es einfach gesellschaftliches Leben ist. Und je näher es am eigenen Leben ist oder an der Realität, was wirklich Probleme sind, ist es besser. Also diese Verschleierung oder so zu tun, als wäre alles tipptopp, das finde ich Quatsch.

Sarah, 24 Jahre, erwerbstätig

Mit digitalen Inhalten Geld zu verdienen, wird durchaus kritisch gesehen

Wie gehst du damit um, dass Leute da so viel Geld verdienen? Was heißt das auch für dich?
Also ich meine, es ist, glaube ich, schon fast der Traum von jedem, dass man das auch so hinkriegen würde. Aber ich glaube, die Leute, die damit wirklich so viel Geld verdienen, die haben es sich vielleicht auch verdient. Weil die wirklich guten Content machen, den sich die Leute auch gerne angucken. Also so sehe ich das.

Jesko, 14 Jahre, Realschule

Jugendlichen ist das Influencer-Marketing sehr vertraut. Darauf angesprochen, kommt Malala wie Sophia und Luisa zu dem Schluss, dass damit alte Rollenbilder verfestigt werden, und sieht darin gerade für die Jüngeren eine toxische Gefahr. Gleichzeitig sieht sie es aber auch nicht nur kritisch, dass hier Geld verdient und Werbung gemacht wird, und vergleicht es mit dem Fernsehen, das bei dessen Aufkommen als neues Medium ebenfalls für diese Zwecke genutzt wurde.

Zum Beispiel Kylie Jenner könnte man doch als Influencer bezeichnen. […] Sie selber hat ja ihre Beauty-Marke an sich. Aber die Nachricht, die sie meiner Meinung nach jungen Mädchen vermittelt ist die, wenn dir was nicht gefällt, dann anstatt dich zu akzeptieren, solltest du dich ändern. sozusagen ändere dich. […]
Dass die ein bestimmtes Frauenbild verfolgen?
Ja, nicht nur ein Frauenbild, sondern auch bei Männern. Wenn ein Mann nicht stark ist, wenn ein Mann nicht maskulin ist, dann ist das kein richtiger Mann. *[…] Und genau das ist für diese Altersgruppe sehr toxisch. […] Im Bereich Digitales lässt sich auch eine Menge Geld verdienen. Wie beurteilen Sie das? […]*
Ich finde es nicht negativ, definitiv nicht. Weil ich denke, das ändert sich jeweils mit der Zeit. Das ist ein neues Medium und das Medium wird jetzt benutzt. Und als der Fernseher ein neues Medium war, wurde es ja auch benutzt für Werbezwecke.
Ist ja immer noch so.
[…] Genau. Und dass jetzt halt in sozialen Medien oder generell im Internet Werbung gemacht wird, ist etwas Natürliches. Weil es halt schneller viel mehr Menschen erreicht als die herkömmliche Variante.
Malala, 21 Jahre, Gymnasiastin

Auch Mona steht dieser neuen Variante des Marketings skeptisch und staunend gegenüber. Zugleich sieht sie aber auch viel kreatives Potenzial.

Wie bewertest du insgesamt das Thema Influencer? Wie schätzt du die ein?
[…] es ist so abgefahren, dass die Leute eigentlich nichts leisten, aber dafür halt Unmengen Geld kriegen und Sachen kriegen, die sie tragen können. Diese Art Werbung zu machen ist halt so Konsumgesellschaft, Kapitalismus. Ja, wir suchen uns jetzt noch Leute aus, die wir irgendwie ausstatten, dann machen die für uns Werbung. Ist schon irgendwie ein bisschen absurd. […] Man fällt ja sozusagen auch leicht darauf rein. An sich ist es natürlich verrückt. Vor allem weil das auch so innerhalb von fünf Jahren sich so total entwickelt hat und jetzt so präsent ist. Es gibt ja wirklich ganz viele Leute, die Influencer werden wollen. Man muss einfach nur irgendwie einmal ein paar Follower haben oder so, dann verselbstständigt es sich. […]
Es ist ja eine richtige Industrie, es wird Geld verdient. Wie bewertest du das?
Es gibt ja auch Influencer, die Älteren, die jetzt so da reingerutscht sind. Das sind ja viele, die früher einen Blog geschrieben haben oder irgendwie auf YouTube irgendwas Kreatives gemacht haben. […] Man kann ja sich auch eigentlich nicht vornehmen, man wird Influencer. Sondern man kann ja nur versuchen, so Follower zu sammeln und es irgendwann durch Glück zu werden. […], aber eigentlich leistet man auch nicht so viel außer Werbung machen.
Mona, 21 Jahre, Studentin

Denis und Grey heben die Inhaltsleere hervor, wenn es nur noch um das Verkaufen von Produkten und damit ums Geldverdienen geht.

Nicht gut finde ich das, wenn das so total sinnlose Werte sind, die vermittelt werden. Halt Geld, viel Geld machen und so, indem man Kinder ausbeutet und so was, das finde ich nicht gut. Man muss halt schon den richtigen Weg gehen, keine Frage. Es muss ein guter Mensch sein und es muss auch moralisch vertretbar sein, dann ist das o. k.

Denis, 22 Jahre, Auszubildender

Hast du ja schon angesprochen, dass es da durchaus auch ums Geldmachen geht. Wie bewertest du das? Dass da durchaus viel Geld drinsteckt?

Generell, wenn es für einen guten Zweck ist oder man wirklich einen guten Grund dafür hat, ist es in Ordnung. Aber wenn ich mal – ich nenne wirklich ungern Namen, aber ich habe gerade so ein Beispiel, wenn ich jetzt mal Beauty Palace nehme, dann schüttele ich einfach nur den Kopf.

Grey, 17 Jahre, arbeitslos

Für Luisa ist es nur gerechtfertigt, dass auch Influencer ein Stück vom Kuchen abbekommen und nicht alles Geld an die großen Plattformen geht. Zugleich wirft sie zusammen mit Nele die Frage auf, ob das Einkommen von Influencern in einem guten Verhältnis steht zu dem, was Menschen zum Beispiel in der Pflege und im Krankenhaus verdienen.

Die verdienen ja auch einen Haufen Geld damit. Findest du das gerechtfertigt?

Ist halt die Frage, wie man Geld macht. Ich meine, WhatsApp verdient über Datenweitergabe. Man kann sagen ja, weil die Leute im Prinzip dadurch unterhalten werden. Sind ja Unterhaltungsmedien. Ich bin kein großer Fan davon. Aber es sind Unterhaltungsmedien und es ist halt ihr Job, sonst würden sie es wahrscheinlich nicht machen. Aber ich finde sowieso, dass Influencer zu viel Geld bekommen. Ich finde, andere Berufe wie Pflegepersonal, Altenpfleger sollten mehr Geld bekommen. Aber das ist ja so eher politische Meinung. Ich meine, sonst würde das ganze Geld YouTube

behalten. Und so geben sie halt was an ihre Influencer ab.

Luisa, 22 Jahre, Studentin

Also, es gibt ja auch viele Frauen, die sich leicht bekleidet vor die Kamera stellen und dafür auch sehr viel Geld abräumen. […] es ist ja irgendwie auch schon ein Beruf und Unterhaltung, keine Ahnung was. Aber ich denke nicht, dass die so viel verdienen sollten. Die verdienen ja wirklich mehr als jetzt ein Durchschnittsangestellter irgendwo.

Das findest du dann unverhältnismäßig?

Ja, soweit ich das jetzt beurteilen kann. Ich weiß ja nicht, wie viel Arbeit jetzt wirklich dahintersteckt. Aber ich denke jetzt mal nicht, dass es so viel Arbeit ist wie eine Krankenschwester zum Beispiel macht oder so. Und die verdienen deutlich weniger, denke ich.

Nele, 16 Jahre, Gymnasiastin

Julia hat das auch vor Augen, betont aber zugleich, dass man es überhaupt erst einmal schaffen muss, eine solche Reichweite aufzubauen.

Ich sage mal so, es ist schon gemein, dass die so viel Geld machen dafür, dass die fast nichts tun, aber verdient sage ich immer.

Warum?

Weil sie sich den Weg aufgebaut haben. So weit zu kommen muss man erst mal schaffen.

Julia, 19 Jahre, nicht erwerbstätig

Erik nimmt Bezug auf die Verdienste im Profifußball und macht deutlich, in welchem Ausmaß z. B. Influencer aus der Gaming-Szene hier ebenfalls eine enorme Reichweite entwickeln. Die von ihm dabei ins Verhältnis gesetzten Ebenen aus dem Fußball (Bundesliga, Champions League) überträgt er in die digitale Welt und stellt fest, dass nicht jeder mit ein paar Abonnenten in der digitalen Welt auskömmlich davon leben kann.

Von daher ist es für ihn in Ordnung, dass diejenigen, die mit ihren Inhalten viele Menschen ansprechen, damit entsprechende Einkommen generieren können.

Also ich bin jetzt nicht neidisch darauf, wenn einer Hunderttausend im Monat verdient, weil er ... [...]

Hunderttausend im Monat?
Hunderttausend im Monat kriegen die größeren YouTuber.
Wie heißen die?
Es gibt einen, der macht Gaming und so was. Der streamt auch gleichzeitig und macht YouTube-Videos und ist natürlich auch auf sozialen Netzwerken vertreten wie jeder Influencer ja. Und der würde es natürlich nie sagen, aber der macht Geld durch seinen Shop, wo er Klamotten verkauft. Der macht Geld auf YouTube, was nur Zehntausend sind für den. Das ist nicht viel. Dann macht er Geld durch Twitch, also die Einnahmen von Streams und so. Also da kriegt er Spenden und er kriegt Abos sozusagen. Und die sind da kostenpflichtig. Das heißt, da kriegt er auch nochmal drei Euro pro Abo. Ich glaube, pro Monat ist das dann, häuft sich das dann. Der hat durchschnittlich so 20.000 Zuschauer. Die haben nicht alle ein Abo, aber vielleicht zehn Prozent haben ein Abo. Also da kommt immer ganz viel zusammen. Und der arbeitet mit einem Spiel zusammen, wo die Spieler einen Code eintragen können. Und wenn die was in dem Shop für das Spiel kaufen, kriegt der YouTuber, von dem der Code ist, Geld dafür. Also keiner macht Minus sozusagen ...

Ist dieses Geld denn gerechtfertigt?
Ich meine, wenn ein Fußballspieler, die ein bisschen Fußball spielen können, fünf Millionen im Jahr kriegen. Und die YouTuber, das ist ja auch immer so eine Sache. Du weißt nicht, wie lange das geht. Vor zehn Jahren hat man mit YouTube noch nicht Geld verdient. Das ist erst seit fünf Jahren oder so, so dass man gut Geld damit verdienen kann.

Und ich finde es sogar für das Verhältnis, klar Hunderttausend ist viel, aber wenn man sieht, wie viele junge Menschen die erreichen. Also die haben ja teilweise auf YouTube zwei bis vier Millionen Abonnenten. Und wenn man zwei bis vier Millionen Menschen hat, die einem folgen, und da sind noch nicht mal alle dabei, die bei Twitch zugucken, die einen überhaupt kennen richtig. Und so einen Einfluss auf Menschen haben kann, dann ist das für das Verhältnis eigentlich schon fast zu wenig. Weil wenn man das so sieht, ein Fußballer, der begeistert 80.000 im Stadion, und eine Million sitzen vor dem Fernseher.

Das sind mehr Millionen sicherlich vor dem Fernseher.
Ja, kommt ja immer darauf an, wann welches Spiel. In der Bundesliga werden es nicht mal eine Million sein. In einem Champions-League-Finale sind es hundert Millionen. [...] ein Prozent der YouTuber können von dem Geld leben, was sie machen. Weil es gibt viele YouTuber unter tausend Abonnenten, die machen kein Geld. Also, ich sage mal, ab hunderttausend Abonnenten kann man Geld machen. Und hunderttausend Abonnenten, hunderttausend Menschen können Sie sich im Stadion vorstellen, bis eine einzelne Person so viele Menschen erreicht, das ist schon eine Menge. Und wenn man damit Geld verdient, finde ich das nicht schlimm. Ich finde das schon gerechtfertigt. Wenn man bis dahin kommt, ist ja egal wie. Ob man das jetzt mit schlechten Videos macht oder mit guten Videos. Bis man da überhaupt hinkommt, das ist schon eine Leistung. [...] Es ist kein schwerer Job in dem Verhältnis jetzt körperlich oder auch psychisch wird es wahrscheinlich gehen. Aber man weiß nie, wie lange es geht, und man weiß, nie was passiert.

Erik, 17 Jahre, Gymnasiast

Die im Verhältnis jüngeren Laura und Lisa haben eher eine achselzuckende Einstellung zu Influencern.

Die Influencer verdienen ja auch eine ganze Menge Geld mit ihrer Influencerei. Wie findest du das?
Irgendwie sinnlos, aber jeder seins.
Laura, 13 Jahre, Gymnasiastin

Wobei Lisa mit ihren 12 Jahren bereits die Erfahrung machen musste, dass die Produkte nicht das hielten, was angepriesen wurde.

Und hast du auch schon mal Produkte gekauft, die die angepriesen haben?
Eigentlich nicht so. Vielleicht mal so zwei, drei Sachen von der Schminke habe ich nachgekauft. Aber auch Klamotten von Takko, wo die gesagt haben, dass der Stoff gut war. Das hat mir dann auch gefallen. Aber manchmal, wenn ich bei anderen YouTubern geschaut habe, habe ich dann auch was nachgekauft. Da ist dann so eine kleine Enttäuschung aufgekommen, aber die meisten Sachen waren schon gut.
Warum eine kleine Enttäuschung? Was hat dich zum Beispiel enttäuscht?
Zum Beispiel habe ich mir einen Highlighter gekauft. Und die YouTuberin, die gesagt hat, das war sehr gut, bei ihr hat es auch richtig geglänzt. Aber dann habe ich das nachgekauft mit meinen Freunden zusammen, wir haben das zusammen getestet und es war dann einfach gar nicht gut. Da war kein Glitzer, da war einfach nur so ein komischer Fleck. Und das war halt nicht so billig. Das war dann schon ärgerlich, weil es kein bisschen geglitzert hat.
Findest du das richtig, dass die sehr viel Geld mit dem Influencen verdienen?
Manche haben das ja richtig zum Beruf gemacht.
Also ich würde das jetzt nicht machen. Ich finde es jetzt nicht so … Jeder kann

das selber entscheiden, aber für mich wäre das nichts.
Lisa, 12 Jahre, Hauptschülerin

Online einkaufen findet dennoch statt

Mit den digitalen Nutzungsmöglichkeiten ist nicht nur die Möglichkeit verbunden, sich online von Influencern neueste Tipps abzuholen. Vielmehr kann der Kauf von Waren und Dienstleistungen online abgewickelt werden. Es stellt sich die Frage, wie Jugendliche diese Möglichkeiten auch im Vergleich dazu bewerten, dies lokal vor Ort zu machen.

Es ist naheliegend, dass der Online-Einkauf bei weitem nicht die Nutzungsfrequenzen hat wie soziale Nachrichtendienste (siehe Kapitel 7). In unseren Gesprächen mit den Jugendlichen hat sich aber gezeigt, dass quasi alle von ihnen schon einmal online eingekauft haben oder über ihre Eltern haben einkaufen lassen. Zugleich gilt natürlich auch, dass sie dies angesichts ihrer begrenzten Budgets nicht immer und ständig machen.

Bei den Jüngeren ist zu beachten, dass nicht alle schon selbstständig Einkäufe tätigen können, da sie nicht über eigene Konten und Karten verfügen. Hier sind die Eltern gefragt und tätigen die Einkäufe für sie.

Bestellst du die Sachen, die Influencer anpreisen, dann online oder kaufst du die sozusagen real?
Ich habe noch nie was bestellt. Deshalb kaufe ich die, wenn, real.
Also du hast noch nie online was bestellt?
Nein.
Ich weiß gar nicht, kannst du das eigentlich oder müsste das dein Papa für dich machen?
Das müsste ich meinen Papa fragen, wenn ich was bestellen würde.
Und wie bist du dann an den Highlighter gekommen?

Den hat mein Papa bestellt.

Lisa, 12 Jahre, Hauptschülerin

Jesko verfügt aber augenscheinlich über alle erforderlichen Angaben der Eltern, um eine Online-Bestellung komplett abwickeln zu können. Die damit verbundenen Kosten muss er aber selbst von seinem Taschengeld bestreiten.

Also ich sage mal so, wenn es wirklich kein hoher Betrag ist, mein Server, den ich mir im Internet miete, oder wenn ich mir ein Kabel bestelle, das ist so im 3,50- bis 10-Euro-Bereich, dann bestelle ich das. Und dann lege ich Mama das Geld hin und dann weiß sie schon, wofür das ist. Aber wenn ich mir jetzt für 800 Euro ein neues Handy kaufen würde, dann würde ich schon vorher Bescheid sagen. Alleine auch, weil ich so viel Geld gar nicht habe selber. Nein, so wirklich Sachen, die teuer sind, da frage ich schon vorher.
Und das, was aus dem Taschengeld heraus geht, das machst du schon selber. Aber es läuft trotzdem über deine Eltern, oder?
Ja, und dann gebe ich das Geld. Sage denen, wofür das ist.

Jesko, 14 Jahre, Realschüler

Mit diesem Ablauf haben die Eltern im Blick, was ihre Kinder im Netz so alles an Ausgaben tätigen. Dies muss nicht per se in dieser Altersgruppe der Fall sein, wie Laura mit ihren 13 Jahren im Gespräch dokumentiert.

Kaufst du eigentlich auch online ein?
Seltenst.
Was zum Beispiel hast du schon mal online gekauft?
Nur mal um so eine Einkaufs-App auszuprobieren, was zum Angeln, so Vorfächer. Vielleicht mal ein Kleid zur Jugendweihe oder so. Aber das interessiert mich auch nicht wirklich.
Und das musst du aber über deine Eltern bestellen, oder?

Nicht zwingend.
Und wie ist es dann mit dem Bezahlen?
Ich habe eine eigene Karte.

Laura, 13 Jahre, Gymnasiastin

In den Gesprächen mit den älteren Jugendlichen werden auch die Gründe für den online getätigten Einkauf ausführlicher thematisiert: Preis und Verfügbarkeit. Online kann man zudem bequem Preise auf einen Blick vergleichen. Außerdem sind die benötigten Sachen vor Ort manchmal nicht erhältlich. Da sorgen entsprechende Online-Angebote dafür, dass Dinge aus weit entfernten Regionen einfach bestellt werden können und so verfügbar werden. Grey bringt diese beiden Aspekte beispielhaft kompakt auf den Punkt.

Kommt es vor, dass du dir auch mal online Sachen besorgst?
Auf jeden Fall. Wenn ich zum Beispiel einen neuen Plattenträger haben muss oder diese Schreckschusswaffen kaufe, dann gehe ich auf jeden Fall ins Internet. Ja.
Warum kaufst du es online und holst es dir nicht um die Ecke oder so?
Weil es meistens gar nicht um die Ecke machbar ist. Da muss man zum Teil nach Köln oder in die USA oder nach Österreich, um bestimmte Dinge zu holen, und das ist halt viel zu viel Aufwand. Da ist es bequemer, im Internet zu bestellen. Weil ich gebe nicht 150 Euro aus, um mit der Bahn nach Köln zu fahren, um mir dann am Ende für 20 Euro was zu kaufen.
Also ist es dann per Mausklick deutlich einfacher und schneller da und auch verfügbar.
Ja. Und bei weitem günstiger.

Grey, 17 Jahre, arbeitslos

Dies gilt auch für Özcan. Seinen vielfältigen Interessen Rechnung tragend ist er auf Online-Einkäufe angewiesen, da er sich sonst diese speziellen Dinge selbst in einem Mittelzentrum in Deutschland nicht per se vor Ort einfach besorgen könnte.

Kaufst du Sachen online?
Erst heute. Yukio-Karten. Manches findet man halt hier nicht. Was ich hier finde, hole ich auch hier, aber wenn ich zum Beispiel eine Gitarre habe, hier gibt es zwei oder drei Gitarrenläden, die wirklich, wo ich wirklich hingehen kann, aber es gibt halt auch nicht das, was ich da bräuchte.
Also das richtig Brauchbare gibt es da nicht.
Ja. Ich wollte mir ja eine Gitarre holen, später mal, kostet ein bisschen was, deswegen muss ich erstmal drauf hin sparen. Um genauer zu sein, 1000 Euro plus. Ist eine limitierte Gitarre mit sieben Saiten statt sechs. So was gibt es sehr selten. Und das muss man sich dann übers Internet holen. Hier gibt es das gar nicht.
[…] Das heißt, da musst du erstmal vor Ort was finden, und wenn das nicht da ist, dann geht es nur online.
Genau. Verstärker genauso. Und Kabel findet man hier schon. Und Gitarrensaiten die, die ich am liebsten nutze, nicht. Meistens ist es so, was man sucht, findet man nicht.
Özcan, 15 Jahre, Realschüler

Gerade den Älteren fällt auf, dass sie mit zunehmender finanzieller Eigenständigkeit doch eher öfter Sachen online bestellen. Malala und Patrick stehen exemplarisch für diese private Beobachtung an sich selbst.

Stichwort Online-Shopping, wie stark ist das bei Ihnen ausgeprägt?
Seit einer Weile ist das ein bisschen mehr als früher. Seitdem ich finanziell unabhängig geworden bin von meiner Familie, mache ich es mehr, dass ich Kleidung online bestelle oder dass ich Kleinigkeiten wie zum Beispiel ein Handykabel, statt in die Stadt zu gehen,

dass ich es mir bestelle. Aber ich würde das eher ausgewogen sagen. Teilweise gehe ich auch in die Stadt und teilweise bestelle ich online.
Wie oft im Monat bestellen Sie was online?
Vielleicht ein bis zwei Mal. Ich bestelle nicht oft.
Wo bestellen Sie?
Amazon, Zalando, so Sachen …
Malala, 21 Jahre, Gymnasiastin

Kaufen Sie eigentlich auch online ein privat?
Ja. Ich habe schon einige Einkäufe über den Google Play Store getätigt. Einige Einkäufe über Spiele, das ist ja auch über den Google Play Store. Amazon hatte ich schon. Zalando indirekt über meine Mutter. Ansonsten habe ich auch erst seit kurzem Online-Banking, also seit Anfang des Jahres Online-Banking. PayPal hatte ich davor auch schon. Das habe ich bis vor kurzem gehabt, aber nicht benutzt. Lieferheld vielleicht, Essen bestellen.
Und wie oft im Monat bestellen Sie was online?
Wenn ich jetzt ab dem Zeitpunkt, wo ich das erste Mal bestellt habe, das war vor zehn Jahren, bis heute alles zusammenrechne und daraus dann den Mittelwert nehme, dann würde ich sagen, maximal zwei Mal im Jahr. Wenn ich jetzt auf ein kleineres Zeitintervall gucke, zum Beispiel von Anfang des Jahres bis heute, dann würde ich sagen pro Monat so zwei Mal bestimmt. Aber aufs große Ganze gesehen eigentlich nicht viel. Aber es ist schon mehr geworden in der letzten Zeit.
Patrick, 25 Jahre, erwerbstätig

Mit zunehmendem Alter werden jedoch auch öfter die Schattenseiten dieser online abgewickelten Warenströme gesehen. Sophia, Luisa und Fabian äußern sich an dieser Stelle entsprechend kritisch.

Weil ich an sich auch lieber in den Laden gehe. Also zum Beispiel Bücher oder so würde ich mir nicht im Internet kaufen, sondern bestelle ich auch im Laden. *Ist ja auch bitter für die Buchhandlungen, gerade für die kleinen.* Ja. Und das finde ich schon schön, dass man tatsächlich auch hingehen und sich beraten lassen kann. Und sagen kann, haben Sie mal einen Tipp für eine 83-jährige Oma. Und dann wissen die meistens gerade, was in dem Bereich auf der Bestsellerliste steht. Können einem da wirklich ein bisschen Rat geben. Was ist das sonst? Kann mal so was sein wie ... Ich habe schon mal so was wie Zeltheringe im Internet bestellt. Weil ich finde, auch oft so Outdoorartikel sind in Outdoorgeschäften tatsächlich sehr teuer. Und wenn ich mir das dann nicht leisten kann, greife ich schon mal aufs Internet zurück.

Sophia, 25 Jahre, erwerbstätig

Ja, aber ich versuche es gerade zu minimieren. Also ich habe jetzt seit Januar nichts mehr bestellt. Weil ich finde, man kann auch lokal wieder kaufen. Ich kaufe ganz wenig, maximal einmal im Monat. Ab und zu mal Klamotten vielleicht, aber wirklich selten, dass ich das mache. Aber Amazon will ich nicht mehr nutzen gerade, das heißt, da bestelle ich gar nichts mehr.

Luisa, 22 Jahre, Studentin

Und wo kaufen Sie das? Etwa bei Amazon. Aber das versuche ich auch immer mehr runterzufahren. Und dann halt direkt meistens bei den Online-Seiten. *Und warum versuchen Sie, Amazon runterzufahren?* Weil ich erstens finde, die haben zu viele Daten von uns. Und zweitens finde ich einfach die Arbeitsbedingungen so katastrophal, dass ich mit diesem Konzern eigentlich nicht viel zu tun haben will.

Steuern zahlen sie auch keine. Das ist auch der andere Punkt, und das möchte ich nicht unterstützen. Vor allem, da sie auch sehr viel Druck auf die selbstständigen Unternehmen setzen, dass es noch billiger wird. Und die meistens schon fast pleitegehen. Und das ist einfach ein System, was ich nicht unterstützen möchte.

Fabian, 21 Jahre, erwerbstätig

Zudem hat Sophia die Erfahrung gemacht, dass sie im Einzelhandel vor Ort noch ein besseres Angebot bekommen hat, als sie ihn mit den Online-Preisen konfrontierte.

Manchmal einfach Sachen, wo ich sehe, dass es günstiger ist als ... Oder eine Zeit lang habe ich auch Kontaktlinsen im Internet bestellt, auch über Amazon. Weil ich ganz früh angefangen hatte, Kontaktlinsen bei Fielmann zu kaufen. Und dann eben festgestellt habe, dass es die gleichen Kontaktlinsen bei Amazon für die Hälfte gibt. Dann bin ich damit aber nochmal zu Fielmann gegangen und habe gesagt, ich habe früher mal bei euch Kontaktlinsen gekauft, jetzt kaufe ich die im Internet. Und da haben die gesagt, sie können mir garantieren, dass ich die bei ihnen 10 Prozent günstiger als im Internet bekomme. Ich müsste nur ausdrucken, was das Angebot im Internet ist. Und dann hat das auch geklappt.

Sophia, 25 Jahre, erwerbstätig

Wenn sich aber spezielle Wünsche nicht vor Ort erfüllen lassen, ist Luisa inzwischen dazu übergegangen, online direkt beim Hersteller zu bestellen. Damit kann sie Zwischenhändler und vor allem große Plattformen vermeiden.

Letztens habe ich mir Schuhe direkt über den Hersteller bestellt, der in Kassel sitzt. Vegane Schuhe gibt es halt im

Laden nicht, deshalb ist es praktisch, dass man es bestellen kann.

Luisa, 22 Jahre, Studentin

Allerdings bestellen bei weitem nicht alle Jugendlichen regelmäßig online. Denis ist bereit, zum Einkaufen sogar in die nächste Großstadt zu fahren. Dies ist insofern bemerkenswert, da er über den DHL-Shop bei seiner Arbeit in der Tankstelle ja direkt mitbekommt, wie viel sich Leute liefern lassen. Auf der anderen Seite führt dies natürlich auch zu Retouren, die ebenfalls über seinen Tisch gehen. Ähnlich wie Denis bevorzugt Nele das Einkaufserlebnis vor Ort. Sie macht das nicht unvorbereitet. Vielmehr nutzt sie die digitalen Informationsquellen, um zu wissen, was sie sich vor Ort im Laden unbedingt anschauen will.

Kommt es eigentlich vor, dass du selber auch online Sachen einkaufst, shoppen gehst online? Oder machst du das eher seltener?
Ich hatte es bisher die ganze Zeit vor, aber bisher noch nicht gemacht. Ich weiß auch nicht. Ich denke mir immer so, das, was hier bei uns ist, reicht. Oder ich fahre irgendwo hin und kaufe mir was.
Aber es ist nicht so, dass du dir viel liefern lässt.
Nein.
Du bist jemand, der viel mit DHL zu tun hat. Das ist Teil der Lieferökonomie quasi. Aber da bist du nicht Teil davon, dass du dir super viel anliefern lässt?
Nein. Weiß ich nicht. Spricht mich auch nicht so an, wenn ich dann Ware kriege, die ich dann hier anziehe. Und dann denke ich mir, gefällt mir nicht, dann muss ich es zurückschicken. Ich meine, hier geht es ja noch. Berlin ist ja nicht weit weg, da gibt es viele Läden. Und dann kommt man auch mal raus aus der Stadt. Man kann das schon immer mit einem kleinen Abenteuer verbinden,

sage ich mal, wenn man mal was anderes haben will als hier.

Denis, 22 Jahre, Auszubildender

Weil ich finde es auch schön, mit einer Freundin sich einen schönen Tag in der Stadt zu machen und dann noch einen Kaffee trinken zu gehen und so was. Das finde ich schöner, als mich vor einen Computer zu setzen und mir irgendwelche Sachen rauszusuchen.
Das ist ja dann auch eine klare Idee.
Ja, ich würde sagen, 90 Prozent meiner Klamotten habe ich mir selber in der Stadt gekauft.
Und der Rest ist ein bisschen was Dazugekauftes, was es hier in Deutschland vielleicht nicht gibt.
Genau. Oder Sachen, die nicht mehr im Sortiment sind, oder so was. Obwohl ich muss sagen, schauen tue ich schon relativ oft im Internet. Aber ich kaufe nicht. Ich gucke nur, ob es sich lohnt, in die Stadt zu gehen zum Beispiel.
So nach dem Motto, was ist da jetzt wieder an neuer Linie rausgekommen, und dann weiß man, wonach man jagen kann.
Genau, ja.

Nele, 16 Jahre, Gymnasiastin

Beim Umgang mit den eigenen Daten dominiert eher ein Schulterzucken

Es gibt Apps, die wollen ja alles von dir haben.

Nele, 16 Jahre, Gymnasiastin

Die meisten Jugendlichen sind sehr sorglos im Umgang mit ihren eigenen Daten und dem Thema Datenschutz. Dies steht im Einklang mit den Ergebnissen aus dem quantitativen Teil der Studie, wenn nur weniger als ein Drittel angibt, in dieser Hinsicht achtsam zu sein (siehe Kapitel 7). Besonders aufschlussreich ist dazu die Schilderung von Sophia, die bereits auf einen betrügerischen Online-Shop hereingefallen ist. Zugleich ist sie sich im Klaren, dass das Bild, das sie heute online abgibt, irgendwann einmal später durchaus wichtig ist, wenn z. B. potenzielle Arbeitgeber diese Inhalte bei der Suche nach Informationen zu Kandidaten aus dem Netz ziehen können.

Wenn man viel online ist, dann gibt man auch eine Menge von sich selber Preis. Wie gehst du damit um?
Bestimmt nicht besonders vorsichtig. Ich finde es manchmal schon verrückt, wie schnell man dann eben auch mit Kreditkarte bezahlen kann im Internet, wie das alles abläuft. Habe auch selber schon die Erfahrung gemacht, dass ich auf so einer fake Klamottenseite bestellt habe. Und dann aber dadurch, dass ich es über meine Kreditkarte bezahlt hatte, konnte ich es über meine Bank zurück erwirken, in dem ich darüber eine Angabe gemacht habe.
Und hat es dein Verhältnis dazu verändert?
Ja, auf jeden Fall. Ich kaufe wirklich sehr selten im Internet, also gerade Klamotten. Aber es hat dazu geführt, dass ich mir auf jeden Fall jetzt heute eine Seite genauer angucken würde. Und mir im Nachhinein auch ziemlich blöd vorkam, dass ich darauf reingefallen bin und nicht festgestellt habe, dass es keine vertrauenswürdige Seite war. Und ich trotzdem von dem Angebot irgendwie beeindruckt war und zugeschlagen habe.
War dir das sozusagen eine Lehre?
Ja, klar.
Wie checkst du jetzt die Vertrauenswürdigkeit solcher Seiten?
Man kann da eigentlich doch immer auf die AGB unten gucken. Ich glaube, einfach auch ein bisschen die Optik. Und ob man da unten, wenn man auf eine E-Mail-Adresse klickt, auch wirklich eine E-Mail schreiben kann. Das war bei dieser anderen Seite alles wirklich nicht so. […]

Und sonst wie gesagt, wenn ich sehr private oder intime Fotos teilen würde, würde ich das auch eher nicht mit WhatsApp machen. Aber ich glaube, dass man da trotzdem mit deutlich mehr Vorsicht agieren könnte.
Was heißt das? Verschlüsseln oder was meinst du?
Ja, oder es auch einfach nicht machen. Dass man entsprechende Inhalte löscht. Und sonst lebe ich bestimmt schon auch nach der Mentalität, ich habe da auch nicht so richtig was zu verstecken.
Ja, das denken alle.
Klar, gleichzeitig ist es trotzdem gruselig, dass alles irgendwie gespeichert wird und man schon gar nicht weiß, was in zehn Jahren irgendwelche potenziellen Arbeitgeber alles einsehen können, was ich so im Internet verbreitet habe. Das ist schon erschreckend. Bin ich, glaube ich, tatsächlich auch recht unbesorgt.
Sophia, 25 Jahre, erwerbstätig

Ansonsten bemühen sich die Jugendlichen, bei Anwendungen wie WhatsApp und Facebook mit entsprechenden Einstellungen und Verhaltensweisen so zu agieren, dass sie sich nicht selbst schaden. Exemplarisch für dieses Vorgehen stehen die Ausführungen von Patrick.

Wenn man so viel online ist, dann gibt man ja auch eine Menge von sich preis, sowohl von seinem Innenleben als auch die technischen Daten. Wie gehen Sie denn damit um? […]
Ich habe auf jeden Fall auf Facebook eingestellt, dass nur meine Freunde und bei manchen Dingen auch die Freunde meiner Freunde auf die Daten zugreifen können, also unbekannte Personen gar nicht. Personen, die ich nicht kenne, deren Namen mir nichts sagen oder die keine gemeinsamen Freunde mit mir haben. Wenn eine Sache davon zutrifft, dann werden Freundschaftsanfragen nicht angenommen. Aus meinem Privatleben poste ich eigentlich nicht so viel.

Wo ich Facebook erstellt habe, habe ich ein paar Fotos hochgeladen. Ich glaube, das letzte aktuelle Foto von mir ist von 2016 oder 17. Glaube ich.

Patrick, 25 Jahre, erwerbstätig

Denis ist da noch einen Schritt weiter. Er greift auch auf die von Sophia genutzte Formulierung zurück, dass er nichts zu verbergen habe. Zugleich sieht er aber immer noch sich selbst in der Verantwortung, bei speziell auf ihn zugeschnittene Werbung eigene Entscheidungen zu treffen. Er fasst es für sich so zusammen, dass er immer noch die Freiheit hat, diese Inhalte nicht weiter zu beachten.

Wie machst du das mit deinen eigenen Daten?
Ich habe nichts zu verbergen. So gehe ich durchs Leben und auch im Internet. Und wenn da irgendwer meint, mich anzurufen, oder so was in der Art, oder anzuschreiben oder Fotos zu verbreiten, denke ich mir auch so, ich hätte ja nicht die Fotos reingestellt, wenn sie niemand sehen soll. Also ich stelle nur Fotos rein, wo ich denke, die kann ruhig jeder sehen. Ich schreibe nur Texte, wo ich mir denke, die kann ruhig jeder sehen. Ich mache das genauso wie in der realen Welt.
Und wenn dir dann Amazon die nächste Werbung schickt, die dann auf dich persönlich zugeschnitten ist? [...]
Ist mir auch egal. Ich meine, das kann mir hier auch passieren. Wenn mich jemand auf der Straße sieht oder so und dann ein Vertreter irgendwann zu mir kommt und mich dann vollquatscht. Einfach ignorieren, so nach dem Motto.

Denis, 22 Jahre, Auszubildender

Doch auch bei denjenigen, die hier eher ein Unbehagen verspüren, führt dies aus Bequemlichkeit nicht per se zu einer Verhaltensänderung. Malala und Fabian erkennen diese Widersprüchlichkeit aus Unbehagen auf der einen Seite und

eigenem Verhalten auf der anderen Seite für sich selbst auch an.

Mittlerweile bin ich vorsichtiger.
War das anders früher?
Genau, früher war das anders. Früher war ich ziemlich offen. Und irgendwann habe ich gemerkt, dass wirklich jeder alles über mich wusste. Und das war mir sehr unangenehm, deswegen habe ich mich da rausgezogen. Aber jetzt, mittlerweile die Daten, die von mir verwendet werden, werden für Werbezwecke verwendet. Meistens, soweit ich weiß, die werden ja weiterverkauft. Weil das gegen jedermanns Willen ist, finde ich das halt nicht in Ordnung.
Aber man könnte es ja verhindern, wenn man es verschlüsseln würde.
Ich glaube aber, das wird nicht gut genug erklärt. [...]
Aber Sie wissen es, tun es aber auch nicht, oder?
Nein. Bei mir ist es eher was, dass ich faul bin. Dass ich meiner Meinung nach meine Informationen nicht ... Bei mir ist es eher so was, dass ich denke, dass es nicht wichtig genug ist. Aber ich denke, dass es generell viele nicht wissen, dass man das machen kann. Das ist das, was ich eigentlich sagen wollte.
So nach dem Motto: Was soll schon groß mit meinen Daten passieren? Ich habe nichts zu verheimlichen?
Es ist mir peinlich, aber es ist wohl so. Ich bin zu faul, um da etwas Vernünftiges zu machen.

Malala, 21 Jahre, Gymnasiastin

Wenn Sie ins Internet gehen, dann geben Sie ja auch eine Menge von sich selber Preis an Daten. Wie halten Sie es denn damit?
Ich muss wirklich sagen, ich bin da schlecht drin.
Also Sie lassen es einfach laufen?
Ja. Ich bin da wirklich auch wahrscheinlich ein schlechtes Vorbild. Gut, wahrscheinlich gibt es noch Schlimmere, aber

ich bin mir in dem Sinne bewusst, was ich drauf poste und was ich schreibe. Dass es mir auch auf die Füße fallen kann. Also ich schreibe das jetzt nicht aus dem Bauch heraus oder wenn ich wütend bin. Aber so datenmäßig bin ich da schon eher schlecht unterwegs.
An Verschlüsseln denken Sie nicht?
Nein, leider nicht.
Leider? Woran liegt es dann?
Ein bisschen Faulheit. Weil es doch anstrengender ist, die Gewohnheiten so zu ändern. Aber manchmal auch einfach die Zeit, die da fehlt, das anzuwenden. Nein, das ist nicht alltagstauglich.
Das beliebteste Argument ist ja, was sollen die denn mit meinen Daten anfangen?
Nein, da bin ich kein Fan von diesem Argument. Ich bin sehr darauf bedacht, dass nicht alle meine Daten weitergegeben werden. Ich versuche schon, da ab und zu mal draufzuschauen. Ich finde es eigentlich auch wichtig, dass Datenschutz da ist und dass darauf geachtet wird.
Fabian, 21 Jahre, erwerbstätig

Auch bei den Jüngeren löst zielgerichtete Werbung entsprechendes Unbehagen aus. Laura und Nele äußern sich entsprechend.

Aber ich weiß schon, ich bin mir schon im Klaren darüber, dass die verfolgen können, wo ich bin, was ich mache, was ich anschaue und so. Was mir manchmal Angst macht, ist diese Werbung, die man bekommt. Weil man da schon merkt, dass die genau wissen, was ich anschaue, was ich mag. Also das macht mir schon manchmal ein bisschen Angst. Aber ich glaube nicht, dass es wirklich gefährlich werden […]
Du merkst schon, dass es sehr zielgerichtet auf dich ist.
Also ich weiß schon, dass die sehr viele Daten von mir sammeln. Aber ich wüsste jetzt nicht, was sie so Schlimmes damit anrichten könnten, dass es jetzt für mich gefährlich wird. Einfach weil es so viele eben sind.
Nele, 16 Jahre, Gymnasiastin

Laura hat jedoch auch wie Denis den notwendigen Abstand dazu, und findet so etwas nur nervig.

Wenn man so online unterwegs ist, dann gibt man ja auch viel von seinen eigenen Daten Preis. Wie verhältst du dich dazu?
Überhaupt nicht wirklich. Ich bin so eher unaktiv, ich gebe kaum was preis. Und selbst wenn, ist ja nicht wirklich … Man wird ja sowieso überwacht. Es ist eigentlich schnuppe. Jeder weiß doch sowieso alles. Das Handy weiß, wo du bist. Wenn du was gegoogelt hast, weiß dein Rechner, was das war. Da müsste man sich schon aus dem Internet verabschieden.
Und der merkt es sich auch.
Ja, da kommt dann Werbung genau dafür.
Auf dich zugeschnitten.
Ja, der macht dann ding, ding, ding. Dann denkst du dir so, lass mich in Ruhe. Ich will keine Werbung.
Laura, 13 Jahre, Gymnasiastin

Mona ist da inzwischen schon einen Schritt weiter und versucht, sich zu disziplinieren. Zugleich lösen Geräte wie Alexa bei ihr starkes Befremden aus. Sie kann sich nicht vorstellen, dass so ein Gerät in ihren Haushalt kommt.

Wie gehst du denn selber auch mit dem Thema Datenschutz um?
Also ich habe bei den sozialen Netzwerken, wo ich angemeldet bin, bei Facebook nichts angegeben außer meinem Namen. Und ich habe nicht mal meinen ganzen Namen angegeben. Wahrscheinlich wissen die den trotzdem, ich habe ja auch meine E-Mail-Adresse und so. Aber es ist halt so, dass ich so wenig wie möglich angebe. Und wenn irgendwer fragt, wir müssen jetzt deine Handynummer benutzen da und da für, dann

bin ich auch eher so nein, dann mache ich es nicht. Ich versuche, das schon ein bisschen zu minimieren. [...] Und auch so was wie zum Beispiel Alexa oder so, das finde ich ganz schrecklich. Und dann wirklich eigentlich dich den ganzen Tag überwachen können, was du sagst, was du tust. Wie Leute dem vertrauen können, das ist mir schleierhaft.

Mona, 21 Jahre, Studentin

Sarah hält Verhaltensänderungen für schwierig, da sie im sozialen Umfeld nicht so einfach funktionieren. Außerdem sieht sie eine Art grundsätzlicher Überforderung, weil man nicht wirklich überblicken kann, wenn man bei der Installation von Anwendungen Häkchen setzt, die für deren Nutzung erforderlich sind.

Du kannst viele Sachen ja gar nicht mehr nutzen, wenn du nicht sagst »Ja, ist o.k.«. Ich finde Quality Land super. Ohne Daten geht halt nichts mehr. Wir verkaufen uns, ohne dass wir eine Wahl hätten. Das ist halt scheiße. Die Wahl ist »Nutze es oder nutze es nicht«. [...] Bist du dabei oder bist du nicht dabei? Und das ist so ein gesellschaftlicher Druck. Also nicht richtiger Druck, aber du musst ja irgendwie dabei sein. [...] Ich finde es auch wichtig, sich mal selber zu googeln. Dann habe ich das Gefühl, mein Leben

gehört der Gewerkschaft und mein Facebook-Profil auch. Aber so lange es solche Sachen sind, ist es mir wurscht.
[...] Lässt sich dann nicht mehr sozusagen zurückholen.
Nein. Man kann es auch nicht greifen. Mir sind heute noch nicht meine Folgen bewusst oder die Folgen bewusst, die ich mit einem Häkchen gesetzt habe. Das kann ich faktisch heute noch gar nicht sagen. Das ist ein bisschen gruselig.

Sarah, 24 Jahre, erwerbstätig

Als am konsequentesten bei diesem Thema erweist sich Luisa, die ihr Verhalten bereits umgestellt hat und immer wieder feststellt, dass es nicht so einfach ist, im Freundeskreis auf Verständnis dafür zu stoßen. Dennoch ist es ihr ein Bedürfnis, einen entsprechenden Appell für mehr Achtsamkeit im Umgang mit den eigenen Daten zu formulieren.

Hast du von dir aus noch etwas hinzuzufügen?
Ich hoffe, Leute kümmern sich mal mehr um ihre Datensicherheit. Und checken, dass Daten doch viel wert sind, und dass man sie nicht überall hergeben sollte. Das wäre mir viel wert. Weil es ist nicht so schwer, Startpage zu benutzen. Und es ist nicht so schwer, mal drei Euro für Threema auszugeben.

Luisa, 22 Jahre, Studentin

Gudrun Quenzel, Klaus Hurrelmann,
Mathias Albert, Ulrich Schneekloth

9 Jugend 2019: Eine Generation meldet sich zu Wort

Die vorliegende 18. Shell Jugendstudie trägt den Untertitel: »Eine Generation meldet sich zu Wort«. Wir wollen in diesem abschließenden Kapitel klären, wer von den Jugendlichen sich heute wie und mit welchen Themen artikuliert. Dazu greifen wir zentrale Fragen noch einmal auf, die die gesamte Studie durchziehen. Uns interessiert zum einen, wie sich die Einstellungen zu Familie, Arbeit und Politik sowie die Selbstverortung in der Gesellschaft in den letzten Jahren verändert haben und ob wir hier Gemeinsamkeiten über alle sozialen Gruppierungen hinweg ausmachen können. Zum anderen gehen wir der Frage nach, ob die in den vorigen Studien beobachteten Ungleichheiten entlang der sozialen Herkunft, dem Geschlecht, der besuchten Schulform, der Wohnregion und dem Migrationshintergrund eher zu- oder abgenommen haben. Zudem interessiert uns, ob es Anzeichen für eine Polarisierung von politischen und gesellschaftlichen Haltungen gibt, etwa zwischen eher kosmopolitisch und eher national orientierten Jugendlichen.

9.1 Zukunft, Achtsamkeit und Gerechtigkeit: Zentrale Themen der neuen Generation

Die in den Shell Jugendstudien 2002, 2006, 2010 und mit leichten Veränderungen auch noch 2015 beschriebene »pragmatische Generation« zeichnete sich durch eine starke Leistungsbereitschaft, eine Orientierung an materieller Sicherheit und eine Fokussierung auf den sozialen Nahbereich – Freunde, Lebenspartner und Familie – aus. Am meisten Sorgen machten sich die Jugendlichen um ihre berufliche Entwicklung und ihre Chancen auf dem Arbeitsmarkt. Sie reagierten auf die von ihnen als schwierig empfundenen wirtschaftlichen Bedingungen mit Anpassung und einer ausgeprägten Leistungsorientierung. Von einer Infragestellung gesellschaftlicher Zielvorstellungen und Leitbilder war trotz unsicherer Zukunftsperspektiven wenig zu spüren. Das Ziel der befragten Jugendlichen war es nicht, die Verhältnisse zu ändern, sondern für sich selbst in einem schwierigen Arbeits- und Ausbildungsmarkt eine gute Ausgangsposition zu erobern und ganz individuell Schritt für Schritt dem eigenen Lebensglück näher zu kommen. Die Verantwortung für die eigene Zukunft verorteten sie beim Einzelnen, entsprechend investierten sie in Bildung und knüpften Netzwerke, um sich möglichst gut aufzustellen (Hurrelmann et al. 2002; Picot und Willert 2006: 252).

Ein besonderes Kennzeichen der »pragmatischen Generation« war dabei, dass sie sich als Reaktion auf eine als unsicher empfundene Zukunft klar auf das Hier und Jetzt konzentrierte. Sie schien es sich kaum zu gestatten, Wünsche, Perspektiven und Sehnsüchte nach einer idealen Zukunft zu entwickeln. Gefragt, wie sie sich die eigene Zukunft vorstellt, kamen eher ausweichende Antworten und vielfach der Wunsch, dass sich möglichst wenig ändern solle. Konkrete Pläne und Sehnsüchte richteten sich vor allem auf das eigene, oft durchaus bescheidene private Glück in Form eines kleinen Hauses und einer eigenen Familie mit zwei Kindern. Diese Suche nach den bestmöglichen persönlichen Optionen, bei gleichzeitig eher moderaten Erwartungen an die eigene Zukunft, konnten wir bei allen Unterschieden nach sozialer Herkunft, Geschlecht und regionaler Zugehörigkeit als Gemeinsamkeit über die sozialen Gruppen hinweg ausmachen.

Sorge um die Zukunft – für den Umweltschutz auf die Straße

Die vorliegende Studie macht deutlich, dass sich inzwischen viel verändert hat. Im Vergleich zu 2002, als die »pragmatische Generation« in ihren Konturen zum ersten Mal klar erkennbar wurde, zeigen sich erhebliche Unterschiede. Die neue Generation hat die Zukunft als Thema für sich entdeckt, und zwar nicht mehr nur als persönliche, sondern auch und besonders als gesellschaftliche Zukunft. Heutzutage machen sich Jugendliche nicht mehr die meisten Sorgen um ihre individuelle berufliche Entwicklung, sondern um Umweltverschmutzung und Klimawandel. Diese Entwicklung weg von wirtschafts- und hin zu umweltbezogenen Sorgen und Ängsten wird von allen sozialen Schichten getragen, auch wenn ökologische Sorgen in den oberen Schichten weiter verbreitet sind als in den unteren Schichten, wo wirtschaftliche Ängste nach wie vor ebenfalls ein hohes Gewicht haben.

Umweltverschmutzung und Klimawandel scheinen die zentralen Sorgen dieser Generation zu sein, und junge Menschen sind heute mehrheitlich der Meinung, dass die ökologischen Probleme gelöst werden müssen, damit sie eine Zukunft haben. »Wir sind hier, wir sind laut, weil ihr uns die Zukunft klaut« ist ein beliebter Sprechchor-Text auf den »Fridays for Future«-Demonstrationen. Er bringt aus unserer Sicht das Anliegen der jetzigen Jugendgeneration gut auf den Punkt, auch wenn nur ein Teil der Jugendlichen an den Schülerstreiks für Klimaschutz aktiv teilnimmt. Der Spruch hat einen klaren Adressaten, die Politikerinnen und Politiker, und er beinhaltet eine deutliche Handlungsaufforderung. Durch den Vorwurf, dass die Politikerinnen und Politiker ihnen die Zukunft stehlen würden, sprechen Kinder und Jugendliche der bisherigen Umwelt- und Klimapolitik die Legitimation und Rechtmäßigkeit ab. Diese durchaus angriffslustigen Aussagen werden dabei sehr höflich vorgetragen. Man ist da, man ist laut und man hofft, Gehör zu finden.

Junge Menschen wenden sich mit ihren Ängsten klar und deutlich an – und nicht gegen – die Politik und fordern ihre Vertreter auf zu handeln. Sie glauben nicht, dass umwelt- und klimapolitische Ziele ausschließlich über individuelle Verhaltensänderungen zu erreichen sind, sondern verlangen, dass sich der Umgang der gesamten Gesellschaft mit den Ressourcen radikal ändern müsse. Das Vertrauen, das junge Menschen in politische Institutionen wie die Bundesregierung oder die Europäische Union haben, ist durchaus als hoch zu bezeichnen. Einig sind sie sich aber in ihrem Anspruch, dass in der Politik mehr junge Leute etwas zu sagen haben sollten. Und viele sind bereit, sich dafür zu engagieren.

Respekt und Achtsamkeit als Teil der eigenen Lebensführung

Politisches Engagement ist die Wertorientierung, die seit 2002 am stärksten an Bedeutung gewonnen hat, gefolgt von umweltbewusstem Verhalten und Lebensgenuss. Sich umweltbewusst zu verhalten und gleichzeitig das Leben zu genießen, stellt für Jugendliche keinen Widerspruch dar. Ganz im Gegenteil: In einer Kultur der Achtsamkeit gegenüber sich und der Umwelt lassen sich die beiden Wertorientierungen in der alltäglichen Lebensführung gut verbinden. Dass die Achtsamkeit auch andere Menschen einschließt, zeigt sich unter anderem darin, dass die Wertorientierung, die eigenen Bedürfnisse auch gegen andere durchzusetzen, seit 2002 deutlich an Zustimmung verloren hat.

Der unmittelbare Nahbereich, also die eigene Familie, die Freunde und eine Partnerin oder ein Partner, bleiben für Jugendliche von herausragender Bedeutung. Dabei ist es nicht wichtig, viele Freunde und Kontakte zu haben, sondern vor allem gute und vertrauensvolle Beziehungen. Jugendliche verorten sich nach wie vor in der Mitte der Gesellschaft, sie wollen lieber aufsteigen statt aussteigen. Sie investieren viele Jahre ihres Lebens in Bildung und Ausbildung, die Mehrheit ist leistungsbereit, karriereorientiert und flexibel. Sie sind aber auch selbstbewusst und nicht bereit, ihr großes Bedürfnis nach Freizeit und Familie komplett dem Beruf unterzuordnen. Der Job soll sich vielmehr flexibel ihrem Leben anpassen. Arbeit und Leistung ja, aber es soll eben auch Zeit für die anderen wichtigen Dinge im Leben bleiben: für Freunde, Familie und – das ist neu – auch für Politik.

Die Hinwendung zur Politik und die Betonung von Klima- und Umweltschutz sowie einer gesundheitsbewussten Lebensweise haben damit wenig von einer asketischen Verzichtskultur, in der Umweltbewusstsein vor allem darin besteht, sehr viele Dinge nicht zu tun: nicht zu fliegen, nicht Auto zu fahren, keine tierischen Produkte zu essen und den anderen mit dem eigenen moralisierenden Auftreten den Spaß zu verderben. Zentral scheint vielmehr ein Gefühl der Achtsamkeit gegenüber der Natur, der Gesellschaft, der Zukunft und nicht zuletzt gegenüber sich selbst. Lebensgenuss wird wichtiger und steht dabei nach Auffassung vieler junger Menschen nicht im Gegensatz zu einem umwelt- und gesundheitsbewussten Verhalten; beides bedingt sich vielmehr gegenseitig.

Die heutige junge Generation ist auch deutlich tatkräftiger als Jugendliche im Jahr 2002. Von den damaligen »Pragmatikern« gab nur jeder dritte an, jemand zu sein, der die eigenen Ziele auch in die Tat umsetzt; heute sind es fast zwei von drei Jugendlichen. Passend dazu haben aktuell immer weniger Heranwachsende das Gefühl, dass andere über ihr Leben bestimmen. Die Auffassung nimmt zu, dass man auch als junger Mensch sehr wohl etwas an den Dingen ändern kann, die einen stören.

Soziale Gerechtigkeit

Junge Menschen orientieren sich im Grundsatz an einer Gesellschaft, die einer sozialen Spaltung entgegenwirkt und in der soziale Ungerechtigkeiten vermieden werden. Sozial Benachteiligten und gesellschaftlichen Randgruppen zu helfen, hat für viele einen hohen Stellenwert.

Jugendliche aus den weniger privilegierten Schichten betrachten sich hier nach wie vor selbst als Betroffene. Insgesamt ist mehr als jeder dritte junge Mensch der Meinung, dass es in Deutschland nicht gerecht zugeht, in der unteren Schicht ist es sogar jeder zweite. Diese Jugendlichen finden nicht, dass benachteiligte Menschen genügend Unterstützung bekommen, um wirklich am sozialen Leben teilhaben zu können.

Unter ihnen wächst sowohl die Angst vor Zuwanderung als auch vor einer zunehmenden Polarisierung in Form von wachsender Ausländerfeindlichkeit. Sie fühlen sich offenbar einem Verteilungskampf ausgesetzt und sehen nur geringe Chancen, diesen zu gewinnen. Zwar glauben die meisten Jugendlichen aus den unteren Schichten, dass sozialer Aufstieg über Bildung und Leistung grundsätzlich möglich ist, jedoch erleben viele am eigenen Leib, wie hoch das Risiko für sie ist, an den Anforderungen des Bildungssystems zu scheitern.

Aus unserer Sicht kann ein Konzept für mehr soziale Gerechtigkeit eine wichtige Klammer zwischen politisch eher links und eher rechts gerichteten, eher zu Weltoffenheit und eher zu nationalpopulistischen Positionen neigenden Jugendlichen darstellen. Fehlende Gerechtigkeit wird von allen beklagt: Die kosmopolitischen und weltoffenen Jugendlichen, die öfter erfolgreich im Bildungssystem sind und deswegen aus einer privilegierteren Position heraus sprechen, sind ganz klar der Auffassung, dass benachteiligte Menschen unabhängig von ihrer Herkunft unterstützt werden sollten. Die zuwanderungskritischen und nationalpopulistischen Jugendlichen, die häufiger weniger erfolgreich im Bildungssystem sind und so mehrheitlich aus einer weniger privilegierten Position sprechen, empfinden sich selbst als benachteiligt und haben – wie ihr geringes Kontrollempfinden anzeigt – vielfach nicht das Gefühl, aus eigener Kraft aus dieser Position herauszukommen. Deshalb kritisieren sie, dass sich Politikerinnen und Politiker wenig für sie und ihre Belange interessierten,

deshalb sind sie wenig zufrieden mit der Demokratie in Deutschland und deshalb breitet sich unter ihnen mitunter Fatalismus aus, dass sich daran auch zukünftig nur wenig ändern werde. Aus diesem Grund sollten Zukunftsfragen wie etwa zum Klimawandel, zur Mobilität oder auch zur Gestaltung digitaler Social-Media-Welten in den nächsten Jahren auch neu gestellt bzw. in einen weiteren Kontext gebracht werden. Unserer Einschätzung nach werden Fragen der sozialen Gerechtigkeit im Hinblick auf einen gegebenenfalls erforderlichen Interessensausgleich zur Vermeidung von Benachteiligungen zukünftig eine immer größere Rolle spielen.

9.2 Polarisierungen, Brüche und soziale Ungleichheiten

Soziale Ungleichheit strukturiert sich in Deutschland nicht nur entlang der sozialen Herkunftsschichten, also danach, ob die eigenen Eltern finanziell und hinsichtlich ihrer Bildung gut oder weniger gut situiert sind. Eine entscheidende Rolle spielt auch, ob man männlich oder weiblich ist, aufs Gymnasium oder auf eine andere Schulform geht, in einem reicheren oder strukturschwächeren Bundesland lebt, in der Stadt oder auf dem Land wohnt oder ob man einen Migrationshintergrund hat oder nicht.

Die Frage, in welchem Ausmaß die wirtschaftliche Ungleichheit und die soziale Spaltung in Deutschland in den letzten Jahren zugenommen haben, wird kontrovers diskutiert. Davon, dass Ungleichheit und Spaltung nennenswert zurückgegangen seien, geht jedoch niemand ernsthaft aus (Bundesministerium für Arbeit und Soziales 2017; OECD 2018). Aktuell lebt fast jeder fünfte Jugendliche in relativer Armut und wächst damit in einer Familie auf, deren Haushaltseinkommen nominell weniger als 60 % des durchschnittlichen Haushaltseinkommens in Deutschland beträgt (Eurostat 2018a; Benz und Heinrich 2018). Familien mit Migrationshintergrund sind neben Alleinerziehenden und Geringqualifizierten überproportional häufig von relativer Armut betroffen. Für einen europäischen Wohlfahrtsstaat mit vergleichbaren finanziellen Ressourcen ist ein Anteil von fast 20 % junger Menschen in relativer Armut vergleichsweise hoch. So liegt der Anteil armutsgefährdeter Jugendlicher in Finnland, der Schweiz und Schweden mit 16,5 % unter diesem Wert. Nur Griechenland, Bulgarien und Rumänien erreichen deutlich höhere Werte (Eurostat 2018b).

Die in Deutschland lebenden 12- bis 25-Jährigen lassen sich entlang der finanziellen Lage ihrer Eltern sowie der in ihren Familien verfügbaren Bildungsressourcen in drei Gruppen unterteilen: Die zumeist sehr gut ausgebildeten etwa 40 % der jungen Menschen aus den oberen und mittleren Gesellschaftsschichten können klar als vergleichsweise privilegiert bezeichnet werden, weitere 40 % aus den mittleren und unteren Mittelschichten sind eher durchschnittlich privilegiert, und etwa ein Fünftel der Jugendlichen kommt aus Familien, die aufgrund ihrer finanziellen und sozialen Lage klar als unterprivilegiert bezeichnet werden müssen.

Die materielle Lebenslage ist nur ein – wenn auch sehr wichtiger – Indikator für soziale Ungleichheit. Entscheidend sind daneben die subjektive Bewertung der Chancenlage, das tagtägliche Erleben von Zugehörigkeit oder Exklusion und insgesamt die Zufriedenheit mit der eigenen Situation (Bude und Lantermann 2006: 234). Denn nicht alle, die über weniger Bildungs- und Finanzressourcen verfügen, fühlen sich notwendigerweise marginalisiert oder ausgeschlossen. Wer jedoch für sich selbst kaum Chancen auf Teilhabe und keine Möglichkeiten einer gesellschaftlichen Verortung und Einbindung sieht, empfindet die soziale Benachteiligung auch als soziale Exklusion.

Wir gehen deswegen in den folgenden Abschnitten dieses Kapitels der Frage nach, wo Unterschiede entlang der verschiedenen sozialen Merkmale und Zuschreibungen wie der sozialen Herkunft, dem Geschlecht, der besuchten Schulform, der Wohnregion, dem Migrationshintergrund oder dem Digitalisierungsgrad in den letzten Jahren größer oder kleiner geworden oder wo sie gar verschwunden sind.

Erhebliche Unterschiede zwischen den Sozialschichten

Unterschiede in der sozialen Herkunft beschränken sich nicht auf materielle Unterschiede, wie die Größe der Wohnung, die Häufigkeit der Urlaube oder das der Familie zur Verfügung stehende Haushaltseinkommen, sondern äußern sich auch im zwischenmenschlichen Familiengefüge. Die materielle Lage beeinflusst maßgeblich die Familienverhältnisse, und so belastet es das Familienklima mitunter erheblich, wenn wenig Geld vorhanden ist. Jugendliche aus den unteren Sozialschichten berichten sehr viel häufiger von Konflikten mit ihren Eltern, wollen früher ausziehen und ihre Kinder möglichst einmal anders erziehen, als sie selbst erzogen worden sind. Sie formulieren zudem deutlich seltener den Wunsch, später einmal eigene Kinder zu haben, als ihre Altersgenossen aus den ökonomisch besser gestellten Familien. Die erheblichen Unterschiede zwischen den Herkunftsschichten haben sich dabei seit 2002 als ziemlich verfestigt erwiesen. Die materiellen und sozialen Bedingungen des Aufwachsens sind und bleiben in Deutschland äußerst ungleich verteilt.

Das Schulsystem in Deutschland funktioniert auch am Ende des zweiten Jahrzehnts des 21. Jahrhunderts nur für diejenigen Jugendlichen gut, die aus den mittleren und oberen Sozialschichten kommen. Bei einem erheblichen Teil der unteren Sozialschichten gelingt es nicht, diese Kinder und Jugendlichen erfolgreich durch das Bildungssystem zu führen und ihnen dadurch einen sozialen Aufstieg in die Mitte der Gesellschaft zu ermöglichen. Fallen die Eltern als Hilfslehrer aus, schaffen es die Schulen offenbar häufig nicht, den ihnen anvertrauten Schülerinnen und Schülern die im Lehrplan vorgesehenen Bildungsinhalte erfolgreich zu vermitteln. Als Folge erhalten Jugendliche aus den unteren Schichten nicht den Ausbildungsplatz, der ihren Neigungen entspricht, und verbleiben entweder in der Berufsausbildung oder arbeiten in einem Bereich, in dem sie eigentlich nicht arbeiten wollen. Entsprechend gering ist ihre Zuversicht, dass sich ihre beruflichen Wünsche verwirklichen lassen. Hier hat sich trotz der erheblichen Umbrüche auf dem Ausbildungsmarkt in den letzten 10 bis 20 Jahren nichts Wesentliches verändert. Zwar ist auch in dieser Gruppe die Zuversicht etwas gestiegen, aber der Abstand zu den anderen sozialen Gruppen ist nicht geringer geworden.

Insbesondere junge Männer aus unterprivilegierten Schichten haben häufig Probleme, schulische Erfolge zu erzielen. Ihr Risiko, eine Klasse wiederholen zu müssen, von der Schule ohne Abschluss abzugehen, eine Förderschule besuchen zu müssen oder die Schule mit einem inzwischen stark entwerteten Hauptschulabschluss abzuschließen, ist erheblich höher als in allen anderen Schichten.

Dass die Hälfte der Jugendlichen aus der unteren Sozialschicht nicht der Ansicht ist, dass es in Deutschland gerecht zugeht, verwundert angesichts der ungleich verteilten Chancen im Bildungssystem nicht. Dennoch hat die Erfahrung von Hindernissen und Problemen in diesem Bereich bei den meisten (noch?) nicht dazu geführt, dass sie an der formalen Durchlässigkeit des Bildungssystems zweifeln. Die überwiegende Mehrheit der Jugendlichen aus den unteren Schichten meint vielmehr, dass in Deutschland jeder die Möglichkeit hat, nach seinen Begabungen und Fähigkeiten ausgebildet zu werden.

Bildung prägt die Perspektive

Entlang der besuchten Schulformen und erreichten Bildungsabschlüsse zeigen sich erhebliche Unterschiede im Vertrauen in die eigene Zukunft und in die Gesellschaft, bei den Sorgen und Ängsten sowie bei den Erwartungen und Hoffnungen, die an die Gesellschaft herangetragen werden.

Jugendliche, die kein Gymnasium besuchen, haben stärkere Zweifel, ob ihnen eine erfolgreiche Einmündung in die Arbeitswelt gelingen wird. Sie sind unsicherer, ob sie die Berufe erhalten, in denen sie ihre Talente und Interessen am besten einbringen können. Sie beobachten häufiger mit Beunruhigung, wie sich die wirtschaftliche Lage entwickelt. Denn auch wenn die allgemeine Arbeitslosigkeit momentan gering ist, bedeutet dies nicht, dass für alle Qualifikationsgruppen ausreichende Beschäftigungsmöglichkeiten vorhanden sind. Für diejenigen, die keinen Berufsabschluss erworben haben, und das ist nach wie vor etwa jeder sechste bis siebte Jugendliche, verschlechtern sich die Aussichten auf eine Erwerbstätigkeit, die ihnen den Lebensunterhalt sichern könnte (Holtmann et al. 2019; Dohmen 2019). Die wirtschaftsbezogenen Ängste sind zwar auch bei jungen Menschen mit Hauptschulabschluss in den letzten Jahren zurückgegangen, aber sie sind nach wie vor höher als bei allen anderen Jugendlichen. Die Angst vor Klima- und Umweltproblemen ist demgegenüber in allen Bildungsgruppen erheblich gestiegen, auch wenn sie in den oberen Bildungsgruppen am häufigsten artikuliert wird. Junge Menschen mit Hauptschulabschluss fürchten sich zunehmend vor Zuwanderung. Nur eine Minderheit von ihnen begrüßt, dass Deutschland viele Flüchtlinge aufgenommen hat, und distanziert sich explizit von sozial- und nationalpopulistischen Statements. In der Gruppe der Jugendlichen mit Abitur ist das Verhältnis genau umgekehrt. Hier bewertet jeder zweite das Aufnehmen der vielen Flüchtlinge als positive Entscheidung, und weniger als jeder vierte stimmt sozial- und nationalpopulistischen Aussagen zu. Die Unterschiede in den Zustimmungen zu populistischen Aussagen sind damit zwischen den verschiedenen Bildungsgruppen weit größer als zwischen Jugendlichen in Ost- und Westdeutschland oder zwischen den weiblichen und männlichen Heranwachsenden.

Auch bei der Politikverdrossenheit finden wir Unterschiede entlang der erreichten oder angestrebten Bildungsabschlüsse. Offenbar haben Jugendliche auf Hauptschulen und auf anderen nichtgymnasialen Schulformen deutlich häufiger das Gefühl, dass ihre Interessen keine oder nur eine geringe Rolle für Politikerinnen und Politiker spielen und diese ihre Prioritäten nicht an den Bedürfnissen von sozial Benachteiligten ausrichten. Mit der Politikverdrossenheit geht das Gefühl einher, dass die Demokratie in Deutschland nicht besonders gut funktioniere und man die meisten Dinge in dieser Gesellschaft eigentlich nicht ändern könne. Hier ist die Politik stark gefordert, diesen Jugendlichen eine Perspektive zu bieten und auf ihre Bedürfnisse nach einem sicheren und geordneten Leben, nach Teilhabe am finanziellen Wohlstand und nach einem Beruf einzugehen, der ihnen ein eigenständiges Auskommen in der Mitte der Gesellschaft ermöglicht.

Frauen bleiben tolerant und weltoffen – und werden politischer

Junge Frauen waren in den letzten 10 bis 20 Jahren stets das wertebewusstere und tolerantere Geschlecht. Sie stehen politisch häufiger etwas weiter links als junge Männer, auch sind sie offenbar stärker kosmopolitisch oder weltoffen orientiert und weniger anfällig für Populismus. Mehr Frauen haben eine idealistische Lebensorientierung, und Umweltschutz ist ihnen wichtiger. Zudem treten sie stärker für ein soziales Miteinander und für soziale Gerechtigkeit ein. Das heißt aber nicht, dass sie nicht bereit wären, sich und ihre Bedürfnisse durchzusetzen. Sie wollen es nur nicht auf Kosten anderer tun und sind seltener daran interessiert, Macht über andere auszuüben. Das politische Interesse, das bei jungen Männern lange Zeit höher war als bei jungen Frauen, gleicht sich in den letzten Jahren langsam an. Die Bedeutung des eigenen politischen Engagements ist bei beiden Geschlechtern bereits gleich hoch.

Es lassen sich jedoch auch diverse Unterschiede ausmachen. Seit den 1990er-Jahren erzielen junge Frauen in Deutschland höhere Bildungsabschlüsse als junge Männer, doch beruflich stoßen sie nach wie vor beim Aufstieg in die Chefetage an eine gläserne Decke, und die Unterschiede in der Bezahlung bauen sich nur langsam ab. An mangelnden formalen Qualifikationen der jungen Frauen liegt das nicht.

Dass Frauen häufiger als Männer beruflich kürzer treten, wenn Kinder kommen, wird gerne damit erklärt, dass sie oftmals weniger verdienen als ihre Partner. Doch auch unabhängig davon orientieren sich die meisten jungen Eltern auch heute noch an einem eher traditionellen Familienmodell, in dem die Frau die primäre Verantwortung für die Kindererziehung hat und der Mann hauptsächlich für das Familieneinkommen zuständig ist. Die meisten Mädchen und Jungen in unserer Studie befürworten ebenfalls dieses Modell. Nur etwa ein Viertel der Jugendlichen wünscht sich, dass beide Partner gleich viel oder wenig arbeiten sollen. Die Vorstellungen der jungen Frauen und Männer sind hier bemerkenswert deckungsgleich. Der Wunsch, einmal Kinder zu haben, ist allerdings bei jungen Frauen stärker als bei jungen Männern. Von einer Frauengeneration, die aufgrund ihrer ehrgeizigen Bildungs- und Berufsziele Familie und Kinder vernachlässigen würde, ist also wenig zu spüren. Die jungen Männer wollen zwar mehr für ihre Kinder da sein, aber trotzdem die traditionelle Arbeitsteilung weitgehend beibehalten.

Keine Parallelgesellschaften

In unseren Daten finden sich keine Hinweise darauf, dass sich unter den Jugendlichen parallele Gruppen von Alteingesessenen auf der einen Seite und Eingewanderten auf der anderen Seite beziehungsweise von Menschen mit muslimischem oder Menschen mit christlichem Glauben entwickelt hätten. Es mag innerhalb der Gruppe der zugewanderten Menschen einzelne geben, die die demokratischen Grundwerte ablehnen. Eine breite Zustimmung zu demokratie- und gleichheitskritischen Werten ist unter den 12- bis 25-Jährigen mit Migrationshintergrund jedoch nicht auszumachen.

Die Wertorientierung »Gesetz und Ordnung respektieren« findet bei Jugendlichen aus dem türkischen oder arabischen Raum ebenso hohe Zustimmung wie bei denjenigen ohne Migrationshintergrund. Vielfalt anzuerkennen ist ihnen sogar noch wichtiger als den Jugendlichen ohne Migrationshintergrund – dies sicherlich auch vor dem Hintergrund, dass sie selbst zur Vielfalt in diesem Land beitragen. Ihr Freundeskreis besteht sowohl aus alteingesessenen als auch aus zugewanderten jungen Leuten. Obwohl unter Jugendlichen aus dem türkischen und arabischen Raum Toleranzwerte insgesamt ausgeprägter sind, ist hier der Anteil derjenigen höher, die Vorbehalte gegenüber Homosexuellen und Menschen jüdischen Glaubens äußern. Da die Achtung der jüdischen Kultur und Religion und die besondere Verantwortung gegenüber Juden in Anbetracht der nationalsozialistischen Vergangenheit Deutschlands zu den Grundwerten des deutschen Staats- und Gesellschaftsverständnisses gehören, sind Vorbehalte gegenüber Menschen jüdischen Glaubens besonders besorgniserregend und erfordern politische Maßnahmen. Die große Mehrheit der Jugendlichen aus dem türkischen und arabischen Raum – auch dies ist aus unserer Sicht wichtig – äußert solche Vorbehalte gegenüber Menschen jüdischen Glaubens oder gegenüber Menschen mit homosexuellen Orientierungen jedoch nicht.

Unterschiede zu den alteingesessenen Jugendlichen bestehen auch hinsichtlich der Bedeutung, die Jugendliche aus dem türkischen oder arabischen Raum einem hohen Lebensstandard zuschreiben, sowie in ihrer Bereitschaft, dafür etwas zu leisten: Beides ist bei ihnen höher ausgeprägt. Hier formuliert sich ein Anspruch auf Teilhabe und das Gefühl, dass man sich für ein erfolgreiches Leben in einer Wettbewerbsgesellschaft aktiv positionieren und einsetzen muss. Offenbar glauben diese Jugendlichen an die Leistungsversprechen der neuen Heimat.

Für viele zahlt sich diese Bereitschaft zum Engagement aus. Erstmalig müssen eingebürgerte Jugendliche nicht mehr häufiger als andere die Erfahrung machen, dass ihnen der Schulabschluss nicht für den Wunschberuf reichte. Bei denjenigen, die keinen deutschen Pass haben und zumeist noch nicht so lange in Deutschland wohnen, gibt es jedoch

Unterschiede. Insgesamt ist vielen Jugendlichen mit Migrationshintergrund im Vergleich zu den erreichten Bildungsabschlüssen ihrer Eltern ein bemerkenswerter Bildungsaufstieg gelungen. Sie erleben jedoch nach wie vor deutlich häufiger Brüche in ihrer Bildungskarriere: eine Klasse wiederholen zu müssen oder den angestrebten Schulabschluss eventuell nicht zu erreichen. Aufgrund der Entspannung auf dem Arbeits- und Ausbildungsmarkt ist auch bei ihnen das Vertrauen darin gestiegen, die eigenen beruflichen Wünsche einmal verwirklichen zu können. Die Zuversicht in dieser Gruppe ist jedoch nach wie vor deutlich verhaltener als bei Jugendlichen ohne Migrationshintergrund.

Erhebliche Differenzen finden wir vor allem in der Religiosität. Für mehr als jeden zweiten Jugendlichen aus dem türkischen oder arabischen Raum ist es wichtig, an Gott zu glauben, bei den Jugendlichen ohne Migrationshintergrund nicht einmal für jeden vierten. Junge Muslime beten auch häufiger, und da Jugendliche ohne Migrationshintergrund immer seltener überhaupt gläubig sind, werden die Unterschiede hier sukzessive größer.

Ost und West gleichen sich weiter an

Seit der Wiedervereinigung haben wir teilweise erhebliche Unterschiede zwischen Jugendlichen in den damals sogenannten fünf neuen Bundesländern und den alten westdeutschen Bundesländern festgestellt: Ein deutlicher Kontrast zeigte sich in den Einstellungen zur Demokratie und zur Vereinbarkeit von Familie und Karriere sowie bei der Zuversicht bezüglich der eigenen Zukunft. Diese Unterschiede sind seit 2002 immer weiter zurückgegangen. Jugendliche in Ost- und Westdeutschland sehen inzwischen gleichermaßen optimistisch in die persönliche Zukunft, teilen eine alles

in allem doch sehr positive Sicht auf die Europäische Union und empfinden Deutschland gleichermaßen als gerecht oder ungerecht. Die Zufriedenheit mit der Demokratie ist zwar im Westen noch etwas höher, aber auch hier ist es im Zeitverlauf zu einer erheblichen Angleichung der Werte gekommen. Auch der bei jungen Frauen in Ostdeutschland stets deutlich größere Kinderwunsch sinkt inzwischen immer mehr auf »Westniveau«.

Jugendliche in Ostdeutschland müssen jedoch immer noch deutlich häufiger die Erfahrung machen, dass ihnen die Schulnoten für ihren Wunschberuf gefehlt haben, auch wenn sich die Ausbildungssituation verbessert hat. Populistische Aussagen finden hier vermehrt Zustimmung, und auch Vorbehalte gegen soziale Randgruppen und religiöse Minderheiten werden von ostdeutschen Jugendlichen häufiger geäußert als von westdeutschen. Sie betonen häufiger, dass sie Nachbarn ablehnen würden, wenn sie Flüchtlinge und türkischstämmige Familien, aber auch, wenn sie Studierende, Familien mit Kindern und jüdische Familien wären. Nichtsdestotrotz verorten sich Jugendliche in Ostdeutschland häufiger als links und seltener als rechts als Jugendliche in Westdeutschland.

Keine verfestigte Polarisierung der Weltanschauungen

Eine Trennlinie scheint zwischen Jugendlichen mit eher außengewandten, offenen Einstellungen und Jugendlichen mit eher innengewandten, verschlossenen Einstellungen zu bestehen. Ob dieser Kontrast zunimmt, lässt sich auf Basis der vorliegenden Daten schwer abschätzen. Auch wenn zuwanderungskritische Einstellungen gerade bei Jugendlichen mit Hauptschulabschluss unverkennbar zugenommen haben, so ist dieser Trend doch auch bei ihren Altersgenossen in den anderen Schulformen und mit anderen Bildungsabschlüssen zu beobachten. Bei der Verortung der eigenen politischen Einstellung als links oder rechts ist im Zeitverlauf allerdings keine Zunahme von Jugendlichen, die sich klar als rechts verorten, zu beobachten. Eine leichte Zunahme gibt es bei denjenigen, die sich klar als links bezeichnen. Dieser Zuwachs ist aber eher moderat, und die Mehrheit der jungen Menschen verortet sich weiterhin leicht links von der Mitte. Bei den Toleranzwerten beobachten wir ebenfalls einen leichten Trend zu mehr Rücksichtnahme und Verständnis.

Was wir sehen, ist also weniger eine Polarisierung politischer Einstellungen, sondern eher eine Trennung der Lebenswelten entlang der sozialen Schichten sowie – damit eng zusammenhängend – den eigenen Bildungserfolgen. Die solchermaßen quasi abgehängten Jugendlichen sind mit ihrer Situation und ihren Perspektiven unzufrieden, empfinden ihre Lage als ungerecht und Zuwanderung als potenziell bedrohlich. Die unterschiedlichen politischen Weltsichten scheinen uns in weiten Teilen eine Reaktion auf die sehr unterschiedlichen Perspektiven und Möglichkeiten zu sein und zeigen eine weniger verfestigte Polarisierung und Unvereinbarkeit der Weltanschauungen von Jugendlichen entlang einer Achse von eher offenen und eher geschlossenen Weltbildern an. Wir haben dies im zweiten Kapitel mit der differenzierten Gruppierung von Jugendlichen als »Kosmopoliten«, »Weltoffene«, »Nicht-eindeutig-Positionierte«, »Populismus-Geneigte« und »Nationalpopulisten« beschrieben. Nur zwischen den Kosmopoliten und den Nationalpopulisten lässt sich eine eindeutige Polarisierung feststellen, beide Gruppen machen aber zusammengenommen lediglich etwa ein Fünftel der Jugendlichen aus.

Keine Spaltung in digitalisierte und digital abgehängte Jugendliche

Der Alltag junger Menschen in Deutschland ist von Schule und Ausbildung sowie von Familie und Freunden geprägt, das Smartphone ist jedoch immer dabei und durchdringt alle Lebensbereiche. Für die Schularbeiten wird das Smartphone ebenso genutzt wie für den Austausch mit Freunden, die Planung von Verabredungen, die Organisation der Freizeit, den Kontakt zu den Eltern, Geschwistern und oft auch Großeltern. Als Allzweckgerät dient das Smartphone zugleich der Unterhaltung, Information und Kommunikation. Jugendliche verbringen viel Zeit im Internet, aber da die Aktivitäten dort vielfältig sind, fällt es ihnen nicht auf, wie viele Stunden es tagtäglich sind. Wenn sich Jugendliche permanent mit dem Smartphone beschäftigen und die Außenwelt darüber zu vergessen scheinen, kommunizieren sie mit ihren Freunden, erzählen sich gegenseitig, wie es ihnen geht, informieren sich über das, was in der Gesellschaft passiert, machen Hausaufgaben oder hören ganz einfach Musik. Aus Sicht vieler Erwachsener sind sie immer »woanders«, nur nicht hier, aus Sicht der Jugendlichen sind sie voll und ganz im Hier und Jetzt und würden alles Wichtige verpassen, wenn sie längere Zeit offline wären.

Für eine Spaltung in digitalisierte und digital abgehängte Jugendliche finden sich in unseren Daten keine Hinweise. Zwar nutzen nicht alle Jugendliche das Internet in gleicher Zeitintensität, und auch die Art der Nutzung unterscheidet sich danach, ob sie eher spielen, chatten, sich informieren oder aktiv Dinge ins Netz einspeisen, aber grundsätzlich sind sie alle einen erheblichen Teil ihrer Zeit online.

9.3 **Fazit**

Die vorliegende 18. Shell Jugendstudie hat sich wie die vorangegangenen Studien zum Ziel gesetzt, ein möglichst umfassendes und differenziertes Bild der Einstellungen und Lebenssituationen Jugendlicher in Deutschland zu zeichnen. Wir haben dafür auf die bewährte Kombination von quantitativen und qualitativen Methoden zurückgegriffen und insbesondere auf Veränderungen in den Zeitreihen seit 2002 geachtet. Eine solche Herangehensweise ist gerade auch deshalb vonnöten, um herauszufinden, ob und inwieweit etwa kurzfristig oder gar tagesaktuell beobachtete Entwicklungen auf längerfristigen Trends aufbauen bzw. inwiefern sich hier eher eine ganze Generation artikuliert oder aber nur einzelne soziale Gruppen.

Obwohl es selbstverständlich nicht möglich ist, die künftige Entwicklung und institutionelle Ausprägung von jugendspezifisch geprägten politischen Formierungen, wie etwa der aktuell viel beachteten »Fridays for Future«-Bewegung, vorherzusagen, so konnte die vorliegende Studie doch zeigen, dass sich gerade an dieser Stelle bedeutende Veränderungen in der heutigen Jugendgeneration abbilden: Umweltschutz und Klimawandel haben bei Jugendlichen als zukunftsrelevante Themen erheblich an Bedeutung gewonnen. Sie bilden Kristallisationspunkte sowohl für die Artikulation der Forderung nach Mitsprache als auch für die Handlungsaufforderung, die an die älteren Generationen gerichtet ist, insbesondere an die Politikerinnen und Politiker.

Die sich hier entfaltende Politisierung stellt sich als eine komplexe Entwicklung dar: Die vorliegende Studie dokumentiert eine erhöhte Engagement- und Artikulationsbereitschaft unter den politisch interessierten Jugendlichen, aber keinen weiteren, gar sprunghaften Anstieg des politischen Interesses bei

den Jugendlichen insgesamt. Ebenso wenig ist ein Rückgang der immer noch vorherrschenden Politikverdrossenheit zu verzeichnen. Das Misstrauen in die Problemlösungskompetenz von politischen Parteien und ihren Repräsentanten bleibt weiter bestehen. Typisch für das Engagement ist die Kurzfristigkeit, mit der sich größere Gruppen von Jugendlichen politisch artikulieren und dadurch öffentliche Wirkung erzielen können. Eine wichtige Rolle hierbei spielt die digitale Welt, mit deren Hilfe Positionen über die diversen Social-Media-Kanäle schnell Verbreitung finden und vorhandene Zustimmung sofort sichtbar gemacht werden kann. Politische Aktivitäten können auf diese Weise eruptiv gestaltet werden, mit dem Effekt, dass diese dann sofort breite öffentliche Debatten nach sich ziehen. Gut sichtbar wurde dies am Beispiel der YouTube-Aktivitäten, die im Zusammenhang mit den Europawahlen stattfanden und für großes Aufsehen sorgten (Pörksen 2019). Zum anderen hat die Nutzung sozialer Medien hier auch zur Konsequenz, dass sich größere Gruppen von Jugendlichen ebenfalls vergleichsweise schnell für unmittelbare politische Aktionen mobilisieren lassen, wenn es um Themen geht, von denen sie sich persönlich betroffen fühlen. Exemplarisch hierfür stehen die »Fridays for Future«-Proteste, die insbesondere im Frühjahr 2019 auch in Deutschland schnell an Dynamik gewonnen hatten.

Die heutige Jugendgeneration, die in dieser Hinsicht deutlich politischer ist und sich sehr viel eindringlicher zu Wort meldet, schafft es aber weiterhin, diese neuen Orientierungen in ein pragmatisches Grundmuster einzuflechten. Die Jugendlichen passen sich auf der individuellen Suche nach einem gesicherten und eigenständigen Platz in der Gesellschaft den Gegebenheiten so an, dass sie Chancen, die sich auftun, ergreifen können. Die Konturen dieses

Grundmusters jedoch haben sich in den letzten Jahren verschoben, wie wir in der vorliegenden Studie nicht nur in Bezug auf Politik, sondern auch in Bezug auf die digitale Lebenswelt der Jugendlichen dargestellt haben.

Eine Polarisierung von Weltanschauungen und Einstellungen der jungen Menschen existiert und nimmt an einigen Stellen geringfügig zu, in vielen Bereichen zeichnen sich aber auch grundlegende Einigkeiten ab. Es gibt kaum verfestigte Lager, die große Mehrheit der Jugendlichen zieht es nicht an die politischen Ränder. Es bleibt jedoch ein großes Problem, dass die existierenden Spannungen und die ungleiche Chancenverteilung in vielen Lebensbereichen stark mit der sozialen Herkunft und dem Bildungshintergrund zusammenhängen. Bildlich gesprochen mögen hier die Gräben zwar nicht tiefer werden, aber immer breiter, und für viele Jugendliche mit schlechten Startpositionen sind sie auch bei allem Pragmatismus immer schwieriger zu überwinden.

Insgesamt zeigen die Ergebnisse der 18. Shell Jugendstudie, dass eine zunehmende gesellschaftliche Spaltung in Ost und West, kosmopolitisch und weltoffen, männlich und weiblich, mit und ohne Migrationshintergrund oder arm und reich zumindest unter Jugendlichen nicht zu beobachten ist. Die Unterschiede zwischen Ost und West, zwischen männlichen und weiblichen Jugendlichen sowie zwischen jungen Menschen mit und ohne Migrationshintergrund werden eher kleiner als größer. Die Unterschiede zwischen den Sozialschichten sind konstant, und auf eine zunehmende Polarisierung zwischen links und rechts deutet ebenfalls wenig hin. Stattdessen zeigt sich quer durch alle Gruppierungen eine Reihe von Gemeinsamkeiten, darunter eine zunehmende Sorge um die ökologische Zukunft, ein Trend zu gegenseitigem Respekt und einer Achtsamkeit in der eigenen Lebensführung, ein starker Sinn für Gerechtigkeit und ein verstärkter Drang, sich für diese Belange aktiv einzubringen.

Sabine Wolfert, Ingo Leven, Ulrich Schneekloth

10 Methodik

Die 18. Shell Jugendstudie greift erneut auf das bewährte Studiendesign zurück, auf dem bereits die vier letzten Shell Jugendstudien seit 2002 basierten. Durchgeführt haben wir wieder eine vollstandardisierte quantitative Erhebung bei einer repräsentativ angelegten Stichprobe von Jugendlichen, die durch leitfadengestützte qualitative Interviews von systematisch ausgewählten Jugendlichen ergänzt wurde.

In der vorliegenden Studie wird aus Gründen der Lesbarkeit an einigen Stellen auf die Formulierung der weiblichen Schreibweise verzichtet. Grundsätzlich sind jedoch stets alle Geschlechter gemeint.

10.1 Methodik der quantitativen Erhebung

Gesamtanlage der Studie

Die quantitative Erhebung bildet die Bandbreite der Lebenssituationen und Einstellungen der Jugendlichen ab. Grundgesamtheit sind Jugendliche im Alter von 12 bis 25 Jahren, wie bereits in der 14. bis 17. Shell Jugendstudie. Neben den Jugendlichen mit deutscher Staatsangehörigkeit sind dabei ebenfalls Heranwachsende ausländischer Nationalität einbezogen. Die Stichprobe umfasst 2.572 Jugendliche im Alter zwischen 12 und 25 Jahren (Jahrgänge 1993 bis 2006).

Die Feldzeit erstreckte sich über einen Zeitraum von Anfang Januar bis Mitte März 2019. Wie in den vorherigen Shell Jugendstudien wurde die Stichprobe disproportional angelegt, um eine genügend große Fallzahl für differenziertere Auswertungen nach Ost und West verfügbar zu haben: Auf die westlichen Bundesländer entfielen n = 1.812 und auf die östlichen Bundesländer (inklusive Berlin) n = 760 Interviews. Diese bewusste Überrepräsentierung von Jugendlichen aus den östlichen Bundesländern wurde bei der Datenauswertung durch eine entsprechende Korrekturgewichtung ausgeglichen und damit nachträglich proportionalisiert.

Die Erhebung wurde auch diesmal wieder als persönlich-mündliche Befragung von gut geschulten Interviewerinnen und Interviewern auf Basis eines fest vorgegebenen, standardisierten Erhebungsinstruments durchgeführt. Die Befragung selbst erfolgte computerunterstützt als CAPI-Erhebung (Computer-Assisted-Personal-Interviewing). Hierbei werden die Befragungsergebnisse direkt in einen vom Interviewer mitgeführten Laptop eingegeben.

Stichprobe

Die diesjährige Erhebung »Shell Jugendstudie 2019« wurde wieder auf Grundlage einer Quotenstichprobe

(Quota-Sample) erstellt und knüpft damit an das Studiendesign der letzten Shell Jugendstudien an. Im Rahmen einer Quotenstudie wird den eingesetzten Interviewern vorgegeben, eine exakt definierte Anzahl von Jugendlichen aus bestimmten Untergruppen zu befragen. Vorgegeben wurden die folgenden Quotierungsmerkmale:

- Altersgruppen: 12 bis 14 Jahre, 15 bis 17 Jahre, 18 bis 21 Jahre, 22 bis 25 Jahre, differenziert nach Geschlecht
- Sozialer Status: Hauptschüler, Realschüler, Gymnasiasten, Studierende, in Berufsausbildung/Erwerbstätige, Arbeitslose/sonstige Nicht-Erwerbstätige, differenziert nach West/Ost
- Bundesländer und regionale Siedlungsstrukturtypen (10 BIK-Siedlungsstrukturtypen: ggf. je nach Bundesland aggregiert)
- Deutsche, Deutsche mit Migrationshintergrund und nichtdeutsche Jugendliche, differenziert nach West/Ost

Für Jugendliche, die noch die Schule besuchen, wurde eine aus der amtlichen Statistik abgeleitete Differenzierung nach der Schulform vorgegeben. Diese zusätzliche Unterscheidung führt dazu, dass es bei der Realisierung der Stichprobe noch schwerer wird, die vorgegebenen Quotengruppen exakt abzubilden. Da jedoch der Anteil der Schüler in der vorgegebenen Altersgruppe von 12 bis 25 Jahren rund 40 % ausmacht und sich die Schüler selbst, wie im Rahmen der Studie erneut sichtbar wurde, je nach Schulform in ihren Einstellungen signifikant unterscheiden, wurde dieses Problem und der damit verbundene Mehraufwand bewusst in Kauf genommen. Für Jugendliche, die nicht mehr die Schule besuchen, wurde der soziale Status nach den Kategorien »In Berufsausbildung/Erwerbstätig«, »Studierende«, »Arbeitslos/sonstige Nicht-Erwerbstätige« differenziert. Die Vorgabe wurde ebenfalls aus der amtlichen Statistik, in diesem Fall aus dem zum Zeitpunkt der Stichprobenziehung verfügbaren Mikrozensus 2017, abgeleitet.

Auf Basis der Merkmale wurde ein differenzierter Quotenplan erstellt, der den Interviewern genau vorgab, wie viele Interviews sie pro quotierter Zelle durchführen sollten.

Repräsentativität der Ergebnisse

Anhand der im Anschluss durchgeführten Hochrechnung der realisierten Nettostichprobe auf die Gesamtbevölkerung wurden mögliche erhebungsbedingte Abweichungen von den Quotenvorgaben nachträglich ausgeglichen. Zusätzlich wurde auf diese Weise die disproportional nach Ost und West gezogene Stichprobe proportionalisiert. Die Stichprobe ist damit repräsentativ zur Grundgesamtheit der jugendlichen Wohnbevölkerung in Deutschland (alte und neue Bundesländer) im Alter von 12 bis einschließlich 25 Jahren.

Die Grundverteilungen der realisierten Stichprobe zur 18. Shell Jugendstudie sind in den Tabellen 10.1 bis 10.7 dargestellt. Anhand der ausgewiesenen Fallzahlen lässt sich der Einfluss der Gewichtung erkennen, die wir im Zuge der Hochrechnung vorgenommen haben. Gewichtet man den Datensatz anhand der Strukturen der amtlichen Statistik nach den Kriterien Altersgruppe und Geschlecht[1], sozialer Status, Migrationshintergrund und Nationalität (deutsch, nichtdeutsch), Bundesländer und BIK-Siedlungsstrukturtyp, so ergibt sich eine angepasste Stichprobenstruktur. Der Einfluss dieser Gewichtung

---

[1] Bei der Abfrage des Geschlechts waren drei Kategorien vorgegeben: »männlich«, »weiblich« und »sonstiges«. Lediglich eine Befragungsperson gab »sonstiges« an. Die Angaben dieser Person sind in allen Analysen enthalten, außer bei Darstellungen der Untergruppen »Männer« und »Frauen«.

Tab. 10.1 **Grundauszählung der Stichprobe**
Jugendliche im Alter von 12 bis 25 Jahren

	IST ungewichtet		IST gewichtet	
Fallzahlen absolut	männlich	weiblich	männlich	weiblich
Alte Bundesländer				
12–14 Jahre	156	177	204	193
15–17 Jahre	202	212	222	206
18–21 Jahre	292	253	343	309
22–25 Jahre	268	252	363	332
Summe	918	894	1132	1040
Neue Bundesländer (inkl. Berlin)				
12–14 Jahre	92	78	43	41
15–17 Jahre	81	81	44	41
18–21 Jahre	117	111	61	55
22–25 Jahre	100	99	60	55
Summe	390	369	208	192

Eigene Berechnungen auf Basis der Bevölkerungsfortschreibung 2017 des Statistischen Bundesamtes
Shell Jugendstudie 2019 – Kantar

Tab. 10.2 **Altersstruktur der Stichprobe (Vergleich mit der amtlichen Statistik)**
Jugendliche im Alter von 12 bis 25 Jahren

	West			Ost (inkl. Berlin)		
Spalten in % Alter (Jahrgang)	IST ungew.	SOLL	IST gewichtet	IST ungew.	SOLL	IST gewichtet
12–14 Jahre (2004–2006)	18	18	18	22	21	21
15–17 Jahre (2001–2003)	23	20	20	22	21	21
18–21 Jahre (1997–2000)	30	30	30	30	29	29
22–25 Jahre (1993–1996)	29	32	32	26	29	29

Eigene Berechnungen auf Basis der Bevölkerungsfortschreibung 2017 des Statistischen Bundesamtes
Shell Jugendstudie 2019 – Kantar

lässt sich anhand der Fallzahlen bereits gut erkennen. Standen im ungewichteten Datensatz noch 1.812 Jugendliche im Westen 760 Jugendlichen im Osten gegenüber, so ergibt sich nach Multiplikation der Stichprobe mit dem errechneten Gewichtungsfaktor für die alten Bundesländer eine gewichtete Fallzahl von 2.171 Jugendlichen im Vergleich zu 401 Jugendlichen in den neuen Bundesländern.

Vergleicht man die gewichtete Struktur der Stichprobe mit der Struktur der amtlichen Statistik, so zeigt sich, dass hier eine optimale Anpassung erzielt wurde (Tabelle 10.2).

Tab. 10.3 **Vergleich der Verteilung von Statusmerkmalen in der Stichprobe und der Grundgesamtheit**

Jugendliche im Alter von 12 bis 25 Jahren

Spalten in %	West			Ost		
	IST ungew.	IST gew.	SOLL	IST ungew.	IST gew.	SOLL
Hauptschüler	4	3	3	4	2	2
Realschüler	10	9	9	14	6	6
Gymnasiasten	18	19	19	16	22	22
Sonstige Schulformen	7	10	10	7	16	16
Studenten	14	15	15	12	14	14
In Berufsausbildung	16	11	11	16	10	10
Erwerbstätige	24	22	22	23	18	18
Nicht-Erwerbstätige	5	9	9	4	9	9
Arbeitslose	2	2	2	4	3	3

Eigene Berechnungen auf Basis des Mikrozensus 2017
Shell Jugendstudie 2019 – Kantar

Tab. 10.4 **Verteilung der Stichprobe nach den Bundesländern**

Jugendliche im Alter von 12 bis 25 Jahren

Spalten in %	IST ungewichtet (disproportional)	SOLL (disproportional)	IST gewichtet (proportional)
Schleswig-Holstein	4	3	4
Hamburg	3	2	2
Niedersachsen	9	8	10
Bremen	1	1	1
Nordrhein-Westfalen	20	18	23
Hessen	6	6	8
Rheinland-Pfalz / Saarland	4	5	6
Baden-Württemberg	11	12	14
Bayern	13	13	16
Berlin	8	8	4
Brandenburg	5	5	2
Mecklenburg-Vorpommern	3	3	2
Sachsen	7	8	4
Sachsen-Anhalt	2	4	2
Thüringen	4	4	2

Eigene Berechnungen auf Basis der Bevölkerungsfortschreibung 2017 des Statistischen Bundesamtes
Shell Jugendstudie 2019 – Kantar

Tab. 10.5 **Verteilung der Stichprobe nach dem BIK-Siedlungsstrukturtyp**
Jugendliche im Alter von 12 bis 25 Jahren

Spalten in %	IST ungewichtet (disproportional)	SOLL (disproportional)	IST gewichtet (proportional)
500.000 Einwohner und mehr (Kernbereich)	29	28	27
500.000 Einwohner und mehr (Randbereich)	8	9	10
100.000 bis unter 500.000 Einwohner (Kernbereich)	14	14	16
100.000 bis unter 500.000 Einwohner (Randbereich)	12	14	15
50.000 bis unter 100.000 Einwohner (Kernbereich)	3	2	2
50.000 bis unter 100.000 Einwohner (Randbereich)	8	8	8
20.000 bis unter 50.000 Einwohner	8	11	10
5.000 bis unter 20.000 Einwohner	13	9	8
2.000 bis unter 5.000 Einwohner	2	3	2
Unter 2.000 Einwohner	3	2	2

Eigene Berechnungen auf Basis der Bevölkerungsfortschreibung 2017 des Statistischen Bundesamtes
Shell Jugendstudie 2019 – Kantar

Ein Blick auf die Statusmerkmale zeigt, dass die 18. Shell Jugendstudie auch in ihrer sozialen Verteilung gut die Wirklichkeit abbildet. Tabelle 10.3 macht deutlich, dass die im Rahmen der Quotierung auf Basis des Mikrozensus 2017 sowie der amtlichen Schulstatistik des Statistischen Bundesamtes vorgegebenen Statusgruppen bereits in der ungewichteten Ist-Stichprobe relativ gut abgebildet sind. Erwartungsgemäß unterscheidet sich die ausschließlich nach Alter und Geschlecht bzw. alten und neuen Bundesländern gewichtete Ist-Struktur hiervon nicht wesentlich.

In den Shell Jugendstudien 2010 und 2015 hatten wir für die Gewichtung nach Statusmerkmalen auf Zahlenmaterial des Statistischen Bundesamtes zurückgegriffen, mit dem Heranwachsende in Schule, Ausbildung oder Studium zum größeren Teil auch zu den Erwerbs-

tätigen gezählt wurden, sobald sie zusätzlich (neben-)beruflich tätig waren. In der Shell Jugendstudie 2019 greifen wir dagegen auf Zahlenmaterial des Statistischen Bundesamtes zurück, das unserer Definition der Zugehörigkeit zu bestimmten (Bildungs-)Etappen folgt und diese Heranwachsenden nicht zu den Erwerbstätigen zählt. Wir haben deshalb, um die Konsistenz der Zeitreihe zu erhalten, auch die Gewichtungen der Shell Jugendstudien 2010 und 2015 entsprechend korrigiert. Dadurch ergeben sich an einzelnen Stellen für die Werte der Jahre 2010 und 2015 minimale Abweichungen gegenüber den Angaben in den Veröffentlichungen 2010 und 2015.

Die Verteilung der Stichprobe nach alten und neuen Bundesländern entspricht, genauso wie übrigens auch die Verteilung nach den BIK-Siedlungsstrukturtypen, ebenfalls relativ gut den disproportiona-

Tab. 10.6 Verteilung der Stichprobe nach Staatsbürgerschaft und Migrationshintergrund

	West			Ost (inkl. Berlin)		
	IST ungew.	SOLL	IST gewichtet	IST ungew.	SOLL	IST gewichtet
Einheimisch Deutsch	68	68	68	77	80	80
Deutsch mit Migrationshintergrund	21	17	17	14	6	6
Nichtdeutsche Staatsangehörigkeit	11	15	15	9	14	14

Eigene Berechnungen auf Basis des Mikrozensus 2017 des Statistischen Bundesamtes
Shell Jugendstudie 2019 – Kantar

Tab. 10.7 Herkunftsländer der Jugendlichen mit Migrationshintergrund

Jugendliche im Alter von 12 bis 25 Jahren mit Migrationshintergrund (deutsche und nichtdeutsche Jugendliche)

	IST ungewichtet	IST gewichtet
Osteuropäische Herkunftsländer (z. B. Polen, Ex-UdSSR, Ex-Jugoslawien)	41	39
Vorwiegend islamisch geprägte Herkunftsländer (z. B. Türkei, arabische Länder)	31	35
Sonstige OECD-Länder	18	17
Sonstige Nicht-OECD-Länder	10	9

Shell Jugendstudie 2019 – Kantar

len Soll-Vorgaben. Die Gewichtung passt die Stichprobe danach an die proportionale Bevölkerungsstruktur an.

Abschließend gehen wir noch auf die Staatsbürgerschaft und einen Migrationshintergrund der befragten Jugendlichen ein. Wie aus Abbildung 10.6 hervorgeht, haben rund 11 % der Befragten in den westlichen und rund 9 % in den östlichen Bundesländern eine nichtdeutsche Staatsbürgerschaft (ungewichtete Ergebnisse). Nach den Ergebnissen des Mikrozensus 2017 trifft dies in der tatsächlichen Grundgesamtheit auf etwa 15 % der 12- bis 25-Jährigen in Westdeutschland und etwa 14 % in Ostdeutschland (inklusive Berlin) zu. Der Anteil der Jugendlichen mit ausländischer Staatsbürgerschaft ist in der ungewichteten Stichprobe demnach leicht unterrepräsentiert. Deutsche mit Migra-

tionshintergrund sind hingegen leicht überrepräsentiert. Die Gewichtung korrigiert diese Ergebnisse und führt auch an dieser Stelle zu einer proportionalen Stichprobenstruktur. Die Gewichtung erfolgte nach den Merkmalen Nationalität (deutsch und nichtdeutsch) sowie Migrationshintergrund (ja und nein).

Alle Jugendlichen wurden gefragt, welche Staatsbürgerschaft(en) sie haben, in welchem Land sie und in welchem Land bzw. Ländern ihre Eltern geboren wurden. Als Jugendliche ohne Migrationshintergrund wurden diejenigen definiert, die ausschließlich die deutsche Staatsbürgerschaft haben und die selbst sowie deren Elternteile beide in Deutschland geboren wurden. Für die Jugendlichen mit Migrationshintergrund haben wir die Antworten nach den Herkunftsländern zusammengefasst, um ihnen jeweils eine Herkunftsregion zuordnen zu können. Bei verschiedenen Herkunftsländern haben wir zunächst die eigene nichtdeutsche Staatsbürgerschaft berücksichtigt, erst dann das eigene Geburtsland und zuletzt das der Eltern. Bei verschiedenen Herkunftsländern entschied jeweils die zahlenmäßig größere Herkunftsregion über die Zuordnung zu einer von vier Herkunftsregionen (siehe Tabelle 10.7).

Von allen Jugendlichen mit Migrationshintergrund (also sowohl deutschen mit Migrationshintergrund als auch nichtdeutschen Jugendlichen) haben knapp vier von zehn einen Hintergrund aus den Herkunftsregionen »Ost-Europa, Ex-UdSSR, Ex-Jugoslawien«, sei es durch eigene Migrationserfahrung oder die ihrer Mutter und/oder ihres Vaters. Ein gutes Drittel aller Jugendlichen mit Migrationshintergrund hat ein islamisch geprägtes Herkunftsland:»Türkei, arabische Länder, sonstige islamisch geprägte Herkunftsländer« (Türkei, Syrien, Afghanistan, Pakistan, Irak, Iran, Marokko, Libanon, Jordanien, Palästina, nordafrikanische Länder, Arabische Halbinsel). Die übrigen Herkunftsländer haben wir den beiden Gruppen:»Sonstige OECD-Länder« (OECD-Länder außer den Ländern, die in einer der beiden oberen Kategorien enthalten sind) und »Sonstige Nicht-OECD-Länder« (afrikanische Länder außer Nordafrika, Süd- und Mittelamerika, China, Indien, Südostasien, Staatenlose) zugeordnet. In den inhaltlichen Analysen weisen wir die»sonstigen Nicht-OECD-Länder« aufgrund ihrer geringen Fallzahl und Heterogenität nicht gesondert aus. Eine Gewichtung der Daten nach Herkunftsland erfolgte nicht.

Von allen Jugendlichen sind 15 % nicht in Deutschland geboren – von diesen wiederum sind 34 % im Jahr 2015 oder später nach Deutschland gekommen (die Hälfte dieser Jugendlichen ist in Syrien geboren).

Feldarbeit

Die Erhebung zur 18. Shell Jugendstudie wurde im Zeitraum vom 3. Januar bis zum 11. März 2019 durchgeführt. Zum Einsatz kamen 366 gut geschulte Kantar-Interviewerinnen und -Interviewer. Im Schnitt führte jeder von ihnen etwa sieben Befragungen durch. Die konkrete Auswahl der vorab exakt definierten Zielpersonen wurde den Interviewerinnen und Interviewern überlassen. Sie konnten ihre Interviewpartner in ihrem persönlichen Bekanntenkreis, im Rahmen von Institutionen oder innerhalb von typischen Jugendtreffpunkten anwerben und für die Durchführung der Befragung melden.

Die durchschnittliche Dauer der Interviews betrug 48,1 Minuten. Die Befragungen bei den 12- bis 14-Jährigen waren mit 43,1 Minuten etwas kürzer als die anderen Interviews. Dies ist unserer methodischen Herangehensweise geschuldet: Viele Fragen zu Gesellschaft und Politik, die die jüngsten Jugendlichen erfahrungsgemäß vermehrt keine Angaben machen, haben wir dieser Altersgruppe nicht gestellt. Bei den 15- bis 17-Jährigen lag die durchschnittliche Befragungsdauer bei 48,0 Minuten, bei den 18- bis 21-Jährigen bei 51,0 Minuten und bei den 22- bis 25-Jährigen bei 49,2 Minuten.

Im Rahmen der Kantar-Interviewerkontrolle wurden alles in allem 10 % der Interviews überprüft. Hier wurde bei den Zielpersonen entweder telefonisch oder schriftlich nachgefragt, ob mit ihnen tatsächlich ein Interview in der entsprechenden Länge und zu der genannten Thematik durchgeführt wurde. Weitere Qualitätskontrollen bezogen sich auf die realisierten Fragebögen, die auf Konsistenz und Widerspruchsfreiheit überprüft wurden. Letztendlich wurden nur geringfügige Korrekturen vorgenommen. Offensichtliche fehlerhafte Angaben wurden auf »Keine Angabe« gesetzt.

Tab. 10.8   Übersicht über die befragten Jugendlichen

Alter	Status	Geschlecht	Vorname	Region
12–14	Hauptschule	Weiblich	Lisa	West
12–14	Gymnasium	Weiblich	Laura	Ost
12–14	Hauptschule	Männlich	Simon	West
12–14	Realschule	Männlich	Jesko	West
15–17	Realschule	Männlich	Öczan	West
15–17	Realschule	Weiblich	Nele	West
15–17	Gymnasium	Männlich	Erik	Ost
15–17	Arbeitslos	Männlich	Grey	Ost
18–21	Nicht erwerbstätig	Weiblich	Julia	West
18–21	Gymnasium	Weiblich	Malala	West
18–21	Erwerbstätig	Männlich	Fabian	West
18–21	Studium	Weiblich	Mona	West
22–25	Gymnasium	Weiblich	Franziska	West
22–25	Studium	Weiblich	Luisa	West
22–25	Ausbildung	Männlich	Denis	Ost
22–25	Erwerbstätig	Männlich	Tobias	West
22–25	Studium	Männlich	Leon	West
22–25	Erwerbstätig	Weiblich	Sarah	West
22–25	Erwerbstätig	Weiblich	Sophia	West
22–25	Erwerbstätig	Männlich	Patrick	West

Shell Jugendstudie 2019 – Kantar

Nach Abschluss der Feldarbeit und der Qualitätskontrolle stand ein analysefähiger Datensatz zur Verfügung, der mit Hilfe des statistischen Software-Pakets SPSS 22.0 ausgewertet wurde. Die Ergebnisse sind in diesem Buch detailliert dargestellt.

10.2 Methodik der qualitativen Erhebung

Die Stichprobengrundlage

Grundlage des qualitativen Teils bilden 20 leitfadengestützte Gespräche mit Jugendlichen im Alter von 12 bis 25 Jahren. Diese fanden von Januar bis April 2019 statt. Einige Gesprächspartner wurden über private Kontakte, die meisten aber über die quantitative Studie rekrutiert. In dieser wurden die Jugendlichen am Ende des Interviews gefragt, ob sie für ein vertiefendes Interview zur Verfügung stünden. Fast 1.000 Jugendliche gaben hierzu ihr Einverständnis und überließen uns dafür ihre Kontaktdaten.

Bei der Auswahl achteten wir auf eine gleichmäßige Verteilung der Altersgruppen, der Geschlechter, des (Aus-)Bildungsstatus und der Schulformen. Auch die regionale Verteilung, zum Beispiel West- und Ostdeutschland (inklusive Berlin), und Gemeindegrößen wurden berücksichtigt. Dies gilt auch für die

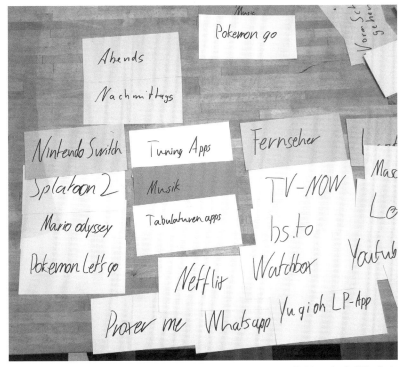

Abb. 10.1

Shell Jugendstudie 2019 – Kantar

Herkunft: Vier unserer Gesprächspartner haben einen Migrationshintergrund. Wie bei qualitativen Interviews üblich erfolgte die Auswahl nach systematischen Gesichtspunkten. Die Rekrutierung auf Basis der repräsentativen Stichprobe sorgte dabei aber für Varianz und Vielfalt.[2]

2 Die anhand der repräsentativen Stichprobe rekrutierten Jugendlichen waren uns vor dem Interview nicht bekannt. Wir hatten von ihnen die Zustimmung und kannten einige soziodemographische Grundmerkmale (Alter, Geschlecht, Wohnort, Status). Alles Weitere ergab sich dann erst im vertiefenden Interview.

Ein Überblick über den Leitfaden

Die Explorationen wurden anhand eines Leitfadens geführt und mit dem Einverständnis der Befragten mitgeschnitten. Sie dauerten zwischen eineinhalb und drei Stunden.

Der Leitfaden bot die Möglichkeit zu einem assoziativ geführten Gespräch. Die Jugendlichen ließen sich bereitwillig und mit Spaß auf das »Kärtchenspiel« (s. u.) ein. Dabei konnten sie mit Karteikarten ihre Nutzung digitaler Inhalte im Alltag strukturiert aufzeigen und die drei wichtigsten Anwendungen in ihrem sozialen Nahbereich vorstellen.

Zunächst haben wir die alltägliche Nutzung digitaler Inhalte entlang

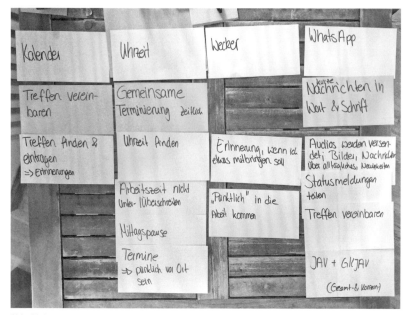

Abb. 10.2 Shell Jugendstudie 2019 – Kantar

des Tagesverlaufs für folgende Zeitabschnitte sichtbar gemacht:

- aufstehen
- morgens
- in der Schule, in der Ausbildung, in der Uni/bei der Arbeit
- nachmittags
- abends
- vorm Schlafengehen
- während der Nacht

Für jede Etappe des Tages sind wir die jeweiligen digitalen Inhalte durchgegangen. Drei unterschiedliche Farben halfen, hier zu unterscheiden:

- Geräte
- Anwendungen
- Inhalte

Die genannten Geräte boten den Jugendlichen eine gute Orientierung, um systematisch durchzugehen, welche Anwendungen sie auf diesen Geräten für welche Inhalte nutzen. Anwendungen umfassten dabei alle Mittel, die für digitale Inhalte zur Verfügung stehen, also nicht nur Apps auf dem Smartphone. Mit einer vierten Farbe nahmen wir abschließend den zeitlichen Umfang in den Blick. Am Ende entstand eine sehr großflächige Übersicht über den digital gestalteten Alltag der Jugendlichen (siehe Abbildung 10.1).

Anschließend sollten die jugendlichen Gesprächspartner die von ihnen über den Tag genutzten Anwendungen nach Wichtigkeit sortieren. Für die drei wichtigsten Anwendungen sollten sie angeben, ob und, wenn ja, welche Rollen Eltern, Freunde, Partner und Schule/Ausbildung/Studium/Beruf dabei spielen. Die auf den Karteikarten dokumentierten Stichworte dazu (siehe Abbildung 10.2) haben wir im Nachgang nochmal ausführlich mit den Jugendlichen thematisiert.

Im letzten Abschnitt des Interviews haben wir gesellschaftliche Themen rund um die Nutzung digitaler Inhalte näher betrachtet:

- Was verstehen Jugendliche unter Gesellschaft?
- Internetaneignung – Welche Rolle haben ihre Eltern dabei gespielt?
- Mediennutzung – digital & klassisch
- Vorbilder & Influencer
- das Geschäft mit dem Digitalen
- Datenschutz
- die Gefahr, im Alltag nicht davon loszukommen

Wir haben die Jugendlichen zu diesen Themen ausführlich zu Wort kommen lassen, um ihnen eine Bühne zu bieten und die einzelnen Persönlichkeiten anschaulich zu konturieren. Wie 2015 haben wir uns bewusst dazu entschieden, die Vornamen der porträtierten Jugendlichen zu ändern, um sie vor einer zu breiten Öffentlichkeit zu schützen.

Die wichtigsten Auszüge der Gespräche mit den Jugendlichen finden sich in Kapitel 8. Ihre Zitate wurden im Originalwortlaut wiedergegeben, um die Authentizität der Gesprächssituation zu erhalten.

Anhang

Fragebogen der
18. Shell Jugendstudie 2019

Einleitungstext

Kantar Public führt seit Jahren regelmäßig Umfragen zu den
Ansichten und Einstellungen der in Deutschland wohnenden
Bürgerinnen und Bürger durch. Unsere jetzige Erhebung
richtet sich speziell an Jugendliche und junge Erwachsene,
deren Lebenssicht auf diese Weise öffentlich gemacht werden soll. Wir würden gerne heute auch Sie um Ihre Mitarbeit
bitten. Ich möchte Ihnen deshalb im Folgenden einige Fragen
zum Thema »Junge Menschen heute« stellen.

F01. Was ist Ihrer Meinung nach bei Jugendlichen heute »in« und was ist »out«?

	In	Out

- Photos und Videos von sich im Internet posten
- Karriere machen
- Treue
- sich in die Politik einmischen
- an etwas glauben
- Aktien
- sich selbstständig machen
- Bio- oder Fair-Trade-Produkte kaufen
- Drogen nehmen

F02. Wie stellen Sie sich Sie Ihre eigene Zukunft vor? Man kann ja die Zukunft, wie das eigene Leben so weitergehen wird, eher düster oder eher zuversichtlich sehen. Wie ist das bei Ihnen?

- Eher düster,
- eher zuversichtlich oder
- gemischt, mal so – mal so?

F03. Und wie ist es mit der Zukunft unserer Gesellschaft? Sehen Sie die –

- Eher düster oder
- eher zuversichtlich?

F04. Sagen Sie mir bitte, in welchem Jahr Sie geboren wurden. (vierstellig)

(gültige Jahrgänge 2019: 1993–2007)

F06. Achtung Interviewer: **Bitte Geschlecht der Befragungsperson eintragen**

- männlich
- weiblich
- Sonstiges

F05. Verschiedene Dinge betrachten manche als großes Problem, andere hingegen als Nebensächlichkeit. Machen Ihnen persönlich die folgenden Dinge Angst oder keine Angst?

	Das macht mir Angst	Das macht mir keine Angst

- die Umweltverschmutzung
- dass in Europa ein Krieg ausbricht
- dass Sie jemand bedroht, dass Sie jemand schlagen könnte
- Terroranschläge
- dass Sie Ihren Arbeitsplatz verlieren oder keinen Ausbildungs- oder Arbeitsplatz finden
- die Ausländerfeindlichkeit in Deutschland
- dass Ihnen etwas gestohlen wird
- schlechte Wirtschaftslage mit steigender Armut
- die Zuwanderung nach Deutschland
- dass Sie eine schwere Krankheit, wie AIDS oder Krebs bekommen
- der Klimawandel
- wachsende Feindlichkeit zwischen Menschen, die unterschiedliche politische Meinungen vertreten

F10. Was machen Sie üblicherweise in Ihrer Freizeit? Bitte nennen Sie mir von dieser Liste die Aktivitäten, die Sie im Wochenverlauf am häufigsten ausführen. Sie können bis zu 5 Freizeit- aktivitäten benennen. (Liste vorlegen)

	genannt

- Fernsehen
- Musik hören
- Videos, Filme, Serien anschauen
- im Internet surfen
- nichts tun, chillen
- Bücher lesen
- in eine Bar oder Kneipe gehen
- Zeitschriften oder Magazine lesen
- in Clubs oder zu Partys gehen
- an der Spielkonsole oder am Computer spielen
- Sport in der Freizeit, wie Rad fahren, Skaten, Kicken usw.
- Training / Aktiv Sport treiben (Fitnessclub, Sportverein …)
- sich mit Leuten treffen
- sich in einem Projekt / einer Initiative / einem Verein engagieren
- etwas mit der Familie unternehmen
- shoppen, sich coole Sachen kaufen
- etwas Kreatives, Künstlerisches machen
- Jugendfreizeittreff, Jugendzentrum besuchen
- soziale Medien nutzen (Facebook, Twitter usw.)

F10_4n. Über welchen Zugang sind Sie hauptsächlich – egal ob privat, in der Ausbildung oder im Beruf – online? (Einfachnennung; Liste vorlegen)

- Desktop-PC
- Laptop, Notebook oder Tablet
- Smartphone
- anderes internetfähiges Handy
- internetfähiger Fernseher
- internetfähige Spielkonsole
- Ich nutze das Internet nie / bin nie online

F10_3n. (Filter: F10_4 ungleich »Ich nutze das Internet nie / bin nie online«)
Wie viele Stunden sind Sie an einem gewöhnlichen Tag online im Internet?
(privat, in der Ausbildung, im Beruf)

- _____ Stunde(n) (auf halbe Stunde genau, z.B. 2,5)
- weiß nicht, zu unregelmäßig

F10_5. (Filter: F10_4 ungleich »Ich nutze das Internet nie / bin nie online«)
Bitte geben Sie nun an, wie oft Sie die folgenden Aktivitäten im Internet durchführen.
(Skala vorlegen)

1	2	3	4	5
Mehrmals am Tag	Mindestens einmal am Tag	Mindestens einmal pro Woche	Weniger als einmal pro Woche	Ich habe das noch nie gemacht

- meinen Blog schreiben
- soziale Netzwerke wie Facebook oder YouTube nutzen
- Messengerdienste wie WhatsApp oder andere nutzen
- E-Mails versenden
- Inhalte von interessanten Menschen oder Prominenten ansehen, denen ich folge
- Videos, Filme, Serien online anschauen
- Spiele, gamen
- Musik herunterladen oder hören
- eigene Videos oder Musik ins Internet stellen
- nach Informationen suchen, die ich gerade brauche
- mich informieren, was in Politik und Gesellschaft passiert
- online einkaufen
- das Netz für Schule, Ausbildung oder Beruf nutzen
- eigene Photos posten

F10_9n. Wie ist Ihre Meinung zu den folgenden Aussagen über das Internet? Wie gehen Sie damit um? (Skala vorlegen; randomisieren)

1	2	3	4	5
Trifft gar nicht zu				Trifft voll und ganz zu

- Bevor ich im Internet soziale Netzwerke nutze, prüfe ich, ob auch alle Sicherheitseinstellungen zum Schutz meiner Daten aktiviert sind
- In sozialen Netzwerken werden häufig Gehässigkeiten verbreitet, die andere bloßstellen oder verletzen
- Bei den sozialen Netzwerken muss man dabei sein. Sonst bekommt man nicht mit, was die anderen so machen
- Ich bin so oft im Internet, dass mir für andere Dinge wenig Zeit bleibt
- Ich finde, dass man im Internet häufig auf Leute trifft, die gezielt Unwahrheiten verbreiten
- Wenn man das Internet nutzt, hat man keine Kontrolle darüber, was mit den Daten angestellt wird, die man dort hinterlässt
- Wenn ich mein Smartphone verlieren würde, würde mir plötzlich mein halbes Leben fehlen
- Ich finde es nicht gut, dass Konzerne wie Facebook oder Google mit den Daten der Nutzer viel Geld verdienen
- Ich wünsche mir, dass man in Zukunft weniger online ist

F11. Nun zu etwas anderem: Interessieren Sie sich ganz allgemein für Politik? Würden Sie sagen, Sie sind …

- Stark interessiert,
- interessiert,
- wenig interessiert oder
- gar nicht interessiert?

F13a_n1. Informieren Sie sich aktiv über das, was in der Politik los ist?

- ja
- nein

F13bn. (Filter: Wenn sich Befragungsperson aktiv über Politik informiert: F13a_n1 »Ja«)
Wo informieren Sie sich über Nachrichten und Politik?
(Es spielt hier keine Rolle, über welches Gerät diese Angebote genutzt werden, also z. B. übers Smartphone oder den Fernseher; Mehrfachantworten möglich)

	genannt

- in sozialen Netzwerken oder Messenger Apps
- über Nachrichten-Websites, News-Portale oder Push-Nachrichten
- über Nachrichtenkanäle auf YouTube
- über Google oder andere Suchmaschinen
- in gedruckten Zeitungen und Zeitschriften
- in Fernsehsendungen
- im Radio, Podcasts
- sonstiges

F14n. Für wie vertrauenswürdig halten Sie die Informationen …

1 Sehr vertrauenswürdig	2 Eher vertrauenswürdig	3 Weniger vertrauenswürdig	4 Nicht vertrauenswürdig

- auf Facebook
- auf Twitter
- auf YouTube
- in den großen überregionalen Tageszeitungen
- in den ARD- oder ZDF-Fernsehnachrichten

F16. (Filter: Nur für Jugendliche ab 15 Jahren)
Wie würden Sie selber Ihre politischen Anschauungen einstufen? Bitte nennen Sie mir gemäß dieser Liste die Ziffer, die am ehesten auf Sie zutrifft. (Skala vorlegen)

0 Links	1	2	3	4	5	6	7	8	9	10 Rechts

F16a. (Filter: Nachfrage, wenn bei F16 »Weiß nicht« oder »Keine Angabe«)
**Darf ich wissen, warum Sie die Frage nicht beantworten möchten oder können?
Welche der drei folgenden Gründe trifft am ehesten zu?** (Liste vorlegen)

- Ich kann meine politische Meinung zwischen rechts und links nicht richtig einordnen
- Ich verstehe nicht, was mit rechts und links gemeint sein soll
- Ich möchte diese Frage generell nicht beantworten

F20. (Filter: Nur für Jugendliche ab 15 Jahren)

Ich nenne Ihnen nun einige Gruppierungen oder Organisationen. Uns interessiert, wie viel Vertrauen Sie diesen Gruppen oder Organisationen entgegenbringen.
1 bedeutet »Sehr wenig Vertrauen« und
5 bedeutet »Sehr viel Vertrauen«.
Mit den Zahlen dazwischen können Sie Ihre Angaben abstufen. Nennen Sie mir einfach die für Sie zutreffende Ziffer. (Skala vorlegen)

1 Sehr wenig Vertrauen	2	3	4	5 Sehr viel Vertrauen	6 Ist mir nicht bekannt

- Bürgerinitiativen
- Bundesregierung
- Bundesverfassungsgericht
- Bundeswehr
- Europäische Union
- große Unternehmen
- Banken
- Gewerkschaften
- Kirchen
- üolitische Parteien
- Polizei
- Umweltschutzgruppen
- Vereinte Nationen

F14. Zur Zeit kann man ja bei Bundestagswahlen erst ab 18 Jahren wählen. Wäre es eine gute Idee, wenn man schon ab 16 Jahren wählen könnte? (Antwort entsprechend zuordnen)

- gute Idee
- keine gute Idee
- ist mir egal

F23. (Filter: Nur für Jugendliche ab 15 Jahren)

Nun geht es um Ihre Einstellungen zu politischen Fragen. Bitte sagen Sie mir, inwieweit Sie die folgenden Aussagen als zutreffend oder nicht zutreffend empfinden. (Skala vorlegen)

1	2	3	4	5	6	98
Trifft überhaupt nicht zu					Trifft voll und ganz zu	Weiß nicht

- In jeder Demokratie ist es die Pflicht jedes Bürgers, sich regelmäßig an Wahlen zu beteiligen
- In der Politik sollten mehr junge Leute was zu sagen haben
- Ich glaube nicht, dass sich Politiker darum kümmern, was Leute wie ich denken
- Eine lebensfähige Demokratie ist ohne politische Opposition nicht denkbar
- In jeder Gesellschaft gibt es Konflikte, die nur mit Gewalt ausgetragen werden können
- Eine starke Hand müsste mal wieder Ordnung in unseren Staat bringen
- Auch wer sich in einer politischen Auseinandersetzung im Recht fühlt, sollte einen Kompromiss suchen

F25n. (Filter: Nur für Jugendliche ab 15 Jahren)

Wie beurteilen Sie die folgenden Aussagen?

(Items ab F25n_2 randomisieren – Item F25n_1 fix immer als erstes; Skala vorlegen)

1	2	3	4	5	6	98
Trifft überhaupt nicht zu					Trifft voll und ganz zu	Weiß nicht

- Ich finde es gut, dass Deutschland viele Flüchtlinge aufgenommen hat
- Die Regierung verschweigt der Bevölkerung die Wahrheit
- In Deutschland darf man nichts Schlechtes über Ausländer sagen, ohne gleich als Rassist beschimpft zu werden
- Der Staat kümmert sich mehr um Flüchtlinge als um hilfsbedürftige Deutsche
- Deutschland wäre ohne die EU besser dran
- Die deutsche Gesellschaft wird durch den Islam unterwandert

(Filter: Nur für Jugendliche ab 15 Jahren)
Nun zu einem anderen Thema: Was verbinden Sie persönlich mit der Europäischen Union?
(Liste vorlegen)

	Ja	Nein

- Frieden
- wirtschaftlicher Wohlstand
- Demokratie
- soziale Absicherung
- die Freiheit, innerhalb der Europäischen Union reisen, studieren und arbeiten zu können
- kulturelle Vielfalt
- mehr Mitsprache in der Welt
- Arbeitslosigkeit
- Bürokratie
- Geldverschwendung
- den Verlust der eigenen Heimatkultur
- mehr Kriminalität
- nicht genug Kontrollen an den Grenzen

F42. (Filter: Nur für Jugendliche ab 15 Jahren)
Sollte sich die Europäische Union längerfristig zu einem einheitlichen Staat entwickeln und zusammenschließen?

- ja
- nein
- weiß nicht

F41a. (Filter: Nur für Jugendliche ab 15 Jahren)
Ruft die EU bei Ihnen insgesamt ein sehr positives, ziemlich positives, weder positives noch negatives, ziemlich negatives oder sehr negatives Bild hervor?

- sehr positives
- ziemlich positives
- weder positives noch negatives
- ziemlich negatives
- sehr negatives
- weiß nicht

F26. Sind Sie in Ihrer Freizeit für soziale oder politische Ziele oder ganz einfach für andere Menschen aktiv? Bitte gehen Sie folgende Liste durch und sagen Sie, ob Sie sich persönlich für folgende Dinge einsetzen. (Liste vorlegen)

	1 Oft	2 Gelegentlich	3 Nie

Ich bin aktiv –

- für die Interessen von Jugendlichen, jungen Leuten
- für eine sinnvolle Freizeitgestaltung Jugendlicher, junger Leute
- für ein besseres Zusammenleben in meinem Wohnort
- für den Umwelt- und Tierschutz
- für die Verbesserung der Situation von Menschen mit Behinderungen
- für ein besseres Zusammenleben mit Ausländern
- für die Sicherheit und Ordnung an meinem Wohnort
- für arme, sozial schwache Menschen
- für soziale oder politische Veränderungen in Deutschland
- für hilfsbedürftige ältere Menschen
- für Menschen in den armen Ländern
- für die Pflege deutscher Kultur und Tradition
- für andere Ziele, Gruppen

F27. (Filter: Nicht an diejenigen, die in F26 überall »nie« (3) angegeben haben)
Wo bzw. wie tun Sie das? Bitte gehen Sie die folgende Liste durch und sagen Sie, ob folgende Dinge auf Sie zutreffen oder nicht. (Liste vorlegen)

	Ja	Nein

- in einer Gruppe, Funktion oder Amt an der Schule, der Hochschule oder der Universität
- in einem Verein (z.B. Sportverein oder Kultur-/Musikverein)
- in einer Bürgerinitiative, einem Bürgerverein
- bei einem Rettungsdienst, bei der freiwilligen Feuerwehr
- bei Greenpeace, Amnesty International, einer Hilfsorganisation
- in einer Partei
- in einer Jugendorganisation
- in der Kirchengemeinde, einer kirchlichen Gruppe
- in einer Gewerkschaft
- in einem Projekt, in einer selbst organisierten Gruppe oder einem Netzwerk
- allein, durch meine persönliche Aktivität
- in anderer Weise

F30. (Filter: Nur für Jugendliche ab 15 Jahren)

Wie zufrieden oder unzufrieden sind Sie – alles in allem – mit der Demokratie, so wie sie in Deutschland besteht?

- Sehr zufrieden,
- eher zufrieden,
- eher unzufrieden oder
- sehr unzufrieden?

F31. (Filter: Nur für Jugendliche ab 15 Jahren)

Jetzt einmal abgesehen davon, wie gut oder schlecht die Demokratie in Deutschland funktioniert: Halten Sie die Demokratie ganz allgemein für eine gute Staatsform oder für eine nicht so gute Staatsform?

- gute Staatsform
- nicht so gute Staatsform
- weiß nicht / keine Meinung

F32. (Filter: Nur für Jugendliche ab 15 Jahren und F31 »Nicht so gute Staatsform« oder »Weiß nicht / Keine Meinung«)

Wie könnte Ihrer Meinung nach eine bessere Staatsform als die Demokratie aussehen?

- Ein starker Mann oder eine starke Partei regieren alleine
- ein sozialistisches System, ähnlich wie in der DDR
- Die Demokratie gefällt mir nicht besonders, aber leider gibt es nichts Besseres
- weiß nicht

F29. Meinen Sie, dass Deutschland zukünftig mehr, genauso viel oder weniger Zuwanderer als bisher aufnehmen sollte?

- mehr als bisher
- genauso viel wie bisher
- weniger als bisher
- weiß nicht

F32a. **Wie wichtig sind Ihrer Meinung nach die folgenden Punkte, um in Deutschland in der Gesellschaft auf der Sonnenseite des Lebens zu stehen.** (Skala vorlegen)

1	2	3	4
Gar nicht wichtig	Weniger wichtig	Eher wichtig	Sehr wichtig

Wie wichtig ist es aus Ihrer Sicht …

- eine gute Ausbildung zu haben?
- aus einer wohlhabenden Familie zu stammen?
- hart zu arbeiten?
- die richtigen Leute zu kennen?
- eine bestimmte Nationalität oder ethnische Herkunft zu haben?
- als Mann geboren zu sein?

F32b. **Und wie beurteilen Sie die folgenden Einschätzungen?**

1	2	3	4
Trifft gar nicht zu	Trifft eher nicht zu	Trifft eher zu	Trifft voll und ganz zu

- Bei uns hat jeder die Möglichkeit, nach seinen Begabungen und Fähigkeiten ausgebildet zu werden
- In Deutschland wird man im Berufsleben vor allem nach seiner Leistung bezahlt
- Menschen, die benachteiligt sind, werden in Deutschland vom Staat ausreichend unterstützt
- Alles in allem finde ich, dass es in Deutschland gerecht zugeht

F36. **Fänden Sie es gut, wäre es Ihnen egal oder fänden Sie es nicht so gut, wenn in die Wohnung nebenan folgende Menschen einziehen würden?**

1	2	3
Fände ich gut	Wäre mir egal	Fände ich nicht so gut

- ein homosexuelles Paar (Schwule, Lesben)
- eine Aussiedlerfamilie aus Russland
- eine deutsche Familie mit vielen Kindern
- eine Wohngemeinschaft mit mehreren Studenten
- eine Flüchtlingsfamilie
- ein altes Rentnerehepaar
- eine jüdische Familie
- eine Familie aus Afrika mit dunkler Hautfarbe
- eine türkische Familie

F37. Jeder Mensch hat ja bestimmte Vorstellungen, die sein Leben und Verhalten bestimmen.
Wenn Sie einmal daran denken, was Sie in Ihrem Leben eigentlich anstreben: Wie wichtig
sind dann die folgenden Dinge für Sie persönlich? Sie können Ihre Meinung anhand
der folgenden Vorgabe abstufen – nennen Sie mir einfach die für Sie zutreffende Ziffer.
(Skala vorlegen)

1 Unwichtig	2	3	4	5	6	7 Außer- ordentlich wichtig

- Gesetz und Ordnung respektieren
- einen hohen Lebensstandard haben
- Macht und Einfluss haben
- seine eigene Phantasie und Kreativität entwickeln
- nach Sicherheit streben
- sozial Benachteiligten und gesellschaftlichen Randgruppen helfen
- sich und seine Bedürfnisse gegen andere durchsetzen
- fleißig und ehrgeizig sein
- auch solche Meinungen tolerieren, denen man eigentlich nicht zustimmen kann
- sich politisch engagieren
- das Leben in vollen Zügen genießen
- eigenverantwortlich leben und handeln
- das tun, was die anderen auch tun
- am Althergebrachten festhalten
- ein gutes Familienleben führen
- stolz sein auf die deutsche Geschichte
- einen Partner haben, dem man vertrauen kann
- gute Freunde haben, die einen anerkennen und akzeptieren
- viele Kontakte zu anderen Menschen haben
- gesundheitsbewusst leben
- sich bei seinen Entscheidungen auch von seinen Gefühlen leiten lassen
- von anderen Menschen unabhängig sein
- sich unter allen Umständen umweltbewusst verhalten
- an Gott glauben
- die Vielfalt der Menschen anerkennen und respektieren

F47. Wie sehr können Sie diesen Aussagen zustimmen? (Skala vorlegen)

1	2	3	4	5	6
Stimme gar nicht zu					Stimme voll und ganz zu

- Ich setze meine Ziele und Erfolgsvorstellungen in die Tat um
- Ich halte es für wichtig, mehr zu leisten als andere
- Ich mache häufig die Erfahrung, dass andere über mein Leben bestimmen
- Ich finde, dass andere mir gegenüber häufig bevorzugt werden
- An den meisten Dingen, die mich stören, kann ich nichts ändern
- Ich fühle mich oft einsam

F49. Und nun zum Thema Freunde und Familie.
Haben Sie zurzeit eine feste Partnerschaft?

- ja
- nein

F50_1. Wie zufrieden sind Sie insgesamt mit Ihrem Freundeskreis?

- Sehr zufrieden,
- zufrieden,
- teils, teils,
- unzufrieden oder
- sehr unzufrieden?

F50_2. Und wie setzt sich ihr Freundeskreis zusammen? Mehr aus Deutschen oder aus Migranten?

- mehr aus Deutschen
- etwa gleich aus Deutschen und Migranten
- vor allem aus Migranten
- weiß nicht

F50_3. Gibt es in Ihrem Freundeskreis Personen, mit denen Sie ausschließlich über soziale Medien Kontakt haben und die Sie noch nie persönlich getroffen haben?

- nein
- ja, nur wenige meiner Freunde
- etwa die Hälfte meiner Freunde
- die meisten meiner Freunde
- alle meine Freunde
- weiß nicht

F54_1. Sind Sie in Deutschland geboren?

- ja
- nein

F54n1. (Filter: Wenn nicht in Deutschland geboren, F54_1 »Nein«)
In welchem Land wurden Sie geboren?
(Vorgaben bitte nicht vorlesen, sondern die Antwort zuordnen.)

- Afghanistan
- Bosnien und Herzegowina
- Bulgarien
- Griechenland
- Irak
- Iran
- Italien
- Kasachstan
- Kosovo
- Kroatien
- Marokko
- Polen
- Rumänien
- Russland
- Serbien
- Syrien
- Türkei
- Ukraine
- sonstiges Land, und zwar: _____

F54_2. (Filter: Wenn nicht in Deutschland geboren: F54_1 »Nein«)
In welchem Jahr sind Sie nach Deutschland gekommen?

- _____ (Jahreszahl)
- weiß nicht

F54_3. Sind Sie deutscher und/oder ausländischer Staatsbürger?
(Mehrfachnennungen möglich)

- deutscher Staatsbürger
- ausländischer Staatsbürger

F54n3. (Filter: Ausländische Staatsbürgerschaft: F54_3 »Ausländischer Staatsbürger«)
Die Staatsbürgerschaft welchen Landes haben Sie?
(Mehrfachnennungen möglich; Vorgaben bitte nicht vorlesen, sondern die Antwort zuordnen)

- Afghanistan
- Bosnien und Herzegowina
- Bulgarien
- Griechenland
- Irak
- Iran
- Italien
- Kasachstan
- Kosovo
- Kroatien
- Marokko
- Polen
- Rumänien
- Russland
- Serbien
- Syrien
- Türkei
- Ukraine
- sonstiges Land / Sonstige Länder, und zwar: _____

F54a. Sind Ihre Eltern in Deutschland geboren?

- ja, beide
- nein, nur ein Elternteil ist in Deutschland geboren
- nein, beide Eltern sind nicht in Deutschland geboren

F54n4. (Filter: Mindestens ein Elternteil in einem anderen Land geboren: F54a »Nein, nur ein Elternteil ist in Deutschland geboren« oder »Nein, beide Eltern sind nicht in Deutschland geboren«)

Wo wurde Ihr nichtdeutsches Elternteil / wurden Ihre Eltern geboren?

(Mehrfachnennungen möglich; Vorgaben bitte nicht vorlesen, sondern die Antwort zuordnen)

- Afghanistan
- Bosnien und Herzegowina
- Bulgarien
- Griechenland
- Irak
- Iran
- Italien
- Kasachstan
- Kosovo
- Kroatien
- Marokko
- Polen
- Rumänien
- Russland
- Serbien
- Syrien
- Türkei
- Ukraine
- sonstiges Land / Sonstige Länder, und zwar: _____

F55_1. (Filter: Nur für Jugendliche ab 15 Jahren)

Haben Sie bereits eigene Kinder?

- ja   und zwar: _____ (F55)
- nein

F55a_1. (Filter: Wenn bereits eigene Kinder, F55_1 »Ja«)

Möchten Sie noch weitere Kinder?

- ja   und zwar: _____ (F55)
- nein
- weiß nicht

F56_1. (Filter: Wenn noch keine eigenen Kinder, F55_1 »Nein« und für Jugendliche unter 15 Jahren)
Möchten Sie später Kinder haben?

- ja   und zwar: _____ (F55)
- nein
- weiß nicht

F57. Darf ich fragen, welcher Religionsgemeinschaft Sie angehören?

- der römisch-katholischen Kirche
- der evangelischen Kirche (ohne Freikirchen)
- einer anderen christlichen Religionsgemeinschaft
- einer islamischen Religionsgemeinschaft
- einer jüdischen Religionsgemeinschaft
- einer anderen (nichtchristlichen) Religionsgemeinschaft
- keiner Religionsgemeinschaft
- Antwort verweigert (= keine Angabe)

F57_4. Wie oft beten Sie?

- nie
- ein- oder mehrmals im Jahr
- ein- oder mehrmals im Monat
- ein- oder mehrmals in der Woche
- ein- oder mehrmals am Tag

F57_5. Was ist Ihre Meinung zu den folgenden Aussagen über die Kirche?

	Trifft zu	Trifft nicht zu
Ich finde es gut, dass es die Kirche gibt		
Die Kirche muss sich ändern, wenn sie eine Zukunft haben will		
Auf die Fragen, die mich wirklich bewegen, hat die Kirche keine Antwort		

F58. Sagen Sie mir bitte anhand dieser Liste, welchen allgemeinbildenden Schulabschluss Sie haben. Nennen Sie einfach den zutreffenden Buchstaben. (Liste vorlegen)

A Ich bin von der Schule ohne Abschluss abgegangen
B Ich habe den Hauptschulabschluss
C Ich habe einen Realschulabschluss oder die Mittlere Reife
D Ich habe die Fachhochschulreife (Fachoberschule usw.)
E Ich habe Abitur oder eine fachgebundene Hochschulreife
F Ich gehe noch zur Schule

F58_1a. (Filter: Schüler: F58 = F)
Welche Schulform besuchen Sie?

- Förderschule
- Hauptschule
- Realschule
- Schule mit zwei Bildungsgängen
  (z. B. Oberschule, Regionalschule, [verbundene] Haupt- und Realschule)
- Schule mit drei Bildungsgängen
  (z. B. Gesamtschule, Gemeinschaftsschule, Sekundarschule)
- Gymnasium

F60. (Filter: Schüler: F58 = F)
Welchen Schulabschluss streben Sie an? (Liste vorlegen)

- Hauptschulabschluss
- Realschule / Mittlere Reife
- Fachhochschulreife
- Abitur oder fachgebundene Hochschulreife

F59. (Filter: Schüler: F58 = F)
Sind in Ihrer bisherigen Schulzeit folgende Dinge passiert?

	Ja	Nein
Meine Versetzung war gefährdet		
Ich musste eine Klasse wiederholen		

F61. (Filter: Schüler: F58 = F)
Wie ist es momentan mit der Schule? Würden Sie sagen, dass Sie –

- sehr gern zur Schule gehen,
- gern,
- teils, teils,
- nicht so gern oder
- sehr ungern?

F10_6. (Filter: Schüler: F58 = F)
Dürfen Sie in der Schule Ihr Handy benutzen?

- ja, unbeschränkt in allen Pausen
- nein, wenn dann nur in begründeten Ausnahmen
- nein, grundsätzlich nicht

F64. (Filter: kein Schüler: F58 nicht F)
Und welchen beruflichen Ausbildungsabschluss haben Sie erworben? (Liste vorlegen)

A Ich habe eine beruflich-betriebliche Ausbildung (Lehre) bzw. eine beruflich-schulische Ausbildung (Berufsfachschule, Handelsschule) abgeschlossen
B Ich habe eine Ausbildung an einer Fachschule, Meister-, Technikerschule, Berufs- oder Fachakademie abgeschlossen
C Ich habe einen Universitäts- oder Fachhochschulabschluss
D Ich habe einen anderen beruflichen Abschluss
E Ich bin noch in beruflicher Ausbildung (Auszubildende/r, Lehrling, Berufsfach-/ Handelsschule)
F Ich bin Student/in
G Ich habe keinen beruflichen Ausbildungsabschluss

F66n. (Filter: Weder Schüler noch in Ausbildung noch Student: F58 nicht F und F64 nicht E oder F)
Wie ist zurzeit Ihre Erwerbssituation? Was hiervon trifft auf Sie zu? (Liste vorlegen)

A vollzeit-erwerbstätig, 35 Stunden und mehr
B teilzeit-erwerbstätig, 15 bis 34 Stunden
C teilzeit- oder stundenweise erwerbstätig, wöchentliche Arbeitszeit unter
   15 Stunden
D Mutterschafts-/Erziehungsurlaub oder in sonstiger Beurlaubung
E arbeitslos
F Bundesfreiwilligendienst/BFD
G Freiwilliges Soziales oder Ökologisches Jahr, Auslandsdienst
H Praktikum
I zurzeit nicht erwerbstätig, aber früher erwerbstätig
J zurzeit nicht erwerbstätig und auch früher nie erwerbstätig gewesen

F67. (Filter: vollzeit- oder teilzeit-erwerbstätig: F66n = A oder F66n = B oder F66n = C)
Und was ist Ihre gegenwärtige Stellung im Beruf? (Liste vorlegen)

A Angestellte(r)
B Arbeiter(in)
C Beamte(r)
D mithelfende(r) Familienangehörige(r)
E freiberufliche(r) Akademiker(in), z.B. Arzt, Rechtsanwalt, Steuerberater usw
F Selbstständige(r) im Handel, Gewerbe, Handwerk, in der Industrie usw.
G Selbstständige(r) in der Landwirtschaft

F68. (Filter: kein Schüler: F58 nicht F)
Haben Sie folgende Erfahrungen schon einmal gemacht?

	Ja	Nein

- Wegen nicht ausreichender Schulnoten konnten Sie den Beruf nicht erlernen,
  den Sie wollten
- Für Ihren Wunschberuf fehlte Ihnen der erforderliche Schulabschluss
- Nach Ihrem Schulabschluss haben Sie für Ihre Ausbildung oder für Ihren Beruf
  Ihren Wohnort wechseln müssen

F69a. (Filter: noch in Ausbildung: F64 = E)

Glauben Sie, dass Sie nach Abschluss Ihrer Ausbildung von Ihrem Betrieb oder einer anderen Arbeitsstätte übernommen werden?

- ja, da bin ich mir sicher
- wahrscheinlich ja
- eher nicht
- sicher nicht

F70. (Filter: Schüler: F58 = F)

Wie sicher sind Sie sich, dass Sie den Schulabschluss erreichen, den Sie haben wollen?

- Sehr sicher,
- eher sicher,
- eher unsicher oder
- sehr unsicher?

F72a. (Filter: Studierende: F64 = F)

Wie sicher sind Sie sich, dass Sie ihr Studium mit Erfolg abschließen werden?

- Sehr sicher,
- eher sicher,
- eher unsicher oder
- sehr unsicher?

F72n2. (Filter: Studierende: F64 = F)

Glauben Sie, dass Sie nach Abschluss Ihres Studiums innerhalb eines Jahres einen angemessenen Arbeitsplatz finden werden?

- ja, da bin ich mir sicher
- wahrscheinlich ja
- eher nicht
- sicher nicht

F76. (Filter: vollzeit- oder teilzeit-erwerbstätig: F66n = A oder F66n = B oder F66n = C)

Werden Sie bei Ihrer Arbeit momentan leistungsgerecht bezahlt?

- ja
- nein
- weiß nicht

F71. (Filter: Schüler, Auszubildende oder Studierende: F58 = F oder F64 = E oder F64 = F)
Wie sicher sind Sie sich, dass Ihre späteren beruflichen Wünsche in Erfüllung gehen?

- Sehr sicher,
- eher sicher,
- eher unsicher oder
- sehr unsicher?

F71a. (Filter: Weder Schüler noch in Ausbildung noch Student: F58 nicht F und F64 nicht E oder F)
Wie sicher sind Sie sich, dass Ihre weiteren beruflichen Wünsche in Erfüllung gehen?

- Sehr sicher,
- eher sicher,
- eher unsicher oder
- sehr unsicher?
- Trifft nicht zu, ich habe keine weiteren beruflichen Wünsche

F71b. Und nun noch eine allgemeine Frage zu Arbeit und Beruf. Was müsste Ihnen eine berufliche Tätigkeit bieten, damit Sie zufrieden sein könnten?
Sie können Ihre Meinung anhand der folgenden Vorgabe abstufen – nennen Sie mir einfach die für Sie zutreffende Ziffer (Skala vorlegen; randomisieren)

1 Unwichtig	2	3	4	5 Sehr wichtig	98 Weiß nicht

- ein hohes Einkommen
- gute Aufstiegsmöglichkeiten
- einen sicheren Arbeitsplatz
- viele Kontakte zu anderen Menschen
- das Gefühl, etwas zu leisten
- das Gefühl, anerkannt zu werden
- Möglichkeiten, sich um andere Menschen zu kümmern
- Möglichkeiten, eigene Ideen einzubringen
- Möglichkeiten, etwas Nützliches für die Gesellschaft zu tun
- Möglichkeiten, etwas zu tun, das ich sinnvoll finde
- genügend Freizeit neben der Berufstätigkeit
- einen Arbeitsplatz, für den ich nicht umziehen muss

F71c. Glauben Sie, dass einem in der heutigen Arbeitswelt noch genügend freie Zeit neben dem Beruf bleibt?

- Es bleibt genügend freie Zeit
- Es bleibt zu wenig freie Zeit
- weiß nicht

F71d. (Filter: Nur für Jugendliche ab 15 Jahren)
Die Berufsarbeit kann ja unterschiedlich gestaltet und organisiert sein. Was meinen Sie zu folgenden Aussagen zur beruflichen Tätigkeit? (Skala vorlegen; randomisieren)

1 Stimme gar nicht zu	2	3	4	5 Stimme voll und ganz zu	98 Weiß nicht

- Ich wünsche mir eine geregelte Arbeitszeit mit klar festgelegtem Beginn und Ende
- Ich finde es gut, wenn man seine Arbeitszeit kurzfristig an seine Bedürfnisse nach oben und unten anpassen kann
- Ich finde es gut, wenn man einen Teil der beruflichen Arbeit von zu Hause aus erledigen kann
- Ich finde es wichtig, dass neben dem Beruf Familie und Kinder nicht zu kurz kommen
- Ich wäre bereit, am Wochenende zu arbeiten, wenn ich zum Ausgleich dafür unter der Woche frei habe
- Ich finde, wenn man in seinem Beruf etwas werden will, gehören Überstunden einfach dazu
- Ich finde es wichtig, dass ich, wenn ich Kinder habe, auch in Teilzeit arbeiten kann

F71e. (Filter: Nur für Jugendliche ab 15 Jahren)
Ein Arbeitsplatz kann nicht immer alles bieten. Wählen Sie bitte unter den vier folgenden Aspekten jeweils zwei Inhalte aus:
a) den Aspekt, der für Sie am wichtigsten ist
b) den Aspekt, der für Sie am unwichtigsten ist
(Bitte lassen Sie den Befragten zur Auswahl mit auf den Bildschirm schauen.)

Erläuterung: Zufallsauswahl von vier dieser aktuell zehn Aspekte nach experimentellem Design – diese Abfrage wird insgesamt 5-mal gestellt, so dass dann jeder Aspekt mind. 2-mal zur Auswahl stand

für einen Arbeitsplatz …
- Möglichkeiten, eigene Ideen einzubringen
- Möglichkeiten, etwas Sinnvolles zu tun
- genügend Freizeit neben der Berufstätigkeit
- geregelte Arbeitszeit mit klar festgelegtem Beginn und Ende
- Möglichkeit, Arbeitszeit gemäß eigener Bedürfnisse nach oben und unten anpassen zu können
- ein sicherer Arbeitsplatz
- ein hohes Einkommen
- gute Aufstiegsmöglichkeiten
- ein Arbeitsplatz, für den ich nicht umziehen muss
- Möglichkeiten, sich um andere Menschen kümmern zu können

F71f. Stellen Sie sich einmal vor, sie wären 30 Jahre alt und haben mit Ihrer Partnerin / Ihrem Partner ein zweijähriges Kind. Wie viele Stunden würden Sie dann am liebsten durchschnittlich pro Woche arbeiten gehen, um Geld zu verdienen?

- 0, also gar nicht
- etwa 10 Stunden
- etwa 20 Stunden
- etwa 30 Stunden
- etwa 40 Stunden, also Vollzeit

F71g. Und wie viele Stunden möchten Sie, dass Ihre Partnerin / Ihr Partner durchschnittlich pro Woche arbeiten geht, um Geld zu verdienen?

- 0, also gar nicht
- etwa 10 Stunden
- etwa 20 Stunden
- etwa 30 Stunden
- etwa 40 Stunden, also Vollzeit

F76_1. (Filter: Schüler, Auszubildende oder Studierende: F58 = F oder F64 = E oder F64 = F)
Jobben Sie in Ihrer Freizeit gegen Bezahlung?

- ja
- nein

F76_2. (Filter: Nebenjobber, F76_1 »Ja«)
Wie viele Stunden sind das insgesamt in einer normalen Woche?

- Stunden pro Woche _____
- weiß nicht so genau, zu unregelmäßig

F83a. Kommen wir nun zu Ihrer Familie. Vorab eine Frage: Sind Ihre Eltern noch am Leben oder bereits verstorben? (Gemeint sind ggf. auch Stief- bzw. Adoptiveltern)

- meine Eltern leben
- Vater verstorben
- Mutter verstorben
- beide verstorben

F83b. Leben Sie zu Hause in Ihrem Haushalt –

- allein,
- (Filter: wenn F83a nicht »Beide verstorben«) bei den Eltern / bei einem Elternteil
- (Einblendung je nach Antwort in F83a) bei Ihrer Mutter / bei Ihrem Vater
- mit dem Ehepartner oder Partner oder Lebensgefährten oder
- in einer Wohngemeinschaft?

F83d. (Filter: Wenn bei den Eltern / bei einem Elternteil lebend und nicht Schüler: F83b und nicht F58 = F)
Haben Sie schon einmal außerhalb ihres Elternhauses gewohnt?

- ja
- nein

F83e. (Filter: Wenn bei den Eltern / bei einem Elternteil lebend und nicht Schüler: F83b und nicht F58 = F)
Welche der folgenden Aussagen treffen für Sie zu?
(Mehrfachnennungen möglich)

- Ich wohne bei meinen Eltern, weil das für uns als Familie am bequemsten ist
- Wenn ich es mir finanziell leisten könnte, würde ich eine eigene Wohnung nehmen
- Ich würde schon gerne ausziehen, meine Eltern sind da aber nicht dafür
- nichts davon

F84. (Filter: F83a »Meine Eltern leben«)
Wie ist es bei Ihren Eltern? Leben Ihre leiblichen Eltern zusammen, getrennt oder sind sie geschieden?

- leben zusammen
- leben getrennt
- sind geschieden

F85. (Filter: F83a »Vater verstorben« oder »Mutter verstorben« oder »Beide verstorben«)
Lebten Ihre Eltern zuletzt zusammen, getrennt oder waren sie geschieden?

- lebten zusammen
- lebten getrennt
- waren geschieden

F86. Welchen höchsten Schulabschluss hat (hatte) Ihr Vater? (Liste vorlegen)

A keinen oder einen einfachen Schulabschluss (Volksschule, Hauptschule)
B mittleren Schulabschluss (Mittlere Reife, Realschule, POS 10. Klasse)
C höheren Schulabschluss (Fachabitur, Abitur, EOS 12. Klasse)

F86a. Und welchen höchsten Schulabschluss hat (hatte) Ihre Mutter? (Liste vorlegen)

A keinen oder einen einfachen Schulabschluss (Volksschule, Hauptschule)
B mittleren Schulabschluss (Mittlere Reife, Realschule, POS 10. Klasse)
C höheren Schulabschluss (Fachabitur, Abitur, EOS 12. Klasse)

F87. (Filter: Ein Elternteil oder beide leben: F83a nicht »Beide verstorben«)
Wie würden Sie das Verhältnis zu Ihren Eltern beschreiben? Was trifft auf Sie zu?
(Liste vorlegen. Bei fehlendem Kontakt zu leiblichen Eltern bitte – falls vorhanden – das Verhältnis zu Adoptiv- oder Pflegeeltern erfragen.)

A Wir kommen bestens miteinander aus
B Wir kommen klar, auch wenn es gelegentlich Meinungsverschiedenheiten gibt
C Wir verstehen uns oft nicht, es gibt häufig Meinungsverschiedenheiten
D Unser Verhältnis ist schlecht und es gibt ständig Meinungsverschiedenheiten

F88. **Sind (waren) Ihre Eltern politisch –**

- Stark interessiert,
- interessiert,
- wenig interessiert oder
- gar nicht interessiert?

F91. **Würden Sie Ihre Kinder so erziehen, wie Ihre Eltern Sie erzogen haben, oder würden Sie es anders machen?**

- Genau so,
- ungefähr so
- anders oder
- ganz anders?

F93. **Wie viele Bücher haben (hatten) Ihre Eltern zu Hause?** (Skala vorlegen)

1	2	3	4	5
Nur wenige				Sehr viele

F93a. **Wie oft haben Ihnen Ihre Eltern vorgelesen, als Sie noch Kind waren?**
(Skala vorlegen)

1	2	3	4	5
Nie				Sehr häufig

F94n. (Filter: Eltern leben/lebten zusammen, F84 »Leben zusammen« oder F85 »Lebten zusammen«)

Leben (Lebten) Ihre Eltern in einer Mietwohnung oder in einer Eigentumswohnung oder einem eigenen Haus?

- in einer Mietwohnung
- zur Untermiete
- in einer Eigentumswohnung
- im eigenen Haus

F94_1. (Filter: Eltern leben/lebten getrennt: F84 »Leben getrennt« oder »Sind geschieden« oder F85 »Lebten getrennt« oder »Waren geschieden«)

Lebt (Lebte) Ihr Vater in einer Mietwohnung oder in einer Eigentumswohnung oder einem eigenen Haus?

- in einer Mietwohnung
- zur Untermiete
- in einer Eigentumswohnung
- im eigenen Haus

F94_2. (Filter: Eltern leben/lebten getrennt: F84 »Leben getrennt« oder »Sind geschieden« oder F85 »Lebten getrennt« oder »Waren geschieden«)

Lebt (Lebte) Ihre Mutter in einer Mietwohnung oder in einer Eigentumswohnung oder einem eigenen Haus?

- in einer Mietwohnung
- zur Untermiete
- in einer Eigentumswohnung
- im eigenen Haus

F95. Wie viele Personen, Sie eingeschlossen, leben in Ihrem Haushalt? Sind das, zusammen mit Ihnen –

- Eine Person,
- zwei Personen,
- drei Personen,
- vier Personen,
- fünf Personen oder
- mehr als fünf Personen?

F97. Und wie kommt Ihr Haushalt insgesamt mit dem Geld zurecht, das ihm zur Verfügung steht? (Skala vorlegen)

1	2	3	4	5
Sehr gut				Sehr schlecht

F98. Und zum Schluss noch eine kurze Frage: Wenn Sie einmal alles zusammennehmen – wie zufrieden sind Sie mit Ihrem Leben? (Skala vorlegen)

1	2	3	4	5
Sehr zufrieden				Sehr unzufrieden

Damit sind wir am Ende der Befragung.
Ich bedanke mich bei Ihnen für Ihre Mitarbeit.

Leitfaden des qualitativen Teils

Die Karteikarten und ihre Farben im 2Interview:

Tagesablauf:
- gelb: Zeitstrahl (vorab vorbereitet)
- weiß: Anwendungen
- orange: Inhalte
- blau: Geräte
- grün: Zeitlicher Umfang

Anwendungen im sozialen Nahbereich:
- weiß: Anwendungen
- blau: Eltern
- gelb: Freunde
- orange: Partner(in)
- grün: Schule / Ausbildung / Studium / Arbeit

Nutzung digitaler Dinge im Alltag unter der Woche

Wie erleben und beschreiben junge Menschen heute ihre Sicht auf Digitalisierung?

Was nutzt du im Alltag an digitalen Inhalten? Was umfasst das alles – lass uns mal einen ganz gewöhnlichen Tag in der Woche durchgehen.
  Du hast hier drei Farben von Karteikarten. Auf die *weißen Karten* notiere bitte die *Anwendungen*, die du für die digitalen Inhalte nutzt. Auf die *orangenen Karten* kannst du Stichworte für die *Inhalte* festhalten. Und die *blauen Karten* sind für die *Geräte*, die du dabei nutzt.

Dabei bietet es sich an, über die genutzten Endgeräte die Anwendungen und die daraus resultierenden Inhalte zu erschließen.

Die Kategorie »Anwendungen« bedarf an dieser Stelle eventuell einer Erläuterung, was wir darunter verstehen wollen. Es ist auf der einen Seite die direkte Übersetzung von »Apps«. Dies aber auf Werkzeuge im Smartphone zu reduzieren, wäre zu kurz gesprungen. So ist Microsoft Office inkl. Internet Explorer auch eine Anwendung. Damit sind generell alle Mittel gemeint, die dem Nutzer für digitale Inhalte zur Verfügung stehen. Daher umfasst diese Definition auch Standard-Office-Anwendungen, weil dabei digitalisierte Informationen genutzt werden. Eine Beschränkung auf online wäre zu kurz gesprungen, weil wesentliche Inhalte (Netflix, Spotify, aber auch Anwendungen für kollaboratives Arbeiten wie Google Drive, Dropbox) sonst nicht in den Blick kommen, weil hier auch viel offline getan werden kann.

  Erläuterung, falls der Begriff »Digitale Inhalte« unklar ist: »Digitale Inhalte« umfassen alles, was du online nutzen kannst. Zusätzlich beinhaltet sind Informationen und Anwendungen, die du dir heruntergeladen hast, um sie offline zu nutzen.

Lass uns anfangen, wenn du morgen früh aufwachst. Wann geht es bei dir damit los, dass du digitale Inhalte nutzt? Noch bevor du aus dem Bett aufgestanden bist? Oder später?

In dieser Art und Weise lassen sich die Geräte, Anwendungen und Inhalte Schritt für Schritt gemäß dem Tagesablauf durchgehen. Von links nach rechts gibt es dabei als Zeitstrahl den Tagesablauf, den wir mit beschrifteten gelben Karteikarten in folgende Etappen unterteilen:

a) Aufstehen
b) morgens
c) in der Schule, der Ausbildung, der Uni/
auf Arbeit
   a. in den Pausen
   b. im Unterricht/während der Arbeit
d) nachmittags
e) abends
f) vorm Schlafengehen
g) während der Nacht

Ich habe hier nun noch eine vierte Farbe an Karteikarten. Bitte betrachte die Inhalte der jeweiligen Etappen des Tages und schätze ein, wie viel Zeit das an einem gewöhnlichen Tag bei dir in Anspruch nimmt, und notiere das auf jeweils eine grüne Karte pro Etappe.

Von dieser ausgestalteten Fläche machen wir ein erstes Foto. Dies ist der Ausgangspunkt für die nächsten Schritte. Doch zunächst bitten wir die Jugendlichen, die Inhalte näher zu erläutern.

Anweisung: Ich möchte dich bitten, dass du jetzt im nächsten Schritt beschreibst, was du jeweils notiert hast. Beschreibe jeweils, was du da genau machst.

Unterschied in der Nutzung am Wochenende

Nun eine Frage: Stellt sich deine Nutzung am Wochenende anders dar? Wenn ja: wie anders?

Priorisierung von 3 Anwendungen im sozialen Nahbereich

Ich möchte dich nun bitten, die Anwendungen ihrer Wichtigkeit nach zu sortieren. Also, welche dieser Anwendungen ist für dich persönlich am wichtigsten. Diese Anwendung lege bitte nach oben hin, darunter kommt dann die zweitwichtigste Anwendung und so weiter.

Von dieser ausgestalteten Fläche machen wir ein zweites Foto, mit dem wir die Relevanz der Anwendungen bestimmen können.

Mit dieser Sortierung entsteht der nächste Raum: der Raum der Anwendungen. Und hier können wir die weiteren Akteure aus dem sozialen Nahbereich in den Blick nehmen. Dabei gehen wir die drei von den Jugendlichen als wichtigste Anwendungen nach vorne sortierten Apps durch. Dabei werden wir in drei Spalten die Rolle auf Karteikarten farblich getrennt festhalten.

a) Eltern (blau)
   Welche Rolle spielen deine Eltern, wenn es um die wichtigste Anwendung geht? Notiere dazu bitte deine Stichworte auf den blauen Karteikarten.

b) Freunde (gelb)
   Welche Rolle spielen deine Freunde, wenn es um die wichtigste Anwendung geht? Notiere dazu bitte deine Stichworte auf den gelben Karteikarten.

c) Partner/Partnerin (falls vorhanden – orange)
   Welche Rolle hat deine Freundin/dein Freund, wenn es um die wichtigste Anwendung geht? Notiere dazu bitte deine Stichworte auf den roten Karteikarten.

d) Schule/Ausbildung/Studium/Arbeit (grün)
   Welche Rolle hat Schule/Ausbildung/Studium/Arbeit, wenn es um die wichtigste Anwendung geht? Notiere dazu bitte deine Stichworte auf den grünen Karteikarten.

Dieses Vorgehen wird für die drei wichtigsten Anwendungen wiederholt, so dass hier über die Integration dieser drei Anwendungen in den Alltag mit den weiteren

Akteuren Aussagen getroffen werden
können. Dieses Gesamtbild wird daher als
drittes und letztes Foto festgehalten.

Vertiefungen im sozialen Nahbereich

a) Eltern
Danke für diese weitere Aufstellung.
Kommen wir mal ganz allgemein darauf zu sprechen: Welche Rolle spielen deine Eltern, wenn es um das Thema Digital geht?
Stichwort: Habt Ihr einen Familienchat auf WhatsApp?
Leben noch Großeltern von dir?
Wenn ja: Wie bist du mit ihnen im Kontakt?

b) Freunde
Wie gehst du in deinem Freundeskreis mit dem Thema Digital um?
Wie digital seid Ihr?
Wie funktioniert das? Welche Regeln und Erwartungen gibt es da? Wie seid Ihr auf diese Regeln gekommen?
Wie geht es dir damit (fühlst du dich damit unter Druck gesetzt)?
In-group/out-group: Nutzt du selber WhatsApp oder eine vergleichbare Messenger App? Nutzen alle deine Freunde dies ebenfalls? Wie gehst du und wie geht ihr in eurem Freundeskreis damit um, dass nicht alle Whats App/eure App nutzen?
Wie viele WhatsApp-Nachrichten erhältst du ungefähr an einem gewöhnlichen Tag?
Wie oft kommt es an einem gewöhnlichen Tag vor, dass du googlest?

c) Partnerschaft
Single: Wie suchst du? Spielen Dating-Apps eine Rolle?
Partner: Wie habt ihr euch gefunden? Wie digital ist eure Beziehung? Wie digital kommuniziert Ihr?

d) Alltag in Bildung & Arbeit
Wie digital läuft deine Ausbildung/dein Studium/deine Arbeit/dein Schulunterricht ab?
Wie gehen deine Lehrer mit dem Thema um? Wird das integriert/ausgeblendet?
Welche Rolle spielt dabei das Smartphone? Ist das nur etwas für die Pausen?

Große Themen

a) Gesellschaft
Danke für diese Ausführung zu deinen alltäglichen Bezugspersonen.
Ich will jetzt mit dir noch einmal den Blick erweitern auf Gesellschaft und Digitales.
Informierst du dich, was in der Gesellschaft los ist?
Beinhaltet das für dich auch, dass du dich darüber informierst, was in der Politik los ist?
Wenn ja: Wie digital machst du das?
Welche Rolle spielen hierbei für dich eigentlich traditionelle Medien (Radio, Fernsehen jenseits der Mediatheken, Zeitungen)?
Lass uns zudem mal ein Thema in den Blick nehmen, was derzeit oft diskutiert wird: Fake News. Kennst du den Begriff, und wenn ja: Was verstehst du darunter?
Lass uns zudem ein weiteres Thema in den Blick nehmen, was derzeit oft im Zusammenhang mit Digitalem diskutiert wird: Hate speech. Kennst du den Begriff, und wenn ja: Was verstehst du darunter?

b) Vorbilder
Wer ist für dich ein Vorbild? Warum? Seit wann?
Wie häufig bist du ein Fan auf Facebook, ein Follower auf Twitter/Instagram oder hast du Inhalte auf YouTube abonniert?

Wann machst du so etwas? Wie regelmäßig verfolgst du dabei die Inhalte? Wie siehst du Influencer? Hattest du andere Vorbilder in deiner Vergangenheit?

c) Internetaneignung
Wenn du deine Art und Weise, wie du online unterwegs bist, betrachtest: Wie ist es dazu gekommen? Wie hast du dich dabei entschieden? Wer hat dich dabei unterstützt? – z. B. als Vorbild oder als Ratgeber ...
Wie ist deine Einschätzung: Kennst du dich im Vergleich zu deinen Eltern besser mit dem Internet aus oder ist das nicht der Fall? Und warum ist das so? Woran machst du das fest?

d) Datenschutz & Geschäftsmodell Digital
Im Bereich Digitales lässt sich ja auch eine Menge Geld verdienen. Wie gehst du damit um? Was bedeutet das für dich?
Wenn du hier deinen eigenen Umgang mit Digitalem anschaust, ist es ja auch so, dass du dabei eine Menge Informationen von dir preisgibst. Wie gehst du damit um?
Jenseits der Frage, ob mit deinen Daten, die du online hinterlässt, Geld verdient wird, kannst du selber ja auch Dinge online kaufen. Wie sieht es bei dir aus? Kommt es häufig vor, dass du online etwas bestellst? Wenn ja, was ist das alles?

e) Im Alltag nicht davon loskommen
Wir sind damit so gut wie durch mit diesem offenen Gespräch. Zum Abschluss möchte ich dich noch um Auskunft zu ein paar Dingen des Alltags bitten:
Wie oft kommt es in einer gewöhnlichen Woche vor, dass du, bevor du aus dem Bett aufgestanden bist, online gehst?

Wie oft kommt es in einer gewöhnlichen Woche vor, dass du im Bett vor dem Einschlafen noch einmal online gehst?
Was war im letzten Jahr – also 2018 – der längste Zeitraum, den du am Stück nicht online warst? Was war der Anlass?
Nimmst du dein Handy auf das stille Örtchen mit, um es dort zu nutzen?
Wie ist das eigentlich mit der Häufigkeit der Nutzung des Smartphones bei deinen Eltern? Denke an die Fragen mit dem Aufstehen, zu Bett gehen und der längsten Zeit, die sie letztes Jahr nicht online waren.
In diesem Zusammenhang noch eine andere Frage: An welchem Ort bei euch zu Hause laden deine Eltern ihre Smartphones über Nacht auf? Wo machst du das?

Gedankenspiel: Mal so eine Idee: Stell dir vor, dass es von heute auf morgen keine Smartphones mehr gäbe. Wenn du einmal abschließend auf die Karteikarten schaust, würde aus deiner Sicht für dich und deinen Alltag eine Welt ohne Smartphones auch Vorteile haben?

Damit endet unser Gespräch über das weite Themenfeld Digital. Es sei denn, dir kam hier irgendetwas zu kurz oder du hast etwas komplett vermisst, worüber du noch gerne etwas sagen würdest.

Dann möchte ich mich sehr herzlich bei dir für dieses sehr facettenreiche Gespräch bedanken.

Dokumentation des Index der sozialen Schicht

Die soziale Herkunftsschicht der Jugendlichen wird mit Hilfe eines Index gebildet. Der Schicht-Index basiert auf zwei Dimensionen: Bildungsposition der Herkunftsfamilie sowie verfügbare materielle Ressourcen.

Die Bildungsposition der Herkunftsfamilie wird anhand der Indikatoren »höchster allgemeinbildender Schulabschluss des Vaters« und »(geschätzte) Zahl der Bücher im Elternhaus« bestimmt. Die materiellen Ressourcen werden anhand der Selbsteinschätzung der Jugendlichen, wie der Familienhaushalt mit dem ihm zur Verfügung stehenden Geld zurechtkommt, sowie anhand der Wohnform der Eltern »Eigentum« oder »Miete« abgebildet.

Die Punktwerte der Variablen werden zu einem Summenindex addiert. Der Summenindex kann Ausprägungen von 3 bis 14 Punkten erreichen. Zur Bildung des Index der sozialen Schicht wird der Summenindex in 5 Gruppen eingeteilt. Dabei wird die in Tabelle A.2 dargestellte Zuordnung vorgenommen. Der Schicht-Index wird von uns seit 2002 gleich berechnet, an der Definition hat sich nichts verändert.

Tabelle A.1 **Index der sozialen Schicht: Einbezogene Variablen mit den jeweiligen Prozent-anteilen und Punktwerten**

	Prozentanteile	Punktwert
Höchster Schulabschluss des Vaters		
Kein oder einfacher Schulabschluss	25	2
Mittlerer Schulabschluss	38	4
Höherer Schulabschluss	31	6
Keine Angabe	6	2
Zufriedenheit mit der finanziellen Situation		
Sehr gut	29	3
Gut	31	2
Mittelmäßig	26	2
Eher schlecht	7	1
Sehr schlecht	3	0
Keine Angabe	4	2
Wohnsituation der Eltern		
In einer Mietwohnung	42	1
Zur Untermiete	1	1
In einer Eigentumswohnung	7	2
Im eigenen Haus	48	2
Keine Angabe	2	1
Anzahl der Bücher im Elternhaus		
(1) Nur wenige	8	0
(2)	13	1
(3)	21	2
(4)	18	2
(5) Sehr viele	37	3
Keine Angabe	3	2

Quelle: Shell Jugendstudie 2019 – Kantar

Tabelle A.2 **Index der sozialen Schicht: Einteilung des Summenindex und Häufigkeit der jeweiligen sozialen Schicht**

	Summenwert	Häufigkeit
Untere Schicht	3–6 Punkte	11 %
Untere Mittelschicht	7–8 Punkte	21 %
Mittelschicht	9–10 Punkte	26 %
Obere Mittelschicht	11–12 Punkte	27 %
Obere Schicht	13–14 Punkte	15 %

Quelle: Shell Jugendstudie 2019 – Kantar

Literaturverzeichnis

Adriaans, J., Liebig, S. (2018): Ungleiche Einkommensverteilung in Deutschland grundsätzlich akzeptiert, aber untere Einkommen werden als ungerecht wahrgenommen. DIW Wochenbericht 37/2018, 801–807.

Albert, M., Hurrelmann, K., Leven, I., Quenzel, G., Schneekloth, U. (2019): Der Nutzen des Begriffs Generation in Soziologie und Jugendforschung. In: Kölner Zeitschrift für Soziologie und Sozialpsychologie 71 (im Erscheinen).

Arant, R., Dragolov, G., Boehnke, K. (2017): Sozialer Zusammenhalt in Deutschland 2017. Gütersloh: Bertelsmann Stiftung.

Arnett, J.J. (2014): Emerging Adulthood. The Winding Road from the Late Teens through the Twenties. New York: Oxford University Press.

Autorengruppe Bildungsberichterstattung (2018): Bildung in Deutschland 2018: Ein indikatorengestützter Bericht mit einer Analyse zu Wirkungen und Erträgen von Bildung. Bielefeld: wbv media.

Bebnowski, D. (2012): Generation und Geltung. Von den »45ern« zur »Generation Praktikum« – übersehene und etablierte Generationen im Vergleich. Bielefeld: transcript.

Beck, U. (1986): Risikogesellschaft. Auf dem Weg in eine andere Moderne. Frankfurt am Main: Suhrkamp.

Becker, U., Friedrichs, H., von Gross, F., Kaiser, S. (Hrsg.) (2016): Ent-Grenztes Heranwachsen. Wiesbaden: Springer VS.

Benz, B., Heinrich, K. (2018): Armut im Familienkontext. In: Huster, E.U.,

Boeckh, J., Mogge-Grotjahn, H. (Hrsg.): Handbuch Armut und soziale Ausgrenzung. Wiesbaden: Springer VS, 573–596.

Beuth, P. (2019): Muss YouTube wirklich sterben? In: Spiegel Online – Spiegel+ (https://www.spiegel.de/plus/muss-youtube-wegen-artikel-13-wirklich-sterben-a-00000000-0002-0001-0000-000162787639) (Abfrage vom 09.06.2019).

Brand, K.W., Büsser, D., Rucht, D. (1986): Aufbruch in eine andere Gesellschaft. Neue soziale Bewegungen in der Bundesrepublik. Frankfurt am Main: Campus.

Buchholz, S., Hofäcker, D., Mills, M., Blossfeld, H.-P., Kurz, K., Hofmeister, H. (2009): Life Courses in the Globalization Process. The Development of Social Inequalities in Modern Societies. In: European Sociological Review 25(1), 53–71.

Bude, H., Lantermann, E.D. (2006): Soziale Exklusion und Exklusionsempfinden. In: Kölner Zeitschrift für Soziologie und Sozialpsychologie 58(2), 233–252.

Bund, K. (2014): Glück schlägt Geld. Generation Y: Was wir wirklich wollen. Hamburg: Murmann.

Bundesinstitut für Berufsbildung (Hrsg.) (2018): Datenreport zum Berufsbildungsbericht 2018. Informationen und Analysen zur Entwicklung der beruflichen Bildung. Leverkusen: Budrich.

Bundesinstitut für Bevölkerungsforschung (BiB) (2018): Allgemeine Geburtenziffer in Deutschland, West- und Ostdeutschland, 1952 bis 2016.

https://www.bib.bund.de/Permalink.
html?id=10241448 (Abfrage vom
25.05.2019).

Bundeskriminalamt (Hrsg.) (2019): PKS
Jahrbuch 2018, Band 4, Version 1.0.
Wiesbaden: Bundeskriminalamt.
(https://www.bka.de/DE/Aktuelle
Informationen/StatistikenLage
bilder/PolizeilicheKriminalstatis
tik/PKS2018/pks2018_node.html)
(Abfrage vom 09.06.2019).

*Bundesministerium für Arbeit und
Soziales* (Hrsg.) (2017): Lebenslagen in Deutschland. Der Fünfte
Armuts- und Reichtumsbericht
der Bundesregierung. https://www.
bmas.de/SharedDocs/Downloads/
DE/PDF-Pressemitteilungen/2017/
5-arb-langfassung.pdf;jsessionid=
0A7215F37BA17902F5D1DE901A
44E9D8?_blob=publicationFile&v=9
(Abfrage vom 05.07.2019).

*Bundesministerium für Wirtschaft und
Energie* (BMWi) (Hrsg.) (2015):
Deutschland 2014 – 25 Jahre Friedliche Revolution und Deutsche
Einheit – Ergebnisse eines For-
schungsprojekts. https://www.bmwi.
de/Redaktion/DE/Publikationen/
Studien/deutschland-2014-25-jahre-
friedliche-revolution-und-deutsche-
einheit.pdf?_blob=publicationFile
&v=5 (Abfrage vom 27.05.2019).

Bütow, B. (2006): Mädchen in Cliquen.
Sozialräumliche Konstruktionspro-
zesse von Geschlecht in der weiblichen Adoleszenz. Weinheim: Juventa.

Calmbach, M. (2019):»Ich möchte es
einmal besser haben als meine Eltern«. In: Quenzel, G., Hurrelmann,
K. (Hrsg.): Handbuch Bildungsarmut.
Wiesbaden: Springer VS, 419–432.

Carlson, W., Rose, A. J. (2012): Brief
Report. Activities in Heterosexual
Romantic Relationships: Grade Dif-
ferences and Associations with Re-
lationship Satisfaction. In: Journal of
Adolescence 35(1), 219–224.

*Carrington, V., Rowsell, J., Priyadharshini,
E., Westrup, R.* (Hrsg.) (2015): Generation Z: Zombies, Popular Culture
and Educating Youth. Heidelberg:
Springer.

Cialdini, R. B. (2001): Influence: Science
and Practice. Boston: Allyn & Bacon.

Coupland, D. (1991): Generation X. Tales
for an Accelerated Future. New York:
St. Martin's Press.

Dahrendorf, R. (1962): Die neue Gesellschaft. Soziale Strukturwandlungen
der Nachkriegszeit. In: Richter, H. W.
(Hrsg.). Bestandsaufnahme. Eine
deutsche Bilanz. München: Desch,
203–220.

Decker, F. (2018a): Was ist Rechtspopulismus? In: Politische Vierteljahres-
schrift 59(2), 353–369.

Decker, F. (2018b): Jenseits von links und
rechts. Lassen sich Parteien noch
klassifizieren? In: Aus Politik und
Zeitgeschichte (APuZ) 46–47/2018,
21–26.

Deutsche Shell (Hrsg.) (2002): Jugend
2002. Frankfurt am Main: Fischer.

Deutsche Welle (DW): Polen und
Ungarn am europäischen Pranger.
https://www.dw.com/de/polen-und-
ungarn-am-europ %C3 %A4ischen-
pranger/a-45543208 (Abfrage vom
04.06.2019).

Deutscher Bundestag (2017): Unterrich-
tung durch die Bundesregierung. Bericht über die Lebenssituation junger
Menschen und die Leistungen der
Kinder- und Jugendhilfe in Deutschland – 15. Kinder- und Jugendbericht
(Drucksache 18/11050). Berlin: Deutscher Bundestag.

*Deutsches Institut für Vertrauen und
Sicherheit im Internet* (2016): DIVSI
Internet-Milieus 2016. Die digitalisierte Gesellschaft in Bewegung.
https://www.divsi.de/wp-content/
uploads/2016/06/DIVSI-Internet-
Milieus-2016.pdf (Abfrage vom
22.06.2019).

Dietrich, M., Mey, G. (2018): Inszenierung von Jugend(lichkeit) und Generation(alität). Entwicklungspsychologische Perspektiven auf Szenen. In: JuBri-Forschungsverbund Techniken jugendlicher Bricolage (Hrsg.): Szenen, Artefakte und Inszenierungen. Wiesbaden: Springer VS, 63–99.

Dohmen, D. (2019): Bildungsarmut und Qualifikationsentwicklung. In: Quenzel, G., Hurrelmann, K. (Hrsg.): Handbuch Bildungsarmut. Wiesbaden: Springer VS, 39–76.

Elliott, T., Earl, J. (2018): Organizing the Next Generation: Youth Engagement with Activism Inside and Outside of Organizations. In: Social Media + Society 4(1), 1–14.

Eurostat (2018a): Quote der von Armut oder sozialer Ausgrenzung bedrohten jungen Menschen, die bei ihren Eltern wohnen/nicht wohnen nach Geschlecht und Alter [yth_incl_030]. Datenbankabfrage. http://ec.europa.eu/eurostat/de/data/database (Abfrage vom 25.06.2018).

Eurostat (2018b): Von Armut oder sozialer Ausgrenzung bedrohte Bevölkerung nach Alter und Geschlecht [ilc_peps01]. Datenbankabfrage. http://ec.europa.eu/eurostat/de/data/database (Abfrage vom 26.02.2019).

Eurostat (2019): Employment Rates by Sex, Age and Educational Attainment Level (%). https://ec.europa.eu/eurostat/web/products-datasets/product?code=lfsq_ergaed (Abfrage vom 02.07.2019).

Fend, H. (1988): Sozialgeschichte des Aufwachsens. Bedingungen des Aufwachsens und Jugendgestalten im 20. Jahrhundert. Frankfurt am Main: Suhrkamp.

Freeden, M. (1998): Is Nationalism a Distinct Ideology? In: Political Studies 46(4), 748–765.

Fuchs, D., Roller, E. (Hrsg.) (2009): Lexikon Politik – Hundert Grundbegriffe. Stuttgart: Reclam, 205–209.

Gensicke, T. (2015): Die Wertorientierungen der Jugend (2002–2015). In: Shell Deutschland Holding (Hrsg.): Jugend 2015. Eine pragmatische Generation im Aufbruch. Frankfurt am Main: Fischer Taschenbuch Verlag, 237–272.

Giesecke, J., Ebner, C., Oberschachtsiek, D. (2019): Bildungsarmut und Arbeitsmarktexklusion. In: Quenzel, G., Hurrelmann, K. (Hrsg.): Handbuch Bildungsarmut. Wiesbaden: Springer VS, 623–644.

Grabow, K. (2016): Was tun gegen Rechtspopulisten? Europäische Erfahrungen. In: Konrad Adenauer Stiftung. Analysen & Argumente. Ausgabe 203; https://www.kas.de/c/document_library/get_file?uuid=b55c06bd-4ae9-394d-9532-a485f7015f9c&groupId=252038 (Abfrage vom 27.05.2019).

Grabow, K., Hartleb, F. (2013): Europa Nein Danke? Studie zum Aufstieg rechts- und nationalpopulistischer Parteien in Europa. Konrad Adenauer Stiftung; https://www.kas.de/c/document_library/get_file?uuid=54f21f65-555b-f34a-f010-4e4ec1b686f1&groupId=252038 (Abfrage vom 12.05.2019).

Grenny, J., Patterson, K., Maxfield, D., McMillan, R., Switzler, A. (2013): Influencer ... The New Science of Leading Change. New York: McGraw-Hill Education.

Grimm, M. (2019): Attitudes of Children and Adolescents in Times of Crisis: Empirical Findings from Germany between 2015 and 2018. In: Grimm, M., Ertugrul, B., Bauer, U. (Hrsg.): Children and Adolescents in Times of Crisis in Europe. Cham: Springer, 193–205.

Großegger, B. (2015): Abgehängt und ausgeklinkt: Jugend im sozialen »Off« – Perspektiven der Exklusionsforschung auf soziale Ungleichheit im Jugendalter. In: Wetzel, K. (Hrsg.): Öffentliche Erziehung im Strukturwandel. Wiesbaden: Springer VS, 81–97.

Hajok, D. (2018): Der veränderte Medienumgang Jugendlicher. Tendenzen aus 20 Jahren JIM-Studie. In: JMS Jugend Medien Schutz-Report 41(6), 4–6.

Hanushek, E.A., Wößmann, L. (2019): Volkswirtschaftliche Folgen von Bildungsarmut: Was ein Entwicklungsziel »Grundkompetenzen für alle« erreichen könnte. In: Quenzel, G., Hurrelmann, K. (Hrsg.): Handbuch Bildungsarmut. Wiesbaden: Springer VS, 547–554.

Hirschmann, K. (2017): Der Aufstieg des Nationalpopulismus. Wie westliche Gesellschaften polarisiert werden. Bonn: Bundeszentrale für politische Bildung.

Hölig, S., Hasebrink, U. (2019): Reuters Institute Digital News Report 2019 – Ergebnisse für Deutschland. Hamburg: Hans-Bredow-Institut für Medienforschung.

Holtmann, A., Menze, L, Solga, H. (2019): Schulabgänger und -abgängerinnen mit maximal Hauptschulabschluss. In: Quenzel, G., Hurrelmann, K. (Hrsg.): Handbuch Bildungsarmut. Wiesbaden: Springer VS, 365–388.

Hurrelmann, K., Albrecht, E. (2014): Die heimlichen Revolutionäre. Wie die Generation Y unsere Welt verändert. Weinheim: Beltz.

Hurrelmann, K., Linssen, R., Albert, M., Quellenberg, H. (2002): Eine Generation von Egotaktikern? In: Deutsche Shell Holding (Hrsg.): Jugend 2002. Zwischen pragmatischem Idealismus und robustem Materialismus. Frankfurt am Main: Fischer Taschenbuch Verlag, 31–51.

Hurrelmann, K., Quenzel, G. (2016): Lebensphase Jugend. Weinheim: Beltz Juventa.

Illies, F. (2001): Generation Golf. Eine Inspektion. Frankfurt am Main: Fischer Taschenbuch.

Infratest dimap (2019): Europawahl 2019 Deutschland. Umfragen Wähler nach Altersgruppen. https://wahl.tages schau.de/wahlen/2019-05-26-EP-DE/ umfrage-alter.shtml (Abfrage vom 03.06.2019).

Inglehart, R. (1977): The Silent Revolution: Changing Values and Political Styles among Western Publics. Princeton: Princeton University Press.

Inglehart, R., Welzel, C. (2005): Modernization, Cultural Change, and Democracy: The Human Development Sequence. Cambridge: Cambridge University Press.

Jugendwerk der deutschen Shell (Hrsg.) (1966): Jugend – Bildung und Freizeit. Hamburg: Deutsche Shell, Jugendwerk.

Juncke, D., Braukmann, J., Heimer, A. (2018): Väterreport. Vater sein in Deutschland heute. Berlin: Bundesministerium für Familie, Senioren, Frauen und Jugend.

Keim, S., Klärner, A., Knabe, A. (2019): Soziale Folgen von Bildungsarmut. In: Quenzel, G., Hurrelmann, K. (Hrsg.): Handbuch Bildungsarmut. Wiesbaden: Springer VS, 585–602.

Kerkmann, F., Sünkler, S., Schultheiß, S. (2017): Die Suche nach dem »Wie …« – Tutorials als Gegenstand der Suche. In: Information – Wissenschaft & Praxis 68(1), 58–66.

King, V. (2010): Adoleszenz und Ablösung im Generationenverhältnis: theoretische Perspektiven und zeitdiagnostische Anmerkungen. In: Diskurs Kindheits- und Jugendforschung 5(1), 9–20.

Klages, H. (1984): Wertorientierungen im Wandel. Frankfurt am Main: Campus.

Klages, H., Gensicke, T. (1999): Wertewandel und bürgerschaftliches Engagement an der Schwelle zum 21. Jahrhundert. Speyer: Forschungsinstitut für öffentliche Verwaltung.

Klages, H. (2001): Werte und Wertewandel. In: Schäfers, B., Zapf, W. (Hrsg.): Handwörterbuch zur Gesellschaft Deutschlands. Opladen: Leske und Budrich, 726–737.

Klein, M., Heckert, F., Pepper, Y. (2018): Rechtspopulismus oder rechter Verdruss? Eine empirische Analyse der Unterstützung der AfD im Vorfeld der Bundestagswahl 2017. In: Kölner Zeitschrift für Soziologie und Sozialpsychologie, 70, 391–417.

Krohne, J., Tillmann, K.-J. (2006): »Sitzenbleiben« – eine tradierte Praxis auf dem Prüfstand. In: Schulverwaltung Spezial 4, 6–9.

Kuntz, B., Waldhauer, J., Zeiher, J., Finger, J.D., Lampert, T. (2018): Soziale Unterschiede im Gesundheitsverhalten von Kindern und Jugendlichen in Deutschland – Querschnittergebnisse aus KiGGS Welle 2. In: Journal of Health Monitoring 2/2018, 45–63.

Lee, A., Cook, P.S. (2015): The Condition of Exposure and Immediacy: Internet Surveillance and Generation Y. In: Journal of Sociology 51(3), 674–688.

Leven, I., Quenzel, G., Hurrelmann, K. (2015): Familie, Bildung, Beruf, Zukunft: Am liebsten alles. In: Shell Deutschland Holding (Hrsg.): Jugend 2015. Eine pragmatische Generation im Aufbruch. Frankfurt am Main: Fischer Taschenbuch Verlag, 47–110.

Leven, I., Schneekloth, U. (2015): Freizeit und Internet: Zwischen klassischem »Offline« und neuem Sozialraum. In: Shell Deutschland Holding (Hrsg.): Jugend 2015. Eine pragmatische Generation im Aufbruch. Frankfurt am Main: Fischer Taschenbuch Verlag, 111–151.

Linz, J.J. (1996): Autoritäre Regime. In: Nohlen, D. (Hrsg.): Wörterbuch Staat und Politik., München: Piper, 40–43.

Lobo, S. (2019): Pyrrhussieg heißt jetzt Voss-Sieg. In: Spiegel Online (https://www.spiegel.de/netzwelt/netzpolitik/urheberrechtsreform-pyrrhus-sieg-heisst-jetzt-voss-sieg-a-1259897.html) (Abfrage vom 09.06.2019).

Lochner, B. (2018): Jugend – Freizeit – Peers. In: Böllert, K. (Hrsg.): Kompendium Kinder- und Jugendhilfe. Wiesbaden: Springer VS, 2018, 489–505.

Mannheim, K. (1928): Das Problem der Generationen. In: Kölner Vierteljahreshefte für Soziologie 7(2), 157–185.

McDonald's Deutschland (2017): Job von morgen – Schule von gestern. Eine Repräsentativbefragung junger Menschen im Alter von 15 bis 25 Jahren. Düsseldorf: Castenow.

Medienpädagogischer Forschungsverbund Südwest (2018): JIM 2018. Jugend, Information, Medien. Basisstudie zum Medienumgang 12- bis 19-Jähriger. Stuttgart: Medienpädagogischer Forschungsverbund Südwest.

Niekrenz, Y., Witte, M.D. (2018): Jugend. In: Böllert, K. (Hrsg.): Kompendium Kinder- und Jugendhilfe. Wiesbaden: Springer VS, 381–402.

OECD (2016): PISA 2015 Ergebnisse (Band I): Exzellenz und Chancengerechtigkeit in der Bildung. München: Bertelsmann Verlag.

OECD (2017): Education at a Glance 2017. Paris: OECD Publishing.

OECD (2018): Income distribution. OECD Social and Welfare Statistics. http://dx.doi.org/10.1787/data-00654-en (Abfrage vom 02.07.2019).

Oelkers, J. (2019): Schule im 19. Jahrhundert. In: Harring, M., Rohlfs, C., Gläser-Zikunda, M. (Hrsg.): Handbuch Schulpädagogik. Münster: Waxmann, 18–30.

Opaschowski, H.W. (2000): Jugend im Zeitalter der Eventkultur. In: Aus Politik und Zeitgeschichte (APuZ) 12/2000, 17–23.

Papastefanou, C. (2006): Ablösung im Erleben junger Erwachsener aus verschiedenen Familienstrukturen. In: Zeitschrift für Soziologie der Erziehung und Sozialisation 26(1), 23–35.

Picot, S., Willert, M. (2002): Politik per Klick – Internet und Engagement Jugendlicher – 20 Portraits. In: Deutsche Shell (Hrsg.): Jugend 2002. Zwischen pragmatischem Idealismus und robustem Materialismus. Frankfurt am Main: Fischer Taschenbuch Verlag, 221–414.

Picot, S., Willert, M. (2006): Jugend in einer alternden Gesellschaft. In: Shell Deutschland Holding (Hrsg.): Jugend 2006. Eine pragmatische Generation unter Druck. Frankfurt am Main: Fischer Taschenbuch Verlag, 241–302.

Pörksen, B. (2019): Arroganz statt Inhalte. https://www.sueddeutsche. de/kultur/rezo-cdu-youtube-video-social-media-1.4471242 (Abfrage vom 24.06.2019).

Prensky, M. (2001): Digital Natives, Digital Immigrants Part 1. In: On the Horizon 9(5), 1–6.

Priester, K. (2012): Wesensmerkmale des Populismus. In: Aus Politik und Zeitgeschichte (ApuZ) 5–6/2012, 3–9.

Rat für Kulturelle Bildung (2019): Jugend/YouTube/Kulturelle Bildung. Horizont 2019. Eine repräsentative Umfrage unter 12- bis 19-Jährigen zur Nutzung kultureller Bildungsangebote an digitalen Kulturorten. Essen: Rat für Kulturelle Bildung e.V.

Reckwitz, A. (2017): Die Gesellschaft der Singularitäten. Zum Strukturwandel der Moderne. Berlin: Suhrkamp.

Reinders, H. (2015): Sozialisation in der Gleichaltrigengruppe. In: Hurrelmann, K., Bauer, U., Grundmann, M., Walper, S. (Hrsg.): Handbuch Sozialisationsforschung. 8. Auflage. Weinheim: Beltz, 393–413.

Ricking, H., Hagen, T. (Hrsg.) (2016): Schulabsentismus und Schulabbruch: Grundlagen – Diagnostik – Prävention. Kohlhammer.

Roth, R., Rucht, D. (Hrsg.) (1987): Neue soziale Bewegungen in der Bundesrepublik Deutschland. Frankfurt am Main: Campus.

Rüttgers, J., Decker, F. (Hrsg.) (2017): Europas Ende, Europas Anfang. Neue Perspektiven für die Europäische Union. Frankfurt am Main: Campus.

Sachverständigenrat zur Begutachtung der gesamtwirtschaftlichen Entwicklung (SVR) (2011): Verantwortung für Europa wahrnehmen. Jahresgutachten 2011/12. https://www.sachverstaendigenrat-wirtschaft. de/publikationen/jahresgutachten/fruehere-jahresgutachten/jahres gutachten-201112.html (Abfrage vom 25.05.2019).

Sauer, C., Valet, P., Liebig, S. (2016): Welche Lohnungleichheiten sind gerecht? Arbeitsmarktbezogene Ursachen von Lohnungleichheit und die wahrgenommene (Un-)Gerechtigkeit des eigenen Erwerbseinkommens. In: Kölner Zeitschrift für Soziologie und Sozialpsychologie 68(4), 619–645.

Schelsky, H. (1957): Die skeptische Generation. Eine Soziologie der deutschen Jugend. Düsseldorf: Eugen Diederichs Verlag.

Schiefer, K., Naderi, R. (2015): Mütter in Ost- und Westdeutschland: Wie wichtig sind regionalspezifische Leitbilder für Elternschaft? In: Schneider, N.F., Diabaté, S., Ruckdeschel, K. (Hrsg.): Familienleitbilder in Deutschland. Kulturelle Vorstellungen zu Partnerschaft, Elternschaft und Familienleben. Opladen: Verlag Barbara Budrich, 155–170.

Schneekloth, U. (2002): Demokratie, ja – Politik, nein? Einstellungen Jugendlicher zur Politik. In: Deutsche Shell (Hrsg.). Jugend 2002. Frankfurt am Main: Fischer Verlag, 91–137.

Schneekloth, U. (2006): Politik und Gesellschaft. Einstellungen, Engagement, Bewältigungsprobleme. In: Shell Deutschland Holding (Hrsg.): Jugend 2006. Eine pragmatische Generation unter Druck. Frankfurt am Main: Fischer Taschenbuch Verlag, 103–144.

Schneekloth, U. (2015): Jugend und Politik: Zwischen positivem Gesellschaftsbild und anhaltender Politikverdrossenheit. In: Shell Deutschland

Holding (Hrsg.): Jugend 2015. Eine pragmatische Generation im Aufbruch. Frankfurt am Main: Fischer Taschenbuch Verlag, 153–200.

Schröder, M. (2018): Der Generationenmythos. In: Kölner Zeitschrift für Soziologie und Sozialpsychologie 70(3), 469–494.

Seiffge-Krenke, I. (2003): Testing Theories of Romantic Development from Adolescence to Young Adulthood. Evidence of a Developmental Sequence. In: International Journal of Behavioral Development 27(6), 519–531.

Seiffge-Krenke, I., Seiffge, J.M. (2005): Boys play sport …? Die Bedeutung von Freundschaftsbeziehungen für männliche Jugendliche. In: King, V., Flaake, K. (Hrsg.): Männliche Adoleszenz. Frankfurt am Main: Campus, 267–285.

Serazio, M. (2015): Selling (Digital) Millennials: The Social Construction and Technological Bias of a Consumer Generation. In: Television & New Media 16(7), 599–615.

Shell Deutschland Holding (Hrsg.) (2006): Jugend 2006. Eine pragmatische Generation unter Druck. Frankfurt am Main: Fischer Taschenbuch Verlag.

Shell Deutschland Holding (Hrsg.) (2010): Jugend 2010. Eine pragmatische Generation behauptet sich. Frankfurt am Main: Fischer Taschenbuch Verlag.

Shell Deutschland Holding (Hrsg.) (2015): Jugend 2015. Eine pragmatische Generation im Aufbruch. Frankfurt am Main: Fischer Taschenbuch Verlag.

Statistisches Bundesamt (2018a): Bevölkerung und Erwerbstätigkeit. Bevölkerung mit Migrationshintergrund. Ergebnis des Mikrozensus 2017. Fachserie 1, Reihe 2.2. Wiesbaden: Destatis.

Statistisches Bundesamt (2018b): Datenbankabfrage des Statistischen Bundesamtes zur Staatsangehörigkeit der in Deutschland lebenden 15- bis 19-Jährigen. Abfrage am 22.06.2019. Wiesbaden: Destatis.

Statistisches Bundesamt (2018c): Alleinerziehende. Tabellenband zur Pressekonferenz am 02.08.2018. Ergebnisse des Mikrozensus. Wiesbaden: Destatis.

Statistisches Bundesamt (2019a): Themen. Bevölkerung nach Altersgruppen (ab 1950). https://www.destatis. de/DE/Themen/Gesellschaft-Umwelt/ Bevoelkerung/Bevoelkerungsstand/ Tabellen/liste-altersgruppen.html (Abfrage vom 20.05.2019).

Statistisches Bundesamt (2019b): Bevölkerung. Maßzahlen zu Ehescheidungen. https://www.destatis.de/DE/ Themen/Gesellschaft-Umwelt/Be voelkerung/Eheschliessungen-Ehe scheidungen-Lebenspartnerschaften/ Tabellen/masszahlen-ehescheidun gen.html (Abfrage vom 02.07.2019).

Statistisches Bundesamt (2019c): Lebenssituation von Männern – Ergebnisse des Mikrozensus 2017. Wiesbaden: Destatis.

Steinbach, A. (2017): Mutter, Vater, Kind. Was heißt Familie heute. In: Aus Politik und Zeitgeschichte (APuZ) 30–31/2017, 4–8.

Thunberg, G., Neubauer, L. u.a. (2019): »Wir wollen eure Hoffnung nicht. Wir wollen, dass ihr euch uns anschließt«. In: Frankfurter Allgemeine Zeitung (https://www.faz.net/aktuell/ wirtschaft/greta-thunberg-gastbei trag-der-initiatoren-der-fridays-for-future-16090055.html?printPaged Article=true#pageIndex) (Abfrage vom 09.06.2019).

Tully, C., Alfaraz, C. (2017): Youth and Mobility: The Lifestyle of the New Generation as an Indicator of a Multi-local Everyday Life. In: Applied Mobilities 2(2), 182–198.

Tully, C. (2018): Jugend – Konsum – Digitalisierung. Über das Aufwachsen in digitalen Konsumwelten. Wiesbaden: Springer VS.

Turner, A. (2015): Generation Z: Technology and Social Interest. In: The Journal of Individual Psychology 71(2), 103–113.

Twenge, J.M. (2017): iGen. Why Today's Super-Connected Kids are Growing Up Less Rebellious, More Tolerant, Less Happy – and Completely Unprepared for Adulthood. New York: Atria Books.

Tyyska, V. (2005): Conceptualizing and Theorizing Youth: Global Perspectives. In: Helve, H., Holm, G. (Hrsg.): Contemporary Youth Research. Local Expression and Global Connections. Aldershot: Ashgate, 3–14.

Vehrkamp, R., Merkel, W. (2018): Populismusbarometer 2018. Populistische Einstellungen bei Wählern und Nichtwählern in Deutschland 2018. Gütersloh: Bertelsmann (https://www.bertelsmann-stiftung.de/fileadmin/files/BSt/Publikationen/GrauePublikationen/ZD__Studie_Populismusbarometer_2018.pdf) (Abfrage vom 26.06.2019).

von Beyme, K. (2018): Rechtspopulismus: Ein Element der Neodemokratie? Wiesbaden: Springer VS.

Williams, A. (2015): Move Over, Millennials, Here Comes Generation Z. In: The New York Times, 18. September 2015.

Zick, A., Küpper, B., Berghan, W. (Hrsg.) (2019): Verlorene Mitte – Feindselige Zustände. Rechtsextreme Einstellungen in Deutschland 2018/19. Bonn: Verlag J.H.W. Dietz Nachf.